Kohlhammer

Andreas Motel-Klingebiel
Susanne Wurm
Clemens Tesch-Römer (Hrsg.)

Altern im Wandel

Befunde des Deutschen Alterssurveys (DEAS)

Verlag W. Kohlhammer

1. Auflage 2010

Gesamtherstellung:
W. Kohlhammer GmbH + Co. KG, Stuttgart
Printed in Germany

ISBN 978-3-17-021595-5

Inhaltsverzeichnis

Geleitwort der Bundesministerin für Familie, Senioren, Frauen und Jugend

Altwerden und Altsein gehören zu unserem Leben. Das ist eine gute Nachricht, denn ein langes Leben ist keinesfalls selbstverständlich. Der Blick in die Geschichte zeigt, dass sich die Lebenserwartung seit Beginn des 20. Jahrhunderts nahezu verdoppelt hat. Mittlerweile umfasst die Lebensphase Alter oft mehrere Jahrzehnte. Viele ältere Menschen erleben diese Phase in guter Gesundheit, mit vielfältigen Interessen und Aktivitäten. Es ist ein großer Erfolg, dass Deutschland zu einer Gesellschaft des langen Lebens geworden ist.

Auch die Bedeutung des Älterwerdens und Altseins hat sich während der letzten Jahre und Jahrzehnte gewandelt. Alter ist vielfältiger geworden. Unsere eigenen Vorstellungen vom Alter sind dabei häufig noch geprägt von Bildern, die den heutigen Lebensverhältnissen nicht entsprechen. Dieses Buch dagegen beschreibt die gegenwärtige Vielfalt und den Wandel des Alters. Grundlage hierfür sind Befunde des Deutschen Alterssurveys, einer repräsentativen Bevölkerungsstudie, die seit dem Jahr 1996 im Auftrag des Bundesministeriums für Familie, Senioren, Frauen und Jugend bundesweit durchgeführt wird. Der Deutsche Alterssurvey rückt Menschen im Alter zwischen 40 und 85 Jahren in den Mittelpunkt.

Zum einen sind das die Menschen im mittleren Erwachsenenalter: Sie sind Leistungsträger in Beruf und Familie. Die Phase der späten Erwerbstätigkeit gewinnt für die Wirtschaft unseres Landes immer mehr an Bedeutung. Wichtig ist deshalb die Stärkung der Ressourcen älterer Erwerbspersonen, denn sie sind Arbeitskräfte und übernehmen gleichzeitig familiäre Fürsorgeaufgaben, sowohl mit Blick auf die Kinder als auch die Elterngeneration. Zum anderen geht es um Menschen im Ruhestand. Sie verfügen über mehr Zeit und sind vielfach bereit, sich für Familie und Gemeinschaft zu engagieren. Viele von ihnen wollen sich in der nachberuflichen Lebensphase keineswegs aus dem gesellschaftlichen Leben zurückziehen. Sie möchten sich mit dem ganzen Schatz ihrer persönlichen und beruflichen Lebenserfahrung einbringen, mit ihrer Bildung und ihrem Wissen aktiv bleiben. Eine altersgerechte und generationenübergreifende Politik hat deshalb die Aufgabe, ältere Menschen dabei zu unterstützen, ihr Erfahrungswissen in die Gesellschaft einzubringen und die Solidarität zwischen den Generationen zu fördern.

Dabei ist es gut zu wissen, dass die Familie – allen Unkenrufen zum Trotz – zusammenhält. Der Deutsche Alterssurvey zeigt: Obwohl die Generationen häufig nicht mehr zusammen an einem Ort leben, sind die Beziehungen der Familienmitglieder zueinander nach wie vor eng und gut. Das gilt besonders für die Beziehungen zwischen Großeltern und Enkelkindern. Gut zu wissen ist es auch, dass eine große Mehrheit – gerade auch derjenigen ohne eigene große Familie – Rat und Unterstützung in gut funktionierenden, sozialen Netzwerken von Freunden, Bekannten und Nachbarn findet. Dieser soziale Zusammenhalt in unserer Gesellschaft gewinnt gerade in Krisenzeiten an Bedeutung.

Welche Chancen Menschen heute und in Zukunft haben, ihr Alter aktiv zu gestalten, selbstbestimmt und in Würde zu leben, liegt nicht nur in den Händen jeder einzelnen Person. Faire Chancen für ältere Menschen zu schaffen, ist auch eine gesamtgesellschaftliche Aufgabe. Der Deutsche Alterssurvey verbessert die Entscheidungsgrundlagen seniorenpolitischen Handelns und trägt dazu bei, zeitgerechte Altersbilder in der Gesellschaft zu verankern. Diese solide wissenschaftliche Informationsbasis ist unverzichtbar für alle, die mit klarem Blick auf die Fakten dazu beitragen wollen, dass ein gutes Leben bis ins hohe Alter möglich ist. Sie ist auch eine wertvolle Erkenntnisquelle für generationenübergreifende Politikstrategien mit Blick auf den Zusammenhalt der Gesellschaft.

Dr. Kristina Schröder
Bundesministerin für Familie, Senioren, Frauen und Jugend

Vorwort

Älterwerden und Altsein sind Erfahrungen, die wir alle – früher oder später – in unserem Leben machen. Altern und Alter sind aber auch soziale Konstruktionen. Die Prozesse des Älterwerdens und die Gestaltung der Lebensphase Alter haben sich in den letzten Jahren deutlich gewandelt. Die Wissenschaft hilft, diesen Wandel zu beobachten und zu verstehen, und trägt zugleich zum Bild von Altern und Alter in der Gesellschaft bei. In diesem Buch beschäftigen wir uns aus den Perspektiven von Soziologie, Ökonomie und Psychologie mit der alternswissenschaftlich und gesellschaftspolitisch zentralen Frage, worin der Wandel des Alter(n)s besteht und wo sich Beständigkeit im Alternsprozess findet. Wir hoffen, dass unsere Befunde informativ für alle sind, die sich für Altern und Alter interessieren.

Dieses Buch beschreibt die Befunde des Deutschen Alterssurveys (DEAS). Wir Herausgeber möchten – auch im Namen aller Autorinnen und Autoren – jenen Menschen Dank sagen, ohne die dieses Buch nicht möglich gewesen wäre. An erster Stelle möchten wir den mehr als 14.000 Menschen danken, die in den Jahren 1996, 2002 und 2008 bereit waren, in umfassender Weise Auskunft über ihr Leben zu geben. Die Mitarbeit an solchen Befragungen ist immer mit erheblichem Aufwand verbunden. Ohne die Bereitschaft unserer Befragten, diese Studie zu unterstützen, wäre der DEAS nicht möglich.

Der DEAS wird vom Bundesministerium für Familie, Senioren, Frauen und Jugend (BMFSFJ) gefördert. Den maßgeblich im BMFSFJ für den DEAS verantwortlichen Personen – Dieter Hackler, Dr. Gabriele Müller-List, Annette Pauly, Gisela van der Laan – möchten wir für ihre fachkundige und zuverlässige Unterstützung sehr herzlich danken.

Eine bundesweite Befragung von über 14.000 Menschen in rund 290 Gemeinden macht eine komplexe Logistik notwendig. Die Datenerhebung wurde vom infas Institut für angewandte Sozialwissenschaft GmbH durchgeführt. Stefan Schiel, Menno Smid und Dr. Helmut Schröder sowie ein Interviewerstab von 350 Interviewerinnen und Interviewern haben hervorragende Arbeit geleistet, für die wir sehr dankbar sind.

In verschiedenen Phasen haben wir unsere Ideen dem wissenschaftlichen Beirat des DEAS vorgelegt. Wir sind froh, dass uns ausgezeichnete Experten mit ihrem Rat zur Seite standen. Wir danken Prof. Dr. Jens Alber, Prof. Dr. Gertrud M. Backes, Dr. Walter Bien, Dr. Martin Brussig, Prof. Dr. Michael Eid, Prof. Dr. Werner Greve, Prof. Dr. Karsten Hank, Prof. Dr. Thomas Klein, Dr. Peter Krause, Prof. Dr. Mike Martin, Dr. Heinz-Herbert Noll, Prof. Dr. Ulrike Schneider, Prof. Dr. Michael Wagner und Prof. Dr. Susanne Zank.

Im Deutschen Zentrum für Altersfragen (DZA) sind wir in vorbildlicher Weise unterstützt worden. Unseren studentischen Mitarbeiterinnen Katarzyna Kowalska, Fidan Sahyazici und Svenja Weinz gebührt höchstes Lob! In der letzten Phase des Projekts, bei der Berichtlegung, der Gestaltung der Grafiken und der Produktion des Manuskripts, hat Stefanie

Hartmann uns gezeigt, wie wertvoll professionelle Unterstützung ist. Barbara Grönig, Verwaltungsleiterin des DZA, und Peter Köster, verantwortlich für die DZA-Buchhaltung, begleiten den DEAS seit Jahren mit kluger Umsicht. Allen Beteiligten danken wir sehr!

Der Kohlhammer Verlag hat uns bei der Produktion des Buches mit großer Sorgfalt exzellent unterstützt. Dies ist keineswegs selbstverständlich. Dr. Ruprecht Poensgen und Tillmann Bub möchten wir herzlich danken.

Wir haben uns bemüht, die Befunde des Deutschen Alterssurveys so leserfreundlich wie möglich zu gestalten. Daher haben wir darauf verzichtet, im Anhang der Kapitel umfangreiche Tabellen darzustellen. Leserinnen und Leser, die sich für diese Tabellen interessieren, brauchen aber nicht darauf zu verzichten. Im hinteren Buchrücken ist eine CD eingefügt, auf der sich alle Tabellen finden. Sollte diese CD verloren gehen, können die Tabellen auch auf der Website des Deutschen Alterssurveys (www.deutscher-alterssurvey.de) bzw. des Deutschen Zentrums für Altersfragen (www.dza.de) eingesehen und heruntergeladen werden.

Berlin, im Sommer 2010

Andreas Motel-Klingebiel
Susanne Wurm
Clemens Tesch-Römer

1 Wandel von Lebensqualität und Ungleichheit in der zweiten Lebenshälfte

Andreas Motel-Klingebiel, Susanne Wurm, Oliver Huxhold & Clemens Tesch-Römer

1.1 Einleitung

Zu Beginn des 21. Jahrhunderts ist ein langes Leben für viele Menschen selbstverständlich geworden. Die durchschnittliche Lebenserwartung in Deutschland hat sich im letzten Jahrhundert fast verdoppelt. Diese Erhöhung der Lebenserwartung gehört zu den Ursachen des demografischen Wandels und wird – gemeinsam mit der niedrigen Fertilität – häufig als Problem gesellschaftlicher „Überalterung" behandelt, ist aber eine Erfolgsgeschichte moderner Gesellschaften. Gesellschaftlicher wie wissenschaftlicher Fortschritt sind die Quellen dieser Entwicklung.

Von den heute geborenen Kindern hat die Mehrzahl die Chance, 90 Jahre und älter zu werden, wenn sich der Prozess der Lebenserwartung weiter fortsetzt (Schnabel et al. 2005). Die lange Lebensspanne eröffnet viele Möglichkeiten der Ausgestaltung des eigenen Lebens, nicht nur in Kindheit, Jugend und jungem Erwachsenenalter, sondern bis ins Alter hinein. Viele jüngere wie ältere Menschen beschäftigen sich aber nur ungern mit dem Älterwerden und Altsein. Das Alter, das Altwerden, alte Menschen, das sind Themen, von denen viele Menschen einseitig negative Vorstellungen haben (Rothermund 2009). Das vorliegende Buch soll dazu beitragen, die heutige Realität des Altwerdens in Deutschland detailliert darzustellen. Wir werden die Vielfalt des Alters zeigen und dabei die positiven wie auch die negativen Seiten des Alters beschreiben.

Derzeit ist noch immer zu wenig über die Lebenssituationen von Menschen in der zweiten Lebenshälfte bekannt. Zudem ist die Frage, wie sich die wandelnden gesellschaftlichen Bedingungen auf unsere Biografien und Lebensläufe auswirken. Die Lebenssituationen älterer Menschen hängen in hohem Maße auch von Ereignissen und Entscheidungen ab, die zu früheren Zeitpunkten im Leben eines Menschen stattfinden. Die Phase des höheren Erwachsenenalters ist ein Abschnitt von mehreren in der persönlichen Biografie. Kindheit, Jugend, frühes und mittleres Erwachsenenalter bestimmen hierbei wesentlich mit, wie eine Person älter wird und welches Leben sie im Alter führt. Die Lebensphase Alter wird zugleich von langfristigen gesellschaftlichen Trends, von aktuellen politischen Entscheidungen und von wirtschaftlichen Entwicklungen geformt.

In diesem Buch werden wir einerseits beschreiben, wie sich die Lebensphase Alter gegenwärtig darstellt, und andererseits diskutieren, wie sich Alter und Altern seit Mitte der 1990er Jahre gewandelt haben. Vor dem Hintergrund dieser Überlegungen möchten wir im vorliegenden Band zwei Fragen behandeln:

- Wie leben Menschen in der zweiten Lebenshälfte und wie stark unterscheiden sich die Lebenssituationen dieser Menschen voneinander?
- Wie haben sich die Lebenssituationen in der zweiten Lebenshälfte gewandelt? In welchen Lebensbereichen hat sich die Situ-

ation verbessert oder verschlechtert, in welchen finden sich Angleichungen und wo kommt es zu Differenzierungen?

Die folgenden Kapitel werden diese Fragen auf der Grundlage der Daten des Deutschen Alterssurveys (DEAS) beantworten. Der DEAS hat das Ziel, die Lebenssituationen, Lebensläufe und Lebensplanungen alternder und alter Menschen in Deutschland zu beschreiben und zu analysieren. Es handelt sich dabei um eine bundesweit repräsentative, langfristig angelegte wissenschaftliche Altersstudie. Sie stellt eine wichtige Informationsgrundlage für die wissenschaftliche Forschung und Lehre, für politische Entscheidungsträger sowie für die interessierte Öffentlichkeit dar. Der DEAS wird aus Mitteln des Bundesministeriums für Familie, Senioren, Frauen und Jugend (BMFSFJ) gefördert.

Der DEAS untersucht Personen, die sich in der zweiten Lebenshälfte befinden, also 40 Jahre und älter sind. Durch die Betrachtung der gesamten Breite der zweiten Lebenshälfte können verschiedene Lebensabschnitte sowie Übergänge (Transitionen) im Lebenslauf untersucht werden, beispielsweise der Übergang in den Ruhestand. Menschen, die am DEAS teilnehmen, werden umfassend zu ihrer Lebenssituation befragt, unter anderem zu ihrem beruflichen Status oder ihrem Leben im Ruhestand, zu gesellschaftlicher Partizipation und nachberuflichen Aktivitäten, zu ihrer wirtschaftlichen Lage und Wohnsituation, zu familiären und sonstigen sozialen Kontakten sowie zu Gesundheit, Wohlbefinden und Lebenszielen. Damit deckt der DEAS ein breites Themenspektrum ab und ermöglicht eine Verknüpfung vor allem von gerontologischen, soziologischen, sozialpolitischen, psychologischen und ökonomischen Fragestellungen.

Die erste DEAS-Welle wurde im Jahr 1996 durchgeführt, die zweite Welle im Jahr 2002. Die aktuelle dritte Welle wurde im Jahr 2008 verwirklicht. Mit Vorliegen der dritten Welle verfügt der DEAS nunmehr über eine komplexe Stichproben- und Datenstruktur. Das kohortensequenzielle Design des Alterssurveys eröffnet vielfältige Analysemöglichkeiten (vgl. auch Kapitel 2 „Datengrundlagen und Methoden"). Für alle Befragungszeitpunkte ist es möglich, auf der Grundlage von repräsentativen Daten die Lebenssituationen und Lebenszusammenhänge im jeweils aktuellen Erhebungsjahr zu beschreiben (aktuell für das Jahr 2008). Zudem ist es möglich, die Auswirkungen des sozialen Wandels über die Zeit, das heißt die Zeitpunkte 1996, 2002 und 2008, zu analysieren. Da nicht nur zu jedem Befragungszeitpunkt eine vollständig neue Stichprobe aufgebaut wurde („Basisstichproben"), sondern zusätzlich hierzu die gleichen Personen wiederholt befragt wurden („Panelstichproben"), kann auch die individuelle Entwicklung im Zeitverlauf untersucht werden. Schließlich ergibt sich eine weitere Analyseperspektive, indem individuelle Entwicklungen im Kontext des sozialen Wandels betrachtet werden. Hierfür können die individuellen Entwicklungen über sechs Jahre hinweg in den beiden Zeitfenstern 1996–2002 und 2002–2008 miteinander verglichen werden. Im vorliegenden Band werden die beiden erstgenannten Analysenperspektiven eingenommen: Es wird die aktuelle Lebenssituation von Menschen in der zweiten Lebenshälfte beschrieben und der soziale Wandel über die Zeitpunkte 1996, 2002 und 2008 analysiert.

Im Rahmen des DEAS wurden persönliche Interviews mit Personen durchgeführt, die in einer Einwohnermeldeamts-Stichprobe per Zufallsverfahren ausgewählt wurden. Die Interviews wurden in der Regel im Haushalt der Befragten geführt. In vielen Bereichen wurden hierbei in allen drei Erhebungswellen identische Erhebungsinstrumente verwendet. Zugleich wurden jedoch die Instrumente jeweils einer umfassenden Prüfung unterzogen, in einzelnen Bereichen modifiziert und erweitert sowie die Schwerpunktsetzungen des Surveys über die drei Wellen aktualisiert und den Wissensbedarfen in Forschung und Politik angepasst. Die Instrumente der drei Erhebungswellen sind über das Internet als Download beziehbar (www.deutscher-alterssurvey.de). Die anonymisierten Mikrodaten des DEAS werden nach Freigabe anderen Forscherinnen und Forschern zu wissenschaftlichen Analysezwecken durch das Forschungsdatenzentrum des Deutschen Alterssurveys (FDZ-DEAS) zur Verfügung gestellt sowie im GESIS Datenarchiv für Sozialwissenschaften dokumentiert.

Der DEAS hat gegenüber anderen, früheren und aktuellen, Surveys viele Vorzüge. Im Vergleich mit der zu Beginn der 1990er Jahre gestarteten Berliner Altersstudie (BASE) hat der DEAS den wesentlichen Vorteil, über eine kleine, nur lokale Stichprobe und ihre Nachverfolgung über die Zeit hinauszugehen und große repräsentative Stichproben der deutschen Wohnbevölkerung im Wandel der Zeit und in der Entwicklung der Lebensläufe zu berücksichtigen. Während BASE einen besonderen Schwerpunkt auf die Untersuchung hochaltriger Personen legte, konzentriert sich der DEAS auf die Untersuchung des mittleren und höheren Erwachsenenalters. Auch im Vergleich zur ebenfalls vor fast 20 Jahren initiierten Interdisziplinären Längsschnittstudie des Erwachsenenalters (ILSE) bietet der DEAS mit seinem deutschlandweit repräsentativen Sample, dem erheblich größeren Stichprobenumfang und der deutlich breiteren Erfassung der Lebenssituationen wesentliche Analysevorteile. Gegenüber dem ebenfalls auf die ältere Bevölkerung gerichteten europäisch-vergleichendem Survey of Health, Ageing and Retirement in Europe (SHARE) hebt sich das Design des DEAS durch die wiederholten Basisstichproben, die für Deutschland deutlich höheren Stichprobenumfänge, den verstärkten Einbezug der Bevölkerung im mittleren Erwachsenenalter bei Überrepräsentierung der höheren Altersgruppen sowie die früher begonnene und bereits länger andauernde Untersuchungsperiode ab. Die DEAS-Stichproben ermöglichen Querschnitt-, Zeitreihen- und Längsschnittanalysen. Zugleich ist der Befragungsinhalt deutlich umfangreicher als jener von SHARE – letzterer konzentriert sich vor allem auf Gesundheit und materielle Sicherung im Alter. Das Sozio-oekonomische Panel (SOEP) stellt ebenfalls Quer- und Längsschnittdaten auch für die Population älterer Menschen bereit, zeichnet sich aber nicht durch einen spezifischen inhaltlichen Bezug zu Fragen des Alterns und Alters aus. Dadurch können wesentliche Fragen zur Lebenssituation im Alter und ihrer Entwicklung weniger angemessen untersucht werden als mit dem DEAS (Romeu Gordo et al. 2009). Dies gilt auch für den Generations and Gender Survey (GGS), eine im Jahr 2005 durchgeführte Bevölkerungsumfrage mit bislang einer Wiederholungsbefragung im Jahr 2008. Im Mittelpunkt des GGS stehen Fragen zur Fertilität, Partnerschaftsentwicklung und Familienbeziehungen im internationalen Vergleich (Ruckdeschel et al. 2006). Inhaltliche Berührungspunkte mit dem DEAS gibt es dabei hauptsächlich im Bereich der familialen Generationenbeziehungen. Der soziale Wandel der Lebenssituation älterer Menschen kann mit dem GGS nicht untersucht werden. Alle genannten Studien ergänzen sich mit Blick auf ihre Analysepotenziale für das Verständnis des Prozesses des Alterns und der Lebensphase des Alters.

Im Mittelpunkt des vorliegenden Bandes steht die wissenschaftliche Sozialberichterstattung zu Fragen des Alters und des demografischen Wandels. Die Sozialberichterstattung liefert wichtige Informationen für eine wissenschaftsbasierte Politikberatung und ist damit ein Eckpfeiler einer vorausschauenden und gestaltenden Politik für alle Generationen. Dafür ist es notwendig, die individuelle Wohlfahrt und subjektive Lebensqualität von Menschen in der zweiten Lebenshälfte kontinuierlich zu beobachten. Für politische Entscheidungen ist aber nicht allein von Interesse, wie sich die

Lebenssituationen älterer Menschen *im Durchschnitt* darstellen, sondern auch, wie *vielfältig* die Lebenssituationen in der zweiten Lebenshälfte sind. Zu fragen ist hierbei auch, inwiefern diese Unterschiede auf wohlfahrtsstaatliche Institutionen und Interventionen im Kontext von gesellschaftlichen Veränderungen und Ereignissen zurückgeführt werden können. Die hier angesprochenen zentralen Konzepte von Lebensqualität, Vielfalt, Ungleichheit und sozialem Wandel werden im Folgenden diskutiert. Das Kapitel schließt mit einem kurzen Ausblick auf die weiteren Kapitel dieses Bandes.

1.2 Lebensqualität: Wie leben Menschen in der zweiten Lebenshälfte?

Möchte man wissen, wie die Lebensqualität in der zweiten Lebenshälfte ist, liegen zwei Fragen nahe: Was bedeuten „gutes Leben" oder „hohe Lebensqualität"? Wie gut ist die Lebenssituation in dieser Lebensphase und wie verteilen sich gute und schlechte Lebensbedingungen in der Bevölkerung?

Nachfolgend geht es um das Konzept der Lebensqualität, ihre verschiedenen Facetten, ihre Voraussetzungen sowie um die Entwicklung von Lebensqualität im Lebenslauf.

1.2.1 Gutes Leben im Alter

In den Sozial- und Verhaltenswissenschaften finden sich unterschiedliche theoretische Ansätze, in denen das, was ein gutes Leben ausmacht, anhand sehr verschiedener Kriterien definiert wird (Noll 2000).

In der sozioökonomischen Forschung ging man ursprünglich vor allem davon aus, dass individuelles Wohlergehen auf der ausreichenden Ausstattung mit materiellen und sozialen Ressourcen sowie dem Zugriff auf kollektive Güter im Kontext gesellschaftlicher Rahmenbedingungen beruht. Mit den zur Verfügung stehenden Ressourcen und Gütern kann das Individuum seine Lebensbedingungen beeinflussen und in seinem Sinne steuern. Dabei gibt es seit langem ein recht komplexes Verständnis von „gutem Leben" und individueller wie gesellschaftlicher Wohlfahrt als mehrdimensionalem Konzept (vgl. bereits Zapf 1972). In der sozioökonomischen Perspektive stehen also die objektiven Lebensbedingungen der Menschen im Vordergrund.

Verhaltens- und Sozialwissenschaften betrachten die Lebensqualität dagegen zusätzlich immer auch aus der subjektiven Perspektive der Person. Lebensqualität wird hierbei als die individuelle *Bewertung* der Lebensbedingungen verstanden, die vor dem Hintergrund verfügbarer Ressourcen generiert wird. Zur subjektiven Lebensqualität gehört insbesondere auch das subjektive Wohlbefinden einer Person. Hohes subjektives Wohlbefinden liegt dann vor, wenn eine Person mit ihrem Leben zufrieden ist, häufig Glück empfindet und nur selten unangenehme Emotionen, wie Trauer oder Ärger, erlebt (Diener et al. 1997).

Auch im Bereich der Alter(n)sforschung hat die Diskussion über „gutes Leben" eine lange Tradition (Rowe & Kahn 1997; Baltes & Baltes 1989; Noll & Schöb 2002). Neben Ansätzen, in denen objektive Lebenssituationen und fördernde sozialpolitische Rahmenbedingungen als notwendige Voraussetzungen für ein aktives Altern genannt werden (Naegele 2008), stehen Konzeptionen, in denen Lebenszufriedenheit und emotionale Befindlichkeit des älter werdenden Menschen als Kriterien für ein gutes Leben genannt werden, wie schon früh beispielsweise die Disengagement-Theorie von Cumming und Henry (1961). Zudem finden sich unter anderem in der Entwicklungspsychologie der Lebensspanne auch Ansätze, die ein gutes Leben im Alter nicht allein

Abb. 1–1: Lebensqualität im Alter – ein konzeptionelles Modell

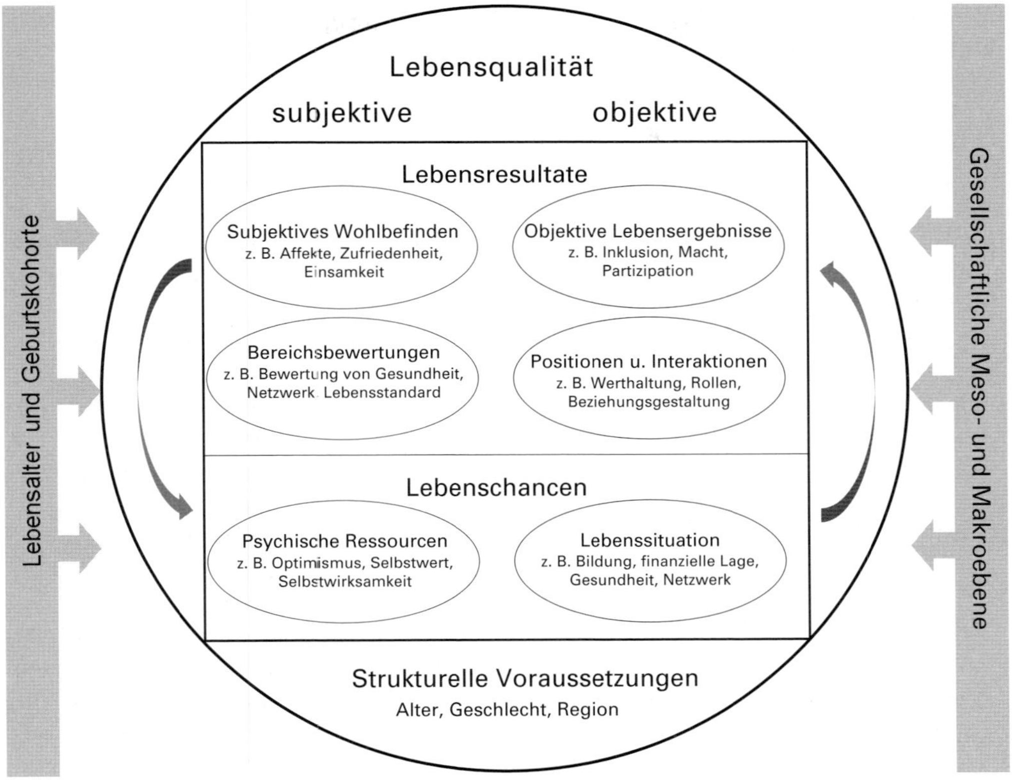

anhand objektiver Lebensbedingungen oder subjektiver Lebensbewertungen definieren, sondern Normen, Werte, individuelle Ziele und Präferenzen in die Definition mit einbeziehen. Theorien der Entwicklungsregulation verweisen darauf, dass Ziele, die Menschen verfolgen, zentral für die Bestimmung eines guten Lebens im Alter sind (Baltes et al. 2006; Brandtstädter 2007; Schulz et al. 2003). Je nachdem, ob Ziele erreicht oder nicht erreicht worden sind und ob es möglich ist, bedrohte oder unerreichbare Ziele durch neue zu ersetzen, kann von einem guten, erfüllten Leben gesprochen werden. Schließlich finden sich Ansätze, in denen die Auseinandersetzung mit universal gültigen Entwicklungsaufgaben das Kriterium für ein gutes Alter bildet. Beispiele hierfür sind die Herausforderung der Generativität oder der Lebensintegration (Erikson 1982/1988).

Der Begriff der Lebensqualität integriert hierbei die Vielfalt wissenschaftlicher Ansätze, die Facetten und Bedingungen eines guten Lebens beschreiben. Objektive und subjektive Lebensqualität können sowohl eine Voraussetzung und treibende Kraft („Input") als auch ein Resultat („Outcome") günstiger Lebensbedingungen sein. Der Begriff der Lebensqualität erweist sich aus dieser doppelten Perspektive als hilfreiches Konzept (Veenhoven 2000). In Abbildung 1–1 ist das konzeptionelle Modell dargestellt, das dem DEAS zugrunde liegt. Das Modell integriert objektive und subjektive Aspekte der Lebensqualität und versteht Lebensqualität als Einheit von äußeren und inneren (intrapersonalen) *Lebensbedingungen und Lebenschancen* auf der einen Seite und objektiven wie subjektiven *Lebensresultaten* auf der anderen.

Der DEAS bietet die Möglichkeit, die im Modell genannten Facetten der Lebensqualität im Alter abzubilden. Gutes Leben im Alter fassen wir zum einen als Vorhandensein von Lebenschancen: Einkommen und Vermögen, Ausstattung von Wohnung und Wohnumfeld, soziale Integration (Partner, Familie, Freunde) und Gesundheit sind Aspekte eines guten Lebens im Alter. Zum anderen definieren wir gutes Leben im Alter auch anhand von Lebensresultaten: subjektive Bewertungen und subjektives Erleben auf der einen Seite und gesellschaftliche Teilhabe und Inklusion auf der anderen.

1.2.2 Gesellschaftliche Voraussetzungen der Lebensqualität im Alter

Wie die Lebenssituation im Alter ist, hängt wesentlich von der wirtschaftlichen Situation, den gesellschaftlichen Bedingungen und sozialpolitischen Interventionen ab. Entsprechend hängt die Lebenssituation älter werdender und alter Menschen auch von mehr oder weniger gelungener Wohlfahrtsproduktion ab. Das Niveau und die Verteilung der Lebensqualität im Alter ist dabei ein Kriterium zur Bewertung von Erfolg und Misserfolg gesellschaftlicher Wohlfahrtsproduktion und sozialpolitischer Interventionen. Verstehen wir Lebensqualität als eine Folge (auch) gesellschaftlicher Bedingungen, ist neben der Frage der allgemeinen Lebensqualität auch die Unterschiedlichkeit im Zugang zu gesellschaftlichen Gütern oder sozialen Positionen zu betrachten, durch den die Lebenschancen von Individuen, Gruppen oder Gesellschaften bestimmt werden (vgl. Abschnitt 1.3 „Vielfalt und Ungleichheit").

Zwischen politischen Maßnahmen und Lebensqualität im Alter gibt es also Wechselbeziehungen. Für politische Akteure ist eine Triebfeder, die Frage nach Lebensqualität im Alter zu stellen, das Ziel, ältere Menschen zur Aufrechterhaltung von Gesundheit, Mobilität und Autonomie zu befähigen. Dabei steht zum einen ein gutes Leben im Alter an sich im Mittelpunkt. Zum anderen geht es um die Verhinderung von kostenintensivem Versorgungs- und Unterstützungsbedarf. Wird die Frage nach Lebensqualität im Alter auf Kostenaspekte verengt, ist dies problematisch. Zugleich eröffnen die in diesem Kontext entwickelten neueren politischen Paradigmen, die durch Schlagworte wie „Gesellschaft für alle Lebensalter" und „aktives Altern" gekennzeichnet sind, auch gesellschaftliche Potenziale für eine neue positivere Perspektive auf Alter und Altern. Diese Ansätze fördern eine moderne Gesellschaftspolitik, die auf ein breiteres Verständnis von Lebensqualität setzt. In die Untersuchung der Lebensqualität im Alter sollten daher auch die jeweiligen gesellschaftlichen Kontexte der Lebenssituation einbezogen und die Ergebnisse vor diesem Hintergrund diskutiert werden.

1.2.3 Individuelle Voraussetzungen der Lebensqualität im Alter

Aus der Perspektive individueller Lebensläufe ist Lebensqualität im Alter ein Ausdruck realisierter Lebenschancen. Diese hängen unter anderem von sozialer und regionaler Herkunft und von psychischen Ressourcen sowie von Bildungs-, Berufs- und Beziehungsverläufen in Kindheit, Jugend und Erwachsenenalter ab. Lebenschancen unterliegen damit Veränderungen über die Zeit. Dementsprechend ist auch Lebensqualität kein unveränderlicher Zustand, sondern kann im Verlauf des Lebens deutlich variieren.

Individuelle Lebensläufe sind eingebettet in den Kontext der historischen Zeit. Lebensqualität sollte deshalb sowohl vor dem Hintergrund der Lebensläufe der jeweiligen Person als auch im kohorten- und generationalen Kontext analysiert werden (vgl. Kapitel 1.4 „Sozialer Wandel"). Der zeitliche, gleichermaßen historisch wie biografisch zu verstehende Kontext beeinflusst die Lebensqualität von Individuen. Sozial- und verhaltenswissenschaftliche Forschung hat zum Ziel, Alternsverläufe im Kontext gesellschaftlichen Wandels zu untersuchen. Zugleich ist die theoriebasierte Hypothesenprüfung zu Voraussetzungen und Folgen individueller Entwicklung im gesellschaftlichen Kontext eine zentrale Aufgabe dieser Forschung (Backes 2003; Bengtson et al. 2009; Rosenmayr 2003; Salthouse 2006). Letzteres geht über die für dieses Buch angestrebte Sozialberichterstattung hinaus, erfolgt jedoch im Rahmen weiterer Publikationen des DEAS.

1.3 Vielfalt und Ungleichheit: Wie unterscheiden sich Lebenssituationen in der zweiten Lebenshälfte?

In der öffentlichen Diskussion werden ältere Menschen oftmals als homogene Gruppe angesprochen („die Alten"). Dies verkennt die große Verschiedenartigkeit individueller Lebenssituationen im höheren Erwachsenenalter. Es gibt nicht nur *eine* Gruppe älterer Menschen, auf die sich jedwede politische Maßnahme beziehen kann. Konsequenterweise muss die gerontologische Forschung dieser Heterogenität Rechnung tragen. Dies insbesondere dann, wenn sie die Potenziale und die Wirksamkeit sozialpolitischer Intervention angemessen untersuchen soll. Das Thema „Alter und Vielfalt" gehört folgerichtig inzwischen auch zum Kernrepertoire der nationalen wie internationalen Alternsforschung.

Im Kontext des DEAS lässt sich die Verschiedenartigkeit von Menschen in der zweiten Lebenshälfte in unterschiedlichen Dimensionen ausdrücken. Die Variabilität einer Population wandelt sich auf der Grundlage ihrer Sozialstruktur durch die Interaktion sozialer Einflüsse, normativer Ereignisse und idiosynkratischer Entwicklungen über die Zeit (Whitbourne 2001). Dies bedeutet zwar nicht notwendigerweise eine Zunahme interindividueller Unterschiede über den Lebenslauf bis ins höhere Lebensalter. Es bedeutet jedoch, dass eine Betrachtung „durchschnittlicher" oder typischer Lebenssituationen immer nur ein erster Schritt zu einem umfassenden Verständnis der Situation älterer Menschen sein kann. Vor diesem Hintergrund ist besonders der Blick auf die Sozialstruktur von Bedeutung, das heißt, die „[...] demografische Grundgliederung der Bevölkerung, die Verteilung zentraler Ressourcen wie Bildung, Einkommen und Beruf, die Gliederung nach Klassen und Schichten, Sozialmilieus und Lebensstilen, aber auch die soziale Prägung des Lebenslaufs in der Abfolge der Generationen" (Zapf 1989, S.101). Je nach Zugehörigkeit zu einer bestimmten sozialen Gruppe können sich im Lebensverlauf deutliche Unterschiede in der Lebenslage zwischen Personen ergeben.

Aus diesem Grund berücksichtigen die Analysen des DEAS auch die Unterschiedlichkeit (und Wandel in der Unterschiedlichkeit) der Menschen in der zweiten Lebenshälfte. Forschungsleitend sind in diesem Zusammenhang zwei Begriffe:

1. Der Begriff der Vielfalt oder Heterogenität und
2. der Begriff der sozialen Ungleichheit.

Die den beiden Begriffen zugrunde liegenden Ansätze lassen sich direkt im Modell der Lebensqualität verorten, wenn es um die Verteilung der Indikatoren und ihre Entwicklung über die Zeit geht.

1.3.1 Vielfalt

Mit dem Begriff der Vielfalt oder Heterogenität sind im Kontext des DEAS Unterschiede zwischen Personen und ihren Lebenssituationen gemeint, die in der älteren Bevölkerung vorliegen. Der Begriff der „Vielfalt“ beschreibt die Vielgestaltigkeit des Alters, ohne damit bereits eine Bewertung einer gesellschaftlich strukturierten Begünstigung oder Benachteiligung zu verbinden. Aus der Perspektive der sozialpolitischen Intervention stellt sich die Frage nach der Verteilung von angemessenen Zugängen zur Absicherung von materiellen und sozialen Ressourcen sowie nach den Grundlagen der Aufrechterhaltung von Selbstständigkeit und Selbstbestimmung in späten Lebensphasen. Vielfalt und Unterschiedlichkeit ist damit eine *Vorbedingung* sozialer Ungleichheit, jedoch nicht mit dieser gleichzusetzen.

Die empirischen Belege für das Vorliegen großer Heterogenität im Alter sind mittlerweile mannigfaltig. Eine Metaanalyse bestehender Studien zeigte beispielsweise größere Unterschiede innerhalb der Gruppe der älteren Erwachsenen als innerhalb der Gruppe jüngerer Erwachsener und zwar in den Bereichen Gesundheit, Persönlichkeit und kognitive Fähigkeiten (Nelson & Dannefer 1992). Allerdings sind in der empirischen Literatur nicht nur Belege für eine Zunahme von Heterogenität über den Lebenslauf zu finden. Vielmehr finden sich sowohl Zu- als auch Abnahmen von Vielfalt im Altersverlauf, abhängig vom Untersuchungsbereich und vom Lebensabschnitt. So wirkt sich beispielsweise die Verringerung geistiger und körperlicher Leistungsfähigkeit unterschiedlich stark auf verschiedene Lebensbereiche aus und entfaltet einen stärkeren Einfluss im hohen Alter. Dadurch, dass sich bestimmte altersphysiologische Veränderungen auf alle Menschen auswirken und die Selektivität derjenigen zunimmt, die überhaupt ein hohes Alter erreichen, ist im hohen Alter die Heterogenität teilweise wieder geringer. Beispiele für diesen Zusammenhang liefern Studien zur intellektuellen Dedifferenzierung im hohen Erwachsenenalter (Li et al. 2004). Dies verweist auf einen U-förmigen Zusammenhang von Alter und Vielfalt: Nach einer zunächst geringen Heterogenität im mittleren Erwachsenenalter nimmt die Vielfalt im „dritten Lebensalter“ zunächst zu und im „vierten Lebensalter“ wieder ab (Freund & Baltes 1998). Diese Annahme lässt sich aus Vorstellungen zur aktiven Steuerung der eigenen Entwicklung ableiten, wie sie beispielsweise im Modell der selektiven Optimierung mit Kompensation (Baltes & Baltes 1990) ausgeführt wird. Im Rahmen des vorliegenden Bandes werden Personen betrachtet, die zwischen 40 und 85 Jahren alt sind und sich damit zwischen dem mittleren Erwachsenenalter und der Schwelle zur Hochaltrigkeit befinden. Die Hochaltrigkeit ist hingegen kein Schwerpunkt des DEAS. Gerade für die im Rahmen des DEAS betrachteten Altersgruppen der bis 85-Jährigen ist es wichtig, das Phänomen der Vielfalt im Alter in den Blick zu nehmen.

Hinsichtlich zentraler Aspekte der Lebensqualität (zum Beispiel materielle Lage, Gesundheit, Wohlbefinden) werden deshalb nicht nur Durchschnittswerte herangezogen, um eine (vermeintlich) homogene Gruppe älterer Personen zu beschreiben. Vielmehr wird ergänzend betrachtet, wie hoch die Heterogenität ist, die sich hinter diesen Werten verbirgt, um der Vielfalt von Lebenssituationen in der zweiten Lebenshälfte Rechnung zu tragen. Zentral ist hierbei zu untersuchen, welche Sozialstrukturmerkmale mit der beobachteten Heterogenität korrespondieren.

1.3.2 Soziale Ungleichheit

Soziale Ungleichheit ist als eine sozial strukturierte Benachteiligung oder Bevorzugung hinsichtlich der Zugangsmöglichkeiten zu verfügbaren (und erstrebenswerten) Ressourcen, sozialen Gütern und Positionen zu verstehen. Soziale Ungleichheit bezieht sich darauf, dass für bestimmte Personen, Gruppen von Personen bis hin zu Gesellschaften Einschränkungen oder Begünstigungen erwachsen (Kreckel 1992). Benachteiligungen entstehen oftmals vor dem Hintergrund von Unterschieden in der Sozialstruktur, also sozialer oder räumlicher Herkunft, Bildung, beruflichen Tätigkeiten, sowie Unterschieden in den verfügbaren wirtschaftlichen Ressourcen wie Einkommen und Vermögen. Definitionen sozialer Ungleichheit greifen, im Gegensatz zum Konzept der „Vielfalt", auf normative Setzungen zurück. Dies wird daran deutlich, dass sich Urteile über die Qualität von Gütern, Positionen und Ergebnissen (Outcomes) an normativen Vergleichskriterien orientieren. Als soziale Ungleichheit werden dementsprechend vor allem solche Differenzierungen bezeichnet, die als gesellschaftlich problematisch gelten und als veränderungswürdig betrachtet werden.

In der Alterssozialberichterstattung steht zunächst die Ungleichheit zwischen älteren Menschen zu einem bestimmten Zeitpunkt im Fokus. In einer Studie wie dem DEAS stellt sich aber auch die Frage, ob sich soziale Ungleichheit in verschiedenen Altersgruppen beziehungsweise Kohorten unterschiedlich darstellt und inwieweit sich diese Ungleichheitsrelationen über die Zeit gewandelt haben. Schließlich stellt sich die Frage nach Veränderungen sozialer Ungleichheit über den Lebenslauf von Kohorten und Generationen. In der sozialen Gerontologie werden häufig vier Hypothesen diskutiert, die sich mit der Veränderung sozialer Ungleichheit über den Lebenslauf befassen: Kontinuität, Angleichung, Differenzierung und Altersbedingtheit sozialer Ungleichheit im späten Lebenslauf (Dannefer 2003; Ferraro et al. 2009; Motel-Klingebiel et al. 2004).

Die *Kontinuitätshypothese* nimmt dabei an, dass soziale Ungleichheit innerhalb einer bestimmten Geburtskohorte über den späten Lebenslauf stabil bleibt (Kohli 1990). Demgegenüber geht die *Angleichungshypothese* davon aus, dass mit dem Alter eine Homogenisierung oder Destrukturierung stattfindet, das heißt, soziale Ungleichheit abnimmt. Begründet wird dies mit der Standardisierung sozialer Positionen, die aufgrund der zunehmenden Bedeutung institutioneller Regelungen in späteren Lebensphasen auftreten kann. Die *Differenzierungshypothese* postuliert hingegen eine Verstärkung von Ungleichheit im Alter, denn es wird angenommen, dass sich Ungleichheiten aufgrund der fortwährenden Wirkungen vorlaufender Begünstigungen und Benachteiligungen und ihres Zusammenspiels im späten Lebenslauf weiter verschärfen (Dannefer 2003; Ferraro et al. 2009; O'Rand 2003). Die *Hypothese der Altersbedingtheit* nimmt schließlich einen *Wechsel* der Ursachen für Ungleichheiten im Lebenslauf an. Sie ist keine Alternative zu den zuvor genannten Hypothesen, sondern ergänzt diese.

Gerade die Betrachtung der Veränderung von sozialer Ungleichheit im Lebensverlauf verbindet die Frage nach Vielfalt und Ungleichheit mit zeitlichen Veränderungen. Soziale Ungleichheit kann sich in Ausmaß, Form und Strukturen über die Zeit hinweg verändern, und zwar nicht allein mit Blick auf Individuen, sondern auch mit Blick auf Gesellschaften. Dieser Dynamik, die mit dem Begriff des sozialen Wandels bezeichnet wird, wenden wir uns im folgenden Abschnitt zu.

1.4 Sozialer Wandel: Wie haben sich die Lebenssituationen in der zweiten Lebenshälfte gewandelt?

Mit dem Begriff des sozialen Wandels werden die qualitativen, wie quantitativen Veränderungen von Gesellschaften, von gesellschaftlichen Teilgruppen und von individuellen Verhaltensweisen und Wertorientierungen über die historische Zeit bezeichnet. Auch wenn die Soziologie nicht über eine paradigmatische Theorie sozialen Wandels verfügt, „die unangefochten den Anspruch auf Erklärung der Dynamik moderner Gegenwartsgesellschaften stellen könnte" (Weymann 1998, S. 18), wird doch einhellig festgestellt, dass sozialer Wandel als strukturelle Veränderung eines sozialen Systems verstanden werden kann. Die dabei ablaufenden Wandlungsprozesse betreffen die Makroebene (Sozialstruktur, Kultur, Wirtschaft), die Mesoebene (Institutionen, korporative Akteure, Gemeinschaften) und die Mikroebene (Personen, Lebensläufe). Theorien des sozialen Wandels beziehen sich auf den Verlauf des Wandels, auf seine Ursachen sowie auf seine Wirkungen mit Blick auf Sozialstruktur und individuelle Lebenssituationen.

Für die Mikroperspektive des DEAS sind zwei Aspekte des sozialen Wandels von Interesse. Zum einen geht es darum, die Auswirkungen des Wandels gesellschaftlicher Rahmenbedingungen auf individuelle Lebenssituationen zu untersuchen. Wir wollen fragen, wie gesellschaftliche Entwicklungen und politische Maßnahmen die Situation und das Wohlbefinden von älter werdenden und alten Menschen beeinflusst haben. Hierbei geht es um die Beobachtung der Lebenssituationen von Gesellschaftsmitgliedern im Verlauf der historischen Zeit. Zum anderen ist von Interesse, wie der Wandel der Lebensweisen als eine treibende Kraft einen Wandel sozialer Systeme bewirkt. In diesem Sinne kommt dem Wandel der Generationen als Antrieb für sozialen Wandel eine erhebliche Bedeutung bei. Verschiedene Geburtskohorten sind in unterschiedliche gesellschaftliche, wirtschaftliche und politische Kontexte eingebettet. Aus diesem Grund ist es sinnvoll, die Analyse sozialen Wandels mit der Lebenslauf- und Generationenforschung zu verknüpfen und die gesellschaftliche Dynamik des vergangenen Jahrhunderts in den Blick zu nehmen. In ähnlicher Weise unterscheiden Baltes und Kollegen (Baltes 1979) zwei Trends des sozialen Wandels: Trends, die sich direkt auf die institutionellen Rahmenbedingungen des Älterwerdens auswirken (zum Beispiel sozialpolitische Interventionen), sowie Trends, die aufgrund von Veränderungen in der Bevölkerung entstehen (zum Beispiel Veränderungen in der Verteilung von Ressourcen oder Veränderungen in Werthaltungen).

1.4.1 Der Wandel gesellschaftlicher Rahmenbedingungen

In der Untersuchung sozialen Wandels aufgrund der Veränderung gesellschaftlicher Rahmenbedingungen sind drei Fragen zu stellen (Müller & Schmid 1995):

1. Die *deskriptive* Frage „Was wandelt sich?"
2. Die *explanatorische* Frage „Warum vollzieht sich der Wandel?"
3. Die *evaluative* Frage „Was bedeutet der Wandel für politische Bewertung und Entscheidungen?"

Empirisch wird im DEAS vor allem die erste Frage untersucht: Wie wandeln sich die Lebenssituationen von Menschen in der zweiten Lebenshälfte? Hierbei wird untersucht, ob (und inwiefern) gesellschaftliche Trends ihren Niederschlag in der Lebensqualität von älter werdenden und alten Menschen finden. Mit Blick

Abb. 1–2: Zeitachse mit ausgewählten Ereignissen im Zeitraum 1996 bis 2008 – bisheriger Erhebungszeitraum des DEAS

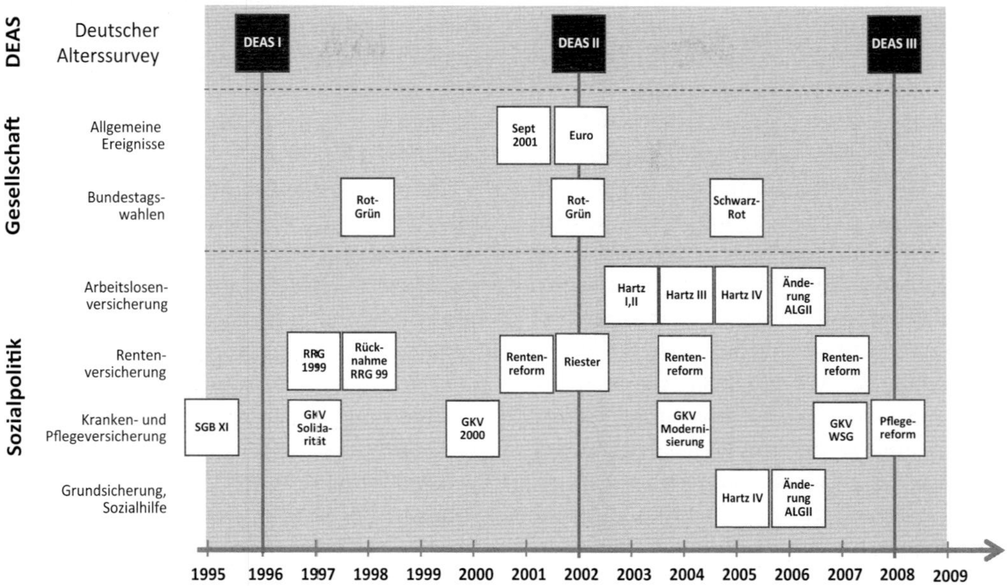

auf gesellschaftliche Ereignisse und sozialpolitische Maßnahmen wird mit der zweiten Frage den Ursachen für diesen Wandel nachgegangen. Schließlich ist es auch eine Aufgabe der Sozialberichterstattung, die dritte hier gestellte Frage zu beantworten und den beobachteten Wandel zu interpretieren und zu bewerten.

Im Rahmen des DEAS wird die Frage, wie gesellschaftliche, politische und wirtschaftliche Veränderungen die Situation von Menschen in der zweiten Lebenshälfte beeinflussen, mit Blick auf den Zeitraum zwischen 1996 (Zeitpunkt der ersten DEAS-Welle) und 2008 (Zeitpunkt der dritten DEAS-Welle) gestellt. Gerade um Fragen nach Ursachen und Bewertungen von Veränderung in Lebensbedingungen zu beantworten, ist es unabdingbar, bedeutsame gesellschaftliche und politische Entwicklungen nachzuzeichnen, die die Lebenssituation von Menschen in der zweiten Lebenshälfte beeinflussen. In Abbildung 1–2 sind ausgewählte gesellschaftliche Ereignisse und sozialpolitische Maßnahmen dargestellt, die sich zwischen 1996 und 2008 vollzogen haben. Insbesondere Veränderungen in der Sozialpolitik (Arbeitslosenversicherung, Rentenversicherung, Krankenversicherung, Pflegeversicherung, Sozialhilfe sowie Grundsicherung für Arbeitsuchende) sind von Bedeutung für die Lebenssituationen von Menschen in der zweiten Lebenshälfte.

Gesellschaft: Der gesellschaftliche Wandel in Deutschland war in den letzten zwölf Jahren besonders durch das Zusammenwachsen der beiden deutschen Staaten gekennzeichnet. Im Jahr 1996 lag die Vereinigung gerade sechs Jahre zurück, 2009 wurde der 20. Jahrestag des Mauerfalls begangen. Seit Beginn der 1990er Jahre haben sich die Lebensbedingungen in Ost- und Westdeutschland angenähert. Politisch ist der Zeitraum zwischen 1996 und 2008 durch zwei Wechsel in der Regierungskoalition zu charakterisieren. Im Jahr 1998 wurde die schwarz-gelbe Koalition des Kanzlers Kohl durch die rot-grüne Koalition von Kanzler

Schröder abgelöst. Dieser folgte dann im Jahr 2005 die schwarz-rote Koalition von Kanzlerin Merkel. Die wirtschaftliche Entwicklung war in den letzten zwölf Jahren durch eine Abfolge von konjunkturellen Auf- und Abschwüngen gekennzeichnet. Nach der Rezession des Jahres 1993, Folge der im vorhergehenden Wiedervereinigungsboom aufgetretenen Übersteigerungen und der daraufhin einsetzenden restriktiven Geldpolitik, trat ein Aufschwung ein, der im Jahr 2001 endete (Ende des Booms in der IT- und Kommunikationsbranche). Nach einer wirtschaftlichen Schwächephase begann im Jahr 2005 ein relativ starkes Wirtschaftswachstum, das in die weltweite Finanzkrise des Jahres 2008 mündete. Trotz dieser wirtschaftlichen Fluktuation war das Wachstum des preisbereinigten Bruttoinlandsprodukts und des durchschnittlichen preisbereinigten Einkommens in den letzten zwölf Jahren positiv. Allerdings stiegen in dieser Zeit die Arbeitslosenquote sowie das Risiko der Privatinsolvenz.

Arbeitsmarktpolitik und Arbeitslosenversicherung: Im Jahr 2000 wurden die europäischen Richtlinien über Teilzeitarbeit und befristete Arbeitsverträge in Deutschland umgesetzt, mit dem Ziel, die Akzeptanz für Teilzeitarbeit zu erhöhen. Im Jahr 2002 wurde das Job-AQTIV-Gesetz wirksam, das eine effizientere Arbeitsvermittlung zum Ziel hatte. Im Jahr 2003 traten die beiden ersten Teile der Hartz-Gesetze in Kraft (Hartz I: Erleichterung von neuen Formen der Arbeit, Förderung der beruflichen Weiterbildung durch die Arbeitsagentur, Einführung des Bildungsgutscheins, Zeitarbeit mit Personal-Service-Agenturen; Hartz II: Regelung der Beschäftigungsarten Minijob und Midijob, Ich-AG, Einrichtung von Jobcentern). Im Jahr 2004 trat das dritte Hartz-Gesetz in Kraft (Hartz III: Umbau der Bundesanstalt für Arbeit in die Bundesagentur für Arbeit). Im Jahr 2005 trat das vierte Hartz-Gesetz in Kraft (Zusammenführung von Arbeitslosenhilfe und Sozialhilfe, Reduzierung des Bezugs von Arbeitslosengeld auf 18 Monate). Alle Maßnahmen kombinieren eine Reduzierung der Sozialleistungen mit verstärkten Vermittlungsbemühungen der Agentur für Arbeit, die zum Ziel haben, dass arbeitslose Menschen rasch wieder Erwerbsarbeit finden.

Rentenpolitik: Im Jahr 1997 hatte die schwarz-gelbe Koalition das Rentenreformgesetz 1999 (RRG 1999) verabschiedet. Schwerpunkte des Gesetzes waren die Abschaffung der Altersrente wegen Arbeitslosigkeit und Altersteilzeitarbeit, die Einführung einer früher beginnenden Altersrente für Frauen, die Neuordnung der Renten wegen verminderter Erwerbsfähigkeit, die Anhebung der Altersgrenzen für Schwerbehinderte sowie die Einführung eines Faktors in die Rentenformel, der den Anstieg der Lebenserwartung berücksichtigt (Demografiefaktor). Teile dieses Reformgesetzes wurden im Jahr 1999 rückgängig gemacht. Im Jahr 2001 trat das Gesetz zur Reform der Renten wegen verminderter Erwerbsfähigkeit in Kraft (zweistufige Erwerbsminderungsrente, Anhebung der Altersgrenze bei der Altersrente für schwerbehinderte Menschen). Im Jahr 2002 wurde die Riesterrente eingeführt, die es Arbeitnehmerinnen und Arbeitnehmern ermöglichen soll, privat für die Alterssicherung vorzusorgen. Im Jahr 2003 trat das Gesetz über eine bedarfsorientierte Grundsicherung im Alter und bei Erwerbsminderung in Kraft. Hierbei handelt sich um eine eigenständige, bedürftigkeitsabhängige Leistung. Im Jahr 2006 wurde die Altersgrenze für den frühesten Bezug der vorzeitigen Altersrente stufenweise vom 60. auf das 63. Lebensjahr angehoben, um Frühverrentungen zu verhindern. Im Jahr 2008 trat das Gesetz zur Rente mit 67 in Kraft (Anhebung der Altersgrenze für die Rente ab 2012 von 65 auf 67 Jahre; Geburtsjahrgänge ab 1964 werden erst mit 67 Jahren ohne Abzüge in Rente gehen können). Insgesamt bezwecken die Rentenreformen seit Mitte der 1990er Jahre eine Verlängerung der Lebensarbeitszeit sowie eine Senkung der Renteneinkünfte, insbesondere zukünftiger Rentenempfänger, mit dem Ziel der Sicherung des gesetzlichen Rentensystems.

Gesundheitspolitik: Mit dem „Gesetz zur Modernisierung der Gesetzlichen Krankenversicherung" wurde im Jahr 2004 eine Reihe von Änderungen wirksam (Wettbewerb im Gesundheitssystem, mehr Eigenverantwortung der Versicherten). In den letzten Jahren traten zwei weitere wesentliche Gesetze in Kraft: 2006 das „Gesetz zur Verbesserung der Wirtschaftlichkeit in der Arzneimittelversorgung" (keine Zuzahlung nur für Arzneimittel, die 30 Prozent oder mehr unterhalb eines festgesetzten Festbetrags liegen) und 2007 das Gesetz zur Stärkung des Wettbewerbs in der gesetzlichen Krankenversicherung (schrittweise Einführung der Krankenversicherungspflicht, Ausbau der integrierten Versorgung, erweiterte Wahlmöglichkeiten für die Versicherten). Insgesamt hatten die Reformen in der Gesundheitspolitik das Ziel, die Kosten des Gesundheitssystems zu senken, insbesondere durch Eigenbeteiligung der Versicherten sowie durch stärkere Regulierung.

Pflegepolitik: Bereits im Jahr 1995 trat die Pflegeversicherung (SGB XI) als Pflichtversicherung in Kraft. Da es sich bei der Pflegeversicherung um einen neuen Zweig der Sozialversicherung handelte, veränderte sich in den folgenden Jahren die Infrastruktur, insbesondere durch eine Vielzahl neu gegründeter Anbieter im ambulanten Sektor. Auch die Inanspruchnahme von Leistungen veränderte sich in den ersten Jahren der Pflegeversicherung (leichte Absenkung der Zahl von Pflegegeldempfängern, Anstieg der Zahl von Pflegeheimbewohnern). Im Jahr 2005 wurde ein Zusatzbeitrag für kinderlose Mitglieder der sozialen Pflegeversicherung eingeführt. Im Jahr 2008 trat die erste größere Reform der Pflegeversicherung in Kraft (schrittweise Anhebung der Pflegesätze bis 2012, Leistungen für die Betreuung demenzkranker Menschen, finanzielle Förderung von Selbsthilfeorganisationen, Pflegeurlaub von zehn Tagen und Pflegefreistellung bis zu sechs Monate). Insgesamt bezweckt die Pflegeversicherung eine Stärkung der Unterstützung der Familien und weiteren sozialen Netzwerke bei der Betreuung und Pflege von Familienangehörigen.

Sozialhilfepolitik und Grundsicherung: Im Jahr 2003 wurde die Grundsicherung im Alter und bei Erwerbsminderung eingeführt. Hierbei handelt es sich um eine bedarfsorientierte Sozialleistung zur Sicherstellung des notwendigen Lebensunterhalts. Der Zweck der Grundsicherung ist es, sogenannter versteckter oder verschämter Altersarmut vorzubeugen. Von Bedeutung hierbei ist, dass – entgegen der sonst üblichen Unterhaltspflicht aufgrund des Subsidiaritätsprinzips – die Kinder der betroffenen Personen nicht vom Sozialhilfeträger in die Pflicht genommen werden.

Insgesamt zeigen sich unterschiedliche, teils divergente Entwicklungen in der Sozialpolitik. Zum einen ist eine deutliche Begrenzung und sogar Zurücknahme sozialpolitischer Leistungen zu konstatieren (Arbeitslosenversicherung, Rentenversicherung, Krankenversicherung). Zum anderen gibt es neue Formen sozialer Sicherung (Grundsicherung, Pflegeversicherung). Obwohl viele dieser Maßnahmen eine allgemeine Reduzierung sozialpolitischer Leistungen mit sich brachten (zum Beispiel durch Zuzahlungen für Gesundheitsleistungen, private Vorsorge für die Alterssicherung), sind die Wirkungen gesellschaftlich differenziert und wirken so auf die Verteilung sozialer Ungleichheitspositionen – zwischen Altersgruppen und zwischen Generationen aber auch innerhalb von ihnen. Beispielweise gelten Änderungen des Rentenrechts, etwa mit Blick auf eine schrittweise Anhebung des Renteneintrittsalters, in unterschiedlicher Weise für Angehörige unterschiedlicher Geburtskohorten. Zudem muss davon ausgegangen werden, dass sich die gesellschaftlichen Entwicklungen und Veränderungen der Sozialpolitik auf Menschen unterschiedlichen Alters, auf Männer und Frauen, auf Menschen in Ost- und Westdeutschland sowie auf Angehörige unterschiedlicher sozialer Schichten unterschiedlich ausgewirkt haben, auswirken und auswirken werden. Die Abschätzung tatsächlicher künftiger Verteilungswirkungen ist angesichts der Vielzahl von weiteren Einflussmöglichkeiten problematisch, sodass eine dauerhafte Beobachtung der tatsächlichen Entwicklungen wissenschaftlich unabdingbar ist und politisch dringlich geboten scheint.

1.4.2 Lebensläufe und sozialer Wandel

Eine Veränderung der Lebenssituation älterer Menschen und der Ausgestaltung der Altersphase sollte nicht allein vor dem Hintergrund von Veränderungen der aktuellen gesellschaftlichen Kontexte diskutiert werden wie sie im vorangegangenen Abschnitt 1.4.1 vorgestellt wurden. Vielmehr sind spätere Lebensphasen erheblich durch frühere Lebensabschnitte mit geprägt, denn der gesamte bisherige Lebenslauf stellt materielle wie immaterielle Ressourcen für das höhere Alter bereit und beeinflusst die Lebensformen und Wünsche im Alter. Gesellschaftliche Entwicklungen und politische Entscheidungen treffen auf Menschen unterschiedlichen Alters – diese sind in je unterschiedlicher Weise davon betroffen. Lebensläufe vollziehen sich in Abhängigkeit von ihrer historischen und gesellschaftlichen Einbettung unter sehr unterschiedlichen Bedingungen.

Von hoher Bedeutung ist die Tatsache, dass die Struktur des Lebenslaufs als zeitliche Abfolge unterschiedlicher Lebensphasen in engem Zusammenhang mit der Entwicklung der Gesellschaft steht. Sozialer Wandel wird auch durch die Abfolge von Generationen vorangetrieben. Die historische Lagerung bestimmter Geburtskohorten und ihrer Lebensläufe kann im Sinne Karl Mannheims (Mannheim 1928) zur Ausbildung von Generationen führen, die sich durch spezifische Lebensweisen, Einstellungen, Planungen und Ressourcen ausweisen. Er führt zur Beschreibung des Sachverhalts die Hierarchie von Generationslagerung, Generationszusammenhang und Generationseinheit ein. *Generationslagerung* bezeichnet Geburtskohorten, die einem ähnlichen historischen Kontext entstammen; *Generationenzusammenhang* meint die Teilhabe an gemeinsamer Geschichte und kulturellen Strömungen und *Generationseinheiten* bedeutet eine identitätsstiftende Verarbeitung der gemeinsamen Geschichte sowie einheitliche Reaktionen der zu einer Generationseinheit gehörenden Mitglieder.

Zu fragen ist, welche gesellschaftlichen Entwicklungen das Alter und Altern von Generationen prägen und ob sich im 20. Jahrhundert Veränderungen nachzeichnen lassen, die einen Wandel des Alters implizieren. Nachfolgend sollen hierfür beispielhaft drei Generationen skizziert werden, deren Lebensläufe sich deutlich unterscheiden: Erstens die *1945er- und Aufbaugeneration*, zweitens die *1968er- und integrierte Generation* sowie drittens die *Babyboomer-Generation in Ost- und Westdeutschland*. Der Wandel des höheren Lebensalters zeigt sich derzeit vor allem als Übergang zwischen den beiden ersten Generationengruppen. Die Babyboomer-Generation stellt hingegen derzeit die älteren Erwerbstätigen und die „Alten der Zukunft".

Die *Mitglieder der 1945er- und Aufbau-Generation* (Geburtskohorten 1918–1930) wurden im Nationalsozialismus sozialisiert und wuchsen unter den Bedingungen der NS-Zeit und des Zweiten Weltkrieges heran. Sie erlebten Beginn und Ende des Zweiten Weltkrieges. Anschließend integrierten sie sich in die konkurrierenden Systeme der beiden deutschen Staaten und wurden als junge Erwachsene in unterschiedlicher Weise vom Aufbau zweier deutscher Gesellschaften und der hiermit verbundenen wirtschaftlichen und politischen Entwicklung geprägt. Biografisch waren der (häufigere) Wechsel von Ost nach West und der (seltenere) Wechsel von West nach Ost eine Lebensoption, die im Jahr 1961 ein plötzliches Ende fand und erst ab 1990 wieder offen stand – für die meisten Personen dieser Generation in einem Alter, in dem sie bereits im Ruhestand waren. Beide Generationen waren durch das alte Gesellschaftssystem des nationalsozialistischen Deutschlands geformt und gleichzeitig Träger eines neuen beziehungsweise wesentlich renovierten Gesellschaftssystems. Diese Generation ist für die Analysen des DEAS von besonderem Interesse, da sie die älteste Generation darstellt, die von den Geburtsjahrgängen betrachtet im DEAS vollständig enthalten ist.

Die *1968er-Generation und die integrierte Generation* (Geburtskohorten der späten 1930er bis Mitte 1940er Jahre) wurden in der NS-Zeit und im Zweiten Weltkrieg geboren, erlebten die Staatsgründungen als Kinder und wuchsen unter den Bedingungen des Wirtschaftswunders (West) und des Aufbaus (Ost) heran. Sie profitierten in großem Umfang von beiden Entwicklungen und den damit verbundenen erheblichen Entwicklungs- und Aufstiegschancen, reagierten aber in je unterschiedlicher Art und Weise auf diese als junge Erwachsene vorgefundenen Gesellschaften. Während die 1968er im weiteren Lebenslauf den Beginn einer (von ihnen mit ausgelösten) Bildungsexpansion erlebten, allerdings auch von der Wirtschaftskrise der 1970er Jahre betroffen waren, anschließend aber weithin erfolgreiche Karrieren erfuhren, erlebte die integrierte Generation des Ostens ihre Krise mit dem Zusammenbruch der DDR. Dieser führte zu einem Umbruch des Arbeitsmarktes und für viele Menschen zu Arbeitslosigkeit. Davon waren ältere und jüngere Mitglieder der integrierten Generation in unterschiedlicher Weise betroffen. Für die Älteren hielten sich aufgrund von günstigen Übergangsregelungen die materiellen Folgen in Grenzen. Im Vergleich mit den Ruhestandsaussichten in der DDR war für sie damit zunächst sogar ein relativer Aufstieg verbunden. Die Jüngeren dieser Generation stellen hingegen aufgrund vielfach abgebrochener Erwerbskarrieren in Teilen die „Wendeverlierer" dar. Während die 1968er in Westdeutschland die Liberalisierung der Gesellschaft vorantrieben und so den Weg für die Babyboomer bereiteten, ihnen aber auch gleichzeitig Karrierewege verstellten, steht die integrierte Generation Ostdeutschlands für die ideologische und kulturelle Verhärtung der Gesellschaft.

Die zwischen der Mitte der 1950er und der ersten Hälfte der 1960er Jahre geborene *Babyboomer-Generation* sind besonders geburtenstarke Jahrgänge, denen sehr viel schwächer besetzte Geburtskohorten folgen. Die Babyboomer in West- und Ostdeutschland fanden weitgehend etablierte wirtschaftliche und politische Systeme vor. In Westdeutschland gab es vor allem aufgrund der Masse von Personen eines Jahrgangs, aber auch aufgrund einer Verlangsamung der wirtschaftlichen Entwicklung nur bedingt Spielraum für berufliche Aufstiege. Und dies trotz der im Zuge der Bildungsexpansion der 1970er Jahre gegenüber ihren Vorgängerkohorten massiv gestiegenen Bildungschancen dieser Gruppe. Ähnliches galt in Ostdeutschland, aber aus anderen Gründen. Hier hatte der bis in die 1970er Jahre hinein erfolgreiche Aufbau des Systems, und insbesondere der Erfolg der integrierten Generation zu einem beschränkten Zugang zur sozialistischen Dienstklasse geführt und vielfach Aufstiege erschwert oder unmöglich gemacht. Die Babyboomer Ostdeutschlands verschärften so die Legitimitätskrise der DDR und können letztlich als eine treibende Generation des Systemwechsels angesehen werden. Während die Babyboomer des Westens auf eine sich bereits liberalisierende Gesellschaft trafen, die sich beispielsweise durch zunehmende Lebensoptionen und den sukzessiven, wenn auch nicht vollständigen Abbau von Geschlechterungleichheiten kennzeichnen lässt, sahen sich die ostdeutschen Babyboomer auch außerhalb der Erwerbssphäre einem verfestigten Gesellschaftssystem gegenüber, das wenig Spielraum zur Entfaltung, Aufstieg und Wirksamkeit ließ.

Die deutsche Vereinigung erlebten die Babyboomer im Alter etwa zwischen Mitte 20 und Mitte 30 – also in relativ frühen Phasen ihrer Erwerbskarrieren oder am Ende ihrer Ausbildung. Seitdem sind ihre Erwerbskarrieren allgemein unter einigermaßen günstigen wirtschaftlichen Bedingungen verlaufen. Im Allgemeinen ist bei ihnen eine zunehmende Pluralisierung von Lebensformen und Lebensläufen bis zum Renteneintritt zu konstatieren, deren Auswirkung auf die Alterssicherung offen ist. Die Babyboomer werden die erste Generation sein, die voll von den in den letzten Jahren beschlossenen Leistungsabsenkungen des Systems sozialer Sicherung, insbesondere der öffentlichen Alterssicherung und den Folgen der Privatisierung sozialer Sicherung betroffen ist und künftig sein wird. Diese Generation ist mit einer deutlich veränderten Struktur der gesetzlichen Alterssicherung konfrontiert. Und allein schon aufgrund ihrer Kohortenstärke sinkt nach dem reformierten Rentenrecht ihre individuelle Altersrente.

1.5 Zusammenfassung und Ausblick

Die Lebensqualität der Menschen in der zweiten Lebenshälfte ist der zentrale Gegenstand der Analysen zur dritten Welle des DEAS. Lebensqualität ist ein wesentliches Kriterium zur Bewertung von Erfolg und Misserfolg gesellschaftlicher Wohlfahrtsproduktion und sozialpolitischer Interventionen (Wahl et al. 2005; Veenhoven & Hagerty 2006; Hajiran 2006; Schulz-Nieswandt 2006; Stroup 2007). Lebensqualität wird hierbei sowohl als objektive Lebenslage als auch subjektive Lebensbewertung gefasst. Eine reine Erfassung der durchschnittlichen objektiven und subjektiven Lebenslagen ist jedoch nicht ausreichend. Um ein besseres Verständnis der Lebenssituationen zu erreichen, muss die zweite Lebenshälfte auch in seiner Vielfalt beschrieben werden.

Der DEAS leistet deshalb Beiträge zur Sozialberichterstattung mit Blick auf die objektiven Lebenslagen und das subjektive Wohlbefinden von Menschen in der zweiten Lebenshälfte zum einen im Hinblick auf das Niveau zentraler Aspekte zum anderen in Bezug auf Verteilungen und Häufigkeiten. Es werden Differenzierungen nach Alter, Geschlecht, Region (Ost/West) und Bildungsstand vorgenommen. Mit Blick auf den sozialen Wandel, seine Grundlagen und Folgen geht es um die Frage, wie gesellschaftliche, politische und wirtschaftliche Veränderungen die Situation von Menschen in der zweiten Lebenshälfte beeinflussen und umgekehrt von den Lebenswünschen und Lebensläufen angetrieben werden.

Alle Beiträge dieses Bandes rücken im jeweiligen Themengebiet die Frage der Lebensqualität ins Zentrum ihrer Analysen. Dabei spiegelt der Begriff der Lebensqualität sowohl das „gute Leben" als auch seine Bedingungen wider (vgl. Veenhoven 2000). Lebensqualität kann als Ausdruck und Resultat ungleich verteilter Lebensbedingungen und Lebenschancen von Personen verstanden werden, die sich in verschiedenen Lebensphasen befinden, zu verschiedenen historischen Zeitpunkten geboren wurden und in unterschiedlichen kulturellen und sozialen Umwelten leben. Lebensqualität beinhaltet materielle und nicht materielle, objektive und subjektive, individuelle und kollektive Aspekte (Motel-Klingebiel et al. 2003; Katz et al. 2005; Rapley 2003). Im Kontext des DEAS wird Lebensqualität als ein multidimensionales Konstrukt verstanden.

Die Formulierung eines Modells der Lebensqualität dient damit im DEAS vor allem der konzeptionellen Gestaltung der Analysestruktur und dem inhaltlichen Bezug der Ergebnisse aufeinander.

Die Kapitel des Buchs berücksichtigen sowohl die Vielfalt und Ungleichheit der relevanten Lebenssituationen als auch ihren Wandel zwischen 1996 und 2008. Im Folgenden wird zunächst der Deutsche Alterssurvey in seinem methodischen Aufbau näher beschrieben (Kapitel 1 „Datengrundlagen und Methoden"). Es werden – nach Informationen zur Methodik des DEAS – die grundlegenden Bedingungen der Lebenssituation im Alter angesprochen: Mit den Themen materielle Lage, Gesundheit, berufliche und gesellschaftliche Partizipation sowie Wohnen und Wohnumfeld stehen zentrale Aspekte der *Lebenschancen* im Mittelpunkt. Daran anschließend werden wesentliche Fragen von gesellschaftlichen Beziehungen dargestellt. Diese Beiträge behandeln die Themen Lebensformen und Partnerschaft, familiale Generationenbeziehungen, soziale Netzwerke, erlebte Altersdiskriminierung sowie Altersbilder. Damit stellen sie die *gesellschaftliche Integration* in der zweiten Lebenshälfte ins Zentrum. Die empirischen Analysen schließen mit einer Darstellung des subjektiven Wohlbefindens von Menschen in der zweiten Lebenshälfte als einem wesentlichen subjektiven Ergebnisaspekt der Lebensqualität in der zweiten Lebenshälfte. Das letzte Kapitel des Buches widmet sich einer Gesamtschau zur Lebensqualität älterer Menschen und setzt dabei die Ergebnisse der verschiedenen Lebensbereiche zueinander in Beziehung. Zudem werden die gesellschaftsrelevanten Folgerungen und politischen Implikationen diskutiert.

Literatur

Backes, G. M. (2003). Soziologische und verhaltenswissenschaftliche Gerontologie. In F. Karl (Hrsg.), *Sozial- und verhaltenswissenschaftliche Gerontologie* (S. 45–57). Weinheim: Juventa.

Baltes, P. B. (1979). Life-span developmental psychology: Some converging observations on history and theory. In P. B. Baltes & O. G. J. Brim (Eds.), *Life-span development and behavior* (pp. 255–279). New York: Academic Press.

Baltes, P. B., & Baltes, M. M. (1989). Erfolgreiches Altern – Mehr Jahre und mehr Leben. In M. M. Baltes, M. Kohli & S. Karl (Hrsg.), *Erfolgreiches Altern* (S. 5–10). Bern: Huber.

Baltes, P. B. & Baltes, M. M. (1990). Psychological perspectives on successful aging: The model of selective optimization with compensation. In P. B. Baltes & M. M. Baltes (Eds.), *Successful aging: Perspectives from the behavioral sciences* (pp. 1–34). Cambridge: Cambridge University Press.

Baltes, P. B., Lindenberger, U., & Staudinger, U. M. (2006). Life span theory in developmental psychology. In W. Damon & R. M. Lerner (Eds.), *Theoretical models of human development* (Vol. 1, pp. 569–664). New York: Wiley.

Bengtson, V. L., Gans, D., Putney, N. M., & Silverstein, M. (Eds.). (2009). *Handbook of theories of aging* (2nd ed.). New York: Springer Publishing.

Brandtstädter, J. (2007). Hartnäckige Zielverfolgung und flexible Zielanpassung als Entwicklungsressourcen: Das Modell assimilativer und akkomodativer Prozesse. In J. Brandtstädter & U. Lindenberger (Hrsg.), *Entwicklungspsychologie des Erwachsenenalters. Ein Lehrbuch* (S. 413–445). Göttingen: Hogrefe.

Cumming, E., & Henry, W. E. (1961). *Growing old: the process of disengagement*. New York: Basic.

Dannefer, D. (2003). Cumulative advantage/disadvantage and the life course. Cross-fertilizing Age and social science theory. *The Journals of Gerontology Series B: Psychological Sciences and Social Sciences, 58B*, S327–337.

Diener, E., Suh, E. M., & Oishi, S. (1997). Recent findings on subjective well-being. *Indian Journal of Clinical Psychology, 24*, 25–41.

Erikson, E. H. (1982/1988). *The life cycle completed*. New York: Norton (dt. 1988, Der vollständige Lebenszyklus. Frankfurt/Main: Suhrkamp).

Ferraro, K. F., Shippee, T. P., & Schafer, M. H. (2009). Cumulative inequality theory for research on aging and the life course, In V. L. Bengtson, D. Gans, N. Putney & M. Silverstein (Eds.), *Handbook of theories of aging* (pp. 413–433): New York: Springer.

Freund, A. M., & Baltes, P. B. (1998). Selection, optimization, and compensation as strategies of life management: Correlates with subjective indicators of successful aging. *Psychology and Aging, 13(4)*, 531–543.

Hajiran, H. (2006). Toward a quality of life theory: Net domestic product of happiness. *Social Indicators Research, 75(1)*, 31–43.

Katz, R., Lowenstein, A., Phillips, J., & Daatland, S. O. (2005). Theorizing intergenerational family relations. In V. L. Bengtson, A. C. Acock, K. R. Allen, P. Dilworth-Anderson & D. M. Klein (Eds.), *Sourcebook of family theory and research* (pp. 393–420). Thousand Oaks, CA: Sage.

Kohli, M. (1990). Das Alter als Herausforderung an die Theorie sozialer Ungleichheit. In P. A. Berger & S. Hradil (Hrsg.), *Lebenslagen, Lebensläufe, Lebensstile. Soziale Welt, Sonderband 7* (S. 387–408). Göttingen: Schwartz.

Kreckel, R. (1992). *Politische Soziologie der sozialen Ungleichheit.* Frankfurt/Main: Campus.

Li, S.-C., Lindenberger, U., Hommel, B., Aschersleben, G., Prinz, W., & Baltes, P. B. (2004). Lifespan developmental transformations in the couplings of mental abilities and underlying cognitive processes. *Psychological Science, 15*, 155–163.

Mannheim, K. (1928). Das Problem der Generationen. *Kölner Vierteljahresschrift für Soziologie, 7*, 154–184, 309–330.

Motel-Klingebiel, A., Kondratowitz, H. J. v., & Tesch-Römer, C. (2004). Social inequality in the later life: Cross-national comparison of quality of life. *European Journal of Ageing, 1*, 6–14.

Motel-Klingebiel, A., Tesch-Römer, C., & von Kondratowitz, H.-J. (2003). Die gesellschaftsvergleichende Studie OASIS – Familiale und wohlfahrtsstaatliche Determinanten der Lebensqualität im Alter. In F. Karl (Hrsg.), *Sozial- und verhaltenswissenschaftliche Gerontologie* (S. 163–183). Weinheim: Juventa.

Müller, H.-P., & Schmid, M. (1995). Paradigm lost? Von der Theorie sozialen Wandels zur Theorie dynamischer Systeme. In H.-P. Müller & M. Schmid (Hrsg.), *Sozialer Wandel* (S. 9–55). Frankfurt/Main: Suhrkamp.

Naegele, G. (2008). Sozial- und Gesundheitspolitik für ältere Menschen. In A. Kuhlmey & D. Schaeffer (Hrsg.), *Alter, Gesundheit und Krankheit* (S. 64–81). Bern: Huber.

Nelson, E. A., & Dannefer, D. (1992). Aged Heterogeneity: Fact of fiction? The fate of diverstiy in gerontological research. *The Gerontologist, 32*, 17–23.

Noll, H.-H. (2000). *Konzepte der Wohlfahrtsentwicklung: Lebensqualität und „neue" Wohlfahrtskonzepte.* (No. P00-505). Berlin: Wissenschaftszentrum Berlin für Sozialforschung.

Noll, H.-H., & Schöb, A. (2002). Lebensqualität im Alter. In Deutsches Zentrum für Altersfragen (Hrsg.), *Expertisen zum vierten Altenbericht der Bundesregierung, Bd. I: Das hohe Alter. Konzepte, Forschungsfelder, Lebensqualität* (S. 229–313). Hannover: Vincentz.

O'Rand, A. M. (2003). Cumulative advantage theory in life course research. In S. Crystal & D. Shea (Eds.), *Annual Review of Gerontology and Geriatrics* (pp. 14–30). New York.

Rapley, M. (2003). *Quality of life research.* London: Sage.

Romeu Gordo, L., Motel-Klingebiel, A., & Wurm, S. (2009). SOEP as a source for research on ageing – Issues, measures and possibilities for improvement. *SOEPpapers on Multidisciplinary Panel Data Research, 173*, 1–25.

Rosenmayr, L. (2003). Soziologische Theorien des Alterns und der Entwicklung im späten Leben. In F. Karl (Hrsg.), *Sozial- und verhaltenswissenschaftliche Gerontologie* (S. 19–43). Weinheim: Juventa.

Rothermund, K. (2009). Altersstereotype – Struktur, Auswirkungen, Dynamiken. In J. Ehmer & O. Höffe (Hrsg.), *Bilder des Alterns im Wandel: Historische, interkulturelle, theoretische und aktuelle Perspektiven* (S. 139-149). Darmstadt: Wissenschaftliche Buchgesellschaft.

Rowe, J. W. & Kahn, R. L. (1997). Successful aging. *The Gerontologist*, 37, 433–440.

Ruckdeschel, K., Ette, A., Hullen, G., & Leven, I. (2006). *Generations and Gender Survey. Dokumentation der ersten Welle der Hauptbefragung.* Wiesbaden: BiB.

Salthouse, T. A. (2006). Theoretical issues in the psychology of aging. In J. E. Birren & W. K. Schaie (Eds.), *Handbook of the psychology of aging* (pp. 3–13). Amsterdam: Elsevier Academic Press.

Schnabel, S., Kistowski, K. v., & Vaupel, J. W. (2005). Immer neue Rekorde und kein Ende in Sicht. *Demographische Forschung aus erster Hand, 2(2)*, 3.

Schulz, R., Wrosch, C., & Heckhausen, J. (2003). The life span theory of control: Issues and evidence. In S. H. Zarit, L. I. Pearlin & K. W. Schaie (Eds.), *Personal control in social and life course contexts* (pp. 233–262). New York: Springer.

Schulz-Nieswandt, F. (2006). *Sozialpolitik und Alter. Grundriss Gerontologie* (Bd. 5). Stuttgart: Kohlhammer.

Stroup, M. D. (2007). Economic freedom, democracy, and the quality of life. *World Development, 35(1)*, 52–66.

Veenhoven, R. (2000). The four qualities of life: Ordering concepts and measures of good life. *Journal of Happiness Studies, 1*, 1–39).

Veenhoven, R., & Hagerty, M. R. (2006). Rising happiness in nations 1946–2004: A reply to Easterlin. *Social Indicators Research, 79*, 421–436.

Wahl, H.-W., Becker, S., Schilling, O., Burmedi, D., & Himmelsbach, I. (2005). Primäre und sekundäre Kontrolle versus hartnäckige Zielverfolgung und flexible Zielanpassung: Das Beispiel Sehbeeinträchtigung im Alter. *Zeitschrift für Entwicklungspsychologie und Pädagogische Psychologie, 37(2)*, 57–68.

Weymann, A. (1998). *Sozialer Wandel: Theorien zur Dynamik der modernen Gesellschaft*. Weinheim: Juventa.

Whitbourne, S. K. (2001). The physical aging process in midlife: Interactions with psychological and sociocultural Factors. In M. E. Lachman (Ed.), *Handbook of Midlife Development* (pp. 109–155). New York: John Wiley.

Zapf, W. (1972). Zur Messung der Lebensqualität. *Zeitschrift für Soziologie*, 1, 353–376.

Zapf, W. (1989). Sozialstruktur und gesellschaftlicher Wandel in der Bundesrepublik Deutschland. In W. Weidenfeld & H. Zimmermann (Hrsg.), *Deutschland-Handbuch. Eine doppelte Bilanz 1949–1989* (S. 99–124). Bonn: Bundeszentrale für Politische Bildung.

2 Datengrundlagen und Methoden des Deutschen Alterssurveys (DEAS)

Heribert Engstler & Andreas Motel-Klingebiel

2.1 Einleitung

Mit der dritten Welle des Deutschen Alterssurveys (DEAS) aus dem Jahr 2008 werden zwei grundlegende Aufgaben verfolgt: Zum einen dient sie dazu, die mit der ersten DEAS-Welle auf Initiative des Bundesministeriums für Familie, Senioren, Frauen und Jugend (BMFSFJ) im Jahr 1996 begonnene und im Jahr 2002 fortgesetzte Alterssozialberichterstattung weiterzuführen und mit neuen Aspekten zu bereichern. Im Vordergrund steht dabei der Einblick in Kontinuität, Wandel und Vielfalt der Lebenssituationen und -wege der Menschen in der zweiten Lebenshälfte. Zum anderen bildet der DEAS eine wichtige Grundlage, um zu ausgewählten Fragen vertiefende Forschung mit dem Ziel zu ermöglichen, innovative Beiträge zum wissenschaftlichen Diskurs zum höheren Lebensalter zu erarbeiten und auf dieser Basis Wissen für eine umfassende wissenschaftliche Politikberatung bereitzustellen.

Mit den Daten der dritten Welle haben sich die Möglichkeiten erweitert, den Wandel der Lebensphase Alter zu untersuchen sowie ihn in einen Zusammenhang mit der gesamtgesellschaftlichen Entwicklung und den Veränderungen gesellschaftlicher Institutionen zu stellen. Zudem können nunmehr individuelle Entwicklungen über einen Lebensabschnitt von zwölf Jahren untersucht werden, was neue Analyseperspektiven eröffnet. Das kohortensequenzielle Stichprobendesign erlaubt zudem erstmals, Verlaufssequenzen verschiedener Geburtskohorten prospektiv miteinander zu vergleichen. Die besonderen Vorzüge des DEAS liegen

1. im außergewöhnlichen Stichprobendesign und den damit zusammenhängenden Analysemöglichkeiten,
2. der inhaltlichen und disziplinären Spezifität und Fülle der Erhebungsinhalte und
3. der Verbindung von bundesweit repräsentativem Sampling mit kleinräumigen Regionalbezügen.

Das Stichprobendesign umfasst aktuell drei Basisstichproben aus den Erhebungsjahren 1996, 2002 und 2008 mit jeweils mehreren tausend Teilnehmern. Die der ersten Erhebung aus dem Jahr 1996 wurden mittlerweile mit zwei Wiederholungsbefragungen zwölf Jahre lang begleitet. Für die Befragten der zweiten Basisstichprobe liegen inzwischen zwei Messzeitpunkte vor (2002 und 2008). Bei allen Basisstichproben handelt es sich um für Deutschland repräsentative Samples der 40- bis 85-Jährigen aus Einwohnermelderegistern.

Die Erhebungsinhalte umfassen ein breites Themenspektrum, das sich durch die Kombination soziologischer, psychologischer, ökonomischer und sozialpolitischer Befragungsthemen auszeichnet. Die interessierenden Informationen werden durch unterschiedliche Erhebungsinstrumente und -verfahren gewonnen. Den Hauptteil bilden ein standardisiertes mündliches Interview sowie ein schriftlicher Selbstausfüller-Fragebogen. Zudem werden objektive Gesundheitsindikatoren durch einen kognitiven und einen körperlichen Leistungstest erhoben. Eine weitere Stärke des DEAS ist die in der dritten Welle neu geschaffene Möglichkeit des umfangreichen Einbezugs differenzierter Regionalmerkmale (von der Kreis- bis zur Nachbarschaftsebene). Dies ermöglicht Analysen zum Einfluss von regionalen und lokalen Kontexten.

Nachfolgend wird zunächst ein allgemeiner Überblick über das Erhebungsdesign und die erhobenen Inhalte gegeben. Im Anschluss daran werden die drei Stichproben der Erhebung des Jahres 2008 – die Basisstichprobe 2008 (B2008), die Panelstichprobe der 1996 erstmals Befragten (P1996–2008) und die Panelstichprobe der 2002 erstmals Befragten (P2002–2008) – genauer beschrieben. Im Mittelpunkt stehen dabei der realisierte Umfang und die Selektivitäten der Ausschöpfung. Abschließend werden die allgemeinen Analysemöglichkeiten im Quer- und Längsschnitt der drei Wellen aufgezeigt und zentrale Variablen vorgestellt, die in allen inhaltlichen Kapiteln zur Darstellung gruppenspezifischer Befunde verwendet werden.

2.2 Das Untersuchungsdesign des Deutschen Alterssurveys im Überblick

Das Projekt „Deutscher Alterssurvey" begann im Jahr 1994 nach Ausschreibung durch das Bundesministerium für Familie, Senioren, Frauen und Jugend (BMFSFJ) unter der Federführung der Freien Universität Berlin (Forschungsgruppe Altern und Lebenslauf, Leitung Prof. Martin Kohli) und der Universität Nijmegen (Forschungsgruppe Psychogerontologie, Leitung Prof. Freya Dittmann-Kohli). Nach Ende der ersten Welle wurde der DEAS vom Deutschen Zentrum für Altersfragen (DZA) fortgeführt. Das DZA konzipiert seither die weiteren Erhebungswellen, leitet deren Durchführung und wertet die Daten aus. Auftraggeber des Gesamtprojekts ist weiterhin das BMFSFJ. Die Stichprobenziehung und Feldarbeit aller drei Erhebungswellen der Jahre 1996, 2002 und 2008 führte das infas Institut für angewandte Sozialwissenschaft GmbH, Bonn, durch.

2.2.1 Design der Wellen 1 und 2

Die erste Erhebungswelle des DEAS umfasste eine nach Alter, Geschlecht und Landesteil (Ost/West) disproportional geschichtete Zufallsstichprobe der 40- bis 85-jährigen deutschen Bevölkerung in Privathaushalten (Geburtsjahrgänge 1911 bis 1956), gezogen aus den Einwohnermeldeamtsregistern von 290 Gemeinden Deutschlands. Die disproportionale Schichtung der Stichprobe wurde vorgenommen, um auch für die Analyse von Personengruppen mit relativ geringem Bevölkerungsanteil, wie den ostdeutschen Männern höheren Alters, eine ausreichende Fallzahl verfügbar zu haben. Dem disproportionalen Stichprobenansatz wurde durch eine entsprechende Datengewichtung – in Form einer Randanpassung an die demografische Struktur auf der Basis der amtlichen Statistik der Bevölkerungsfortschreibung – Rechnung getragen (vgl. Künemund 2000, S.34). In der ersten Welle des DEAS kamen drei Instrumente zum Einsatz: Ein standardisiertes Face-to-face-Interview, ein Fragebogen zum Selbstausfüllen durch die Untersuchungsteilnehmer (drop-off) sowie ein halboffenes Satzergänzungsverfahren, das sogenannte SELE-Instrument (Dittmann-Kohli et al. 1995). Im mündlichen Interview wurden vielfältige Informationen zur Situation und Entwicklung zahlreicher Lebensbereiche der Befragten mit vorwiegend soziologischen Fragen erhoben. Im Mittelpunkt des schriftlichen Fragebogens standen Einstellungen, Selbstbilder und Details zur materiellen Lage. Das Satzergänzungsverfahren diente der psychologischen Erforschung des persönlichen Sinnsystems mit Hilfe spontaner Selbstbeschreibungen. Über die Einzelheiten des Untersuchungsdesigns der ersten Welle informieren mehrere Publikationen (Dittmann-Kohli et al. 1997; Kohli 2000; Künemund 2000; Bode et al. 2001; Kohli & Tesch-Römer 2003). Aus der Basisstichprobe 1996 (B1996) stehen insgesamt 4.838 auswertbare mündliche Interviews zur Verfügung. Von den Teilnehmern haben am Ende der Befragung rund 60 Prozent ihr Einverständnis zur Adressspeicherung bei infas zum Zweck einer Wiederholungsbefragung gegeben (Panelbereitschaft).

Die zweite Erhebungswelle erfolgte im Jahr 2002. Sie beinhaltete drei Stichproben mit einer Teilnehmerzahl von insgesamt 5.194 Personen. Zum einen umfasste sie eine Wiederholungsbefragung der panelbereiten Untersuchungsteilnehmer aus der Basisstichprobe 1996 (P1996–2002). Nach zwei vorgeschalteten Panelpflegeaktionen lag für knapp zwei Drittel der Personen eine Panelbereitschaft vor. Durch die altersbedingte Zunahme von gesundheitlichen Beeinträchtigungen und Sterbefälle reduzierte sich die Zahl befragungsfähiger Personen. Schließlich konnten 1.524 Panelteilnehmer im Alter von 46 bis 91 Jahren erneut befragt werden. Zur Prüfung systematischer Einflüsse auf die Teilnahmewahrscheinlichkeit wurden Selektivitätsanalysen durchgeführt und, darauf aufbauend, ausgleichende Gewichtungsfaktoren bereitgestellt.

Die zweite Stichprobe der Welle 2 bildete als B2002 ein neu gezogenes Sample der 40- bis 85-jährigen deutschen Bevölkerung in Privathaushalten (Geburtsjahrgänge 1917 bis 1962). Die Stichprobenziehung für die Basisstichprobe 2002 erfolgte nach demselben disproportionalen Ansatz wie für die Basisstichprobe 1996 aus denselben Einwohnermeldeamtsregistern. Auch die Berechnung der Gewichtungsfaktoren für das Designgewicht wurde gleichermaßen vorgenommen. Der realisierte Stichprobenumfang von B2002 beträgt 3.084 Interviewte.

Die dritte Stichprobe der Welle 2 war ein aus den Einwohnermeldeamtsregistern gezogenes Zufallssample der 40- bis 85-jährigen nicht-deutschen Bevölkerung in Privathaushalten ohne disproportionalen Ansatz. Von dieser Ausländerstichprobe (A2002) liegen 586 Interviews zur weiteren Auswertung vor.

Die Befragungsinhalte, die Instrumente und der Erhebungsablauf in der zweiten Welle wurden gegenüber der ersten Welle behutsam modifiziert, um eine thematisch breit angelegte Betrachtung von Kontinuität und Wandel im Kohortenvergleich und von individuellen Veränderungen im Längsschnitt zu ermöglichen. Auch die interdisziplinäre Ausrichtung wurde beibehalten, sodass das Erhebungsinstrument soziologische, sozialpolitische, ökonomische und psychologische Fragen abdeckt. Die deutlichste Veränderung gegenüber der Ersterhebung bestand im Wegfall des SELE-Instrumentes mit den aufwändig zu transkribierenden offenen Satzergänzungsantworten. An seiner Stelle wurden verschiedene standardisierte Erhebungsinstrumente eingesetzt. Zudem erfolgte in der zweiten Welle des DEAS eine Anpassung von Fragebereichen an aktuelle sozialpolitische Fragen, zum Beispiel zur pflegerischen Versorgung. Erweitert wurden unter anderem die Erhebungsfragen zu Gesundheit, wobei Aspekte körperlicher und psychischer Gesundheit sowie Lebensqualität gleichermaßen berücksichtigt wurden. Erstmals eingeführt wurde ein Test (Zahlen-Symbol-Test) zur Erhebung der kognitiven Leistungsfähigkeit der Befragten. Für das mündliche Interview der Panelteilnehmer wurde eine – gegenüber den Erstbefragten – modifizierte Fragebogenfassung verwendet, um sie von verzichtbaren Fragen zu entlasten. Weitergehende Informationen zum Untersuchungsdesign und dem Instrumentarium der zweiten Welle finden sich in Tesch-Römer et al. 2002 und Tesch-Römer et al. 2006.

2.2.2 Design, Inhalt und Ablauf der Welle 3

Zentrale Ziele des DEAS sind die Beschreibung und Analyse des sozialen Wandels des mittleren und höheren Erwachsenenalters und die interdisziplinäre Erforschung individueller Entwicklungen im Verlauf des Älterwerdens. Voraussetzung hierfür ist die Bereitstellung aktueller quer- und längsschnittlicher Mikrodaten sowohl für die Daueraufgabe der Alterssozialberichterstattung als auch für die sozial- und verhaltenswissenschaftliche Forschung. Diesem Ziel folgend, wurden für die dritte Welle des Deutschen Alterssurveys drei Stichproben mit einer realisierten Gesamtgröße von 8.200 Personen untersucht.

Die beiden Basisstichproben aus den Jahren 1996 und 2002 wurden im Jahr 2008 jeweils als Panelstichproben fortgeführt, um Informationen über die individuellen Entwicklungen und Verläufe seit der letzten Befragung zu erhalten. Auf eine Wiederholungsbefragung der Ausländerstichprobe von 2002 wurde aufgrund der geringen Panelbereitschaft verzichtet. Zusätzlich zu den beiden Panelstichproben wurde eine neue Querschnittstichprobe 40- bis 85-jähriger Personen (Geburtsjahrgänge 1923 bis 1968) gezogen, um Einblicke in die Lebenssituation der nachfolgenden Geburtskohorten zu erhalten und mögliche Veränderungen altersspezifischer Lebenslagen und -vorstellungen im Vergleich der drei Basisstichproben zu erkennen. Damit stehen im Deutschen Alterssurvey insgesamt die in Abbildung 2–1 aufgeführten quer- und längsschnittlichen Stichproben zur Verfügung.

Tabelle 2–1 gibt einen Überblick über das Erhebungsdesign und die drei Stichproben der dritten DEAS-Welle. Nachfolgend werden zunächst die Inhalte und der Ablauf der Erhebung 2008 vorgestellt, bevor anschließend alle drei Stichproben näher beschrieben werden.

Abb. 2–1: Stichproben der DEAS-Wellen 1 bis 3

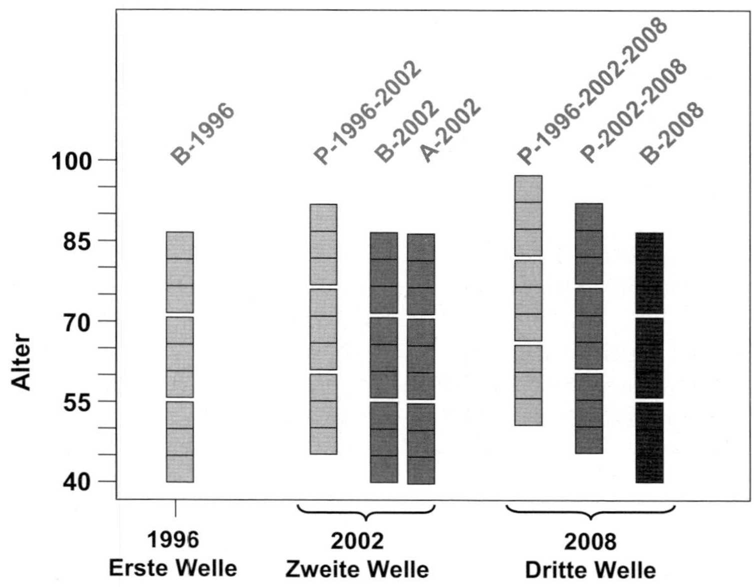

Tab. 2–1: Erhebungsdesign der dritten Welle des DEAS

	Basisstichprobe 2008	**Panelstichprobe 1996–2008**	**Panelstichprobe 2002–2008**
Teilnehmer, Nationalität	Erstmals befragte Personen (Deutsche und Nicht-Deutsche) der Geburtsjahrgänge 1923–1968; diese sind 40 bis 85 Jahre alt[1]	Erneut befragte Deutsche der Geburtsjahrgänge 1911–1956 aus der Basisstichprobe 1996; diese sind nun 52 bis 97 Jahre alt	Erneut befragte Deutsche der Geburtsjahrgänge 1917–1962 aus der Basisstichprobe 2002; diese sind nun 46 bis 91 Jahre alt
Aktuelle Wohnform	Personen in Privathaushalten (Hauptwohnsitz)	Personen in Privathaushalten (Hauptwohnsitz) und solche, die seit 1996 in ein Heim umgezogen sind	Personen in Privathaushalten (Hauptwohnsitz) und solche, die seit 2002 in ein Heim umgezogen sind
Stichprobe	Personenstichprobe aus den 290 Gemeinden der Ersterhebung 1996 (Einwohnermeldeamtsregister); disproportionale Auswahl nach Region (Ost/West), Alter (im Jahr 2008: 40–54/55–69/70–85 Jahre) und Geschlecht	Vorgegeben durch Ersterhebung 1996: Personenstichprobe aus 290 Gemeinden (Einwohnermeldeamtsregister); disproportionale Auswahl nach Region (Ost/West), Alter (im Jahr 1996: 40–54/55–69/70–85 Jahre) und Geschlecht	Vorgegeben durch Ersterhebung 2002: Personenstichprobe aus 290 Gemeinden (Einwohnermeldeamtsregister); disproportionale Auswahl nach Region (Ost/West), Alter (im Jahr 2002: 40–54/55–69/70–85 Jahre) und Geschlecht
Fallzahl[2]	6.205	994	1.001
Erhebungsmethoden	Persönliches Interview (CAPI[3], in den Wellen 1 und 2: PAPI[4]) Selbstausfüller-Fragebogen („drop-off") Schriftlicher Kurztest der kognitiven Leistungsfähigkeit Lungenfunktionstest		
Zeitraum	April bis November 2008		
Erhebungssprache	Deutsch		

[1] Jeweils im Erhebungsjahr erreichtes Alter (Erhebungsjahr – Geburtsjahr)
[2] Anzahl auswertbarer mündlicher Interviews
[3] Computer Assisted Personal Interview
[4] Paper and Pencil Interview

Inhalte und Ablauf der Erhebung

Aus Gründen der Vergleichbarkeit über die verschiedenen Erhebungswellen wurde seit der Ersterhebung im Jahr 1996 darauf geachtet, Kontinuität zu wahren und die Erhebungsinhalte nur moderat zu ändern und zu erweitern. Es wurden bei der Konzipierung der dritten Erhebungswelle die vorhandenen Instrumente einer umfassenden Prüfung unterzogen und im Hinblick auf neu aufzunehmende Themen bei zugleich nicht ausweitbarer Interviewdauer überarbeitet. Dies führte dazu, dass einerseits in begrenztem Umfang neue Themenbereiche hinzugenommen und einzelne Bereiche etwas ausgeweitet wurden, andererseits die Inhalte anderer Themenbereiche gestrafft wurden, ohne sie jedoch aufzugeben. Neu aufgenommen wurden insbesondere Fragen zur Großelternschaft und der

Beziehung zu den Enkelkindern, ein Instrumentarium zur Erfassung der Werthaltungen und Fragen zur Altersdiskriminierung und gesellschaftlichen Altersbildern. Kürzer gefasst wurden die Fragen zur Mediennutzung und zu Pflegeversicherungsleistungen. Insgesamt wurden Auskünfte zu folgenden Themenbereichen erhoben:

- Arbeit und Ruhestand
- Partnerschaft, Familie und Generationenbeziehungen
- Soziale Netzwerke und soziale Unterstützung
- Freizeittätigkeiten und bürgerschaftliches Engagement
- Wohnen und Mobilität
- Wirtschaftliche Lage und wirtschaftliches Verhalten
- Subjektives Wohlbefinden
- Gesundheit und Gesundheitsverhalten
- Hilfe- und Pflegebedürftigkeit
- Einstellungen, Normen und Werte
- Soziodemografische Grunddaten

Damit deckt der DEAS ein breites Themenspektrum ab und ermöglicht eine Verknüpfung vor allem von gerontologischen, soziologischen, sozialpolitischen, psychologischen, ökonomischen und pflegewissenschaftlichen Fragestellungen.

Hauptinstrumente zur Erhebung der Inhalte bilden – wie schon in den Wellen 1 und 2 – ein standardisiertes mündliches Interview und ein schriftlicher Fragebogen zum Selbstausfüllen (drop-off). Tabelle 2–2 enthält eine Übersicht zu den Inhalten der eingesetzten Instrumente. Zu den vollständigen Instrumenten vgl. Motel-Klingebiel et al. (2009).

Die Interviewer gingen zu den Zielpersonen und befragten diese persönlich. Eine Neuerung war dabei die Verwendung eines rechnergestützten Instruments für das mündliche Interview (computer assisted personal interview, CAPI), während die Interviewer in den vorhergehenden Erhebungswellen jeweils einen mit Stift auszufüllenden Papierfragebogen (paper and pencil interview, PAPI) eingesetzt hatten. Der Wechsel zu CAPI hatte unter anderem den Vorteil einer zielgenaueren Filterführung der Fragen, der Vermeidung von Filterfehlern und des Wegfalls der Notwendigkeit der nachträglichen Vercodung ausgefüllter Fragebögen, da die vom Interviewer eingegebenen Codes unmittelbar im Datensatz gespeichert werden. Durch den Wechsel zur CAPI-Methode war es zudem nicht mehr notwendig, für die Erstbefragung der Basisstichprobe und die Wiederholungsbefragung der beiden Panelstichproben unterschiedliche Fragebögen anzulegen, wie noch in der zweiten Welle. Die Fragesteuerung erfolgte nun über die programmierte Filterführung. Diese Vorteile überwiegen den möglichen Nachteil eines erhöhten Risikos von Eingabefehlern durch die Interviewer, die zugleich die Vercoder sind.

Eine weitere Neuerung ist die Ergänzung des bereits in Welle 2 eingesetzten Zahlen-Symbol-Tests, der Aspekte der kognitiven Leistungsfähigkeit misst, durch einen Lungenfunktionstest. Mittels eines Spirometers wird dabei das maximale Ausatmungsvolumen je Zeiteinheit gemessen. Dieses gibt Aufschluss über die Lungenfunktion als ein Merkmal der körperlichen Gesundheit (Cook et al. 1991; Fragoso et al. 2008; vgl. Kapitel 4 „Gesundheit").

Bei Zielpersonen, die aus gesundheitlichen Gründen nicht interviewt werden konnten oder nicht zu einem ausführlichen Interview bereit waren, setzten die Interviewer nach Möglichkeit einen Kurzfragebogen zur Erfassung einiger Basisinformationen ein. Soweit möglich, wurden Auskünfte zur Wohnform, der Existenz einer Krankheit oder Funktionsbeeinträchtigung mit Hilfebedarf, der Staatsangehörigkeit, der Schulbesuchsjahre und – sofern die Zielperson selbst Auskunft gab – zur subjektiven Bewertung einzelner Lebensbereiche erhoben. Leider war es nur für 26 Prozent der systematischen Ausfälle möglich, den

Tab. 2–2: Ablauf und Bereiche der Datenerhebung für die dritte DEAS-Welle 2008

I. Persönliches, mündliches Interview
Herkunftsfamilie Ausbildung, erste Berufstätigkeit, Erwerbsunterbrechungen Erwerbstätigkeit und Übergang in den Ruhestand Familienstand und Partnerschaft Kinder, Enkel und weitere Verwandte Haushaltszusammensetzung Migrationserfahrungen und -pläne Wohnsituation Freizeitgestaltung, bürgerschaftliches Engagement und Partizipation Gesellschaftliche Altersbilder Gesundheit und Pflege Persönliches Netzwerk Soziale Unterstützung Finanzielle Transfers und Lebensstandard Interviewereinschätzungen
II. Körperlicher Funktionstest
Lungenfunktionstest
III. Kognitiver Leistungstest
Zahlen-Symbol-Test
IV. Schriftliche Befragung (drop-off)
Selbstkonzepte, persönliches Altersbild Subjektives Wohlbefinden Politische Partizipation Altersdiskriminierung Werte und Normen Mediennutzung Gesundheitssituation, -verhalten und -vorsorge Wohnen Materielle Lage

Kurzfragebogen auszufüllen: Diese Informationen finden im vorliegenden Band keine Verwendung und stehen wie auch andere Hintergrundinformationen primär methodischen Analysen zur Verfügung.

Vor Durchführung der Haupterhebung fand ein Pretest aller Erhebungsinstrumente (CAPI-Version für mündliches Interview, Tests, Fragebogen zum Selbstausfüllen) mit anschließender Überarbeitung statt. Der Pretest Ende 2007 umfasste Interviews mit 100 Personen und wurde unter realen Feldbedingungen durchgeführt. Die Haupterhebung wurde, ebenso wie der Pretest, vom infas Institut für angewandte Sozialwissenschaft durchgeführt und fand zwischen April und November 2008 statt. An die Datenerhebung, elektronische Datenerfassung und -prüfung durch infas schloss sich eine Phase der Prüfung, Bereinigung und Edition der Daten an, die vom Projektteam am Deutschen Zentrum für Altersfragen durchgeführt wurde. Diese umfasste unter anderem die zeitintensive Prüfung der längsschnittlichen Plausibilität der Angaben aus den aufeinanderfolgenden Messzeitpunkten, den Abgleich zwischen mündlichem Interview und drop-off (insbesondere der Einkommensangaben) und die Generierung zahlreicher Konstruktvariablen.

Als Neuerung wurden zudem Regionalkontextvariablen auf der Kreis-, Gemeinde- und Nachbarschaftsebene bereitgestellt, die teilweise aus der amtlichen Statistik stammen und teilweise auf Geomarketingdaten beruhen. Die straßen-, wohnviertel- und gemeindespezifischen Kontextmerkmale wurden den Individualdaten hinzugefügt. Zur Wahrung der Anonymität der Befragten wurde dies unter strikter Trennung der Adress- und Befragungsdaten von infas durchgeführt und die Information erst in einem zweiten Schritt mit den Analysedaten kombiniert. Die kreisbezogenen Indikatoren stammen aus der fortlaufend vom Bundesamt für Bauwesen und Raumordnung gepflegten INKAR-Datenbank mit Indikatoren zur Raum- und Stadtentwicklung. Die quartiersbezogenen Kontextmerkmale wurden von der Firma microm Micromarketing-Systeme und Consult GmbH (Neuss) erworben.

2.3 Die Basisstichprobe des DEAS 2008

2.3.1 Stichprobenbeschreibung und Ausschöpfung

Wie in den beiden vorhergehenden Erhebungswellen der Jahre 1996 und 2002 wurde auch im Jahr 2008 eine umfangreiche Basisstichprobe aus der 40- bis 85-jährigen Bevölkerung mit Hauptwohnsitz in einem Privathaushalt gezogen und untersucht. Die Auswahl unterscheidet sich in einem Punkt von den beiden früheren Basisstichproben: Die Beschränkung auf die Personen mit deutscher Staatsangehörigkeit wurde aufgegeben. Statt des Außerachtlassens der ausländischen Bevölkerung (wie 1996) oder der Ziehung einer separaten Ausländerstichprobe (wie 2002) wurde für die Erhebung 2008 eine Stichprobe aus der Grundgesamtheit der 40- bis 85-jährigen Bevölkerung in Privathaushalten (Geburtsjahrgänge 1923 bis 1968) gezogen, ungeachtet ihrer Staatsangehörigkeit. Diese Ausweitung beruhte zum einen auf problematischen Erfahrungen der Ziehung einer separaten Ausländerstichprobe[1], zum anderen auf dem Wunsch nach einer Einwohnermeldeamtsstichprobe, die einen repräsentativen Querschnitt über die gesamte Bevölkerung in der zweiten Lebenshälfte einschließlich der älteren Migrantinnen und Migranten bildet. Theoretisch-konzeptuell entspricht die Orientierung an dem Merkmal der Staatsangehörigkeit ohnehin nicht mehr dem gegenwärtigen Stand der Forschung. Diese setzt entweder am Migrationshintergrund beziehungsweise der Migrationserfahrung oder an ethnischen Zugehörigkeiten an. Der Vergleich zwischen Deutschen und Nicht-Deutschen wird in der Migrationsforschung als nicht mehr adäquat erachtet.

Mit Blick auf die erweiterte Grundgesamtheit sowie in dem Bestreben, den Stichprobenumfang wieder dem Niveau der ersten Basisstichprobe von 1996 anzunähern, um hinreichend Potenzial für Detailanalysen und künftige Wiederholungsbefragungen (Panelstudien) zu haben, wurde der Stichprobenansatz für die Basisstichprobe 2008 gegenüber 2002 verdoppelt. Die Ziehung der Stichprobe erfolgte ansonsten nach dem gleichen disproportionalen Auswahlmodus, geschichtet nach den drei Altersgruppen (40–54, 55–69, 70–85

1 In einer Reihe von Fällen traten Diskrepanzen zwischen den Angaben zur Staatsangehörigkeit der Einwohnermeldeämter und den Angaben der Befragten zu ihren Staatsangehörigkeiten auf, die nicht beseitigt werden konnten, sodass die Korrektheit der – auf den Einwohnermeldeamtsangaben beruhenden – Zuordnung zur Ausländerstichprobe in vielen Fällen uneindeutig war (vgl. Engstler & Wurm 2006, S.75ff.).

Jahre)[2], den beiden Geschlechtern und der Ost-West-Unterteilung Deutschlands (früheres Bundesgebiet einschließlich Berlin-West, neue Länder einschließlich Berlin-Ost). Es wurde eine überdurchschnittliche Anzahl an Interviews mit älteren Menschen und in Ostdeutschland angestrebt, um auch für spätere Folgebefragungen und Gruppenvergleiche genügend Personen mit etwas selteneren demografischen Merkmalen in der Stichprobe zu behalten (zum Beispiel hochbetagte Männer in Ostdeutschland). Nähere Informationen zum Stichprobenplan und zur Ziehung der Einsatzstichprobe enthält der Methodenbericht zur dritten DEAS-Welle (infas 2009).

Die Bruttoeinsatzstichprobe umfasste die zufällige Auswahl von 18.822 Zielpersonen aus den von den Einwohnermeldeämtern mitgeteilten Adressen. Nach Abzug der neutralen Ausfälle (hauptsächlich nicht mehr gültige Adressen und Verstorbene) beträgt die bereinigte Bruttostichprobe 17.366 Personen.[3] Davon konnten 61,1 Prozent nicht interviewt werden, nahezu genauso viele wie bei der Befragung der Basisstichprobe 2002 (61,4 Prozent). Hauptausfallgrund war die Verweigerung des Interviews durch die Zielperson oder die Kontaktperson des Haushalts (vgl. Tabelle 2–3). In diesem Zusammenhang ist auf einen erschwerenden Umstand für die Durchführung der Erhebung hinzuweisen: Die gesamte Feldzeit im Jahr 2008 war begleitet von einer öffentlichen Diskussion über Datenschutz und Datenmissbrauch, die durch mehrere Vorkommnisse („Bespitzelungsaffäre" beim Discounter Lidl, millionenfacher Datendiebstahl bei der Telekom) genährt wurde. Das Feldforschungsinstitut infas musste die Erfahrung machen, dass diese Diskussion die Zielpersonen erkennbar verunsichert und ihre Teilnahmebereitschaft beeinträchtigt hatte (vgl. infas 2009).

1.567 Personen konnten trotz mehrfacher Kontaktversuche in der Feldzeit nicht angetroffen werden.[4] Offenbar hat die Mobilität der Zielpersonen, auch mit längeren Abwesenheiten, in den vergangenen Jahren zugenommen. Mehr als eintausend Personen konnten wegen dauerhafter Krankheit oder Behinderung nicht befragt werden. Mit 6.764 Personen wurde schließlich ein Interview geführt. Nach Abzug vorzeitig abgebrochener und nicht auswertbarer Interviews stehen insgesamt 6.205 Interviews für die weitere Untersuchung zur Verfügung, darunter 6.025 von Deutschen für den Vergleich mit den Basisstichproben 1996 und 2002. Die Ausschöpfungsquote beträgt 35,7 Prozent. Sie liegt damit etwas über der Ausschöpfungsquote der kombinierten Basis- und Ausländerstichprobe des Jahres 2002 (34,4 Prozent). Zählte man auch die wegen Krankheit und Behinderung nicht befragbaren Personen zu den neutralen Ausfällen, wie es in manchen anderen Studien üblich ist (zum Beispiel in der SHARE-Studie, vgl. Börsch-Supan & Jürges 2005), käme man für die Basisstichprobe 2008 auf eine Ausschöpfungsquote von 38,8 Prozent.

Von den Interviewten füllten 71,6 Prozent auch den schriftlichen Fragebogen (drop-off) aus. Dies sind deutlich weniger als im Jahr 2002; damals füllten 89,1 Prozent der Erstbe-

2 Maßgeblich war die Zugehörigkeit zu den Geburtsjahrgangsgruppen 1923–1938, 1939–1953 und 1954–1968.

3 Da alle Erhebungsinstrumente ausschließlich in deutscher Sprache eingesetzt wurden, sind auch 169 Zielpersonen als neutrale Ausfälle klassifiziert worden, bei denen die Zielperson nicht ausreichend deutsch verstand und kein Angehöriger Übersetzungshilfe leisten konnte. Weil zwischen der Stichprobenziehung und der Befragung einige Monate verstreichen, gibt es zudem immer Personen, die in der Zwischenzeit verzogen oder verstorben sind.

4 Die Adressen sind mindestens viermal kontaktiert worden.

Tab. 2–3: Ausschöpfung der Basisstichprobe 2008

	absolut	Prozent
Bruttoeinsatzstichprobe (Geburtsjahrgänge 1923–1968)	18.822	100,0
Neutrale Ausfälle	1 456	7,7
davon:		
Zielperson (ZP) gehört nicht zur Zielgruppe	69	0,4
ZP verstorben	218	1,2
ZP unbekannt/Adresse nicht aktuell	1.000	5,3
ZP spricht nicht deutsch und ist ohne Übersetzungshelfer	169	0,9
Bereinigte Bruttostichprobe	17.366	100,0
Systematische Ausfälle	10.602	61,1
darunter:		
ZP verweigert	6.735	38,8
Kein Kontakt zur ZP	1.567	9,0
ZP dauerhaft krank oder schwer behindert	1.027	5,9
ZP vorübergehend krank	141	0,8
Interview durch Dritte verhindert	757	4,4
Durchgeführte mündliche Interviews	6.764	38,9
nicht auswertbare und abgebrochene Interviews	559	3,2
Auswertbare mündliche Interviews	*6.205*	*35,7*
darunter: Deutsche	6.025	
Vorliegende Zusatzinstrumente zum auswertbaren Interview:		
Schriftlicher Selbstausfüller-Fragebogen (drop-off)	4.442	71,6
Zahlen-Symbol-Test	5.249	84,6
Lungenfunktionstest	5.536	89,2
Vorliegendes Zusatzinstrument zu nicht befragbaren ZPs:		
Kurzfragebogen zu Basisdaten der ZP	2.668	

Quelle: infas 2009; eigene Berechnungen.

fragten den Drop-off-Bogen aus. Die Bereitschaft, nach einer längeren mündlichen Befragung einen Zusatzfragebogen auszufüllen, hat deutlich nachgelassen. Dies gilt nicht für das Absolvieren der kurzen Tests. Denn die Beteiligung am Zahlen-Symbol-Test war 2008 mit 84,6 Prozent deutlich höher als 2002 (77,0 Prozent) und den Lungenfunktionstest machten knapp neun von zehn Interviewten mit.

Im Vergleich der beiden Geschlechter, der drei Altersgruppen und der beiden Landesteile kam es 2008 zu einer leicht überdurchschnittlichen Ausschöpfung der Interviews bei der mittleren Altersgruppe (55 bis 69 Jahre), den Männern und in Ostdeutschland. Dies wird im Rahmen der Datengewichtung ausgeglichen, die aufgrund der disproportionalen Stichprobenziehung ohnehin notwendig ist.

Tab. 2–4: Designgewichtung (Interview) der Basisstichprobe 2008

Region	Geschlecht	Altersgruppe[1]		
		40–54	55–69	70–85
West[2]	Männlich	1,7720	1,1512	0,6555
	Weiblich	1,5130	1,1763	1,1467
Ost[3]	Männlich	0,8080	0,5131	0,3228
	Weiblich	0,6078	0,5583	0,5478

Quelle: DEAS, Basisstichprobe 2008 (n = 6.205).
[1] Alter = Erhebungsjahr minus Geburtsjahr
[2] West = Früheres Bundesgebiet einschl. Berlin-West
[3] Ost = Neue Länder und Berlin-Ost

2.3.2 Datengewichtung und Repräsentativität

Wie für die Basisstichproben 1996 und 2002 wurde auch für die Basisstichprobe 2008 eine Gewichtungsvariable zur Designgewichtung der Daten gebildet. Diese besteht erneut in der Randanpassung der Stichprobe an die relative Häufigkeit der zwölf Merkmalskombinationen aus Altersgruppe, Geschlecht und Landesteil in der Bevölkerungsfortschreibungsstatistik des Statistischen Bundesamts. Basis ist der Bevölkerungsstand am 31.12.2007.[5] Die Geschlechts- und Altersgruppenverteilung sowie die Anteile ost- und westdeutscher Personen in der Basisstichprobe 2008 entspricht daher bei Anwendung der Gewichtungsfaktoren exakt der Verteilung in der Bevölkerung am Jahresende 2007. Es wurde eine getrennte Gewichtung für mündliche Interviews und schriftliche Fragebögen erstellt. Um einen Vergleich mit den Daten der Basisstichproben 1996 und 2002 zu ermöglichen, wurde neben der Gewichtung für alle Befragten auch eine Gewichtung nur für Deutsche vorgenommen.

Die Bandbreite des Gewichtungsfaktors für das mündliche Interview der Gesamtstichprobe reicht von 0,3228 bis 1,7720 mit dem Mittelwert 1 und einer Standardabweichung von 0,4336 (vgl. Tabelle 2–4). Der Einsatz der Gewichtung ist vor allem für allgemeine deskriptive Darstellungen und Aussagen notwendig, da die Gesamtergebnisse sonst zu stark vom überproportionalen Einbezug der Personen zwischen 70 und 85 Jahren sowie der ostdeutschen Befragten beeinflusst werden. Bei Analysen, in denen eine Differenzierung nach diesen drei Stratifizierungsmerkmalen erfolgt, kann auf eine Gewichtung der Basisstichprobe 2008 verzichtet werden.

Die gewichtete Verteilung zentraler soziodemografischer Merkmale in der Basisstichprobe 2008 des DEAS entspricht im Großen und Ganzen der Verteilung dieser Merkmale in der amtlichen Statistik (vgl. Tabelle 2–5). Kleinere Abweichungen gibt es bei der Staatsangehörigkeit beziehungsweise dem Migrationshintergrund, dem Familienstand und dem Bildungsniveau. In der DEAS-Basisstichprobe 2008 sind Deutsche, Verheiratete und Höhergebildete im Vergleich zum Mikrozensus etwas überrepräsentiert. Der Anteil Erwerbstätiger ist in beiden Statistiken hingegen nahezu identisch, Angestellte sind unter den

5 Die Bevölkerungsdaten Berlins wurden dabei auf Bezirksebene anhand der vor der Bezirksreform 2001 bestehenden Ost-West-Relation aufgeteilt.

Tab. 2–5: Verteilung ausgewählter Strukturmerkmale in der DEAS-Basisstichprobe 2008 und der amtlichen Statistik (in Prozent)

Merkmal	Basisstichprobe 2008	Amtliche Statistik	Quelle der amtlichen Statistik; Datengrundlage, Altersgruppe
Staatsangehörigkeit			Statistisches Bundesamt 2009b;
deutsch	96,2	93,7	Mikrozensus 2008,
nicht-deutsch	3,8	6,3	Bevölkerung ab 40 Jahren
Migrationshintergrund			Statistisches Bundesamt 2010;
ohne	90,4	87,2	Mikrozensus 2008,
mit	9,6	12,8	Bevölkerung 45 bis unter 85 Jahre
Familienstand			GeroStat – DZA;
ledig	8,4	11,7	Statistisches Bundesamt,
verheiratet	71,5[1]	65,9	Bevölkerungsfortschreibung
geschieden	9,6	10,9	2008,
verwitwet	10,5	11,5	Bevölkerung 40 bis unter 85 Jahre
Allgemeiner Schulabschluss			
ohne	1,6	4,3[2]	Statistisches Bundesamt 2009a;
Volks-/Hauptschule	40,5	49,4	Mikrozensus 2008
Polytechn. Oberschule	11,1	8,5	Bevölkerung ab 40 Jahren
Realschule, Mittlere Reife	21,9[3]	17,5	
Abitur, Fachhochschulreife	24,9	20,3	
Erwerbsbeteiligung			Statistisches Bundesamt 2009c;
erwerbstätig	49,3	49,4	Mikrozensus 2008,
nicht erwerbstätig	50,7	50,6	Bevölkerung 40 bis unter 85 Jahre
Berufliche Stellung 40- bis 64-jähriger Erwerbstätiger			
Arbeiter	21,2	29,4	GeroStat – DZA;
Angestellte	54,6	49,8	Statistisches Bundesamt,
Beamte	8,3	6,5	Mikrozensus 2007,
Selbstständige[4]	15,9	14,3	Bevölkerung 40 bis unter 65 Jahre
Mittleres Äquivalenzeinkommen[5] (in Euro):			Deckl 2010
50- bis unter 65-Jährige	1 827	1 899	EU-SILC 2008,
65-Jährige und Ältere	1 564	1 583	Einkommensreferenzjahr 2007
Haushaltsgröße			
1	18,9	21,5	GeroStat – DZA;
2	47,7	46,4	Statistisches Bundesamt,
3	16,1	15,9	Mikrozensus 2007,
4+	17,3	16,2	Bevölkerung 40 bis unter 85 Jahre

Quelle: DEAS 2008 – Basisstichprobe (n = 6.205); gewichtete Ergebnisse.
[1] einschl. Eingetragene Lebenspartnerschaften
[2] einschl. Abschlussart unbekannt
[3] einschl. weiterführender Schulabschluss im Ausland
[4] einschl. mithelfende Familienangehörige
[5] gewichtetes verfügbares monatliches Nettoeinkommen des Haushalts pro Kopf (Äquivalenzeinkommen, „neue“ OECD-Skala)

Erwerbstätigen im DEAS etwas häufiger als im Mikrozensus vertreten. Insgesamt enthält die Basisstichprobe 2008 den für viele Surveys typischen leichten Mittelschicht-Bias. Dies gilt es bei der Interpretation der Daten im Blick zu behalten. Da ansonsten keine größeren Verzerrungen erkennbar sind, ist die Basisstichprobe 2008 eine gute repräsentative Datengrundlage für die Beschreibung der Lebenssituation der in Privathaushalten lebenden Menschen in der zweiten Lebenshälfte. Sie ist zahlenmäßig umfangreich und enthält reichhaltige Informationen zur Lebenssituation und den Lebensvorstellungen älter werdender und alter Menschen in Deutschland.

2.4 Die Panelstichproben des DEAS 2008

Neben der Erstbefragung einer neu gezogenen Stichprobe 40- bis 85-Jähriger gab es in der Erhebung 2008 auch eine Wiederholungsbefragung der Panelteilnehmer aus den Basisstichproben 1996 und 2002. Ziel war es, möglichst viele der noch lebenden und noch befragbaren Personen, die mittlerweile bis zu 97 Jahre alt sein konnten, zum zweiten oder dritten Mal zu interviewen. Die nachfolgenden beiden Abschnitte informieren darüber, wie groß der Kreis der Zielpersonen und der erfolgreich Befragten der beiden Panelstichproben 2008 war, welche Ursachen zu Ausfällen geführt haben, ob und welche sozialstrukturelle Selektivität der Panelteilnahme vorliegt. Zudem wird dargestellt, wie diese durch eine entsprechende Datengewichtung abgemildert werden kann.

2.4.1 Panelstichprobe der 1996 erstmals Befragten (P1996–2008)

Stichprobenbeschreibung und Ausschöpfung

An der ersten Welle des Deutschen Alterssurveys im Jahr 1996 hatten 4.838 in Privathaushalten lebende Deutsche teilgenommen. Davon konnten im Jahr 2002 1.524 Personen erneut interviewt werden. Bei der Vorbereitung der dritten Welle wurden nicht nur diese in die Bruttoeinsatzstichprobe der Welle 3 aufgenommen, sondern alle Teilnehmer der Basisstichprobe 1996, von denen vor Beginn der Feldphase eine gültige schriftliche Einwilligung zur Speicherung ihrer Adressdaten zum Zweck einer erneuten Befragung vorlag (Panelbereitschaft) und von denen nicht bekannt war, dass sie bereits verstorben waren. Maßgeblich hierfür war das Ergebnis der letzten Panelpflegeaktion aus dem zweiten Halbjahr 2006. Die auf diese Weise gebildete Bruttostichprobe umfasste 2.534 Zielpersonen, die alle ein – an die zuletzt bekannte Adresse gerichtetes – Anschreiben mit der Ankündigung der Erhebung erhielten. Sofern die Anschreiben wegen nicht mehr gültiger Adresse unzustellbar waren, wurde bei den zuständigen Einwohnermeldeämtern eine Adressrecherche durchgeführt. Da auch die recherchierten Adressen teilweise nicht mehr aktuell waren und nicht alle Einwohnermeldeämter bis zum Ende der Feldzeit eine neue Adresse nennen konnten, kam es zu 151 neutralen Ausfällen aufgrund unbekannter Adressen. Zudem stellte sich bei der versuchten Kontaktierung sowie im Zuge einer nachträglichen Verbleibsrecherche heraus, dass 211 Zielpersonen der Bruttostichprobe definitiv verstorben waren.[6] Vermutlich ist die Zahl der Verstorbe-

6 Die hier berichteten Zahlen zu den Ausfallgründen weichen etwas von denen des infas-Methodenberichts (infas 2009) ab, da sie die Ergebnisse einer im Jahr nach der Feldphase durchgeführten Recherche zum Verbleib nicht erreichter panelbereiter Zielpersonen enthalten.

Tab. 2–6: Ausschöpfung der panelbereiten Teilnehmer aus der Basisstichprobe 1996 (P1996–2008)

	absolut	Prozent
Realisierte Basisstichprobe 1996 (B1996, Jg. 1911–1956)	4.838	
Realisierte zweite Befragung panelbereiter Teilnehmer aus B1996 im Jahr 2002	1.524	
Bruttoeinsatzstichprobe für die Befragung 2008 der panelbereiten Teilnehmer aus B1996	2.534	100,0
Neutrale Ausfälle	362	14,3
davon:		
Zielperson (ZP) verstorben	211	8,3
ZP unbekannt/Adresse nicht aktuell	151	6,0
Bereinigte Bruttostichprobe	2.172	100,0
Systematische Ausfälle	1.102	50,7
darunter:		
ZP verweigert	684	31,5
Kein Kontakt zur ZP	111	5,1
ZP dauerhaft krank oder schwer behindert	170	7,8
ZP vorübergehend krank	14	0,6
Interview durch Dritte verhindert	76	3,5
Durchgeführte mündliche Interviews	1.070	49,3
nicht auswertbare und abgebrochene Interviews	76	3,5
Auswertbare mündliche Interviews	994	45,8
darunter: 3. Interview der ZP	740	
Vorliegende Zusatzinstrumente zum auswertbaren Interview:		
Schriftlicher Selbstausfüller-Fragebogen (drop-off)	821	82,6
Zahlen-Symbol-Test	872	87,7
Lungenfunktionstest	915	92,1
Vorliegendes Zusatzinstrument zu nicht befragbaren ZPs:		
Kurzfragebogen zu Basisdaten der ZP	343	

Quelle: infas 2009; eigene Berechnungen (unter Einbezug einer Verbleibsrecherche der nicht erreichten Panelbereiten).

nen tatsächlich noch höher und verbirgt sich teilweise in den Ausfällen wegen unbekannter Adresse. Nach Abzug dieser beiden neutralen Ausfälle ergab sich eine bereinigte Bruttostichprobe für Welle 3 von 2.172 panelbereiten Zielpersonen aus der Basisstichprobe 1996, die im Jahr 2008 ein Alter von 52 bis 97 Jahren erreicht haben (vgl. Tabelle 2–6).

Mit 1.102 Personen konnte kein Interview geführt werden. Hauptgründe für diese systematischen Ausfälle waren Teilnahmeverweigerungen, das Vorliegen dauerhafter Erkrankungen oder Behinderungen und das Nichtgelingen einer erfolgreichen Kontaktaufnahme, teilweise auch durch Angehörige verhindert. Hier können weitere krankheitsbedingte Ausfälle enthalten sein.

Von den 1.070 durchgeführten mündlichen Interviews wurden 76 aufgrund der Ergebnisse der Interviewkontrolle und der Datenprüfung als nicht auswertbar eingestuft. Damit stehen in Welle 3 insgesamt 994 Interviews von Panelteilnehmern aus der Basisstichprobe 1996 für die Auswertung zur Verfügung. Die Ausschöpfungsquote beträgt 45,8 Prozent der bereinigten Bruttostichprobe. Für 740 Personen war es bereits die dritte Befragung im Rahmen des Deutschen Alterssurveys, 254 Personen hatten an der zweiten Welle nicht teilgenommen, sich aber zwölf Jahre nach ihrer Erstbefragung erneut den Fragen der Interviewer gestellt. Angesichts des langen Zeitraums zwischen den Erhebungen und dem höheren Alter der Stichprobe ist die Ausschöpfungsquote akzeptabel.

Wie eine altersspezifische Betrachtung der Ausfallgründe zeigt, hinderten alters- und krankheitsbedingte Umstände die ältesten Zielpersonen der Panelstichprobe von 1996 erheblich an der weiteren Studienteilnahme. So stellte sich bei der versuchten Kontaktaufnahme im Jahr 2008 und der nachträglichen Verbleibsrecherche heraus, dass 26 Prozent der obersten Altersgruppe (Zielpersonen im Alter von 82 bis 97 Jahren) verstorben waren. Von den Verbleibenden mit gültiger Adresse konnten 27 Prozent wegen dauerhafter Krankheit oder schwerer Behinderung nicht mehr befragt werden (Abbildung 2–2).

821 der 994 Interviewten (= 82,6 Prozent) füllten im Anschluss an das längere mündliche Interview oder zu einem späteren Zeitpunkt ergänzend den schriftlichen Fragebogen aus. Auch hier ist eine abnehmende Teilnahmequote der obersten der drei Altersgruppen zu beobachten, von denen nur 69,7 Prozent den ergänzenden Fragebogen ausfüllten. Eine insgesamt größere Teilnahmequote verzeichneten die beiden Tests. 87,7 Prozent der Interviewten nahmen am kognitiven Leistungstest teil, 92,1 Prozent am Lungenfunktionstest. Erneut beteiligte sich die älteste Gruppe unterdurch-

Abb. 2–2: Altersspezifischer Ausfall aufgrund dauerhafter Krankheit und Behinderung (in Prozent)

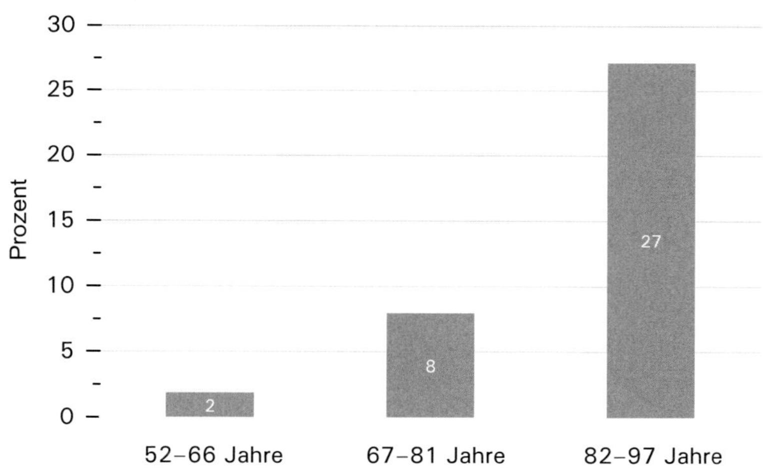

Quelle: DEAS – Bereinigte Bruttostichprobe für Welle 3 der panelbereiten Zielpersonen aus der Basisstichprobe 1996 (n = 2.172).

schnittlich, wofür beim Lungenfunktionstext in erster Linie gesundheitliche Gründe geltend gemacht wurden.

Selektivität und Gewichtung

Insbesondere mit Blick auf die inhaltliche Analyse von Veränderungen im Längsschnitt stellt sich die Frage, ob und gegebenenfalls in welcher Weise Teilnahmeausfälle die Struktur der Panelstichprobe in Welle 3 beeinflusst und gegenüber der Basisstichprobe 1996 und der Wiederholungsbefragung 2002 verändert haben. Frühere Selektivitätsanalysen des Teilnahmeausfalls zwischen der Erstbefragung 1996 und der Zweitbefragung 2002 hatten einige systematische Einflüsse auf die Panelbeteiligung offenbart (Engstler & Wurm 2006). Es zeigte sich, dass – wie bei vielen Surveys – neben dem Alter und der Gesundheit auch einige sozialstrukturelle und regionale Merkmale die Teilnahmebereitschaft beeinflusst hatten. Signifikanten Einfluss übten damals unter anderem das Geschlecht, das Schul- und Ausbildungsniveau, das Haushaltseinkommen, die Größe des sozialen Netzwerks, die Wohnsituation, Regionsgröße (Einwohnerzahl) und Ost-West-Differenzen aus. Hinzu kommt bei Längsschnittstudien der Einfluss der beim vorherigen Interview gemachten Erfahrungen mit den Interviewern und der Interviewsituation. Erfreulicherweise erklärten die signifikanten Faktoren zusammen nur rund 15 Prozent der Teilnahmevarianz an der ersten Wiederholungsbefragung, sodass das Ausfallgeschehen insgesamt als wenig systematisch einzustufen war und die Verzerrungen durch geeignete Verfahren der Datengewichtung abgemildert werden konnten (Engstler & Wurm 2006).

Nach Vorliegen der Daten der dritten Erhebungswelle wurde geprüft, ob die nun verständlicherweise höheren Ausfälle ähnlich strukturiert waren wie sechs Jahre zuvor. Zu Vergleichszwecken wurde für die Selektivitätsanalyse dieselbe Methodik mit derselben Modellierung verwendet wie nach Welle 2. Mittels einer binären logistischen Regression wurde der eigenständige Einfluss jener Prädiktoren auf die Teilnahmewahrscheinlichkeit an der Befragung im Jahr 2008 untersucht, die sich bereits als signifikant für die Teilnahme an der Wiederholungsbefragung 2002 erwiesen hatten. Ausgangspunkt waren erneut alle 4.838 Personen, die 1996 erstmals befragt wurden. Dies war auch deshalb geboten, da nicht nur jene die Chance auf eine Beteiligung an Welle 3 hatten, die an Welle 2 teilnahmen, sondern prinzipiell auch jene, die in der zweiten Welle nicht mitmachten.

Tabelle 2–7 enthält die Ergebnisse dieser Selektivitätsanalyse. Dargestellt sind die „odds ratios“ als Indikatoren der relativen Effektstärke der einzelnen Prädiktoren.[7] Der Prädiktor Schichtungszelle gruppiert die Befragten der Welle 1 entsprechend dem für die Ziehung der Basisstichprobe verwendeten Schichtungsansatz aus Altersgruppe, Geschlecht und Landesteil. Aus den Koeffizienten geht hervor, dass die kombinierte Ausprägung dieser drei Merkmale einen hohen signifikanten Einfluss auf die Wahrscheinlichkeit hat, zwölf Jahre nach Beginn der Studie erneut teilzunehmen. Wenig verwunderlich hat die oberste Altersgruppe die geringste Teilnahmewahrscheinlichkeit. Unter Kontrolle der anderen Einflüsse nehmen die beiden unteren Altersgruppen etwa gleich häufig teil. Auffällig sind die unterschiedlichen Teilnahmewahrscheinlichkeiten zwischen Männern und Frauen in Ostdeutschland in

7 Bei kategorialen Prädiktoren geben die „odds ratios“ an, um welches Vielfache die Teilnahmewahrscheinlichkeit einer bestimmten Prädiktorenkategorie über oder unter der der Referenzkategorie liegt (unter Kontrolle der anderen Prädiktoren). Bei metrischen Prädiktoren beziehen sich die „odds ratios“ auf den Effekt bei Erhöhung der unabhängigen Variable um eine Einheit.

Tab. 2–7: Logistische Regression der Teilnahme der Befragten der Basisstichprobe 1996 an der Befragung 2008[1]

Prädiktor (Welle-1-Merkmal)	Odds Ratio Exp (β)	Prädiktor (Welle-1-Merkmal)	Odds Ratio Exp (β)
Schichtungszelle		*Netzwerkgröße*	
70–85, Mann, West	Ref.	0 Personen	0,845
70–85, Frau, West	1,304	1 Person	0,638**
70–85, Mann, Ost	1,006	2 Personen	0,659**
70–85, Frau, Ost	1,274	3 Personen	0,769*
55–69, Mann, West	3,637***	4 und mehr Personen	Ref.
55–69, Frau, West	3,648***	keine Angabe, verweigert	0,569*
55–69, Mann, Ost	2,847***		
55–69, Frau, Ost	4,233***	*Höchster Schulabschluss*	
40–54, Mann, West	3,630***	bis Hauptschule	Ref.
40–54, Frau, West	3,552***	Mittlere oder FHS-Reife	1,408***
40–54, Mann, Ost	3,423***	Abitur, Hochschulreife	1,728***
40–54, Frau, Ost	3,669***		
		Höchster Ausbildungsabschluss	
Haushaltsnettoeinkommen (DM)		kein Abschluss/keine Angabe	Ref.
1–1.399	0,637	nicht akademischer Abschluss	1,273
1.400–1.799	0,493**	abgeschlossenes Studium	1,331
1.800–2.499	0,692**	*Subjektive Wohnsituation*	
2.500–3.499	0,826	gut, sehr gut	1,310*
3.500 u. höher	Ref.	mittel	Ref.
keine Angabe	0,486***	schlecht, sehr schlecht	0,814
Regionsgrößenklasse, aggregiert (BIK)			
unter 5.000 Einw.	0,879	*Antwortbereitschaft*	
5.000–unter 50.000	0,993	gut	2,503***
50.000–unter 500.000	0,859	mittelmäßig	Ref.
500.000 und mehr Einw.	Ref.	schlecht[2]	0,821
Subjektive Gesundheit		*Fehlender Drop-off*	0,600***
gut, sehr gut	1,128		
mittel	Ref.	*Altersabstand zum Interviewer*	
schlecht, sehr schlecht	0,600**	Alter ZP – Alter Interviewer	0,998

Quelle: DEAS, Basisstichprobe 1996 (n = 4.838).
Pseudo-R^2 (Nagelkerke): 0,174;
Signifikanzniveau: *p < .05; **p < .01; ***p < .001; Ref. = Referenzkategorie
[1] Kriteriumsvariable: Nichtteilnahme = 0, Teilnahme = 1
[2] einschl. der Kategorien „anfangs gut, später schlechter" und „anfangs schlecht, später besser"

der mittleren Altersgruppe der im Jahr 2008 67- bis 81-Jährigen. Einerseits schlägt sich darin das in diesem Alter überdurchschnittliche Sterberisiko ostdeutscher Männer nieder, andererseits waren die ostdeutschen Frauen dieser Geburtsjahrgänge bereits in Welle 2 diejenigen mit der höchsten Teilnahmebereitschaft der zwölf Gruppen.

Wie bereits 2002, erweisen sich auch 2008 das Haushaltseinkommen und das Schulbildungsniveau als signifikante sozialstrukturelle Einflüsse auf die Teilnahmewahrscheinlichkeit. Je höher das Haushaltseinkommen und je höher der Schulabschluss, desto höher ist die Wahrscheinlichkeit einer erneuten Befragung. Der Berufsausbildungsabschluss ist 2008 zwar nicht mehr signifikant, die Koeffizienten weisen jedoch in die gleiche Richtung und entsprechen nahezu denen der Selektivitätsanalyse von 2002.

Auch die Größe des sozialen Netzwerks beeinflusst die Wahrscheinlichkeit, an der dritten Welle des Panels teilzunehmen. Personen, die in der Erstbefragung 1996 angaben, nur ein kleines Netzwerk zu haben (keine bis maximal drei Netzwerkpersonen), scheiden in der Folgezeit eher aus der Langzeitstudie aus als Personen mit einem Netzwerk von vier und mehr Personen. Bei fehlenden Angaben zur Netzwerkgröße war die Wahrscheinlichkeit einer erneuten Befragungsteilnahme im Jahr 2008 am geringsten.

Der bereits 2002 festgestellte negative Einfluss eines schlechten subjektiven Gesundheitszustands zu Beginn der Studie auf die weitere Teilnahmewahrscheinlichkeit zeigt sich – auch unter Kontrolle des Alterseffekts – sechs Jahre später erneut und hat sich sogar noch verstärkt.

Etwas schwächer, aber immer noch signifikant ist der Einfluss der subjektiv empfundenen Wohnqualität. Je besser diese 1996 eingeschätzt wurde, desto wahrscheinlicher konnten die Interviewer die Person im Jahr 2008 für ein Interview gewinnen. Neben Zusammenhängen mit dem persönlichen Wohlstand, den Wohnbedingungen und der sozialen Integration einer Person spricht der teilnahmesteigernde Effekt einer subjektiv hohen Wohnqualität auch für eine geringere Wegzugswahrscheinlichkeit und damit eine höhere Erreichbarkeit für die Wiederholungsbefragung. Diese ist tendenziell auch in Großstädten höher, allerdings sind die Unterschiede zu den weniger dicht bevölkerten Regionen nicht (mehr) statistisch signifikant.

Nachhaltig schlägt sich die Interviewsituation der ersten Befragung und die damalige Bereitwilligkeit zur Beantwortung der Fragen auf die weitere Teilnahmebereitschaft nieder. Befragte, die – laut Einschätzung der Interviewer – wenig auskunftswillig waren und die den selbst auszufüllenden Drop-off-Bogen nicht bearbeitet haben, nehmen deutlich seltener an den Folgebefragungen teil. Überraschenderweise verlor jedoch der Altersunterschied zwischen Interviewer und Befragtem beim ersten Interview seinen Einfluss auf die weitere Teilnahmewahrscheinlichkeit. Während dieses Merkmal noch hochsignifikant mitbestimmt hat, ob es nach sechs Jahren zu einem zweiten Interview kommt, spielt es für die Frage, ob auch ein drittes Interview stattfindet, keine Rolle mehr. Möglicherweise liegt dies daran, dass bei sehr großer Altersdifferenz die Befragten mittlerweile ein so hohes Alter erreicht haben oder hätten, die eine Teilnahme aus anderen Gründen (Krankheit, Tod) beeinträchtigt oder verhindert.

Insgesamt erklären alle in Tabelle 2–7 aufgeführten Prädiktoren – gemessen am Pseudo-R^2 nach Nagelkerke – nur einen geringen Varianzanteil des längsschnittlichen Teilnahmeausfalls zwischen den Wellen 1 und 3. Dies ist positiv zu bewerten, da es darauf hinweist, dass das Ausfallgeschehen als wenig systematisch anzusehen ist. Gegenüber Welle 2 hat sich der Gesamteinfluss dieser Merkmale allerdings leicht erhöht.[8] Es ist nicht von der Hand zu weisen, dass mit voranschreitender Untersuchungsdauer eine zunehmende Selektivität der Befragungsteilnahme stattfindet. Sukzessive verlagert sich die Teilnahme zwangsläufig etwas stärker auf die jüngeren Geburtsjahrgänge, die Gesünderen und höher Gebildeten. Diesem Umstand wurde bereits in der zweiten Welle durch eine geeignete Panelgewichtung begegnet, die auch in der dritten Welle eingesetzt werden kann, um die durch selektiven Ausfall entstehenden Verzerrungstendenzen abzumildern.

Auf der Grundlage der in Tabelle 2–7 dargestellten Befunde des logistischen Regressionsmodells wurde für jede befragte Person der Basisstichprobe 1996 die vorhergesagte bedingte Wahrscheinlichkeit der Teilnahme an der Wiederholungsbefragung im Jahr 2008 berechnet. Basis der Ausgleichsgewichtung ist der Kehrwert dieser Teilnahmewahrscheinlichkeit, dividiert durch das arithmetische Mittel dieses Rohgewichts.[9] In einem letzten Schritt wurde das so gebildete Gewicht noch multiplikativ mit dem bereits vorhandenen Designgewicht der Basisstichprobe 1996 zum neuen Längsschnittgewicht verknüpft. Das gesamte Verfahren wurde einmal bezogen auf die Teilnahme am mündlichen Interview und einmal für die Teilnahme an der schriftlichen Zusatzbefragung (drop-off) durchgeführt. Zu näheren Einzelheiten zum angewandten Verfahren der Längsschnittgewichtung im Deutschen Alterssurvey vgl. Engstler & Wurm (2006).

2.4.2 Die Panelstichprobe der 2002 erstmals Befragten (P2002–2008)

Stichprobenbeschreibung und Ausschöpfung

Im Jahr 2002 ist neben der ersten Wiederholungsbefragung auch eine neue Stichprobe aus der 40- bis 85-jährigen deutschen Bevölkerung in Privathaushalten gezogen und untersucht worden. Diese Basisstichprobe 2002 der Geburtsjahrgänge 1917 bis 1962 enthielt 3.084 Teilnehmer. Ziel der Erhebung 2008 war es, möglichst viele davon sechs Jahre nach der Erstbefragung erneut zu interviewen. Vor Beginn der Feldphase lag von 2.059 Personen eine noch gültige Panelbereitschaftserklärung vor. Diese bildeten die Bruttoeinsatzstichprobe, deren Mitglieder alle ein Ankündigungsschreiben an die zuletzt bekannte Adresse erhielten (die letzte Panelpflege fand 2006 statt).

Für 92 Personen konnte auch nach einer zusätzlichen Adressrecherche keine aktuell gültige Anschrift ermittelt werden. Zudem stellte sich im Zuge der ersten Kontaktaufnahme und der späteren Verbleibsrecherche heraus, dass 101 Personen verstorben waren. Unter Abzug dieser neutralen Ausfälle ergab sich eine bereinigte Bruttostichprobe von 1.866 Personen, von denen bis Ende der Feldzeit 1.087 interviewt werden konnten. 779 Personen konnten nicht befragt werden, davon 500 wegen verweigerter Teilnahme und 96 Personen aufgrund von Krankheit und Behinderung. Nach Abzug nicht auswertbarer Interviews ergab sich ein realisierter Stichprobenumfang von 1.001 Personen. Dies entspricht einer Ausschöpfungsquote von 53,6 Prozent (vgl. Tabelle 2–8).

8 Das Pseudo-R^2 (Nagelkerke) erhöhte sich von 0,152 auf 0,174.

9 Die Division durch den Mittelwert bewirkt, dass das Gewicht keine Hochrechnung auf die ursprünglichen 4.838 Fälle verursacht, sondern nur eine relative Gewichtung jedes Einzelfalls innerhalb der 994 Teilnehmer an der Wiederholungsbefragung 2008. Auf diese Weise bleibt die Fallzahl bei Anwendung des Gewichts konstant.

Tab. 2–8: Ausschöpfung der panelbereiten Teilnehmer aus der Basisstichprobe 2002 (P2002–2008)

	absolut	Prozent
Realisierte Basisstichprobe 2002 (B2002, Jg. 1917–1962)	3.084	
Bruttoeinsatzstichprobe für zweite Befragung 2008 der panelbereiten Teilnehmer aus B2002	2.059	100,0
Neutrale Ausfälle	193	9,4
davon:		
Zielperson (ZP) verstorben	101	4,9
ZP unbekannt/Adresse nicht aktuell	92	4,5
Bereinigte Bruttostichprobe	1.866	100,0
Systematische Ausfälle	779	41,7
darunter:		
ZP verweigert	500	26,8
Kein Kontakt zur ZP	81	4,3
ZP dauerhaft krank oder schwer behindert	89	4,8
ZP vorübergehend krank	5	0,3
Interview durch Dritte verhindert	48	2,6
Durchgeführte mündliche Interviews	1.087	58,3
nicht auswertbare und abgebrochene Interviews	86	4,6
Auswertbare mündliche Interviews	*1.001*	*53,6*
Vorliegende Zusatzinstrumente zum auswertbaren Interview:		
Schriftlicher Selbstausfüller-Fragebogen (drop-off)	829	82,8
Zahlen-Symbol-Test	884	88,3
Lungenfunktionstest	818	81,7
Vorliegendes Zusatzinstrument zu nicht befragbaren ZPs:		
Kurzfragebogen zu Basisdaten der ZP	232	

Quelle: infas 2009, eigene Berechnungen (unter Einbezug einer Verbleibsrecherche der nicht erreichten Panelbereiten).

Bezogen auf die Ausgangszahl aller Erstbefragten des Jahres 2002 haben 32,5 Prozent sechs Jahre später erneut an der Studie teilgenommen. Die 6-Jahres-Verbleibsquote der Basisstichprobe 2002 ist damit etwas höher als die nach sechs Jahren realisierte Panelteilnahme der Basisstichprobe 1996 (31,5 Prozent) im Jahr 2002.

Selektivität und Gewichtung

Auch bei dieser Längsschnittstichprobe wurde geprüft, ob es sozialstrukturelle und regionale Unterschiede der Teilnahme an der Wiederholungsbefragung gibt, die die Ergebnisse verzerren könnten. Hierzu wurden die gleichen Einflüsse untersucht wie in den vorhergehenden längsschnittlichen Selektivitätsanalysen für die Panelstichprobe P1996–2002 und P1996–2008 (vgl. Abschnitt 2.4.1 und Engstler & Wurm 2006). Damit soll in erster Linie geprüft werden, ob der Ausfall zwischen Erst- und Zweitbefragung bei der Basisstichprobe 2002 ähnlich gelagert ist wie bei der Basisstichprobe 1996. Mit kleineren Abweichungen zeigt sich 2008 ein ähnliches Bild selektiver Einflüsse auf die längsschnittliche Teilnahmewahrscheinlichkeit wie 2002 (Tabelle 2–9).

Die mittlere Altersgruppe und Frauen nehmen sechs Jahre nach der Erstbefragung mit größerer Wahrscheinlichkeit wieder an der Untersuchung teil als Ältere und Männer, die 2002 noch deutlich höhere Panelteilnahme der jüngsten Altersgruppe (vgl. Engstler & Wurm 2006, S. 63) hat sich jedoch bei den nachfolgenden Kohorten abgeschwächt. Auch die vormals überdurchschnittliche Panelteilnahme der Ostdeutschen hat sich verringert. Ein starker Einfluss auf die 6-Jahres-Teilnahme geht vom Schul- und Berufsbildungsniveau und dem Gesundheitszustand aus. Je höher das Qualifikationsniveau und je gesünder sich die Befragten bei der Erstbefragung 2002 fühlten, desto wahrscheinlicher konnten sie im Jahr 2008 erneut befragt werden. Der Bildungs- und Gesundheitseinfluss war für die Panelteilnahme der Basisstichprobe 2002 sogar stärker als bei der Wiederholungsbefragung der Basisstichprobe 1996 im Jahr 2002 (Engstler & Wurm 2006). Abweichend von damals hat zudem das Haushaltseinkommen bei der Nachfolgestichprobe keinen signifikanten Einfluss auf die Panelteilnahme, wenn auch die odds ratios ähnliche Werte besitzen wie 2002 und tendenziell erneut eine überdurchschnittliche Wiederbefragungswahrscheinlichkeit der höheren Einkommensgruppen anzeigen. Auch die subjektive Einschätzung der Wohnsituation bei der Erstbefragung ist jetzt weniger relevant für die Vorhersage der Panelteilnahme.

Die Altersdifferenz zwischen Interviewer und Befragten, die beim Start des Deutschen Alterssurveys noch ein signifikanter Faktor für die Panelteilnahme der Erstbefragten war, spielt hingegen keine Rolle mehr. Dieser Wandel deutet auf Erfahrungsgewinne und Fortschritte in der Interviewgestaltung durch jüngere Interviewer hin. Einen wichtigen Vorhersagebeitrag der Panelteilnahme liefert die Antwortbereitschaft beim ersten Interview, wozu auch die Bereitschaft zum Ausfüllen des drop-offs gehört. War sie schlecht, steigt die Wahrscheinlichkeit des vorzeitigen Ausstiegs aus der Langzeitstudie.

Mit einem Pseudo-R^2 von 0,154 erklärt die Gesamtheit der einbezogenen Prädiktoren in nahezu gleich geringer Weise die Varianz der Teilnahme an der ersten Wiederholungsbefragung der Basisstichprobe 2002 wie mit diesem Modell in Welle 2 die Teilnahmevarianz der Basisstichprobe 1996 am ersten Folgeinterview erklärt werden konnte (Pseudo-R^2: 0,152). Lediglich die Stärke der Einzeleffekte hat sich teilweise verändert. Auch 2008 unterliegt die Panelteilnahme nur einer beschränkten sozialstrukturellen Selektivität, die durch eine darauf bezogene Datengewichtung weitgehend ausgeglichen werden kann (vgl. Abschnitt 2.4.1 und Engstler & Wurm 2006).

2.5 Analysemöglichkeiten mit den Stichproben

Dieser Band konzentriert sich zum einen auf die querschnittliche Beschreibung der Lebenssituationen der Menschen in der zweiten Lebenshälfte im Jahr 2008 und zum anderen auf die Untersuchung von Kontinuität und Wandel des Alters in den zwölf Jahren zwischen 1996 und 2008. Dies geschieht durch den Vergleich der drei Basisstichproben 1996, 2002 und 2008 (Abbildung 2–3). Im Vordergrund steht somit die Zeitreihenbetrachtung, die für eine Dauerbeobachtung der Entwicklung des

Tab. 2–9: Logistische Regression der Teilnahme der Befragten der Basisstichprobe 2002 an der Befragung 2008[1]

Prädiktor (2002)	Odds Ratio Exp (β)	Prädiktor (2002)	Odds Ratio Exp (β)
Schichtungszelle		*Netzwerkgröße*	
70–85, Mann, West	Ref.	0 Personen	0,373***
70–85, Frau, West	0,924	1 Person	0,596**
70–85, Mann, Ost	1,149	2 Personen	0,778
70–85, Frau, Ost	1,231	3 Personen	0,689**
55–69, Mann, West	1,548*	4 und mehr Personen	Ref.
55–69, Frau, West	1,841***	keine Angabe, verweigert	0,795
55–69, Mann, Ost	1,676*		
55–69, Frau, Ost	1,806**	*Höchster Schulabschluss*	
40–54, Mann, West	1,145	bis Hauptschule	Ref.
40–54, Frau, West	1,531*	Mittlere oder FHS-Reife	1,443***
40–54, Mann, Ost	1,361	Abitur, Hochschulreife	1,648**
40–54, Frau, Ost	1,295		
		Höchster Ausbildungsabschluss	
Haushaltsnettoeinkommen (Euro)		kein Abschluss/keine Angabe	Ref.
1–715	1,002	nicht akademischer Abschluss	1,502**
716–920	0,799	abgeschlossenes Studium	2,013***
921–1.278	0,815		
1.279–1.789	0,953	*Subjektive Wohnsituation*	
1.790 und höher	Ref.	gut, sehr gut	1,221
keine Angabe	0,706	mittel	Ref.
		schlecht, sehr schlecht	1,170
Regionsgrößenklasse, aggregiert (BIK)			
unter 5.000 Einw.	0,930	*Antwortbereitschaft*	
5.000–unter 50.000	0,808*	gut	2,736***
50.000–unter 500.000	0,853	mittelmäßig	Ref.
500.000 und mehr Einw.	Ref.	schlecht[2]	0,828
		keine Angabe	3,262***
Subjektive Gesundheit			
gut, sehr gut	1,223*	*Fehlender Drop-off*	0,708*
mittel	Ref.		
schlecht, sehr schlecht	0,581***	*Altersabstand zum Interviewer*	
		Alter ZP – Alter Interviewer	1,000

Quelle: DEAS, Basisstichprobe 2002 (n = 3.084).
Pseudo-R^2 (Nagelkerke): 0,154;
Signifikanzniveau: *p < .05; **p < .01; ***p < .001; Ref. = Referenzkategorie
[1] Kriteriumsvariable: Nichtteilnahme = 0, Teilnahme = 1
[2] einschließlich der Kategorien „anfangs gut, später schlechter" und „anfangs schlecht, später besser"

Abb. 2–3: Schematische Darstellung der Analyseperspektive des sozialen Wandels

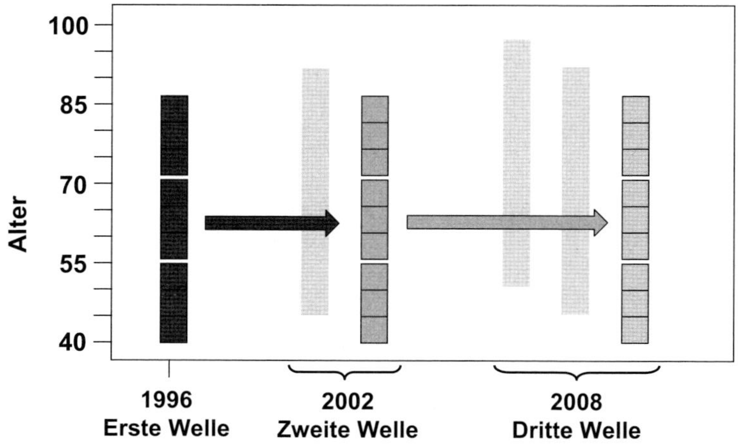

Quelle: DEAS 1996, 2002 und 2008.

Niveaus und der Verteilung objektiver und subjektiver Merkmale der Lebenssituation und Lebensqualität geeignet ist.

Zwischen den drei Basisstichproben können zudem altersspezifische Kohortenvergleiche vorgenommen werden. Dies bedeutet, dass Personen miteinander verglichen werden, die unterschiedlichen Geburtsjahrgängen angehören, aber zum jeweiligen Befragungszeitpunkt das gleiche Alter haben. Wegen des 6-Jahresabstands der Erhebungen sind für einen trennscharfen Kohortenvergleich die Befragten jeweils in sechs Jahre umfassende Alters- beziehungsweise Geburtsjahrgangsgruppen zu unterteilen, wie Tabelle 2–10 veranschaulicht. Mit dieser Gruppenbildung wird erreicht, dass sich die Altersgruppen der drei Erhebungsjahre jeweils aus unterschiedlichen Geburtsjahrgängen zusammensetzen, die sich nicht überlappen. Beispielsweise entspricht der Vergleich der 40- bis 45-Jährigen der Jahre 1996, 2002 und 2008 einem Vergleich der Geburtskohorten 1951–1956, 1957–1962 und 1963–1968. Die Gruppe der 82- bis 85-Jährigen bleibt bei diesem Ansatz

Tab. 2–10: Veranschaulichung des Kohortenvergleichs

Erhebungsjahr	Alter in Jahren[1]							
	Gesamt (40–81)	40–45	46–51	52–57	58–63	64–69	70–75	76–81
1996	1915–1956	1951–1956	1945–1950	1939–1944	1933–1938	1927–1932	1921–1926	1915–1920
2002	1921–1962	1957–1962	1951–1956	1945–1950	1939–1944	1933–1938	1927–1932	1921–1926
2008	1927–1968	1963–1968	1957–1962	1951–1956	1945–1950	1939–1944	1933–1938	1927–1932

[1] Alter = Erhebungsjahr minus Geburtsjahr

ausgeklammert, da sie keine 6-Jahres-Spanne umfasst und relativ gering besetzt ist.

Die grundsätzlichen Analysemöglichkeiten, die die Daten des DEAS erlauben, sind jedoch vielfältiger. Mit den Paneldaten können individuelle Verläufe über einen Zeitraum von gegenwärtig sechs Lebensjahren (Panelstichprobe 2002–2008) beziehungsweise von zwölf Lebensjahren (Panelstichprobe 1996–2008) untersucht werden, wie Abbildung 2–4 veranschaulicht.

Weiterhin ergibt sich durch den Vergleich der 6-jährigen Veränderungen in den Panelstichproben von 1996–2002 und von 2002–2008 die Möglichkeit, kohortensequenziell zu untersuchen, ob sich die Tendenz und Stärke individueller Alternsverläufe verändert hat (Abbildung 2–5). Beispielsweise kann mit den

Abb. 2–4: Schematische Darstellung der Analyseperspektive der individuellen Entwicklung über zwölf Lebensjahre

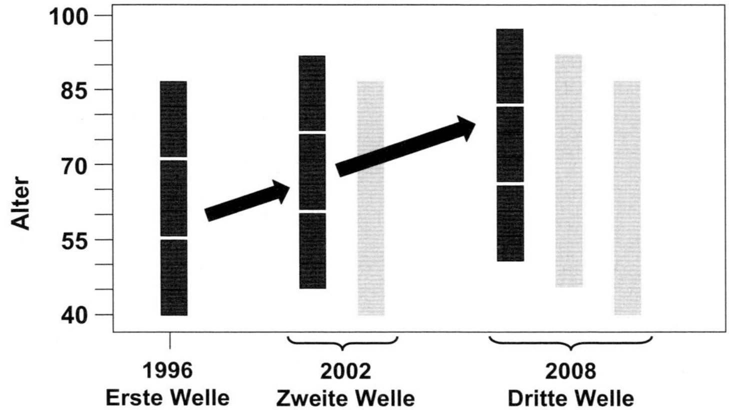

Quelle: DEAS 1996, 2002 und 2008.

Abb. 2–5: Schematische Darstellung der Analyseperspektive der Veränderung individueller Entwicklungen im sozialen Wandel (in der mittleren Altersgruppe)

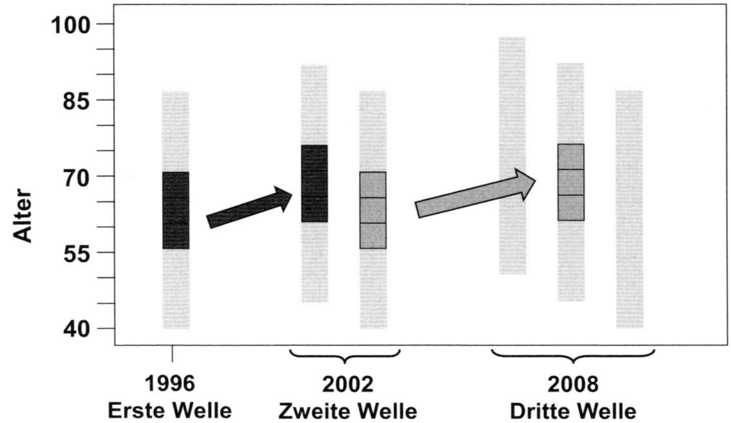

Quelle: DEAS 1996, 2002 und 2008.

beiden 6-Jahres-Längsschnitten prospektiv analysiert werden, ob sich die Übergangsprozesse in den Ruhestand verändert haben. Eine weitere beispielhafte Fragestellung wäre die nach der Abschwächung der Gesundheitsverschlechterung im Alternsverlauf im Kohortenvergleich.

Alle diese Analysemöglichkeiten können mit den vorhandenen Stichproben des DEAS angewendet werden auf zuvor forschungsstrategisch ausgewählte Geburtsjahrgänge, wie sie im Einführungskapitel erläutert werden (zum Beispiel die Babyboomer). Durch diese Auswahl von Subsamples des DEAS, lassen sich Fragen beantworten, die sich mit dem sozialen Wandel und den alternsbedingten Veränderungen für Gruppen mit einem gemeinsamen Sozialisationshintergund beschäftigen.

2.6 Zentrale Gruppierungsvariablen des DEAS

Wie bereits in den Projektberichten zu den Ergebnissen der Wellen 1 und 2 des Deutschen Alterssurveys wird auch die Darstellung der Befunde zu dritten Welle in diesem Band für verschiedenen Personengruppen differenziert. Drei Differenzierungsmerkmale sind zentral und werden in allen Kapiteln zur Darstellung der Ergebnisse verwendet: Alter, Geschlecht und Landesteil.

- *Alter*: Es werden drei Altersgruppen unterschieden – die Gruppe der 40- bis 54-Jährigen, der 55- bis 69-Jährigen und der 70- bis 85-Jährigen. Diese Dreiteilung folgt der altersspezifischen Schichtung der Stichproben und ermöglicht es, grob zwischen verschiedenen Lebensphasen und Lebensumständen zu differenzieren. Zum Beispiel ist der Großteil der 40- bis 54-Jährigen erwerbstätig, während sich nahezu alle Personen ab 70 Jahren im Ruhestand befinden. Für trennscharfe Kohortenvergleiche, die auf Unterschiede in Sozialisationserfahrungen und gesellschaftliche Rahmenbedingungen zielen, werden die in Tabelle 2–10 dargestellten 6-Jahres-Altersgruppen verwendet.
- *Geschlecht*: Die Geschlechtszugehörigkeit ist ein wesentliches Merkmal der Sozialstruktur und prägt häufig den Lebenslauf von Personen. Zwischen Männern und Frauen gibt es deutliche Unterschiede der Lebensumstände im mittleren und höheren Alter. Zugleich ist ein Wandel der geschlechtsspezifischen Differenzen im Gange, zum Beispiel im Hinblick auf die Erwerbsbeteiligung, Lebensweisen und Rollenerwartungen.
- *Region*: Räumliche Kontexte lassen sich auf verschiedene Weise differenzieren. Im Mittelpunkt dieses Buchs steht der Vergleich zwischen alten und neuen Bundesländern. Für die hier betrachteten Menschen ab 40 galten mindestens für die Hälfte ihres Lebens gesellschaftlich unterschiedliche Entwicklungsbedingungen, die sich in unterschiedlichen Biografien und Einstellungen niederschlugen. Die Wiedervereinigung führte in Ostdeutschland zu fundamentalen Umbrüchen der wirtschaftlichen, politischen und sozialen Rahmenbedingungen. Teilweise haben sich die Lebensbedingungen zwischen den alten und neuen Bundesländern angeglichen, teilweise bestehen weiterhin deutliche Unterschiede. Im Vordergrund steht daher die Frage, welche Unterschiede in der objektiven und subjektiven Lebensqualität in der zweiten Lebenshälfte auch knapp zwanzig Jahre nach dem Fall der Mauer zwischen Ost und West noch bestehen und welche Veränderungen beobachtet werden können.

Neben diesen drei Differenzierungsmerkmalen, die in den Kapiteln durchgängig zum

Einsatz kommen, wird bei naheliegenden Differenzierungserwartungen noch eine weitere Unterscheidung herangezogen: das *Bildungsniveau*. Die Lebenschancen von Menschen hängen in modernen Gesellschaften in hohem Maße vom erreichten Bildungsniveau und dem Bildungsverlauf ab. Der Zugang zu materiellen und sozialen Ressourcen wird wesentlich durch die Bildung mitbestimmt. Das Bildungsniveau beeinflusst die berufliche Entwicklung, die sozialen Kontakte, die sozialstrukturelle Position und Mobilität sowie den Lebensstil. Es ist eine altbekannte Tatsache, dass unter anderem die materielle Lage im Alter und der Gesundheitszustand erheblich vom Bildungsniveau abhängen. Insbesondere bei diesen Themen, aber nicht nur bei diesen, erfolgt daher eine differenzierte Betrachtung nach dem Bildungsstand. Es werden drei Niveaus je nach schulischer und beruflicher Bildung unterschieden: In die Gruppe mit niedriger Bildung fallen alle Personen ohne abgeschlossene Berufsausbildung, außer jene mit Abitur als höchstem Schulabschluss. Menschen mit abgeschlossener nicht akademischer Ausbildung oder mit Abitur werden in die Gruppe mit mittlerer Bildung eingeordnet. Personen mit abgeschlossenem Fachhochschul- oder Hochschulstudium bilden die Gruppe mit hoher Bildung.

Alle nachfolgenden Analysen beziehen sich auf Personen mit deutscher Staatsangehörigkeit. Grund hierfür ist, dass in die erste Welle des DEAS ausschließlich deutsche Personen einbezogen wurden. Aus Vergleichbarkeitsgründen wird deshalb auch für die Jahre 2002 und 2008 auf die deutschen Stichproben des DEAS Bezug genommen, wenngleich in diese Befragungen Personen mit nicht-deutscher Staatsangehörigkeit einbezogen wurden.

2.7 Ausblick

Der Band zur dritten DEAS-Welle konzentriert sich auf die Darstellung der querschnittlichen Befunde zu den Lebensumständen der Menschen in der zweiten Lebenshälfte im Jahr 2008 und die Darstellung des sozialen Wandels seit 1996 auf der Grundlage der Zeitreihendaten des Deutschen Alterssurveys. Weitergehende längsschnittliche Analysen des sozialen Wandels des Alters und der individuellen Entwicklungen im fortgeschrittenen Lebenslauf auf der Grundlage der drei Messzeitpunkte werden folgen. Sie werden als thematisch enger umgrenzte und vertiefende Analysen in einem zweiten Schritt bereitgestellt und vorrangig im Kontext von Publikationen in Fachzeitschriften publiziert werden. Die Komplexität der Stichproben und die Reichhaltigkeit der Daten eröffnet und erfordert geradezu die Möglichkeit einer intensiven sekundäranalytischen Nutzung der DEAS-Daten durch interessierte Wissenschaftlerinnen und Wissenschaftler. Aus diesem Grund stehen die Mikrodaten der dritten Erhebungswelle des Deutschen Alterssurveys der akademischen Forschung zeitnah zur Verfügung. Nicht zuletzt um den Zugang zu erleichtern und Nutzerinnen und Nutzer zu unterstützen, wurde am Deutschen Zentrum für Altersfragen ein Forschungsdatenzentrum eingerichtet, das die DEAS-Daten nutzerfreundlich aufbereiten, dokumentieren und bereitstellen, Analysepotenziale aufzeigen, Nutzerinnen und Nutzer schulen und beraten und für eine Vernetzung der DEAS-Nutzergemeinde sorgen wird. Weitere Erhebungswellen im Rahmen des Forschungsprogramms Deutscher Alterssurvey sind geplant, wenn möglich in kürzerer Taktfolge. Ziel ist der weitere Ausbau der empirischen Grundlagen für eine langfristige Sozialberichterstattung über die zweite Lebenshälfte und die sozial- und verhaltenswissenschaftliche Erforschung der Ursachen, Formen und Auswirkungen des Alterns der Individuen und der Gesellschaft.

Literatur

Bode, C., Westerhof, G. & Dittmann-Kohli, F. (2001). Methoden. In F. Dittmann-Kohli, C. Bode & G. Westerhof (Hrsg.), *Die zweite Lebenshälfte – Psychologische Perspektiven* (S. 37–76). Stuttgart: Kohlhammer.

Börsch-Supan, A., & Jürges, H. (Eds.). (2005). *The Survey of Health, Aging, and Retirement in Europe – Methodology*. Mannheim: Mannheim Research Institute for the Economics of Aging (MEA).

Cook, N. R., Evans, D. A., Scherr, P. A., Speizer, F. E., Taylor, J. O., & Hennekens, C. H. (1991). Peak expiratory flow rate and 5-year mortality in an elderly population. *American Journal of Epidemiology, 133(8)*, 784–794.

Deckl, S. (2010). Leben in Europa 2007 und 2008. Bundesergebnisse für Sozialindikatoren über Einkommen, Armut und Lebensbedingungen. *Wirtschaft und Statistik(1)*, 74–84.

Dittmann-Kohli, F., Kohli, M., & Künemund, H. (1995). *Lebenszusammenhänge, Selbstkonzepte und Lebensentwürfe. Die Konzeption des Deutschen Alters-Surveys* (Forschungsbericht 47). Berlin: Freie Universität Berlin, Forschungsgruppe Altern und Lebenslauf (FALL).

Dittmann-Kohli, F., Kohli, M., Künemund, H., Motel, A., Steinleitner, C., & Westerhof, G. (1997). *Lebenszusammenhänge, Selbst- und Lebenskonzeptionen – Erhebungsdesign und Instrumente des Alters-Survey* (Forschungsbericht 61). Berlin: Freie Universität Berlin, Forschungsgruppe Altern und Lebenslauf (FALL).

Engstler, H., & Wurm, S. (2006). Datengrundlagen und Methodik. In C. Tesch-Römer, H. Engstler & S. Wurm (Hrsg.), *Altwerden in Deutschland. Sozialer Wandel und individuelle Entwicklung in der zweiten Lebenshälfte* (S. 47–83). Wiesbaden: VS Verlag.

Fragoso, C. A., Gahbauer, E. A., Van Ness, P. H., Concato, J., & Gill, T. M. (2008). Peak expiratory flow as a predictor of subsequent disability and death in community-living older persons. *Journal of the American Geriatrics Society, 56(6)*, 1014–1020.

infas (2009). *Alterssurvey 2008 – Die zweite Lebenshälfte. Durchführung der 3. Befragungswelle. Methodenbericht*. Bonn: infas – Institut für angewandte Sozialwissenschaft GmbH.

Kohli, M. (2000). Der Alters-Survey als Instrument wissenschaftlicher Beobachtung. In M. Kohli (Hrsg.), *Die zweite Lebenshälfte – Gesellschaftliche Lage und Partizipation im Spiegel des Alters-Survey* (S. 10–32). Opladen: Leske + Budrich.

Kohli, M., & Tesch-Römer, C. (2003). Der Alters-Survey. *ZA-Information(52)*, 146–156.

Künemund, H. (2000). Datengrundlage und Methoden. In M. Kohli & H. Künemund (Hrsg.), *Die zweite Lebenshälfte – Gesellschaftliche Lage und Partizipation im Spiegel des Alters-Survey* (S. 33–40). Opladen: Leske + Budrich.

Motel-Klingebiel, A., Wurm, S., Engstler, H., Huxhold, O., Jürgens, O., Mahne, K. et al. (2009). *Deutscher Alterssurvey: Die zweite Lebenshälfte. Erhebungsdesign und Instrumente der dritten Befragungswelle* (DZA Diskussionspapiere Nr. 48). Berlin: Deutsches Zentrum für Altersfragen.

Ruckdeschel, K., Ette, A., Hullen, G., & Leven, I. (2006). *Generations and Gender Survey. Dokumentation der ersten Welle der Hauptbefragung*. Wiesbaden: BiB.

Statistisches Bundesamt (2009a). *Bildungsstand der Bevölkerung*. Wiesbaden: Statistisches Bundesamt.

Statistisches Bundesamt (2009b). *Haushalte und Familien. Ergebnisse des Mikrozensus 2008*. Wiesbaden: Statistisches Bundesamt.

Statistisches Bundesamt (2009c). *Stand und Entwicklung der Erwerbstätigkeit, Bd. 2: Deutschland*. Wiesbaden: Statistisches Bundesamt.

Statistisches Bundesamt (2010). *Bevölkerung mit Migrationshintergrund. Ergebnisse des Mikrozensus 2008*. Wiesbaden: Statistisches Bundesamt.

Tesch-Römer, C., Engstler, H., & Wurm, S. (Hrsg.). (2006). *Altwerden in Deutschland. Sozialer Wandel und individuelle Entwicklung in der zweiten Lebenshälfte*. Wiesbaden: VS Verlag.

Tesch-Römer, C., Wurm, S., Hoff, A., & Engstler, H. (2002). *Die zweite Welle des Alterssurveys. Erhebungsdesign und Instrumente* (DZA Diskussionspapier Nr. 35). Berlin: Deutsches Zentrum für Altersfragen.

3 Materielle Sicherung

Andreas Motel-Klingebiel, Julia Simonson & Laura Romeu Gordo

Kernaussagen

Einkommen stagnieren und differenzieren sich aus:
Die Einkommenssituation der 40- bis 85-Jährigen ist gegenwärtig wenig problematisch, doch stagniert die Kaufkraft. Zuwächse finden sich unter älteren Erwerbspersonen während Ruheständler hieran nicht partizipieren. Die Verteilung wird ungleicher: Armutsnahe Lagen und hohe Einkommen treten häufiger auf. Dies ist in der Diskussion von Verteilungs- und Sicherungszielen zu berücksichtigen.

Die Altersvorsorge ist ungleich verteilt:
Private Altersvorsorge betreiben überwiegend Personen mit umfangreichen Bildungs-, Einkommens- und Vermögensressourcen. Die Kompensation sinkender Niveaus der gesetzlichen Alterssicherung gelingt schlechter bei Personen mit ohnehin geringen Einkommen. Vermögenslosigkeit wächst speziell in Ostdeutschland, wo die Vermögen ohnehin geringer sind.

Private Unterstützung ersetzt nicht die öffentliche Sicherung im Alter:
40- bis 85-Jährige erhalten nur selten private Geld- oder Sachtransfers. Sie treten weiterhin vor allem als Geber privater Geld- und Sachtransfers in Erscheinung. Empfänger der Leistungen sind vor allem (jüngere) Kinder und Enkel.

Es besteht ein hoher Lebensstandard, aber es gibt zugleich Sorgen um die Zukunft:
Die Bewertungen des gegenwärtigen Lebensstandards sind weithin gut, aber es gibt auch Personengruppen, die von niedrigem Lebensstandard und geringen finanziellen Ressourcen berichten. Es zeigen sich wachsende Befürchtungen sinkender Lebensstandards. Die antizipierte zukünftige Situation wird von vielen älteren Menschen als prekär erlebt.

Personen mit guter sozialer Absicherung betonen Eigenverantwortung stärker:
Generell ist die Erwartung an die Sicherungsfunktion des Staates höher als die Bereitschaft zur Eigenverantwortlichkeit. Dies ist in Ostdeutschland stärker ausgeprägt als in Westdeutschland. Zudem wird von Menschen mit umfangreichen eigenen Ressourcen und Personen, die bereits soziale Absicherung genießen, private Verantwortung betont. Bei Menschen mit hoher Risikoexposition wird eher eine einflussreiche Rolle des Staates erwartet.

3.1 Einleitung

Die „Lebensphase Alter" umfasst inzwischen mehrere Jahrzehnte und wird sich weiter verlängern und ausdifferenzieren. Es stellt sich daher verstärkt die Frage nach den Lebenssituationen des Alters und der Ausgestaltung der späten Lebensphasen. Hierbei sind die objektiven Aspekte des Lebens, die Planungen und Bewertungen sowie das subjektive Wohlbefinden älterer Menschen angesprochen. Es geht um die Lebensqualität im Alter, ihre Voraussetzungen und Ergebnisse, ihre Verteilung und Entwicklung sowie um sozialpolitische Interventionen zu ihrer Herstellung und Aufrechterhaltung. Während die materiellen Lebensbedingungen die Lebenschancen von Individuen maßgeblich beeinflussen, stellen die subjektiven Bewertungen des Lebensstandards eine Grundlage allgemeiner Lebenszufriedenheit und individuellen Wohlbefindens dar. Sie sind Resultate von Lebenschancen und haben in quer- wie längsschnittlicher Perspektive Auswirkungen auf die Lebensbedingungen älterer Menschen. Bedingungen und Bewertungen stehen in Bezug zueinander (Hansen et al. 2008) und zu Handlungen und Lebensplanungen (vgl. auch Kapitel 1 „Wandel von Lebensqualität und Ungleichheit in der zweiten Lebenshälfte"). Alle diese Aspekte der Lebensqualität in der zweiten Lebenshälfte sind eingebettet in Lebensläufe und gesellschaftliche Kontexte. Darüber hinaus variieren nicht nur die Einkommenssituationen, sondern auch die Bedarfslagen nach Altersgruppen. Bei Älteren gewinnen Gesundheitsausgaben zunehmend an Bedeutung. Die Hinwendung zu einem breiten Konzept von Lebensqualität umgeht die von Sen (Sen 1992) beklagte enge Begrenzung auf objektive Standardmaße in der Wohlfahrtsmessung, die die individuelle wie kontextgebundene Variation in der Nutzung von Ressourcen und in der Interpretation ihrer Relevanz übersieht, und nähert die Analyse so dem Capability-Konzept Sens an (Sen 1987; Robeyns 2000; Robeyns 2005). Steht bei Sen die Frage im Zentrum, was für ein gelingendes Leben nötig ist, zielt der Lebensqualitätsbegriff auf den Versuch der Messung des guten Lebens und seiner Verteilung selber (Motel-Klingebiel et al. 2009; Veenhoven 2000; Phillips 2005; Noll & Schöb 2002). Bei der Betrachtung materieller Lagen im Alter sind daher im Sinne eines solchen umfassenderen Konzeptes auch subjektive Aspekte zu berücksichtigen.

Soziale Sicherung

Die materiellen Grundlagen der Lebenssituation im Alter basieren im Wesentlichen auf der Akkumulation von Anwartschaften über den Lebenslauf – sei es in der sozialen Alterssicherung oder im Hinblick auf private Vermögen. Die Systeme der Alterssicherung befinden sich derzeit allerdings in einem langfristigen Wandel (Berner 2007; Berner et al. 2010), der durch sinkende Sicherungsniveaus der gesetzlichen Alterssicherung und eine sukzessive, teilweise staatlich geförderte Teilprivatisierung gekennzeichnet ist. Hierbei ist die soziale Sicherungs- und Ausgleichsfunktion der gesetzlichen Rentenversicherung zugunsten der Beitragsstabilität nachrangig geworden und die Diskursfigur der Generationengerechtigkeit in den letzten Jahren neben den intertemporalen und intragenerationalen Ausgleich und die Lebensstandardsicherung im Alter getreten (Motel-Klingebiel & Tesch-Römer 2004; Schmähl 2005; Staeck 2003). Die mit der Verschiebung einhergehende (Teil-)Privatisierung kann ihrerseits langfristig Effekte auf die intragenerationalen Verteilungen haben (Motel-Klingebiel & Arber 2006; Estes 2004). Die doppelte Entwicklung – einerseits die Niveauabsenkung und Teilprivatisierung der Alterssicherung, andererseits die aktuelle Krise kapitalmarktlich basierter privater Alterssicherungskomponenten – könnte sich allerdings bereits in den Erwartungen der heutigen und künftigen Ruheständler an ihre Absicherung im Alter niederschlagen und so auch die Lebensplanungen in der zweiten Lebenshälfte beeinflussen.

Veränderungen der Lebensläufe

Neben der Alterssicherung befinden sich auch die Lebensverläufe im Wandel. Einerseits ist die Pluralisierung der Familien- und Lebensformen zu nennen (vgl. hierzu die Kapitel 7 „Lebensformen und Partnerschaft" und 8 „Familiale Generationenbeziehungen") und andererseits entwickeln sich langfristig instabilere Erwerbskarrieren mit atypischer Beschäftigung und wenig gesicherten Arbeitslosigkeitsphasen (vgl. Hofäcker et al. 2007; O'Rand 2006; Schmidt & Schmitt 2005). Dieser Trend macht verstärkte individuelle wie gesellschaftliche Sicherungsanstrengungen notwendig, da die Gefahr unzureichender Absicherung wächst. Zugleich wird in der Alterssicherung sukzessive eine Erhöhung der Regelaltersgrenze umgesetzt, die möglicherweise zu häufigeren Abschlägen bei vorzeitigen Rentenübergängen und damit weiteren Risiken führen wird.

Entwicklungstrends der materiellen Lagen im Alter

In der Folge der Veränderungen von Lebensläufen und sozialer Sicherung ist eine sukzessive Absenkung der mittleren Einkommen aus der sozialen Alterssicherung zu erwarten. Es ist zum einen anzunehmen, dass dieses Absinken bevorzugt bestimmte Personengruppen betreffen wird. Zum anderen ist private Alterssicherung sozial differenziert, was Verbreitung und Umfang angeht, und bedarf wirtschaftlicher Ressourcen und spezifischen Wissens (Lusardi & Mitchell 2005), sodass für die Zukunft von einer weiteren Ausdifferenzierung der Alterssicherungseinkommen auszugehen ist. Zugleich sind die Ausgleichsfunktionen privater Sicherung beschränkt. Zu geförderter privater Absicherung kommen vermehrt weitere private Anlageformen hinzu, die heterogener verteilt sind. Es ist nicht absehbar, ob die private Vorsorge in der Breite die Einkommensniveauverluste in der öffentlichen Alterssicherung kompensieren wird.

Der Trend abnehmender Alterseinkünfte aus der gesetzlichen Alterssicherung sollte bereits eingesetzt haben, ist in seiner Ausgestaltung zu dokumentieren und in seinen Wirkungen auf Lebensplanungen und weitere Lebensbereiche zu analysieren. Aktuelle Prognosen der Renten und weiterer Alterseinkommen insgesamt scheinen dabei zu optimistisch auszufallen (Riedmüller & Willert 2008) und sind in ihrer Bewertung nicht an Sicherungszielen orientiert, die eine angemessene Bewertung der voraussichtlichen Zielerreichung ermöglichen würden.

Empirisch stellt sich die Frage nach der Wirkung des aktuellen Wandels von Rahmenbedingungen und der langfristigen Veränderung von Lebensverläufen auf die materielle Lage und das wirtschaftliche Handeln sowie auf die Bewertungen der materiellen Lebenssituationen und die Akzeptanz sozialstaatlicher Umverteilung. Im Folgenden soll gefragt werden:

- Wie gestalten sich der Umfang, die Verteilung und die Struktur materieller Lagen älterer Menschen? Wie verändern sich diese objektiven materiellen Lagen im sozialen Wandel? Wie gestalten sich ihre Bewertungen und Erwartungen? Und wie verändern sich die Bewertungen und Erwartungen im gesellschaftlichen Wandel?
- Wie gestalten sich die auf die Systeme sozialer Sicherung bezogenen Einstellungen und Bewertungen und in welchem Zusammenhang stehen diese Einstellungen und Bewertungen mit dem Umfang und der Verteilung materieller Ressourcen sowie mit der Struktur materieller Lagen älterer

Menschen? Wie verändern sich die auf die Systeme sozialer Sicherung bezogenen Einstellungen im gesellschaftlichen Wandel? Und welche Probleme und Interventionsoptionen ergeben sich daraus aus gesellschaftspolitischer Sicht?

Aus sozialpolitischer Perspektive stellt sich dabei jeweils besonders die Frage nach der Identifikation möglicher Problem- oder Risikogruppen, der Ausgestaltung ihrer Lebenssituation, den Gründen für die besondere Problem- oder Risikolage und die zahlenmäßige Entwicklung dieses Personenkreises über die Zeit sowie nach möglicherweise daraus resultierenden aktuellen wie künftigen politischen Interventionsbedarfen.

3.2 Datenerhebung und Konzepte

Einkommen

Wird eine Einschätzung relativer Wohlstandspositionen angestrebt, so ist das Äquivalenzeinkommen das Einkommenskonzept der Wahl. Ihm liegt die Idee zugrunde, dass „aussagekräftige Wohlstandsuntersuchungen [...] die Normierung der realiter vorfindbaren, unterschiedlichen Haushaltsstrukturen" (Faik 1995, S. 28; Faik 1997; Paccagnella & Weber 2005) erfordern. Sie erfolgt über eine Gewichtung der Bedarfe unterschiedlicher Haushaltstypen, die sich auf die Größe des Haushalts und zumeist auch auf die Altersstruktur seiner Mitglieder stützt. Aufgrund der Integration der allgemein angenommenen Kostendegression in größeren Haushalten, also den mit steigender Haushaltsgröße sinkenden Kosten, die pro Kopf aufzuwenden sind, ist diese Größe der einfachen Summierung der persönlichen Einkommen zum Haushaltseinkommen überlegen (Bundesministerium für Arbeit und Sozialordnung 1999; Danziger & Taussig 1979). Die Festsetzung der Gewichte ist aber nicht unproblematisch, denn sie beeinflusst die berechnete sozialstrukturelle Verteilung der Wohlfahrtspositionen. Für die Berechnung der Äquivalenzeinkommen werden grundsätzlich die Äquivalenzgewichte gemäß der neuen OECD-Skala verwendet. Basis der Gewichtung ist das Haushaltsnettoeinkommen, also die Summe der von allen Mitgliedern eines Haushaltes erzielten persönlichen Nettoeinkommen und der nicht differenziert einzelnen Mitgliedern zuzurechnenden Einkommenskomponenten.

Das Einkommen der Befragten wird im mündlichen Interview und in der schriftlichen Erhebung des DEAS erfasst. In der mündlichen Befragung wird hierzu eine Standardformulierung gemäß der Empfehlung des Arbeitskreises Deutscher Marktforschungsinstitute, der Arbeitsgemeinschaft Sozialwissenschaftlicher Institute und des Statistischen Bundesamtes verwendet. In der schriftlichen Erhebung wird auch die Zusammensetzung des Haushaltseinkommens erfragt. Sofern das Haushaltseinkommen ausschließlich auf das Einkommen der Befragungsperson oder ihres Partners beziehungsweise ihrer Partnerin beziehungsweise auf einzelnen Personen nicht individuell zuzuordnende Einkommensarten (wie ALG II, Sozialhilfe, Miet- und Zinseinnahmen und so weiter) zurückgeht, kann ergänzend auf Basis der schriftlichen Befragung eine Substitution fehlender Einkommenswerte vorgenommen werden. Die so erstellte Einkommensvariable hat einen Anteil fehlender Werte von jeweils etwa zwölf (1996), zehn (2002) beziehungsweise wieder zwölf Prozent (2008).

Armut und Wohlstand

Armut ist ein Missstand, der als Mangel an Lebens- und Verwirklichungschancen sowie gesellschaftlicher Integration interpretiert wird. Der Armutsbegriff wird im DEAS auf ressourcenbezogene Armut beschränkt und als relative Einkommensarmut definiert. Arm zu sein bedeutet weniger als 60 Prozent des gesellschaftlichen Medianeinkommens zur Verfügung zu haben. Für alternative Berechnungen wird eine Armutsgrenze bei 50 Prozent des arithmetischen Mittelwertes verwendet. Die Berechnung der Grenzwerte erfolgt auf Basis des Sozio-oekonomischen Panels (SOEP), das auf einer repräsentativen Stichprobe der Gesamtbevölkerung fußt und eine DEAS-analoge Einkommensabfrage einsetzt. Wohlstand im Alter wird analog durch Einkommen in Höhe von 200 Prozent oder mehr des gesellschaftlichen Durchschnitts bestimmt.

Vermögensbesitz

Fragen zum Vermögen sind in der dritten Welle des DEAS ausgebaut und umfassen nunmehr auch die privaten Vermögensportfolios einschließlich wesentlicher Aspekte privater Altersvorsorge. Das Geldvermögen wird, wie auch die Verschuldung, im schriftlichen Teil der DEAS-Erhebung erfragt.

Geld- und Sachtransfers

Die Erhebung materieller Geld- und Sachtransfers zu Lebzeiten umfasst mit Geldgeschenken, größeren Sachgeschenken und regelmäßigen finanziellen Unterstützungen möglichst alle übertragbaren Formen materieller Güter und bezieht sich auf die vergangenen zwölf Monate vor der Befragung. Erbschaften werden im DEAS als erhaltene und erwartete erfragt. Zudem werden Werte und bei erhaltenen Erbschaften auch die Erblasser erfragt.

Sparen und Entsparen

Bei der Abfrage von Spar- und Entsparprozessen wird schrittweise vorgegangen: Sie umfasst auch Sparziele und Verwendungszwecke sowie die kategoriale Erhebung der Sparsummen.

Bewertung des Lebensstandards

Die subjektive Bewertung des Lebensstandards, seiner vergangenen und seiner möglichen künftigen Entwicklung erfolgt analog der Erhebung der Bewertungen in anderen Schwerpunktbereichen des DEAS.

Subjektive Bedarfsdeckung

Als ein weiterer Aspekt der subjektiven Bewertung der materiellen Lebenssituation wird ab 2002 die subjektive Bedarfsdeckung über die Frage, ob genügend Geld zur Erfüllung der eigenen Bedürfnisse zur Verfügung steht, im DEAS erhoben.

Bewertung sozialer Sicherungssysteme

Im Blickfeld steht die Beurteilung und Akzeptanz wohlfahrtsstaatlicher Sicherung sowie der Eigenverantwortlichkeit für die Altersvorsorge. Der DEAS ermöglicht die Gegenüberstellung von Einkommens- und Vermögenslagen mit der Bewertung sozialer Sicherung.

3.3 Analyseperspektiven

Die Analysen betreffen vor allem zwei Bereiche: erstens die materiellen Ressourcen Einkommen und Vermögen und das wirtschaftliche Verhalten, insbesondere zur Altersvorsorge sowie zweitens die Bewertungen des Lebensstandards und die Einstellungen zum System wohlfahrtsstaatlicher Sicherung und Umverteilung. Es werden dabei jeweils die aktuellen Lebenssituationen der 40- bis 85-Jährigen in Deutschland analysiert und die Veränderungen über den Betrachtungszeitraum des DEAS seit 1996 untersucht und interpretiert.

3.3.1 Die aktuelle Lebenssituation der 40- bis 85-Jährigen

In einem ersten Schritt sollen die materiellen Aspekte der Lebenssituation in der zweiten Lebenshälfte umfassend abgebildet werden. Die Einkommens- und Vermögenslagen werden im Allgemeinen recht gut dokumentiert (Bundesministerium für Gesundheit und Soziale Sicherung 2005; Bundesministerium für Arbeit und Soziales 2008), doch finden sich altersphasenspezifische Analysen nur in begrenztem Umfang und noch seltener eingebettet in weitergehende alternswissenschaftliche Untersuchungen, die die Bedeutung der materiellen Lebenssituation alternder und alter Menschen angemessen in den Kontext von Lebenszusammenhängen und Lebensqualität im Alter stellen.

Bei der Einkommens- und Vermögenssituation werden insbesondere die Differenzen zwischen den Altersgruppen betrachtet – Erwerbsphase und Ruhestand trennt der Übergang in den Ruhestand als ein wesentliches Lebensereignis. Die Einkommenssituation in verschiedenen Lebensphasen muss daher getrennt untersucht werden. Wird aber nur auf die auf Haushaltsebene verfügbaren Ressourcen abgehoben, so ist das Lebensalter der Befragten kein trennscharfer Indikator, da zumindest auch die Positionen deren Partnerinnen und Partner relevant sind. Entsprechend ist von einem Alterskorridor auszugehen, in dem ein Haushalt vom Erwerbstätigen- zum Ruhestandshaushalt übergeht. Dieser wird im DEAS durch die Altersgruppe der 55- bis 69-Jährigen abgebildet. Die 40- bis 54-Jährigen sind entsprechend im erwerbsfähigen und die 70- bis 85-Jährigen im Ruhestandsalter.

Die Einkommens- und Vermögenssituation wird für verschiedene Personengruppen getrennt untersucht und es ist anzunehmen, dass sich hier weiterhin wesentliche Disparitäten nachweisen lassen (Braun & Metzger 2007; Krause et al. 2008; Motel-Klingebiel 2006; Motel-Klingebiel et al. 2009). Angesichts der Entwicklung der Arbeitsmärkte und der sozialen Sicherung ist es wichtig, die Frage nach Armut und Ausgrenzung und damit nach mangelnden Lebens- und Verwirklichungschancen (Lyberaki & Tinios 2005; Robeyns 2005; Sen 1987) zu stellen, aber auch besonders begünstigte Lebenssituationen zu betrachten (Breyer et al. 2006). Die Einkommensposition gerade der Ruheständler hat sich zwar seit Mitte des vergangenen Jahrhunderts stark verbessert, aber die Armutsquoten beispielsweise alleinstehender älterer Frauen sind weiterhin überdurchschnittlich hoch (Grabka & Krause 2005; Strengmann-Kuhn 2008) und die aktuellen Daten lassen es kaum zu, von einer Fortsetzung des für die Älteren günstigen Trends zu sprechen. Wegen sinkender Sicherungsniveaus der gesetzlichen Rentenversicherung und sich wandelnder Lebensläufe sind eher sinkende Einkommensniveaus und erhöhte Altersarmutsrisiken zu erwarten (Geyer & Steiner 2010). Eine fortgesetzte Beobachtung von Armut im Alter ist daher notwendig und muss auf die gesamte materielle Lebenssituation Bezug nehmen (Headey 2008). Insbesondere wegen der hohen gesellschaftspolitischen Bedeutung wird der Frage nach der individuellen Altersvorsorge nachgegangen. Es ist wichtig zu betrachten, wie verschiedene Bevölkerungsgruppen vorsorgen, so auf absehbar unterschiedliche Versorgungsniveaus abzielen und das Risiko von Einkommensverlusten und Armut eingehen.

Für die Lebensqualität im Ruhestand, für Verhalten und Lebensplanung sind neben der objektiven wirtschaftlichen Situation auch ihre Bewertung und die Erwartung künftiger Veränderungen von Bedeutung. Daher wird im DEAS untersucht, wie aktuelle materielle Situationen auf Basis objektiv verfügbarer Ressourcen bewertet werden und wie sie sich in Einstellungen zur sozialen Sicherung niederschlagen. Angesichts der Entwicklungen der letzten Jahre sind neben einer moderaten Akzeptanz sozialer Sicherung auch hohe Zustimmungswerte für individuelle Verantwortung und private Sicherung mit Unterschieden zwischen Ost- und Westdeutschland sowie zwischen sozialen Schichten zu erwarten (Boeri et al. 2001; Nüchter 2008; Reimann & Frommert 2006; Roller 2002; Schwarze et al. 2004; Ullrich 2008).

3.3.2 Veränderungen der Lebenssituation der 40- bis 85-Jährigen über die Zeit und ihre Bestimmungsgründe

Veränderungen

Dynamiken der wirtschaftlichen Situation älterer Menschen und ihrer Verteilung speisen sich vor allem aus zwei Quellen. Einerseits sind die sozialpolitischen, wirtschaftlichen und gesellschaftlichen Veränderungen und Ereignisse zu nennen. Reformen, Hoch- und Krisenzeiten, politische Machtverschiebungen und gesellschaftliche Brüche haben Einfluss auf individuelle und gesellschaftliche Ressourcen, die Einstellung zur sozialen Sicherung und das Empfinden von Sicherheit und Wohlstand. Zudem speisen sich Verschiebungen aus Veränderungen in der Zusammensetzung der Population. Während in der Gruppe der Ruheständler in der ersten DEAS-Welle 1996 die bis etwa 1930 Geborenen dominieren, bilden die 68er (im Westen) und die integrierte Generation (im Osten) im Jahr 2008 die Hauptgruppe der jüngeren Ruheständler, während sie im Jahr 1996 noch die älteren Erwerbstätigen stellen. Neu in die zweite Lebenshälfte hineingewachsen sind seitdem die Babyboomer (vgl. Kapitel 1 „Wandel von Lebensqualität und Ungleichheit in der zweiten Lebenshälfte").

Es stellt sich zunächst die Frage, wie sich die wirtschaftlichen Lebenssituationen in der zweiten Lebenshälfte absolut und/oder relativ verändern. Die Analysen der zweiten Welle des DEAS dokumentieren eine deutliche Angleichung der Einkommen zwischen West- und Ostdeutschland auf Westniveau (Motel-Klingebiel 2006). Dies deckt sich mit anderen Studien, beispielsweise auf Basis des Sozio-oekonomischen Panels (SOEP, vgl. Frick & Grabka 2005; Krause & Schäfer 2005; Krause et al. 2008). Es ist zu prüfen, ob sich der Trend fortsetzt oder gebrochen wird. So kann angenommen werden, dass der Wandel von Lebensläufen und die Bedeutungszunahme privater Vorsorge Effekte auf die Verbreitung prekärer materieller Lagen hat (Schmähl 2008). Möglicherweise verändert sich die Einkommenssituation nicht für alle Älteren in gleicher Weise, und es ist zu untersuchen, welche Gruppen die Gewinner oder Verlierer gesellschaftlicher Entwicklungen sind. Da Veränderungen objektiver Indikatoren Dynamiken subjektiver Indikatoren induzieren können, wird untersucht, inwieweit Veränderungen der Ressourcen mit Dynamiken in den subjektiven Bewertungen korrespondieren.

Hintergründe der Veränderungen

Vor dem Hintergrund der Diskussion möglicher Veränderungen von Niveaus und Verteilungen materieller Lagen, ihrer Bewertungen und ihres Zusammenhangs mit der Einstellung zum System sozialer Sicherung über die Zeit stellt sich die Frage, welche Faktoren solche Veränderungen beeinflussen können.

Erstens können aktuelle Verschiebungen im System sozialer Sicherung solche Veränderungen nach sich ziehen. Absenkungen der Sicherungsniveaus und die seit einigen Jahren stattfindende (Wieder-)Ausdehnung der Erwerbsphase sollten bereits heute ihren Niederschlag in der materiellen Lebenssituation der zweiten Lebenshälfte finden. Es ist zu fragen, inwieweit die Politik der staatlich geförderten Eigenvorsorge für den Ruhestand einen Einfluss auf die Vermögensportfolios der heute in mittleren und späten Erwerbsphasen befindlichen Menschen hat – möglicherweise mit entsprechenden Effekten auf Bewertungen, Planungen und Einstellungen zu den Systemen sozialer Sicherung. Neben den wichtigen strukturellen (Nach-)Wirkungen der deutschen Vereinigung auf die Arbeitsmärkte, aber auch auf die Bevölkerungsstrukturen, stellen auch die konjunkturellen Änderungen im Zeitraum zwischen 1996 und 2008 weitere Aspekte dar, die in der Interpretation der Ergebnisse zu berücksichtigen sind. Diese können vor allem die Erwerbschancen und die Einkommenssituation in der späten Erwerbsphase vor dem Übergang in den Ruhestand stark beeinflussen und damit Effekte auf die Ruhestandsübergänge mit ihren Wirkungen auf die Einkommensdynamiken sowie auf die längerfristigen materiellen Lebenssituationen im Ruhestand haben. In ähnlicher Weise können sich die genannten gesellschaftlichen, politischen und wirtschaftlichen Veränderungen in den Einstellungen zum Wohlfahrtsstaat spiegeln.

Zweitens kann sich zeigen, dass mit der Ablösung der Ruhestandskohorten tatsächlich auch neue Generationen mit neuen Lebensläufen, Lebensformen und Ressourcen, aber auch Lebensstilen und Präferenzen in das späte Erwerbsalter und den Ruhestand hineinwachsen. Da materielle Ressourcen im Alter ganz wesentlich auf der Akkumulation von Anwartschaften in den verschiedenen Alterssicherungssystemen basieren, ist es wichtig, die Erwerbsverläufe aktueller und zukünftiger Rentner zu betrachten. In enger Verknüpfung mit dem an den DEAS angebundenen Forschungsvorhaben „Lebensläufe und Alterssicherung im Wandel" (LAW, vgl. Motel-Klingebiel et al. 2007) kann diskutiert werden, wie neue Formen von Lebensläufen auf das Alter wirken, denn individuelle Verläufe sind wichtige Determinanten der materiellen Lage im Alter und veränderte Verlaufsmuster wirken so unmittelbar auf die materielle Ausgestaltung des Ruhestands.

Die folgenden Analysen unterscheiden den Vorüberlegungen entsprechend nach Lebensalter, Geschlecht, Region und Bildungsniveaus:

Alter

Die Unterscheidung nach Altersgruppen – 40- bis 54-Jährige, 55- bis 69-Jährige und 70- bis 85-Jährige – ermöglicht es, zwischen Lebensphasen zu differenzieren. Befinden sich die 40- bis 54-Jährigen noch in der Erwerbsphase, so lässt sich die Lebensphase zwischen 55 und 69 Jahren als Ruhestandsübergangsphase und die zwischen 70 und 85 Jahren nahezu ausnahmslos als nachberufliche Lebensphase beschreiben.

Geschlecht

Das Geschlecht ist ein Merkmal der Sozialstruktur und Männer und Frauen unterscheiden sich hinsichtlich ihrer Lebensläufe, Einkommenspositionen und Lebensplanungen teilweise erheblich, was Auswirkungen auf materielle Lagen und ihre Bewertung hat.

Region

Im Mittelpunkt steht der Vergleich zwischen neuen und alten Bundesländern. Zwischen Ost und West gibt es erhebliche Unterschiede in den Erwerbs- und Familienbiografien sowie den Einkommen aus Erwerbstätigkeit und sozialen Sicherungssystemen. Zugleich divergieren Wirtschaftskraft sowie Arbeitsnachfrage und -angebot.

Bildung

Formale Bildung ist Ausdruck kulturellen Kapitals. Sie repräsentiert akkumuliertes Humankapital und damit Arbeitsmarktchancen und ist – allgemeiner – Proxy der sozialstrukturellen Position. Bildungsschichten unterscheiden sich daher in ihrer materiellen Lebenssituation. Der DEAS unterscheidet drei Bildungsniveaus (vgl. Kapitel 2 „Datengrundlagen und Methoden"): 1. ohne Abitur und ohne berufliche Ausbildung, 2. mit Berufsausbildung oder zumindest Abitur sowie 3. mit Studienabschluss.

3.4 Die materielle Lebenssituation und ihr Wandel über die Zeit

Materielle Ressourcen sind ein wesentlicher Baustein der aktiven Gestaltung des Alters in Autonomie und Lebensqualität und es gehört zu den Aufgaben wohlfahrtsstaatlicher Politik, sie bereitzustellen und zu sichern. Diese Sicherung bezieht sich vor allem auf die Verfügung über objektive Ressourcen wie Einkommen und Vermögen. Diese spiegeln sich in subjektiven Bewertungen und Erwartungen als einer wesentlichen Basis von Handlungen und Planungen der Individuen. Beide Aspekte werden nachfolgend untersucht.

3.4.1 Wirtschaftliche Ressourcen und Verhalten

Einkommen und Vermögen

Die Verfügung über Einkommen und Vermögen ist ein wesentlicher Aspekt objektiver Ressourcen nicht allein im Alter. Einkommen und Vermögen liefern Spielräume für die Bedarfsdeckung und weitergehende Handlungsmöglichkeiten und sind daher zu untersuchen.

Das mittlere Äquivalenzeinkommen der 40- bis 85-Jährigen in Deutschland liegt im Jahr 2008 bei rund 1.700 Euro (arithmetisches Mittel, gerundete Werte) und damit um rund 165 Euro oder etwa zehn Prozent über dem im Jahr 2002 gemessenen Wert. Der Wert variiert erheblich zwischen den Altersgruppen: Er liegt für die 40- bis 54-Jährigen bei gut 1.700 Euro und bei den 55- bis 69-Jährigen bei 1.800 Euro, aber für die 70- bis 85-Jährigen bei wenig mehr als 1.500 Euro (vgl. Tabelle A 3–1 im Anhang, hier finden sich auch ungerundete Angaben).

Stärker noch differieren die Werte zwischen Ost und West, zwischen Bildungsschichten und Geschlechtern. Die Ost-West-Differenz der mittleren Äquivalenzeinkommen der 40– bis 85-Jährigen beträgt knapp 500 Euro. Sie ist mit etwa 640 Euro unter den 55- bis 69-Jährigen am größten, beträgt unter den 70- bis 85-Jährigen etwa 450 Euro und ist mit nur etwa 380 Euro unter den 40- bis 54-Jährigen am geringsten. Dies könnte auf einen Nivellierungstrend unter den künftigen Ruheständlern hindeuten, die sich derzeit noch in der Erwerbsphase befinden.

In Relation zum gruppenspezifischen Einkommensmittel des Jahres 1996 (= 100) sind im Zeitverlauf für die alten Bundesländer mit Ausnahme der jüngsten Kohorte moderate bis deutliche Zuwächse der mittleren Einkommen zu beobachten. In den neuen Bundesländern ist dagegen nach einem Anstieg der mittleren Einkommen in den meisten Kohorten bis 2002 ein deutliches Absinken der Einkommen danach zu beobachten (vgl. Abbildung 3–1). Die Differenzen zwischen den Altersgruppen in Ostdeutschland nehmen seit 1996 zu. Dies geht vor allem auf geringe Zuwächse bei den Ältesten zurück (vgl. Abbildung 3–1). Hier machen sich das Auslaufen der sehr günstigen Überleitung der DDR-Renten und die Veränderung in den Lebensläufen nachrückender Ruheständler bemerkbar (vgl. Tabelle A 3–1 im Anhang).

Die Bildungsdifferenzen sind stärker als die zwischen Ost und West. Während das mittlere Einkommen unter Abiturienten und Hochschulabsolventen im Jahr 2008 etwa 2.300 Euro beträgt, kommen gering qualifizierte Personen

Abb. 3–1: Entwicklung der mittleren Äquivalenzeinkommen zwischen 1996 und 2008 (1996 = 100) (in Prozent)

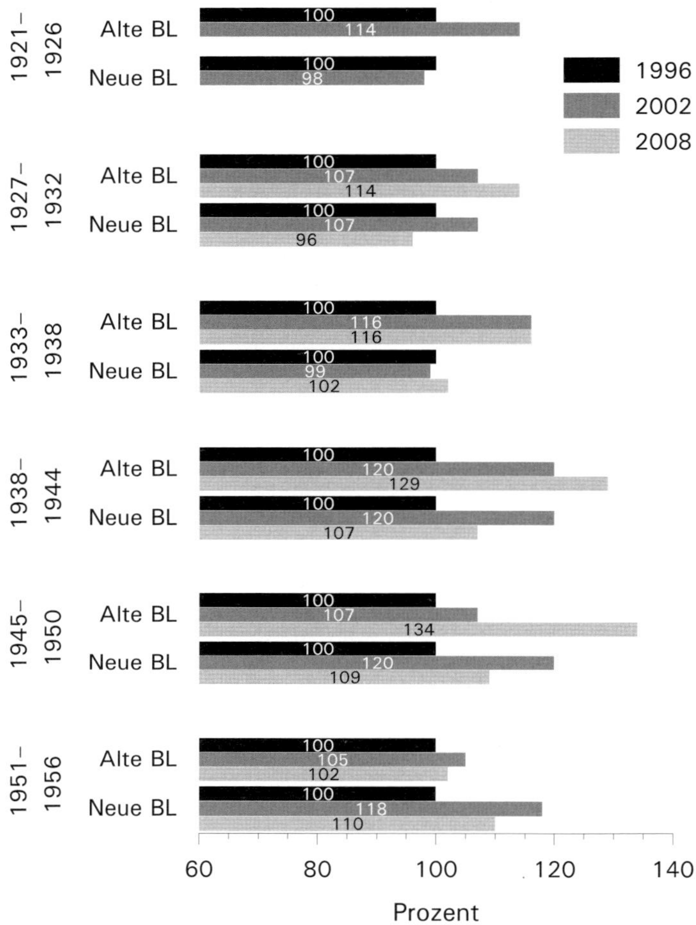

Quelle: DEAS 1996 (n = 3.750), 2002 (n = 1.881) und 2008 (n = 3.171), Geburtskohorten 1921–1956, gewichtet, gerundete Angaben. $p < .05$.

ohne Berufsausbildungsabschluss nur auf wenig mehr als die Hälfte dieses Wertes. Auch die Geschlechterdifferenzen sind erheblich. Die mittleren Einkommen der Männer sind mit etwa 1.800 Euro deutlich höher als die der Frauen mit knapp 1.600 Euro (vgl. Tabelle A 3–1 im Anhang). Da im DEAS ein haushaltsbezogenes Einkommenskonzept verwendet wird, stellt sich die Frage nach dem Ursprung dieses Abstands. Er ist vor allem auf die Differenz zwischen Alleinlebenden zurückzuführen, die im Mittel rund 450 Euro beträgt. Jedoch findet sich auch eine Differenz von etwa 100 Euro zwischen Männern und Frauen in Paarhaushalten sowie von etwa 200 Euro bei anderen Haushaltskonstellationen (zum Beispiel Paaren mit Kindern im Haushalt). Diese Unterschiede gehen unter anderem auf die geschlechtsspezifische Altersdifferenz von Paaren zurück.

Armut spielt in der zweiten Lebenshälfte eine geringere Rolle als in jüngeren Lebensphasen (vgl. Tabelle A 3–2 im Anhang). Allerdings liegt die Armutsquote mit etwa zehn Prozent (Armutsgrenze: 60 Prozent des Medians der Gesamtpopulation) oder rund acht Prozent (Armutsgrenze: 50 Prozent des arithmetischen Mittels der Gesamtpopulation) über den Niveaus früherer Jahre (vgl. Tabelle A 3–2 im Anhang) und als solche beachtlich hoch. Es sind vor allem Personen in den neuen Bundesländern im erwerbsfähigen Alter, die besonders häufig betroffen sind. Einkommensreichtum ist demgegenüber weiterhin vor allem ein westdeutsches Phänomen, auch wenn sich die Quoten annähern (vgl. Tabelle A 3–4 im Anhang). Insbesondere die 40- bis 54-Jährigen weisen deutliche Nivellierungen auf – hier beträgt die Ost-West-Relation 1996 noch etwa 1 : 7; im Jahr 2008 liegt sie dagegen nur noch bei etwa 1 : 2; der Anteil einkommensreicher Personen ist in Westdeutschland also etwa doppelt so hoch wie in Ostdeutschland.

Das Geldvermögen ist beträchtlich und besonders ungleich verteilt (vgl. Tabelle A 3–5 im Anhang). So stehen rund 20 Prozent Geldvermögenslosen etwa 80 Prozent Vermögende gegenüber – darunter mehr als 50 Prozent, die 12.500 und mehr Euro besitzen. Die 55- bis 69-Jährigen stellen eine besonders begünstigte Gruppe dar: Weder Jüngere noch Ältere verfügen in diesem Ausmaß über Geldvermögen. Nur 17 Prozent der 55- bis 69-Jährigen sind geldvermögenslos während 19 Prozent der 40- bis 54-Jährigen und 23 Prozent der 70- bis 85-Jährigen über kein Vermögen verfügen. Während Analysen der ersten Erhebungswelle des DEAS mit Daten des Jahres 1996 (Motel 2000) noch davon sprechen, dass die beiden jüngeren Altersgruppen in ähnlicher Weise über Ersparnisse und Vermögen verfügen, können nachwachsende Geburtskohorten nicht mehr die Niveaus ihrer Vorgänger erreichen. Dies ist mit Blick auf die zunehmende Bedeutung privater Absicherung des Ruhestands brisant. Offensichtlich werden jene, die im Alter zunehmend auf private Vermögen angewiesen sind, immer seltener solche aufbauen und auf diese zurückgreifen können. Es sind substanzielle Bildungs-, Geschlechter- und regionale Differenzen festzustellen (vgl. Tabelle A 3–5 im Anhang). Während in Westdeutschland vier von fünf der 40- bis 85-Jährigen angeben, über Geldvermögen zu verfügen, sind dies in Ostdeutschland lediglich etwa drei Viertel. Auch die Vermögensbeträge differieren beträchtlich, wie bereits in früheren Wellen des DEAS gezeigt (Motel-Klingebiel 2006). Über die Zeit wachsen vor allem die Vermögen in Westdeutschland absolut an, während die Zuwächse relativ am geringen Ausgangsniveau gemessen in den neuen Bundesländern am stärksten sind. Zudem nimmt im Osten die Vermögenslosigkeit deutlich zu (vgl. Tabelle A 3–5 im Anhang).

Auch Immobilien sind eine Form privaten Vermögens. Gut 60 Prozent der 40- bis 85-Jährigen verfügen über eine Wohnung, ein Reihen-, Ein- oder Mehrfamilienhaus und nutzen diese(s) auch ganz oder teilweise. Die Quoten sind analog zum Geldvermögensbesitz unter den 55- bis 69-Jährigen am höchsten (69 Prozent Immobilienbesitzende), während der Immobilienbesitz mit 59 Prozent unter den 70- bis 85-Jährigen am seltensten ist. Die Personen im erwerbsfähigen Alter zwischen 40 und 54 Jahren erreichen im Jahr 2008 mit 65 Prozent nicht das Niveau der 55- bis 69-Jährigen. Diese Entwicklung deutet sich bereits in der zweiten Erhebungswelle 2002 an, während im Jahr 1996 beide Altersgruppen noch in etwa gleich häufig über Immobilienbesitz verfügen (vgl. Tabelle A 3–6 im Anhang).

Im Vergleich zum Geldvermögen variiert der Immobilienbesitz nicht nur weniger stark nach Alter, sondern auch zwischen den Geschlechtern: 68 Prozent der Männer und 62

Prozent der Frauen verfügen über Immobilien. In Westdeutschland ist der Immobilienbesitz weiter verbreitet als in Ostdeutschland (68 versus 52 Prozent). Zudem sind es vor allem höher Gebildete, die über Immobilien verfügen. Allerdings ist der Immobilienbesitz auch in unteren Schichten relativ weit verbreitet. Die Differenzen zwischen den Bildungsschichten sind vor allem im erwerbsfähigen Alter sehr deutlich. Vor allem fällt der Unterschied zwischen Personen mit geringer Bildung und der übrigen Bevölkerung auf. Unter den 40- bis 54-Jährigen mit geringer Bildung ist der Anteil der Immobilienbesitzer um rund ein Drittel niedriger. Der Immobilienbesitz in der zweiten Lebenshälfte ist aktuell deutlich weiter verbreitet als noch 1996, was vor allem auf die Entwicklung in den neuen Bundesländern zurückgeht. Die Dynamik in Westdeutschland ist deutlich schwächer (vgl. Tabelle A 3–6 im Anhang).

Private Altersvorsorge und Geldsparen

Die Reformen der gesetzlichen Rentenversicherung der letzten Dekade implizieren, dass künftige Ältere im Vergleich zu heutigen Ruheständlern niedrigere Altersrenten beziehen werden. Es wurde eine Verschiebung der Alterssicherung von der ersten Säule (gesetzliche Rentenversicherung) hin zur zweiten (betriebliche Vorsorge) und dritten Säule (private Vorsorge) angestoßen, die zur Kompensation der Verluste in der ersten Säule beitragen soll. Hierfür wurden für bestimmte privatwirtschaftliche Alterssicherungsprodukte neue Fördermöglichkeiten eingeführt. Etwa ein Fünftel der 40- bis 85-Jährigen verfügt nach den Daten des DEAS aktuell über staatlich geförderte Anlagen zur Altersvorsorge, doch machen insbesondere Personen im erwerbsfähigen Alter hiervon Gebrauch (vgl. Abbildung 3–2). Ältere sind von den Rentenreformen, insbesondere den neuen Fördermöglichkeiten nicht mehr betroffen und die verbleibenden Anteile resultieren häufig aus der Vorsorge jüngerer Partner. Staatlich geförderte private Vorsorgeformen werden etwas häufiger von Personen aus den alten Bundesländern in Anspruch genommen (vgl. Abbildung 3–2). Allerdings ist der Unterschied nur unter den Personen im erwerbs-

Abb. 3–2: Staatlich geförderte Altersvorsorge nach Altersgruppen und Region (in Prozent)

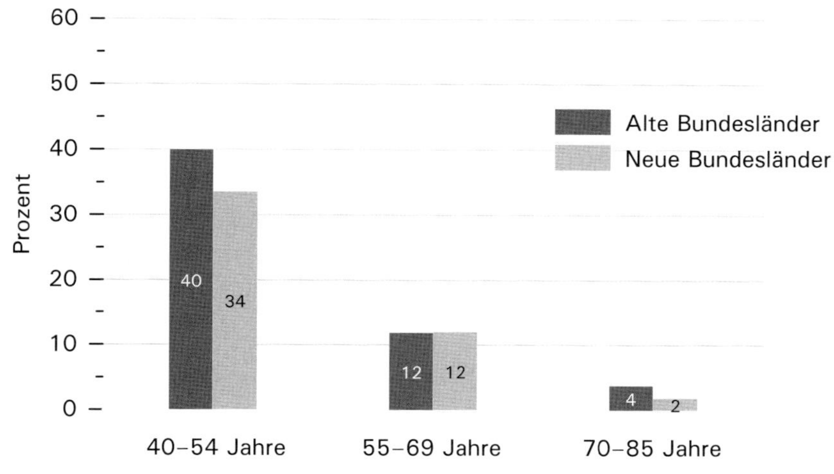

Quelle: DEAS 2008 (n = 3.697), gewichtet, gerundete Angaben. $p < .05$.

Abb. 3–3: Staatlich geförderte Altersvorsorge nach Alters- und Bildungsgruppen (in Prozent)

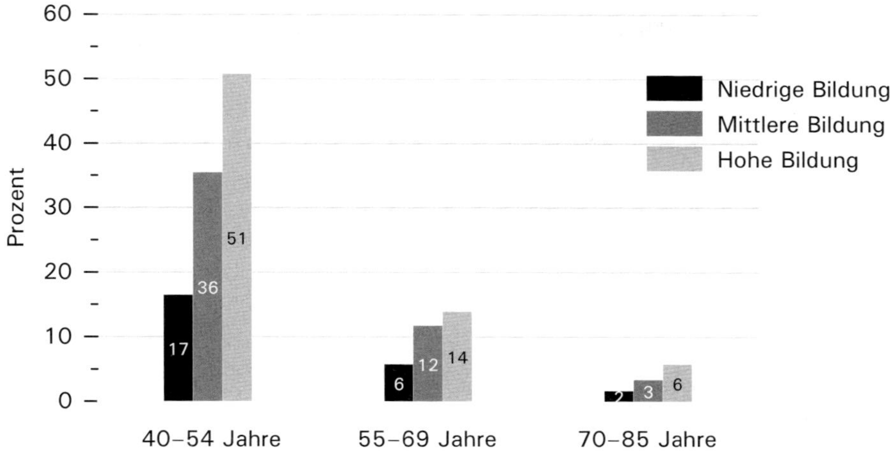

Quelle: DEAS 2008 (n = 3.665), gewichtet, gerundete Angaben. $p < .05$.

fähigen Alter zwischen 40 und 54 Jahren von Bedeutung. Zwischen Männern und Frauen zeigen sich nur geringfügige Unterschiede (vgl. Tabelle A 3–7 im Anhang).

Deutliche Unterschiede zeigen sich hinsichtlich der Bildung: Personen mit geringer Bildung verfügen deutlich seltener über eine staatlich geförderte private Alterssicherung (vgl. Abbildung 3–3). Dieser Bildungseffekt ist bei den 40- bis 54-Jährigen besonders ausgeprägt. Neben möglichen Informationsdefiziten dürfte hierfür auch das zumeist geringere verfügbare Einkommen geringer gebildeter Personen verantwortlich sein. Dieses bestätigt die Betrachtung nach Einkommensniveaus. Während in den beiden oberen Quartilen der Einkommensverteilung, also jenen 25 Prozent der Älteren mit den höchsten Einkommen und jenem Viertel direkt darunter, jede vierte Person über eine staatlich geförderte Altersvorsorge verfügt, sind es im zweiten Quartil lediglich 19 Prozent und im untersten Quartil nur 15 Prozent.

Die staatlich geförderte private Altersvorsorge ist ein neueres Phänomen und sie ist im Jahr 2002 auch unter Personen im Erwerbsalter eine Randerscheinung (vgl. Tabelle A 3–7 im Anhang). Liegen die Quoten 2002 in den neuen Bundesländern noch über denen in den alten so kehrt sich diese Relation 2008 deutlich um.

Auch über die staatlich geförderte Altersvorsorge hinaus legen Menschen Geld zurück und sparen. Das Geldsparen ist im erwerbsfähigen Alter besonders weit verbreitet und auch die Sparbeträge sind hier am höchsten (vgl. Tabelle A 3–8 im Anhang). Deutliche Geschlechterdifferenzen unter den Sparenden zeigen sich mit steigendem Alter, wobei in allen Altersgruppen Männer häufiger und höhere Beträge sparen als Frauen. Bei den 70- bis 85-Jährigen ist die Geschlechterdifferenz am höchsten: Hier legen 60 Prozent der Frauen kein Geld zurück, aber nur 50 Prozent der Männer. Zugleich ist das Sparen in Westdeutschland mit Ausnahme der ältesten Altersgruppe der 70- bis 85-Jährigen viel weiter verbreitet als im Osten und auch die gesparten Beträge sind dort signifikant höher. Menschen mit höherer Bildung und höheren Einkommen sparen häufiger und zudem größere Summen als andere. Dieser Effekt ist in der späten Erwerbsphase ausgeprägter als im Ruhestand. Das Geldsparen ist 2008 deutlich weniger verbreitet als 1996: Insgesamt ist ein Absinken der Quoten um etwa zehn Prozentpunkte in Westdeutschland und sogar 20 Prozentpunkte in Ostdeutschland zu beobachten. Der Rückgang betrifft im Westen vor allem die 70- bis 85-Jährigen, im Osten allerdings die gesamte Altersspanne (vgl. Tabelle A 3–8 im Anhang). Die Quoten der 40- bis 54-Jährigen in den alten Bundesländern weisen die höchste Stabilität und nach 2002 sogar wieder einen leichten Anstieg auf.

Die Vorsorge für das Alter – allgemeiner: das Sparen – findet sich also bei jenen nur selten, die überdurchschnittlich hohen Bedarf nach zusätzlicher Absicherung haben, wenn sie ein Absinken in Armutsrisikolagen oder manifeste Altersarmut vermeiden wollen. Hingegen gelingt es Beziehern höherer Einkommen, höher Gebildeten, Männern und Personen in Westdeutschland häufig, eine zusätzliche private Absicherung aufzubauen. Allerdings erreicht auch hier die private Alterssicherung die Mehrheit nicht. Der zunehmenden Verbreitung der staatlich geförderten Altersvorsorge steht eine rückläufige Verbreitung des Geldsparens gegenüber – möglicherweise zeigt sich hier die Verschiebung zwischen Sparformen. Die Ergebnisse lassen insgesamt unzureichende Rücklagen im Alter erwarten, die vermutlich nicht ausreichen werden, um die zu erwartenden sinkenden Einkommen aus der gesetzlichen Rentenversicherung auszugleichen.

Private Leistungsvergabe und Erbschaften

Ein wesentlicher Aspekt sozialer Beziehungen ist die wechselseitige Vergabe von Geld- und Sachleistungen (Motel & Szydlik 1999; Motel-Klingebiel & Mahne 2009). Sie werden überwiegend zwischen Familiengenerationen vergeben, erreichen aber auch andere Personen. Nahezu jede dritte Person im Alter zwischen 40 und 85 Jahren in Deutschland beschenkt oder unterstützt andere Menschen innerhalb eines Jahres mit Geld- oder Sachleistungen. Hierbei treten die Altersgruppen im Rentenübergangsalter von 55 bis 69 Jahren besonders häufig als Geber auf, was bereits in den DEAS-Wellen der Jahre 1996 und 2002 beobachtet werden kann (vgl. Abbildung 3–4). Die Häufigkeit der Vergabe von Geld- oder Sachgeschenken unterscheidet sich nicht nach den Geschlechtern, jedoch vergeben Männer tendenziell etwas höhere Leistungen. Geld- und Sachtransfers sind in Ostdeutschland nur geringfügig seltener und von etwas geringerem Umfang als in Westdeutschland (vgl. Tabelle A 3–9 im Anhang). Zugleich sind die Transfers in erheblichem Ausmaß an höhere Bildung und Einkommen der älteren Menschen gebunden. Im Vergleich zur ersten Erhebungswelle 1996 steigt der Anteil an Personen, die andere Menschen innerhalb eines Jahres mit Geld- oder Sachleistungen unterstützt haben, bis 2008 um zehn Prozentpunkte.

In umgekehrter Richtung fließen knapp jedem zehnten Menschen im Alter zwischen 40 und 85 Jahren innerhalb eines Jahres Geld- oder Sachleistungen zu. Auch hier ist der Anteil unter den Menschen im erwerbsfähigen Alter am Höchsten: Mehr als jede achte Person zwischen 40 und 54 Jahren erhält solche Leistungen (vgl. Abbildung 3–4). Bei den Häufigkeiten zeigen sich keine Ost-West-Differenzen, jedoch sind die erhaltenen Werte in Westdeutschland deutlich größer (vgl. Tabelle A 3–10 im Anhang). Frauen erhalten etwas häufiger Leistungen. In höheren Bildungsschichten sind Transferquoten und transferierte Beträge gleichermaßen am höchsten – dies gilt insbesondere im Erwerbsalter. Insgesamt zeigen sich im Zeitfenster des DEAS zwischen 1996 und 2008 nur geringe Veränderungen. Allenfalls finden sich leichte Zunahmen der Transferhäufigkeiten, vor allem in den alten Bundesländern.

Abb. 3–4: Vergabe und Erhalt privater Transfers nach Altersgruppen (in Prozent)

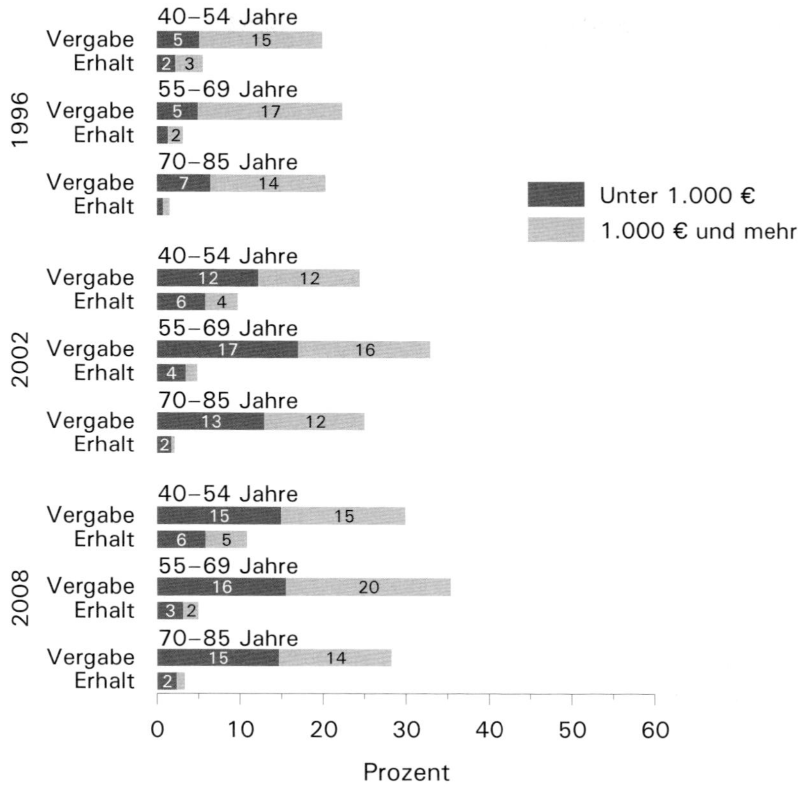

Quelle: DEAS 1996 (n = 4.146/4.659), 2002 (n = 2.902/3.033) und 2008 (n = 5.755/5.908), gewichtet, gerundete Angaben. p <. 05.

Neben privaten Transfers zu Lebzeiten der Geber sind auch Erbschaften Ausdruck sozialer Beziehungen und haben Auswirkungen auf das Gefüge sozialer Ungleichheit. Das Erben ist in der zweiten Lebenshälfte weit verbreitet. Mehr als jede zweite Person zwischen 40 und 85 Jahren hat bereits eine Erbschaft angetreten, etwa ein Drittel hat Vermögenswerte von über 12.500 Euro geerbt (vgl. Tabelle A 3–11 im Anhang). Im Vergleich mit den DEAS-Wellen der Jahre 1996 und 2002 nimmt der Erhalt von Erbschaften in den beiden älteren Altersgruppen deutlich zu, bei der jüngsten Altersgruppe ist dagegen eine Stagnation der erhaltenen Erbschaften festzustellen. Hier nimmt jedoch – wie bei den 55- bis 69-Jährigen – der Anteil der noch erwarteten Erbschaften etwas zu (vgl. Abbildung 3–5).

Sowohl erhaltene als auch erwartete Erbschaften sind in Westdeutschland häufiger als in Ostdeutschland, wobei sich die Differenz im Vergleich zu den ersten beiden DEAS-Erhebungen leicht erhöht (vgl. Tabelle A 3–11und Tabelle A 3–12 im Anhang). Deutliche Unterschiede zeigen sich nach Bildungsgruppen. Während nur jeder zweite der 40- bis 85-Jährigen mit geringer Bildung bereits geerbt hat oder eine Erbschaft erwartet, sind dies bei den Personen mit mittlerer Bildung knapp 70 Prozent und bei den höher Gebilde-

Abb. 3–5: Erwartung und Erhalt von Erbschaften nach Altersgruppen (in Prozent)

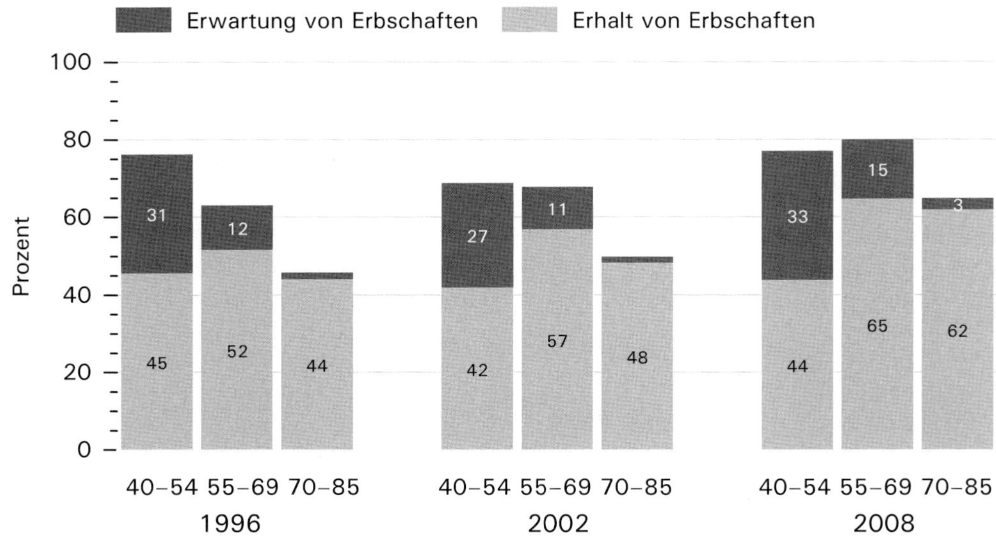

Quelle: DEAS 1996 (n = 3.949/3.845), 2002 (n = 2.741/2.736) und 2008 (n = 4.245/4.210), gewichtet, gerundete Angaben. $p < .05$.

ten sogar 98 Prozent. Ein ähnliches Bild zeigt sich hinsichtlich der Einkommensgruppen. Im untersten Einkommensquartil hat lediglich die Hälfte geerbt oder erwartet eine Erbschaft, Personen im obersten Quartil können dagegen zu 98 Prozent auf eine Erbschaft zurück- oder vorausblicken. Diese Differenzen erweisen sich im Zeitverlauf als bemerkenswert stabil, sodass sich eine fortlaufende Stärkung absoluter sozialer Ungleichheiten innerhalb der Erbengenerationen durch Erbschaften abzeichnet.

3.4.2 Subjektive Bewertungen und Einstellungen

Bewertungen des Lebensstandards

Die subjektive Bewertung des Lebensstandards ist ein wesentliches Merkmal der Lebensqualität. Sie bestimmt individuelles Handeln und Lebensplanung auch unabhängig von der objektiven Ressourcenausstattung. Die Bewertung des eigenen Lebensstandards fällt in der zweiten Lebenshälfte ganz überwiegend positiv aus (vgl. Tabelle A 3–13 im Anhang). Über 60 Prozent der Personen bewerten ihren derzeitigen Lebensstandard als gut oder sehr gut, lediglich sechs Prozent als schlecht oder sehr schlecht. Insgesamt sind die Unterschiede zwischen den Altersgruppen gering. Nur in der jüngsten Altersgruppe zeigen sich leicht schlechtere Bewertungen.

Der Anteil derer, die ihren Lebensstandard als (sehr) schlecht bewerten, liegt in den neuen Bundesländern etwa vier Prozentpunkte über dem Anteil in den alten Bundesländern. Die Differenzen sind in den beiden jüngeren Altersgruppen deutlich größer und kehren sich unter den 70- bis 85-Jährigen um: Hier sind negative Sichtweisen im Westen etwas häufiger anzutreffen.

Im Zeitvergleich zeigen sich nach Anstiegen über die Jahrtausendwende inzwischen deutlich rückläufige Bewertungen des Lebensstandards (vgl. Abbildung 3–6). Sie überkompen-

Abb. 3-6: Bewertung des Lebensstandards nach Altersgruppen und Region (in Prozent)

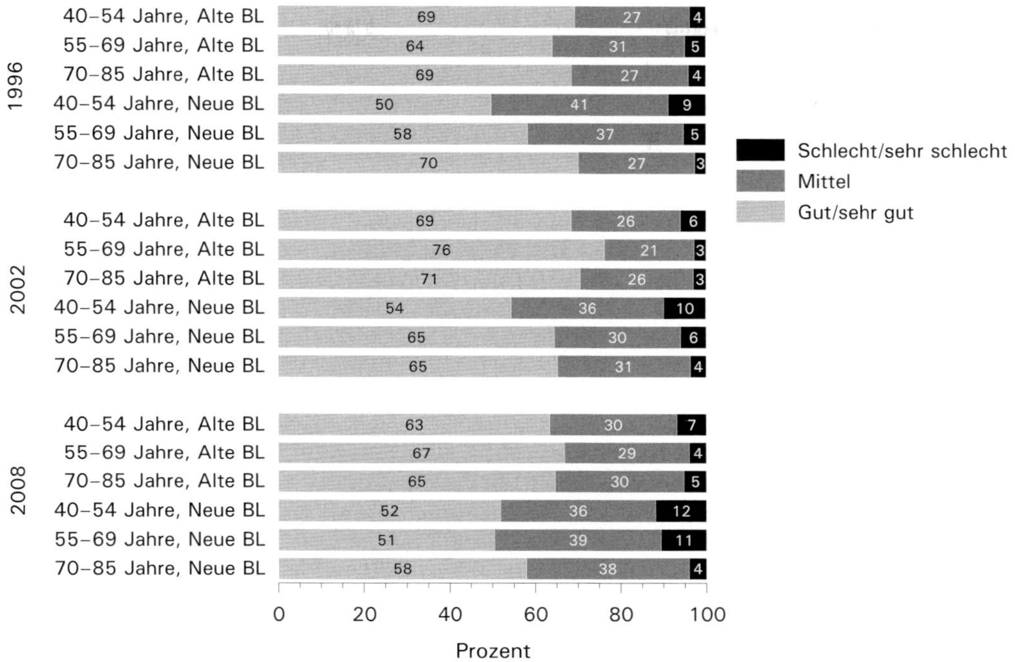

Quelle: DEAS 1996 (n = 4.805), 2002 (n = 3.074) und 2008 (n = 6.009), gewichtet, p < .05.

sieren die Gewinne der Anfangsphase und sind in beiden Landesteilen etwa gleich stark. Eine besonders starke Verschlechterung der Bewertung ist bei Personen im Ruhestandsübergangsalter in den neuen Bundesländern festzustellen: Bewerten hier im Jahr 1996 fünf Prozent ihren Lebensstandard als schlecht oder sehr schlecht, sind dies im Jahr 2008 elf Prozent. Dies dürfte zu großen Teilen als Kohorteneffekt zu interpretieren sein.

Männer bewerten ihren Lebensstandard besser als Frauen, wobei der Unterschied in der ältesten Altersgruppe deutlich ausgeprägt ist. In der Altersgruppe der 55- bis 69-Jährigen findet sich hingegen kein Unterschied.

Das Bildungsniveau korrespondiert mit den Bewertungen des Lebensstandards (vgl. Abbildung 3–7). Mit höherer Bildung geht eine deutlich bessere Bewertung des Lebensstandards einher, wobei im Zeitverlauf für alle Bildungsgruppen eine Abnahme positiver und eine Zunahme negativer Bewertungen zu beobachten ist. Diese Entwicklung ist unter den gering Gebildeten besonders ausgeprägt. Hinter den Bildungsunterschieden stehen insbesondere Einkommensdifferenzen zwischen den verschiedenen Bildungsschichten. Während von den 25 Prozent mit den niedrigsten Einkommen nur etwa jede dritte Person von einem guten oder sehr guten Lebensstandard berichtet, tun dies hingegen fast neun von zehn des Viertels mit den höchsten Einkommen. Der Effekt ist im erwerbsfähigen Alter am deutlichsten ausgeprägt.

Im Jahr 2008 dominieren Kontinuitäts- und Abstiegserwartungen das Bild vom Lebensstandard in der zweiten Lebenshälfte (vgl. Tabelle A 3–14 im Anhang). Während nur etwa zehn Prozent der Personen zwischen 40 und 85 Jahren in den kommenden zehn Jahren

Abb. 3–7: Bewertung des Lebensstandards nach Bildungsgruppen (in Prozent)

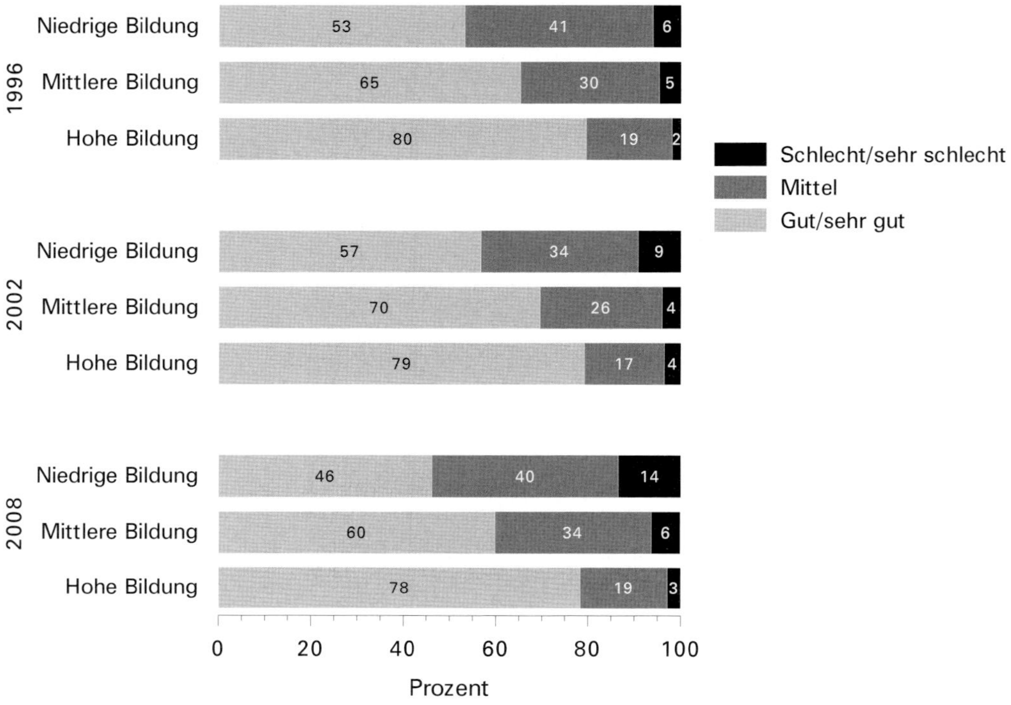

Quelle: DEAS 1996 (n = 4.799), 2002 (n = 3.074) und 2008 (n = 6.006), gewichtet, gerundete Angaben. $p < .05$.

Verbesserungen ihres Lebensstandards erwarten, befürchtet etwa jede dritte Person für diesen Zeitraum (deutliche) Abstiege – über die Hälfte der Personen erwartet hingegen keine Veränderung des Lebensstandards. Während sich im Ruhestand etwa ein Drittel Abstiegs- und zwei Drittel Kontinuitätserwartungen finden lassen, sind Aufstiegserwartungen die seltene Ausnahme. Positive Zukunftserwartungen sind vor allem in der späten Erwerbsphase, also bei den 40- bis 54-Jährigen, zu finden, doch kommt es hier zu einer Polarisierung: Zwei von zehn Personen blicken positiv in die Zukunft, knapp drei von zehn erwarten Abstiege und jede zweite Person geht von künftiger Kontinuität aus (vgl. Abbildung 3–8).

Die Unterschiede zwischen West und Ost sind deutlich. Zugleich zeigt sich, dass die Altersdifferenz der Aufstiegserwartungen allgemein gültig ist, aber für die Abstiegserwartungen allein für Ostdeutschland vorliegt: Erwarten im Westen generell etwa 30 Prozent der Älteren sinkende Lebensstandards, so sind es unter den ruhestandsnahen Gruppen (55- bis 69-Jährige) und denen im Ruhestand (70- bis 85-Jährige) in Ostdeutschland nahezu 50 Prozent (vgl. Abbildung 3–8). Unterschiede zwischen Männern und Frauen finden sich hier nicht. Darüber hinaus geht höhere Bildung mit besseren Zukunftserwartungen einher, doch überwiegen auch hier die Abstiegserwartungen etwaige Aufstiegshoffnungen.

Im Vergleich zu den Jahren 1996 und 2002 verschlechtern sich die Zukunftserwartungen deutlich (vgl. Tabelle A 3–14 im Anhang). Insbesondere die Ausbreitung von Abstiegserwar-

Abb. 3–8: Erwartung an die Entwicklung des Lebensstandards nach Altersgruppen und Region (in Prozent)

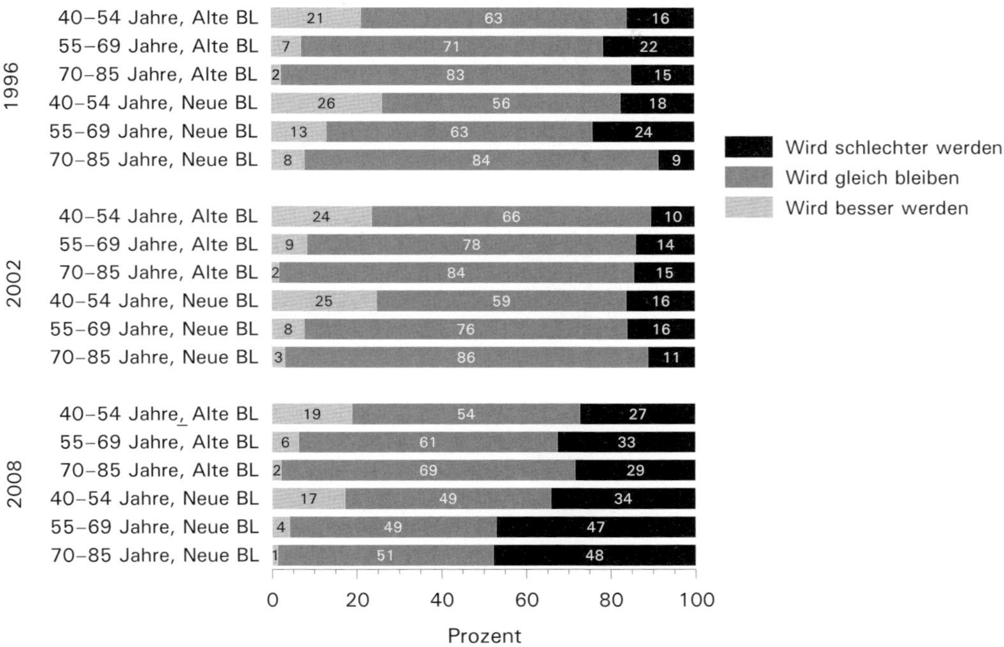

Quelle: DEAS 1996 (n = 4.809), 2002 (n = 3.062) und 2008 (n = 5.900), gewichtet, gerundete Angaben. $p < .05$.

tungen muss als dramatisch bezeichnet werden. Der Trend ist in Ostdeutschland stärker als im Westen und betrifft alle Bildungsschichten (vgl. Abbildung 3–9). Allerdings verschlechtert sich die Erwartung bei jüngeren Bessergebildeten in den neuen Bundesländern nur geringfügig. Besonders stark ausgeprägt ist die Zunahme pessimistischer Erwartungen in den neuen Bundesländern unter den Personen im Ruhestandsübergang mit geringer oder mittlerer Bildung sowie den Ruheständlern generell. In Westdeutschland sind es besonders die gering Gebildeten im Ruhestandsübergang, die vielfach sinkende Lebensstandards erwarten.

Die Bildungseffekte korrespondieren mit jenen des Einkommens: Höheres Einkommen „puffert" zumindest partiell Befürchtungen sinkender Lebensstandards (vgl. Abbildung 3–10). Die Lebenssituation der Bezieher höherer Einkommen ist – zumindest subjektiv – meist besser gegenüber negativen wirtschaftlichen Trends und kritischen Ereignissen im Lebenslauf abgesichert als jene der Bezieher kleinerer Einkommen. Allerdings zeigen sich auch bei Beziehern höherer Einkommen – besonders in Ostdeutschland – zunehmend schlechte Zukunftserwartungen. Hoffnungen auf steigende Lebensstandards zeigen sich vergleichsweise häufig unter Beziehern kleiner Einkommen im erwerbsfähigen Alter. Hier werden teils prekäre Lebensstandards noch als temporär und wandelbar verstanden – eine Option, die sich im Ruhestand verflüchtigt.

Subjektive Bedarfsdeckung

Ein weiterer Aspekt subjektiver Bewertung der materiellen Lebenssituation ist die Beurteilung

Abb. 3–9: Erwartung sinkender Lebensstandards nach Altersgruppen, Bildungsgruppen und Region (in Prozent)

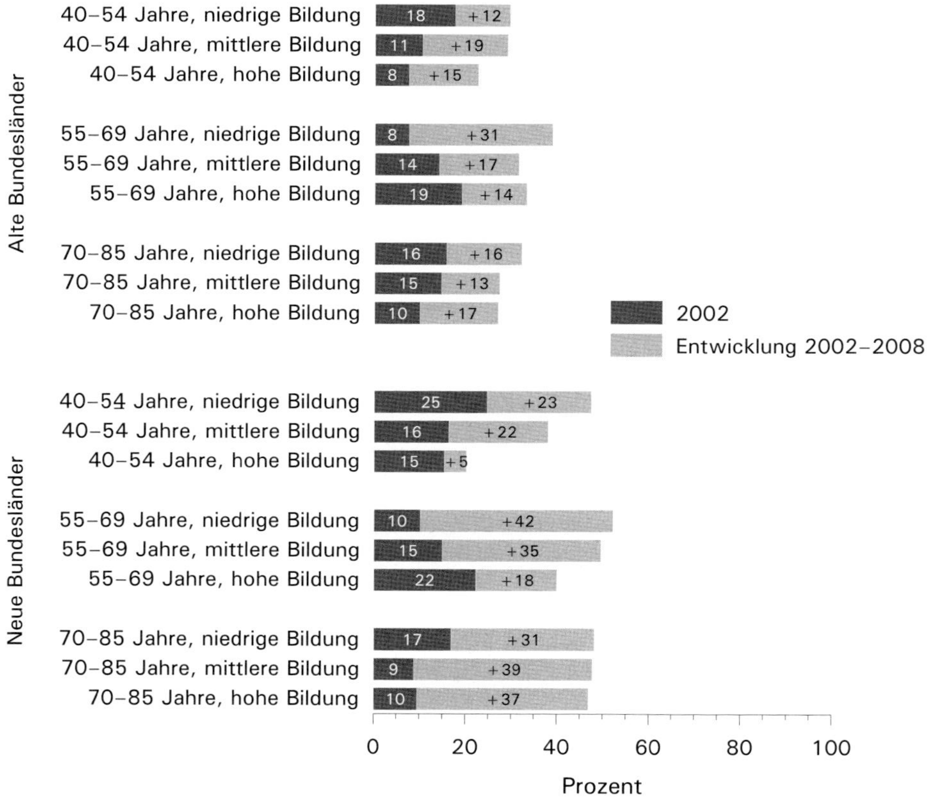

Quelle: DEAS 2002 (n = 3.062) und 2008 (n = 5.897), gewichtet, gerundete Angaben. p < .05.

der Bedarfsdeckung, die erstmals 2002 erhoben wird. In der zweiten Lebenshälfte ist die Mehrheit der Ansicht, dass ihr Geld ganz „überwiegend" oder gar „völlig" ausreicht, um ihre Bedürfnisse zu erfüllen. Eine Unterdeckung ist am häufigsten bei den 40- bis 54-Jährigen und am seltensten bei den 70- bis 85-Jährigen anzutreffen (vgl. Tabelle A 3–15 im Anhang). Umgekehrt findet sich unter den älteren Ruheständlern am häufigsten die Angabe einer überwiegenden oder völligen Bedarfsdeckung und diese ist am seltensten in der späten Erwerbsphase im Alter von 40 bis 54 Jahren. Die Differenzen zwischen Ost und West sind erheblich und der Altersgruppeneffekt zeigt sich nur in Ostdeutschland: Nahezu 30 Prozent der Personen in Ostdeutschland im späten Erwerbsalter geben an, dass sie „nicht" oder „eher nicht" über genug Geld verfügen, um ihre Bedürfnisse zu erfüllen. In Westdeutschland hingegen sind die Unterschiede zwischen den Altersgruppen schwächer ausgeprägt – auch hier benennen die 40- bis 54-Jährigen am häufigsten Probleme. Im Zeitvergleich zeigen sich negative Trends. Immer mehr Menschen geben unzureichende finanzielle Mittel an (vgl. Tabelle A 3–15 im Anhang). Der Trend ist in Ostdeutschland unter den Personen im Erwerbsalter auf bereits problematischem Ausgangsniveau am schwächsten (vgl. Abbildung 3–11).

Abb. 3–10: Erwartung sinkender Lebensstandards nach Altersgruppen, Einkommensgruppen und Region – Ausgangsniveau 2002 und Entwicklung zwischen 2002 und 2008 (in Prozent)

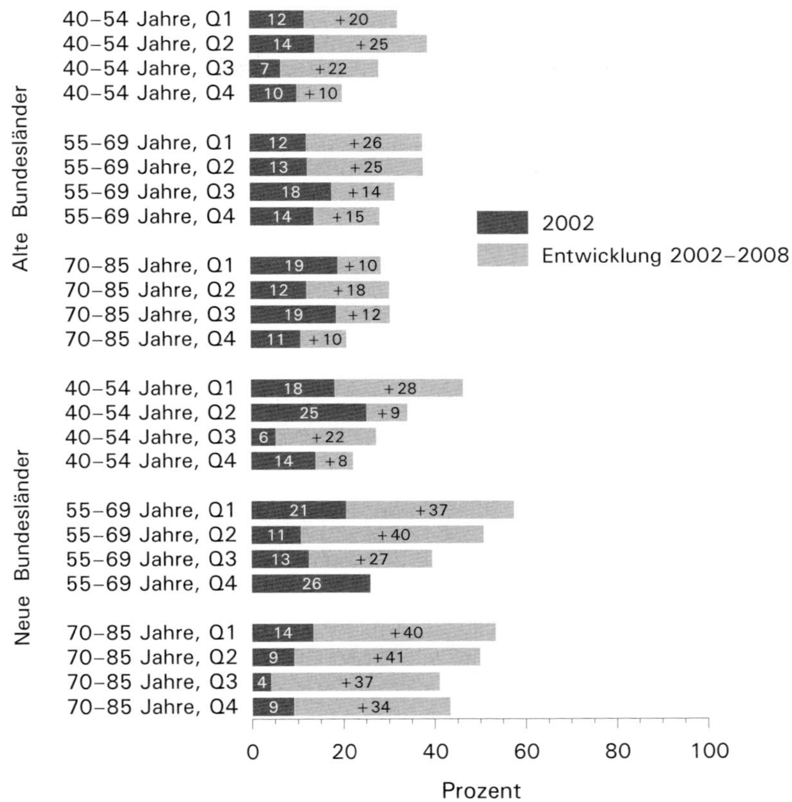

Quelle: DEAS 2002 (n = 2.666) und 2008 (n = 5.185), gewichtet, gerundete Angaben. $p < .05$.
Q1-Q4: Äquivalenzeinkommen des Haushalts (OECD neu) in Quartilen.

Insbesondere gering Gebildete im erwerbsfähigen Alter benennen häufig fehlende Ressourcen. Im Zeitverlauf ist insbesondere in den ersten drei Einkommensquartilen eine Abnahme der Deckung festzustellen, während sich im obersten Einkommensquartil nahezu keine Veränderung finden lässt (vgl. Abbildung 3–12).

Die Bewertung sozialer Sicherungssysteme

Die soziale Sicherung im Alter ist derzeit gekennzeichnet durch Veränderungen in den Beitrags- und Leistungsniveaus, Verschiebungen der Verteilungsnormen, Finanzierungsprobleme und die Aufgabe von Sicherungsversprechen. Vor diesem Hintergrund steht die Legitimität der sozialstaatlichen Umverteilung zur Disposition. Dies sollte seinen Niederschlag in den Einstellungen und Zuschreibungen der Individuen finden. Neben der Darstellung der gegenwärtigen Situation soll nachfolgend der Frage nach dem Zusammenhang von wirtschaftlichen Ressourcen und sozialstrukturellen Positionen auf der einen Seite und den Bewertungen sozialer Sicherung auf der anderen nachgegangen werden.

Abb. 3–11: Subjektive Bedarfsdeckung nach Altersgruppen und Region (in Prozent)

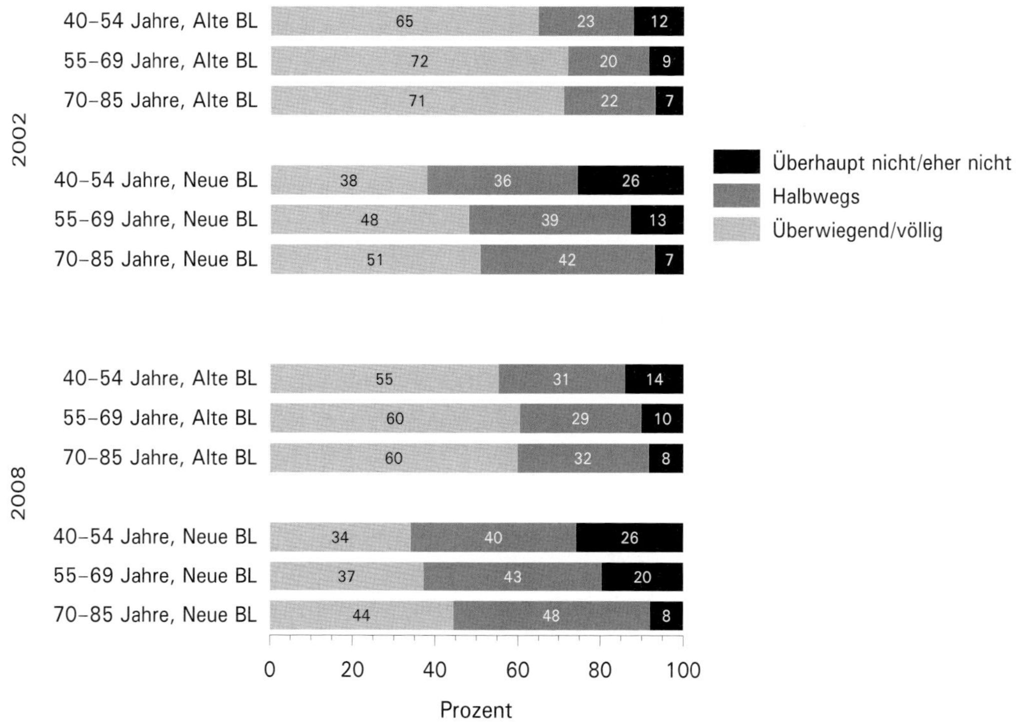

Quelle: DEAS 2002 (n = 2.768) und 2008 (n = 4.160), gewichtet, gerundete Angaben. p < .05.

Abb. 3–12: Subjektive Bedarfsdeckung nach Einkommensgruppen (in Prozent)

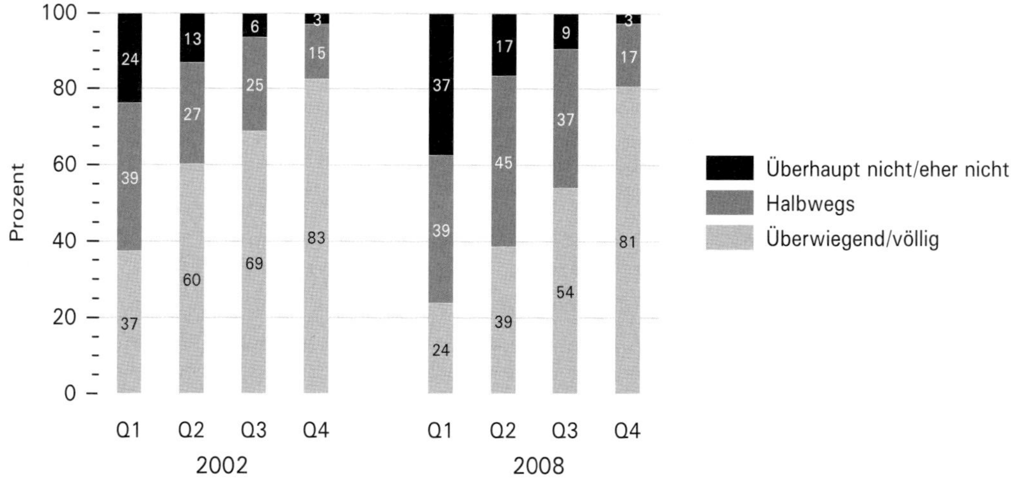

Quelle: DEAS 2002 (n = 2.441) und 2008 (n = 3.815), gewichtet, gerundete Angaben. p <.05.
Q1-Q4: Äquivalenzeinkommen des Haushalts (OECD neu) in Quartilen.

Einstellungen zur Altersvorsorge werden über die Zustimmung zu zwei Einzelaussagen abgebildet. Die Aussage „Der Staat muss dafür sorgen, dass man auch im Alter ein gutes Auskommen hat" zielt auf die Fürsorgepflicht des Staates. Das zweite Item „Jeder sollte selbst so für sein Alter sorgen, dass er niemandem zur Last fällt" fokussiert hingegen die Eigenverantwortlichkeit für die Altersvorsoge. Die Items schließen einander nicht aus, sodass eine Person gleichzeitig der privaten und der staatlichen Verantwortung zuneigen kann. Angegeben ist jeweils der Anteil derjenigen, die der Aussage eher oder voll zustimmen.

Fast die Hälfte der 40- bis 85-Jährigen betont die Rolle des Staates bei der Altersvorsorge und knapp 30 Prozent betonen die Eigenverantwortung hinsichtlich der Alterssicherung (vgl. Tabelle A 3–16 im Anhang). Während unter den 40- bis 54-Jährigen lediglich gut ein Fünftel die Eigenverantwortlichkeit betont, ist es bei den 70- bis 85-Jährigen ein gutes Drittel. Daneben wird in dieser Altersgruppe aber auch dem Staat sehr häufig eine bedeutsame Rolle hinsichtlich der Alterssicherung zugesprochen (vgl. Abbildung 3–13). Im Zeitverlauf zeigt sich eine relative Stabilität der Eigenverantwortlichkeit und für die staatliche Verantwortung eine U-förmige Verteilung. Dies korrespondiert mit gesellschaftlichen Diskursen zur Alterssicherung. Zu Beginn des Jahrzehnts wurde zunehmende Privatisierung der Alterssicherung auch medial positiv begleitet und die Kapitaldeckung stand hoch im Kurs. 2008 haben sich die Diskurse nach den Rentenreformen und möglicherweise bereits in Reaktion auf die einsetzende Wirtschaftskrise gewandelt. Deutliche Differenzen zeigen sich

Abb. 3–13: Einstellungen zur Altersvorsorge nach Altersgruppen (in Prozent)

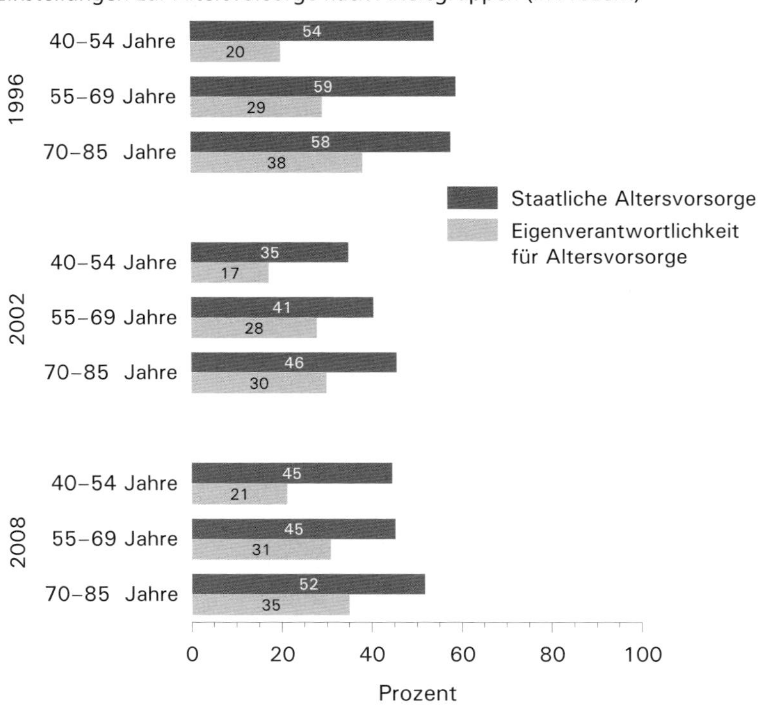

Quelle: DEAS 1996 (n = 3.973/3.954), 2002 (n = 2.768/2.762) und 2008 (n = 5.939/5.848), gewichtet, gerundete Angaben. $p < .05$.

zwischen Ost und West (vgl. Abbildung 3–14). In den alten Bundesländern wird die Eigenverantwortlichkeit deutlich stärker betont als in den neuen Bundesländern, während in letzteren die Erwartungen an den Staat deutlich stärker ausgeprägt sind. Diese Unterschiede sind über die Zeit vergleichsweise stabil.

Zwischen Männern und Frauen bestehen nur geringfügige Unterschiede: In allen Altersgruppen, besonders ausgeprägt jedoch bei den 70- bis 85-Jährigen, betonen Männer etwas häufiger als Frauen die Eigenverantwortung für die Altersvorsorge (vgl. Tabelle A 3–16 im Anhang).

Eine höhere Bildung geht häufig mit der Befürwortung einer eigenverantwortlichen Altersvorsorge und seltener mit einer Präferenz für staatliche Verantwortung einher. Auch Bezieher niedriger Einkommen betonen die Rolle des Staates hinsichtlich der Altersversorgung in deutlich höherem Ausmaß als Personen mit mittleren oder hohen Einkünften. Dieser Zusammenhang spiegelt sich in allen Altersgruppen wider. Generell sprechen sich vor allem Personen für staatliche Leistungen aus, die selbst nur geringe Möglichkeiten der Altersvorsorge oder bereits geringe Alterseinkünfte haben (vgl. Abbildung 3–15).

Festzuhalten bleibt, dass die Orientierung an Staat oder Eigenverantwortung in der Alterssicherung ganz wesentlich mit den individuell verfügbaren Ressourcen zu korrespondieren scheint: Höhere Bildung und höheres Einkommen stehen in engem Zusammenhang mit der Bereitschaft zur Übernahme privater Verantwortung. Private Vorsorgebereitschaft ist also voraussetzungsbehaftet und verlangt nach hinreichenden Ressourcen zu ihrer Ausprägung. Unter den Bedingungen prekärer Erwerbsverläufe und Einkommenssituation ist wohl auch künftig kaum von einer Steigerung der individuellen Bereitschaft zu und Akzeptanz von privater Verantwortung für die Alterssicherung auszugehen.

Abb. 3–14: Einstellungen zur Altersvorsorge nach Regionen (in Prozent)

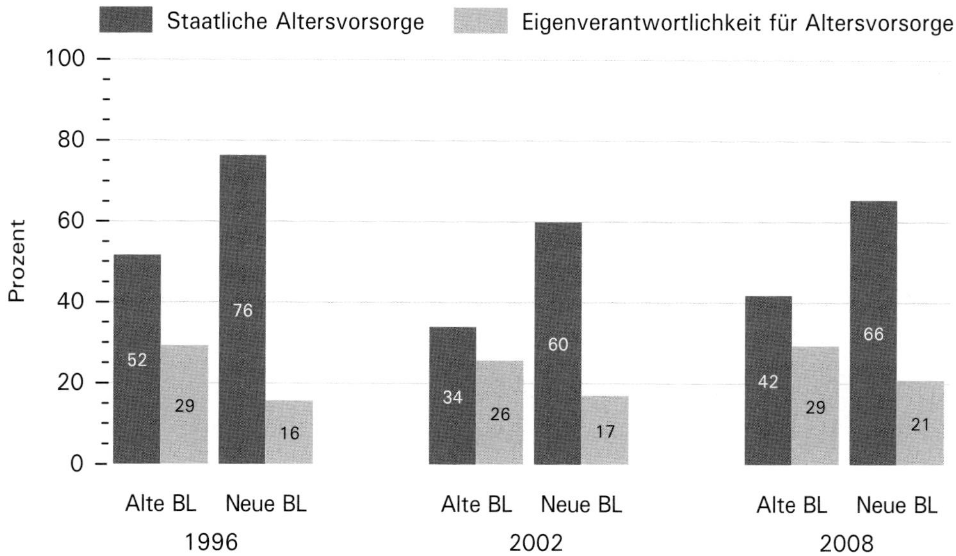

Quelle: DEAS 1996 (n = 3.973/3.954), 2002 (n = 2.768/2.762) und 2008 (n = 5.939/5.848), gewichtet, gerundete Angaben. $p < .05$.

Abb. 3–15: Einstellungen zur Altersvorsorge nach Einkommensgruppen (in Prozent)

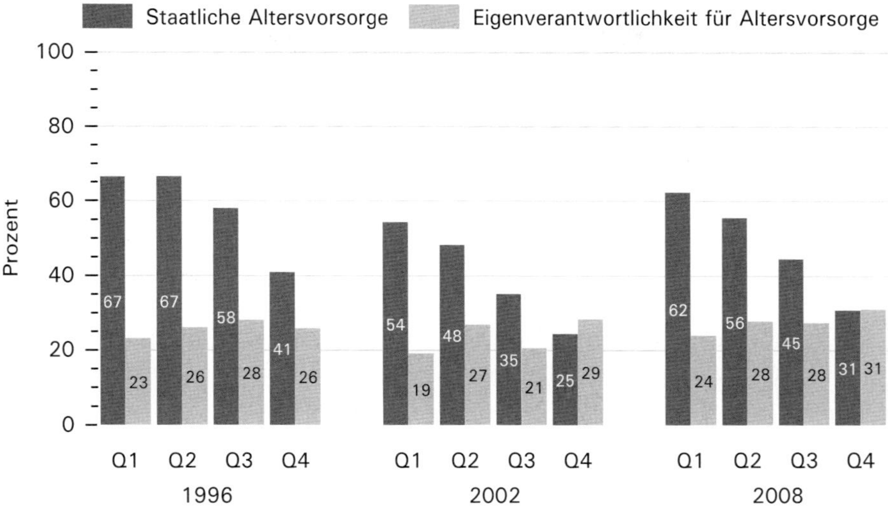

Quelle: DEAS 1996 (n = 3.570/3.555), 2002 (n = 2.439/2.434) und 2008 (n = 5.230/5.144), gewichtet, gerundete Angaben. $p < .05$. Q1–Q4: Äquivalenzeinkommen des Haushalts (OECD neu) in Quartilen.

3.5 Zusammenfassung und Ausblick

Die Ausgestaltung der materiellen Lebenssituation stellt einen wichtigen Aspekt der Lebensqualität in der zweiten Lebenshälfte dar. Sie setzt sich aus objektiven Ressourcenlagen, subjektiven Bewertungen, spezifischen Einstellungen und Verhaltensoutcomes zusammen, die wechselseitig miteinander interagieren. Die materielle Lebenssituation der Individuen ist einerseits in die Kontexte von Lebensalter, Lebenslauf und Generation sowie andererseits in die kulturellen, wirtschaftlichen und politischen Kontexte der Meso- und Makroebene von Gesellschaft, sozialer Sicherung und Region eingebettet. Im DEAS werden die Niveaus und Verteilungen der objektiven und subjektiven materiellen Lagen und ihre Veränderungen im Kontext des sozialen Wandels untersucht.

Die Einkommenssituation der 40- bis 85-Jährigen ist gegenwärtig wie schon in der jüngeren Vergangenheit als solche nicht per se als problematisch einzuschätzen. Allerdings unterscheiden sich die Einkommen weiterhin deutlich zwischen Ost- und Westdeutschland, auch wenn sich in der späten Erwerbsphase moderate Angleichungstendenzen zeigen lassen. Differenzen der Einkommen in der zweiten Lebenshälfte zwischen Ost- und Westdeutschland sind allerdings erheblich geringer als beispielsweise zwischen den Geschlechtern und zwischen Bildungsschichten. Es scheint angeraten zu sein, die Differenzierungen nicht mehr einfach als Vereinigungsproblem zu betrachten, sondern sie im Kontext einer differenzierteren Analyse allgemeiner (Ungleich-) Verteilung von Einkommensressourcen zu bewerten. Unterschiede zwischen Ost- und Westdeutschland sind dann vor allem auf strukturelle Differenzen von Wirtschaft und Arbeitsmarkt zurückzuführen. Generell sind die Einkommen in der zweiten Lebenshälfte seit der zweiten Erhebung des DEAS im Jahre 2002 um knapp zehn Prozent gestiegen. Hierbei handelt es sich allerdings allein um nominale Zuwächse, denn die Realeinkommen, also die um Inflationswirkungen bereinigten Einkommen, erhöhen sich entsprechend in diesem Zeitraum nicht. Zugleich fallen die Zuwächse für Erwerbspersonen stärker aus als die Einkommensverbesserungen der Ruheständler, insbesondere hinsichtlich der Renten aus der gesetzlichen Rentenversicherung. Sind die Einkommen ungleich und sozialstrukturiert verteilt, so gilt dies in weitaus stärkerem Maße für die privaten Vermögen. Hier steht einer großen Gruppe Vermögensloser und Besitzer geringfügiger Geldvermögen in der zweiten Lebenshälfte eine kleinere Gruppe von Besitzern höherer und hoher Vermögen gegenüber. Diese Gruppe ist vor allem besser gebildet und männlich, bezieht höhere Einkommen und lebt häufig in Westdeutschland. Entsprechend kommt es hier zu einer Kumulation wirtschaftlicher Ressourcen für das Altern. Der Stagnation der Einkommen in der zweiten Lebenshälfte stehen auf noch moderatem Niveau steigende Armuts- aber auch Reichtumsquoten gegenüber. Die Entwicklung der mittleren Einkommen auf relativ stabilem Niveau, die auch als Seitwärtsentwicklung bezeichnet werden kann, geht also mit der Ausdifferenzierung der Verteilung einher. Dies ist in der Diskussion von alters- und sozialpolitischen Verteilungs- und Sicherungszielen zu berücksichtigen.

Generell scheint sich die private Vermögensbildung bislang kaum als Kompensation von Ausfällen in der gesellschaftlichen Alterssicherung zu bewähren. Entsprechend wird auch die private Altersvorsorge, sei sie nun staatlich gefördert oder nicht, überwiegend von Personen betrieben, die auch sonst über umfangreiche Bildungs-, Einkommens- und Vermögensressourcen verfügen. Die Kompensation sinkender Sicherungsniveaus in der ersten Säule der Alterssicherung erfolgt generell eher nicht bei jenen Personen mit geringen Erwerbs- und späteren Alterseinkommen. Vermögenslosigkeit nimmt zudem im Wandel der Kohorten über das vergangene Jahrzehnt speziell in Ostdeutschland zu, wo die Vermögensausstattung ohnehin bereits geringer ist. Insbesondere hier führen sich ausbildende Sicherungslücken zu einer künftigen Armutsgefährdung, die über das Maß hinausgeht, das gegenwärtig als wachsende Altersarmut beschrieben werden kann. Private Leistungsvergaben kompensieren nicht etwaige Einkommensbedarfe im Alter. Der Bezug privater Transfers durch 40- bis 85-Jährige ist selten. Sie treten, wie schon in den vorangegangenen Erhebungen des DEAS nachgewiesen, weiterhin vor allem als Geber privater Geld- und Sachtransfers in Erscheinung. Empfänger der Leistungen sind vor allem Kinder und Enkel. Kinderlose treten insgesamt seltener als Geber auf und Vergaben an nicht linienverwandte Personen treten nicht an die Stelle der Gaben an die nachfolgenden Kinder- und Enkelgenerationen. Transferbeträge differieren zwischen Ost und West, Einkommensgruppen und Bildungsschichten. Im Zeitvergleich sind diese Ergebnisse insgesamt weitgehend konstant. Eine leichte Zunahme des Transfergeschehens ist allenfalls in den alten Bundesländern zu konstatieren. Die Verteilungswirkungen dieser Leistungen sind jedoch kritisch zu bewerten und führen mit steigendem Volumen eher zu einer inter- wie intragenerationalen Verfestigung von Ungleichheitsstrukturen statt zu ihrer Nivellierung.

Die Bewertungen des gegenwärtigen Lebensstandards in der zweiten Lebenshälfte sind weithin gut, aber es gibt zugleich eine größere Zahl von Personen, die von schlechtem Lebensstandard und unzureichenden finanziellen Ressourcen berichten. Auch zeigen sich in erheblichem Umfang Befürchtungen hinsichtlich der künftigen Entwicklung des Lebensstandards. Die Verbreitung solcher Sorgen nimmt im Vergleich zu den vergangenen DEAS-Erhebungen der Jahre 1996 und 2002 erheblich zu. Die Besorgnisse betreffen alle Bevölkerungsschichten auch unabhängig von Bildung und Einkommen, sind aber in Ostdeutschland häufiger anzutreffen als im Westen. Die Erwartung von Verschlechterungen übersteigt in fast allen Gruppen die Hoffnung auf künftige Verbesserungen bei Weitem und es wird genauer zu untersuchen sein, welche objektive Basis diese recht pessimistischen Annahmen und Erwartungen haben. Im Zeitfenster des DEAS seit 1996 betrachtet, erscheint die antizipierte zukünftige Situation in der Interpretation der Betroffenen als höchst prekär.

Mit Blick auf die Einstellungen zur Alterssicherung überwiegen in Ostdeutschland die Erwartungen an den Staat mit seiner sozialen Sicherungs- und Ausgleichsfunktion die Eigenverantwortlichkeit deutlich stärker als in Westdeutschland. Generell scheinen die Einstellungen gegenüber der Alterssicherung weniger einer allgemeinen Werthaltung zu entspringen, als mit der Verfügung über individuelle Ressourcen beziehungsweise mit der Stellung im System gesellschaftlicher Umverteilung zu korrespondieren. Denn es sind insbesondere diejenigen, die über hinreichende eigene Ressourcen verfügen, und jene, die im Ruhestand bereits durch soziale Sicherung versorgt werden, die die private Eigenverantwortung betonen. Menschen im Erwerbsleben, mit höheren Lebensrisiken und in prekären materiellen Lebenssituationen tendieren deutlich zu einer staatlichen Verantwortung für die Altersvorsorge. Private Verantwortung bedarf offenbar hoher Ressourcen und guter Absicherung. Mit zunehmender Risikoexposition wird von der Gesellschaft verstärkt eine sichernde und ausgleichende Rolle erwartet. Zunehmende Fragilität von Einkommenslagen könnte so künftig häufigere Rufe nach sozialstaatlicher Intervention nach sich ziehen. Der Blick auf die zeitlichen Verläufe zeigt einen Zusammenhang der Bedeutung staatlicher Vorsorge- und Umverteilungsfunktionen mit wirtschaftlichen und gesellschaftlichen Trends. In Zeiten hoher Kapitalmarktrenditen und medialer Debatten zugunsten einer sukzessiven Privatisierung der Alterssicherung wie zu Beginn des Jahrzehnts erscheint die sozialstaatliche Sicherung womöglich weniger attraktiv. Dabei zeigt sich bislang keine Nivellierung zwischen Ost und West. Diese Zusammenhänge müssen im DEAS in individuell längsschnittlicher Perspektive wie auch mit Blick auf den sozialen Wandel detaillierter untersucht werden.

Die Anhangstabellen sind auf der beiliegenden CD-ROM zu finden.

Literatur

Berner, F. (2007). *Der entgrenzte Sozialstaat. Der Wandel der Alterssicherung in Deutschland und die Entzauberung sozialpolitischer Fiktionen.* Bielefeld: Universität Bielefeld.

Berner, F., Romeu Gordo, L. & Motel-Klingebiel, A. (2010). Lebenslauforientierung in der Alterssicherung. In G. Naegele (Hrsg.), *Soziale Lebenslaufpolitik* (S. 517–549). Wiesbaden: VS Verlag.

Boeri, T., Börsch-Supan, A. & Tabellini, G. (2001). Would you like to shrink the welfare state? A survey of European citizens. *Economic Policy, 32*, 7–50.

Braun, R. & Metzger, H. (2007). *Trends in der Entwicklung von Vermögen und Vermögenseinnahmen zukünftiger Rentnergenerationen.* Berlin: Bundesministerium für Arbeit und Soziales.

Breyer, F., Meran, G., Petersen, H. G. & Seidel, B. (2006). *Armut und Reichtum.* Berlin: Deutsches Institut für Wirtschaftsforschung.

Bundesministerium für Arbeit und Soziales. (2008). *Lebenslagen in Deutschland. Der 3. Armuts- und Reichtumsbericht der Bundesregierung.* Berlin: Bundesministerium für Arbeit und Soziales.

Bundesministerium für Arbeit und Sozialordnung (Hrsg.) (1999). *Konzept- und Umsetzungsstudie zur Vorbereitung des Armuts- und Reichtumsberichtes der Bundesregierung* (Sozialforschung, Bd. 278). Bonn: Stollfuss.

Bundesministerium für Gesundheit und Soziale Sicherung. (2005). *Lebenslagen in Deutschland. Der 2. Armuts- und Reichtumsbericht der Bundesregierung.* Berlin: Bundesministerium für Gesundheit und Soziale Sicherung.

Danziger, S. & Taussig, M. K. (1979). The income unit and the anatomy of income distribution. *Review of Income and Wealth, 25*, 365–375.

Estes, C. L. (2004). Social security privatization and older women: A feminist political economy perspective. *Journal of Aging Studies, 18*, 9–26.

Faik, J. (1995). *Äquivalenzskalen. Theoretische Erörterung, empirische Ermittlung und verteilungsbezogene Anwendung für die Bundesrepublik Deutschland.* Berlin: Duncker & Humblot.
Faik, J. (1997). Institutionelle Äquivalenzskalen als Basis von Verteilungsanalysen – Eine Modifizierung der Sozialhilfeskala. In I. Becker & R. Hauser (Hrsg.), *Einkommensverteilung und Armut. Deutschland auf dem Weg zur Vierfünftel-Gesellschaft?* (S. 13–42). Frankfurt/Main, New York: Campus.
Frick, J. R. & Grabka, M. M. (2005). *Zur Entwicklung der Einkommen privater Haushalte in Deutschland bis 2004: zunehmender Einfluss von Arbeitslosigkeit auf Armut und Ungleichheit* (DIW Wochenbericht 28). Berlin: Deutsches Institut für Wirtschaftsforschung.
Geyer, J. & Steiner, V. (2010). *Künftige Altersrenten in Deutschland: Relative Stabilität im Westen, starker Rückgang im Osten* (DIW Wochenbericht 11). Berlin: Deutsches Institut für Wirtschaftsforschung.
Grabka, M. & Krause, P. (2005). *Einkommen und Armut von Familien und älteren Menschen* (DIW Wochenbericht 9). Berlin: Deutsches Institut für Wirtschaftsforschung.
Hansen, T., Slagsvold, B. & Moum, T. (2008). Financial satisfaction in old age: A satisfaction paradox or a result of accumulated wealth? *Social Indicators Research, 89*, 323–347.
Headey, B. (2008). Poverty is low consumption and low wealth, not just low income. *Social Indicators Research, 89*, 23–39.
Hofäcker, D., Buchholz, S. & Blossfeld, H.-P. (2007). Globalisierung, struktureller Wandel und die Veränderung später Erwerbskarrieren. Deutschland im internationalen Vergleich. *Deutsche Rentenversicherung, 4-5*, 197–215.
Krause, P., Möhring, K. & Zähle, T. (2008). Wohlstandsdisparitäten bei Älteren in Ost- und Westdeutschland. *Deutsche Rentenversicherung, 63*, 40–59.
Krause, P. & Schäfer, A. (2005). *Verteilung von Vermögen und Einkommen in Deutschland: große Unterschiede nach Geschlecht und Alter* (DIW Wochenbericht 11). Berlin: Deutsches Institut für Wirtschaftsforschung. 199–207.
Lusardi, A. & Mitchell, O. S. (2005). *Financial literacy and planning: Implications for retirement wellbeing* (Working Paper 2005-108). Ann Arbor: Michigan Retirement Research Center, University of Michigan.
Lyberaki, A. & Tinios, P. (2005). Poverty and social exclusion: A new approach to an old issue. In A. Börsch-Supan, A. Brugiavini, H. Jürges, J. Mackenbach, J. Siegrist & G. Weber (Eds.), *Health, ageing and retirement in Europe. First results from the Survey of Health, Ageing and Retirement in Europe* (S. 302–309). Mannheim: Mannheim Research Institute for the Economics of Aging.
Motel-Klingebiel, A. (2006). Materielle Lagen alter Menschen: Verteilungen und Dynamiken in der zweiten Lebenshälfte. In C. Tesch-Römer, H. Engstler & S. Wurm (Hrsg.), *Altwerden in Deutschland. Sozialer Wandel und individuelle Entwicklung in der zweiten Lebenshälfte* (S. 155–230). Wiesbaden: VS Verlag.
Motel-Klingebiel, A. & Arber, S. (2006). Population ageing, genders and generations – Guest Editorial. *International Journal of Ageing and Later Life, 1*, 3–5.
Motel-Klingebiel, A. & Mahne, K. (2009). Intergenerationale Verteilungsströme: Sozialer Wandel und individuelle Dynamiken in der zweiten Lebenshälfte. *DRV-Schriften, 58*, 23–31.
Motel-Klingebiel, A., Romeu Gordo, L. & Betzin, J. (2009). Welfare states and quality of later life – distributions and predictions of quality of life in a comparative perspective. *European Journal of Ageing, 6*, 67–78.
Motel-Klingebiel, A. & Tesch-Römer, C. (2004). *Generationengerechtigkeit in der sozialen Sicherung. Anmerkungen sowie ausgewählte Literatur aus Sicht der angewandten Altersforschung* (Diskussionspapiere Nr. 42). Berlin: Deutsches Zentrum für Altersfragen.
Motel-Klingebiel, A., Tesch-Römer, C., Frick, J. R., Grabka, M. M., Mika, T. & Rehfeld, U. G. (2007). *Lebensläufe und Alterssicherung im Wandel. Antrag an die Volkswagenstiftung zur Förderung eines Forschungsprojektes im Rahmen der Projektausschreibung „Individuelle und gesellschaftliche Perspektiven des Alterns“.* Berlin: Deutsches Zentrum für Altersfragen, Längsschnittstudie Sozio-oekonomisches Panel (SOEP) am DIW Berlin und Deutsche Rentenversicherung Bund.
Motel-Klingebiel, A., Wurm, S., Huxhold, O. & Tesch-Römer, C. (2009). Wandel von Lebensqualität und Ungleichheit in der zweiten Lebenshälfte. In A. Motel-Klingebiel, S. Wurm & H. Engstler (Hrsg.), *Themen und Auswertungskonzepte für den Abschlussbericht zur 3. Welle des Deutschen Alterssurveys* (S. 3–31). Berlin: Deutsches Zentrum für Altersfragen.
Motel, A. (2000). Einkommen und Vermögen. In M. Kohli & H. Künemund (Hrsg.), *Die zweite Lebenshälfte – Gesellschaftliche Lage und Partizipation im Spiegel des Alters-Survey* (S. 41–101). Opladen: Leske + Budrich.
Motel, A. & Szydlik, M. (1999). Private Transfers zwischen den Generationen. *Zeitschrift für Soziologie, 28*, 3–22.
Noll, H.-H. & Schöb, A. (2002). Lebensqualität im Alter. In Deutsches Zentrum für Altersfragen (Hrsg.), *Das hohe Alter – Konzepte, Forschungsfelder, Lebensqualität. Expertisen zum Vierten Altenbericht der Bundesregierung* (Bd. 1, S. 229–313). Hannover: Vincentz.

Nüchter, O. (2008). *Die Akzeptanz der sozialen Sicherung und Reformen in der Renten- und Pflegeversicherung 2006* (Bd. 2). Opladen: Budrich.
O'Rand, A. M. (2006). Stratification and the life course. Life course capital, life course risks, and social inequality. In R. H. Binstock & L. K. George (Eds.), *Handbook of Aging and the Social Sciences* (6th ed, pp. 145–162). San Diego, New York: Academic Press.
Paccagnella, O. & Weber, G. (2005). Household income. In A. Börsch-Supan, A. Brugiavini, H. Jürges, J. Mackenbach, J. Siegrist & G. Weber (Eds.), *Health, ageing and retirement in Europe. First results from the Survey of Health, Ageing and Retirement in Europe* (pp. 296–301). Mannheim: Mannheim Research Institute for the Economics of Aging.
Phillips, D. (2005). *Quality of life – Concept, policy and practice.* London: Routledge.
Reimann, A. & Frommert, D. (2006). Akzeptanz von sozialpolitischen Reformen und die Rolle der Sozialversicherung am Beispiel Alterssicherung. *Deutsche Rentenversicherung, 61*, 77–89.
Riedmüller, B. & Willert, M. (2008). *Die Zukunft der Alterssicherung. Analyse und Dokumentation der Datengrundlage aktueller Rentenpolitik. Gutachten im Auftrag der Hans-Böckler-Stiftung.* Berlin: Hans-Böckler-Stiftung.
Robeyns, I. (2000). *An unworkable idea or a promising alternative? Sen's capability approach re-examined* (Discussions Paper Series (DPS) 00.30). Leuven: Catholic University Leuven, Center for Economic Studies.
Robeyns, I. (2005). The capability approach: a theoretical survey. *Journal of Human Development, 6*, 93–117.
Roller, E. (2002). Die Entwicklung der Akzeptanz des Sozialstaats und der Alterssicherung in Deutschland seit Mitte der siebziger Jahre. *Deutsche Rentenversicherung, 74*, 612–641.
Schmähl, W. (2005). „Generationenergerechtigkeit" als Begründung für eine Strategie „nachhaltiger" Alterssicherung in Deutschland. In G. Huber, H. Krämer & H. D. Kurz (Hrsg.), *Einkommensverteilung, Technischer Fortschritt und struktureller Wandel. Festschrift für Peter Kalmbach* (S. 441–459). Marburg: Metropolis.
Schmähl, W. (2008). Privatvorsorge und Altersarmut. *Soziale Sicherheit. Zeitschrift für Arbeit und Soziales, 57*, 4.
Schmidt, T. & Schmitt, C. (2005). Erwerbsverläufe. In Soziologisches Forschungsinstitut (SOFI) (Hrsg.), *Berichterstattung zur sozioökonomischen Entwicklung in Deutschland – Arbeit und Lebensweisen. Erster Bericht* (S. 303–322). Wiesbaden: VS Verlag.
Schwarze, J., Wagner, G. G. & Wunder, C. (2004). *Alterssicherung: Gesunkene Zufriedenheit und Skepsis gegenüber privater Vorsorge* (DIW Wochenbericht 22). Berlin: Deutsches Institut für Wirtschaftsforschung.
Sen, A. (1987). *The standard of living. The Tanner Lectures.* Cambridge: University Press.
Sen, A. (1992). *Inequality re-examined.* Oxford: Clarendon Press.
Staeck, F. (2003). Generationengerecht – diese Vokabel taugt nicht als Maßstab für konkrete Sozialreformen. *Ärzte Zeitung*, 27. Juni 2003.
Strengmann-Kuhn, W. (2008). Altersarmut in Deutschland – empirische Bestandsaufnahme und sozialpolitische Perspektiven. *Deutsche Rentenversicherung, 63*, 120–133.
Ullrich, C. G. (2008). *Die Akzeptanz des Wohlfahrtsstaates: Präferenzen, Konflikte, Deutungsmuster.* Wiesbaden: VS Verlag.
Veenhoven, R. (2000). The four qualities of life. *Journal of Happiness Studies, 1*, 1–39.

4 Gesundheit

Susanne Wurm, Ina Schöllgen & Clemens Tesch-Römer

Kernaussagen

Trotz Erkrankungen ist die subjektive Gesundheit und die Mobilität der meisten Menschen in der zweiten Lebenshälfte recht gut:
Über die Altersgruppen hinweg ist ein deutlicher Anstieg von Erkrankungen festzustellen. Trotzdem erfreut sich auch die älteste Altersgruppe einer recht guten körperlichen Mobilität und subjektiven Gesundheit.

Bildungsunterschiede sind mit Unterschieden in der Gesundheit verbunden:
Personen mit niedriger Bildung weisen eine bedeutend schlechtere Gesundheit auf als höher Gebildete. Zwischen Frauen und Männern und zwischen Menschen, die in den alten beziehungsweise den neuen Bundesländern leben, bestehen keine ausgeprägten Unterschiede.

Die ins Alter nachwachsenden „Alten der Zukunft" sind gesünder als vor ihnen geborene Jahrgänge:
Nachfolgende Geburtsjahrgänge haben weniger Erkrankungen und teilweise eine bessere subjektive Gesundheit als vor ihnen geborene Jahrgänge. Zudem ist ein wachsender Anteil von Personen sportlich aktiv.

Das Gesundheitsverhalten der Menschen in der zweiten Lebenshälfte kann weiter verbessert werden:
Etwa die Hälfte der Menschen in der zweiten Lebenshälfte ist derzeit sportlich weit weniger aktiv als empfohlen wird. Hier bestehen weiterhin nennenswerte Potenziale, um die gesundheitliche Situation der heutigen und zukünftigen Älteren zu verbessern.

4.1 Einleitung

Für jeden Menschen ist Gesundheit ein wichtiger Bestandteil der Lebensqualität sowie eine zentrale Grundlage für gesellschaftliche Teilhabe und Engagement. Weil immer mehr Menschen immer älter werden, ist es auch aus gesellschaftlicher Sicht wichtig zu wissen, wie gesund ältere Menschen sind, welchen Versorgungsbedarf sie haben und was dafür getan werden kann, dass sie möglichst lange selbstständig und selbstbestimmt leben können. Vor dem Hintergrund der seit Jahrzehnten steigenden Lebenserwartung stellt sich zudem die Frage, in welcher Gesundheit die dadurch entstehenden zusätzlichen Lebensjahre verbracht werden und ob die nachwachsenden Geburtskohorten Älterer gesünder sind als die vor ihnen geborenen Kohorten. Im Folgenden wird zunächst darauf eingegangen,

Abb. 4–1: Das Modell der Internationalen Klassifikation der Funktionsfähigkeit, Behinderung und Gesundheit (ICF)

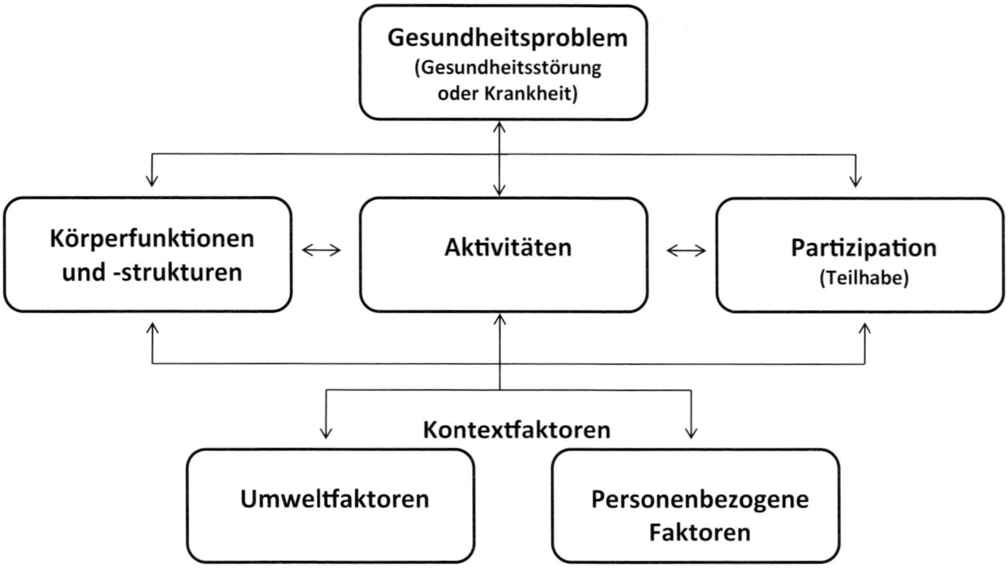

Quelle: WHO 2002.

was Gesundheit umfasst (Abschnitt 4.1.1) und welche Theorien in der Diskussion zum Wandel der Gesundheit im Vordergrund stehen. Es handelt sich hierbei besonders um Theorien zur Kompression oder Expansion von Morbidität im Alter (Abschnitt 4.1.2).

4.1.1 Gesundheitszustand: Was wird unter Gesundheit verstanden?

Zur Definition dessen, was unter Gesundheit zu verstehen ist, wurden lange Zeit medizinische Gesundheitsmodelle herangezogen. Dabei werden mehrere Gesundheitskriterien unterschieden: Morbidität (körperliche oder psychische Erkrankungen), funktionelle Einschränkungen (Beeinträchtigungen infolge körperlicher, mentaler oder Sinnesschädigung), Behinderungen und Mortalität.

Neuere Modelle beziehen in mehrdimensionalen, biopsychosozialen Konzepten auch die Kontexte von Gesundheit ein. Ein solcher Ansatz findet sich in der Internationalen Klassifikation der Funktionsfähigkeit, Behinderung und Gesundheit, kurz ICF (WHO 2002). Die ICF klassifiziert nicht primär Krankheitsfolgen, sondern die dynamische und komplexe Wechselwirkung zwischen verschiedenen Komponenten von Gesundheit.

Wie aus Abbildung 4–1 ersichtlich ist, wird angenommen, dass die *Funktionsfähigkeit und Behinderung* nicht allein vom Ausmaß eines Gesundheitsproblems (zum Beispiel Krankheit, Gesundheitsstörung, Verletzung, Trauma) abhängen, sondern von der Interaktion zwischen dem Gesundheitsproblem und den jeweiligen Kontextfaktoren (Umweltfaktoren und personalen Faktoren). Neben der Ebene des Gesundheitsproblems unterscheidet die ICF damit zwei weitere Komponenten:

- *Funktionsfähigkeit und Behinderung:* Hierzu zählen die Körperfunktionen und -strukturen (Funktionsfähigkeit des Körpers,

beispielsweise der Atemorgane, der Sinnesorgane und der Extremitäten) sowie Aktivitäten und Partizipation (Fähigkeit, Aufgaben oder Handlungen durchzuführen sowie soziale Teilhabe an Lebenssituationen). Als Behinderung wird hierbei jede Beeinträchtigung der Funktionsfähigkeit verstanden. Damit ist der Behinderungsbegriff hier umfassender als jener des SGB IX (§ 2 I SGB IX).
- *Kontextfaktoren:* Die ICF unterscheidet hierbei Umweltfaktoren wie die materielle, soziale und einstellungsbezogene Umwelt sowie personenbezogene Faktoren. Zu Letzteren werden individuelle Faktoren wie das Alter, Geschlecht, Bildung, Verhaltensmuster, Bewältigungsstile, vergangene oder gegenwärtige Erfahrungen gezählt. Der Begriff „Kontextfaktoren" mag hierbei verwirren, er wird jedoch in der ICF für Faktoren verwendet, die im Zusammenhang (Kontext) mit einem Gesundheitsproblem eine Rolle spielen.

Dieses biopsychosoziale Gesundheitsmodell bezieht damit neben Krankheit und Behinderung auch die räumliche und soziale Umwelt sowie verhaltensbezogene und psychische Aspekte des Individuums mit ein. Hinzu kommt das subjektive Erleben, wie Menschen sich fühlen und wie sie ihre Krankheit und deren Konsequenzen empfinden. Mit steigendem Lebensalter kommt diesem erweiterten Gesundheitsverständnis eine wachsende Bedeutung zu.

Das vorliegende Kapitel zur Gesundheit in der zweiten Lebenshälfte enthält deshalb eine differenzierte Betrachtung sowohl der objektivierbaren körperlichen Erkrankungen und Mobilitätseinschränkungen sowie der subjektiven Gesundheitsbewertung. Berücksichtigt werden bei dieser Betrachtung vier zentrale Faktoren, die im Rahmen der ICF zu den personen- und umweltbezogenen Kontextfaktoren gerechnet werden: Alter, Geschlecht, regionaler Hintergrund und Bildung (vgl. Kapitel 1 „Wandel von Lebensqualität und Ungleichheit in der zweiten Lebenshälfte"). Gemäß der ICF zählen zu den personenbezogenen Kontextfaktoren, denen eine zentrale Bedeutung für die Gesundheit zukommt, auch Verhaltensweisen wie Rauchen und körperliche Aktivität.

Lange Zeit war die Datenlage zum Gesundheitszustand der deutschen Wohnbevölkerung, insbesondere jenem von älteren Menschen, unzureichend. Dies verbessert sich derzeit und in naher Zukunft: Ein Teil der Befragten des Sozio-oekonomischen Panels (SOEP) wird ergänzend im Rahmen der Berliner Altersstudie II untersucht, in der die körperliche und geistige Gesundheit über die Lebensspanne im Mittelpunkt stehen wird. Mit Blick auf die Untersuchung älterer Menschen ist auch der europäische Survey of Health, Ageing, and Retirement in Europe (SHARE) zu nennen. Daten für hilfe- und pflegebedürftige Personen in Privathaushalten und Heimeinrichtungen liefern die eigens hierauf ausgerichteten Studien zu „Möglichkeiten und Grenzen selbstständiger Lebensführung" (Bundesministerium für Familie 2008). Nach wie vor fehlen in Deutschland jedoch für viele Krankheiten bundesweite, bevölkerungsbasierte Datenquellen. Routinedaten, die im Rahmen des Gesundheitssystems regelmäßig erhoben werden, beziehen nur Personen mit ein, die Leistungen der Gesundheitsversorgung in Anspruch nehmen. Der DEAS liefert neben anderen Datenquellen wie dem Gesundheitsmonitoring des Robert Koch-Instituts sowie den Daten des Statistischen Bundesamtes wichtige einander ergänzende Informationen zur Gesundheit in der zweiten Lebenshälfte (Böhm et al. 2009). Dabei weist der DEAS spezifische Stärken auf, die in Abschnitt 4.2 näher erläutert werden. Neben der Verbreitung (Prävalenz) wird hierbei auch die Verteilung berücksichtigt und untersucht, inwieweit sich zwischen verschiedenen Personengruppen Unterschiede zeigen (vgl. Kapitel 1 „Wandel von Lebensqualität und Ungleichheit in der zweiten Lebenshälfte").

4.1.2 Gesundheit im sozialen Wandel: Kommen nachfolgende Geburtskohorten gesünder ins Alter?

In den vergangenen Jahrzehnten ist die Lebenserwartung deutlich angestiegen und bisher gibt es auch keine Hinweise darauf, dass sich diese Entwicklung einem Endpunkt nähert oder abflacht (Vaupel & von Kistowski 2005). Vor diesem Hintergrund ist aus individueller wie gesellschaftlicher Sicht die Frage zentral, in welchem Gesundheitszustand die Jahre verbracht werden, die durch die steigende Lebenserwartung gewonnen wurden. Seit Ende der 1970er Jahre gibt es hierzu gegensätzliche Hypothesen.

- *These der Morbiditätsexpansion:* Wenn die steigende Lebenserwartung besonders dadurch bedingt ist, dass mehr Personen schwere Krankheiten oder Unfälle überleben, so könnte dies bedeuten, dass der Anteil von Personen mit chronischen Krankheiten, körperlichen Einschränkungen, Hilfe- oder Pflegebedürftigkeit über die nachfolgenden Kohorten hinweg zunimmt (Gruenberg 1977). Die infolge steigender Lebenserwartung gewonnenen Lebensjahre wären damit vor allem eine Verlängerung der Lebensphase in schlechter Gesundheit.
- *These der Morbiditätskompression:* In Gegensatz dazu steht die Annahme, dass mit Hilfe von Maßnahmen der primären und sekundären Prävention gesundheitliche Einschränkungen in ein späteres Alter hinausgeschoben werden können, während die Lebenserwartung nicht gleichermaßen schnell steigt (Fries 1980). Auf diese Weise könnte die Dauer gesundheitsbedingter Beeinträchtigungen auf eine kürzere Zeit vor dem Tod komprimiert werden.
- *These des dynamischen Äquilibriums:* Eine dritte These integriert schließlich beide Ansätze. Die These eines dynamischen Äquilibriums geht davon aus, dass es zu einer Zunahme chronischer Krankheiten kommt, während hingegen der Schweregrad dieser Erkrankungen abnimmt (Manton 1982).

Verschiedene Gründe sprechen für die Erwartung einer abnehmenden Morbidität bei nachwachsenden Kohorten. Verbesserungen in der medizinischen Versorgung und Medikation wirken sich besonders auf eine höhere Lebenserwartung aus, haben jedoch auch einen Einfluss auf Erkrankungen. Hinzu kommt die bessere Bildung, ein höheres Einkommen sowie ein gesünderer Lebensstil der nachwachsenden Kohorten Älterer (vgl. Kapitel 1 „Wandel von Lebensqualität und Ungleichheit in der zweiten Lebenshälfte"; für einen Überblick: Costa 2005). Mehrere amerikanische Studien verweisen auch darauf, dass die Prävalenz von dauerhaften körperlichen Einschränkungen und Behinderungen in den vergangenen Jahrzehnten abgenommen hat (für eine Übersicht: Freedman et al. 2002; Freedman et al. 2004). Ebenso kommen mehrere deutsche Studien zu dem Ergebnis, dass die Gesundheit nachfolgender Kohorten besser ist, vor allem hinsichtlich der Krankheitsprävalenz (Dinkel 1999; Wurm & Tesch-Römer 2006). Keine eindeutigen Kohortenunterschiede finden sich hingegen mit Blick auf die subjektive Gesundheit. Zwar zeigte sich anhand von Daten des DEAS und des SOEP für Altersgruppen rund um das Ruhestandsalter eine bessere subjektive Gesundheit in den nachfolgenden Geburtskohorten (Wurm et al. 2009). Da sich dieser Unterschied aber weder für jüngere noch für ältere Altersgruppen zeigt, könnte dieser Effekt auch mit Veränderungen im Übergang in den Ruhestand zusammenhängen (vgl. Kapitel 5 „Gesellschaftliche Partizipation").

Allerdings verweist die Datenlage nicht konsistent auf eine Morbiditätskompression. Einige europäische Länder berichten über einen Anstieg chronischer Erkrankungen und eine Zunahme funktionaler Einschränkungen (für eine Übersicht vgl. Robine & Michel 2004). Die Heterogenität der Befunde kann teilweise durch Länderunterschiede bedingt sein. Teilweise entstehen Unterschiede jedoch auch in Abhängigkeit vom betrachteten historischen Zeitraum, den betrachteten Altersgruppen und den berücksichtigten Gesundheitsaspekten. Zudem gibt es Hinweise darauf, dass sich auch innerhalb einer Population unterschiedliche Entwicklungen finden lassen. So gibt es mehrere Studien, die darauf hinweisen, dass sich für Personen mit höherer Bildung eher eine Morbiditätskompression, für Personen mit geringerer Bildung hingegen eher eine Morbiditätsexpansion abzeichnet (zum Beispiel Crimmins & Saito 2001).

Folgt man der optimistischen These der Morbiditätskompression, wäre zu erwarten, dass die Gesundheit von altersgleichen Personen der nachwachsenden Geburtsjahrgänge sukzessive besser geworden ist. Ob dies der Fall ist, wird hier anhand von drei Gesundheitsindikatoren betrachtet: Anzahl selbstberichteter Erkrankungen, körperliche Funktionsfähigkeit sowie subjektive Gesundheit. Ergänzt wird dies durch die Betrachtung von Tabakkonsum und körperlicher Aktivität. Dabei wird untersucht, ob sich der Wandel für verschiedene Alters- und Bildungsgruppen, Männer und Frauen sowie für die alten und neuen Bundesländer unterschiedlich gestaltet.

4.2 Datengrundlage

Alle nachfolgenden Darstellungen zur Gesundheit in der zweiten Lebenshälfte beruhen auf den Daten des Deutschen Alterssurveys (DEAS). Der DEAS ist eine bundesweite, bevölkerungsrepräsentative Studie zu Altern und Alter (vgl. Kapitel 2 „Datengrundlagen und Methoden"). Der Themenbereich Gesundheit wurde über die bisher drei Erhebungsjahre hinweg sukzessive erweitert. Daher können für eine Reihe von Indikatoren keine Vergleiche zwischen allen Erhebungswellen erfolgen, für einige Indikatoren ist zumindest ein Vergleich zwischen 2002 und 2008 möglich, andere wurden im Jahr 2008 erstmals in die Befragung mit aufgenommen.

Da der DEAS alle sechs Jahre erhoben wird, werden im Folgenden für die Frage nach einem sozialen Wandel der Gesundheit Gruppen gebildet, die jeweils sechs Geburtsjahrgänge umfassen. Durch dieses Vorgehen gibt es keinerlei Überlappung verschiedener Geburtsjahrgänge. Da es sich um drei voneinander unabhängige Stichproben handelt, gibt es zudem keine Person, die mehrfach in diesen Daten vorkommt. Dies ist ein Vorteil gegenüber Kohorten vergleichenden Studien, die auf Paneldaten beruhen. Grund hierfür ist, dass Personen, die wiederholt an einer Befragung teilnehmen, in stärkerem Maße selektiert sind und sich insbesondere durch einen besseren Gesundheitszustand auszeichnen. Dadurch kann es zu einer Überschätzung zugunsten der Prognose einer Morbiditätskompression kommen.

Der DEAS basiert, wie andere Bevölkerungsumfragen, primär auf Selbstaussagen der Befragungspersonen und nicht auf medizinischen Untersuchungen. Studien haben jedoch wiederholt darauf hingewiesen, dass eine hohe Übereinstimmung zwischen selbst berichteten Erkrankungen und medizinischen Diagnosen besteht (zum Beispiel Bush et al. 1989; Simpson et al. 2004). Die Befragten wurden von den Interviewern in ihren Privathaushalten besucht. Dies erhöht die Wahrscheinlichkeit, auch jene Personen zu erreichen, die sich aufgrund gesundheitlicher Einschränkungen nicht in der Lage sehen, einem längeren Telefoninterview zu folgen oder für einen externen Befragungstermin das Haus zu verlassen. Dennoch muss auf zwei Aspekte hingewiesen werden, welche die Repräsentativität der Ergebnisse einschränken: Zum einen ist im DEAS, wie in anderen Bevölkerungsumfragen auch, die befragte Stichprobe zugunsten Gesünderer selektiert. Personen mit einem schlechten Gesundheitszustand nehmen seltener an einer Befragung teil als Personen mit guter Gesundheit. Zum anderen wurden, ebenfalls wie in den meisten anderen Surveys, Personen befragt, die in Privathaushalten leben, nicht jedoch Heimbewohner.[1] Dies führt dazu, dass die Daten ein insgesamt positiveres Bild vom Gesundheitszustand Älterer geben, als es für die Gesamtbevölkerung der 40- bis 85-Jährigen angenommen werden muss.

4.3 Körperliche Gesundheit

Die körperliche Gesundheit unterliegt während des gesamten Lebens Entwicklungen und Veränderungen. Ab einem Alter von etwa 40 Jahren sind jedoch zunehmend mehr Personen von Gesundheitseinbußen betroffen. Für die Veränderung des Krankheitsgeschehens sind mehrere Faktoren verantwortlich. Hierzu zählen neben physiologischen Veränderungen, die mit dem Altern einhergehen, auch Krankheiten, die bereits über Jahre oder Jahrzehnte bestehen aber erst im höheren Alter stärkere Beschwerden verursachen, sowie Folgen einer langjährigen Exposition verschiedener Risikofaktoren (zum Beispiel Lärm, Gifte, Rauchen; vgl. Schwartz et al. 1998).

4.3.1 Wie ist die körperliche Gesundheit?

Betrachtet man die altersphysiologischen Veränderungen genauer, so lassen sich Annahmen zur Entwicklung des Krankheitsgeschehens in der zweiten Lebenshälfte ableiten. So geht beispielsweise eine Abnahme von Muskelkraft und Knochendichte mit erhöhtem Risiko von Knochenbrüchen und Osteoporose einher, während die Verringerung von Herzschlagvolumen und Arterienelastizität das Risiko von kardiovaskulären Erkrankungen (Bluthochdruck, Herzinfarkt, Schlaganfall) erhöht. Hormonelle Veränderungen (unter anderem Abnahme von Sexualhormonen, Insulin) erhöhen beispielsweise allgemein das Risiko, an Diabetes Typ II zu erkranken und bei Frauen das Risiko von Brust- und Gebärmutterkrebs. Herz-Kreislauf-Erkrankungen, Krebserkrankungen sowie Erkrankungen des Muskel-Skelettsystems sind ab dem mittleren Erwachsenenalter zunehmend verbreitet (Statistisches Bundesamt 2009a, 2010). Ein gut gesicherter Befund ist zudem, dass (ältere) Frauen häufiger unter Muskel-Skeletterkrankungen leiden als (ältere) Männer (Weyerer et al. 2008). Befunde einer großen europäisch-vergleichenden Studie weisen darauf hin, dass Menschen mit niedriger Bildung mit größerer Wahrscheinlichkeit mehrere Erkrankungen wie Bluthochdruck, Diabetes und Arthritis haben (Dalstra et al. 2005). Was die ehemals großen Unterschiede zwischen alten und neuen Bundesländern betrifft, gibt es Hinweise darauf, dass sich der Gesundheitszustand in diesen beiden Regionen 20 Jahre nach der Wiedervereinigung hinsichtlich einer Reihe von Gesundheitsindikatoren deutlich angenähert, teilweise auch vollständig angeglichen hat (Robert Koch-

1 Personen, die mehrfach im Rahmen des DEAS befragt wurden und während dieser Zeit in ein Heim wechselten, wurden, sofern möglich, auch im Heimkontext befragt. Diese Längsschnittdaten sind jedoch nicht Bestandteil des vorliegenden Berichts.

Institut 2009; Statistisches Bundesamt 2009b; Wurm & Tesch-Römer 2006).

Hinsichtlich psychischer Erkrankungen sind in der zweiten Lebenshälfte Depressionen und demenzielle Erkrankungen am ehesten vorzufinden. Daten aus dem Ergänzungsmodul des Bundesgesundheitssurveys geben jedoch keinen Hinweis darauf, dass mit steigendem Alter schwere Depressionen und andere psychische Störungen zunehmen (Wittchen & Jacobi 2006). Demenzielle Erkrankungen treten erst ab dem hohen Alter (ab etwa 85 Jahren) häufiger auf (Bickel 2002). Mit Blick auf Unterschiede zwischen den alten und neuen Bundesländern existieren uneinheitliche Befunde. Frauen leiden insgesamt häufiger unter psychischen Störungen als Männer. Unterschiede werden auch hinsichtlich eines kombinierten Maßes der sozialen Schicht (Schichtindex nach Winkler) berichtet, nicht aber hinsichtlich der Bildung der Befragten. Es muss jedoch beachtet werden, dass in dieser Studie nur Personen im Alter von 18 bis 65 Jahren befragt wurden (Jacobi et al. 2004). Zusammenfassend lassen sich folgende Hypothesen ableiten:

- Die meisten körperlichen Erkrankungen sind im höheren Alter verbreiteter als in jüngeren Lebensjahren, wohingegen es keine Hinweise darauf gibt, dass psychische Erkrankungen im Alter verbreiteter sind.
- Es ist anzunehmen, dass Frauen eine größere Häufigkeit von Muskel-Skelett- und psychischen Erkrankungen aufweisen als Männer.
- Bildungsunterschiede zuungunsten niedriger Gebildeter werden im Auftreten einiger körperlicher Erkrankungen wie Bluthochdruck, Diabetes und Arthritis erwartet.
- Hingegen wird erwartet, dass keine großen Unterschiede zwischen den alten und neuen Bundesländern festzustellen sind.

In der dritten Welle des Deutschen Alterssurveys wurden die Befragten für insgesamt 18 chronische Erkrankungen danach gefragt, ob eine oder mehrere dieser Krankheiten bei ihnen medizinisch diagnostiziert wurden. Anhand der Rangreihe in Tabelle 4–1 wird deutlich, dass vier chronische Krankheiten dominieren: Bluthochdruck, Arthrose, erhöhte Cholesterinwerte sowie Arthritis/Rheuma. Die vier Krankheiten sind zudem in allen drei dargestellten Altersgruppen am häufigsten verbreitet, auch wenn die Prävalenz (Verbreitung) variiert und über die Altersgruppen hinweg deutlich ansteigt. Der deutlichste Anstieg ist hierbei für Bluthochdruck festzustellen.

Für die fünfte bis zehnte der insgesamt häufigsten chronischen Erkrankungen variieren die Rangreihen stärker zwischen den drei Altersgruppen. Statistisch bedeutsame Unterschiede zwischen den Altersgruppen zeigen sich für alle dargestellten Erkrankungen, bis auf eine Ausnahme: Mit Blick auf die Prävalenz seelischer Erkrankungen gibt es keinen bedeutsamen Unterschied zwischen den Altersgruppen. Die Rangreihen veranschaulichen, dass seelische Erkrankungen bei den 40- bis 54-Jährigen zu den fünf am häufigsten genannten Erkrankungen zählen, während sie in den beiden älteren Altersgruppen einen nachgeordneten Rangplatz einnehmen (bei 70- bis 85-Jährigen ist dies Rangplatz 16 mit einer Prävalenz von 5,0 Prozent).

Zu jenen Erkrankungen, die erst im höheren Alter verbreiteter sind, zählen die Augenerkrankungen Glaukom und Makuladegeneration, mit einer Prävalenz von insgesamt 9,4 Prozent der 70- bis 85-Jährigen sowie Herzinfarkt (9,1 Prozent) und chronische Lungenerkrankungen (8,3 Prozent; vgl. Tabelle A 4–1 im Anhang).

Neben Unterschieden zwischen verschiedenen Altersgruppen wurde untersucht, ob sich das Krankheitsrisiko von Männern und Frauen, Personen verschiedener Bildungsgruppen sowie zwischen alten und neuen Bundesländern unterscheidet. Die Ergebnisse dieser

Tab. 4–1: Prävalenz der zehn häufigsten chronischen Erkrankungen nach Altersgruppe (Selbstaussagen) zur Verbreitung von chronischen Erkrankungen

	Gesamt	40–54 Jahre	55–69 Jahre	70–85 Jahre
1	Bluthochdruck (34,3 %)	Arthrose (22,5 %)	Bluthochdruck (41,2 %)	Bluthochdruck (52,7 %)
2	Arthrose[1] (33,0 %)	Bluthochdruck (18,9 %)	Arthrose (37,0 %)	Arthrose (46,5 %)
3	Erhöhte Cholesterinwerte (24,1 %)	Erhöhte Cholesterinwerte (16,1 %)	Erhöhte Cholesterinwerte (28,9 %)	Erhöhte Cholesterinwerte (32,2 %)
4	Arthritis/Rheuma[2] (15,0 %)	Arthritis/Rheuma (10,0 %)	Arthritis/Rheuma 15,6 %	Arthritis/Rheuma (23,1 %)
5	Durchblutungsstörungen/Beine (9,8 %)	Seelische Erkrankung (6,5 %)	Diabetes (10,9 %)	Herzinsuffizienz (20,6 %)
6	Diabetes (9,5 %)	Durchblutungsstörungen/Beine (4,7 %)	Durchblutungsstörungen/Beine (9,2 %)	Durchblutungsstörungen/Beine (19,6 %)
7	Herzinsuffizienz[3] (8,7 %)	Chronische Lungenerkrankung (3,9 %)	Herzinsuffizienz (8,1 %)	Diabetes (19,1 %)
8	Osteoporose (6,0 %)	Diabetes (3,2 %)	Krebserkrankung (6,3 %)	Osteoporose (14,5 %)
9	Seelische Erkrankung[4] (5,7 %)	Magen-/Zwölffingerdarmgeschwür (2,9 %)	Osteoporose (5,4 %)	Krebserkrankung (10,3 %)
10	Krebserkrankung[5] (5,6 %)	Herzinsuffizienz (2,7 %)	Seelische Erkrankung (5,2 %)	Glaukom/Makuladegeneration (9,4 %)

Quelle: DEAS 2008 (n = 5.983), gewichtet, gerundete Angaben.
Grau hervorgehoben sind Krankheiten mit einer Prävalenz über zehn Prozent. Die Darstellung enthält jeweils pro Gruppe (das heißt Gesamt beziehungsweise Altersgruppe) die zehn am häufigsten genannten Erkrankungen.
[1] Gelenkverschleiß der Hüft- oder Kniegelenke beziehungsweise der Wirbelsäule
[2] entzündliche Gelenk- oder Wirbelsäulenerkrankung
[3] einschließlich Durchblutungsstörungen am Herzen
[4] zum Beispiel Angstzustände, Depression, Psychose
[5] bösartige Neubildungen, einschließlich Leukämie

Tab. 4–2: Erhöhte Prävalenz chronischer Erkrankungen nach Geschlecht, Bildung und Region

	Gesamt	Geschlecht	Bildung[1]	Region
1	Bluthochdruck	–[2]	Niedrige Bildung	–
2	Arthrose	Frauen	–	–
3	Erhöhte Cholesterinwerte	–	–	Alte Bundesländer
4	Arthritis/Rheuma	Frauen	Niedrige Bildung	–
5	Durchblutungsstörungen/Beine	–	Niedrige Bildung	–
6	Diabetes	Männer	Niedrige Bildung	Neue Bundesländer
7	Herzinsuffizienz	–	Niedrige Bildung	–
8	Osteoporose	Frauen	–	–
9	Seelische Erkrankung	Frauen	–	–
10	Krebserkrankung	–	–	–

Quelle: DEAS 2008.
[1] Niedrige, mittlere und hohe Bildung (vgl. Kapitel 2 „Datengrundlagen und Methoden")
[2] keine signifikanten Gruppenunterschiede.

Analysen sind zusammenfassend in Tabelle 4–2 dargestellt (Darstellung der Prozentzahlen in Tabelle A 4–2 im Anhang). Der Tabelle ist zu entnehmen, dass bei Frauen Arthrose, Arthritis/Rheuma, Osteoporose sowie seelische Erkrankungen häufiger vorkommen als bei Männern, während Diabetes bei Männern verbreiteter ist. Ebenso zeigen sich Bildungsunterschiede – demnach kommen einige Erkrankungen bei weniger gebildeten Personen häufiger vor als bei besser gebildeten Personen. Unterschiede zwischen den alten und neuen Bundesländern finden sich hingegen kaum. Wie bereits aus früheren Jahren bekannt, besteht jedoch weiterhin eine höhere Prävalenz von Diabetes in den neuen Bundesländern (vgl. Sachverständigenrat für die Konzertierte Aktion im Gesundheitswesen 2001; Wurm & Tesch-Römer 2006).

Auf Grundlage einer in allen drei DEAS-Wellen eingesetzten, allgemeinen Krankheitsliste wurde ein Summenwert gebildet. Dieser Summenwert enthält für jede Person die Anzahl gleichzeitig bestehender Erkrankungen. Oftmals führt erst die Kumulation verschiedener Erkrankungen dazu, dass krankheitsbedingte Einbußen nicht mehr ausreichend kompensiert werden können. Insgesamt 46 Prozent der 40- bis 85-Jährigen berichten über zwei bis vier gleichzeitig bestehende Erkrankungen, weitere neun Prozent sind von fünf und mehr chronischen Erkrankungen gleichzeitig betroffen. Dies bedeutet, dass über die Hälfte der Personen mindestens zwei Erkrankungen gleichzeitig hat. Demgegenüber berichtet jede vierte Person (25 Prozent) über das Vorliegen nur einer Erkrankung, jede fünfte Person (20 Prozent) über keinerlei Erkrankung. Abbildung 4–2 verdeutlicht, wie verbreitet Mehrfacherkrankungen in den einzelnen Altersgruppen sind.

Abb. 4–2: Prävalenz von Mehrfacherkrankungen nach Altersgruppe (in Prozent)

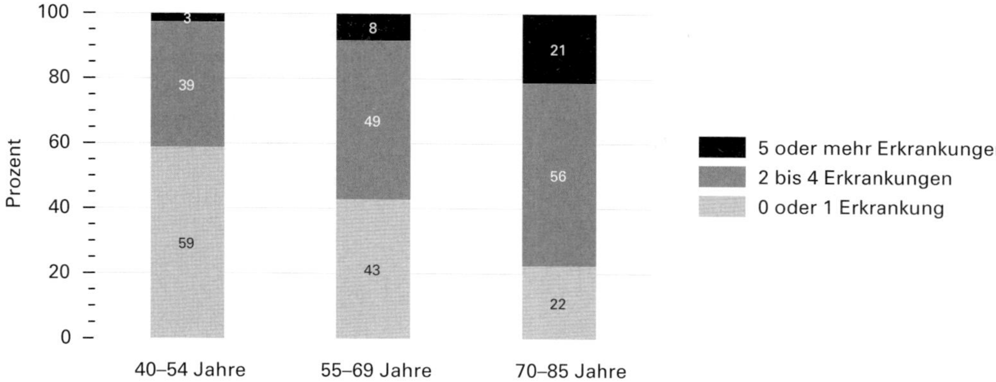

Quelle: DEAS 2008 (n = 4.263), gewichtet, gerundete Angaben.
Summenwert selbstberichteter Erkrankungen.

Über die Altersgruppen hinweg nimmt hierbei der Anteil von Personen mit nur einer oder keiner Erkrankung deutlich ab. Der Anteil der Personen mit Mehrfacherkrankungen steigt demgegenüber an. Insbesondere der Anteil der Personen mit fünf und mehr Erkrankungen nimmt merklich zu. Zugleich wird deutlich, dass schon im Alter zwischen 55 und 69 Jahren über die Hälfte der Personen (57 Prozent) von zwei und mehr Erkrankungen betroffen sind. Das ist besonders wichtig, da jene Altersgruppe in der Gegenwart und voraussichtlich in noch höherem Maße in Zukunft das Potenzial älterer Erwerbspersonen bildet.

Während sich erhebliche Unterschiede hinsichtlich der Verbreitung von Mehrfacherkrankungen zwischen den verschiedenen Altersgruppen zeigen, finden sich keine bedeutsamen Unterschiede zwischen Frauen und Männern, alten und neuen Bundesländern oder Personen mit unterschiedlicher Bildung (vgl. Tabelle A 4–3 im Anhang). Die für einzelne Erkrankungen festzustellende höhere Prävalenz für Frauen sowie für Personen mit niedrigerer Bildung spiegelt sich nicht in der Gesamtzahl der Erkrankungen wider. Dies ist vermutlich mit darauf zurückzuführen, dass der Summenwert auf der allgemeinen Liste zu Krankheitsgruppen basiert und nicht auf den Angaben zu spezifischen Einzelerkrankungen.

4.3.2 Wie hat sich die körperliche Gesundheit gewandelt?

Anhand von Abbildung 4–3 ist für sieben Altersgruppen ein Vergleich von Personen dargestellt, die das jeweilige Alter im Jahr 1996, 2002 oder 2008 erreicht haben (eine Erläuterung zu den Altersgruppen findet sich in Abschnitt 4.2 sowie in Kapitel 2 „Datengrundlagen und Methoden"). Deutlich hierbei wird, dass die Anzahl von Erkrankungen nicht nur zwischen den Altersgruppen variiert, sondern auch zwischen altersgleichen Personen der verschiedenen Erhebungsjahre.

Aus Gründen der Anschaulichkeit wurden in Abbildung 4–3 Personen zu Gruppen zusammengefasst, die keine oder eine Erkrankung, zwei bis vier oder fünf und mehr Erkrankungen haben. In den statistischen Analysen wurde jedoch ergänzend die durchschnittliche Gesamtzahl von Erkrankungen (Mittelwerte) betrachtet. Beim Vergleich der

Abb. 4–3: Anzahl berichteter Erkrankungen im Kohortenvergleich, nach Altersgruppe (in Prozent)

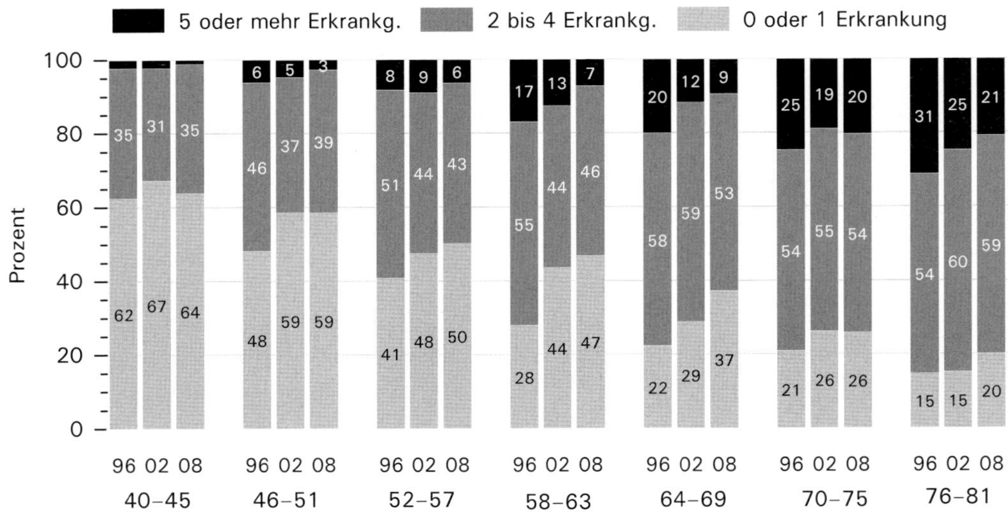

Quelle: DEAS 1996 (n = 3.840), 2002 (n = 2.687) und 2008 (n = 4.111), Basisstichproben, gewichtet, gerundete Angaben.
Folgende Werte sind in der Abbildung aufgrund ihrer geringen Größe nicht zahlenmäßig mit angegeben: Bei den 40- bis 45-Jährigen hatten 1996 2 Prozent, 2002 ebenfalls 2 Prozent und 2008 1 Prozent fünf oder mehr Erkrankungen.

drei Erhebungswellen zeigt sich hierbei, dass die durchschnittliche Anzahl von Erkrankungen über die Jahre hinweg deutlich gesunken ist. Dabei ist im Vergleich der Jahre 1996 und 2002 insgesamt ein stärkerer Rückgang der Zahl der Erkrankungen festzustellen als zwischen 2002 und 2008. Dies bedeutet, dass sich für einige Altersgruppen die Anzahl der Erkrankungen zwischen 1996 und 2002 statistisch signifikant verringert hat, hingegen zwischen 2002 und 2008 eher gleich geblieben ist.

Über den gesamten Zwölfjahreszeitraum (1996 bis 2008) hinweg findet sich für nahezu alle Altersgruppen ein bedeutsamer Rückgang in der Anzahl von Erkrankungen. Die einzige Ausnahme vom allgemeinen Trend ist die jüngste Altersgruppe der 40- bis 45-Jährigen. Zudem ist ersichtlich, dass für Personen rund um das Ruhestandsalter (in der Abbildung zwischen 58 und 69 Jahren) die größten kohortenbezogenen Gewinne festzustellen sind. Bei ihnen zeigt sich, dass nachfolgende Kohorten mit einer deutlich geringeren Anzahl von Erkrankungen ins gleiche Alter kommen als vor ihnen geborene Jahrgänge.

Unterschiedliche Entwicklungen für Frauen und Männer sind hierbei nicht festzustellen. Auch in Abhängigkeit vom Bildungshintergrund finden sich keine signifikanten Unterschiede. Es hat jedoch eine regionale Angleichung stattgefunden. Während 1996 die Anzahl der Erkrankungen in den neuen Bundesländern noch höher lag als in den alten, findet sich dieser Unterschied im Jahr 2008 nicht mehr (vgl. Tabelle A 4–3 im Anhang). Auf die in den letzten 20 Jahren seit dem Mauerfall festzustellende, zunehmende regionale Angleichung der Gesundheit verweist in differenzierter Weise auch ein aktueller Beitrag zur Gesundheitsberichterstattung (Robert Koch-Institut 2009).

4.4 Körperliche Funktionsfähigkeit

Chronische Erkrankungen und Unfälle, wie beispielsweise Stürze, sind im höheren Lebensalter ein wesentlicher Auslöser für Einschränkungen der körperlichen Funktionsfähigkeit. Ebenso können Veränderungen des Bewegungsapparates infolge einer Abnahme der Muskulatur, der Dehnbarkeit der Sehnen und der Gelenkbeweglichkeit zu funktionellen Einschränkungen führen, indem die Mobilität beeinträchtigt wird. Diese Funktionseinbußen beeinflussen die selbstständige Lebensführung und die Teilhabe am sozialen Leben.

4.4.1 Wie ist die körperliche Funktionsfähigkeit?

Es ist zu erwarten, dass im höheren Alter die körperliche Funktionsfähigkeit (im Mittel) schlechter ist als im mittleren Erwachsenenalter. Dies betrifft insbesondere die Mobilität. Es wird angenommen, dass ältere Frauen mehr Einschränkungen der Mobilität aufweisen als ältere Männer (zum Beispiel Menning & Hoffmann 2009; Wurm & Tesch-Römer 2006). Bisherige Befunde anderer Studien lassen zudem einen Bildungseffekt zuungunsten weniger Gebildeter auf die körperliche Funktionsfähigkeit (Mobilität) in der zweiten Lebenshälfte erwarten (zum Beispiel Cruickshanks et al. 1998; Huisman et al. 2005; Ryskulova et al. 2008). Noch ungeklärt ist jedoch, ob sich die Bildungsunterschiede mit zunehmendem Alter eher verschärfen oder reduzieren.

Im Rahmen des DEAS wurde Mobilität mit der Subskala „Körperliche Funktionsfähigkeit (Mobilität/Aktivitäten des täglichen Lebens)" des SF-36-Fragebogens erfasst (*Short Form Questionnaire,* Kirchberger 2000; Radoschewski & Bellach 1999). Die Verbreitung von Einschränkungen kann nachfolgender Abbildung 4–4 für sechs Mobilitätsaspekte entnommen werden (vgl. Tabelle A 4–4 im Anhang).

Anhand von Abbildung 4–4 ist zu erkennen, dass der Anteil von Personen mit Mobilitätsbeeinträchtigungen über die Altersgruppen hinweg deutlich ansteigt. 85 Prozent aller Personen im Alter zwischen 70 und 85 Jahren haben Probleme mit anstrengenden Tätigkeiten, über die Hälfte (55 Prozent) dieser Altersgruppe hat Probleme bei Bewegungen wie Beugen, Knien oder Bücken. Mit Blick auf die selbstständige Lebensführung ist hierbei besonders der Anteil von Personen mit starken Einschränkungen wichtig. Dieser liegt auch bei den 70- bis 85-Jährigen für alle Mobilitätsaspekte unter 20 Prozent, mit Ausnahme von anstrengenden Tätigkeiten. Mit starken Einschränkungen ist im Alter am häufigsten das Beugen, Knien oder Bücken verbunden (18 Prozent) und damit Bewegungsformen, die im Alltag relativ häufig vorkommen. Einschränkungen in basalen Aktivitäten des täglichen Lebens wie dem sich Baden oder Anziehen erleben insgesamt 18 Prozent der 70- bis 85-Jährigen, jedoch nur fünf Prozent berichten über starke Einschränkungen.

Die Ergebnisse weisen somit insgesamt auf relativ gute Mobilitätsmöglichkeiten im höheren Erwachsenenalter hin – auch unter Berücksichtigung dessen, dass die hier dargestellten Prävalenzdaten die tatsächlichen Mobilitätseinschränkungen eher unter- als überschätzen. Ein weiterer wichtiger Befund, der Abbildung 4–4 entnommen werden kann, ist schließlich die Feststellung, dass einige Mobilitätseinschränkungen nicht erst im höheren Lebensalter, sondern bereits im mittleren Erwachsenenalter und somit im Erwerbsalter verbreitet sind. Anstrengende Tätigkeiten wie schnelles Laufen oder Heben schwerer Gegenstände sind für rund die Hälfte dieser Personen nur eingeschränkt möglich. Je nach Art der Erwerbstätigkeit kann dies eine Minderung der Erwerbsfähigkeit bedeuten.

Abb. 4–4: Mobilitätseinschränkungen nach Altersgruppe (in Prozent)

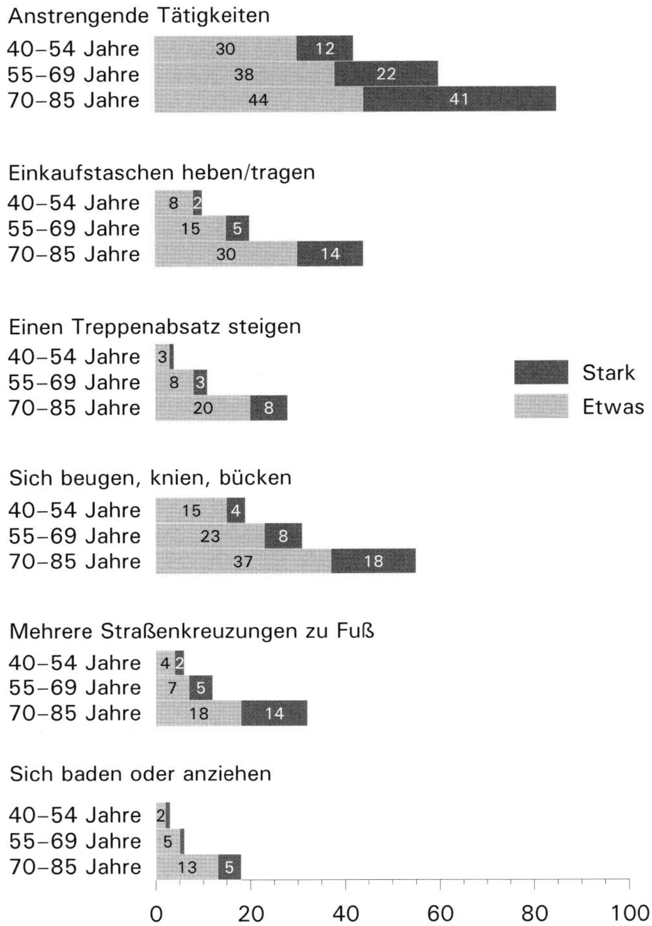

Quelle: DEAS 2008 (n = 6.015–6.022), gewichtet, gerundete Angaben.
Ausgewählte Mobilitätsaspekte der SF-36 Subskala zur körperlichen Funktionsfähigkeit. Dunkelgraue Balken ohne Prozentangabe beziehen sich auf jeweils ein Prozent der entsprechenden Altersgruppe.

Neben der differenzierten Betrachtung einzelner Mobilitätsaspekte kann auf der Grundlage der eingesetzten Skala ein Gesamtmaß zur Mobilität gebildet werden. Der Wert 0 bedeutet hierbei, dass eine Person hinsichtlich aller erfragten Mobilitätsaspekte sehr eingeschränkt ist, der Wert 100 gibt an, dass eine Person über keinerlei Einschränkungen berichtet. Erwartungsgemäß zeigen sich auch für dieses Maß erhebliche Unterschiede zwischen den drei Altersgruppen. Darüber hinaus unterscheiden sich Frauen und Männer voneinander, mit einer insgesamt besseren Mobilität bei Männern. Im regionalen Vergleich zeigen sich keine bedeutsamen Differenzen (vgl. Tabelle A 4–5 im Anhang).

Anhand von Abbildung 4–5 wird deutlich, dass Personen mit niedriger Bildung eine geringere körperliche Funktionsfähigkeit und damit höhere Mobilitätseinschränkungen ha-

Abb. 4–5: Körperliche Funktionsfähigkeit nach Altersgruppe und Bildung (Mittelwert)

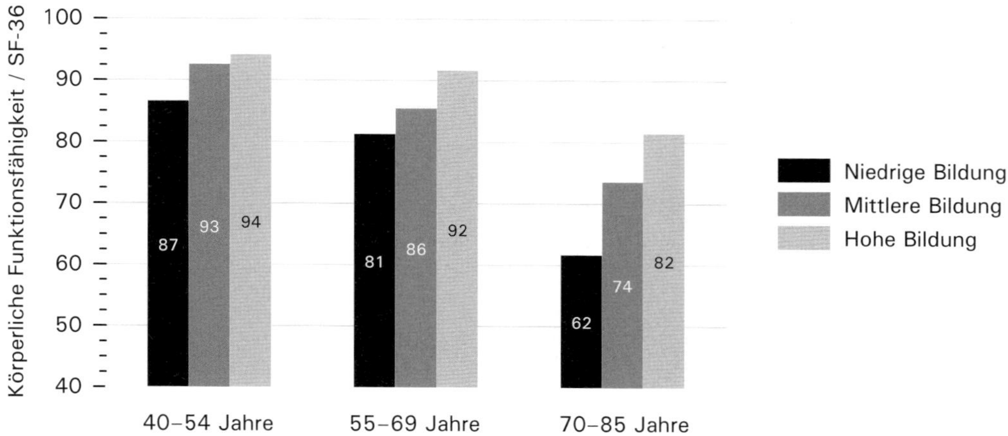

Quelle: DEAS 2008 (n = 5.995), gewichtet, gerundete Angaben.
Transformierter Summenscore der Subskala „Körperliche Funktionsfähigkeit" des SF-36-Fragebogens.

ben als höher gebildete Personen. Dies gilt für alle dargestellten Altersgruppen, allerdings wird der Unterschied zwischen den Bildungsgruppen in den älteren Altersgruppen zunehmend größer. Dies bedeutet zugleich, dass die durchschnittliche körperliche Funktionsfähigkeit von 70- bis 85-Jährigen mit hoher Bildung etwa genauso gut ist wie jene der 55- bis 69-Jährigen mit geringer Bildung (vgl. Tabelle A 4–6 im Anhang).

4.4.2 Wie hat sich die körperliche Funktionsfähigkeit gewandelt?

Im Rahmen des DEAS wurde die körperliche Funktionsfähigkeit erstmals im Jahr 2002 mit in die Befragung einbezogen. Dadurch ist nur ein Vergleich zwischen den beiden Jahren 2002 und 2008 möglich, nicht aber für das Jahr 1996. Wie bereits im vorangegangenen Abschnitt zur Anzahl chronischer Krankheiten deutlich wurde, ist ein Zeitraum von sechs Jahren sehr kurz, um kohortenspezifische Entwicklungen untersuchen zu können. Anhand von Abbildung 4–6 ist zu erkennen, dass sich in den drei jüngeren Altersgruppen (das heißt im Alter zwischen 40 und 57 Jahren) die Mobilität über die Geburtskohorten hinweg nicht verbessert, sondern für eine Altersgruppe sogar etwas verschlechtert hat. Dies betrifft die Gruppe der 46- bis 51-Jährigen. Für die Altersgruppen ab 58 Jahren zeigen sich hingegen leichte Verbesserungen in der körperlichen Funktionsfähigkeit. Diese sind jedoch nicht für alle dargestellten Altersgruppen statistisch signifikant, sondern nur für die Gruppen der 58- bis 63-Jährigen und der 70- bis 75-Jährigen (alle Analysen erfolgten unter Berücksichtigung von Erhebungsjahr, Altersgruppe, Geschlecht und Region).

Bei ergänzender Berücksichtigung der Bildung wird deutlich, dass sich die körperliche Funktionsfähigkeit für Personen mit niedriger Bildung zwischen den Jahren 2002 und 2008 verschlechtert hat, während sie sich für Personen mit höherer Bildung verbessert hat (vgl. Tabelle A 4–6 im Anhang). Erst auf der Grundlage einer erneuten Befragung kann zuverlässiger eingeschätzt werden, ob sich diese Entwicklung tatsächlich als Trend abzeichnet. Vor

Abb. 4–6: Körperliche Funktionsfähigkeit im Kohortenvergleich, nach Altersgruppe (Mittelwert)

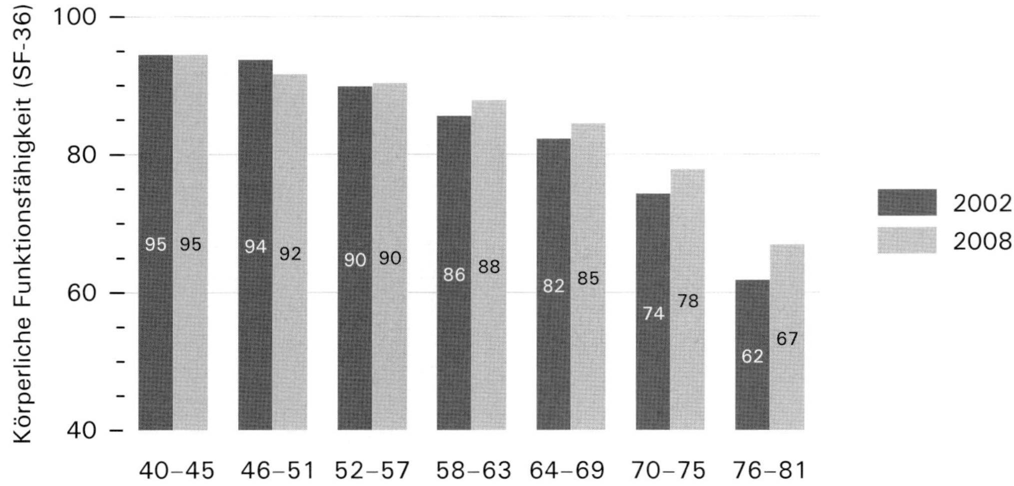

Quelle: DEAS 2002 (n = 2.936) und 2008 (n = 5.773); Basisstichproben, gewichtet, gerundete Angaben. Summenscore der Subskala „Körperliche Funktionsfähigkeit" des SF-36-Fragebogens.

dem Hintergrund anderer Studien, die ebenfalls auf der Grundlage von Daten zur körperlichen Funktionsfähigkeit auf die bildungsabhängige Entwicklung von Morbiditätskompression (bei höherer Bildung) versus Morbiditätsexpansion (bei niedrigerer Bildung) hinweisen (Crimmins & Saito 2001) ist dies eine wichtige Fragestellung, die in Deutschland auch in Zukunft weiter verfolgt werden sollte.

4.5 Subjektive Gesundheit

Die Frage danach, wie man seinen eigenen Gesundheitszustand bewertet, wird in vielen Surveys routinemäßig gestellt. Die subjektive Gesundheit umfasst dabei weit mehr als allein eine Reflektion des objektiven, medizinisch diagnostizierten Gesundheitszustands. Wie wichtig das Maß der subjektiven Gesundheit ist, zeigt sich an der Feststellung, dass die subjektive Gesundheit Mortalität beziehungsweise Langlebigkeit besser vorhersagen kann als Messungen des objektiven Gesundheitszustands (für eine Übersicht vgl. Benyamini & Idler 1999; DeSalvo et al. 2006; Idler & Benyamini 1997). Im Rahmen von Längsschnittstudien konnte gezeigt werden, dass sich mit steigendem Alter nicht nur die objektive Gesundheit merklich verschlechtert, sondern auch das subjektive Gesundheitserleben, wenngleich oftmals nicht im selben Maße (Pinquart 2001). Vor diesem Hintergrund wird auch im Vergleich verschiedener Altersgruppen erwartet, dass höhere Altersgruppen eine schlechtere subjektive Gesundheitseinschätzung haben als Personen im mittleren Erwachsenenalter. Zudem wird angenommen, dass weniger Gebildete eine schlechtere subjektive Gesundheit aufweisen als höher Gebildete (Yao & Robert 2008). Bisherige Studien legen nahe, dass sich Bewohner der neuen und alten Bundesländer nur geringfügig in ihrer subjektiven Gesundheit unterscheiden (Robert Koch-Institut 2009; Wurm & Tesch-Römer 2006).

4.5.1 Wie ist die subjektive Gesundheit?

Im Rahmen des DEAS wurden alle Personen danach befragt, wie sie ihren derzeitigen Gesundheitszustand bewerten. Dabei wird deutlich, dass die Mehrheit der Personen (58 Prozent) ihre Gesundheit als „gut" oder „sehr gut" beurteilte. Deutliche Unterschiede zeigen sich hierbei zwischen den drei untersuchten Altersgruppen (Abbildung 4–7). Im höheren Alter wird die Gesundheit schlechter bewertet. Dennoch bezeichnet nur etwa jede fünfte Person im Alter zwischen 70 und 85 Jahren ihre Gesundheit als schlecht oder sehr schlecht. Während sich für keine der drei Altersgruppen Geschlechtsunterschiede in der Gesundheitseinschätzung zeigen, unterscheiden sich die Beurteilungen nach Region: In den alten Bundesländern bewerten mehr Personen ihre Gesundheit als gut oder sehr gut (59 Prozent) als in den neuen Bundesländern (51 Prozent; vgl. Tabelle A 4–7 im Anhang).

Erhebliche Unterschiede finden sich zudem für unterschiedliche Bildungsgruppen (vgl. Abbildung 4–8). Personen mit niedriger Bildung bewerten demnach ihre Gesundheit deutlich schlechter als Personen mit höherer Bildung: Diese Bildungsunterschiede sind unabhängig vom Alter zu finden.

Auffällig ist hierbei der unterschiedlich große Anteil von Personen, die ihre Gesundheit als schlecht oder sogar sehr schlecht beurteilen: Nur fünf Prozent der Personen mit hoher Bildung kommen zu dieser Bewertung, während in der niedrigsten Bildungsgruppe 21 Prozent und damit rund viermal so viele Personen ihre Gesundheit als schlecht beurteilen. Wie in Abschnitt 4.3 und 4.4 zu sehen war, weisen jene mit niedriger Bildung auch eine größere Prävalenz verschiedener Krankheiten sowie eine deutlich schlechtere Mobilität auf als jene mit hoher Bildung. In Abschnitt 4.6 werden Befunde dargestellt, die auf weniger gesundheitsförderliches Verhalten bei geringerer Bildung hinweisen. Zudem geht niedrige Bildung mit geringerem subjektiven Wohlbefinden (vgl. Kapitel 12 „Subjektives Wohlbefinden") sowie geringerer außerberuflicher Partizipation einher (vgl. Kapitel 5 „Gesellschaftliche Partizipation"). All diese Faktoren spielen eine Rolle bei der Bewertung der eigenen Gesundheit (Benyamini, Leventhal & Leventhal 2003) und tragen somit vermut-

Abb. 4–7: Subjektive Gesundheit nach Altersgruppe (in Prozent)

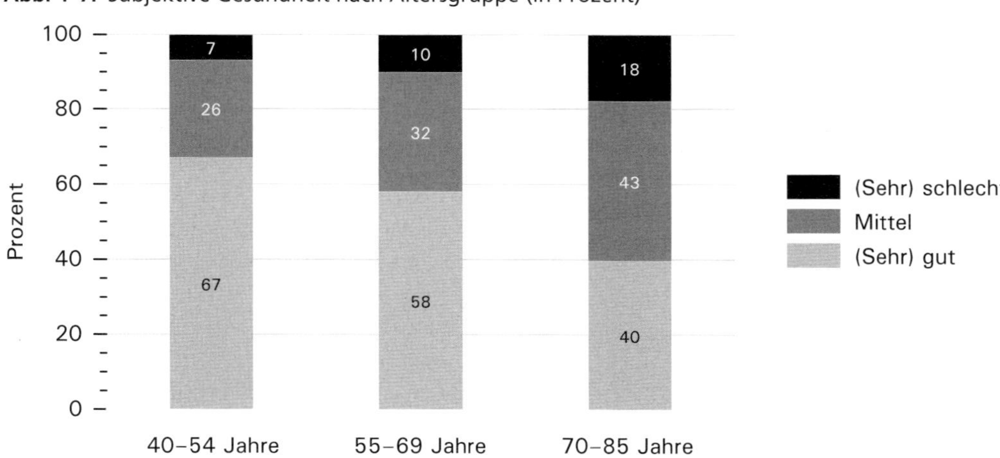

Quelle: DEAS 2008 (n = 6.015), gewichtet, gerundete Angaben.

Abb. 4–8: Subjektive Gesundheit nach Bildung (in Prozent)

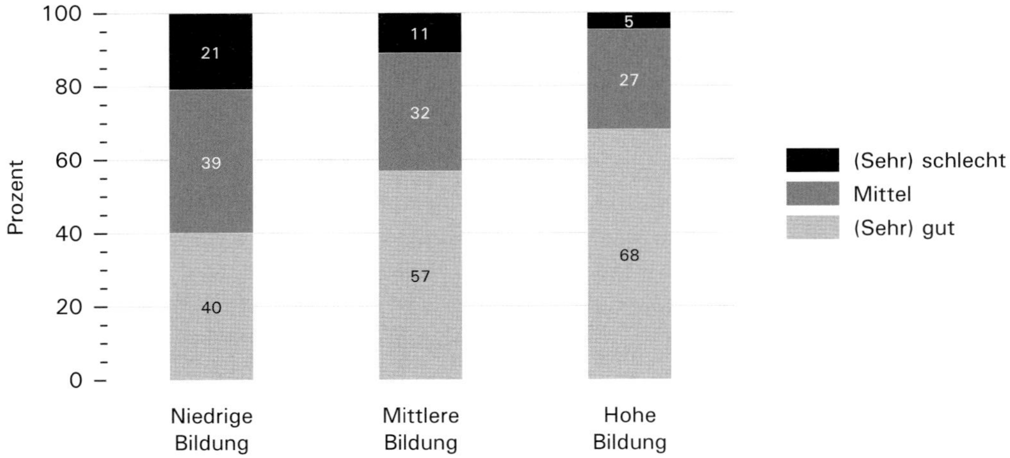

Quelle: DEAS 2008 (n = 6.012), gewichtet, gerundete Angaben.

lich zu den Bildungsunterschieden in der subjektiven Gesundheit bei.

4.5.2 Wie hat sich die subjektive Gesundheit gewandelt?

Vergleicht man innerhalb jeder Altersgruppe die subjektive Gesundheit über die drei Erhebungsjahre hinweg, finden sich bedeutsame Unterschiede – allerdings nicht für alle, sondern nur für einzelne Altersgruppen. Analog zu vorangegangenen Befunden auf der Grundlage des DEAS und des SOEP (Wurm et al. 2009) beschränken sich diese erneut auf die Altersgruppen rund um den Ruhestand (vgl. Abbildung 4–9): Demnach zeichnet sich für die drei Altersgruppen der 52- bis 57-Jährigen, 58- bis 63-Jährigen sowie 64- bis 69- Jährigen ab, dass die nachfolgenden Geburtsjahrgänge ihre Gesundheit besser einschätzen als dies früher geborene Personen gleichen Alters taten. Keine Unterschiede zwischen den drei Erhebungsjahren finden sich hingegen für die Gruppen der 40- bis 45-Jährigen, 46- bis 51-Jährigen, 70- bis 75-Jährigen und 76- bis 81-Jährigen.

Im Gegensatz zur körperlichen Funktionsfähigkeit finden sich hierbei über die Jahre hinweg keine divergierenden Entwicklungen zwischen den verschiedenen Bildungsgruppen. Ebenso wenig finden sich unterschiedliche Entwicklungen in den alten und neuen Bundesländern oder für Frauen und Männer.

Für den Befund, dass nur für Altersgruppen rund um das Ruhestandsalter Unterschiede zwischen Geburtskohorten festzustellen sind, gibt es verschiedene mögliche Erklärungen. Der Wandel in der körperlichen Gesundheit spiegelt sich vermutlich in einer besseren subjektiven Gesundheit wider. Möglich ist auch, dass ein Periodeneffekt eine Rolle spielt. Betrachtet man die Erwerbsbeteiligung dieser Altersgruppen in den Jahren 1996, 2002 und 2008, hat sich gezeigt, dass zunehmend weniger Personen erwerbslos waren. Daten des Mikrozensus zufolge waren 1996 noch 16,2 Prozent der 55- bis 64-Jährigen Erwerbspersonen erwerbslos, im Jahr 2002 14,2 Prozent und 2008 nur noch 8,4 Prozent. Es ist bekannt, dass Erwerbslosigkeit (vor allem Arbeitsplatzverlust) mit schlechterer körperlicher, psychischer und subjektiver Gesundheit einhergeht,

Abb. 4–9: Subjektive Gesundheit im Kohortenvergleich, nach Altersgruppe (in Prozent)

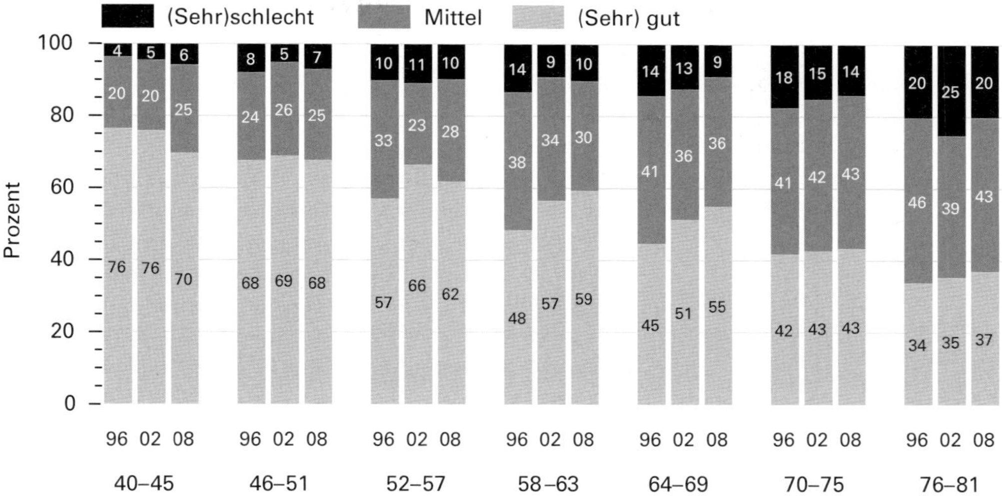

Quelle: DEAS 1996 (n = 4.640), 2002 (n = 2.979) und 2008 (n = 5.785); Basisstichproben, gewichtet, gerundete Angaben.

beruflicher Wiedereinstieg hingegen mit besserer Gesundheit zusammenhängt (zum Beispiel Burgard et al. 2007; Gallo et al. 2000). Möglicherweise sind die aufgezeigten Unterschiede durch einen Rückgang erwerbsloser Personen mit bedingt.

4.6 Gesundheitsverhalten: Tabakkonsum und körperliche Aktivität

Über die gesamte Lebensspanne bis ins hohe Alter hinein ist das eigene Verhalten für das Auftreten und die Ausprägung von Erkrankungen wichtig. Zu solchem Verhalten zählen Ernährung, Rauchen, Alkoholkonsum, körperliche Aktivität und Substanzgebrauch (zum Beispiel Drogen, Medikamente). Besonders zwei gesundheitsbezogene Verhaltensweisen stehen in engem Zusammenhang zur Gesundheit und sollen deshalb im Folgenden näher betrachtet werden. Hierbei handelt es sich um Rauchen und körperliche Aktivität. Ausreichende körperliche Aktivität und der Verzicht auf Tabakkonsum bergen bis ins Alter ein erhebliches Präventionspotenzial, nicht nur für die körperliche Gesundheit sondern auch für die mentale Gesundheit und das subjektive Wohlbefinden.

4.6.1 Wie verbreitet sind Tabakkonsum und körperliche Aktivität?

Tabakkonsum

Eine Reihe von Krebserkrankungen (der Lunge und der Bronchien, des Kehlkopfs und der Luftröhre) sind wesentlich auf den Konsum von Tabakprodukten zurückzuführen. Auch Herz-Kreislauf-Erkrankungen sind oftmals durch Tabakkonsum mit bedingt. Eine hohe Zahl von Personen stirbt jährlich an diesen Erkrankungen (Statistisches Bundesamt 2010).

Vor diesem Hintergrund gilt Tabakkonsum als die „Nummer Eins" unter den gesundheitlichen Risikofaktoren (Robert Koch-Institut 2006; Lampert & Burger 2005; Lampert & Thamm 2004).

Ergebnissen des DEAS zufolge zählt jede fünfte Person (21 Prozent) im Alter zwischen 40 und 85 Jahren zur Gruppe der Raucher, etwa jede dritte Person (30 Prozent) zählt zu den ehemaligen Rauchern. Hierbei zeigen sich wie erwartet erhebliche Unterschiede zwischen den Altersgruppen (vgl. Abbildung 4–10). So raucht in der Gruppe der 40- bis 54-Jährigen jede dritte Person (32 Prozent), in den beiden älteren Altersgruppen sind es deutlich weniger: 17 Prozent in der Gruppe der 55- bis 69-Jährigen und nur sieben Prozent in der Gruppe der 70- bis 85-Jährigen. Die geringere Rauchprävalenz in den höheren Altersgruppen ist teilweise auf die höhere Mortalität bei Rauchern zurückzuführen. Besonders die älteste der drei Altersgruppen ist dadurch zugunsten der Nie-Raucher selektiert. Hingegen ist der Anteil der ehemaligen Raucher in den Altersgruppen der 40- bis 54-Jährigen und 70- bis 85-Jährigen in etwa gleich. Der vergleichsweise geringe Anteil von Rauchern in der Gruppe der 70- bis 85-Jährigen ist damit nicht darauf zurückzuführen, dass mehr Personen dieser Altersgruppe mit dem Rauchen aufgehört haben.

Deutliche Unterschiede finden sich zudem zwischen Frauen und Männern: Der Anteil der Raucher liegt bei 25 Prozent (Männer) beziehungsweise 18 Prozent (Frauen). Beim Vergleich der Geschlechter innerhalb der einzelnen Altersgruppen fallen die unterschiedlichen Anteile der Nie-Raucher auf: Bei den 70- bis 85-Jährigen haben 41 Prozent der Männer und 82 Prozent der Frauen nie in ihrem Leben geraucht, während bei den 40- bis 54-Jährigen nur noch eine geringe Geschlechterdifferenz besteht (36 Prozent der Männer versus 44 Prozent der Frauen haben nie geraucht; vgl. Tabelle A 4–8 im Anhang). Keine Unterschiede zeigen sich im Anteil der Raucher beim Vergleich zwischen den alten und neuen Bundesländern – dieser liegt in beiden Landesteilen bei 21 Prozent. In den neuen Bundesländern ist jedoch der Anteil der Nie-Raucher (54 Prozent) etwas höher als in den alten (48 Prozent; vgl. Tabelle A 4–8 im Anhang).

Wie erwartet zeigen sich zudem erhebliche Unterschiede im Tabakkonsum verschiedener Bildungsgruppen (vgl. Tabelle A 4–9 im An-

Abb. 4–10: Anteil der Nie-Raucher, ehemaligen Raucher und Raucher nach Altersgruppe (in Prozent)

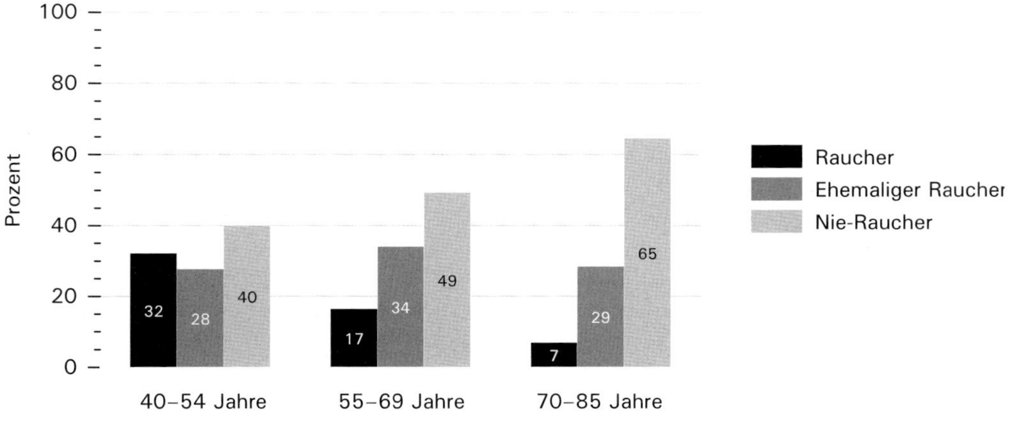

Quelle: DEAS 2008 (n = 4.265), gewichtet, gerundete Angaben.

Abb. 4–11: Anteil der Nie-Raucher, ehemaligen Raucher und Raucher nach Bildung und Altersgruppen (in Prozent)

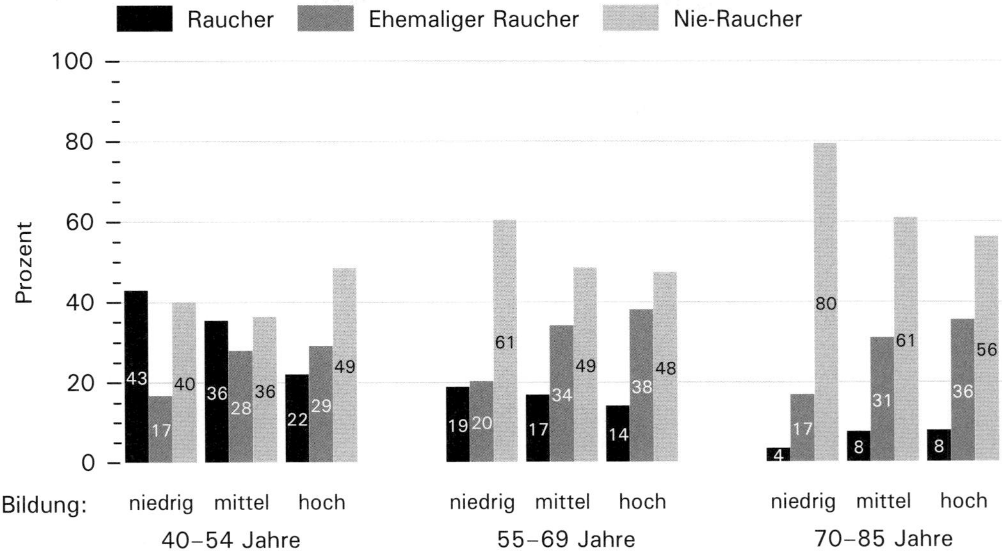

Quelle: DEAS 2008 (n = 4.263), gewichtet, gerundete Angaben.

hang). Für Männer zeigt sich hierbei, dass mehr Personen mit niedrigem Bildungshintergrund rauchen (31 Prozent) als mit hoher Bildung (18 Prozent). Bemerkenswert ist jedoch vor allem, dass sich die Anteile der Raucher und Nie-Raucher zwischen verschiedenen Bildungsgruppen in Abhängigkeit vom Alter umkehren: Deutlich wird dies beim Vergleich der Raucher und Nie-Raucher zwischen den drei Altersgruppen (Abbildung 4–11).

Über die Altersgruppen hinweg betrachtet wird somit deutlich, dass der Tabakkonsum bildungsabhängig variiert und besonders in den jüngeren Altersgruppen stärker in niedrigen Bildungsgruppen verbreitet ist. Gründe hierfür können einerseits in einer selektiven Mortalität liegen: Personen mit niedriger Bildung und Raucher haben eine kürzere Lebenserwartung. Der Befund, dass in höheren Altersgruppen kaum bildungsabhängige Unterschiede in der Rauchprävalenz bestehen, könnte also damit zusammenhängen, dass besonders in der Gruppe der Raucher mit niedriger Bildung bereits vermehrt Personen verstorben sind. Eine alternative Erklärung ist, dass sich diesbezüglich ein sozialer Wandel vollzieht.

Körperliche Aktivität

Körperliche Aktivität schützt vor zahlreichen chronischen Erkrankungen wie Herz-Kreislauf-Erkrankungen, Bluthochdruck, Diabetes mellitus Typ 2, Darm- und Brustkrebs, Depression sowie kognitiven Leistungseinbußen im Alter. Körperliche Aktivität wirkt zudem dem altersabhängigen Rückgang von Muskelmasse (Sarkopenie) sowie Osteoporose entgegen und beugt damit Stürzen vor. Personen, die im Alter von 65 Jahren regelmäßig körperlich aktiv sind, haben eine bis zu sechs Jahre höhere allgemeine und behinderungsfreie Lebenserwartung als jene Personen, die körperlich inaktiv sind (Ferrucci et al. 1999). Für viele chronische Erkrankungen kommt körperlicher Aktivität zugleich eine bedeutsame therapeutische Rolle zu, sodass auch bei Vorliegen von Erkrankungen häufig körperliche Aktivität empfohlen wird.

Empfohlen wird nach dem heutigen Erkenntnisstand, mindestens drei bis fünfmal pro Woche körperlich aktiv zu sein, je nachdem, ob es sich hierbei um anstrengende oder eher moderate Aktivitäten handelt. Älteren Menschen und chronisch kranke Personen wird ergänzend empfohlen, das Intensitätsmaß dem Gesundheitszustand anzupassen. Die Mindestdauer sollte hierbei für moderate Aktivitäten bei 30 Minuten, für anstrengende Aktivitäten bei 20 Minuten liegen (Haskell et al. 2007; Nelson et al. 2007). Im Rahmen des DEAS wurde jede Person danach gefragt, ob und wie häufig sie sportlich aktiv ist, zum Beispiel schwimmen geht, Gymnastik, Ballspiele oder Wanderungen macht. Die Verbreitung sportlicher Aktivitäten in den einzelnen Altersgruppen wird anhand von Abbildung 4–12 deutlich. Unterschieden werden hierbei Personen, die angeben, mehrmals wöchentlich oder einmal wöchentlich sportlich aktiv zu sein, sowie Personen, die seltener als einmal wöchentlich aktiv sind oder angeben, nie sportlich aktiv zu sein. Die letzteren beiden Gruppen werden im Folgenden zur Gruppe der „Inaktiven" zusammengefasst, da auch bei jenen, die weniger als einmal wöchentlich körperlich aktiv sind, das Mindestmaß empfohlener körperlicher Aktivität deutlich unterschritten wird.

Knapp ein Drittel (30 Prozent) der Bevölkerung im Alter zwischen 40 und 85 Jahren ist mehrmals pro Woche sportlich aktiv. Die Hälfte der Personen (51 Prozent) berichtet, nie oder zumindest seltener als einmal wöchentlich sportlich aktiv zu sein. Während in den beiden jüngeren Altersgruppen der Anteil der Inaktiven etwas unter 50 Prozent liegt (40- bis 54-Jährige: 46 Prozent; 55- bis 69-Jährige: 47 Prozent), sind bei den 70- bis 85-Jährigen etwa zwei von drei Personen sportlich inaktiv (63 Prozent; vgl. Abbildung 4–12).

Nur leichte Unterschiede finden sich zwischen Männern und Frauen, wobei Frauen zu einem etwas größeren Anteil sportlich aktiv sind. Hingegen zeigen sich deutliche Unterschiede zwischen Personen aus den alten und neuen Bundesländern und in Abhängigkeit vom Bildungshintergrund. Hierbei wird deutlich, dass sportliche Inaktivität in den neuen Bundesländern weiter verbreitet ist (61 Prozent) als in den alten Bundesländern (48 Prozent; vgl. Tabelle A 4–10).

Abb. 4–12: Häufigkeit sportlicher Aktivitäten nach Altersgruppe (in Prozent)

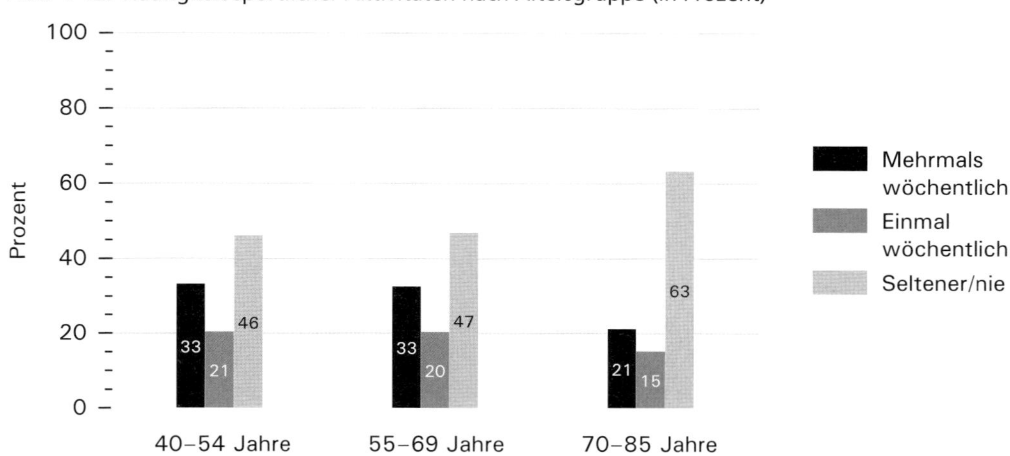

Quelle: DEAS 2008 (n = 6.022), gewichtet, gerundete Angaben.

Abb. 4–13: Häufigkeit sportlicher Aktivitäten nach Bildung (in Prozent)

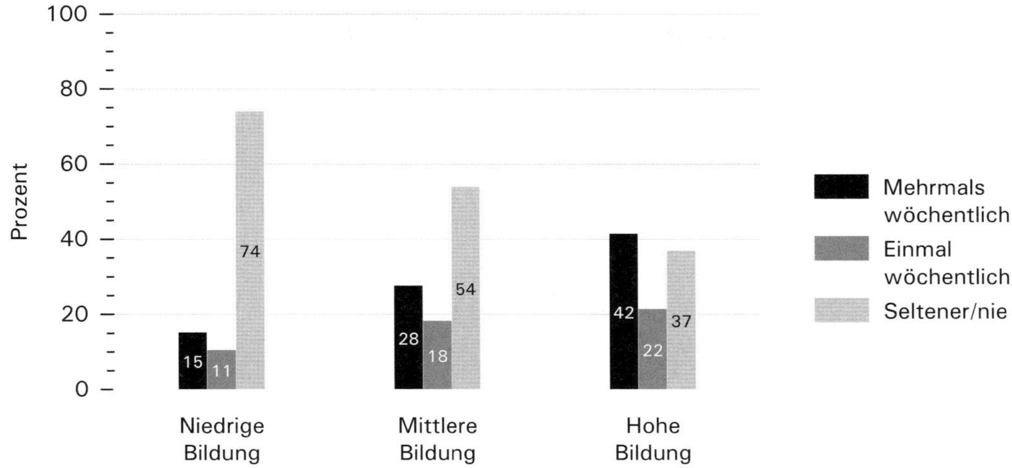

Quelle: DEAS 2008 (n = 6.019), gewichtet, gerundete Angaben.

Zugleich zeigt sich, dass Personen mit niedrigem Bildungshintergrund besonders häufig sportlich inaktiv sind (74 Prozent; vgl. Abbildung 4–13), während der Anteil an sportlich Inaktiven bei Personen mit hoher Bildung nur bei 37 Prozent liegt. Eine mögliche Erklärung könnte sein, dass erwerbstätige Personen mit niedriger Bildung eher einer körperlichen Arbeit nachgehen und deshalb in ihrer Freizeit weniger Sport treiben. Allerdings wäre dann zu erwarten, dass sich der Befund in geringerem Maß für Frauen mit niedriger Bildung und Personen in der nachberuflichen Lebensphase zeigt. Dies ist jedoch nicht der Fall. Auch Frauen mit niedriger Bildung sind oftmals körperlich inaktiv (74 Prozent; Männer dieser Bildungsgruppe: 76 Prozent) und auch in der nachberuflichen Lebensphase ist die sportliche Inaktivität mit 81 Prozent bei den 70- bis 85-Jährigen deutlich höher als bei gleichaltrigen Personen mit hoher Bildung (47 Prozent).

Von jenen Personen, die gemäß den Empfehlungen mehrmals wöchentlich oder sogar täglich sportlich aktiv sind, treiben neun Prozent bis zu einer Stunde pro Woche Sport, 19 Prozent ein bis zwei Stunden und 72 Prozent mehr als zwei Stunden Sport. Bemerkenswert ist, dass in dieser sportlich aktiven Gruppe keine bedeutsamen Unterschiede hinsichtlich der Sportdauer zwischen den drei Altersgruppen, Frauen und Männern sowie Personen verschiedener Bildung oder Region bestehen. Sind Personen erst einmal regelmäßig aktiv, spielen diese Faktoren demnach in Hinblick auf den zeitlichen Umfang der sportlichen Aktivitäten keine entscheidende Rolle mehr. Da die Art und Intensität sportlicher Aktivitäten nicht erfragt wurde, können hierzu keine Angaben gemacht werden.

4.6.2 Wie haben sich Tabakkonsum und körperliche Aktivität gewandelt?

Tabakkonsum

Bereits die Ergebnisse zur Rauchprävalenz 2008 (Abschnitt 4.6.1) machten deutlich, dass der Tabakkonsum bildungsabhängig variiert. Die Altersgruppenunterschiede gaben hierbei

Abb. 4–14: Anteil der Nie-Raucher, ehemaligen Raucher und Raucher im Kohortenvergleich nach Bildung (in Prozent)

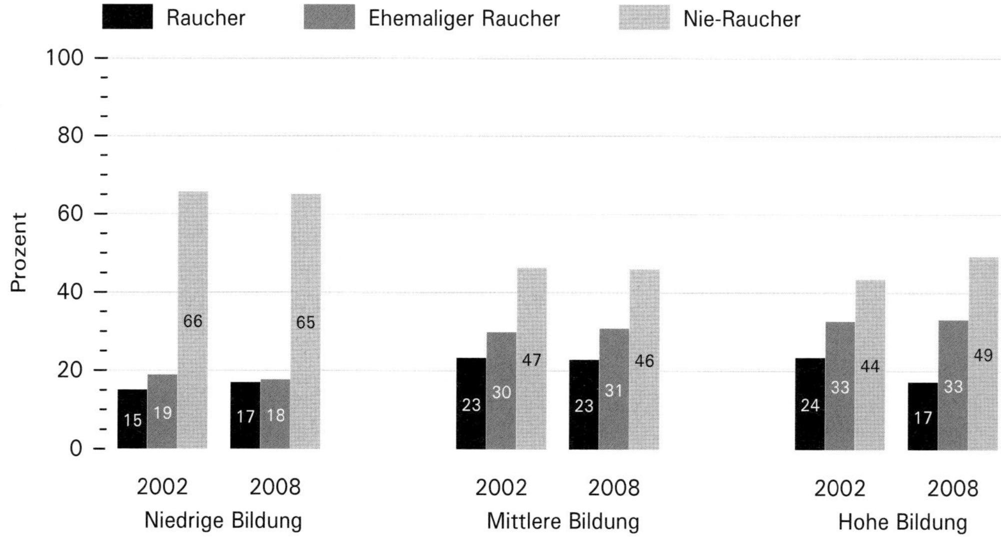

Quelle: DEAS 2002 (n = 2.661) und 2008 (n = 4.114), gewichtet, gerundete Angaben.

Hinweise darauf, dass sich möglicherweise ein sozialer Wandel vollzieht, hin zu einem zunehmenden sozialen Gradienten im Rauchverhalten. Mit Daten aus den Jahren 2002 und 2008 kann dieser Frage eines sozialen Wandels ergänzend anhand von Kohortenvergleichen nachgegangen werden. Die bildungsdifferenzierten Ergebnisse dieses Kohortenvergleichs sind in Abbildung 4–14 dargestellt.

Die dargestellten Ergebnisse machen deutlich, dass sich ein Wandel des Rauchverhaltens vollzieht. In niedrigen Bildungsgruppen haben im Jahr 2008 mehr Personen geraucht als noch 2002, während sich hingegen in höheren Bildungsgruppen eine abnehmende Rauchprävalenz gezeigt hat. Diese Entwicklung reiht sich in die zu beobachtende Kumulation von Gesundheitsrisiken in niedrigen Bildungsgruppen ein. Über einen zunehmenden sozialen Gradienten im Rauchverhalten mit höherer Rauchprävalenz in unteren Bildungsgruppen berichtet auch eine britische Studie (Jefferis et al. 2004). Ergänzende Analysen zur Frage, ob sich neben dem verändernden Bildungsgradienten in Abhängigkeit von Alter, Geschlecht oder Region ein Wandel über die Jahre vollzieht, zeigen hingegen keine bedeutsamen Unterschiede. Dies bedeutet, dass der Anteil der Raucher in nachwachsenden Geburtskohorten Älterer insgesamt nicht größer, aber auch nicht kleiner ist als in den vor ihnen geborenen Kohorten. Zugleich bedeutet dies, dass die in Abbildung 4–11 aufgezeigten, altersabhängigen Unterschiede in der Rauchprävalenz verschiedener Bildungsgruppen nicht allein auf einen sozialen Wandel zurückzuführen sind, sondern dass hier vermutlich auch die selektive Mortalität mit eine Rolle spielt. Diese Befunde beziehen sich auf Personen ab 40 Jahren und lassen somit keine Rückschlüsse auf jüngere Altersgruppen zu.

Körperliche Aktivität

Anhand der Daten aus den Jahren 1996, 2002 und 2008 lässt sich zudem der Frage nachge-

Abb. 4–15: Häufigkeit sportlicher Aktivitäten im Kohortenvergleich, nach Altersgruppe (in Prozent)

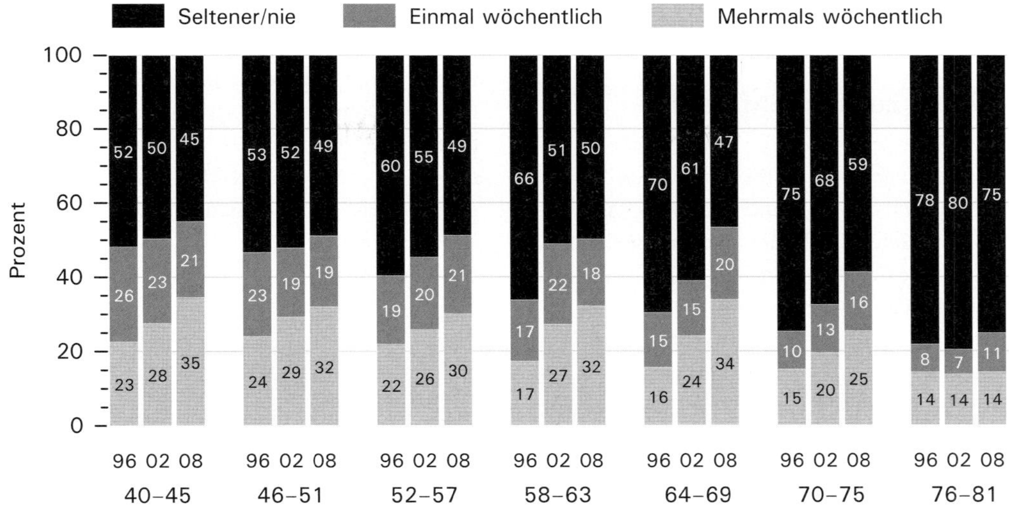

Quelle: DEAS 1996 (n = 4.639), 2002 (n = 2.974) und 2008 (n = 5.792), gewichtet, gerundete Angaben.

hen, ob nachwachsende Geburtsjahrgänge mehr oder weniger sportlich aktiv sind als vor ihnen geborene Jahrgänge. Da körperliche Aktivität bis ins Alter von großer Bedeutung ist, der Anteil sportlich inaktiver Personen jedoch hoch ist (vgl. Abbildung 4–12), wäre es wünschenswert, wenn sich in nachwachsenden Kohorten ein höherer Anteil sportlich aktiver Personen zeigen würde.

Anhand von Abbildung 4–15 wird deutlich, dass dies tatsächlich der Fall ist. Über den Zwölfjahres-Zeitraum hinweg ist der Anteil sportlich aktiver Personen insgesamt gestiegen. Dies zeigt sich für alle Altersgruppen mit Ausnahme der ältesten Altersgruppe 76- bis 81-Jähriger. Der Anstieg sportlicher Aktivität zeigt sich für Frauen und Männer gleichermaßen, ebenso in allen Bildungsgruppen und in den alten wie neuen Bundesländern. Diese Befunde weisen darauf hin, dass sportliche Aktivität während der letzten zwölf Jahre eine zunehmende Verbreitung erfahren hat. Die Gründe hierfür können einerseits in einer besseren Gesundheit liegen. Haben Personen weniger gesundheitliche Probleme, sind die Barrieren (zum Beispiel Schmerzen, Ängste), die von sportlicher Aktivität abhalten können, geringer. Zugleich kann dies ein Hinweis darauf sein, dass das Gesundheitsbewusstsein gestiegen ist und sportlicher Aktivität eine höhere Bedeutung beigemessen wird. Bemerkenswert ist hierbei, dass sich der Wandel in nahezu allen der hier untersuchten Altersgruppen vollzogen hat. Nur auf der Schwelle zur Hochaltrigkeit (76 bis 81 Jahre) findet sich kein Anstieg körperlicher Aktivität. Dies kann ein Hinweis darauf sein, dass auch in den nachwachsenden Kohorten 76- bis 81-Jähriger die Gesundheit oftmals in einem Maß beeinträchtigt ist, dass sportliche Aktivitäten nicht mehr regelmäßig ausgeführt werden können (vgl. Abbildung 4–6).

4.7 Zusammenfassung und Diskussion

4.7.1 Zusammenfassung

Das vorliegende Kapitel stellt Befunde zum Gesundheitszustand und Gesundheitsverhalten von Menschen in der zweiten Lebenshälfte dar. Der Anteil von Personen, die unter Multimorbidität leiden, nimmt über die Altersgruppen hinweg deutlich zu. Auch Mobilitätseinschränkungen steigen über die Altersgruppen hinweg deutlich an. Erste Mobilitätseinschränkungen sind jedoch bereits im mittleren Erwachsenenalter vorhanden. Die subjektive Gesundheitseinschätzung bleibt bis ins Alter hinein relativ gut, nur etwa jede fünfte Person im Alter zwischen 70 und 85 Jahren bewertet ihre Gesundheit als schlecht oder sehr schlecht. Das Gesundheitsverhalten der Menschen in der zweiten Lebenshälfte ist mit Blick auf körperliche Aktivität als suboptimal einzuschätzen: Nur knapp ein Drittel der Bevölkerung im Alter zwischen 40 und 85 Jahren ist mehrmals pro Woche sportlich aktiv. Während es nur wenige Unterschiede zwischen Männern und Frauen sowie zwischen den Regionen Deutschlands gibt, finden sich erhebliche Bildungsunterschiede, und zwar sowohl für Erkrankungen, Mobilitätseinschränkungen und subjektive Gesundheit als auch für körperliche Aktivität und Tabakkonsum.

Die Untersuchung der Frage, ob sich ein Wandel in Gesundheit und Gesundheitsverhalten vollzogen hat, erfolgte auf der Grundlage der Querschnittdaten aus den Jahren 1996, 2002 und 2008. Hierbei zeigen sich folgende Entwicklungen: Beim Vergleich der verschiedenen Geburtskohorten wird deutlich, dass nachwachsende Jahrgänge Älterer gesünder alt werden als vor ihnen geborene Jahrgänge. Die größten kohortenbezogenen Gewinne sind hierbei in den Altersgruppen rund um das Ruhestandsalter festzustellen. Der Anteil sportlich aktiver Personen ab 40 Jahren nimmt seit 1996 zu. Diese gesundheitsbezogen günstige Entwicklung zeigt sich für alle Altersgruppen mit Ausnahme der Altersgruppe an der Schwelle zur Hochaltrigkeit. Es zeigt sich jedoch auch, dass diese positiven Befunde bildungsabhängig sind, das heißt, dass nachwachsende Geburtskohorten mit hoher Bildung eine bessere, jene mit niedriger Bildung jedoch eine schlechtere Funktionsfähigkeit haben als vor ihnen Geborene.

4.7.2 Diskussion

Die Ergebnisse weisen darauf hin, dass erhebliche Potenziale bestehen, die gesundheitliche Situation der heute und zukünftig Älteren zu verbessern. Diese Potenziale zeigen sich daran, dass die Zahl der Erkrankungen im Kohortenvergleich rückläufig ist und sich die ehemals erheblichen Unterschiede zwischen den alten und neuen Bundesländern reduziert haben. Auch wenn Altern mit gesundheitlichen Verschlechterungen einhergeht, wird deutlich, dass verschiedene (personen- wie umweltbezogene) Faktoren dazu beitragen, in welchem Ausmaß gesundheitliche Beeinträchtigungen auftreten. Zugleich sind nicht nur positive Entwicklungen festzustellen, was sich beispielsweise daran zeigt, dass im Vergleich zu älteren Altersgruppen der Anteil von Raucher*innen* im mittleren Erwachsenenalter zugenommen und sich damit dem Anteil von Rauchern angenähert hat.

Im Gegensatz zu den vergleichsweise kleinen regionalen Unterschieden und Geschlechterdifferenzen gibt es erhebliche Unterschiede zwischen den drei Altersgruppen sowie zwischen verschiedenen Bildungsgruppen. Die Ergebnisse verdeutlichen die starke Verbreitung von Mehrfacherkrankungen und Funktionseinbußen im höheren Lebensalter. Hier gilt es, die gesundheitliche Versorgung in Zukunft stärker personenzentriert und weniger erkrankungsfokussiert auszurichten, wie dies vom Sachverständigenrat zur Begutachtung der Entwicklung im Gesundheitswesen gefordert wurde (Deutscher Bundestag 2009). Dabei sollten bei älteren Menschen nicht allein die Versorgung, sondern auch die bis ins Alter hinein bestehenden Präventionspotenziale beachtet werden. Eine personenzentrierte Versorgung sollte neben der Behandlung von und dem Umgang mit Mehrfacherkrankungen und dem daraus resultierenden komplexen Medikamentenregime auch bestehende Präventionsmöglichkeiten mit einbeziehen. Diese Möglichkeiten zeigen sich beispielsweise am hohen Anteil von körperlich inaktiven Personen, auch wenn dieser über den betrachteten Zeitraum hinweg etwas geringer geworden ist. Körperliche Aktivität hat bis ins hohe Alter positive Effekte auf die Gesundheit, sogar dann, wenn sie erst in späteren Lebensjahren aufgenommen wird. Die Ziele von Prävention im Alter umfassen hierbei die Vorbeugung beziehungsweise Verzögerung spezifisch altersbedingter Veränderungen und altersspezifischer Erkrankungen (zum Beispiel vaskuläre Demenz), die Vorbeugung von Erkrankungen, die nicht altersbedingt sind, aber im Alter mit höherer Wahrscheinlichkeit auftreten (wie zum Beispiel Gelenkerkrankungen, Diabetes), die Verringerung krankheitsbedingter Probleme sowie die Vorbeugung von Verschlechterungen des Allgemeinzustands (Schüz & Wurm 2009).

Diese Präventionsziele können wesentlich über eine Änderung verhaltensbezogener Risikofaktoren erreicht werden. Eine Änderung verhaltensbezogener Risikofaktoren ist bei allen Altersgruppen zu empfehlen und ist damit nicht nur im Alter, aber bis ins Alter hinein eine vielversprechende Präventionsstrategie (Khaw et al. 2008). Wichtig(e) gesundheitsrelevante Verhaltensweisen sind zudem eine ausgewogene Ernährung, Nicht-Rauchen und höchstens moderater Alkoholkonsum. Hinzu kommen bei Bedarf auch die regelmäßige Einnahme von Medikamenten sowie der Besuch von Therapie- und Vorsorgemaßnahmen wie beispielsweise Physiotherapie oder Krebsvorsorgeuntersuchungen.

Aufgrund der höheren Lebenserwartung und des demografischen Wandels werden zunehmend mehr Menschen viele Jahre ihres Lebens mit mehreren chronischen Erkrankungen leben. Wie stark dies ihre Lebensqualität und die Möglichkeit selbstständiger Lebensführung beeinträchtigt, hängt neben der Gesundheitsversorgung auch von der Nutzung vorhandener Präventionsmöglichkeiten ab. Besondere Aufmerksamkeit ist in diesem Zusammenhang auf Personen mit niedrigerem Bildungshintergrund zu richten. Personen mit niedriger Bildung haben insgesamt eine geringere Lebenserwartung als höher gebildete Personen. Das bedeutet zugleich, dass diese Personengruppe im Alter besonders stark zugunsten Gesünderer selektiert ist. Dennoch finden sich bis in die höchste der hier betrachteten Altersgruppen hinein erhebliche Gesundheitsunterschiede in Abhängigkeit von der Bildung. Neben der höheren Prävalenz einzelner Erkrankungen fallen hierbei besonders die höheren Mobilitätsbeeinträchtigungen und die schlechtere subjektive Gesundheit von Personen mit geringer Bildung auf. Hinzu kommen die geringere sportliche Aktivität und die höhere Rauchprävalenz im mittleren Erwachsenenalter. Die sich abzeichnenden Entwicklungen der körperlichen Funktionsfähigkeit und des Tabakkonsums deuten an, dass sich die Unterschiede zwischen verschiedenen Bildungsgruppen eher noch verstärken. Dies weist auf eine besondere Kumulation gesundheitlicher Risiken hin und macht deutlich, wie wichtig es ist, Personen mit geringerer Bildung ausreichend im Rahmen von Gesundheitsversorgung und Gesundheitsförderung zu erreichen.

Die Anhangstabellen sind auf der beiliegenden CD-ROM zu finden.

Literatur

Benyamini, Y., & Idler, E. L. (1999). Community studies reporting association between self-rated health and mortality: Additional studies, 1995 to 1998. *Research on Aging, 21(3)*, 392–401.

Benyamini, Y., Leventhal, E. A., & Leventhal, H. (2003). Elderly people's ratings of the importance of health-related factors to their self-assessments of health. *Social Science & Medicine, 56(8)*, 1661–1667.

Bickel, H. (2002). Epidemiologie der Demenz. In K. Beyreuther, K. M. Einhäupl, H. Förstl & A. Kurz (Hrsg.), *Demenzen. Grundlagen und Klinik* (S. 15–41). Stuttgart, New York: Thieme.

Böhm, K., Tesch-Römer, C., & Ziese, T. (Hrsg.). (2009). *Gesundheit und Krankheit im Alter*. Berlin: Robert Koch-Institut.

Bundesministerium für Familie, Senioren, Frauen und Jugend (2008). *Möglichkeiten und Grenzen selbstständiger Lebensführung in stationären Einrichtungen (MuG IV) – Befunde und Empfehlungen. Zusammenfassung*. Berlin: Bundesministerium für Familie, Senioren, Frauen und Jugend.

Burgard, S. A., Brand, J. E., & House, J. S. (2007). Toward a better estimation of the effect of job loss on health. *Journal of Health and Social Behavior, 48*, 369–384.

Bush, T. L., Miller, S. R., Golden, A. L., & Hale, W. E. (1989). Self-report and medical record report agreement of selected medical conditions in the elderly. *American Journal of Public Health, 79(11)*, 1554–1556.

Costa, D. L. (2005). Causes of improving health and longevity at older ages: A review of the explanations. *Genus, 61(1)*, 21–38.

Crimmins, E. M., & Saito, Y. (2001). Trends in healthy life expectancy in the United States, 1970–1990: Gender, racial, and educational differences. *Social Science & Medicine, 52*, 1629–1641.

Cruickshanks, K. J., Wiley, T. L., Tweed, T. S., Klein, B. E. K., Klein, R., Mares-Perlman, J. A. et al. (1998). Prevalence of hearing loss in older adults in Beaver Dam, Wisconsin. The Epidemiology of Hearing Loss Study. *American Journal of Epidemiology, 148(9)*, 879–886.

Dalstra, J. A. A., Kunst, A. E., Borrell, C., Breeze, E., Cambois, E., Costa, G. et al. (2005). Socioeconomic differences in the prevalence of common chronic diseases: An overview of eight European countries. *International Journal of Epidemiology, 34(2)*, 316–326.

DeSalvo, K. B., Bloser, N., Reynolds, K., He, J., & Muntner, P. (2006). Mortality prediction with a single general self-rated health question. A meta-analysis. *Journal of General Internal Medicine, 21(3)*, 267–275.

Deutscher Bundestag (Hrsg.). (2009). *Gutachten 2009 des Sachverständigenrates zur Begutachtung der Entwicklung im Gesundheitswesen. Koordination und Integration – Gesundheitsversorgung in einer Gesellschaft des längeren Lebens* (Drucksache 16/13770). Berlin: Deutscher Bundestag.

Dinkel, R. (1999). Demographische Entwicklung und Gesundheitszustand. Eine empirische Kalkulation der Healthy Life Expectancy für die Bundesrepublik auf der Basis von Kohortendaten. In H. Häfner (Hrsg.), *Gesundheit – unser höchstes Gut?* (S. 61–82). Berlin: Springer.

Ferrucci, L., Izmirlian, G., Leveille, S., Phillips, C. L., Corti, M.-C., Brock, D. B. et al. (1999). Smoking, physical activity, and life expectancy. *American Journal of Epidemiology, 149(7)*, 645–653.

Freedman, V. A., Crimmins, E., Schoeni, R. F., Spillman, B. C., Aykan, H., Kramarow, E. et al. (2004). Resolving inconsistencies in trends in old-age disability: Report from a technical working group. *Demography, 41(3)*, 417–441.

Freedman, V. A., Martin, L. G., & Schoeni, R. F. (2002). Recent trends in disability and functioning among older adults in the United States. A systematic review. *Journal of the American Medical Association, 288(24)*, 3137–3146.

Fries, J. F. (1980). Aging, natural death, and the compression of morbidity. *The New England Journal of Medicine, 329*, 110–116.

Gallo, W. T., Bradley, E. H., Siegel, M., & Kasl, S. V. (2000). Health effects of involuntary job loss among older workers: Findings from the health and retirement survey. *Journals of Gerontology: Series B: Psychological Sciences and Social Sciences, 55B(3)*, S131–S140.

Gruenberg, E. M. (1977). The failures of success. *Milbank Memorial Fund Quarterly/Health and Society, 55(1)*, 3–24.

Haskell, W. L., Lee, I.-M., Pate, R. R., Powell, K. E., Blair, S. N., Franklin, B. A. et al. (2007). Physical activity and Public Health: Updated recommendation for adults from the American College of Sports Medicine and the American Heart Association. *Official Journal of the American College of Sports Medicine, 39(8)*, 1423–1434.

Huisman, M., Kunst, A., Deeg, D., Grigoletto, F., Nusselder, W., & Mackenbach, J. (2005). Educational inequalities in the prevalence and incidence of disability in Italy and the Netherlands were observed. *Journal of Clinical Epidemiology, 58(10)*, 1058–1065.

Idler, E. L., & Benyamini, Y. (1997). Self-rated health and mortality: A review of twenty-seven community studies. *Journal of Health and Social Behavior, 38*, 21–37.

Jacobi, F., Wittchen, H. U., Hölting, C., Höfler, M., Pfister, H., Müller, N. et al. (2004). Prevalence, comorbidity and correlates of mental disorders in the general population: Results from the German Health Interview and Examination Survey (GHS). *Psychological Medicine: A Journal of Presearch in Psychiatry and the Allied Sciences, 34(4)*, 597–611.

Jefferis, B. J. M. H., Power, C., Graham, H., & Manor, O. (2004). Changing social gradients in cigarette smoking and cessation over two decades of adult follow-up in a British birth cohort. *Journal of Public Health, 26(1)*, 13–18.

Khaw, K. T., Wareham, N., Bingham, S., Welch, A., Luben, R., & Day, N. (2008). Combined impact of health behaviours and mortality in men and women: the EPIC-Norfolk prospective population study. *PLoS Med, 5(1)*, e12.

Kirchberger, I. (2000). Der SF-36-Fragebogen zum Gesundheitszustand: Anwendung, Auswertung und Interpretation. In U. Ravens-Sieberer & A. Cieza (Hrsg.), *Lebensqualität und Gesundheitsökonomie in der Medizin* (S. 73–85). Landsberg: ecomed.

Lampert, T., & Burger, M. (2005). Verbreitung und Strukturen des Tabakkonsums in Deutschland. *Bundesgesundheitsblatt – Gesundheitsforschung – Gesundheitsschutz, 48(12)*, 1231–1241.

Lampert, T., & Thamm, M. (2004). Soziale Ungleichheit des Rauchverhaltens in Deutschland. *Bundesgesundheitsblatt – Gesundheitsforschung – Gesundheitsschutz 47*, 1033–1042.

Manton, K. G. (1982). Changing concepts of morbidity and mortality in the elderly population. *Milbank Memorial Fund Quarterly/Health and Society, 60(2)*, 183–244.

Menning, S., & Hoffmann, E. (2009). Funktionale Gesundheit und Pflegebedürftigkeit. In K. Böhm, C. Tesch-Römer & T. Ziese (Hrsg.), *Gesundheit und Krankheit im Alter* (S. 62–91). Berlin: Robert Koch-Institut.

Nelson, M. E., Rejeski, W. J., Blair, S. N., Duncan, P. W., Judge, J. O., King, A. C. et al. (2007). Physical activity and public health in older adults: Recommendation from the American college of sports medicine and the American heart association. *Medicine and Science in Sports and Exercise, 39(8)*, 1435–1445.

Pinquart, M. (2001). Correlates of subjective health in older adults: A meta-analysis. *Psychology and Aging, 16(3)*, 414–426.

Radoschewski, M., & Bellach, B.-M. (1999). Der SF-36 im Bundes-Gesundheitssurvey – Möglichkeiten und Anforderungen der Nutzung auf der Bevölkerungsebene. *Das Gesundheitswesen, 61(2)*, 191–199.

Robert Koch Institut (2006). *Gesundheit in Deutschland.* Berlin: Robert Koch Institut und Statistisches Bundesamt.

Robert Koch-Institut (Hrsg.) (2009). *20 Jahre nach dem Fall der Mauer: Wie hat sich die Gesundheit in Deutschland entwickelt?* Berlin: RKI.

Robine, J.-M., & Michel, J.-P. (2004). Looking forward to a general theory on population aging. *Journal of Gerontology: Medical Sciences, 59A(6)*, 590–597.

Ryskulova, A., Turczyn, K., Makuc, D. M., Frances Cotch, M., Kiein, R. J., & Janiszewski, R. (2008). Self-reported age-related eye diseases and visual impairment in the United States: Results of the 2002 National Health Interview Survey. *American Journal of Public Health, 98(3)*, 454–461.

Sachverständigenrat für die Konzertierte Aktion im Gesundheitswesen (2001). *Bedarfsgerechtigkeit und Wirtschaftlichkeit* (Bd. III). Gutachten des Sachverständigenrat für die Konzertierte Aktion im Gesundheitswesen.

Schüz, B., & Wurm, S. (2009). Wie wichtig ist Prävention? In K. Böhm, C. Tesch-Römer & T. Ziese (Hrsg.), *Gesundheit und Krankheit im Alter* (S. 160–166). Berlin: Robert Koch-Institut.

Schwartz, F. W., Bandura, B., Leidl, R., Raspe, H., & Siegrist, J. (Hrsg.). (1998). *Das Public Health Buch. Gesundheit und Gesundheitswesen.* München: Urban & Schwarzenberg.

Simpson, C. F., Boyd, C. M., Carlson, M. C., Griswold, M. E., Guralnik, J. M., & Fried, L. P. (2004). Agreement between self-report of disease diagnoses and medical report validation in disabled older women: Factors that modify agreement. *Journal of the American Geriatrics Society, 52(1)*, 123–127.

Statistisches Bundesamt (2008). *Pflegestatistik 2007. Pflege im Rahmen der Pflegeversicherung. Deutschlandergebnisse.* Wiesbaden: Statistisches Bundesamt.

Statistisches Bundesamt (2009a). *Diagnosedaten der Patienten und Patientinnen in Krankenhäusern 2008.* Wiesbaden: Statistisches Bundesamt.

Statistisches Bundesamt (2009b). *Sterbetafel Deutschland, 2006/2008.* Wiesbaden: Statistisches Bundesamt.

Statistisches Bundesamt (2010). *Gesundheit. Todesursachen in Deutschland.* Wiesbaden: Statistisches Bundesamt.

Vaupel, J. W., & von Kistowski, K. G. (2005). Der bemerkenswerte Anstieg der Lebenserwartung und sein Einfluss auf die Medizin. *Bundesgesundheitsblatt, 5*, 586–592.

Weyerer, S., Ding-Greiner, C., Marwedel, U., & Kaufeler, T. (2008). *Epidemiologie körperlicher Erkrankungen und Einschränkungen im Alter.* Stuttgart: Kohlhammer.

WHO (2002). *Towards a common language for functioning, disability and health – The International Classification of Functioning, Disability and Health.* Genf: World Health Organization (WHO).

Wittchen, H.-U., & Jacobi, F. (2006). Epidemiologie. In G. Stoppe, A. Bramesfeld & F.-W. Schwartz (Hrsg.), *Volkskrankheit Depression? Bestandsaufnahme und Perspektiven* (S. 15–37). Berlin: Springer.

Wurm, S., Lampert, T., & Menning, S. (2009). Subjektive Gesundheit. In K. Böhm, C. Tesch-Römer & T. Ziese (Hrsg.), *Gesundheit und Krankheit im Alter* (S. 79–91). Berlin: Robert Koch-Institut.

Wurm, S., & Tesch-Römer, C. (2006). Gesundheit, Hilfebedarf und Versorgung. In C. Tesch-Römer, H. Engstler & S. Wurm (Hrsg.), *Altwerden in Deutschland. Sozialer Wandel und individuelle Entwicklung in der zweiten Lebenshälfte* (S. 329–383). Wiesbaden: VS Verlag.

Yao, L., & Robert, S. A. (2008). The contributions of race, individual socioeconomic status, and neighborhood socioeconomic context on the self-rated health trajectories and mortality of older adults. *Research on Aging, 30(2)*, 251–273.

5 Gesellschaftliche Partizipation: Erwerbstätigkeit, Ehrenamt und Bildung

Dörte Naumann & Laura Romeu Gordo[1]

Kernaussagen

Die Erwerbspartizipation erhöht und verlängert sich:
Wie arbeitsmarkt- und rentenpolitisch gewünscht, erhöht sich die Erwerbsquote zwischen 2002 und 2008 besonders unter den 60- bis 64-Jährigen und steigt dort von 20 auf 33 Prozent. Das durchschnittliche Renteneintrittsalter steigt signifikant von 62 auf 63 Jahre. Das durchschnittliche Erwerbsaustrittsalter erhöht sich nur für die Personen, die bis kurz vor Renteneintritt noch erwerbstätig waren.

Das ehrenamtliche Engagement und die außerhäusliche Bildungspartizipation befinden sich seit 1996 auf hohem Niveau:
Im Jahr 2008 sind 65 Prozent der 40- bis 54-Jährigen, 54 Prozent der 55- bis 69-Jährigen und 30 Prozent der 70- bis 85-Jährigen ehrenamtlich engagiert und/oder nutzen außerhäusliche Bildungsangebote. Während zwischen 1996 und 2008 die Partizipation in diesen Aktivitäten unter den 40- bis 54-Jährigen weitgehend gleich bleibt, erhöht sich diese unter den 55- bis 69-Jährigen von 43 auf 54 Prozent und unter den 70- bis 85-Jährigen von 25 auf 31 Prozent.

Außerhäusliche Bildungsangebote sind verbreiteter als ehrenamtliches Engagement:
Viele Personen, die an außerhäuslichen Bildungsaktivitäten teilnehmen, sind auch ehrenamtlich engagiert. Deswegen erscheint es vielversprechend, die aktuelle alten- und engagementpolitische Verbindung zwischen lebenslangem Lernen und ehrenamtlichem Engagement weiter zu stärken.

Erwerbstätige sind im Vergleich zu Personen außerhalb des Erwerbslebens häufiger ehrenamtlich engagiert und nutzen auch stärker außerhäusliche Bildungsangebote:
Beide Formen der gesellschaftlichen Partizipation werden von ähnlichen Faktoren begünstigt. Ältere Erwerbstätige erscheinen als wichtige Zielgruppe alten- und engagementpolitischer Initiativen.

1 Anmerkung: Wir danken Dr. Martin Brussig, Institut für Arbeit und Qualifikation, Universität Duisburg-Essen für hilfreiche Kommentare.

5.1 Einleitung

Mit dem demografischen Wandel müssen gesellschaftliche und wirtschaftliche Aufgaben von immer weniger und zunehmend älteren Menschen bewältigt werden. Trotz der steigenden Lebenserwartung und einer verbesserten Gesundheit (vgl. Kapitel 4 „Gesundheit“) entwickelte sich in den letzten Jahrzehnten der Trend, immer früher aus dem Erwerbsleben auszuscheiden und in den Ruhestand zu wechseln. Diese Entwicklung wird seit einigen Jahren angesichts der Finanzierungsprobleme der sozialen Sicherungssysteme politisch immer stärker infrage gestellt. Darüber gelten die Kompetenzen und das Erfahrungswissen älterer Menschen zunehmend als eine wichtige gesellschaftliche Ressource zur Bewältigung des demografischen Wandels. Im Jahr 2006 warb der fünfte Altenbericht offensiv für ein „aktives Alter“ und eine Ausweitung der Erwerbstätigkeit, des ehrenamtlichen Engagements und lebenslangen Lernens in der zweiten Lebenshälfte (BMFSFJ 2006). Das Leitbild des „aktiven Alterns“ eröffnet neue Perspektiven auf das Alter und definiert den Erhalt der gesellschaftlichen Partizipation als einen wichtigen Baustein der Lebensqualität im Alternsprozess (WHO 2002). Im letzten Jahrzehnt förderten diverse renten-, arbeitsmarkt-, alten- und engagementpolitische Maßnahmen das „aktive Altern“ von Menschen in der zweiten Lebenshälfte (Olk 2009; Schmid & Hartlapp 2008).

Das vorliegende Kapitel gibt einen aktuellen Einblick in die berufliche und außerberufliche gesellschaftliche Partizipation von Menschen in der zweiten Lebenshälfte in Deutschland zwischen 1996 und 2008. Betrachtet werden hierbei Erwerbstätigkeit, ehrenamtliches Engagement und außerhäusliche Bildungsaktivitäten. Drei Fragen stehen im Mittelpunkt des nachfolgenden Kapitels:

- Wie verändern sich die Muster der beruflichen Partizipation und des Übergangs in den Ruhestand?
- Wie verändern sich die Muster der außerberuflichen gesellschaftlichen Partizipation?
- Wie hängen beide Dimensionen gesellschaftlicher Partizipation zusammen? Verdrängt eine Ausweitung der Erwerbstätigkeit in der zweiten Lebenshälfte die außerberufliche gesellschaftliche Partizipation?

Die außerberufliche gesellschaftliche Partizipation wird ausschließlich hinsichtlich lebenslangem Lernen und ehrenamtlichem Engagement betrachtet. Unter ehrenamtlichem Engagement wird, wie in früheren DEAS-basierten Arbeiten auch, die Übernahme von Funktionen und Ämtern in Vereinen, Verbänden, Selbsthilfegruppen, Seniorengenossenschaften und Ähnlichem verstanden (Künemund 2006). Lebenslanges Lernen wird mit Blick auf die Partizipation in außerhäuslichen institutionalisierten Bildungsaktivitäten untersucht, nämlich die Teilnahme an Kursen, Vorträgen und politischen Veranstaltungen in der zweiten Lebenshälfte. Die Dimension des lebenslangen Lernens ist auf außerhäusliche Bildungsaktivitäten beschränkt, da genauso wie bei der beruflichen Partizipation auch bei der außerberuflichen Partizipation nur die Dimensionen betrachtet werden sollen, die im Beobachtungszeitraum politisch adressiert werden.

5.1.1 Renten- und arbeitsmarktpolitische Reformen

Mit Blick auf die Erwerbspartizipation wurden im letzten Jahrzehnt diverse renten- und arbeitsmarktpolitische Reformen umgesetzt, um die Erwerbstätigkeit in der zweiten Lebenshälfte zu steigern und den vorzeitigen Ausstieg aus dem Erwerbsleben zu verhindern (Bäcker et al. 2009; Brussig 2009a, 2009b; Eichhorst 2006, 2008). In verschiedenen Rentenreformen wurden die Altersgrenzen für einen abschlagfreien Rentenbezug erhöht und im Jahr 1997 wurden die ersten Abschläge bei vorzeitigem Rentenbeginn wirksam. Seit dem Ersatz der Berufs- und Erwerbsunfähigkeitsrente durch eine zweistufige Erwerbsminderungsrente im Jahr 2001 ist es wesentlich schwerer geworden, aus gesundheitlichen Gründen komplett das Erwerbsleben zu beenden. Auch die Altersgrenze für den abschlagfreien Rentenzugang für Schwerbehinderte wurde zwischen 2001 und 2007, beginnend für den Geburtsjahrgang 1941 stufenweise bis zum Jahrgang 1944 (und folgende) von 60 auf 63 Jahre angehoben. Ferner wurden zwischen 1997 und 2007 die Altersgrenzen für einen abschlagfreien Rentenbezug wegen Arbeitslosigkeit oder nach Altersteilzeitarbeit von 60 auf 65 Jahre hochgesetzt. Wenige Jahre danach wurde nicht nur das abschlagfreie, sondern auch das frühestmögliche Zugangsalter in diese Rentenart von 60 auf 63 Jahre angehoben. Zwischen 2000 und 2010 ist die Altersgrenze für den abschlagfreien Rentenzugang in die Altersrente für Frauen von 60 auf 65 Jahre erhöht worden. Hier ist zu beachten, dass die Altersrente für Frauenerwerbstätigkeit nach dem Erreichen des 50. Lebensjahres voraussetzt und sie deswegen nicht für alle Frauen zugänglich ist. In der Rentenreform von 2007 ist die stufenweise Erhöhung der Regelaltersgrenze auf 67 Jahre von 2012 bis 2031 beschlossen worden.

Auch von arbeitsmarktpolitischer Seite wurden insbesondere ab dem Jahr 2002 diverse Maßnahmen zur Aktivierung älterer erwerbsfähiger Personen für den Arbeitsmarkt umgesetzt. Allerdings verfolgten nicht alle Maßnahmen gleichermaßen konsequent das Ziel, ältere Arbeitnehmer für den schnellen (Wieder-)Einstieg in den Arbeitsmarkt zu aktivieren.

Zwischen 2002 bis 2005 wurden die arbeitsmarktpolitisch zentralen Maßnahmen der sogenannten „Hartz-Reformen" im Wesentlichen umgesetzt. Speziell auf die Förderung der Erwerbstätigkeit Älterer ausgerichtete Instrumente waren die bis 2007 laufenden Instrumente der „Entgeltsicherung für Ältere" nach § 421j SGB III, der „Arbeitgeberbonus" nach § 421k SGB III und die Förderung der Weiterbildung Älterer über 50 Jahre nach § 417 SGB III bis Ende 2006. Die „Entgeltsicherung" belohnt eine schnelle Arbeitsaufnahme auch zu unter Umständen schlechteren Rahmenbedingungen und ist an eine Restlaufzeit des Arbeitslosengeld I-Anspruchs von mindestens 120 Tagen gebunden. Der „Arbeitgeberbonus" setzte bis Ende 2005 Anreize für Arbeitgeber, über 55-jährige Arbeitslose einzustellen, da sie so von den Beiträgen zur Arbeitslosenversicherung befreit werden. Seit dem 1. Januar 2006 wird aber der „Arbeitgeberbonus" nur noch für die Beschäftigungsverhältnisse angewendet, die vor dem 1. Januar 2006 geschlossen wurden.

Darüber hinaus wurden im Rahmen der „Hartz-Reformen" durch die Reform des Arbeitslosengeldes generelle Anreize für die (Wieder-)Aufnahme der Erwerbstätigkeit gesetzt. Im Jahr 2006 wurde die maximale Bezugsdauer des am früheren Einkommen orientierten „Arbeitslosengeldes I", sukzessive von 32 auf maximal 18 Monate für über 55-jährige Arbeitslose verkürzt. Diese Regelung wurde allerdings bereits im Folgejahr 2007 wieder geändert. Angesichts der eingeschränkten Beschäftigungschancen Älterer wurde für Personen ab 58 Jahren die maximale Bezugsdauer des „Arbeitslosengeldes I" wieder auf 24 Monate erhöht. Im Anschluss an das „Arbeitslosengeld I" wurde das „Arbeitslosengeld II" eingeführt, das von der Vermögens- und Einkommenslage des Antragstellers und seines Haushaltes abhängt. Da das „Arbeitslosengeld II" für viele eine empfindliche finanzielle Einbuße sein kann, bietet auch dieses Instrument einen starken Anreiz, die Erwerbstätigkeit möglichst schnell wieder aufzunehmen. Weiterhin sollte die Abschaffung der sogenannten „58er Regelung“ nach § 428 SGB beziehungsweise § 65 Abs.4 SGB II den Rückzug von Älteren aus dem Arbeitsmarkt erschweren: Noch bis Ende 2007 konnten ältere Arbeitslose (ab 58 Jahren) auch dann Arbeitslosengeld beziehen, wenn sie – im Unterschied zu den sonst üblichen Bedingungen des Leistungsbezuges – dem Arbeitsmarkt nicht zur Verfügung standen und nicht aktiv nach einer neuen Beschäftigung suchten. Mit der Abschaffung dieser „58er Regelung“ sind seit Anfang 2008 auch arbeitslose Personen über 57 Jahren innerhalb der ersten zwölf Monate der Arbeitslosigkeit zur Arbeitssuche verpflichtet. Wird ihnen aber in diesem Zeitraum keine sozialversicherungspflichtige Beschäftigung angeboten, werden sie nicht mehr als arbeitslos registriert. Insofern ist auch die Nachfolgeregelung der „58er Regelung“ ein Beispiel für eine nicht konsequent umgesetzte Aktivierung älterer Erwerbsfähiger für den Arbeitsmarkt. Im Unterschied zur „58er Regelung“ ist allerdings seitdem der erleichterte Bezug des Arbeitslosengeldes nicht mehr lediglich eine Option für ältere Arbeitslose, sondern eine Entscheidung der Grundsicherungsstellen, inwiefern Anspruch auf das Arbeitslosengeld II besteht.

Auch das Instrument der im Jahr 1996 eingeführten Altersteilzeit trägt nicht konsequent zur Ausweitung der Erwerbstätigkeit Älterer bei. Es ermöglicht älteren Arbeitnehmern ab dem 55. Lebensjahr entweder die Arbeitszeit zu reduzieren oder sogar in der Variante des Blockmodells über die Freistellungsphase früher aus dem Erwerbsleben auszusteigen. Auch Betriebe können die Altersteilzeit als ein Instrument zur Frühausgliederung älterer Arbeitnehmer nutzen. Dies wurde bis Ende 2009 aus Mitteln der Arbeitsmarktpolitik von der Bundesagentur für Arbeit gefördert, solange der Arbeitgeber die Person in Altersteilzeit durch einen Arbeitslosen ersetzt oder einen Auszubildenden übernimmt. Gegenwärtig werden nur noch Bestandsfälle weiterhin gefördert (Barkholt & Lasch 2006; Brussig et al. 2009; Eichhorst 2006; Wanger 2009).

Diese kurz umrissenen renten- und arbeitsmarktpolitischen Reformen wurden in diesem Zeitraum von altenpolitischen Initiativen zur Förderung der Erwerbstätigkeit Älterer flankiert. Beispiele dafür sind Initiativen wie „Erfahrung ist Zukunft“, „Initiative 50plus“, „Initiative Neue Qualität der Arbeit (INQA)“, die für die Themenfelder Beschäftigung, produktive Potenziale und demografiesensible Unternehmenskultur sensibilisieren sollen (BMFSFJ 2006).

5.1.2 Alten- und engagementpolitische Initiativen

Im letzten Jahrzehnt warben weitere alten- und engagementpolitische Initiativen für die Ausweitung eines „aktiven Alters“ (BMFSFJ 2006). Zu den zentralen Dimensionen dieses Leitbilds gehören neben der Erwerbstätigkeit in der zweiten Lebenshälfte auch die Partizipationsformen ehrenamtliches Engagement und lebenslanges Lernen. In der Konzeption der bundesweiten Initiative „Erfahrungswissen für Initiativen“ (EFI; Laufzeit 2002 bis 2006) wurde der vieldiskutierte Strukturwandel der Ehrenamtlichkeit aufgegriffen und ein enger Zusammenhang zwischen lebenslangem Lernen und ehrenamtlichem Engagement im Alter hergestellt: Ältere Menschen wurden für ehrenamtliches Engagement qualifiziert, um ihnen in diesem Tätigkeitsfeld mehr Autonomie und Mitbestimmung zu ermöglichen und die Tätigkeiten für sie entsprechend attraktiver zu machen (Aner & Hammerschmidt 2008). Auch in den in diesem Zeitraum propagierten Seniorenakademien und anderen selbst organisierten Bildungsangeboten von und für Ältere besteht eine enge Verbindung zwischen ehrenamtlichem Engagement und Bildung im Alter. Im Aktionsprogramm der „Mehrgenerationenhäuser", das seit 2006 existiert, wird ein enger Zusammenhang zwischen ehrenamtlichem Engagement, Bildung und Erwerbstätigkeit in der zweiten Lebenshälfte hergestellt. Hier wird das ehrenamtliche Engagement als Lernfeld und Chance zur beruflichen Weiterqualifizierung für den (Wieder-)Einstieg ins Berufsleben beworben. Von bildungspolitischer Seite fördert auch das Bundesministerium für Bildung und Forschung (BMBF) das lebenslange Lernen mit diversen Maßnahmen. Ein Beispiel ist das BMBF-Programm „Lernende Regionen", das seit 2001 in enger Abstimmung mit den Ländern in etwa 70 regionalen Netzwerken regionale Modelle lebenslangen Lernens erarbeitet. Im Jahr 2004 legte die „Kommission zur Finanzierung Lebenslangen Lernens" ihren Bericht dem Deutschen Bundestag vor (BMFSFJ 2006; Bund-Länder-Kommission für Bildungsplanung und Forschungsförderung 2004). Im Jahr 2007 startete ein europäisches Programm für lebenslanges Lernen, das die bisherigen Programme SOKRATES und LEONARDO DA VINCI unter einem gemeinsamen Dach zusammenführt.

Darüber hinaus entstand im letzten Jahrzehnt das Politikfeld einer spezifisch auf bestimmte Zielgruppen ausgerichteten Engagementpolitik (Olk & Klein 2009). Ein wichtiger Meilenstein war hier die Übergabe des Berichts der Enquête-Kommission „Zukunft des Bürgerschaftlichen Engagements" an den Deutschen Bundestag im Juni 2002. Mit Blick auf die Zielgruppe älterer Menschen forderte sie, die Rahmenbedingungen für freiwilliges Engagement im Alter zu verbessern. Es sollte eine das Engagement unterstützende Infrastruktur geschaffen werden, indem beispielsweise verstärkt Seniorenbüros, Freiwilligenzentren und Freiwilligenagenturen aufgebaut werden (Deutscher Bundestag 2002). Zu Beginn der 15. Legislaturperiode (2002–2005) wurde ein Parlamentarischer Unterausschuss „Bürgerschaftliches Engagement" zur schrittweisen Umsetzung der Empfehlungen dieser Enquête-Kommission eingesetzt. Beispielsweise wurde im Jahr 2005 der unfallversicherungsrechtliche Schutz bürgerschaftlich Engagierter verbessert (BMFSFJ 2006). Darüber hinaus gründete sich im Juni 2002 das Bundesnetzwerk Bürgerschaftliches Engagement (BBE) als ein Zusammenschluss von inzwischen mehr als 200 Mitgliedsorganisationen aus Bürgergesellschaft, Politik und Verwaltung sowie Wirtschaft. Das BBE verfolgt das Ziel, das Leitbild der Bürgergesellschaft im politischen Diskurs zu verankern und die rechtlichen, institutionellen und organisatorischen Rahmenbedingungen für das breite Spektrum unterschiedlicher Formen bürgerschaftlichen Engagements zu verbessern (Alscher et al. 2009; BBE 2009).

5.1.3 Konfligierende Zielsetzungen der renten- und arbeitsmarktpolitischen Reformen und Alten- und Engagementpolitik?

In der Konzeption von Initiativen zur Förderung der außerberuflichen gesellschaftlichen Partizipation in der zweiten Lebenshälfte schwingt die implizite zeit- und rollentheoretische Annahme mit, dass gerade mit dem Übergang in den Ruhestand Bedarf bestünde, die neu gewonnene freie Zeit zu füllen und neue gesellschaftliche Rollen zu besetzen. Träfe diese Annahme zu, müsste sich die arbeitsmarkt- und rentenpolitisch gewünschte Zunahme und Verlängerung der Erwerbstätigkeit eher negativ auf die ebenfalls angestrebte Ausweitung der außerberuflichen gesellschaftlichen Partizipation auswirken. Denn eine Ausweitung der Erwerbstätigkeit müsste dann Zeitressourcen erwerbsfähiger Älterer für die außerberufliche gesellschaftliche Partizipation binden. In diesem Falle würden der Zivilgesellschaft die Ressourcen „junger Alter“ verloren gehen, beziehungsweise erst zeitverzögert zur Verfügung stehen. Auch wenn die Annahmen auf den ersten Blick plausibel erscheinen, sind sie bislang nur wenig empirisch überprüft. Aktuelle Studien zeigen, dass für die Aufnahme ehrenamtlichen Engagements im Ruhestand andere Faktoren, wie beispielsweise die vorherige Erfahrung mit solchen Aktivitäten, entscheidender sind als die verfügbare Zeit (Erlinghagen 2009). Zum Abschluss dieses Kapitels wird in den Analysen die Frage aufgegriffen, inwiefern mit der Ausweitung der Erwerbstätigkeit in der zweiten Lebenshälfte eine Verdrängung der außerberuflichen gesellschaftlichen Partizipation zu erwarten ist.

5.2 Datengrundlage

Im DEAS werden Personen zu ihrem Erwerbsstatus befragt. Die Muster der Erwerbspartizipation subsumieren alle Varianten des Erwerbsstatus: Erwerbstätigkeit, Arbeitslosigkeit, Frührente, -pension, Vorruhestand, Altersrente, Pension, Freistellungsphase der Altersteilzeit, sonstige Nicht-Erwerbstätige ohne Erwerbseinkommen und ohne Rente wie Hausfrauen/-männer und aus anderen Gründen nicht Erwerbstätige. Erwerbstätige sind definiert als Personen, die in Teil- oder Vollzeit erwerbstätig sind, oder unregelmäßig, geringfügig erwerbstätig oder nebenerwerbstätig sind. Dieses Vorgehen ist konsistent mit früheren DEAS-Analysen zur Erwerbspartizipation (Engstler 2004, 2006). Um außerdem ein genaueres Bild zum Übergang in den Ruhestand zu gewinnen, werden im DEAS Personen im Ruhestand retrospektiv nach ihrem Alter bei Erwerbsaustritt sowie Renteneintritt befragt. Diese sind nicht automatisch identisch und zwischen ihnen liegt häufig eine Wartephase, die über Vorruhestandsregelungen, die Freistellungsphase der Altersteilzeit, Arbeitslosigkeit, längere Krankheitsphasen und ähnliches überbrückt wird. Zusätzlich werden der letzte Erwerbsstatus vor dem Renteneintritt und die in der letzten Erwerbstätigkeit geleistete Anzahl an Arbeitsstunden abgefragt. Mit diesen Daten kann der DEAS einen wichtigen Beitrag zum aktuellen Diskurs zu den arbeitsmarkt- und rentenpolitischen Reformen leisten, da andere Datenquellen, wie das Sozioökonomische Panel oder der Mikrozensus, solche retrospektiven Daten nicht liefern. Darüber hinaus deckt der DEAS die subjektive Perspektive zum Übergang in den Ruhestand mit ab, da auch das erwartete Renteneintrittsalter erfragt wird.

Hinsichtlich der außerberuflichen gesellschaftlichen Partizipation werden in diesem Kapitel mit dem Ehrenamt und außerhäuslichen Bildungsaktivitäten zentrale, gesellschaftlich institutionalisierte Dimensionen untersucht, die genauso wie die Erwerbstätigkeit, im Beobachtungszeitraum politisch adressiert werden. Da in aktuellen alten- und engagementpolitischen Initiativen häufig eine enge Verbindung zwischen ehrenamtlichem Engagement und lebenslangem Lernen hergestellt wird, wird sowohl die Teilhabe an beiden einzelnen Aktivitäten als auch an beiden zugleich untersucht. Unter ehrenamtlichem Engagement wird, wie in früheren DEAS-basierten Analysen auch, die Übernahme von konkreten Funktionen und Ämtern in Vereinen, Verbänden, Selbsthilfegruppen, Seniorengenossenschaften und ähnlichem innerhalb der letzten zwölf Monate vor der Befragung gefasst (Künemund 2006). Mit dieser engen Definition werden sicher nicht alle möglichen Formen freiwilliger, unentgeltlicher Aktivitäten für das Gemeinwesen erfasst. Da aber einheitliche Definitionen zu den berücksichtigten Aktivitäten und Zeiträumen in dem Forschungsfeld zum ehrenamtlichen Engagement fehlen, wird in diesem Kapitel die genannte enge und transparente Definition bevorzugt. Weiterhin ist zu beachten, dass dieses Kapitel die gesellschaftliche Partizipation und nicht etwa die Produktivität des Alters fokussiert. Letztere wäre in jedem Falle beispielsweise auch an informeller Pflege, Familienarbeit, Nachbarschaftshilfe und ähnlichem zu messen (Hank & Erlinghagen 2008). Die Teilhabe an Bildung wird beschränkt auf die Teilnahme an außerhäuslichen institutionalisierten Bildungsaktivitäten, wie die Teilnahme an Kursen, Vorträgen und politischen Veranstaltungen. Denn auch dieses Angebot wurde in dem Beobachtungszeitraum primär politisch adressiert. Selbstredend werden damit nicht alle relevanten Aktivitäten für die Bildung und lebenslanges Lernen im Alter abgedeckt.

In den Analysen wird außerdem nach Alter, Geschlecht, Bildung und Region differenziert. Es werden die Altersgruppen der 55- bis 59-Jährigen, 60- bis 64-Jährigen und 65- bis 69-Jährigen unterschieden. Die Altersgruppe der 60- bis 64-Jährigen steht im Mittelpunkt, da hier die renten- als auch die arbeitsmarktpolitischen Reformen gleichzeitig greifen. Die Geschlechter unterscheiden sich hinsichtlich ihrer Ausbildungs- und Berufsbiografien und Rollenerwartungen. Weiterhin wird zwischen den neuen und alten Bundesländern differenziert, da die Wirtschaftskraft einer Region oder zivilgesellschaftliche Strukturen die gesellschaftlichen Partizipationschancen prägen können. Die Unterscheidung von Bildungsgruppen berücksichtigt die in Deutschland herrschenden ungleichen Bildungschancen, die sich auf die Partizipationschancen auswirken können. In die Gruppe mit niedriger Bildung fallen alle Menschen mit Haupt- oder Realschulabschluss ohne berufliche Ausbildung. Menschen mit abgeschlossener nicht akademischer Berufsausbildung oder Abitur werden in die Gruppe mit mittlerer Bildung eingeordnet. Personen mit abgeschlossenem Fachhochschulstudium oder Hochschulstudium bilden die Gruppe von Personen mit hoher Bildung.

5.3 Erwerbspartizipation und Übergang in den Ruhestand

5.3.1 Muster der Erwerbspartizipation

Im folgenden Abschnitt wird die Erwerbspartizipation in der zweiten Lebenshälfte zwischen 1996 und 2008, differenziert nach Alter, Geschlecht und Region, betrachtet. Im Mittelpunkt der Analyse steht die Frage, inwiefern sich unter den reformpolitisch adressierten Altersgruppen der 55- bis 59-Jährigen, 60- bis 64-Jährigen und 65- bis 69-Jährigen die Muster der Erwerbspartizipation und des Übergangs in den Ruhestand im reformpolitischen Sinne gewandelt haben.

Unter den 55- bis 59-Jährigen sind im Jahr 2008 mit 71 Prozent noch fast doppelt so viele Personen erwerbstätig wie unter den 60- bis 64-Jährigen (Abbildung 5–1). Letztere sind mit einer Erwerbsquote von 33 Prozent mehrheitlich endgültig aus dem Erwerbsleben ausgeschieden. In der Altersgruppe der 65- bis 69-Jährigen sind nur sehr wenige erwerbstätig. Dieses Bild soll sich mit der stufenweisen Erhöhung der Regelaltersgrenze auf 67 Jahre im Zeitraum von 2012 bis 2031 verändern.

Unter den 55- bis 59-Jährigen wandelten sich zwischen 1996 und 2002 die Muster der Erwerbspartizipation dynamischer als zwischen 2002 und 2008 (Abbildung 5–2): Zwischen 1996 und 2002 stieg die Erwerbstätigkeit um zehn Prozentpunkte von 56 auf 66 Prozent, während sich gleichzeitig der Anteil von Personen in Frührente oder Vorruhestand um sechs Prozentpunkte von 16 auf zehn Prozent verringerte. Zwischen 2002 und 2008 erhöhte sich dann der Anteil der Erwerbstätigen nur noch leicht um fünf Prozentpunkte von 66 auf 71 Prozent, während der Anteil sonstiger Nicht-Erwerbstätiger um vier Prozentpunkte

Abb. 5–1: Erwerbsstatus der 55- bis 69-Jährigen nach Altersgruppe in den Jahren 1996, 2002 und 2008 (in Prozent)

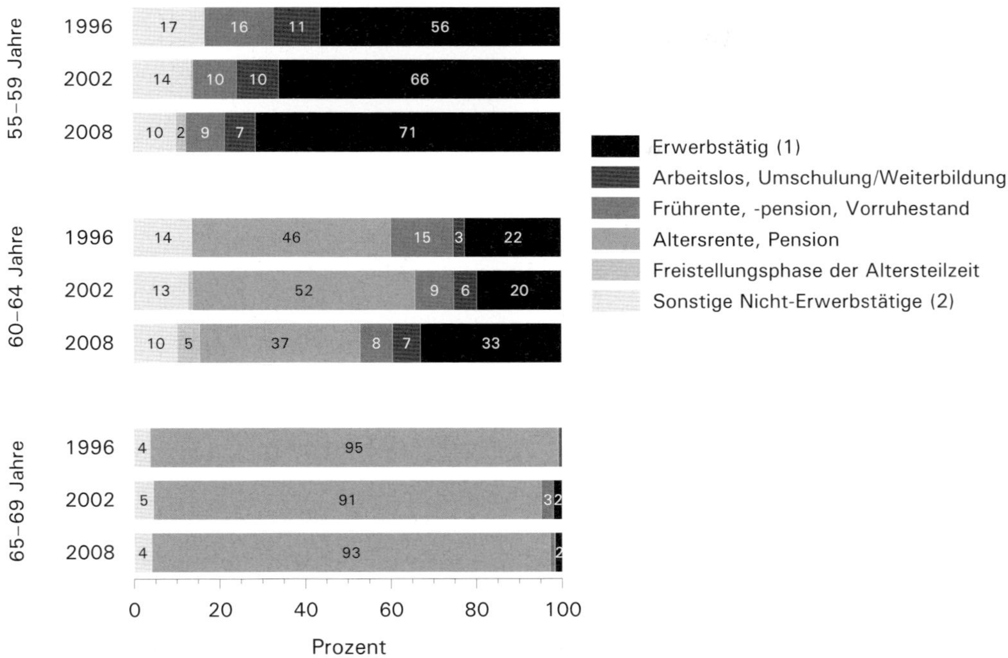

Quelle: DEAS 1996 (n = 1.722), 2002 (n = 997) und 2008 (n = 2.057), gewichtet, gerundete Angaben.
[1] Erwerbstätige ohne Bezug einer Altersrente/Pension.
[2] Personen ohne Erwerbseinkommen und ohne Rente, wie beispielsweise Hausfrauen/Männer und aus anderen Gründen nicht Erwerbstätige.

sank. Bei den 60- bis 64-Jährigen setzte hingegen erst zwischen 2002 und 2008 eine markante Entwicklung in der arbeitsmarkt- und rentenpolitisch gewünschten Richtung ein (Abbildung 5–2): Die Erwerbstätigkeit erhöhte sich um 13 Prozentpunkte von 20 auf 33 Prozent, während der Anteil der Personen in Altersrente/Pension um 14 Prozentpunkte von 52 auf 37 Prozent zurückging. Parallel dazu stieg der Anteil der Personen in der Freistellungsphase der Altersteilzeit um vier Prozentpunkte auf fünf Prozent.

In den folgenden Analysen steht die Frage im Mittelpunkt, wie sich der Übergang in den Ruhestand in der Altersgruppe der 60- bis 64-Jährigen zwischen 2002 und 2008 entwickelt hat. Gerade die Entwicklung in dieser Altersgruppe steht im Fokus, da in dieser die arbeitsmarkt- und rentenpolitischen Reformen gleichzeitig griffen und hier auch unter anderem mit Blick auf die kommende Rente mit 67 weiterhin Entwicklungsbedarf besteht. In den nächsten Abschnitten interessiert besonders, inwiefern sich Hinweise auf eine reformpolitisch gewünschte Verlängerung des Erwerbslebens und Verzögerung des Renteneintritts finden lassen und wie sich der Übergang in den Ruhestand verändert hat.

Differenziert nach Geschlecht und Region wird sichtbar, dass im Jahr 2008 unter den 60- bis 64-Jährigen erwartungsgemäß bundesweit die Männer stärker am Erwerbsleben partizipierten als die Frauen (Abbildung 5–3). In beiden Landesteilen waren unter den 60- bis

Abb. 5–2: Veränderung der Erwerbspartizipation zwischen den Jahren 1996 und 2008 (in Prozentpunkten)

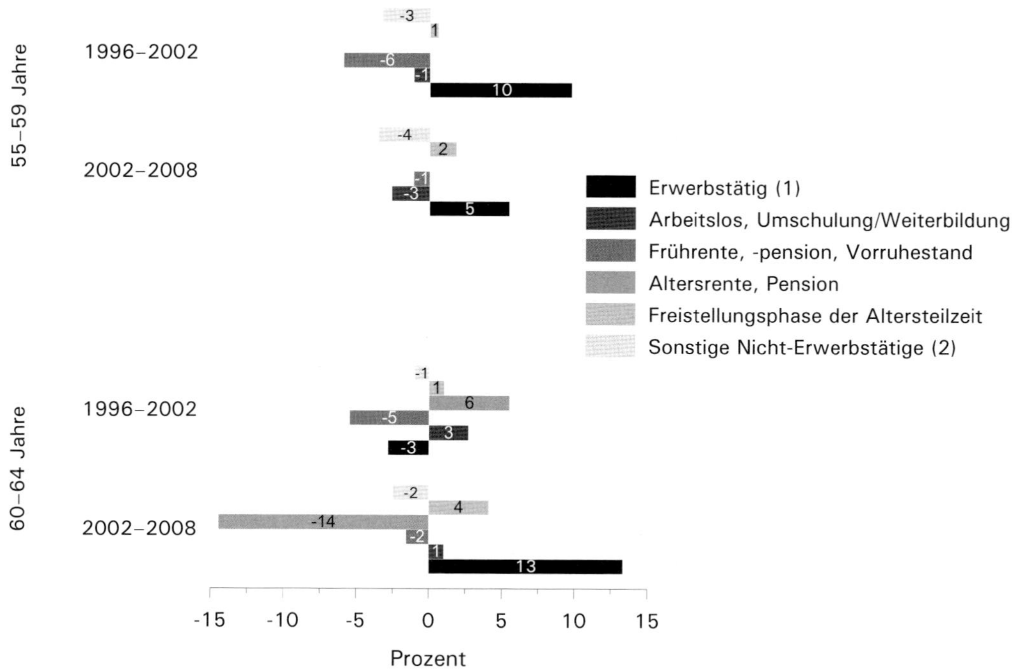

Quelle: DEAS 1996 (n = 1.294), 2002 (n = 698), 2008 (n = 1.294), gewichtet, gerundete Angaben.
(1) Erwerbstätige ohne Bezug einer Altersrente/Pension.
(2) Personen ohne Erwerbseinkommen und ohne Rente, wie beispielsweise Hausfrauen/-männer und aus anderen Gründen nicht Erwerbstätige.

64-Jährigen Männern 38 Prozent erwerbstätig und zwischen 47 Prozent (Ost) und 50 Prozent (West) im Ruhestand oder der Freistellungsphase der Altersteilzeit. Die Erwerbstätigkeit der Frauen war mit 32 Prozent in den alten Bundesländern etwa doppelt so hoch wie in den neuen Bundesländern (15 Prozent), wo sich die klare Mehrheit der Frauen bereits im Ruhestand oder in der Freistellungsphase der Altersteilzeit befand (75 Prozent). Die auf dem DEAS basierenden Erwerbsquoten weichen nur leicht von den Quoten ab, die auf der Basis des Mikrozensus errechnet werden. Dem Mikrozensus zufolge lagen die Erwerbsquoten bei den 55- bis 59-Jährigen im Jahr 1996 bei 65 Prozent und im Jahr 2006 bei 76 Prozent und unter den 60- bis 64-Jährigen im Jahr 1996 bei 17 und im Jahr 2006 bei 32 Prozent (Wingerter 2008).[2]

Zwischen 1996 und 2008 stiegen in allen Subgruppen die Erwerbsquoten (Abbildung 5–3): Die Erwerbsquote der Männer in West- und Ostdeutschland stieg bundesweit um zehn bis 15 Prozentpunkte und glich sich auf jeweils

2 Vergleichbar zum DEAS sind im Mikrozensus unter der Kategorie „Erwerbstätige" alle Personen subsumiert, die in der Berichtswoche – im DEAS wird im Gegensatz dazu die „derzeitige" Erwerbstätigkeit ohne eingegrenzten Zeitraum abgefragt – zumindest eine Stunde gegen Entgelt (Lohn, Gehalt) oder als Selbstständige/r, mithelfende/r Familienangehörige/r gearbeitet haben oder in einem Ausbildungsverhältnis stehen.

Abb. 5–3: Erwerbsstatus der 60- bis 64-Jährigen nach Geschlecht und Region in den Jahren 1996, 2002 und 2008 (in Prozent)

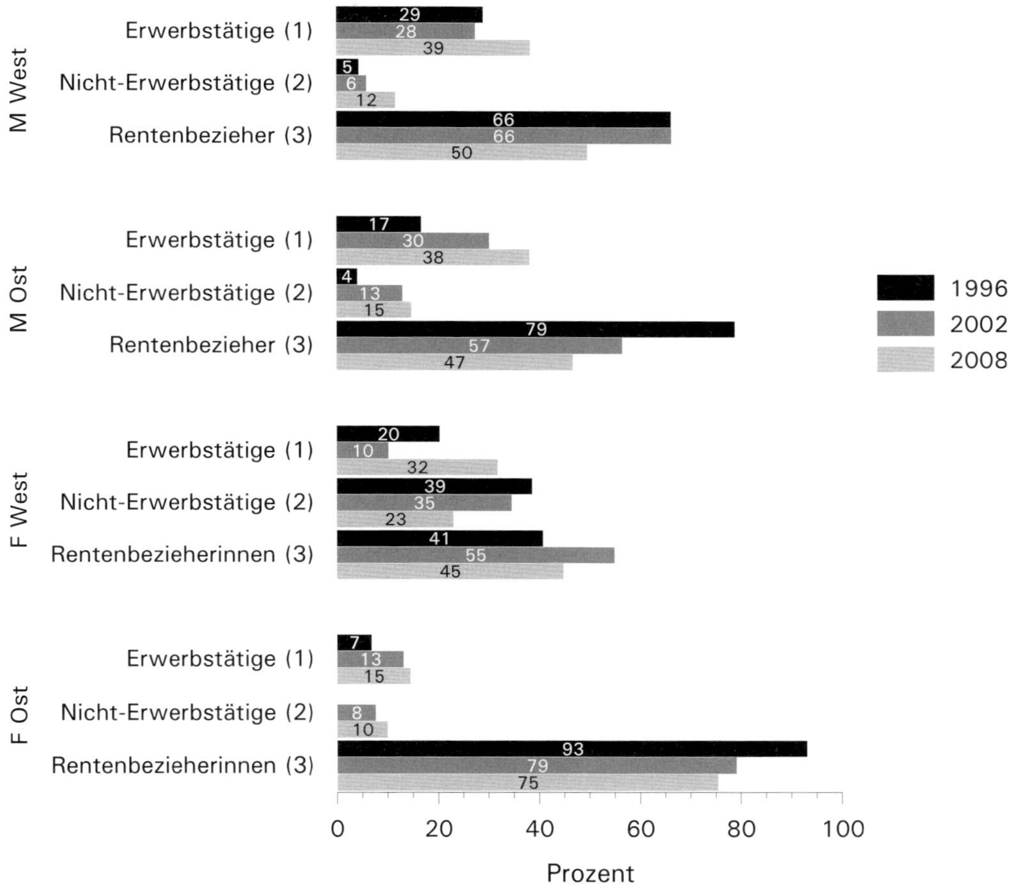

Quelle: DEAS 1996 (n = 547), 2002 (n = 430), 2008 (n = 607), gewichtet, gerundete Angaben.
(1) Erwerbstätige ohne Bezug einer Altersrente/Pension.
(2) Personen in Arbeitslosigkeit, Umschulung/Weiterbildung und sonstige Nicht-Erwerbstätige.
(3) Frührente, -pension, Vorruhestand, Altersrente, Pension, Freistellungsphase der Altersteilzeit.

38 Prozent an. Auch die Frauen in den alten Bundesländern steigerten zwischen 2002 und 2008 ihre Erwerbsquote von zehn auf 32 Prozent. In den neuen Bundesländern waren hingegen im Jahr 2008 mit 80 Prozent die meisten Frauen weiterhin im Ruhestand. Seit 1996 sank aber auch hier der Anteil der Ruheständlerinnen um zehn Prozentpunkte, während sich die Erwerbsquote immerhin auf 15 Prozent verdoppelte. Die steigende Erwerbsquote der Frauen hängt vermutlich unter anderem mit der Erhöhung der Altersgrenze für den abschlagfreien Rentenzugang von 60 auf 65 Jahre im Jahr 2004 und der Aufhebung der Steuerpflicht für die geringfügige Beschäftigung im Jahr 2003 zusammen. Die deutlichen Unterschiede der Erwerbsquoten der Frauen in den neuen und alten Bundesländern beruhen vermutlich auf unterschiedlich langen Erwerbsbiografien und familienbedingten Un-

terbrechungen. Auch unterschiedliche Arbeitsmarktentwicklungen und sozialrechtliche Regelungen könnten eine Rolle spielen. Möglicherweise wirken auch die in den neuen Bundesländern in den 1990er Jahren eingesetzten befristeten Möglichkeiten zum Vorruhestand noch nach (Engstler 2006). Bei den Männern verkleinern sich bundesweit und bei den Frauen nur in den alten Bundesländern die Anteile der endgültig aus dem Erwerbsleben ausgeschiedenen Personen auf zwischen 45 und 50 Prozent.

Zu beachten ist, dass auch das Aufrücken von geburtenstarken Jahrgängen in die Gruppe der älteren Arbeitnehmerinnen und Arbeitnehmer und die Konjunktur in den Aufschwungjahren 2005 bis 2008 einen Anstieg der Erwerbsbeteiligung begünstigten (Aarlt et al. 2009; Brussig et al. 2008).

5.3.2 Verlängerung der Erwerbstätigkeit

Angesichts der aktuell noch vergleichsweise niedrigen Erwerbsquote unter den 60- bis 64-Jährigen und der geplanten stufenweisen Erhöhung der Regelaltersgrenze auf 67 Jahre ab 2012 steht in den folgenden Abschnitten zunächst die Frage im Mittelpunkt, ob es in dieser Altersgruppe tatsächlich gelang, nicht nur vermehrt sondern, wie reformpolitisch gewünscht, auch *länger* erwerbstätig zu sein. In diesem Fall müsste nicht nur das durchschnittliche Renteneintrittsalter, sondern auch das Alter beim Ausstieg aus der letzten Erwerbstätigkeit vor dem Ruhestand (Erwerbsaustrittsalter) signifikant gestiegen sein. Das hier betrachtete Erwerbsaustrittsalter und Renteneintrittsalter basiert auf retrospektiven Angaben von Personen im Ruhestand zu dem durchschnittlichen Alter beim Ende der letzten Erwerbstätigkeit und bei dem ersten Rentenbezug.

Die Fragestellung der folgenden Analysen knüpft an zentrale Punkte der Diskussion um die Erhöhung der Regelaltersgrenze auf 67 Jahre an. Es ist aktuell umstritten, ob ältere Erwerbstätige gleichermaßen den Erwerbsaustritt und Renteneintritt verzögern können (Brussig et al. 2008; Brussig & Wojtkowski 2007). Denn die Chancen zur längeren Erwerbstätigkeit sind ungleich verteilt und steigen unter anderem mit dem Bildungsniveau: Laut Mikrozensus waren im Jahr 2008 nur noch 43 Prozent der 55- bis 64-Jährigen ohne beruflichen Abschluss und 74 Prozent derjenigen mit Hochschulabschluss erwerbstätig (Wingerter 2008). Vermutlich gelingt es gerade hoch Qualifizierten in stabiler Beschäftigung am ehesten, ihren Renteneintritt aufzuschieben (Radl 2007). Auch aktuelle DEAS-basierte Analysen von 2008 zeigen, dass Frauen mit niedrigem Bildungsniveau in den neuen Bundesländern die schlechtesten Chancen und umgekehrt gut gebildete Männer in den alten Bundesländern die besten Chancen zur verlängerten Erwerbstätigkeit haben (Naumann et al. 2009).

Verlängerung der Erwerbstätigkeit: Erwerbsaustritts- und Renteneintrittsalter

Im Folgenden wird die Frage untersucht, inwiefern es nicht nur mehr Menschen in den letzten Jahren vor dem Ruhestand gelingt, überhaupt, sondern tatsächlich auch *länger* erwerbstätig zu sein. In diesem Fall müsste sich nicht nur das Renteneintrittsalter, sondern auch das Erwerbsaustrittsalter signifikant erhöht haben. Diese Analysen basieren auf retrospektiven Angaben von Personen in der zweiten und dritten DEAS-Datenerhebungswelle, die jeweils in den letzten sechs Jahren vor der zweiten oder dritten DEAS-Datenerhebung in den Ruhestand gegangen sind. So steht weiterhin der Wandel der Erwerbspartizipation zwischen den Erhebungswellen von 2002 und 2008 im Fokus, auch wenn in diesem Fall der Zeitraum 1996 bis 2008 abgedeckt wird.

Abb. 5–4: Entwicklung des durchschnittlichen Renteneintritts- und Erwerbsaustrittsalters zwischen 1996 und 2008 (Retrospektive Angaben)

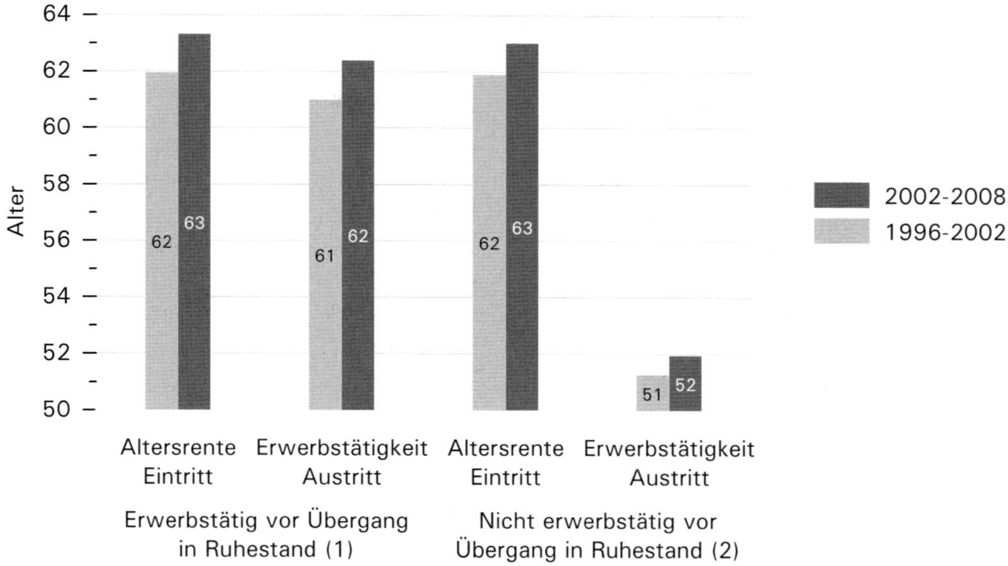

Quelle: DEAS 2002 (n = 362), 2008 (n = 690), gewichtet, gerundete Angaben.
Anmerkung: Nur Personen, die zwischen 1996 und 2002 oder zwischen 2002 und 2008 in Rente gegangen sind.
(1) Aus Erwerbstätigkeit in den Ruhestand gewechselt.
(2) Aus Formen der Nicht-Erwerbstätigkeit in den Ruhestand gewechselt: Arbeitslose, Personen in Aus- und Weiterbildung, Freistellungsphase der Altersteilzeit, Vorruhestand, Berufsunfähigkeitsrente und Ähnlichem.

Vorliegende Analysen zeigen, dass die Personen, die aus der Erwerbstätigkeit in den Ruhestand gewechselt sind, sowohl länger gearbeitet haben, als auch später in die Rente eingetreten sind: Das Erwerbsaustrittsalter stieg in dieser Gruppe signifikant von 61,0 auf 62,4 Jahre und das Renteneintrittsalter von 61,9 auf 63,3 Jahre (Abbildung 5–4).[3] Auch unter denjenigen, die aus dem Status der Nicht-Erwerbstätigkeit in den Ruhestand gewechselt sind, stieg das Renteneintrittsalter signifikant von 61,9 auf 63,0 Jahre. Allerdings hat sich in dieser Gruppe das Erwerbsaustrittsalter nicht signifikant erhöht (Abbildung 5–4). Das stagnierende Erwerbsaustrittsalter in dieser Gruppe kann als Hinweis gedeutet werden, dass diese den späteren Renteneintritt nur über eine Verlängerung ihrer unter Umständen prekären Situation erreichen können.

Diese Befunde zur Veränderung des Renteneintrittsalters stimmen weitgehend mit den Statistiken der Deutschen Rentenversicherung überein: Diesen zufolge stieg zwischen 1996 und 2008 das durchschnittliche Renteneintrittsalter von 62,3 auf 63,2 Jahre (Brussig 2010) und lag damit weiterhin deutlich unter der Regelaltersgrenze von 65 Jahren.

3 Die Abweichungen des durchschnittlichen Erwerbsaustritts- und Renteneintrittsalters von Personen, die aus der Erwerbstätigkeit in den Ruhestand gegangen sind, beruhen auf Ungenauigkeiten in den retrospektiven Angaben der Befragten.

Die Frage, wem es unter welchen Umständen überhaupt gelingt, länger im Erwerbsleben zu bleiben, ist umstritten (Zähle et al. 2009): Gelingt dies vor allen denjenigen, die ihre Arbeitsbelastung reduzieren und auf Teilzeitbasis arbeiten[4] oder sogar wegen schlechter Beschäftigungschancen geringfügige Beschäftigungen akzeptieren, um die Altersgrenze für den abschlagfreien Rentenbezug zu erreichen? Anhand der im DEAS von Ruheständlern retrospektiv genannten Arbeitsstundenzahl in der letzten Erwerbstätigkeit finden sich dafür keine Anhaltspunkte: Jeweils ungefähr 40 Prozent geben an, zuletzt zwischen 30 und 40 oder mehr als 40 Arbeitsstunden pro Woche geleistet zu haben. Nur 20 Prozent geben an, zuletzt weniger Stunden gearbeitet zu haben.

Abschließend ist festzuhalten, dass im Jahr 2008 Menschen in der zweiten Lebenshälfte mittlerweile auch von sich aus zunehmend mit einem späteren Renteneintritt rechnen. Dies gilt für alle Bildungsgruppen, ungeachtet der schlechteren Chancen zur verlängerten Erwerbstätigkeit für Personen mit niedrigem Bildungsniveau (Naumann et al. 2009). Denn die Antworten auf die Frage, wie alt man vermutlich beim Übergang in den Ruhestand sein wird, glichen sich zwischen 1996 und 2008 unter den 55- bis 64-Jährigen an: Während noch im Jahr 1996 das erwartete Rentenzugangsalter zwischen knapp unter 60 Jahren in der Personengruppe mit niedrigem formalem Bildungsniveau und 63 Jahren unter den hoch Gebildeten streute, liegt im Jahr 2008 die Spanne zwischen 63 und 64 Jahren. Entsprechend zu früheren Datenerhebungswellen des DEAS stimmen das geplante und nachfolgend realisierte Alter beim Übergang in den Ruhestand weitgehend überein (Engstler 2004, 2006).

5.3.3 Übergang in den Ruhestand für Personen außerhalb des Erwerbslebens

Im folgenden Abschnitt steht die Frage im Mittelpunkt wie sich mit der Schließung diverser Vorruhestandsoptionen der Übergang in den Ruhestand für die Personen gestaltet, die bereits außerhalb des Erwerbslebens stehen. In der aktuellen Diskussion wird befürchtet, dass die arbeitsmarkt- und rentenpolitischen Reformen diesen Personenkreis besonders benachteiligen. Da diese bereits außerhalb des Erwerbslebens stünden, wären sie möglicherweise gezwungen, entweder prekäre Konstellationen wie eine Langzeitarbeitslosigkeit oder aber Abschläge bei vorzeitigem Renteneintritt in Kauf zu nehmen.

In die Analysen fließen die Angaben von den Personen ein, die jeweils in den letzten sechs Jahren vor den drei DEAS-Befragungen in den Ruhestand gewechselt sind, weswegen in diesem Analyseblock der Zeitraum von 1990 und 2008 abgedeckt ist. Die Angaben beziehen sich auf den Status, den sie ihren Angaben gemäß zuletzt vor dem Übergang in den Ruhestand innehatten: Arbeitslosigkeit, in Aus- oder Weiterbildung, im Vorruhestand, in der Freistellungsphase der Altersteilzeit, in Berufsunfähigkeitsrente oder länger erkrankt und sonstige von den Befragten nicht näher spezifizierte Formen der Nicht-Erwerbstätigkeit. Der Beobachtungszeitraum wird in diesem Fall auf die drei DEAS-Datenerhebungen ausgedehnt, um in dieser Personengruppe die Situation vor und nach der Abschaffung wesentlicher Optionen zum Vorruhestand vergleichen zu können.

4 In diesem Zusammenhang ist zu beachten, dass bei der Einführung der Altersteilzeit diese ursprünglich als ein Instrument zu einer verlängerten Erwerbstätigkeit gedacht war. Die Praxis zeigte hingegen, dass die Variante des Blockmodells für einen früheren vollständigen Ausstieg aus dem Erwerbsleben eindeutig gegenüber der Teilzeitvariante bevorzugt wird (Brussig et al. 2009).

Abb. 5–5: Übergang in den Ruhestand aus dem Status der Nicht-Erwerbstätigkeit zwischen 1990 und 2008 (in Prozent)

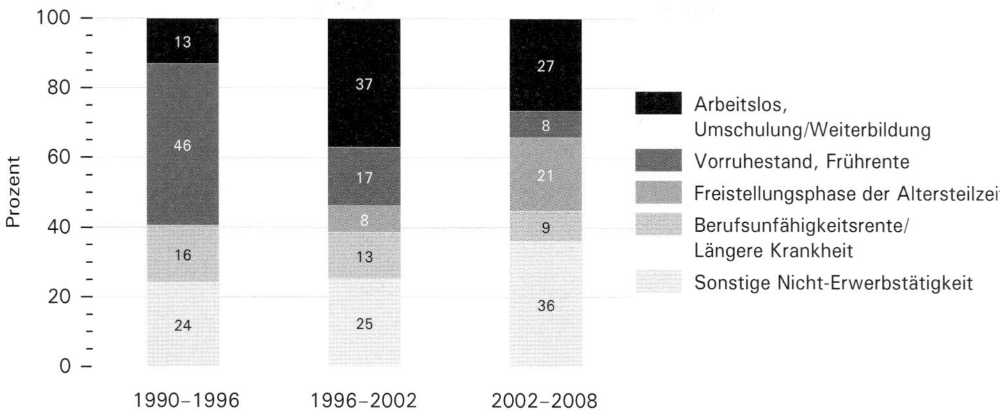

Quelle: DEAS 1996 (n = 277), 2002 (n = 165) und 2008 (n = 359), gewichtet, gerundete Angaben. Retrospektive Angaben von Personen, die zwischen 1990 und 2008 in den Ruhestand gewechselt sind.

Status vor dem Übergang in den Ruhestand

Zwischen 1990 und 2008 veränderten sich die Muster des Übergangs von nicht erwerbstätigen Personen in den Ruhestand deutlich. Mit der institutionellen Schließung diverser Optionen zum Vorruhestand schrumpfte der Anteil der Vorruheständlerinnen und Vorruheständler erwartungsgemäß drastisch von 46 auf acht Prozent. Auch der Anteil der Personen in Berufsunfähigkeitsrente oder längerfristig Krankgeschriebenen sank von 16 auf neun Prozent. Im Gegenzug verdreifachte sich allerdings fast der Anteil der Personen in der Freistellungsphase der Altersteilzeit von acht auf 21 Prozent (vgl. Abbildung 5–5). Zwischen 1990 und 2002 vergrößerte sich in dieser Gruppe der Anteil derjenigen, die aus der Arbeitslosigkeit in den Ruhestand gewechselt sind, besorgniserregend von 13 auf 37 Prozent. Zwischen 2002 und 2008 verkleinerte sich immerhin dieser um fast neun Prozentpunkte auf 27 Prozent. Eine weitere markante Veränderung war der Anstieg des Anteils der unter der Kategorie „Sonstiges“ zusammengefassten Personen. Dieser stieg von 24 auf 36 Prozent. Dies könnte als Hinweis gedeutet werden, dass diese Personengruppe beim Übergang in den Ruhestand zunehmend alternative Wege jenseits der genannten Standardkategorien einschlägt und sich die Wege des Übergangs in den Ruhestand pluralisieren.

Inanspruchnahme der Altersteilzeit

Angesichts der steigenden Bedeutung der Variante des Blockmodells der Altersteilzeit wird im Folgenden näher beleuchtet, wie diese Option zwischen 2002 und 2008 genutzt wurde. Die Variante des Blockmodells ermöglicht über die anschließende Freistellungsphase weiterhin einen vorzeitigen Ausstieg aus dem Erwerbsleben. Insofern geschieht die steigende Nachfrage nach der Altersteilzeit gerade in dem Zeitraum, in dem diverse andere Möglichkeiten zum vorzeitigen Ausscheiden aus dem Erwerbsleben institutionell geschlossen wurden. Die nachfolgend präsentierten Analysen

Abb. 5–6: Inanspruchnahme von Altersteilzeit in den Jahren 2002 und 2008 (in Prozent)

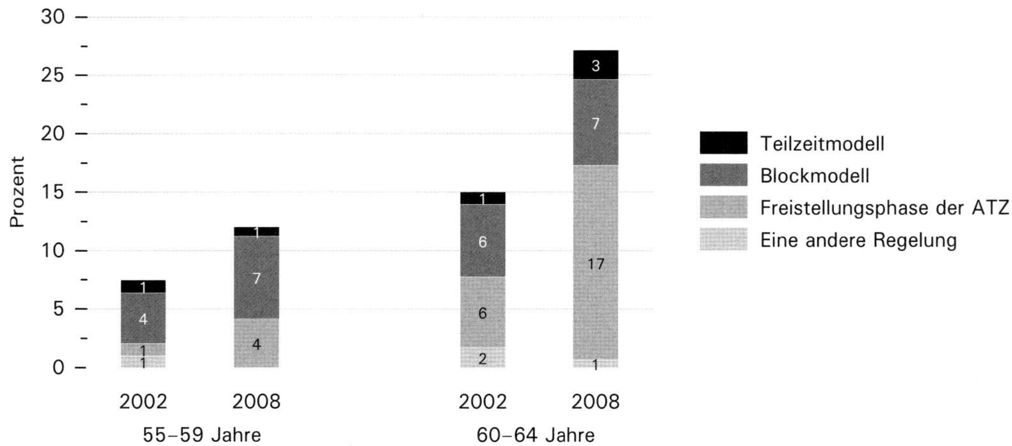

Quelle: DEAS 2002 (n = 579), 2008 (n = 217), gewichtet, gerundete Angaben. Prozente über die Population von Anspruchsberechtigten der Altersteilzeit (Erwerbstätige, nicht Selbstständige) und Personen in der Freistellungsphase der Altersteilzeit. Personen in der Kategorie Blockmodell sind Personen, die noch arbeiten, bevor sie in die Freistellungsphase gehen.

beziehen sich ausschließlich auf Anspruchsberechtigte.[5]

Im Jahr 2008 nutzte mehr als jede zehnte anspruchsberechtigte Person zwischen 55 und 59 Jahren und sogar etwas mehr als jede vierte unter den 60- bis 64-Jährigen die Altersteilzeit (Abbildung 5–6). Die Variante des Blockmodells wurde gegenüber dem Teilzeitmodell eindeutig bevorzugt. In beiden Altersgruppen nahmen jeweils sieben Prozent der Nutzerinnen und Nutzer der Altersteilzeit das Blockmodell, aber nur etwa ein bis drei Prozent das Teilzeitmodell in Anspruch. Unter den 60- bis 64-jährigen Nutzerinnen und Nutzern der Altersteilzeit waren mit einem Anteil von etwa 15 Prozent fast dreimal mehr Personen in der Freistellungsphase als in der jüngeren Altersgruppe und damit bereits vollständig aus dem Erwerbsleben ausgeschieden. Zwischen 2002 und 2008 stieg unter den anspruchsberechtigten 60- bis 64-Jährigen besonders die Nutzung des Blockmodells. Der Anteil der Personen in der Freistellungsphase, verdreifachte sich fast auf 17 Prozent. Diese Differenz ist wegen der kleinen Fallzahlen im DEAS zwar nicht statistisch signifikant, entspricht aber den Befunden anderer Studien, denen zufolge die Altersteilzeit eine zunehmend genutzte Brücke in den Ruhestand ist (Brussig et al. 2009).

In der Gesamtschau verändern sich also die Übergangsmuster von nicht erwerbstätigen Personen in den Ruhestand nur teilweise wie reformpolitisch gewünscht. Mit der institutionellen Schließung diverser Optionen zum vorzeitigen Ausstieg aus dem Erwerbsleben steigt die Bedeutung der Altersteilzeit, die über die Freistellungsphase ein frühzeitiges vollständiges Ausscheiden aus dem Erwerbsleben erlaubt. Wie sich die Anteile von in Arbeitslosigkeit befindlichen Personen zukünftig

5 Zu dem anspruchsberechtigen Personenkreis der Altersteilzeit gehören Arbeitnehmerinnen und Arbeitnehmer, die das 55. Lebensjahr vollendet und innerhalb der letzten fünf Jahre vor Beginn der Altersteilzeit mindestens 1.080 Kalendertage (entspricht etwa drei Jahren) in einer versicherungspflichtigen Beschäftigung gestanden haben.

entwickeln werden, sollte in Zukunft genau beobachtet werden.

5.4 Außerberufliche gesellschaftliche Partizipation

In den vorherigen Abschnitten stand eine zentrale Dimension gesellschaftlicher Partizipation im Vordergrund: die Erwerbstätigkeit. Es wurde gezeigt, dass im Jahr 2008 Menschen in der zweiten Lebenshälfte im Vergleich zum Jahr 1996 verstärkt und außerdem länger erwerbstätig sind. Diese renten- und arbeitsmarktpolitisch gewünschte Ausweitung der Erwerbstätigkeit in der zweiten Lebenshälfte steht nicht nur mit der Sicherung der Finanzierung der sozialen Sicherungssysteme in Zusammenhang. Denn der möglichst lange Erhalt der beruflichen und außerberuflichen gesellschaftlichen Partizipation entspricht auch dem aktuell altenpolitisch favorisierten Leitbild des „aktiven Alters“ zur Förderung der Lebensqualität und eines gesunden Alterns (BMFSFJ 2006; Schmid & Hartlapp 2008; WHO 2002). In diesem Sinne warben im Beobachtungszeitraum des vorliegenden Buchs parallel zu den renten- und arbeitsmarktpolitischen Reformen auch alten- und engagementpolitische Initiativen für ein aktives Alter, das heißt unter anderem für eine Ausweitung der Erwerbstätigkeit, des ehrenamtlichen Engagements und des lebenslangen Lernens. Dabei wurde in einigen Initiativen eine enge Verbindung zwischen ehrenamtlichem Engagement und Bildung hergestellt und teilweise auch das ehrenamtliche Engagement als potenzielle berufliche Weiterqualifizierung konzeptualisiert. Deswegen werden im Folgenden Ehrenamt und Bildung nicht nur einzeln, sondern auch gemeinsam betrachtet.

Zwischen 1996 und 2008 gab es diverse Maßnahmen, um die Rahmenbedingungen für die Erwerbstätigkeit, ehrenamtliches Engagement und Bildung in der zweiten Lebenshälfte zu verbessern. Eine wichtige Zielgruppe dieser Maßnahmen sind Personen in der Nähe zum Ruhestand. Die Frage, inwiefern diese Überschneidung der Zielgruppen möglicherweise zu einem Zielkonflikt der arbeitsmarkt-, renten-, alten- und engagementpolitischen Maßnahmen führen könnte, wird im darauffolgenden Absatz aufgegriffen.

5.4.1 Muster außerberuflicher gesellschaftlicher Partizipation

In diesem Abschnitt steht zunächst die Frage im Vordergrund, ob zwischen 1996 und 2008 die außerberufliche gesellschaftliche Partizipation am Beispiel ehrenamtlichen Engagements und Bildung tatsächlich, wie politisch gewünscht, zugenommen hat.

Das ehrenamtliche Engagement und insbesondere die außerhäuslichen Bildungsaktivitäten waren im Jahr 2008 bei Menschen in der zweiten Lebenshälfte weit verbreitet, und nur in der höchsten Altersgruppe noch etwas weniger häufig: Etwa 60 Prozent der 40- bis 54-Jährigen, 50 Prozent der 55- bis 69-Jährigen und 30 Prozent der 70- bis 85-Jährigen gaben an, in den letzten zwölf Monaten mindestens einmal an außerberuflichen gesellschaftlichen Aktivitäten partizipiert zu haben (Abbildung 5–7). In allen Altersgruppen waren außerhäusliche Bildungsaktivitäten wesentlich häufiger als ehrenamtliches Engagement. Jeweils grob ein Drittel der außerhäuslich bildungsaktiven Personen engagierte sich zugleich ehrenamtlich. Nur wenige (unter fünf Prozent) ehrenamtlich Engagierte nutzten keine außerhäuslichen Bildungsangebote.

In den verschiedenen Altersgruppen ergeben sich folgende Muster: Unter den 40- bis

Abb. 5–7: Außerberufliche gesellschaftliche Partizipation der 40- bis 85-Jährigen nach Alter in den Jahren 1996, 2002 und 2008 (in Prozent)

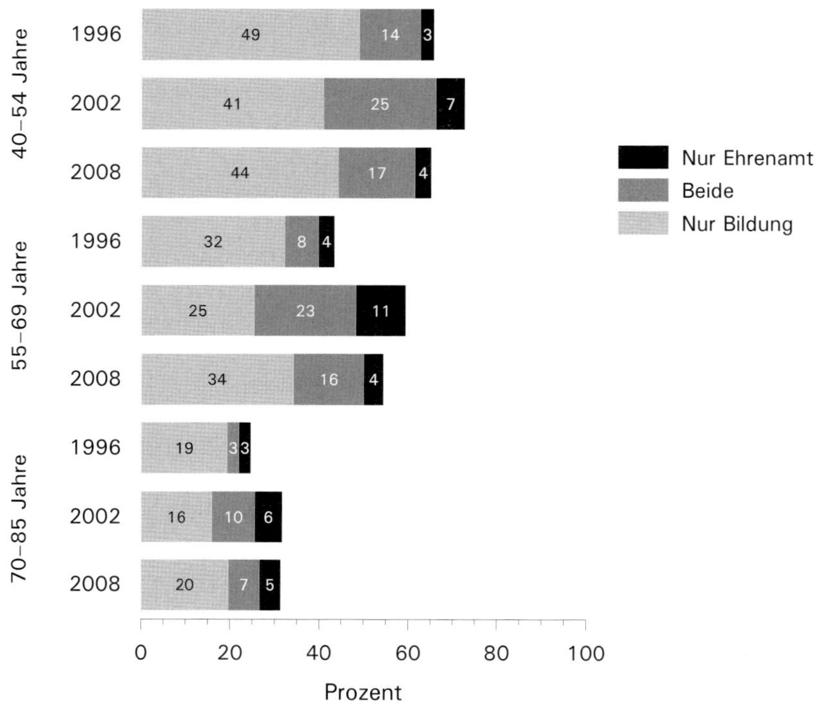

Quelle: DEAS 1996 (n = 4.781), 2002 (n = 2.499) und 2008 (n = 6.020), gewichtet, gerundete Angaben.

54-Jährigen gibt fast jede zweite Person (44 Prozent) an, in den letzten zwölf Monaten an mindestens einer außerhäuslichen Bildungsaktivität teilgenommen zu haben. Ungefähr jede sechste Person ist ehrenamtlich engagiert und nutzt außerhäusliche Bildungsangebote, nur wenige sind ausschließlich ehrenamtlich engagiert (unter fünf Prozent) (Abbildung 5–7). Unter den 55- bis 69-Jährigen zeigt sich ein ähnliches Bild: Jede dritte Person bildet sich außerhäuslich, jede sechste Person berichtet beide Aktivitäten und nur wenige sind ausschließlich ehrenamtlich engagiert (fünf Prozent). Unter den 70- bis 85-Jährigen nutzt ungefähr jede fünfte Person außerhäusliche Bildungsangebote und ein vergleichbarer Anteil zeigt beide Aktivitäten oder ist ausschließlich ehrenamtlich engagiert (sieben Prozent). Besonders in der höchsten Altersgruppe sind Männer mit einer fast 20 Prozent höheren Partizipationsquote in den untersuchten Dimensionen aktiver als Frauen. Im Vergleich zu den neuen Bundesländern berichten in den alten Bundesländern nahezu doppelt so viele Personen mindestens eine dieser Tätigkeiten.

Zwischen 1996 und 2008 veränderten sich die Muster außerberuflicher Partizipation vor allem unter den 55- bis 69-Jährigen und 70- bis 85-Jährigen (Abbildung 5–7). Unter den 55- bis 69-Jährigen wuchs der Anteil der Personen, die sich in den untersuchten Dimensionen der außerberuflichen Partizipation engagierten, von 43 auf 54 Prozent und unter den 70- bis 85-Jährigen von 25 auf 31 Prozent. Aufgrund dieser Schwankungen ist keine eindeutige Steigerung des ehrenamtlichen Engagements oder der Bildungsaktivitäten festzustellen. Auf Basis des Sozio-oekonomischen Panels (SOEP) wurde hinsichtlich des ehrenamtlichen Engagements gezeigt, dass gerade die Quote des seltener als monatlich ausgeübten Engagements in den letzten 20 Jahren konstant zwischen 22 und 33 Prozent schwankt und nicht konstant steigt (Künemund & Schupp 2008). Generell ist zu beachten, dass die vorliegenden Querschnittbefunde aus Platzgründen weder die zeitliche Intensität noch Regelmäßigkeit der Aktivitäten berücksichtigen und sich auf dieser Basis keine Rückschlüsse auf die Dynamik auf individueller Ebene ziehen lassen, wie sie an anderer Stelle untersucht wurde (Ehrhardt 2009).

Mangels einheitlicher Definitionen ehrenamtlichen Engagements unterscheiden sich die von anderen Surveys berichteten Engagementquoten erheblich und bewegen sich zwischen 33 Prozent im Freiwilligensurvey (Gensicke et al. 2005) und 13 Prozent in SHARE (Erlinghagen & Hank 2009). Im Survey of Health, Ageing and Retirement in Europe (SHARE) wird beispielsweise abgefragt, ob in den letzten vier Wochen vor der Befragung ehrenamtliches Engagement geleistet wird, während im DEAS, vergleichbar zum Sozio-oekonomischen Panel (SOEP), die in den letzten zwölf Monaten geleisteten Tätigkeiten abgefragt werden (Künemund & Schupp 2008). Im Freiwilligensurvey, der die höchsten Engagementquoten berichtet, werden alle freiwillig geleisteten Gemeinschaftsaktivitäten in organisierten und institutionalisierten Kontexten erfasst, da hier dezidiert nicht ehrenamtliches, sondern freiwilliges Engagement außerhalb von Familie und Beruf gemessen wird (Gensicke et al. 2005). Zur Bildung im Alter ist die Datenlage vergleichsweise dünn, weswegen keine vergleichbaren Quoten anderer Surveys zur Partizipation an außerhäuslichen Bildungsangeboten vorliegen (vgl. Abschnitt 5.2).

5.4.2 Zusammenhang beruflicher und außerberuflicher Partizipation

Wie in der Einleitung kurz umrissen, wurden im Beobachtungszeitraum die diversen arbeitsmarkt- und rentenpolitischen Reformen von alten- und engagementpolitischen Initiativen flankiert, die für ein „aktives Alter" werben. Da diese auch Personen in der Nähe zum Ruhestand ansprachen, überlappten sich die Zielgruppen der verschiedenen Maßnahmen. In der Konzeption der engagement- und altenpolitischen Initiativen schwangen implizite zeit- und rollentheoretische Annahmen mit, denen zufolge gerade Menschen beim Übergang in den Ruhestand nach Wegen suchten, die neu gewonnene Zeit zu füllen und die verlorenen gesellschaftlichen Rollen durch neue zu ersetzen. Zwar klingen solche Annahmen plausibel, empirisch sind sie aber bislang wenig überprüft (Erlinghagen 2009). Träfen diese Annahmen zu, müsste die reformpolitisch gewünschte Ausweitung und Verlängerung der Erwerbstätigkeit in der zweiten Lebenshälfte zunehmend mehr Zeitressourcen erwerbsfähiger Personen für eine etwaige außerberufliche Teilhabe an der Gesellschaft gebunden und diese weiter nach hinten im Lebensverlauf verdrängt haben. Falls aber beide Formen gesellschaftlicher Partizipation von ähnlichen Faktoren begünstigt wurden und entsprechend die Erwerbstätigkeit die Wahrscheinlichkeit des ehrenamtlichen Engagements und außerhäuslicher Bildungsaktivitäten erhöht hat, müssten beispielsweise engagementpolitische Initiativen zukünftig verstärkt auch ältere Erwerbstätige für ehrenamtliches Engagement anwerben.

Prüft man nun, wie wahrscheinlich es im Jahr 2008 für Erwerbstätige, Nicht-Erwerbstätige (vor dem Ruhestand) und Personen im Ruhestand ist, in zumindest einer der außerberuflichen gesellschaftlichen Sphären Ehrenamt und außerhäusliche Bildung zu partizipieren, zeigt sich, dass dies für Erwerbstätige deutlich wahrscheinlicher ist als für Arbeitslose oder Personen im Ruhestand (Abbildung 5–8). Die Wahrscheinlichkeit der untersuchten Dimensionen außerberuflicher Partizipation steigt besonders mit dem formalen Bildungsniveau, dem Status der Erwerbstätigkeit, aber auch mit einem guten Gesundheitszustand und einem Wohnort in den alten Bundesländern. Insgesamt sind das ehrenamtliche Engagement und außerhäusliche Bildungsaktivitäten für hoch gebildete, gesunde Erwerbstätige in den alten Bundesländern am wahrscheinlichsten und für Personen im Ruhestand mit schlechter Gesundheit in den neuen Bundesländern am wenigsten wahrscheinlich.

Diese Ergebnisse geben erste Anhaltspunkte dafür, dass die Ausweitung der Erwerbstätigkeit in der zweiten Lebenshälfte keinen Verdrängungseffekt auf die außerberufliche gesellschaftliche Partizipation in dieser Bevölkerungsgruppe hat. Im Gegenteil, es ist für Erwerbstätige wahrscheinlicher auch ehrenamtlich engagiert zu sein und außerhäusliche Bildungsangebote zu nutzen. Andere Studien zum Zusammenhang zwischen beruflicher und außerberuflicher Partizipation berichten allerdings heterogene Ergebnisse. Beispiels-

Abb. 5–8: Wahrscheinlichkeit für außerberufliche Partizipation im Jahr 2008 (Probit-Modell: Angaben in errechneten Wahrscheinlichkeiten)

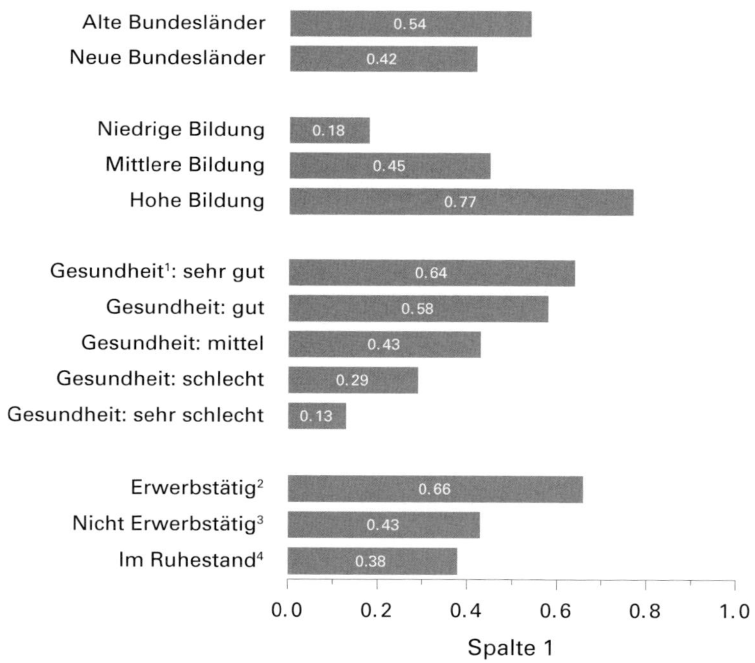

Quelle: DEAS 2008 (n = 5.590), eigene Berechnung mit einem Probit-Modell.
Anmerkung: Es wurde für Alter, Geschlecht und Familienstand kontrolliert. Geschlecht hat keinen signifikanten Effekt. Alle präsentierten Ergebnisse sind signifikant.

[1] Gesundheit: subjektive Einschätzung des eigenen Gesundheitszustandes.
[2] Erwerbstätig: Erwerbstätige Personen ohne Bezug einer Altersrente/Pension.
[3] Nicht Erwerbstätig: Personen in Arbeitslosigkeit, Umschulung/Weiterbildung und sonstige Nicht-Erwerbstätige.
[4] Im Ruhestand: Altersrente, Pension, Frührente, -pension, Vorruhestand, Freistellungsphase der Altersteilzeit.

weise wurde einerseits gezeigt, dass eine geringfügige Erwerbstätigkeit im Vergleich zur Nichterwerbstätigkeit einen positiven, Arbeitslosigkeit jedoch einen negativen Effekt auf die Wahrscheinlichkeit ehrenamtlichen Engagements hat (Künemund & Schupp 2008). Andererseits wiesen andere Studien keine positive Beziehung zwischen Erwerbstätigkeit und ehrenamtlichem Engagement nach (Erlinghagen & Hank 2009). Diese heterogenen Befunde sind auch vor dem Hintergrund unterschiedlicher Definitionen des ehrenamtlichen Engagements und der Erwerbstätigkeit zu deuten. Außerdem ist zu bedenken, dass in den hier präsentierten Analysen auf Basis des DEAS die Wahrscheinlichkeit des ehrenamtlichen Engagements und der außerhäuslichen Bildungsaktivitäten gemeinsam betrachtet wird. Inwiefern sich die Erwerbstätigkeit unterschiedlich auf die Wahrscheinlichkeit der Partizipation an außerhäuslichen Bildungsaktivitäten und ehrenamtlichem Engagement auswirkt, ist in zukünftigen Auswertungen ebenfalls noch zu überprüfen. Zusätzlich wäre in weiteren Analysen die jeweilige zeitliche Intensität und Regelmäßigkeit der beruflichen und außerberuflichen Partizipation zu berücksichtigen.

Die hier präsentierten Befunde weisen darauf hin, dass Erwerbstätigkeit, Ehrenamt und außerhäusliche Bildung möglicherweise ähnliche Voraussetzungen haben und die frei verfügbare Zeit nur eine von mehreren Ressourcen ist, die die außerberufliche gesellschaftliche Partizipation ermöglicht. Die Chancen zur gesellschaftlichen Partizipation scheinen ungleich verteilt: Wie die Erwerbstätigkeit sind im Jahr 2008 das ehrenamtliche Engagement und außerhäusliche Bildungsaktivitäten wesentlich häufiger in den Bevölkerungsgruppen mit einem hohen oder zumindest mittleren Bildungsniveau (Abbildung 5–9):

Abb. 5–9: Außerberufliche gesellschaftliche Partizipation der 40- bis 85-Jährigen nach Alter und Bildung im Jahr 2008 (in Prozent)

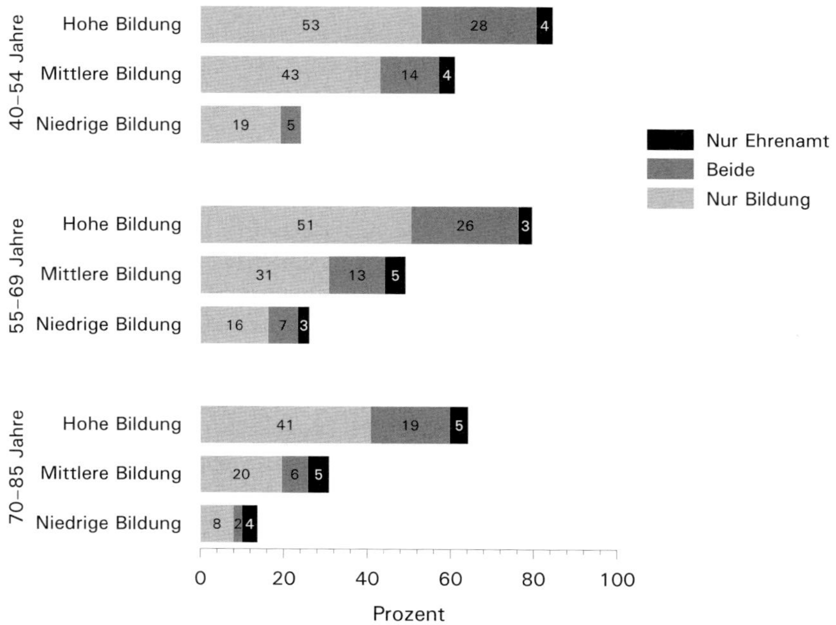

Quelle: DEAS 2008 (n = 6.017), gewichtet, gerundete Angaben.

Unter den 40- bis 54-Jährigen und 55- bis 69-Jährigen berichten jeweils mehr als dreimal so viele hoch gebildete wie niedrig gebildete Personen solche Aktivitäten. In der höchsten Altersgruppe der 70- bis 85-Jährigen sind die Unterschiede noch größer: Während 65 Prozent hoch gebildete Engagierte in dieser Form aktiv sind, trifft dies nur für 15 Prozent der Personen mit niedrigem formalen Bildungsniveau zu. In den meisten Gruppen sind jeweils ungefähr ein Drittel der Personen, die an außerhäuslichen Bildungsaktivitäten teilnehmen, zugleich auch ehrenamtlich engagiert. Lediglich unter den 70- bis 85-Jährigen mit niedrigem Bildungsniveau trifft dies nur auf ein Fünftel zu.

Es ist davon auszugehen, dass die besser gebildeten nachrückenden Kohorten der Älteren gute Voraussetzungen für eine stärkere gesellschaftliche Partizipation mitbringen. Das Ergebnis, dass zumindest ein Drittel der Personen, die sich ehrenamtlich engagieren, auch gleichzeitig an außerhäuslichen Bildungsaktivitäten teilnehmen, unterstützt den Ansatz in der aktuellen Alten- und Engagementpolitik, für ehrenamtliches Engagement und lebenslanges Lernen gemeinsam zu werben.

5.5 Zusammenfassung und Diskussion

Der Ausgangspunkt dieses Kapitels ist, dass zwischen den Jahren 1996 bis 2008 – und hier insbesondere im Zeitraum 2002 bis 2008 – die arbeitsmarkt- und rentenpolitischen Reformen zur Steigerung der Erwerbstätigkeit in der zweiten Lebenshälfte von einem breiten Bündel alten- und engagementpolitischer Initiativen zur Förderung eines aktiven Alters flankiert wurden. Vor diesem Hintergrund nimmt der Band drei wichtige Fragenkomplexe in den Blick:

1. Zuerst wird untersucht, wie sich im Zeitraum von 1996 bis 2008 die Muster der Erwerbspartizipation und des Übergangs in den Ruhestand verändern.
2. Darüber hinaus wird am Beispiel des ehrenamtlichen Engagements und der außerhäuslichen Bildung nachgezeichnet, wie sich institutionalisierte und politisch adressierte Muster außerberuflicher gesellschaftlicher Partizipation in diesem Zeitraum entwickeln.
3. Zum Abschluss wird angesichts der sich überschneidenden Zielgruppen arbeitsmarkt-, renten-, engagement- und altenpolitische Maßnahmen geprüft, inwiefern diese konfligierende Zielsetzungen verfolgen.

Das vorliegende Kapitel zeigt, wie sich die Erwerbspartizipation und der Übergang in den Ruhestand zwischen 1996 und 2008 in der reformpolitisch gewünschten Richtung veränderten. Dabei wuchs unter den 55- bis 59-Jährigen die Erwerbsquote besonders zwischen 1996 und 2002 und unter den 60- bis 64-Jährigen erst zwischen 2002 und 2008. Differenziert nach Geschlecht und Region, glich sich die Erwerbsquote unter den 60- bis 64-jährigen Männern bundesweit an, während Frauen besonders in den alten Bundesländern ihre Erwerbstätigkeit ausweiteten. Die Personen, die aus der Erwerbstätigkeit in den Ruhestand wechselten, arbeiteten länger und gingen später in Rente. Denn in dieser Gruppe stiegen sowohl das Renteneintritts- als auch das Erwerbsaustrittsalter signifikant. Diese Befunde sprechen dafür, dass die Erwerbstätigkeit unter den 60- bis 64-Jährigen nicht nur häufiger, sondern auch länger wird. Die gestiegenen Erwerbsquoten stehen aber nicht nur mit reformpolitischen Maßnahmen im Zusammenhang, da gleichzeitig geburtenstarke, besser gebildete Jahrgänge in die Gruppe der älteren Arbeitnehmer nachrückten (Brussig et al. 2008) und in den konjunkturellen Aufschwungjahren von 2005 bis 2008 der Arbeitsmarkt für sie besser war (Aarlt et al. 2009).

Der Personenkreis hingegen, der im Beobachtungszeitraum aus dem Status der Nicht-Erwerbstätigkeit in den Ruhestand gewechselt hat, zeigte eine weniger eindeutige Entwicklung. Mit der reformpolitischen Abschaffung diverser Optionen zum Vorruhestand stieg in dieser Gruppe unter den Anspruchsberechtigten die Inanspruchnahme des Blockmodells der Altersteilzeit deutlich. Zunehmend mehr Personen aus diesem Personenkreis wechselten über die Freistellungsphase der Altersteilzeit in den Ruhestand. Eine weitere wichtige Entwicklung war die deutliche Vergrößerung des Anteils an Personen, die berichteten vor dem Ruhestand arbeitslos gewesen zu sein, wobei sich ab 2002 dieser Anteil wieder etwas verkleinerte. In diesem Zusammenhang zeigen Befunde aus dem Mikrozensus, dass erst in den letzten Jahren die Arbeitslosigkeit jenseits von 60 Jahren überhaupt eine nennenswerte Größe wurde: Zwischen 1996 und 2006 stieg unter den 60-Jährigen die altersspezifische Arbeitslosenquote von ungefähr drei Prozent auf gut zehn Prozent, bei den 61-Jährigen von gut zwei Prozent auf knapp neun Prozent und bei den 62-Jährigen von knapp zwei auf knapp sieben Prozent. Im Jahr 2006 fielen die altersspezifischen Arbeitslosenquoten von gut zehn Prozent unter den 60-Jährigen auf knapp drei Prozent unter den 64-Jährigen linear ab (Brussig et al. 2008). Die Frage nach einem möglicherweise steigenden Risiko der (Langzeit-) Arbeitslosigkeit am Ende des Erwerbslebens ist ein besonders kritischer Punkt der aktuellen Diskussion um die Anhebung der Regelaltersgrenze. Erst tiefer gehende Analysen können etwaige Risikogruppen und -konstellationen identifizieren.

Im Vergleich zur Erwerbspartizipation veränderten sich zwischen 1996 und 2008 die Muster der außerberuflichen Partizipation weniger. Mehr als die Hälfte der Bevölkerung in der zweiten Lebenshälfte engagierte sich ehrenamtlich oder in außerhäuslichen Bildungsaktivitäten. Nur in der höchsten Altersgruppe waren diese Aktivitäten weniger verbreitet. Generell waren außerhäusliche Bildungsaktivitäten wesentlich häufiger als ehrenamtliches Engagement: In allen Altersgruppen engagierte sich ungefähr ein Drittel der Personen, die an außerhäuslichen Bildungsangeboten teilnahmen, zugleich ehrenamtlich. Nur eine Minderheit engagierte sich ausschließlich ehrenamtlich. Der Befund, dass ungefähr ein Drittel der Personen, die an außerhäuslichen Bildungsaktivitäten partizipierte, zugleich auch ehrenamtlich engagiert war, unterstützt die aktuelle Engagement- und altenpolitische Strategie, eine enge Verbindung zwischen Bildung, lebenslangem Lernen und ehrenamtlichem Engagement herzustellen. Aktuell besteht die Herausforderung darin, auch bildungsfernere Personen für diese Aktivitäten zu gewinnen. Entsprechend zu vorliegenden Ergebnissen waren Personen mit einer höheren Schul- und Berufsausbildung wesentlich häufiger ehrenamtlich engagiert und nutzten außerhäusliche Bildungsangebote intensiver. Ähnlich belegte die Begleitforschung zur Initiative „Erfahrungswissen für Initiativen“, dass insbesondere bildungsnahe und nicht die anvisierten bildungsfernen Älteren von den gebotenen Qualifizierungsmaßnahmen profitierten (Aner & Hammerschmidt 2008).

Weiterhin spricht der positive Zusammenhang zwischen Erwerbstätigkeit und den untersuchten Dimensionen außerberuflicher Partizipation dafür, dass alten- und engagementpolitische Initiativen durchaus auch direkt ältere Erwerbstätige adressieren sollten. Hier ist zu beachten, dass andere Studien zeigten, dass das ehrenamtliche Engagement im Ruhestand wahrscheinlicher ist, wenn man schon früher damit Erfahrungen gesammelt hat (Erlinghagen 2009). So erscheint unter anderem auch die Vereinbarkeit von Erwerbstätigkeit, Ehrenamt und Bildung als wichtiger Punkt auf der Agenda für den Aufbau einer zukunftsorientierten Alten- und Engagementpolitik (Olk & Klein 2009).

Die Anhangstabellen sind auf der beiliegenden CD-ROM zu finden.

Literatur

Aarlt, A., Dietz, M., & Walwei, U. (2009). *Besserung für Ältere am Arbeitsmarkt. Nicht alles ist Konjunktur.* Bielefeld: Bertelsmann Verlag.

Alscher, M., Dathe, D., Priller, E., & Speth, R. (2009). *Bericht zur Lage und zu den Perspektiven des bürgerschaftlichen Engagements in Deutschland.* Berlin: Wissenschaftszentrum Berlin für Sozialforschung (WZB).

Aner, K., & Hammerschmidt, P. (2008). Zivilgesellschaftlich produktiv altern. In M. Erlinghagen & K. Hank (Hrsg.), *Produktives Altern und informelle Arbeit in modernen Gesellschaften. Theoretische Perspektiven und empirische Befunde.* (S. 259–276). Wiesbaden: VS Verlag.

Bäcker, G., Brussig, M., Jansen, A., Knuth, M., & Nordhause-Janz. (2009). Beschäftigungsmöglichkeiten für ältere Arbeitnehmer/innen und Risiken im Altersübergang: Aktuelle Trends und Entwicklungsperspektiven. *Deutsche Rentenversicherung 2/2009*, 93–114.

Barkholt, C., & Lasch, V. (2006). Umgestaltung der Altersteilzeit: von einem Ausgliederungs- zu einem Eingliederungsinstrument. In: Deutsches Zentrum für Altersfragen (Hrsg.), *Förderung der Beschäftigung älterer Arbeitnehmer. Voraussetzungen und Möglichkeiten.* (Bd. 2, S. 169–260). Berlin: Deutsches Zentrum für Altersfragen.

BBE (2009). *Nationales Forum für Engagement und Partizipation BBE. Erster Zwischenbericht.* Berlin: Bundesnetzwerk Bürgerschaftliches Engagement (BBE).

BMFSFJ (2006). *Fünfter Bericht zur Lage der älteren Generation in der Bundesrepublik Deutschland. Potenziale des Alters in Wirtschaft und Gesellschaft – Der Beitrag älterer Menschen zum Zusammenhalt der Generationen.* Berlin: DruckVogt GmbH.

Brussig, M. (2009a). Die Erwerbsbeteiligung älterer Arbeitnehmer/-innen in Deutschland im Wandel. Perspektiven der Arbeitsmarktforschung. *Zeitschrift für Gerontologie und Geriatrie, 42(4)*, 281–286.

Brussig, M. (2009b). Neueinstellungen von Älteren: Keine Ausnahme, aber auch noch keine Normalität. Anhaltende Altersungleichheit bei Neueinstellungen trotz zunehmender Beschäftigungsquoten Älterer. *Altersübergangsreport, 01.*

Brussig, M. (2010). Künftig mehr Zugänge in Altersrenten absehbar. Gegenwärtig kein Ausweichen in die Erwerbsminderungsrente zu beobachten. *Altersübergangsreport, 02.*

Brussig, M., Knuth, M., & Wojtkowski, S. (2008). Die Erwerbstätigkeit im Alter steigt – die Beschäftigungslosigkeit auch. *WSI Mitteilungen, 11–12*, 597–604.

Brussig, M., Knuth, M., & Wojtkowski, S. (2009). *Altersteilzeit: Zunehmend Beschäftigungsbrücke bis zum späteren Renteneintritt.* Duisburg-Essen.

Brussig, M., & Wojtkowski, S. (2007). Mehr Ältere auf dem Arbeitsmarkt: Erwerbstätigkeit und Arbeitslosigkeit nehmen zu. *Altersübergangs-Report, 03.*

Bund-Länder-Kommission für Bildungsplanung und Forschungsförderung. (2004). *Strategie für Lebenslanges Lernen.* Bonn.

Deutscher Bundestag (2002). *Bericht der Enquête Kommission „Zukunft des Bürgerschaftlichen Engagements"* (Drucksache 14/8900). Berlin.

Ehrhardt, J. (2009). *Zur Engagementaufnahme in den Zeiträumen 1994–1998 und 2003–2007: Längsschnittanalysen mit dem Sozio-ökonomischem Panel (SOEP).* Berlin: Wissenschaftszentrum Berlin.

Eichhorst, W. (2006). Beschäftigung Älterer in Deutschland: Der unvollständige Paradigmenwechsel. *Zeitschrift für Sozialreform, 52(1)*, 101–123.

Eichhorst, W. (2008). Von der Frühverrentung zum längeren Erwerbsleben: Transferleistungen, Arbeitsmarktpolitik und Weiterbildung. *Sozialer Fortschritt, 57(2)*, 24–34.

Engstler, H. (2004). Geplantes und realisiertes Austrittsalter aus dem Erwerbsleben. Ergebnisse des Alterssurveys 1996 und 2002. DZA Diskussionspapiere, Nr. 41. Berlin: Deutsches Zentrum für Altersfragen.

Engstler, H. (2006). Erwerbsbeteiligung in der zweiten Lebenshälfte und der Übergang in den Ruhestand. In C. Tesch-Römer, H. Engstler & S. Wurm (Hrsg.), *Altwerden in Deutschland. Sozialer Wandel und individuelle Entwicklung in der zweiten Lebenshälfte* (S. 85–154). Wiesbaden: VS Verlag/GWV Fachverlage GmbH.

Erlinghagen, M. (2009). Soziales Engagement im Ruhestand: Erfahrung wichtiger als frei verfügbare Zeit. In J. Kocka, M. Kohli & W. Streeck (Hrsg.), *Altern in Deutschland: Familie, Zivilgesellschaft, Politik* (Bd. 8, S. 211–220). Stuttgart: Wissenschaftliche Verlagsgesellschaft mbH.

Erlinghagen, M., & Hank, K. (2009). *Engagement und Netzwerke im Alter – Auswertungen mit der ersten und zweiten Welle des SHARE Datensatzes.* Berlin: Wissenschaftszentrum Berlin.

Gensicke, T., Picot, S., & Geiss, S. (2005). *Freiwilliges Engagement in Deutschland 1999–2004.* Berlin: Bun-

desministerium für Familie, Senioren, Frauen und Jugend.
Hank, K., & Erlinghagen, M. (2008). Produktives Altern und informelle Arbeit. Stand der Forschung und Perspektiven. In M. Erlinghagen & K. Hank (Hrsg.), *Produktives Altern und informelle Arbeit in modernen Gesellschaften. Theoretische Perspektiven und empirische Befunde* (S. 9–26). Wiesbaden: VS Verlag.
Künemund, H. (2006). Tätigkeiten und Engagement im Ruhestand. In C. Tesch-Römer, H. Engstler & S. Wurm (Hrsg.), *Altwerden in Deutschland. Sozialer Wandel und individuelle Entwicklung in der zweiten Lebenshälfte* (S. 289–328). Wiesbaden: VS Verlag.
Künemund, H., & Schupp, J. (2008). Konjunkturen des Ehrenamtes – Diskurse und Empirie. In M. Erlinghagen & K. Hank (Hrsg.), *Produktives Altern und informelle Arbeit in modernen Gesellschaften. Theoretische Perspektiven und empirische Befunde* (Bd. 16, S. 145-164). Wiesbaden: VS Verlag.
Naumann, D., Romeu-Gordo, L., & Motel-Klingebiel, A. (2009). *Berufliche und außerberufliche gesellschaftliche Partizipation in der zweiten Lebenshälfte: Erwerbstätigkeit, Ehrenamt und Bildung.* Berlin: Bundesministerium für Familien, Frauen, Senioren und Jugend.
Olk, T. (2009). Bestandsaufnahme und Chancen zur Verbesserung der Integration von älteren Menschen. In J. Kocka, M. Kohli & W. Streeck (Hrsg.), *Altern: Familie, Zivilgesellschaft, Politik* (Bd. 8, S. 191–210). Stuttgart: Wissenschaftliche Verlagsgesellschaft mbH Stuttgart.
Olk, T., & Klein, A. (2009). Engagementpolitik – ein neues Politikfeld und seine Probleme. In I. Bode, A. Evers & A. Klein (Hrsg.), *Bürgergesellschaft als Projekt. Eine Bestandsaufnahme zur Entwicklung und Förderung zivilgesellschaftlicher Potenziale in Deutschland* (S. 23–54). Wiesbaden: VS Verlag.
Radl, J. (2007). Individuelle Determinanten des Renteneintrittsalters. Eine empirische Analyse von Übergängen in den Ruhestand. *Zeitschrift für Soziologie, 36(1)*, 43–64.
Schmid, G., & Hartlapp, M. (2008). Aktives Altern in Europa. *Aus Politik und Zeitgeschichte, 18–19*, 6–15. Bonn: Bundeszentrale für politische Bildung.
Wanger, S. (2009). Altersteilzeit. Beliebt, aber nicht zukunftsgerecht. *IAB-Kurzbericht. Aktuelle Analysen und Kommentare aus dem Institut für Arbeitsmarkt- und Berufsforschung.* Nürnberg: IAB.
Wingerter, C. (2008). Arbeitsmarkt und Erwerbstätigkeit. In Statistisches Bundesamt (Destatis), Gesellschaft Sozialwissenschaftlicher Infrastruktureinrichtungen (GESIS), Zentrum für Sozialindikatorenforschung & Wissenschaftszentrum Berlin für Sozialforschung (WZB) (Hrsg.), *Datenreport 2008. Ein Sozialbericht für die Bundesrepublik Deutschland* (S. 109–144). Bonn: Bundeszentrale für politische Bildung.
World Health Organization (WHO). (2002). *Active Ageing. A Policy Framework.* Genf: World Health Organization.
Zähle, T., Möhring, K., & Krause, P. (2009). Erwerbsverläufe beim Übergang in den Ruhestand. *WSI-Mittelungen 11*, 586–595.

6 Das Wohnumfeld Älterer

Katharina Mahne, Dörte Naumann & Jenny Block

Kernaussagen

Insgesamt wird das Wohnumfeld gut bewertet:
Die meisten Menschen in der zweiten Lebenshälfte bewerten zwischen 1996 und 2008 die Infrastruktur im Wohnumfeld als gut. Sie fühlen sich ausreichend mit Einkaufsmöglichkeiten versorgt, finden Ärzte und Apotheken in der Nähe, bewerten die Anbindung an den öffentlichen Personennahverkehr als gut, sind wenig durch Lärm belastet und fühlen sich überwiegend sicher in ihrer Wohngegend.

Infrastruktur entwickelt sich in ländlichen Regionen teils ungünstig:
Während reine Ost-West-Differenzen bei der Bewertung der Infrastruktur im Wohnumfeld kaum bestehen, zeichnet sich je nach Bevölkerungsdichte eine unterschiedliche Einschätzung der Versorgung zwischen alten und neuen Bundesländern ab. Vor allem in ländlichen Regionen der neuen Bundesländer werden die Anbindung an den öffentlichen Nahverkehr, die medizinische Versorgung sowie die Erreichbarkeit von Einkaufsmöglichkeiten kritisch eingeschätzt.

Lärmbelastung und Unsicherheitsempfinden gesunken:
Die Infrastruktur im Wohnumfeld wird kontinuierlich als weitgehend gut bewertet. In den vergangenen zwölf Jahren hat hingegen die empfundene Lärmbelastung abgenommen und ein größerer Anteil der Menschen in der zweiten Lebenshälfte fühlt sich im Wohnumfeld sicher.

6.1 Einleitung

Die Wohnung und das Wohnumfeld sind wichtige Faktoren der Lebensqualität in der zweiten Lebenshälfte. Sie sind eine wichtige Ressource für den Erhalt einer selbstständigen und selbstbestimmten Lebensführung und der gesellschaftlichen Teilhabe bis ins hohe Alter (BMFSFJ 1998; Wahl 2001; Wahl & Weisman 2003). Die Bedeutung des näheren Wohnumfeldes für die Lebensqualität steigt im höheren Alter und die meisten Menschen wünschen sich, bis ins hohe Alter selbstständig in der privaten Wohnung zu leben (Saup & Reichert 1999). Dank des allgemein gestiegenen Standards der Ausstattung der Wohnung und des Wohnumfeldes, technischer Innovationen und einer höheren Qualität der medizinischen Versorgung waren die Möglichkeiten noch nie so gut wie heute, eine Hilfe- und Pflegebedürftigkeit zu kompensieren oder ganz zu vermeiden. Auch wenn seit Anfang der 1990er Jahre aufgrund des demografischen Wandels die absolute Zahl der Pflege- und Hilfebedürftigen ansteigt, gelingt es gleichzeitig mehr Menschen, bis ins hohe Alter selbstständig zu leben (Schneekloth & Wahl 2005).

Grundsätzlich misst sich eine gute Wohnqualität an Indikatoren wie dem Wohnstandard, einer funktionierenden Infrastruktur im Wohnumfeld mit gut erreichbaren Einkaufsmöglichkeiten, einer engräumigen medizinischen Versorgung und einer guten Anbindung an den öffentlichen Personennahverkehr (ÖPNV). Darüber hinaus hängt die Wohnqualität auch von Faktoren wie der Lärmbelastung und dem Sicherheitsempfinden ab. Des Weiteren spielen vielfältige lebensphasen- und lebensstilspezifische Anforderungen eine wichtige Rolle, wie etwa der subjektive Stellenwert einer familienfreundlichen oder barrierefreien Infrastruktur oder die Nähe zu kulturellen Angeboten (Backes 2001; Heinemann et al. 2008; Schneider-Sliwa 2004). Mit Bezug auf spätere Lebensphasen leitet sich aus der steigenden Anzahl von hilfe- und pflegebedürftigen Personen die sozialpolitische Herausforderung ab, eine unterstützende Infrastruktur im Wohnumfeld zu gewährleisten. Vertiefende Analysen der Studienserie „Möglichkeiten und Grenzen selbstständiger Lebensführung" (MuG-Studien) unterstreichen die Bedeutung einer bedarfsgerechten inner- und außerhäuslichen Wohnumwelt. So konnten die Anfang der 1990er Jahre festgestellten Unterschiede in den Hilfe- und Pflegebedürftigkeitsraten in den alten und neuen Bundesländern mit dem damals noch erheblich schlechteren Wohnstandard und infrastrukturellen Bedingungen in den neuen Bundesländern in Zusammenhang gebracht werden (Schneekloth & Wahl 2005).

In den letzten 20 Jahren hat sich die Wohnsituation der Menschen vor allem in den neuen, aber auch in den alten Bundesländern deutlich verbessert. Im internationalen Vergleich gehört Deutschland hinsichtlich der Wohnqualität zur Spitzengruppe in Europa. Die aus der DDR-Wohnungswirtschaft resultierenden signifikanten Unterschiede gegenüber der Situation auf dem westdeutschen Wohnungsmarkt sind mittlerweile weitgehend überwunden. Hinsichtlich objektiver Indikatoren, wie etwa der Wohnflächenversorgung und der Qualität der bewohnten Gebäude gibt es im Jahr 2008 nur noch geringe Unterschiede. Hinsichtlich der Wohnflächenversorgung leben aktuell nur noch vier Prozent der Haushalte unterhalb des Mindeststandards von mindestens einem Raum pro Person. Die ursprünglich deutlich schlechtere Wohnflächenversorgung in den neuen Bundesländern hat mittlerweile fast das Niveau in den alten Bundesländern mit 2,1 Räumen pro Person und 42 Quadratmetern Wohnfläche erreicht. Mittlerweile gibt es in Deutschland außerdem kaum noch Wohnungen (sieben Prozent), in denen keine Standardausstattung mit eigenem Bad, (Innen-)WC und Sammelheizung gewährleistet ist. Dies betraf im Jahr 1993 in den neuen Bundesländern fast die Hälfte der Wohnungen (46 Prozent) und 18 Prozent in den alten Bundesländern. Die Verbesserung der Wohnqualität in den neuen Bundesländern ist eine der großen Erfolgsgeschichten der Wiedervereinigung Deutschlands (Frick & Grimm 2009). Hinsichtlich des demografisch bedingten steigenden Bedarfs an barrierefreiem Wohnbestand ist aber festzuhalten, dass laut der Studie „Möglichkeiten und Grenzen selbstständiger Lebensführung in privaten Haushalten" (MuG III) noch in knapp 40 Prozent der Haushalte mit Hilfe- und Pflegebedürftigen ein barrierefreier Zugang und in ungefähr 70 Prozent solcher Haushalte ein pflegegerecht ausgebautes Bad und WC fehlen (Schneekloth & Wahl 2005).

Diese starke Verbesserung des Wohnbestandes insbesondere in den neuen aber auch den alten Bundesländern ist vor allem auf massive Sanierungs- und Modernisierungsinvestitionen und die umfangreichen Abriss- und Rückbaumaßnahmen im Rahmen von Programmen wie „Stadtumbau Ost" und

„Stadtumbau West" zurückzuführen. Für das Programm „Stadtumbau Ost" wurden beispielsweise zwischen den Jahren 2002 bis 2009 im Rahmen der Städtebauförderung insgesamt 2,5 Mrd. Euro bereitgestellt. Der Deutsche Bundestag hat am 19. Juni 2009 die Fortsetzung des Bund-Länder-Programms „Stadtumbau Ost" bis 2016 als eigenständiges Programm im Bereich der Städtebauförderung beschlossen. Das im Jahr 2004 in den alten Bundesländern gestartete Regelförderprogramm „Stadtumbau West" unterstützt die betroffenen Kommunen bei der Bewältigung der Folgen des wirtschaftlichen und demografischen Wandels. Zu den zentralen Handlungsschwerpunkten und Stadtumbau-Aktivitäten der im Programm aufgenommenen Städte und Gemeinden gehören Maßnahmen zur Aufwertung der Innenstadt, der Anpassung von Wirtschafts- und Wohnstandorten und die Revitalisierung von Brachflächen. Dabei werden eine gleichberechtigte Förderung von Aufwertungs- und Rückbauinvestitionen und eine Qualitätsverbesserung des Wohnbestandes angestrebt. Bis 2008 nahmen insgesamt 323 Städte und Gemeinden, davon 87 interkommunal kooperierend, an diesem Förderprogramm teil. Die jeweiligen Maßnahmen erfolgen in enger Kooperation mit privaten Akteuren, insbesondere Gebäude- und Flächeneigentümern. Mit dem Start der Bundestransferstelle Stadtumbau West im Frühjahr 2008 begann die systematische Auswertung der Erfahrungen der im Programm aufgenommenen Kommunen.

Angesichts der steigenden Anzahl von älteren Menschen in der Bevölkerung insgesamt und damit zusammenhängend auch der Anzahl von Hilfe- und Pflegebedürftigen, gewinnt auch die barriere- und altersgerechte Gestaltung des Wohnbestands und des Wohnumfeldes zunehmend politische Aufmerksamkeit. Auch wenn hier in den letzten Jahren die Situation deutlich besser wurde, besteht dennoch weiterhin Handlungsbedarf. Im Jahr 2002 wurde das Behindertengleichstellungs-Gesetz verabschiedet, in dem sich der Bund unter anderem zur Gewährleistung von Barrierefreiheit im öffentlichen Raum und öffentlichen Verkehrsmitteln verpflichtet. Die DIN 18040 zum Barrierefreien Bauen soll voraussichtlich im Frühjahr 2010 verabschiedet werden.

Die Förderung des altersgerechten und barrierefreien Bauens und Wohnens steht seit einigen Jahren im Mittelpunkt diverser bau- und wohnpolitischer Maßnahmen. Aktuell ist die Förderung des altersgerechten Wohnens Bestandteil des Konjunkturpaketes I der Bundesregierung. Die Förderprogramme der Länder unterscheiden sich je nach den Schwerpunktsetzungen in der Landespolitik. Zu den Förderschwerpunkten gehören Maßnahmen, wie der barrierearme Umbau des Wohnbestands, der Neubau von Mietwohnungen für Menschen mit Behinderungen oder die Modernisierung von Altenwohn- und Pflegeheimen. Darüber hinaus sollen diverse Modellvorhaben und Initiativen der Bundesregierung die Nahversorgung älterer Menschen nachhaltig stärken. Im Programm „Neues Wohnen – Beratung und Kooperation für mehr Lebensqualität im Alter" des Bundesministeriums für Familie, Senioren, Frauen und Jugend (BMFSFJ) wird die Kooperation zwischen Altenhilfe, Handwerk, Bausparkassen und Kommunen gefördert, um so eine möglichst breite Plattform für die Unterstützung eines selbstständigen und selbstbestimmten Lebens im Alter zu schaffen. Auch im Programm „Baumodelle der Altenhilfe und der Behindertenhilfe" sollen das gemeindeintegrierte Wohnen durch modernen Technikeinsatz gestärkt, die Wahlmöglichkeiten für die Betroffenen verbessert und die spezifischen Anforderungen in städtischen und ländlichen Regionen berücksichtigt werden. Ebenso fördert die Initiative „Wohnen für (Mehr)Generationen – Gemeinschaft stärken, Quartier beleben" neue und barrierereduzierte Wohnformen im Quartier und zivilgesellschaftliches Engagement im Bereich des Wohnens im Alter.

Allerdings stellt der demografische Wandel nicht nur Anforderungen an die Bau- und Wohnpolitik, sondern auch an die Stadt-, Regional- und Verkehrsentwicklung. Generell variieren bundesweit die Lebensbedingungen und damit auch die Teilhabechancen und Handlungsspielräume der Bevölkerung für die Gestaltung eines guten Alters. Neben der regional unterschiedlich voranschreitenden Bevölkerungsalterung spielen hier Faktoren wie die wirtschaftliche Prosperität der Region, die kommunalen Angebotsstrukturen und die Kultur bürgerschaftlichen Engagements eine wichtige Rolle (Gatzweiler & Maretzke 2008). Gegenwärtig finden sich sowohl in den neuen als auch in den alten Bundesländern periphere und prosperierende Regionen (Barlösius & Neu 2008). Entsprechend greift ein Vergleich der Wohnungsausstattung und der Wohnumfeldbedingungen zwischen den alten und neuen Bundesländern nicht nur aufgrund der allgemeinen Angleichung der beiden Landesteile seit der Wiedervereinigung zu kurz. Denn ungleiche Wohnbedingungen machen sich heute verstärkt an mehrdimensionalen räumlichen Faktoren wie der Siedlungsstruktur, der regionalen Wirtschaftskraft und der Nähe zu Ballungsräumen fest. Prognosen des Bundesinstitutes für Bevölkerungsforschung zufolge, wird sich die räumliche Ungleichheit in den kommenden Jahren besonders in peripheren Regionen der neuen Bundesländer weiter verschärfen. Denn hier kommen eher negative sozialökonomische Rahmenbedingungen, schlechtere Erwerbschancen, weit überdurchschnittliche Wanderungsbewegungen und eine ausgeprägte Bevölkerungsalterung zusammen (Beetz et al. 2009; Mai & Swiaczny 2008). In diesen peripheren Regionen ist der Erhalt der Infrastrukturen und Einrichtungen der Daseinsvorsorge zunehmend gefährdet (Barlösius 2009).

Aktuell fördert der Bund im Rahmen des Konjunkturpaketes II diverse Maßnahmen zur Weiterentwicklung der kommunalen Infrastruktur. Außerdem sollen vom Bundesministerium für Verkehr-, Bau- und Stadtentwicklung (BMVBS) gemeinsam mit dem Bundesinstitut für Bau-, Stadt- und Raumforschung (BBSR) durchgeführte Modellvorhaben Lösungen bringen, wie die soziale Infrastruktur im ländlichen Raum erhalten und verbessert werden kann. Weiterhin hat das BMVBS in Abstimmung mit den Ländern Modellvorhaben zum barrierefreien und altersgerechten Umbau der Infrastruktur angestoßen. Unter dem Dach des Vorhabens „Demografischer Wandel – Region schafft Zukunft" finden sich zahlreiche Einzelprojekte aus verschiedenen Förderprogrammen des BMVBS, wie unter anderem „Modellvorhaben der Raumordnung" oder „Aufbau Ost", „Experimenteller Wohnungs- und Städtebau". Im Rahmen der Projekte sollen Konzepte entwickelt werden, um eine bedarfsgerechte Anbindung an den ÖPNV, eine tragfähige Infrastruktur für die haus- und fachärztliche Versorgung, den Ausbau einer altersgerechten Infrastruktur für Dienstleistungs- und Wohnungsangebote, die Anpassung der Infrastrukturbereiche Brandschutz, Katastrophenschutz und Rettungsdienst sowie die Aufrechterhaltung der kulturellen Grundversorgung im ländlichen Raum sicherzustellen. Auch im Städtebauförderprogramm „Die soziale Stadt" wird der altersgerechte Quartiersumbau insofern gefördert, dass die Wohn- und Lebensbedingungen in sozial benachteiligten Stadtquartieren auch über die Beseitigung von Barrieren beziehungsweise über eine altersgerechte Gestaltung verbessert werden sollen.

In den nachfolgenden Analysen steht das Wohnumfeld von älter werdenden und alten Menschen im Mittelpunkt. Betrachtet wird, wie sich aus der Perspektive von Menschen in der zweiten Lebenshälfte die Infrastruktur und die Wohnqualität im Wohnumfeld zwischen 1996 und 2008 entwickelt hat. Indikatoren für die Infrastruktur sind hierbei die Bewertungen der vorhandenen Einkaufsmöglichkeiten, der medizinischen Versorgung mit Ärzten und Apotheken und der Anbindung an den ÖPNV. Außerdem wird das Sicherheitsempfinden nach Einbruch der Dunkelheit und die Lärmbelastung im Wohnumfeld untersucht. Im Einzelnen fokussieren die Analysen auf folgende Fragen:

- Inwieweit hat sich die Bewertung der Wohnumfeldbedingungen in der Bevölkerung in der zweiten Lebenshälfte zwischen 1996 und 2008 verändert?
- Welche Rolle spielen in der regionalen Differenzierung der Wohnumfeldbedingungen die Unterschiede zwischen den neuen und alten Bundesländern sowie zwischen verschiedenen Siedlungsstrukturen (verdichteter, verstädterter, ländlicher Raum)?

Die Merkmale der Siedlungsstruktur wurden mit Hilfe von Daten des Bundesinstitutes für Bau-, Stadt- und Raumforschung (BBSR) gebildet. Das BBSR stellt jährlich auf CD-ROM Indikatoren und Karten zur Raum- und Stadtentwicklung" (INKAR) in Deutschland zur Verfügung. Die Einteilung der unterschiedlichen Siedlungsstrukturen ergibt sich aus der Einwohnerzahl je Quadratkilometer auf der Kreisebene zum jeweiligen Befragungsjahr. Für die Befragung im Jahr 2008 stehen als aktuellste Daten die Angaben zum Zeitpunkt 2007 zur Verfügung. Regionen mit unter 100 Einwohnern pro km^2 werden dabei als *ländliche Räume* bezeichnet, *verstädterte Räume* zeichnen sich durch eine Bevölkerungsdichte bis zu 500 Einwohnern je km^2 aus und Regionen mit mehr als 500 Einwohnern pro km^2 werden als *verdichtete Räume* bezeichnet. Diese Einteilung entspricht geografischen Standards (Schürt et al. 2005).

Weiterhin ist zu beachten, dass in der aktuellen Erhebung des Deutschen Alterssurveys (DEAS) die Abfrage der Wohnumfeldindikatoren verändert wurde. Während in den ersten beiden Wellen lediglich eine Zustimmung zu verschiedenen Aussagen zum Wohnumfeld möglich war, erfolgte die Abfrage in der dritten Welle anhand einer 4-stufigen Skala von „trifft gar nicht zu" bis „trifft genau zu". Diese Modifikation ist insofern eine Verbesserung, dass die Befragten so ihr Wohnumfeld differenzierter bewerten können. Der Nachteil ist, dass die Vergleichbarkeit zwischen den ersten beiden und der dritten Welle des DEAS nur eingeschränkt möglich ist und die Interpretationen von sich möglicherweise abzeichnenden Trends unter Vorbehalten erfolgen müssen.

6.2 Bewertung der Infrastruktur im Wohnumfeld

Die im Wohnumfeld vorhandenen Einkaufsmöglichkeiten, Arztpraxen, Apotheken und der Anschluss an den öffentlichen Personennahverkehr (ÖPNV) sind Indikatoren für die Versorgungsstrukturen im Nahraum, die die alltägliche Lebensführung von Menschen jeden Alters erschweren oder erleichtern können. Je nach Erwerbsstatus, verfügbarer Zeit oder Mobilität kann die Ausstattung des Wohnumfeldes unterschiedliche Auswirkungen auf die eigenständige Lebensführung im höheren Alter oder bei gesundheitlichen Einschränkungen haben. Die Bewertung der Infrastruktur im Wohnumfeld erfolgt entlang dieser verschiedenen Merkmale, die im DEAS über den Selbstausfüller-Fragebogen („drop-off") erhoben werden. Da üblicherweise nicht alle befragten Personen zusätzlich zum persönlichen Interview einen Fragebogen ausfüllen, ist in den folgenden Analysen die zugrunde liegende Fallzahl etwas geringer als die Gesamtzahl aller befragten Personen (vgl. dazu Kapitel 2 „Datengrundlagen und Methoden").

6.2.1 Vorhandensein von Einkaufsmöglichkeiten

Ausreichend Einkaufsmöglichkeiten im Wohnumfeld zu haben, stellt für alle Altersgruppen gleichermaßen eine Erleichterung der alltäglichen Lebensführung dar. Eine engräumige Versorgungsstruktur wird aber umso wichtiger, je eingeschränkter die Mobilität ist – sei es durch gesundheitliche Faktoren oder etwa das Fehlen eines Pkws. Insgesamt betrachtet werden die Einkaufsmöglichkeiten in der Wohngegend über den Zeitraum von 1996 bis 2008 gleichbleibend als gut bewertet. Etwa zwei Drittel der 40- bis 85-jährigen Deutschen fühlen sich in dieser Hinsicht ausreichend versorgt. Diese Einschätzung teilen Personen aller Altersgruppen (vgl. Tabelle A 6–1 im Anhang) gleichermaßen.

Über die beobachteten zwölf Jahre hinweg zeichnet sich allerdings eine unterschiedliche Entwicklung für die beiden Landesteile ab. Während im Jahr 1996 die Einkaufsmöglichkeiten in den neuen und alten Bundesländern noch gleich gut bewertet werden, fällt die Einschätzung ab 2002 in den neuen Bundesländern etwas schlechter aus (Abbildung 6–1).

Wie die folgende Abbildung 6–2 zeigt, stellt die Siedlungsstruktur einen entscheidenderen Einfluss auf die Bewertung der Einkaufsmöglichkeiten dar als der Landesteil. In dicht besiedelten Gebieten geben 40- bis 85-Jährige zu einem viel größeren Anteil an, im Wohnumfeld ausreichend Einkaufsmöglichkeiten vorzufinden als beispielsweise in ländlichen Gebieten. So werden besonders in ländlichen Räumen die Einkaufsmöglichkeiten von beinahe der Hälfte als nicht ausreichend eingeschätzt. Im Gegensatz dazu sind in verdichteten Räumen über 70 Prozent der Menschen der Ansicht, genügend Einkaufsmöglichkeiten im Wohnumfeld zu haben, um Dinge des alltäglichen Bedarfs besorgen.

Die gleichzeitige Betrachtung nach Landesteil und Siedlungsstruktur offenbart, dass es vor allem ländliche und verstädterte Regionen sind, in denen sich die Bewertung zwischen alten und neuen Bundesländern zunehmend

Abb. 6–1: Vorhandensein von ausreichend Einkaufsmöglichkeiten nach alten und neuen Bundesländern. Vergleich zwischen 1996, 2002 und 2008 (in Prozent)

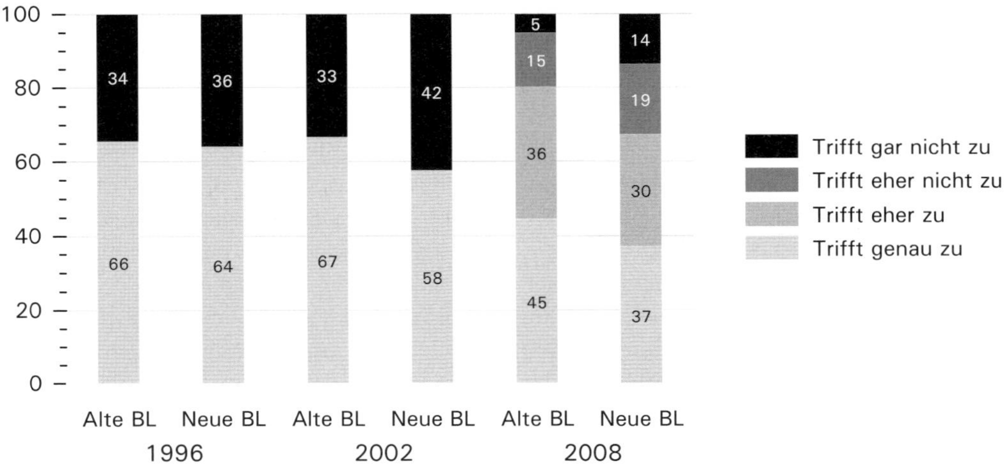

Quelle: DEAS 1996 (n = 3.968), 2002 (n = 2.772) und 2008 (n = 4.283), gewichtet, gerundete Angaben. $p < .01$.
Bewertung der Aussage „Es sind genug Einkaufsmöglichkeiten vorhanden."

Abb. 6–2: Vorhandensein von ausreichend Einkaufsmöglichkeiten nach Siedlungsstruktur. Vergleich zwischen 1996, 2002 und 2008 (in Prozent)

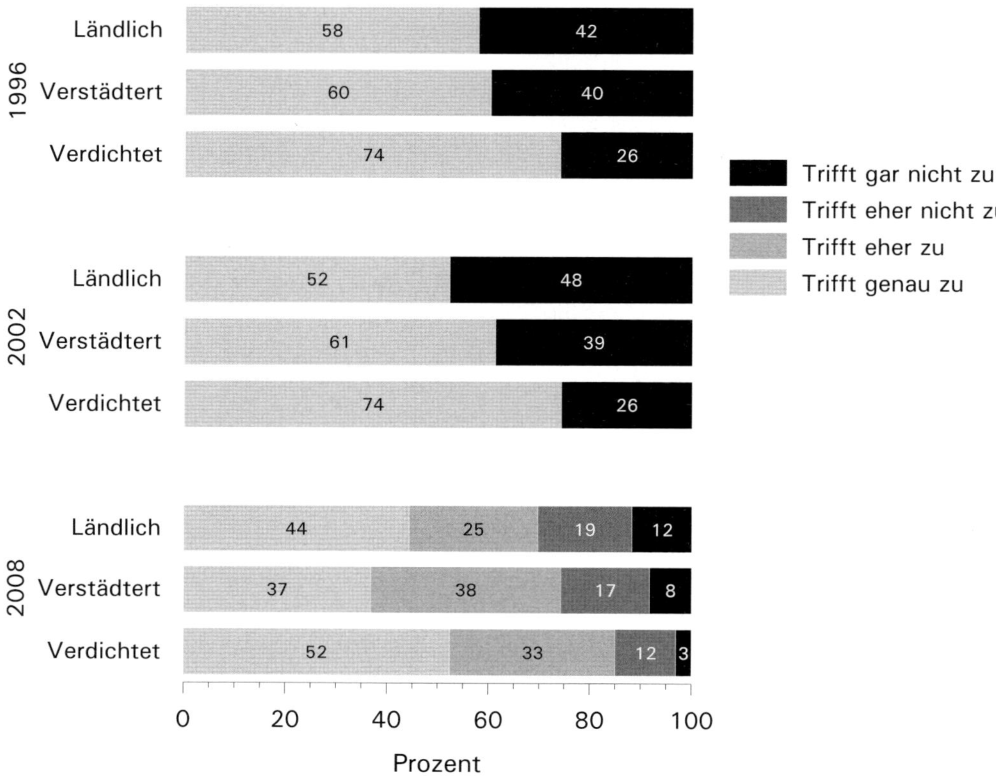

Quelle: DEAS 1996 (n = 3.968), 2002 (n = 2.772) und 2008 (n = 4.283), gewichtet, gerundete Angaben. $p < .01$.
Bewertung der Aussage „Es sind genug Einkaufsmöglichkeiten vorhanden."

auseinander entwickelt (vgl. Tabelle 6–1). Fällt im Jahr 1996 die Einschätzung der Einkaufsmöglichkeiten noch in allen Siedlungsstrukturtypen zwischen den beiden Landesteilen sehr ähnlich aus, so zeigen sich für verstädterte Räume ab 2002 und für ländliche Gebiete ab 2008 deutlich schlechtere Bewertungen in den neuen Bundesländern. In verdichteten Räumen hingegen schätzen die Menschen in der zweiten Lebenshälfte in beiden Landesteilen die Einkaufsmöglichkeiten weiterhin gleich gut ein.

Die zusätzliche Aufschlüsselung der Daten nach der Bevölkerungsdichte ermöglicht eine differenziertere Betrachtung der Entwicklung der Wohnumfeldbedingungen im wiedervereinigten Deutschland und kann so auf neu entstehende Problemlagen hinweisen. Ungleiche Wohnbedingungen machen sich 20 Jahre nach der Wende offensichtlich weniger deutlich an der relativ groben Unterteilung in alte oder neue Bundesländer fest, sondern es sind auch innerhalb der Landesteile unterschiedliche Entwicklungen festzustellen.

Tab. 6–1: Vorhandensein von ausreichend Einkaufsmöglichkeiten nach Siedlungsstruktur und Landesteil. Vergleich zwischen 1996, 2002 und 2008 (in Prozent)

		Ländliche Räume		Verstädterte Räume		Verdichtete Räume	
		Alte BL	Neue BL	Alte BL	Neue BL	Alte BL	Neue BL
1996	Trifft gar nicht zu	42,1	42,2	39,9	38,8	25,7	27,6
	Trifft genau zu	57,9	57,8	60,1	61,2	74,3	72,4
2002	Trifft gar nicht zu	45,5	50,0	37,2	47,1	25,5	27,0
	Trifft genau zu	54,5	50,0	62,8	52,9	74,5	73,0
2008	Trifft gar nicht zu	4,4	18,9	6,9	15,3	3,0	4,4
	Trifft eher nicht zu	20,0	17,1	15,8	24,3	12,3	8,3
	Trifft eher zu	27,3	23,5	38,8	31,3	32,2	35,9
	Trifft genau zu	48,3	40,6	38,5	29,1	52,6	51,4

Quelle: DEAS 1996 (n = 3.968), 2002 (n = 2.772) und 2008 (n = 4.283), gewichtet, gerundete Angaben. $p < .01$.
Bewertung der Aussage „Es sind genug Einkaufsmöglichkeiten vorhanden."

6.2.2 Anschluss an den öffentlichen Personennahverkehr

Die außerhäusliche Mobilität ist ein wichtiger Bestandteil gesellschaftlicher Teilhabe, da dies eine zentrale Voraussetzung für den Zugang zu Gütern, Dienstleistungen und sozialen Kontakten ist. Im Zuge der zunehmenden beruflich bedingten geografischen Mobilität steigt darüber hinaus der überregionale Mobilitäts- und Kommunikationsbedarf auch innerhalb von Familien (vgl. dazu auch Kapitel 8 „Familiale Generationenbeziehungen"). Verkehrsprognosen zufolge werden unter den nachrückenden Kohorten von Älteren zunehmend mehr Pkw-Besitzer und -Besitzerinnen sein und die Reise- und Verkehrsmobilität Älterer wird zunehmen. Als privates, jederzeit verfügbares und flexibles Transportmittel wird das Auto seine Bedeutung auch speziell für Menschen, die in ihrer physischen Bewegungsfähigkeit beeinträchtigt sind, so lange nicht verlieren, bis öffentliche Verkehrsmittel nicht wenigstens annähernd so flexibel verfügbar sind (Mollenkopf et al. 2004).

Wenn aber insbesondere in ländlichen Regionen oder auch in städtischen Randgebieten Geschäfte, Behörden, Arztpraxen und andere Dienstleistungseinrichtungen geschlossen werden oder Einkaufszentren außerhalb von Wohngebieten aufgebaut werden, ist eine engmaschige und bedarfsadäquate Anbindung an den öffentlichen Personennahverkehr (ÖPNV) für jene Personengruppen essenziell, die auf kein eigenes Automobil zurückgreifen können. Beispielsweise hängen im höheren Alter unerfüllte Aktivitätswünsche häufig mit eingeschränkter außerhäuslicher Mobilität zusammen (Beetz et al. 2009). Dies betrifft besonders sozio-ökonomisch benachteiligte Personengruppen und ältere Menschen, die das Autofahren aufgegeben haben.

In diesem Abschnitt wird untersucht, wie Menschen in der zweiten Lebenshälfte die Anbindung ihrer Wohngegend an den ÖPNV bewerten. In der Gesamtschau wird die Anbindung an den ÖPNV von etwa zwei Dritteln der älteren Bevölkerung als gut bewertet. Zwischen 1996 und 2002 verändert sich diese Einschätzung nicht. Allerdings bewerten jüngere

Abb. 6–3: Guter Anschluss an den ÖPNV nach Region. Vergleich zwischen 1996, 2002 und 2008 (in Prozent)

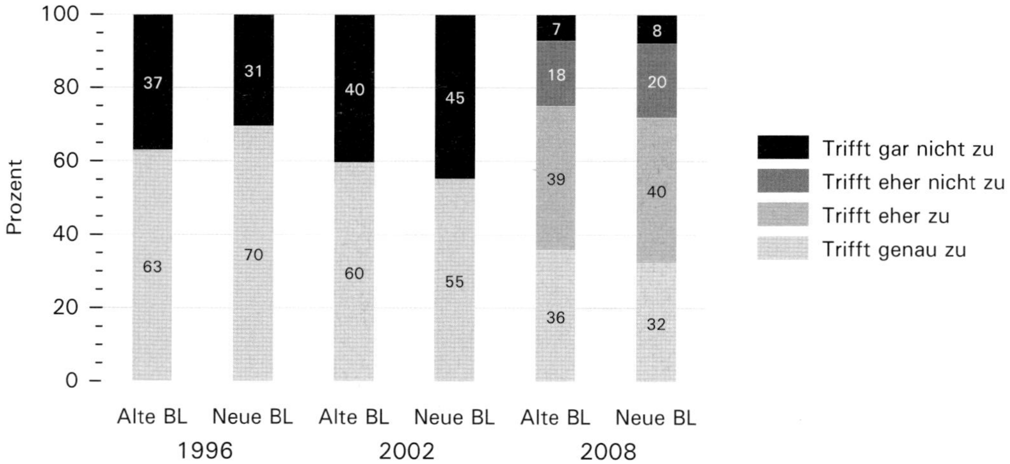

Quelle: DEAS 1996 (n = 3.968), 2002 (n = 2.770) und 2008 (n = 4.281), gewichtet, gerundete Angaben. $p < .01$.
Bewertung der Aussage „Meine Wohngegend ist gut an den öffentlichen Nahverkehr angeschlossen."

Altersgruppen den Anschluss an den ÖPNV schlechter als die höheren Altersgruppen. Dies könnte möglicherweise auf ein höheres Mobilitätsbedürfnis und einen vielfältigeren Aktionsradius der jüngeren Altersgruppen zurückzuführen sein. Sind die Mobilitätsansprüche hoch, fallen Lücken im ÖPNV-Netz wahrscheinlich negativer auf. Außerdem ist dieses Ergebnis vermutlich dem größeren Anteil an Erwerbstätigen in den jüngeren Altersgruppen, die regelmäßig zur Arbeitsstätte gelangen müssen, zuzuschreiben (vgl. Tabelle A 6–3 im Anhang).

Die 1996 in den alten und neuen Bundesländern noch bestehende, deutlich unterschiedliche Bewertung der Anbindung an den ÖPNV hat sich über den Zeitraum der letzten zwölf Jahre angeglichen, dies allerdings zu Ungunsten der neuen Bundesländer (vgl. Abbildung 6–3). Zwischen 1996 und 2008 wird die ÖPNV-Anbindung in den alten Bundesländern weitgehend gleich eingeschätzt, während sich die Bewertung in den neuen Bundesländern zwischen 1996 und 2002 verschlechtert. Im Jahr 1996 sind noch mehr Menschen in den neuen als in den alten Bundesländern der Meinung, dass sie in ihrem Wohnumfeld eine gute Anbindung an den ÖPNV vorfinden. Seit dem Jahr 2002 fallen aber die neuen Bundesländer auf das Niveau der alten Bundesländer ab. Vermutlich liegt diese Entwicklung in der steigenden privaten Pkw-Nutzung in den neuen Bundesländern nach der Wende begründet. Möglicherweise wurde in den Ausbau des ÖPNV aufgrund der geringeren Nutzung weniger investiert.

Auch zwischen den verschiedenen Siedlungsstrukturen unterscheidet sich die Einschätzung der Anbindung an den ÖPNV. Ähnlich wie die Bewertung der Einkaufsmöglichkeiten fällt auch sie besser aus, je dichter eine Region bevölkert ist. Während in verdichteten Regionen etwa 80 Prozent der Bevölkerung die Anbindung an den ÖPNV als gut bezeichnen, ist es in verstädterten Gebieten etwa die Hälfte und in ländlichen Regionen nur noch etwa jede dritte Person, die die Anbindung an den ÖPNV als gut empfindet (vgl. Tabelle A 6–4 im Anhang).

Abb. 6–4: Guter Anschluss an den ÖPNV in verstädterten Räumen nach Region. Vergleich zwischen 1996, 2002 und 2008 (in Prozent)

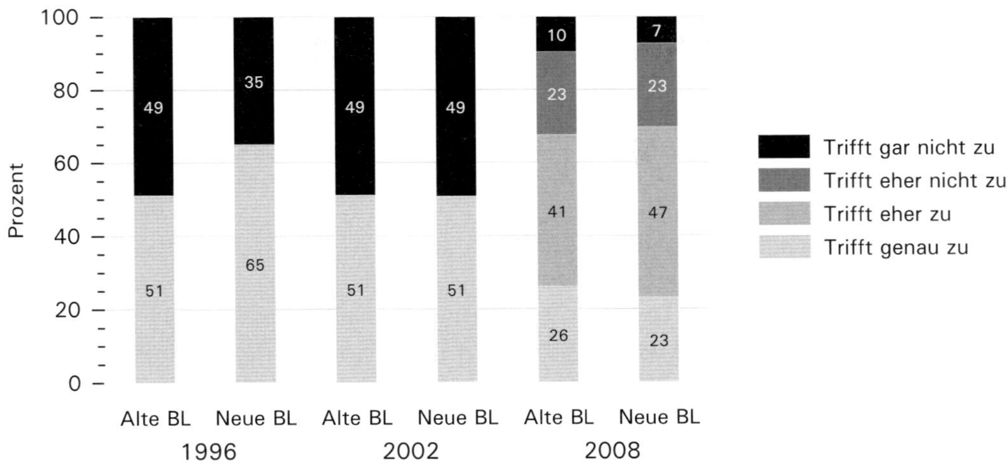

Quelle: DEAS 1996 (n = 3.968), 2002 (n = 2.770) und 2008 (n = 4.281), gewichtet, gerundete Angaben. $p < .01$.
Bewertung der Aussage „Meine Wohngegend ist gut an den öffentlichen Nahverkehr angeschlossen."

Auch in Bezug auf die Verfügbarkeit öffentlicher Verkehrsmittel wirken Landesteil und Siedlungsstruktur ineinander. So ist die empfundene Verschlechterung des Anschlusses an den ÖPNV in den *verstädterten* Regionen der neuen Bundesländer besonders deutlich (Abbildung 6–4).

Während die Bewertung der Wohnbedingungen in verdichteten oder Ballungsräumen zwischen den beiden Landesteilen über die Zeit wenig variiert (vgl. Tabelle A 6–4 im Anhang), sind offensichtlich eher dünner besiedelte Regionen im Osten des Landes im Wandel begriffen.

6.2.3 Versorgung mit Ärzten und Apotheken

Eine engräumige Versorgung mit Ärzten und Apotheken ist – insbesondere bei zunehmend eingeschränkter Gesundheit – wichtig. Arztpraxen sollten genauso wie Apotheken gerade für weniger mobile Menschen möglichst einfach selbstständig erreichbar sein. Im Folgenden wird daher untersucht, inwiefern Menschen in der zweiten Lebenshälfte der Meinung sind, dass sie in ihrem Wohnumfeld genügend Ärzte und Apotheken vorfinden.[1]

Insgesamt wird die Versorgung mit Ärzten und Apotheken von der großen Mehrheit der Menschen zwischen 40 und 85 Jahren als gut beurteilt. Nur etwa jede zehnte Person gibt an, dass in der Wohngegend nicht genügend Ärz-

1 Im schriftlichen Fragebogen wird im Gegensatz zur Darstellung im Text das Fehlen von Ärzten und Apotheken in der Wohngegend erfragt (Aussage „In dieser Gegend fehlt es an Ärzten und Apotheken"). Zur besseren Vergleichbarkeit mit den anderen aufgeführten Merkmalen des Wohnumfeldes wurde diese Variable rekodiert, sodass eine Zustimmung gewertet wird als das ausreichende Vorhandensein von Ärzten und Apotheken in der Gegend.

te und Apotheken vorhanden sind. Diese Einschätzung bleibt über den Zeitraum von 1996 bis 2008 stabil (vgl. Tabelle A 6–5 im Anhang).

Die Situation unterscheidet sich geringfügig zwischen den alten und neuen Bundesländern. Ab dem Jahr 2002 sind im Vergleich zu den alten Bundesländern etwas mehr Personen in den neuen Bundesländern der Meinung, dass nicht genügend Arztpraxen und Apotheken im Wohnumfeld vorzufinden sind (Abbildung 6–5). Wenn diese Menschen in ihrer außerhäuslichen Mobilität eingeschränkt sind und nicht alternativ auf einen Pkw zurückgreifen können, kann in diesem Fall ihr Zugang zu einer medizinischen Versorgung eingeschränkt sein.

Differenziert man die regionalen Unterschiede nach der Siedlungsstruktur, zeigt sich, dass vor allem für Menschen im ländlichen Raum nicht genügend Ärzte und Apotheken in ihrem Wohnumfeld erreichbar sind (vgl. Tabelle A 6–6 im Anhang). Dies gilt besonders für die ländlichen Regionen in den neuen Bundesländern. Hier vermisst im Jahr 2002 nahezu jede fünfte Person Ärzte oder Apotheken im Wohnumfeld (Abbildung 6–6). Die Wahrnehmung der Älteren deckt sich dabei mit den tatsächlichen Entwicklungen. In den neuen Bundesländern – und hier verstärkt in schwach besiedelten Gebieten – hat sich das Arzt-Einwohner-Verhältnis für die über 65-Jährigen negativ verändert (Robert Koch-Institut 2009). Infolge der ruhestandsbedingt abnehmenden Anzahl von praktizierenden Ärzten in den neuen Bundesländern entstehen besonders auf dem Land Lücken in der medizinischen Versorgung.

Die Diskussion um einen drohenden Ärztemangel besteht seit einigen Jahren und ist kontrovers. Während von Seiten der Ärzteschaft vor einer drohenden Unterversorgung gewarnt wird, wird die Situation von gesundheitspolitischer Seite weniger dramatisch eingeschätzt (Merten 2006). Unstrittig ist in jedem Fall aber die regional ungleich beurteilte Ärztedichte, die auch anhand der DEAS-Daten abgebildet wird.

Abb. 6–5: Vorhandensein von genügend Ärzten und Apotheken nach Region. Vergleich zwischen 1996, 2002 und 2008 (in Prozent)

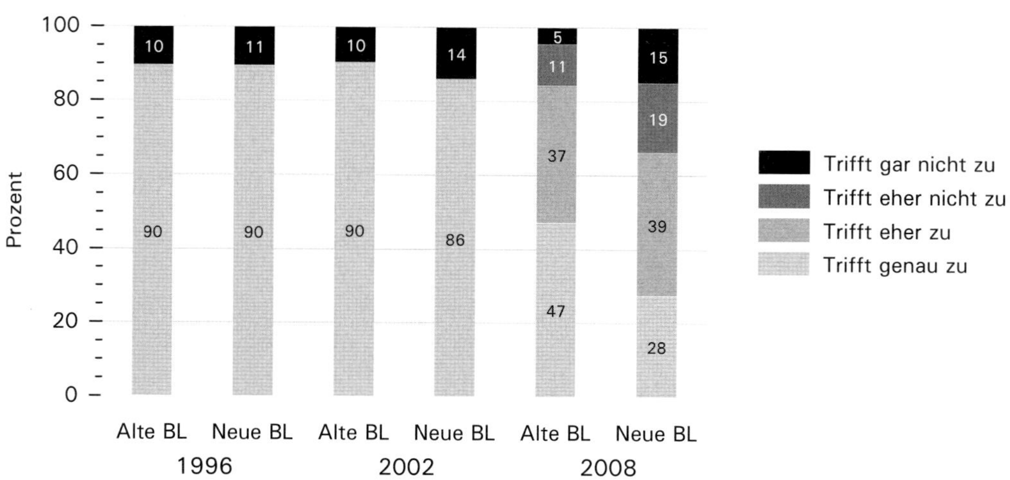

Quelle: DEAS 1996 (n = 3.968), 2002 (n = 2.772) und 2008 (n = 4.269), gewichtet, gerundete Angaben. $p < .01$.

Abb. 6–6: Vorhandensein von genügend Ärzten und Apotheken in ländlichen Räumen nach Region. Vergleich zwischen 1996, 2002 und 2008 (in Prozent)

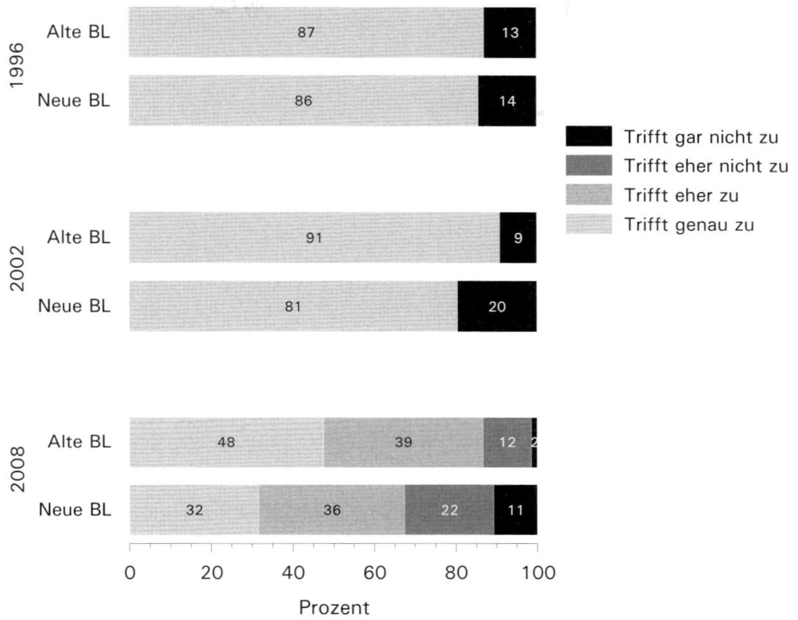

Quelle: DEAS 1996 (n = 3.968), 2002 (n = 2.772) und 2008 (n = 4269), gewichtet, gerundete Angaben. $p < .01$.

6.3 Sicherheitsempfinden und Lärmbelastung im Wohnumfeld

Neben der Bewertung der Infrastruktur geht es im Folgenden um weitere Eigenschaften des Wohnumfeldes, die ebenfalls wichtig für das Wohlbefinden eines Menschen in seiner Wohngegend und die Wohnqualität sein können. Mit den Daten des DEAS können hier zwei Aspekte abgebildet werden, zum einen das Sicherheitsempfinden auf der Straße nach Anbruch der Dunkelheit und zum anderen die Belastung durch Lärm.

Grundsätzlich bemisst sich die Sicherheit im öffentlichen Raum an der faktischen Kriminalitätsbelastung, also den objektiven Risiken, ein Opfer zu werden, und dem subjektiven Sicherheitsempfinden. Auch wenn sich subjektive Kriminalitätsängste nicht unbedingt mit dem faktischen Opferrisiko decken, sind sie dennoch ein Maßstab für die Gewährleistung oder Beeinträchtigung der öffentlichen Sicherheit und eine wichtige Komponente der individuellen Wohn- und Lebensqualität (Brings 2008). Um das Sicherheitsempfinden von Menschen in der zweiten Lebenshälfte in ihrem Wohnumfeld zu erfragen, wurde im DEAS um eine Bewertung der Aussage „Nach Anbruch der Dunkelheit fühle ich mich auf der Straße unsicher" gebeten.[2]

2 Zur besseren Vergleichbarkeit mit den anderen aufgeführten Merkmalen des Wohnumfeldes wurde diese Variable für die Darstellung im Text rekodiert. Die Aussage, sich unsicher zu fühlen, erscheint hier folglich als Nicht-Zustimmung, sich sicher zu fühlen.

6.3.1 Sicherheitsempfinden

In den vorherigen Abschnitten konnte gezeigt werden, dass die Bewertung der Infrastruktur im Wohnumfeld zwischen 1996 und 2008 relativ stabil geblieben ist. Von Veränderungen der Versorgungsstrukturen betroffen sind vorrangig dünner besiedelte Regionen der neuen Bundesländer.

Im Vergleich dazu verändert sich das Sicherheitsempfinden im Beobachtungszeitraum stärker. Menschen in der zweiten Lebenshälfte fühlen sich heute zu einem größeren Anteil sicher in ihrem Wohnumfeld als noch vor zwölf Jahren (Abbildung 6–7). Während sich 1996 etwa 70 Prozent aller 40- bis 85-Jährigen im Dunkeln auf der Straße sicher fühlten, so ist deren Anteil bis zum Jahr 2002 stark angewachsen auf etwa 85 Prozent.

Dabei fühlen sich Personen verschiedener Altersgruppen unterschiedlich sicher in ihrem Wohnumfeld. Diese Altersunterschiede bleiben zwischen 1996 und 2008 stabil (Abbildung 6–8).

Männer fühlen sich nach Einbruch der Dunkelheit auf der Straße durchweg sicherer als Frauen (vgl. Tabelle A 6–7 im Anhang). Ältere Menschen und Frauen bilden weiterhin die Bevölkerungsgruppen mit der höchsten Kriminalitätsfurcht, obwohl entsprechende Statistiken zeigen, dass sie wesentlich seltener als beispielsweise jüngere Männer Opfer von Kriminalität werden. Dieses Phänomen wird in der Kriminalitätsforschung als „Viktimisierungs-Furcht-Paradoxon" beschrieben (Görgen & Greve 2006). Es besagt, dass Frauen und ältere Menschen zwar im Allgemeinen unrealistisch hohe Befürchtungen haben, Opfer einer Straftat zu werden, aber möglicherweise gerade eine dieser Angst entsprechende Vorsicht eine Art Schutzfunktion erfüllt.

Ebenfalls ist das Sicherheitsempfinden zu jedem Zeitpunkt in den alten Bundesländern größer, allerdings verringern sich über die Zeit die Unterschiede zwischen beiden Landesteilen (Abbildung 6–9). Befunden auf Basis des Sozio-oekonomischen Panels (SOEP) zufolge ist die Kriminalitätsfurcht in der Gesamtbevölkerung in den neuen Bundesländern im Jahr 2006 mit 48 Prozent sechs Prozentpunkte höher als in den alten Bundesländern. Dabei ist der polizeilichen Kriminalitätsstatistik zu-

Abb. 6–7: Sicherheitsempfinden, Vergleich zwischen 1996, 2002 und 2008 (in Prozent)

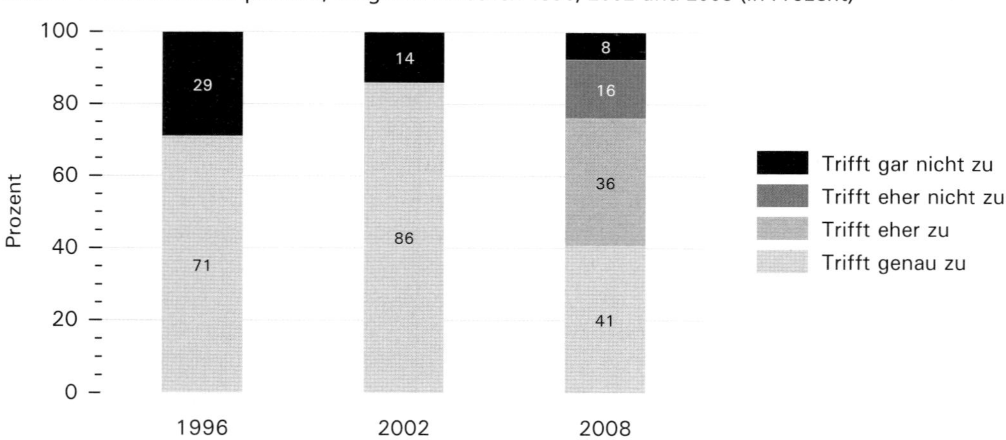

Quelle: DEAS 1996 (n = 3.968), 2002 (n = 2.772) und 2008 (n = 4.273), gewichtet, gerundete Angaben. $p < .01$.

Abb. 6–8: Sicherheitsempfinden nach Altersgruppe. Vergleich zwischen 1996, 2002 und 2008 (in Prozent)

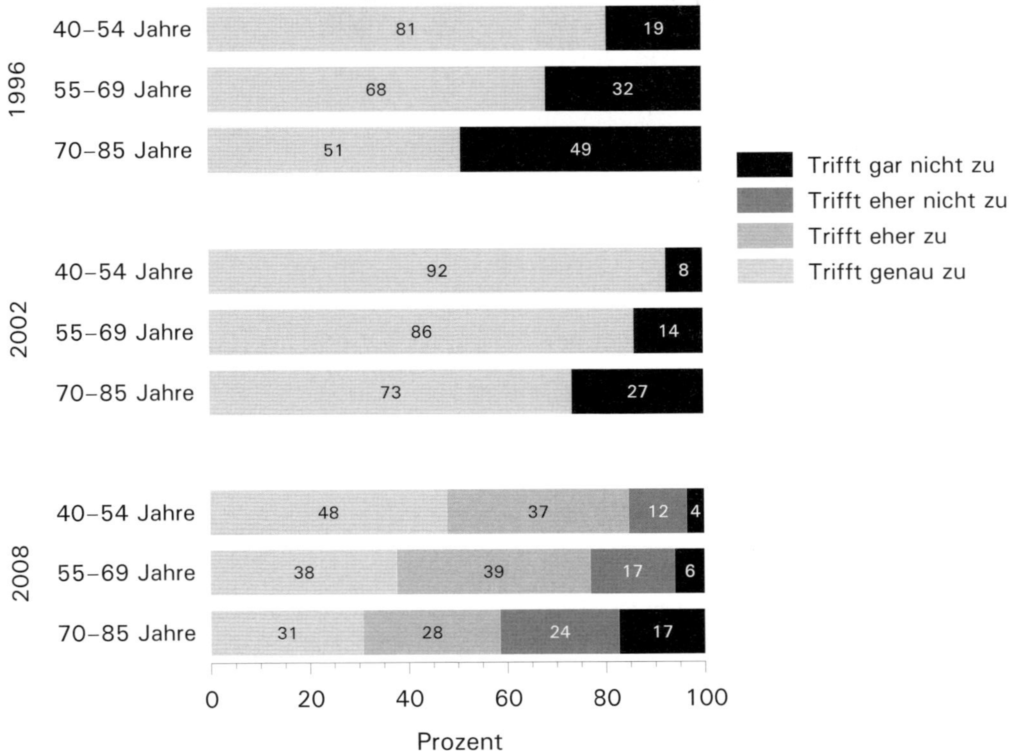

Quelle: DEAS 1996 (n = 3.968), 2002 (n = 2.772) und 2008 (n = 4.273), gewichtet, gerundete Angaben. $p < .01$.

folge das faktische Risiko, ein Opfer von Gewaltdelikten zu werden, in den alten Bundesländern höher (Dittmann 2008).

Inwiefern sich Menschen in der zweiten Lebenshälfte nach Einbruch der Dunkelheit sicher in ihrem Wohnumfeld fühlen, unterscheidet sich auch zwischen den verschiedenen Typen von Siedlungsstrukturen: In ländlichen und verdichteten Räumen fühlen sich den DEAS-Daten zufolge Menschen weniger sicher als in verstädterten Räumen (vgl. Tabelle A 6–8 im Anhang).

Auf der Statistik der Europäischen Union über Einkommen und Lebensbedingungen (EU-SILC-2006) basierende Befunde zeigen, dass etwa 14 Prozent der Gesamtbevölkerung in Deutschland Kriminalität in ihrem Wohngebiet als Problem wahrnehmen. Im europäischen Vergleich liegt dies etwas unter dem Durchschnitt in den EU-15-Ländern (18 Prozent) und etwas höher als in den osteuropäischen Ländern (11 Prozent).

Obwohl sich das Sicherheitsempfinden vor allem in den neuen Bundesländern verbessert hat, sind die Kriminalitätsängste in beiden Landesteilen weiterhin unterschiedlich ausgeprägt: Während die Kriminalitätsfurcht in Westdeutschland dem Durchschnitt der meisten mitteleuropäischen Länder entspricht, liegt sie in Ostdeutschland auf dem Niveau der osteuropäischen Länder Polen, Tschechische Republik und Lettland, aber auch Italien und

Abb. 6–9: Sicherheitsempfinden nach Region. Vergleich zwischen 1996, 2002 und 2008 (in Prozent)

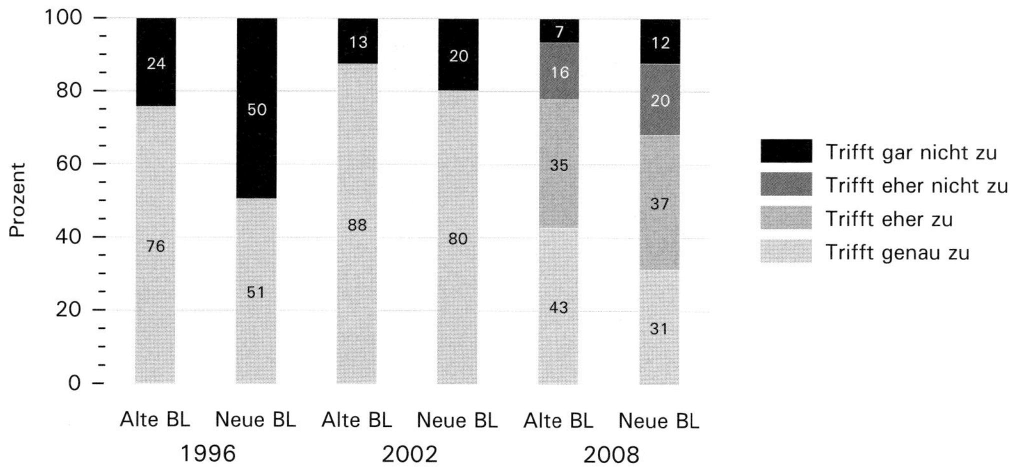

Quelle: DEAS 1996 (n = 3.968), 2002 (n = 2.772) und 2008 (n = 4.273), gewichtet, gerundete Angaben. $p < .01$.

dem Vereinigten Königreich. Dem European International Crime and Safety Survey (EUICS) zufolge liegt die Opferrate in Deutschland mit acht Prozent im Jahr 2005 deutlich unter dem Durchschnitt der 18 europäischen Länder von elf Prozent. Verschiedene Surveys zeigen, dass das Sicherheitsempfinden nicht nur recht deutlich zwischen europäischen Ländern variiert, sondern sich auch nicht ohne weiteres mit der dort herrschenden Kriminalitätsbetroffenheit deckt (Dittmann 2008). In manchen Ländern zeigt sich eine Über-, in anderen Ländern eine Unterschätzung der Kriminalitätsgefahr.

Hinsichtlich der regionalen Differenzierung des Sicherheitsempfindens entsprechen die DEAS-Daten nur zum Teil den Daten anderer Surveys, wie dem EU-SILC-2006 und dem Eurobarometer, die allerdings alle – auch jüngere – Altersgruppen der Bevölkerung repräsentieren. Laut EU-SILC-2006 ist das Sicherheitsempfinden stärker in den Ballungsräumen und weniger in den ländlichen Gebieten eingeschränkt (Noll 2000). Laut Eurobarometer fühlen sich Menschen nicht in verstädterten Räumen am sichersten, sondern entgegen den DEAS-Befunden am wenigsten sicher (Dittmann 2008).

6.3.2 Lärmbelastung

Ein weiteres bedeutsames Kriterium für das Wohlbefinden im Wohnumfeld ist das Ausmaß der Lärmbelastung. Ein lautes Wohnumfeld kann Auswirkungen auf den Gesundheitszustand eines Menschen haben und seine Lebensqualität beeinträchtigen. Dies kann sich beispielsweise in Migräne, Depressionen oder hohem Blutdruck zeigen (Niemann et al. 2006). Im Folgenden geht es daher um die Frage, inwiefern Menschen in der zweiten Lebenshälfte unter Lärm in ihrem Wohnumfeld leiden.

Zwischen 1996 und 2008 hat sich der Anteil von Menschen in der zweiten Lebenshälfte, der sich durch Lärm im Wohnumfeld belastet fühlt, verringert. Während im Jahr 1996 noch etwa ein Fünftel aller 40- bis 85-Jährigen eine Lärmbelastung berichtet, sind dies sechs Jahre später nur noch 14 Prozent (Abbildung 6–10).

Abb. 6–10: Belastung durch Lärm, Vergleich zwischen 1996, 2002 und 2008 (in Prozent)

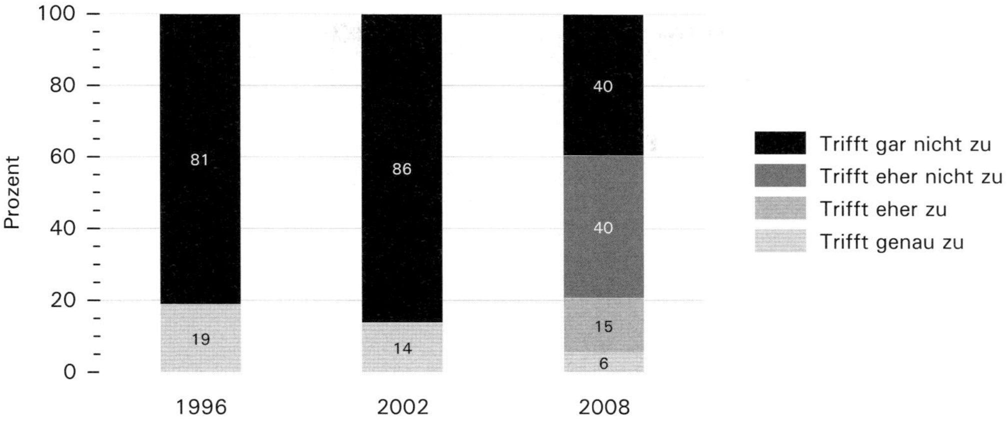

Quelle: DEAS 1996 (n = 3.968), 2002 (n = 2.772) und 2008 (n = 4.272), gewichtet, gerundete Angaben. $p < .01$.
Bewertung der Aussage „Meine Wohngegend wird durch Lärm beeinträchtigt."

Laut der Statistik der Europäischen Union über Einkommen und Lebensbedingungen (EU-SILC) fühlen sich in Deutschland mehr Haushalte durch Lärm belastet als im Durchschnitt der übrigen EU-15-Länder (Noll 2000). Während das Alter, das Geschlecht oder das Wohnen in den neuen oder alten Bundesländern keine Differenzierungsmerkmale für die empfundene Belastung durch Lärm darstellen, unterscheidet sie sich deutlich nach der Siedlungsstruktur. So steigt die Lärmbelastung mit der Bevölkerungsdichte an (Abbildung 6–11).

Das Ausmaß der Lärmbelastung hängt nicht nur in Deutschland eng mit dem Standort der Wohnung zusammen. Laut EU-SILC 2006 ist Lärm europaweit in ländlichen Regionen weniger ein Problem als in Ballungsräumen. In Deutschland ist die Lärmbelastung im Wohnumfeld laut EU-SILC-2006 zudem abhängig vom Haushaltseinkommen, das heißt, Personen mit geringem Haushaltseinkommen berichten über eine höhere Lärmbelastung. Dies kann als Hinweis gedeutet werden, dass die Wohngebiete hierzulande vergleichsweise stark nach den Einkommen der Bewohner segmentiert sind (Noll 2000).

Insgesamt ist bei Menschen in der zweiten Lebenshälfte die Bewertung der Infrastruktur im Wohnumfeld zwischen 1996 und 2008 weitgehend stabil geblieben. Eine Verbesserung zeigt sich allerdings mit Blick auf verschiedene Aspekte der Wohnqualität, wie das Sicherheitsempfinden und die Belastung durch Lärm. Heute fühlen sich mehr Menschen in ihrem Wohnumfeld nach Einbruch der Dunkelheit sicher und weniger Menschen von Lärm belastet als noch vor zwölf Jahren. Die stärksten Veränderungen der Wohnbedingungen finden auf regionaler Ebene – und hier im Zusammenspiel zwischen Siedlungsstruktur und Landesteil – statt. Während in dichter besiedelten Regionen die Infrastruktur im Wohnumfeld hinsichtlich der Einkaufsmöglichkeiten, der Versorgung mit Ärzten und Apotheken sowie der Anbindung an den ÖPNV weitgehend gut ist, ist die Situation in den dünner besiedelten Regionen deutlich ungünstiger. Besonders in ländlichen Räumen in den neuen Bundesländern müssen mehr Menschen mit einer lückenhaften Infrastruktur im Wohnumfeld umgehen. Die Anbindung an den ÖPNV hat sich dabei beispielsweise in den

Abb. 6–11: Belastung durch Lärm nach Siedlungsstruktur. Vergleich zwischen 1996, 2002 und 2008 (in Prozent)

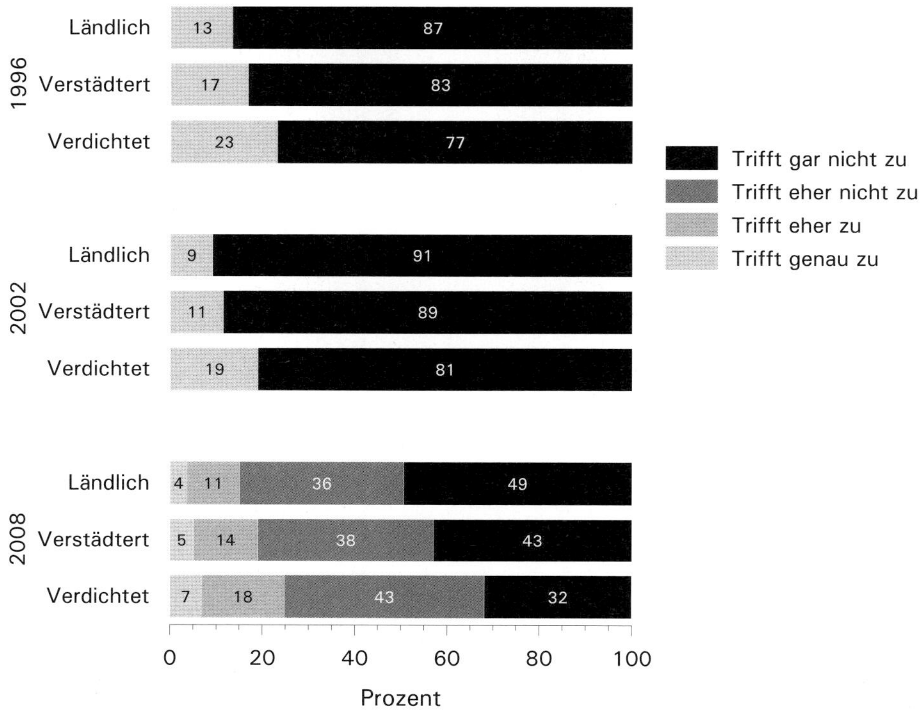

Quelle: DEAS 1996 (n = 3.968), 2002 (n = 2.772) und 2008 (n = 4.272), gewichtet, gerundete Angaben. $p < .01$.

ländlichen Regionen der neuen Bundesländer an die Situation in den alten Bundesländern angeglichen, die ursprünglich schlechter bewertet wurde.

6.4 Zusammenfassung und Diskussion

Die Wohnumfeldbedingungen sind ein wichtiger Faktor der Lebensqualität und prägen besonders im höheren Alter und bei Hilfe- und Pflegebedürftigkeit die Chancen auf ein selbstbestimmtes Leben und die gesellschaftliche Partizipation. Je nach Wohn- und Lebensbedingungen sind die Chancen unterschiedlich gut, entsprechend zu den individuellen Vorstellungen ein gutes Leben bis ins hohe Alter zu gestalten.

Während in den 1990er Jahren die unterschiedliche Qualität der Bausubstanz und Wohnungsausstattung zwischen alten und neuen Bundesländern als vordringliches Problem galt, beruhen heute ungleiche Wohnbedingungen stärker auf den Eigenschaften des Wohnumfeldes. Um nachzuzeichnen, wie sich zwischen 1996 und 2008 die Wohnbedingungen von Menschen in der zweiten Lebenshälfte gewandelt haben, genügt es nicht, die Unterschiede zwischen den neuen und alten Bundesländern zu untersuchen. Vielmehr muss auch anhand der Bevölkerungsdichte zwischen verschiedenen Typen von Siedlungsstrukturen unterschieden werden.

Im vorliegenden Kapitel wird deshalb untersucht, wie die Menschen in der zweiten Lebenshälfte zwischen 1996 und 2008 ihre Wohnqualität hinsichtlich der Infrastruktur, des Sicherheitsempfindens und der Lärmbelastung bewerten. Genutzte Indikatoren für die Infrastruktur im Wohnumfeld sind die Einschätzungen, inwiefern im Wohnumfeld ausreichend Einkaufsmöglichkeiten, Ärzte und Apotheken vorhanden sind und eine gute Anbindung an den öffentlichen Personennahverkehr (ÖPNV) gewährleistet ist. Des Weiteren wird das Sicherheitsempfinden und die Belastung durch Lärm untersucht. Die Analysen unterscheiden dabei zusätzlich anhand der Bevölkerungsdichte drei Siedlungsstrukturen: ländliche, verstädterte und verdichtete Gebiete.

In der Gesamtschau bewerten die meisten Menschen in der zweiten Lebenshälfte in Deutschland zwischen 1996 und 2008 die Infrastruktur und die Wohnbedingungen im Wohnumfeld weitgehend gut. Darüber hinaus verringert sich der Anteil der Personen, die sich im Wohnumfeld nach Einbruch der Dunkelheit unsicher oder durch Lärm belastet fühlen. Insgesamt bestehen räumliche Ungleichheiten vor allem zwischen den verschiedenen Siedlungsstrukturen. Sowohl hinsichtlich der Infrastruktur als auch der Lärmbelastung und des Sicherheitsempfindens im Wohnumfeld unterscheidet sich die Einschätzung durch die Bürgerinnen und Bürger in ländlichen Räumen stark von der in verdichteten Gebieten.

Während bundesweit die Infrastruktur im Wohnumfeld in den Regionen mit der höchsten Bevölkerungsdichte gleichbleibend gut bewertet wird, wird die Situation in verstädterten und ländlichen Regionen durchweg schlechter wahrgenommen. Dabei ist aber festzuhalten, dass auch in den dünner besiedelten Regionen wenigstens die Hälfte der Menschen in der zweiten Lebenshälfte die Infrastruktur für den alltäglichen Bedarf im Wohnumfeld als ausreichend bewertet. Die Lärmbelastung und das Sicherheitsempfinden im Wohnumfeld verbessern sich zwischen 1996 und 2008. In verdichteten Räumen ist die Lärmbelastung generell am höchsten und das Unsicherheitsempfinden ist sowohl in verdichteten als auch in ländlichen Räumen höher als in verstädterten Räumen. Menschen in den neuen Bundesländern fühlen sich generell in ihrem Wohnumfeld unsicherer und stärker durch Lärm belastet.

Abweichende Bewertungen zwischen den beiden Landesteilen zeigen sich vor allem in dünner besiedelten Regionen. Dabei fällt die Bewertung der Versorgungssituation vor allem in ländlichen Regionen in den neuen Bundesländern schlechter aus. Insgesamt wächst zwischen 2002 und 2008 der Anteil der Menschen in ländlichen und verstädterten Räumen in den neuen Bundesländern, die die Einkaufsmöglichkeiten im Wohnumfeld als nicht ausreichend bewerten. Auch die medizinische Versorgung mit Ärzten und Apotheken und die Anbindung an den ÖPNV werden in diesem Zeitraum etwas schlechter bewertet. Insbesondere für Menschen mit eingeschränkter außerhäuslicher Mobilität können hier Engpässe in der alltäglichen und der medizinischen Versorgung auftreten. Darüber hinaus kann ihre Autonomie und gesellschaftliche Teilhabe eingeschränkt sein.

Diese Befunde unterstreichen, wie wichtig eine alternssensible Stadt- und Regionalentwicklung ist, um die Herausforderungen des demografischen Wandels zu bewältigen. Zu ihren Aufgaben gehört, die Wohnungsbestände, die Infrastruktur und die kommunalen Dienstleistungen an die Bedürfnisse einer alternden Bevölkerung anzupassen. Die aktuell dazu vorliegenden Ansätze werden häufig dafür kritisiert, noch zu wenig mit der Stadtplanung verknüpft zu sein. Denn an der Zuständigkeit der einzelnen Ressorts orientiertes Planen und Handeln führen dazu, dass auf die Zielgruppe der Älteren ausgerichtete Projekte häufig im Bereich Sozialplanung angesiedelt werden, anstatt sie als Teil der Stadtentwicklung zu verstehen (Beetz et al. 2009).

Gegenwärtig ist es umstritten, inwiefern sich eine zukunftsorientierte Stadtplanung an dem Leitbild einer „altersgerechten" oder vielmehr einer „menschengerechten" Stadt orientieren sollte (Beetz et al. 2009): Während viele Senioren- und Behindertenverbände das Leitbild einer altersgerechten Stadt als stigmatisierend empfinden, werden im Leitbild einer menschengerechten Stadt die Bedürfnisse junger, älterer, behinderter Menschen und von Familien mit Kindern gemeinsam berücksichtigt. Es wird argumentiert, dass die Anforderungen an eine alterssensible Stadtentwicklung, wie eine barrierefrei zugängliche Infrastruktur im Wohnumfeld, den Bedürfnissen von Menschen in allen Lebensphasen entsprechen. Gleiches gilt für eine integrierte Mobilitätspolitik, die eine gute Anbindung an den ÖPNV, ausgeleuchtete Wege zur Vermeidung von Angsträumen nach Einbruch der Dunkelheit, Bänke als Ruheplätze und gut ausgebaute Fuß- und Radwege gewährleistet, und damit allen Bürgerinnen und Bürgern zu Gute kommt.

In Übereinstimmung mit dem Grundgesetz verfolgt die Bundesregierung mit ihrer Raumordnungspolitik gegenwärtig das Ziel, gleichwertige Lebensbedingungen in allen Teilräumen Deutschlands zu schaffen. Seit einigen Jahren gibt es diverse Maßnahmen im Bereich der Bau-, Stadt- und Regionalentwicklung, um benachteiligte Regionen politisch, sozial und wirtschaftlich gezielt zu fördern. Besonders in dünner besiedelten, ländlichen Regionen werden zunehmend Versorgungslücken wahrgenommen, während die Situation besonders in verdichteten Räumen stabil auf einem guten Niveau bewertet wird. Angesichts der Komplexität der regionalen demografischen Entwicklung ist es allerdings umstritten, ob das raumpolitische Ziel der Bundesregierung, gleichwertige Lebensbedingungen herzustellen, realistisch ist. Die Frage ist offen, inwiefern bundesweit einheitliche Standards für gleichwertige Lebensbedingungen überhaupt zu entwickeln und umzusetzen sind. Eine Alternative dazu könnten spezifische, lokal angepasste Lösungen vor Ort sein, um ähnliche Teilhabechancen zu allgemein verfügbaren und erstrebenswerten sozialen Gütern in den Kommunen zu gewährleisten (Barlösius 2009).

Um weitere politische Handlungsansätze für eine alternssensible Stadt- und Regionalentwicklung zu definieren, ist das empirische Wissen um den sozialen, ökonomischen und politischen Wandel in der Stadt beziehungsweise Region sowie der Lebenslagen älterer Bewohner weiter zu verbessern. Dabei ist zu beachten, dass angesichts der regional sehr heterogenen Auswirkungen des demografischen und sozialstrukturellen Wandels traditionell gebrauchte Raumtypen zunehmend an Erklärungskraft verlieren.

Die für die Bevölkerung ab 40 Jahren repräsentativen Daten des DEAS liefern wichtige Einblicke in die Entwicklung der Bedingungen im Wohnumfeld, da hier subjektive Einschätzungen der Wohnsituation mit vielfältigen sozialstrukturellen und räumlichen Merkmalen verknüpft werden können. Persönliche Bewertungen können zusammen mit weiteren Personen- und Haushaltsmerkmalen betrachtet werden, die in großen amtlichen Studien, wie beispielsweise dem Mikrozensus, nur sehr oberflächlich erfasst werden. Auch die räumlich differenzierte Betrachtung der Wohnumgebung liefert neue Ergebnisse, die im Rahmen von Programmen zur Entwicklung und Planung berücksichtigt werden können. Im Gegensatz zu Studien, die sich auf hilfe- und pflegebedürftige Personen konzentrieren, bildet der DEAS auch Lebenssituationen jenseits einer eingeschränkten Mobilität ab und ist daher eine wichtige Datengrundlage zur Analyse der Wohnqualität für alle Bevölkerungsschichten. Angesichts der mit zunehmendem Alter sinkenden Wohnmobilität weisen die vorliegenden Daten auf mögliche

Problemkonstellationen auch zukünftiger Kohorten von Älteren hin. Schließlich eröffnet das in Deutschland einzigartige, kohortensequenzielle Stichprobendesign des DEAS Analyseperspektiven, die über eine Betrachtung des sozialen Wandels deutlich hinausgehen (vgl. dazu Kapitel 2 „Datengrundlagen und Methoden"). Individuelle Wohnverläufe können so beispielsweise mit kritischen Lebensereignissen in Zusammenhang gebracht und gleichzeitig als eingebettet in sich verändernde gesellschaftliche Rahmenbedingungen betrachtet werden.

Die Anhangstabellen sind auf der beiliegenden CD-ROM zu finden.

Literatur

Backes, G. M. (2001). Lebenslagen und Alter(n)sformen von Frauen und Männern in den neuen und alten Bundesländern. In Deutsches Zentrum für Altersfragen (Hrsg.), *Lebenslagen, soziale Ressourcen und gesellschaftliche Integration im Alter* (Bd. 3, S. 11–115). Opladen: Leske & Budrich.

Barlösius, E. (2009). Der Anteil des Räumlichen an sozialer Ungleichheit und sozialer Integration: Infrastrukturen und Daseinsvorsorge. *Sozialer Fortschritt, 2(3).*

Barlösius, E., & Neu, C. (2008). *Peripherisierung – eine neue Form sozialer Ungleichheit?* Berlin: Berlin Brandenburgische Akademie der Wissenschaften.

Beetz, S., Müller, B., Beckmann, K. J., & Hüttl, R. F. (2009). *Altern in Gemeinde und Region* (Bd. 5). Stuttgart: Wissenschaftliche Verlagsgesellschaft mbH.

Brings, S. (2008). *Öffentliche Sicherheit und Strafverfolgung.* Bonn: Bundeszentrale für politische Bildung.

Bundesministerium für Familie, Senioren, Frauen und Jugend (1998). *Zweiter Bericht zur Lage der älteren Generation in der Bundesrepublik Deutschland: Wohnen im Alter.* Bonn: Bundesministerium für Familie, Senioren, Frauen und Jugend.

Dittmann, J. (2008). Wahrnehmung und Bewertung der öffentlichen Sicherheit: Öffentliche Sicherheit und Strafverfolgung. In *Datenreport 2008* (S. 305–309). Bonn: Bundeszentrale für politische Bildung.

Frick, J. R., & Grimm, S. (2009). Wohnen in Deutschland nach dem Mauerfall: Eine Analyse für die Jahre 1990 bis 2008 auf Basis der Daten des Sozio-oekonomischen Panels (SOEP): *SOEPpapers (236)*; DIW Berlin.

Gatzweiler, H.-P., & Maretzke, S. (2008). *Städte im demografischen Wandel – Stadtentwicklung zwischen Sub- und Reurbanisierung, Wachstum und Schrumpfung.* Wiesbaden: Bundesinstitut für Bevölkerungsforschung.

Görgen, T., & Greve, W. (2006). Alter ist kein Risiko an sich für Opferwerdung. In W. Heitmeyer & M. Schröttle (Hrsg.), *Gewalt* (S. 144–163). Bonn: Bundeszentrale für politische Bildung.

Heinemann, A., Selle, K., & Sutter-Schurr, H. (2008). Anforderungen an Wohnfreiräume. Nachfragepräferenzen und Nutzerinteressen: Was wissen die Fachleute? In G. Schmitt & K. Selle (Hrsg.), *Bestand? Perspektiven für das Wohnen in der Stadt* (S. 202–216). Dortmund: Dorothea Rohn.

Mai, R., & Swiaczny, F. (2008). *Demographische Entwicklung. Potenziale für Bürgerschaftliches Engagement.* Wiesbaden: Bundesinstitut für Bevölkerungsforschung.

Merten, M. (2006). Neue Bundesländer: ‚Wir brauchen die Reformen – jetzt.' *Deutsches Ärzteblatt, 103(17),* A11–16.

Mollenkopf, H., Oswald, F., & Wahl, H.-W. (2004). Neue Person-Umwelt-Konstellationen im Alter: Wohnen, außerhäusliche Mobilität und Technik. *Sozialer Fortschritt, 53(11/12)*, 301–310.

Niemann, H., Bonnefoy, X., Braubach, M., Hecht, K., Maschke, C., Rodrigues, C. et al. (2006). Noice-induced annoyance and morbidity rsults from the pan-European LARES study. *Noise and Health, 8(31),* 63–79.

Noll, H.-H. (2000). Konzepte der Wohlfahrtsentwicklung: Lebensqualität und „neue" Wohlfahrtskonzepte [Electronic Version]. *Discussion Papers Querschnittsgruppe „Arbeit und Ökologie"*, P00-505, 29. Retrieved 17.11.2008 from http://skylla.wzb.eu/pdf/2000/p00-505.pdf.

Robert Koch-Institut. (2009). *20 Jahre nach dem Fall der Mauer: Wie hat sich die Gesundheit in Deutschland entwickelt?* Berlin: Robert Koch Institut.

Saup, W., & Reichert, M. (1999). Die Kreise werden enger: Wohnen und Alltag im Alter. In A. Niederfranke, G. Naegele & E. Frahm (Hrsg.), *Funkkolleg Altern 2* (S. 245–286). Opladen/Wiesbaden: Westdeutscher Verlag.

Schneekloth, U., & Wahl, H.-W. (2005). *Möglichkeiten und Grenzen selbständiger Lebensführung in privaten Haushalten (MuG III). Repräsentationsbefunde und Vertiefungsstudien zu häuslichen Pflegearrangements, Demenz und professionellen Versorgungsangeboten.* München: Bundesministerium für Familie, Senioren, Frauen und Jugend.

Schneider-Sliwa, R. (2004). *Städtische Umwelt im Alter. Präferenzen älterer Menschen zum altersgerechten*

Wohnen, zur Wohnumfeld- und Quartiersgestaltung (Bd. 26). Basel: Wepf & Co.
Schürt, A., Spangenberg, M., & Pütz, T. (2005). *Raumstrukturtypen. Konzept – Ergebnisse – Anwendungsmöglichkeiten – Perspektiven.* Unpublished manuscript.
Wahl, H.-W. (2001). *The living environment as a resource of old age. Integrated report on German expert contribution.* Bonn: Bundesministerium für Familie, Senioren, Frauen und Jugend.
Wahl, H.-W., & Weisman, G. D. (2003). Environmental gerontology at the beginning of the new millennium: Reflections on Its historical, empirical, and theoretical development. *The Gerontologist, 43(5),* 616–627.

7 Lebensformen und Partnerschaft

Heribert Engstler & Clemens Tesch-Römer

Kernaussagen

Die Vielfalt der Lebensformen im mittleren Alter nimmt zu, doch die Dominanz der Ehe im höheren Alter besteht noch:
Die Lebensformen der 40- bis 70-Jährigen sind etwas vielfältiger geworden, während diejenigen der über 70-Jährigen einheitlicher wurden. Von den 70- bis 85-Jährigen sind so viele verheiratet und haben Kinder wie noch nie. Im mittleren Erwachsenenalter steigt hingegen der Anteil der Partner- und Kinderlosen und es finden sich mehr nichteheliche Partnerschaften und Folgeehen.

Der Wandel der Lebensformen ist sozial und räumlich differenziert:
Vom Rückgang partnerschaftlicher und familiärer Ressourcen im mittleren Alter sind gegenwärtig Männer stärker betroffen als Frauen, insbesondere in Ostdeutschland.

Die Zufriedenheit der in einer Paarbeziehung lebenden Menschen in der zweiten Lebenshälfte hängt nicht von der äußeren Form der Partnerschaft ab:
Unverheiratete Paare sind ähnlich zufrieden mit der Paarbeziehung wie verheiratete Paare, obwohl sie häufiger mit einer Trennung rechnen. Wiederverheiratete stufen ihre Partnerschaft als stabiler ein als Erstverheiratete und sind gleichermaßen zufrieden.

Die Lebensformen im Alter werden bunter, teilweise aber auch fragiler:
Die im Alter vorherrschende Lebensform des langjährig verheirateten Ehepaars mit in der Nähe wohnenden gemeinsamen leiblichen Kindern hat ihren Zenit erreicht und wird quantitativ abnehmen. Der Wandel der Lebensformen führt dazu, dass die partnerschaftlichen und familialen Ressourcen im Alter zukünftig etwas geringer und weniger erwartbar werden.

7.1 Einleitung

Deutschland erlebte in den vergangenen Jahrzehnten markante Veränderungen der Lebensläufe und der privaten Lebensformen. Es wandelten sich sowohl die Strukturen des Zusammenlebens der Geschlechter und Generationen, als auch die Organisation des Alltags von Paaren und Familien.

Ein wesentlicher Aspekt dieses Wandels sind Veränderungen in der Bildung und Institutionalisierung von Partnerschaften. Feste Partnerschaften mit gemeinsamer Haushaltsführung werden zusehends später eingegangen und es steigt der Anteil derer, die zeitweise, wiederholt oder auch längerfristig ohne einen Partner leben (Brüderl & Klein 2003; Prskawetz et al. 2003; Schmidt et al. 2006; Geißler 2008). Die Ehe hat ihren Monopolanspruch als einzig legitime Form des Zusammenlebens normativ und empirisch eingebüßt. Unverheiratetes Zusammenleben entwickelt sich zu einer verbreiteten und akzeptierten Partnerschaftsform, die zusehends auch im Falle der Elternschaft fortgesetzt wird (Lengerer & Klein 2007). Zugleich hat die Zahl der Paare mit getrennten Haushalten zugenommen (Schneider & Ruckdeschel 2003; Asendorpf 2008).

Ein weiterer wichtiger Aspekt des Wandels privater Lebensformen ist die abnehmende Stabilität der Paarbeziehungen. Die Scheidungshäufigkeit hat über die Jahrzehnte hinweg zugenommen. Mittlerweile wird in Deutschland etwa jede dritte Ehe geschieden, in steigendem Maße auch langjährige Ehen (Emmerling 2007; Lind 2001; Rapp 2008). Die Scheidungsziffer der 15- bis 19-jährigen Ehen hat sich seit 1990 nahezu verdoppelt (Grünheid 2006). Die durchschnittliche Ehedauer geschiedener Ehen in Deutschland beträgt derzeit 14 Jahre, das mittlere Scheidungsalter der Männer 44 Jahre, das der Frauen 41 Jahre (Krack-Roberg 2009). Scheidung ist folglich kein Phänomen mehr, das typischerweise im jüngeren Erwachsenenalter auftritt, sondern ein Ereignis, dem in zunehmendem Maße Menschen in der zweiten Lebenshälfte ausgesetzt sind. Auch von der wachsenden Zahl nichtehelicher Partnerschaften enden viele mit Trennung. Sie sind sogar einem weitaus höheren Trennungsrisiko als Ehen ausgesetzt (Rupp 1996; Asendorpf 2008).

Infolge der gestiegenen Trennungshäufigkeit wächst auch die Zahl erneuter Paarbildungen. Diese können, müssen aber nicht immer in eheliche Beziehungen münden und es steigt die Zahl nichtehelicher Lebensgemeinschaften, bei denen mindestens einer der Partner zuvor schon einmal verheiratet war (Engstler & Menning 2003). Forschungsergebnisse aus anderen Ländern lassen vermuten, dass sich das Zusammenleben ohne Trauschein zu einer typischen Partnerschaftsform bei Folgebeziehungen nach einer Scheidung oder Verwitwung entwickelt (de Jong Gierveld 2004; Xu et al. 2006). Empirische Daten liegen für Deutschland jedoch in erster Linie zum Wiederheiratsgeschehen vor, das heißt der ehelichen Form von Folgebeziehungen (Heekerens 1988). Grünheid (2006) schätzt auf der Grundlage der Eheschließungsstatistik, dass in Deutschland etwas mehr als die Hälfte der Geschiedenen erneut heiratet. Werden Kinder aus einer früheren Partnerschaft in die neue Paarbeziehung eingebracht, entstehen Stieffamilien (Bien et al. 2002; Hullen 2006). Als ein wesentliches Merkmal des Strukturwandels der Familie wird daher in der Öffentlichkeit die Zunahme des Anteils sogenannter Patchwork-Familien mit unterschiedlichen Elternschaftskonstellationen diskutiert.

Ein weiterer wesentlicher Aspekt des Wandels der Lebensformen ist die zunehmende Zahl kinderlos Bleibender. Nach Angaben des Statistischen Bundesamts hat ungefähr ein Fünftel der 1964 bis 1968 geborenen Frauen bis zum Jahr 2008 keine Kinder bekommen, was nahezu eine Verdoppelung gegenüber dem Kinderlosenanteil der 1939 bis 1943 geborenen Frauen bedeutet (Statistisches Bundesamt 2009). Deutschland zählt im internationalen Vergleich zu den Ländern mit relativ hoher Kinderlosigkeit (Dorbritz 2005; Frejka 2008).

Seit mehreren Jahren gibt es eine wissenschaftliche Diskussion darüber, ob dieser skizzierte Wandel einen Trend zur wachsenden Vielfalt der Lebensformen (Pluralisierung) in Deutschland kennzeichnet oder ob sich zwar Biografiemuster umstrukturieren und neue Muster herausbilden, die Lebensformen insgesamt jedoch nicht vielfältiger werden (Klein 1999; Peuckert 2008). Empirische Forschungsarbeiten hierzu liegen hauptsächlich für das Jugend-, junge und mittlere Erwachsenenalter vor, die auf eine Pluralisierung der Lebensformen und Beziehungsbiografien hinweisen, wenn auch stärker in Bezug auf Partnerschafts- als auf Familienformen und -verläufe (Wagner

& Franzmann 2000; Wagner et al. 2001; Marbach 2003; Brüderl & Klein 2003; Brüderl 2004; Schmidt & von Stritzky 2004; Schmidt et al. 2006; Wagner 2008). Die vorliegenden Befunde lassen noch kein feststehendes Urteil zur Frage der Pluralisierung von Lebensformen und -verläufen in Deutschland zu. Noch wenig untersucht ist zudem die Frage, ob auch die Bevölkerung im fortgeschrittenen Alter Träger einer zunehmenden Vielfalt der Lebensformen ist. Dies soll im vorliegenden Beitrag geschehen.

7.2 Fragestellung

Die Untersuchung widmet sich der Frage, ob die Lebensformen im mittleren und höheren Alter im Hinblick auf die Existenz und Form von Partner- und Elternschaft heterogener werden und die individuelle Stabilität der Lebensformen abnimmt. Damit soll geprüft werden, ob die viel diskutierte Pluralisierung der Lebensformen nicht nur ein Phänomen des jüngeren Erwachsenenalters ist, sondern auch die mittleren und höheren Altersstufen erfasst. Gefragt wird weiterhin, ob eine möglicherweise steigende Vielfalt der Lebensformen in der zweiten Lebenshälfte primär Folge des Hineinwachsens heterogener strukturierter Kohorten in dieses Alter ist, oder ob sie auch eine Folge häufigerer Wechsel der Lebensformen im Verlauf späterer Altersphasen ist. Zu diesen Fragen lassen sich grundsätzlich zwei konträre Annahmen formulieren und begründen, eine Stabilisierungs- und eine Dynamisierungsthese.

- *Stabilisierungsthese*: Die Stabilisierungsthese geht davon aus, dass sich die Veränderungen weitgehend auf das jüngere Alter konzentrieren und es ab dem mittleren Erwachsenenalter zu einer Stabilisierung und Traditionalisierung der Lebensformen und -verläufe kommt. Nach dieser Annahme gelangen die Menschen nach der Dynamik und Heterogenität des jüngeren Erwachsenenalters spätestens zu Beginn der zweiten Lebenshälfte (näherungsweise zu Beginn des fünften Lebensjahrzehnts) in „ruhigeres Fahrwasser" mit sich annähernden stabileren und ähnlichen Lebensweisen. Begründen ließe sich diese Erwartung mit rollen- und austauschtheoretischen sowie familienökonomischen Annahmen. So kann zum Beispiel erwartet werden, dass das „Mismatch"-Risiko bei längerer Partnersuche oder wiederholter Partnerwahl abnimmt (Becker 1993) und mit wachsendem Investment in die Paarbeziehung, wozu auch der Nachwuchs zählt, deren Stabilität steigt und Vorteile der eheverbundenen Familie zum Tragen kommen.
- *Dynamisierungsthese*: Die Gegenposition lässt erwarten, dass auch das mittlere und höhere Alter von den Veränderungen und Dynamiken der Lebensformen und -verläufe erfasst wird beziehungsweise sich diese bis ins höhere Alter hinein erhalten. Gründe hierfür lassen sich vor allem aus individualisierungstheoretischen Überlegungen ableiten (Beck & Beck-Gernsheim 1990; Beck 1994). So ist davon auszugehen, dass die Freisetzung aus traditionellen normativen Verbindlichkeiten alle Altersgruppen erfasst. Anzunehmen ist, dass auch mittelalte und ältere Arbeitskräfte den Flexibilitätsanforderungen des Arbeitsmarktes ausgesetzt sind, die Rückwirkungen auf die Gestaltung ihres Privatlebens haben. Zudem ist hierzulande insbesondere das Leben im Alter gesellschaftlich eher schwach normiert (Rollenarmut des Alters). Dies eröffnet Handlungsspielräume und damit zumindest das Potenzial für mehr Heterogenität im Alter. Ob und in welcher Weise dieses Potenzial genutzt wird, ist eine offene Frage.

Forschungsleitend für die Untersuchung des Wandels der Lebensformen der Menschen mittleren und höheren Alters sind folgende Annahmen:

- *Vielfalt der Lebensformen:* Erwartet wird eine in der Kohortenabfolge steigende Vielfalt der Lebensformen beim Eintritt in die zweite Lebenshälfte. Dies begründet sich aus der Annahme, dass jüngere Geburtsjahrgänge zusehends weniger einheitlich die Lebensmitte erreichen. Selbst wenn die bis dahin entwickelten Lebensformen im weiteren biografischen Verlauf weitgehend beibehalten würden, nähme die Heterogenität der Lebensformen in der zweiten Lebenshälfte in der Kohortenabfolge dennoch zu. Man kann dies als „Spill-over"-Effekt der Pluralisierung des jüngeren Lebensalters bezeichnen. Konkret bedeutet dies, dass weniger Menschen in der Lebensform des erstverheirateten Paars mit – ausschließlich – leiblichen Kindern ihr fünftes Lebensjahrzehnt erreichen. Erwartet wird eine Zunahme lediger und postehelicher Paare, Folgeehen, Stiefelternschaften, partnerloser und kinderloser Lebensformen. Trifft die „Spill-over"-These mit der allmählichen Diffussion nichtkonventioneller Lebensformen in die zweite Lebenshälfte zu, müsste sich die steigende Heterogenität stärker im mittleren als im höheren Alter zeigen.
- *Instabilität der Lebensformen:* Darüber hinaus wird auch eine steigende Dynamik beziehungsweise abnehmende Stabilität der Lebensformen im Verlauf der zweiten Lebenshälfte erwartet. Angenommen wird eine wachsende Zahl von Trennungen und Scheidungen und die Etablierung neuer Partnerschaften nach dem vierten Lebensjahrzehnt. Teilweise kompensiert werden könnte diese Dynamik durch die steigende Lebenserwartung und die Kompression der Mortalität. Denn dies führt dazu, dass sich verwitwungsbedingte Lebensformenwechsel zusehends im hohen Alter verdichten und insbesondere alte Frauen dadurch länger in der Lebensform der Ehe verweilen. Trifft die Dynamisierungsthese zu, müsste sich in der Kohortenabfolge eine steigende Zahl von Lebensformenwechseln im Verlauf des mittleren und höheren Alters zeigen und die Verteilung der Lebensformen auch im höheren Alter heterogener werden.

Eine weitere Fragestellung richtet sich auf die subjektive Bedeutung sich wandelnder Lebensformen. Wie beurteilen Menschen, die nicht in der Lebensform des langjährig in erster Ehe verheirateten Elternpaars ins mittlere und höhere Alter kommen, ihre Lebens- und Partnerschaftssituation? Internationale Forschungsbefunde sprechen für Wohlbefindensvorteile der Ehe gegenüber partnerlosen Lebensformen, aber auch gegenüber unverheirateten Paaren (Diener et al. 2000; Evans & Kelley 2004). In amerikanischen Studien wurde eine höhere Beziehungszufriedenheit bei Ehepaaren im Vergleich zu nichtehelichen Partnerschaften festgestellt (Brown & Booth 1996; Brown 2003). Eine aktuelle europäische Studie kam allerdings zum Ergebnis, dass die Differenzen im subjektiven Wohlbefinden zwischen Paaren mit und ohne Trauschein umso kleiner sind, je verbreiteter und sozial akzeptierter in einem Land das nichteheliche Zusammenleben ist (Soons & Kalmijn 2009). Auch das Trennungsrisiko nichtehelicher Lebensgemeinschaften, das insgesamt höher als das der Ehen ist, hängt nach den Befunden einer anderen europaweiten Untersuchung davon ab, wie verbreitet unverheiratetes Zusammenleben in einem Land ist (Liefbroer & Dourleijn 2006). Zurückgeführt werden diese Zusammenhänge auf unterschiedlich starke Selektions- und Gratifikationseffekte. Mit Selektionseffekten ist gemeint, dass jene, die heiraten, gegenüber denen, die nicht heiraten, sich in bestimmten Merkmalen unterscheiden, die auch die Paarbeziehung und die Partnerschaftsstabilität beeinflussen, zum Beispiel in ihren Einstellungen, Werthaltungen und Konfliktbewältigungsstilen. Der Gratifikationseffekt ergibt sich aus Vorzügen, die aus der Ehe selbst erwachsen, zum Beispiel hinsichtlich der gesellschaftlichen Anerkennung und der materiellen und sozialen Unterstützung. Vermutet wird, dass eine wachsende Ausbreitung nichtehelicher Partnerschaften mit einem abnehmenden Gratifikationsvorteil der Ehe und geringer werdenden Unterschieden in den Merkmalen der Paare korrespondiert. Dies führt zu einer abnehmenden Differenz in der Zufriedenheit und Stabilität ehelicher und nichtehelicher Beziehungen. Dementsprechend wurden in den skandinavischen Ländern mit einer vergleichsweise hohen Verbreitung und Akzeptanz nichtehelicher Partnerschaften weniger Unterschiede der Zufriedenheit und Stabilität zwischen verheirateten und unverheirateten Paaren festgestellt als in katholisch geprägten südeuropäischen Ländern, in denen nichteheliche Lebensgemeinschaften vergleichsweise selten vorkommen (Soons & Kalmijn 2009; Liefbroer & Dourleijn 2006).

Vor diesem Hintergrund wird im vorliegenden Beitrag untersucht, wie ähnlich oder unterschiedlich in Deutschland die in verschiedenen Partnerschaftsformen lebenden Menschen in der zweiten Lebenshälfte die Qualität und Stabilität ihrer Paarbeziehung beurteilen. Da angenommen wird, dass es im Zuge der gestiegenen Trennungs- und Scheidungshäufigkeit eine wachsende Zahl von Folgeehen und nachehelichen Partnerschaften gibt, wird dabei eine entsprechende Differenzierung vorgenommen, die über die dichotome Unterscheidung zwischen Ehen und nichtehelichen Lebensgemeinschaften hinaus geht. Verglichen werden die Partnerschaften von Ledigen, erstmals Verheirateten, erneut Verheirateten und vormals Verheirateten.

- *Bewertung der Partnerschaft:* Erwartet werden positivere Einschätzungen der beiden ehelichen gegenüber den beiden nichtehelichen Partnerschaftsformen, da weiterhin Gratifikationsvorteile der Ehe und Selektionseffekte angenommen werden.
- *Subjektive Stabilität von Erst- und Folgeehen:* Unterschiede zwischen Erst- und Folgeehen werden hauptsächlich im Hinblick auf die subjektiv erwartete Stabilität angenommen. Vermutet wird, dass sich die Tatsache des erhöhten Scheidungsrisikos von Folgeehen (Klein 1992; Wagner & Weiß 2003) auch in deren subjektiven Einschätzungen niederschlägt.

7.3 Datengrundlage und Vorgehensweise

Zentrale empirische Grundlage der Untersuchung des Wandels der Lebensformen sind die Querschnittsdaten der drei Basisstichproben des Deutschen Alterssurveys (DEAS) aus den Jahren 1996, 2002 und 2008. Es handelt sich jeweils um repräsentative Stichproben der 40- bis 85-jährigen deutschen Bevölkerung in Privathaushalten (vgl. Kapitel 2 „Datengrundlagen und Methoden“).

Es erfolgt zunächst eine differenzierte Deskription der Lebensformen der Menschen im Alter von 40 bis 85 Jahren und des Wandels dieser Lebensformen in den vergangenen zwölf Jahren. Geprüft wird, ob die Lebensformen über die Zeit vielfältiger geworden sind. Dabei ist zu berücksichtigen, dass in der Forschung bislang kein einheitliches Lebensformenkonzept verwendet wird und die Ergebnisse somit von der jeweiligen Auswahl und Differenziertheit der verwendeten Kategorien beeinflusst werden. Im vorliegenden Beitrag beziehen sich diese auf die zuvor skizzierten Entwicklungen. Nachfolgend wird daher zunächst die altersgruppenspezifische Entwicklung der Familienstände[1], der Partnerlosigkeit und Partnerschaftsformen sowie der Kinderlosigkeit und Stiefelternschaften untersucht. Da die Frage nach dem Wandel der Lebensformen im Vordergrund steht, konzentriert sich die Darstellung auf die Beschreibung der Anteilsveränderungen. Für den Zeitvergleich 1996 bis 2008 wird bei den Paarformen zwischen zusammenlebenden Ehepaaren, nichtehelichen Haushaltsgemeinschaften und Paaren ohne gemeinsamen Haushalt unterschieden.[2] Ergänzend hierzu wird aus den Retrospektivangaben 2008 zur bisherigen Zahl und Dauer der Ehen der Befragten die kohortenspezifische Entwicklung der Verbreitung von Folgeehen und nachehelichen Partnerschaften im Alter von 50 Jahren aufgezeigt.

Anschließend wird zusammenführend geprüft, ob die Verteilung der Lebensformen zwischen 1996 und 2008 insgesamt heterogener geworden ist. Grundlage hierfür ist eine differenzierte Typologie der Lebensformen, die durch Kombination der Merkmale Familienstand, Partnerschafts- und Elternschaftssituation gebildet wird. Als Indikator der Heterogenität der Lebensformenverteilung wird das Maß der standardisierten Entropie verwendet.

Soweit vorhanden, werden alters- und geschlechtsspezifische Besonderheiten sowie Unterschiede zwischen den alten und neuen Bundesländern berichtet. Im Vordergrund steht dabei die kontrastierende Entwicklungsbetrachtung der drei Altersgruppen (40 bis 54, 55 bis 69 und 70 bis 85 Jahre). Untersucht wird die Entwicklung über alle drei Messzeitpunkte, die Darstellung konzentriert sich aber weitgehend auf die Verteilungen am Anfang und Ende des Untersuchungszeitraums. Ausführliche Informationen für das Jahr 2002 finden sich in den Anhangstabellen.

Die Darstellung des Wandels der Lebensformen wird ergänzt durch die empirische Überprüfung der Annahme einer zunehmenden Instabilität von Lebensformen im Verlauf des Älterwerdens. Dies erfolgt durch einen Kohortenvergleich der Häufigkeit biografischer Ereignisse, die einen Wechsel der Lebensform beinhalten. Geprüft wird, ob und welche Ereignisse im 6-Jahres-Längsschnitt verschiedener Geburtskohorten zunehmen.

Abschließend wird untersucht, welchen Einfluss die Form der Partnerschaft auf die individuelle Bewertung und subjektive Stabilität der Paarbeziehung hat. Mittels Kovarianzanalysen wird geprüft, ob und in welcher Weise sich die vier Partnerschaftsformen „Ledige mit Partner", „erstmals Verheiratete", „Folgeehen" und „nacheheliche Partnerschaften" unter Kontrolle anderer Einflussfaktoren (Geschlecht, Partnerschaftsdauer, Kinderzahl im Haushalt, Äquivalenzeinkommen, Region) in der Bewertung ihrer Partnerschaft (Item mit Werten von 1 = sehr schlecht bis 5 = sehr gut) und ihrer subjektiven Trennungswahrscheinlichkeit (Item mit Werten von 1 = sehr niedrig bis 5 = sehr hoch) unterscheiden.

7.4 Partner- und Elternschaft bei über 40-Jährigen im Wandel

7.4.1 Familienstand

Die Entwicklung der Familienstände der 40- bis 85-jährigen deutschen Bevölkerung zwischen 1996 und 2008 ist durch einen Rückgang des Anteils verheiratet Zusammenlebender und

1 Von den im Jahr 2008 erstmals befragten Deutschen im Alter von 40 bis 85 Jahren befinden sich nach eigenen Angaben 25 Personen in einer gleichgeschlechtlichen Partnerschaft, davon elf in einer Eingetragenen Lebenspartnerschaft. Letztere werden im vorliegenden Bericht den Ehepaaren zugeordnet.

2 Auf eine Unterscheidung zwischen gleich- und gegengeschlechtlichen Partnerschaften wurde aufgrund der geringen Fallzahl gleichgeschlechtlicher Paare verzichtet.

Verwitweter zugunsten Lediger und Geschiedener (einschließlich Getrenntlebender) gekennzeichnet. Der Anteil Verheirateter nahm von rund 75 auf 70 Prozent ab (vgl. Abbildung 7–1). Dieser Rückgang erfolgte größtenteils im Zeitraum von 1996 bis 2002, zwischen 2002 und 2008 gab es nur noch geringfügige Veränderungen (vgl. Tabelle A 7–2 im Anhang).

Hinter dieser Gesamtentwicklung verbergen sich unterschiedliche, teilweise gegensätzliche Veränderungen in den einzelnen Altersgruppen. Bei der jüngsten der drei Altersgruppen, den 40- bis 54-Jährigen, zeigt sich die Erosion der Ehe besonders deutlich: Der Anteil der Verheirateten verringerte sich von 83 auf 70 Prozent. Diese Einbuße ist etwa zu gleichen Teilen mit einem Zuwachs des Anteils Lediger und Geschiedener verbunden. Die Abkehr Jüngerer von der Ehe erfolgte dabei in Ostdeutschland stärker als im Westen, am stärksten ausgeprägt bei den 40- bis 54-jährigen ostdeutschen Männern. Von ihnen sind im Jahr 2008 nurmehr sechs von zehn verheiratet, im Jahr 1996 waren es noch 83 Prozent.

Eine gegensätzliche Entwicklung hat in der obersten Altersgruppe stattgefunden: Bei den 70- bis 85-Jährigen ist der Anteil Verheirateter seit 1996 um acht Prozentpunkte auf 61 Prozent gestiegen. Ein genauerer Blick offenbart, dass dieser Anstieg vor allem auf die stark rückläufige Quote verwitweter Frauen dieses Alters von 53 auf 40 Prozent zurückgeht (vgl. Tabelle A 7–4 im Anhang). Verantwortlich dafür sind im Wesentlichen zwei Entwicklungen. Zum einen steigt die Lebenserwartung Älterer, wodurch Verwitwungen häufiger erst jenseits des 85. Lebensjahres eintreten. Zum anderen hat sich durch das mortalitätsbedingte Herauswachsen der geschlechtermäßig sehr ungleich besetzten Kriegsgenerationen die Zusammensetzung der älteren Bevölkerung geändert. Die kriegsbedingten Männerverluste hatten in der Vergangenheit zu einem hohen Anteil unverheirateter Frauen beigetragen. Mittlerweile haben sich die Geschlechterproportionen wieder normalisiert, wodurch mehr Frauen verheiratet ins Alter gelangen.

In Bezug auf die Frage der Pluralisierung der Lebensformen in der zweiten Lebenshälfte kann hinsichtlich der Dimension des Familienstands vor allem bei den Menschen im

Abb. 7–1: Familienstand, 1996 und 2008 (in Prozent)

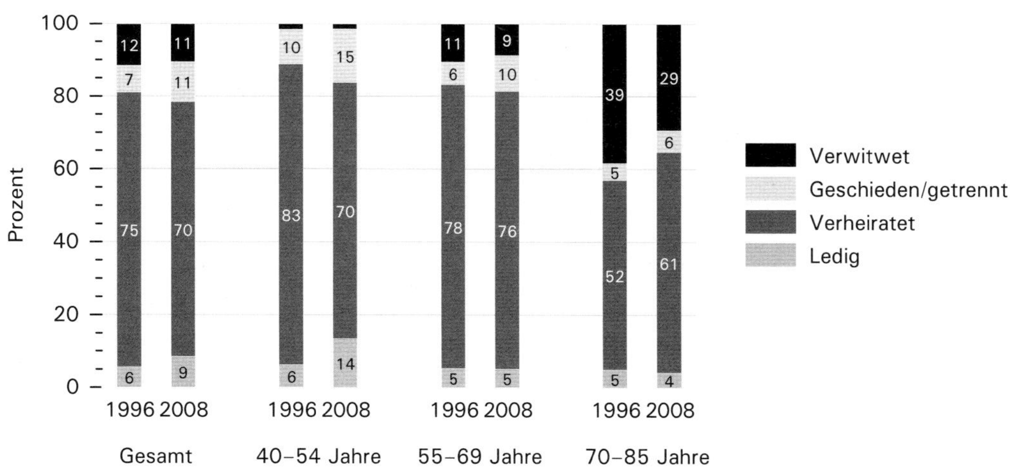

Quelle: DEAS 1996 (n = 4.838) und 2008 (n = 6.015), gewichtet, gerundete Angaben.
Differenzen zwischen 1996 und 2008 statistisch signifikant, $p < .05$.

mittleren Erwachsenenalter eine steigende Heterogenität konstatiert werden. Im höheren Alter sind die Familienstände hingegen einheitlicher geworden. Dies spricht gegen eine allgemeine Pluralisierung und Dynamisierung der Lebensformen in der zweiten Lebenshälfte. Die Befunde unterstützen eher die Annahme einer allmählichen Diffusion nichtehelicher Lebensformen in das mittlere Lebensalter durch das Hineinwachsen heterogener strukturierter Geburtskohorten in die zweite Lebenshälfte.

7.4.2 Partnerlosigkeit und Partnerschaftsformen

Ob mit dem wachsenden Anteil der Unverheirateten in der unteren Altersgruppe (40 bis 54 Jahre) auch die Partnerlosigkeit zunimmt, kann anhand des Familienstandes nicht ausreichend bestimmt werden. Es könnte sein, dass der Rückgang ehelicher Verbindungen weitgehend durch eine steigende Zahl nichtehelicher Partnerschaften ausgeglichen wird. Ob dies zutrifft, wird im Folgenden anhand der Entwicklung der Partnerlosigkeit und der Partnerschaften ohne Trauschein geprüft.

Wie Abbildung 7–2 zeigt, hat sich der Anteil Partnerloser in der Gesamtheit der 40- bis 85-jährigen Bevölkerung von 1996 bis 2008 nur minimal erhöht. In den Jahren 1996, 2002 und 2008 lebte jeweils rund ein Fünftel der 40- bis 85-Jährigen nicht in einer Paarbeziehung. Die insgesamt sinkende Zahl Verheirateter wurde weitgehend ausgeglichen durch die steigende Anzahl nichtehelicher Partnerschaften. Anteilsmäßig zugelegt haben dabei nicht nur die nichtehelichen Haushaltsgemeinschaften, sondern auch Paare ohne gemeinsamen Haushalt. Auf beide zusammen entfällt mittlerweile rund ein Zehntel aller Lebensformen der 40- bis 85-Jährigen und zwölf Prozent der Partnerschaften.

Die altersspezifische Betrachtung offenbart jedoch erneut unterschiedliche Entwicklungen. Bei den 40- bis 54-Jährigen hat sowohl der Anteil partnerloser Menschen (von elf auf 17 Prozent) als auch der Anteil nichtehelicher Partnerschaften zugenommen (von sechs auf 14 Prozent). Der in dieser Altersgruppe relativ starke Rückgang ehelicher Haushalte wur-

Abb. 7–2: Partnerschaftsbezogene Lebensformen, 1996 und 2008 (in Prozent)

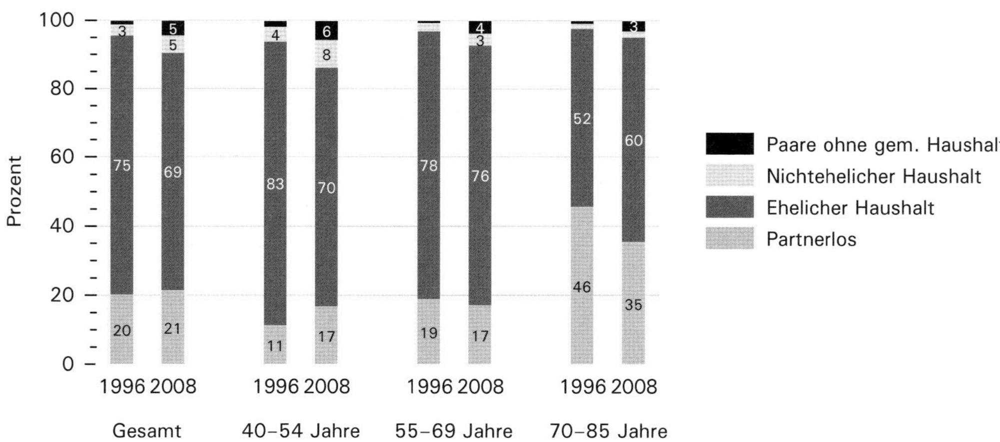

Quelle: DEAS 1996 (n = 4.838) und 2008 (n = 6.004), gewichtet, gerundete Angaben.
Differenzen zwischen 1996 und 2008 statistisch signifikant, p < .05.

de daher nur teilweise durch nichteheliche Paarformen ausgeglichen. Immer mehr Menschen gelangen partnerlos in die zweite Lebenshälfte.

In Ostdeutschland ist diese Entwicklung ausgeprägter verlaufen. Der Partnerlosenanteil unter den 40- bis 54-Jährigen ist dort dadurch mittlerweile höher als in Westdeutschland. Spitzenreiter sind ostdeutsche Männer dieses Alters, bei denen sich die Partnerlosigkeit zwischen 1996 und 2008 auf 22 Prozent mehr als verdoppelt hat (vgl. Tabelle A 7–5 im Anhang).

In der mittleren und insbesondere der oberen Altersgruppe verringerte sich hingegen der Anteil Partnerloser, wobei dies – wie bereits erwähnt – weitgehend auf den kräftig gestiegenen Verheiratungsgrad der älteren Frauen zurückzuführen ist.

In allen Altersgruppen zugenommen hat der Anteil unverheirateter Paare, die allerdings immer noch eine relativ kleine Minderheit sind. Zu Beginn der zweiten Lebenshälfte überwiegen dabei noch etwas die Paare im gemeinsamen Haushalt, mit steigendem Alter findet eine Verlagerung zu den Paaren mit getrennten Haushalten statt. Sofern im höheren Alter überhaupt alternative Partnerschaftsformen in Betracht kommen, wird zusehends ein Arrangement gewählt, bei dem beide Partner jeweils ihren eigenen Haushalt behalten.

Überdurchschnittlich häufig sind nichteheliche Partnerschaftsformen mit einem Anteil von 41 Prozent (2008), davon knapp die Hälfte ohne gemeinsamen Haushalt, bei partnerschaftlich gebundenen Menschen, die schon einmal verheiratet waren (ohne Abbildung).

Die dargestellte Entwicklung spricht – wie der Wandel der Familienstandsstruktur – für eine Pluralisierung der Lebensformen im mittleren und eine Homogenisierung im höheren Erwachsenenalter. Der anteilsmäßige Rückgang der Ehen bei den 40- bis 54-Jährigen korrespondiert mit einem Zuwachs partnerloser Lebensformen und unverheirateter Partnerschaften, wodurch die Verteilung in dieser Altersgruppe heterogener wird.

7.4.3 Folgeehen und nacheheliche Partnerschaften

Die gestiegene Scheidungshäufigkeit der vergangenen Jahrzehnte trägt zu einer steigenden

Abb. 7–3: Anteil der im Alter von 50 Jahren in einer Folgeehe oder nachehelichen Partnerschaft lebenden Personen, kohortenspezifisch (in Prozent)

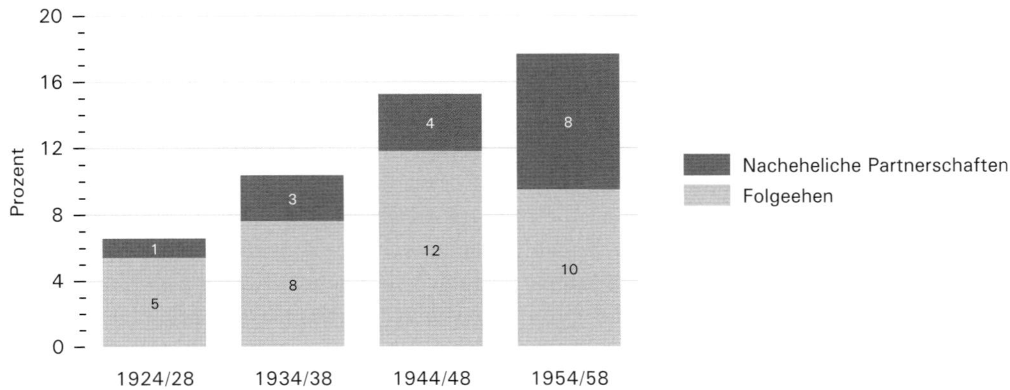

Quelle: DEAS 2008 (n = 2.706), gewichtet, gerundete Angaben.
Kohortendifferenzen statistisch signifikant, p < .05.

Zahl von Partnerschaften bei, bei denen ein oder beide Partner zuvor schon einmal das Ende einer Ehe erlebt haben. Ein wachsender Anteil der Ehen in Deutschland sind dementsprechend Folgeehen und auch die Zahl nichtehelicher Lebensgemeinschaften vormals verheirateter Personen steigt (Engstler & Menning 2003). Die zunehmende Verbreitung von Folgeehen und nachehelichen Partnerschaften zeigt sich auch in den Lebensformen der Menschen in der zweiten Lebenshälfte. Da im Deutschen Alterssurvey ab der Erhebung 2008 bei aktuell und vormals verheirateten Personen die Anzahl der Ehen und die Dauer der aktuellen oder letzten Partnerschaft erhoben wurde, lässt sich ein Kohortenvergleich altersspezifischer Lebensformen unter Berücksichtigung nachehelicher Partnerschaften und Folgeehen vornehmen. Abbildung 7–3 zeigt, wie verbreitet diese beiden Lebensformen im Alter von 50 Jahren bei den Geburtsjahrgängen 1924/28, 1934/38, 1944/48 und 1954/58 waren.

In der Kohortenabfolge ist ein deutlicher Anteilsanstieg der Folgeehen und nichtehelichen Lebensgemeinschaften vormals Verheirateter zu erkennen. Während von den heute 80- bis 84-Jährigen (Jahrgänge 1924/28) im Alter von 50 Jahren nur etwas mehr als sechs Prozent in einer solchen Folgebeziehung lebten, waren es von den aktuell 50- bis 54-Jährigen (Jahrgänge 1954/58) im selben Alter knapp 18 Prozent. Zugleich findet eine Verlagerung von ehelichen zu nichtehelichen Folgebeziehungen statt. Der Anstieg in der jüngsten Jahrgangsgruppe beruht ausschließlich auf einer Zunahme unverheirateter Partnerschaften. Der Anteil der Personen in einer Folgeehe nimmt bei den jüngeren Kohorten bereits wieder ab, da weniger von ihnen überhaupt jemals geheiratet haben und im Falle einer neuen Partnerschaft nach dem Ende einer Ehe seltener nochmals geheiratet wird.

Mit Blick auf die dargestellte Entwicklung der Partnerlosigkeit und der Partnerschaftsformen lassen sich insgesamt Anzeichen einer Pluralisierung partnerschaftsbezogener Lebensformen konstatieren, die durch die Zunahme nichtehelicher Partnerschaften und Folgebeziehungen in allen Altersgruppen und durch eine steigende Partnerlosigkeit der 40- bis 54-Jährigen bedingt sind.

7.4.4 Kinderlosigkeit

In der Diskussion zu Wandel und Pluralisierung der Lebensformen spielen neben der Zunahme der Partnerlosigkeit und der nichtehelichen Partnerschaften in hohem Maße der Anstieg der Kinderlosigkeit und Veränderungen der Familienstrukturen eine Rolle. Im internationalen Vergleich zählt Deutschland zu den Ländern mit höherer Kinderlosigkeit und weist dabei einen ausgeprägten Unterschied zwischen alten und neuen Bundesländern auf. Vor der Wiedervereinigung blieben in der ehemaligen DDR nur wenige Frauen und Männer kinderlos, im früheren Bundesgebiet weit mehr. Nach der Wiedervereinigung erlebte Ostdeutschland einen für Friedenszeiten beispiellosen Rückgang der Fertilität, der mehrere Jahre anhielt. Erst allmählich zeigt sich, inwieweit dieser Fertilitätseinbruch nicht nur einen zeitlichen Aufschub der Geburt von Kindern und den Verzicht auf weitere Kinder bedeutet, sondern auch mit einem Anstieg dauerhafter Kinderlosigkeit verbunden ist.

Im DEAS geben die Befragten detaillierte Auskünfte zu ihren Kindern. Da es im vorliegenden Band in erster Linie um die familienbezogenen Lebensformen, das Vorhandensein von Kindern – und nicht um das Fertilitätsgeschehen – geht, wird im Folgenden einerseits ein erweiterter Kinderbegriff verwendet, der auch nicht-leibliche Kinder einschließt, andererseits Kinderlosigkeit als das aktuelle Fehlen lebender Kinder definiert.

Wie Abbildung 7–4 zeigt, hat sich die Kinderlosigkeit zwischen 1996 und 2008 in der zweiten Lebenshälfte insgesamt leicht erhöht.

Abb. 7–4: Kinderlosigkeit, 1996 und 2008 (in Prozent)

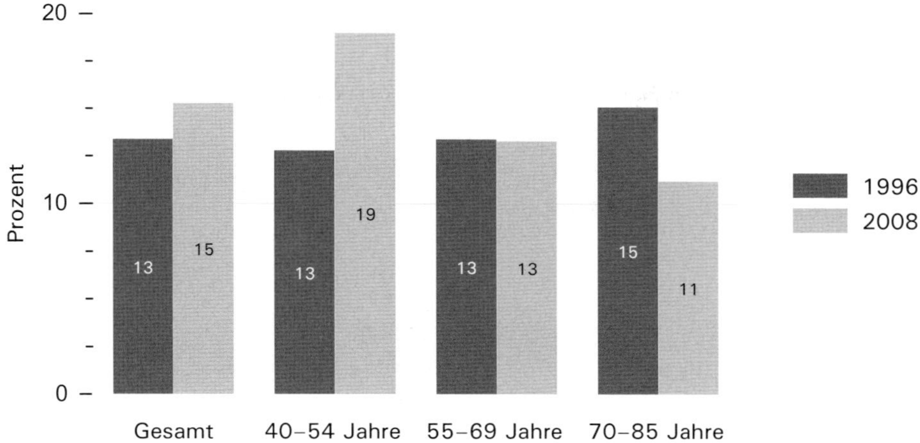

Quelle: DEAS 1996 (n = 4.838) und 2008 (n = 5.996), gewichtet, gerundete Angaben.
Differenzen zwischen 1996 und 2008 für unterste und oberste Altersgruppe statistisch signifikant, $p < .05$.

Es gibt eine starke Zunahme der Kinderlosigkeit bei den 40- bis 54-Jährigen (von 13 auf 19 Prozent), konstante Anteile in der mittleren Altersgruppe und eine rückläufige Quote bei den 70- bis 85-Jährigen.

Unterscheidet man innerhalb der Altersgruppen nach Geschlecht und Landesteil, wird eine erhebliche Bandbreite ersichtlich (vgl. Abbildung 7–5). Die höchste Quote Kinderloser findet sich bei den 40- bis 54-jährigen Männern in Westdeutschland, von denen 2008 nahezu ein Viertel keine Kinder hat. Seit 1996 am stärksten zugenommen hat hingegen die Kinderlosigkeit bei den ostdeutschen Männern des gleichen Alters (um zehn Prozentpunkte). In der mittleren Altersgruppe verlief die Entwicklung uneinheitlich, ohne statistisch signifikante Veränderungen. In der obersten Altersgruppe ist insgesamt ein Rückgang der Kinderlosigkeit zu beobachten, der wesentlich getragen wird vom rückläufigen Anteil bei westdeutschen Frauen.

Der Anstieg der Kinderlosigkeit konzentriert sich auf die erste Hälfte des beobachteten Zeitraums. Zwischen 2002 und 2008 schwächte er sich ab (vgl. Tabelle A 7–6 im Anhang). Von der differenziellen Ausbreitung bei den Jüngeren ist ein positiver Effekt auf die Pluralisierung der elternschaftsbezogenen Lebensformen zu erwarten. Die bisherige Entwicklung wird dazu führen, dass – beginnend mit den „Babyboomern" – im Alter mehr Menschen keine Kinder haben und auf andere Unterstützungsressourcen angewiesen sein werden.

7.4.5 Nicht-leibliche Elternschaft

Wie einführend erwähnt wurde, ist eine wachsende Heterogenität auch im Hinblick auf die Form der Elternschaft zu erwarten. Dies betrifft zum einen den steigenden Anteil Alleinerziehender, zum anderen wird auch eine Zunahme des Anteils von Patchwork-Familien und Stiefelternschaften vermutet.

Im DEAS können die Teilnehmer auf die Frage, ob und wie viele Kinder sie haben, auch Kinder des Partners und andere nicht-leibliche Kinder nennen (Pflege- und Adoptivkin-

Abb. 7–5: Kinderlosigkeit, 1996 und 2008 (in Prozent)

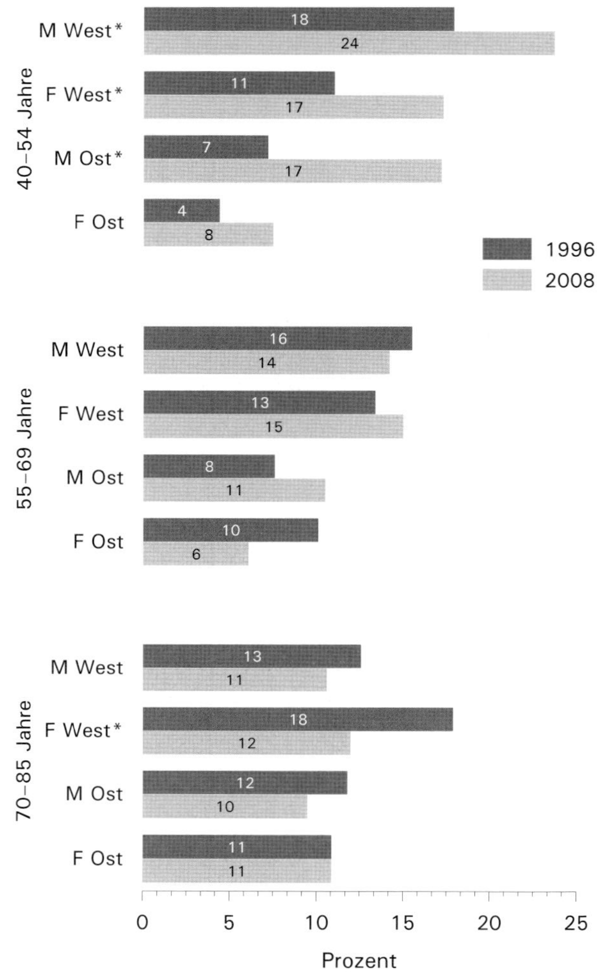

Quelle: DEAS 1996 (n = 4.838) und 2008 (n = 5.996), gerundete Angaben, gewichtet
Die Differenzen zwischen 1996 und 2008 sind bei den mit einem Stern (*) gekennzeichneten Gruppen statistisch signifikant, p < .05.

der[3]). Wie verbreitet nicht-leibliche Elternschaften sind und ob deren Anteile im Zeitverlauf zugenommen haben, veranschaulicht Abbildung 7–6. Sie zeigt die Anteile von nicht-leiblichen Eltern an allen Personen mit Kindern.[4] Im Jahr 2008 haben knapp neun Prozent aller 40- bis 85-jährigen Eltern mindestens ein nicht-leibliches Kind.

3 Viele adoptierte Kinder sind ebenfalls Kinder des Partners.

4 Zu den nicht-leiblichen Kindern wurden auch solche gezählt, die von den Befragten zwar als gemeinsames leibliches Kind des Paares deklariert wurden, jedoch mindestens zwei Kalenderjahre vor Beginn dieser Partnerschaft geboren waren.

Abb. 7–6: Eltern mit nicht-leiblichen Kindern, 1996 und 2008 (in Prozent aller Eltern)

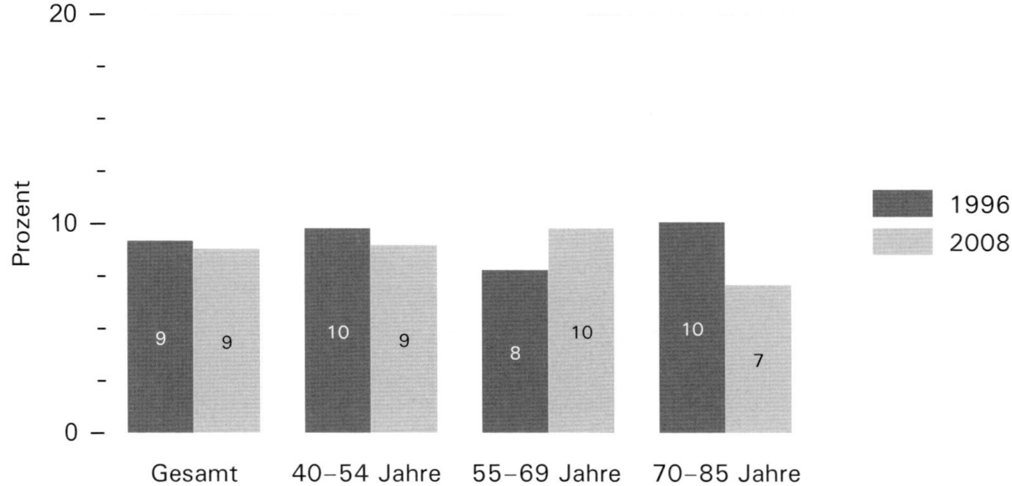

Quelle: DEAS 1996 (n = 4.226) und 2008 (n = 5.184), gewichtet, gerundete Angaben.
Differenz zwischen 1996 und 2008 für oberste Altersgruppe statistisch signifikant, $p < .05$.

Entgegen der Erwartung ist der Anteil der Stiefelternschaften verglichen mit 1996 nicht gestiegen. Auch in der jüngsten betrachteten Altersgruppe sind Stiefelternschaften nicht häufiger geworden. Die – statistisch nicht signifikanten – Veränderungen in der unteren und mittleren Altersgruppe deuten auf eine leichte Altersverlagerung der Stiefelternschaft hin. In der obersten Altersgruppe kam es hingegen zu einem Rückgang nicht-leiblicher Elternschaften.

Bedeutsamer als die Entwicklung sind Gruppenunterschiede in der Verbreitung nicht-leiblicher Elternschaften. Diese bestehen insbesondere zwischen den Geschlechtern und den beiden Landesteilen: Männer haben häufiger nicht-leibliche Kinder als Frauen und in Ostdeutschland sind diese Elternschaften weiter verbreitet als in Westdeutschland (vgl. Tabelle A 7–7 im Anhang).

Die im Untersuchungszeitraum insgesamt konstant gebliebene Quote nicht-leiblicher Elternschaft auch bei der jüngsten Altersgruppe deutet darauf hin, dass das Phänomen der Patchwork-Familien und Stiefelternschaften in der medialen Öffentlichkeit möglicherweise überschätzt wird. Es ist ganz offensichtlich kein neues Phänomen, seine quantitative Bedeutung ist begrenzt und es zeichnet sich noch kein deutlicher Wachstumstrend dieser Familienverhältnisse ab. Auch zu Beginn der zweiten Lebenshälfte haben weiterhin mehr als 90 Prozent aller Eltern nur leibliche Kinder.

7.5 Pluralisierung der Lebensformen

In den vorangehenden Abschnitten wurde die Entwicklung verschiedener partner- und elternschaftsbezogener Merkmale dargestellt und dabei jeweils auch im Hinblick auf die Frage betrachtet, ob sich darin Anzeichen einer wachsenden Vielfalt der Lebensformen erkennen lassen. In diesem Abschnitt erfolgt nun eine integrierte Darstellung der Entwick-

Tab. 7–1: Typologie der Lebensformen

Merkmal	Ausprägungen
Familienstand	Ledig / verheiratet[1] / geschieden oder getrennt / verwitwet
Partnerschaft	Partnerlos / Partner im Haushalt / Paar ohne gemeinsamen Haushalt
Elternschaft	Kinderlos / nur leibliche Kinder / nicht-leibliche Kinder
Haushaltszugehörigkeit der Kinder	Ja / nein

[1] einschließlich Eingetragene Lebenspartnerschaften

lung in Bezug auf diese Merkmale. Grundlage hierfür ist eine differenzierte Typologie der Lebensformen aus der Kombination der Merkmale Familienstand, Partner- und Elternschaft (vgl. Tabelle 7–1).

Durch Kombinieren aller Merkmale wären prinzipiell 55 Lebensformen möglich, empirisch existieren davon 48 (2008). Da viele davon äußerst selten sind, wird eine Zusammenfassung zu 15 Lebensformen vorgenommen. Diese sind in Abbildung 7–7 nach ihrem Familienstand auf vier Gruppen aufgeteilt, die jeweils mehrere Lebensformen mit unterschiedlichen Kombinationen der drei anderen Merkmale enthalten.

Die Darstellung zeigt, wie sich die 40- bis 85-Jährigen auf die 15 Kategorien in den Jahren 1996 und 2008 verteilen. Es wird deutlich, dass sich die Bevölkerung dieses Alters weitgehend auf einige wenige Lebensformen konzentriert. Die häufigste Lebensform ist die Ehe mit ausschließlich leiblichen Kindern, die entweder noch im Elternhaus oder bereits im eigenen Haushalt leben. Mit einigem Abstand folgen die Lebensformen der kinderlosen Ehe und der alleinstehenden Verwitweten, die Kinder haben. Mehr als drei Viertel der 40- bis 85-Jährigen finden sich 1996 in diesen vier Lebensformen. Nennenswert sind des Weiteren mit einem Anteil von jeweils vier bis sechs Prozent die partner- und kinderlosen Ledigen, die partnerlosen Geschiedenen mit Kindern und die Verheirateten mit nicht-leiblichen Kindern.

Zu erkennen ist aber auch, dass sich die Konzentration der 40- bis 85-jährigen Bevölkerung auf die zentralen Lebensformen zwischen 1996 und 2008 etwas verringert hat und die vielen seltenen Lebensformen zahlenmäßig jeweils leicht hinzugewonnen haben. Relativ betrachtet haben sich die Anteile vieler davon verdoppelt, fallen aber quantitativ weiter wenig ins Gewicht. Deren Zugewinne gingen weitgehend zu Lasten der klassischen Kernfamilie, des Ehepaars mit leiblichen Kindern im Haushalt. Deren Anteil hat sich um sechs Prozentpunkte verringert.

Diese Ergebnisse und die grafische Darstellung vermitteln somit bereits den Eindruck einer Pluralisierung der Lebensformen – wenn auch in einem eher bescheidenen Ausmaß. Zwar dominieren nach wie vor wenige Lebensformen, das Spektrum der Lebensformen in der zweiten Lebenshälfte erweitert sich jedoch langsam.

Um Pluralisierung adäquat abzubilden, bedarf es allerdings einer objektiven Messung der Heterogenität von Verteilungen. Sie erst zeigt, ob die Lebensformen im Beobachtungszeitraum zwischen 1996 und 2008 tatsächlich vielfältiger geworden sind. Hierfür eignet sich das Maß der standardisierten Entropie, wie es von Coulter (1989) vorgeschlagen und bereits von verschiedenen Autoren zur Untersuchung der Vielfalt der Lebensformen angewandt wurde (Kohler

Abb. 7–7: Lebensformen, 1996 und 2008 (in Prozent)

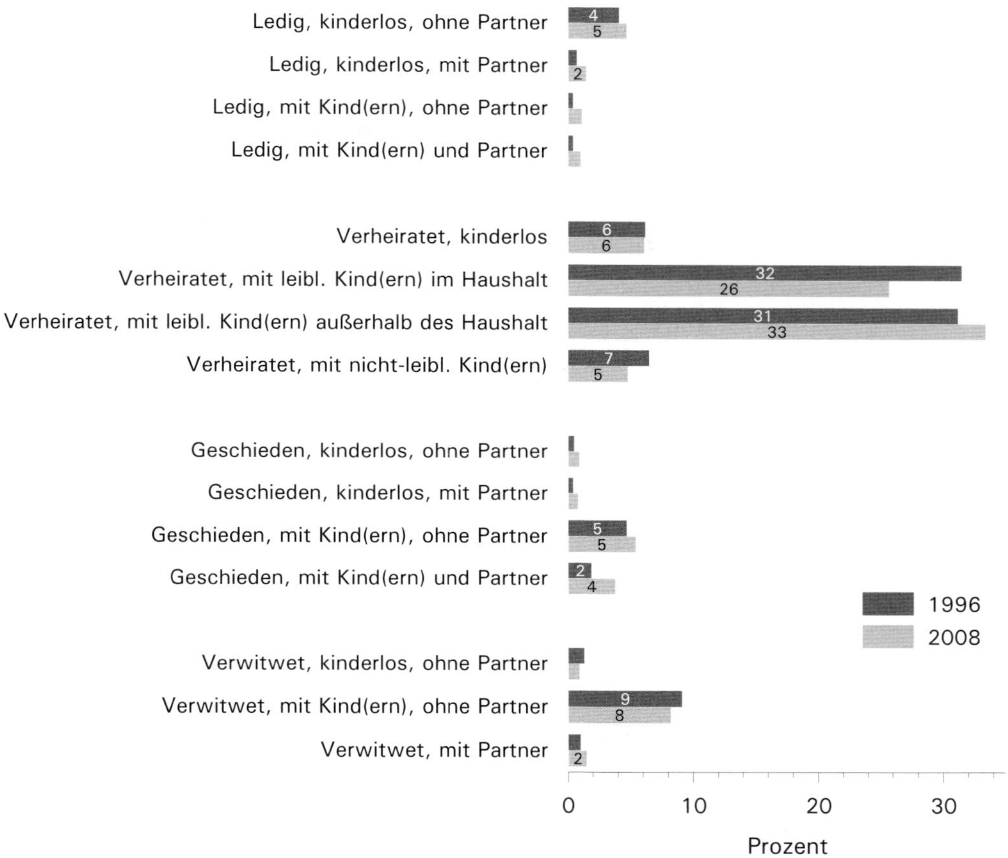

Quelle: DEAS 1996 (n = 4.838) und 2008 (n = 5.973), gewichtet, gerundete Angaben.
Die Verteilungen 1996 und 2008 sind statistisch signifikant unterschiedlich, p < .05.

2004; Wagner 2008).[5] Der mögliche Wertebereich erstreckt sich von 0 bis 1. Der Wert „0" würde bedeuten, dass nur eine Lebensform besetzt ist, in der sich die Gesamtheit der Population befindet, die Heterogenität also minimal ist; der Wert „1" ergäbe sich als Ausdruck einer maximalen Heterogenität bei einer gleichmäßigen Besetzung aller Lebensformen (Gleichverteilung). Steigen die Werte der standardisierten Entropie über die Zeit, belegt dies entsprechend eine wachsende Heterogenität der Verteilung.

Tabelle 7–2 enthält die Entropiemaße der Verteilungen für die Jahre 1996, 2002 und 2008. In der Gesamtheit steigen die Werte und bestätigen damit die Annahme einer wachsenden Vielfalt der Lebensformen der Menschen in der zweiten Lebenshälfte.

5 Die Formel lautet $H^* = \frac{-\Sigma_j^k = {}_1 f_j \log_2 f_j}{\log_2 k}$, wobei fj der Anteil der Kategorie j und k die Anzahl der Kategorien bezeichnet. Bei allen Jahres- und Gruppenvergleichen wurde eine konstante Anzahl von 15 Kategorien verwendet.

Tab. 7–2: Heterogenität der Lebensformen (standardisierte Entropie). Vergleich 1996, 2002 und 2008

	1996	2002	2008
Gesamt	.693	.739	.743
40–54 Jahre	.593	.678	.695
55–69 Jahre	.635	.631	.654
70–85 Jahre	.638	.645	.594
Männer	.649	.714	.713
Frauen	.709	.740	.753
Neue Bundesländer	.691	.716	.743
Alte Bundesländer	.690	.743	.737
Niedrige Bildung[1]	.687	.718	.706
Mittlere Bildung[2]	.686	.714	.738
Hohe Bildung[3]	.650	.772	.726

Quelle: DEAS 1996 (n = 4.838), 2002 (n = 3.081) und 2008 (n = 5.973), gewichtet.
[1] Niedrige Bildung: Haupt- oder Realschule, ohne Berufsausbildung.
[2] Mittlere Bildung: Abitur oder nicht-akademische Berufsausbildung.
[3] Hohe Bildung: abgeschlossenes Studium.

Auch die getrennte Betrachtung nach Alter, Geschlecht und Landesteil zeigt, dass bis auf eine Ausnahme die gruppenspezifischen Verteilungen über die Zeit heterogener geworden sind. Gemessen an der absoluten Differenz der Entropiewerte 1996 und 2008 schritt die Pluralisierung der Lebensformen (bei unterschiedlichen Ausgangsniveaus) überdurchschnittlich bei der jüngsten betrachteten Altersgruppe voran. Die Verteilung der Lebensformen vor und beim Eintritt in das Ruhestandsalter wurde etwas heterogener.

Die Ausnahme von der allgemeinen Entwicklung bilden die 70- bis 85-Jährigen, deren Lebensformen in Bezug auf die verwendeten Kategorien homogener wurden. Hauptursache hierfür ist die in den vorangegangenen Abschnitten bereits diskutierte Verringerung des geschlechtsspezifischen Unterschiedes des Verheiratetenanteils in dieser Altersklasse. Diese Homogenisierung kann als ein vorübergehendes Phänomen betrachtet werden, begrenzt auf die Generation, die gegenwärtig vor oder im Übergang in das vierte Lebensalter steht. Insbesondere die Frauen dieser Generation verfügen im Alter in höherem Maße über partnerschaftliche Ressourcen als Frauen früherer Generationen.

Die Pluralisierung der Lebensformen erfasst alle Bildungsgruppen. Wie die Entropiewerte in Tabelle 7–2 zeigen, sind im Jahr 2008 die Lebensformen aller drei Bildungsgruppen heterogener als 1996. Allerdings gestalten sich Niveau und Dynamik dieser Entwicklung je nach Bildung etwas unterschiedlich. Bei geringer Qualifizierten wurden die Lebensformen nur bis 2002 heterogener, 2008 ist die Verteilung der Lebensformen wieder etwas weniger vielfältig. Ein ähnlicher Verlauf zeigt sich auch bei der obersten Bildungsgruppe: Zwischen 1996 und 2002 wurden deren Lebensformen deutlich vielfältiger, bis 2008 reduzierte sich diese Heterogenität wieder etwas. In der mittleren Bildungsgruppe setzte sich die Pluralisierung auch zwischen 2002 und 2008 fort, sodass deren Lebensformen mittlerweile am vielfältigsten sind.

7.6 Stabilität und Instabilität der Lebensformen

Die in den vorangehenden Abschnitten berichteten Ergebnisse haben gezeigt, dass die Lebensformen zu Beginn der zweiten Lebenshälfte heterogener geworden sind. Aufgrund des Wandels der Lebensläufe im jüngeren Erwachsenenalter gelangen weniger Menschen als erstverheiratetes Paar mit leiblichen Kindern in das mittlere Erwachsenenalter. Die größere Vielfalt und Dynamik in den ersten vier Lebensjahrzehnten trägt zu der steigenden Heterogenität der Lebensformen in der biografischen Mitte des Lebens bei, was eingangs als Spill-over-Effekt bezeichnet wurde.

Es stellt sich die Frage, ob auch der weitere Lebensverlauf nach dem 40. oder 50. Lebensjahr einer wachsenden Dynamik unterliegt und es zu mehr Veränderungen in den Lebensformen im Verlauf des mittleren und höheren Alters kommt. Dies würde bedeuten, dass die Pluralisierung auch durch mehr biografische Umbrüche in der zweiten Lebenshälfte vorangetrieben wird und die Lebensformen im mittleren und höheren Alter instabiler werden (Dynamisierungsthese). Wenn die These der Dynamisierung individueller Lebensläufe zutrifft, müsste es bei den Angehörigen nachwachsender Geburtsjahrgänge folglich zu mehr Änderungen in der Lebensform aufgrund partnerschaftlicher und familiärer Ereignisse kommen als bei den früher geborenen Personen.

Antworten hierzu lassen sich aus der längsschnittlichen Betrachtung der Stabilität der Lebensformen im Kohortenvergleich finden. Mit den Paneldaten des DEAS lassen sich mit einem kohortensequenziellen Ansatz individuelle Veränderungen der Lebensformen vergleichend untersuchen, da für die Panelteilnehmer aus den beiden Basisstichproben 1996 und 2002 jeweils längsschnittliche Informationen hierzu vorliegen. Tabelle 7–3 weist aus, wie häufig es in den sechs Jahren zwischen der ersten und zweiten Befragung bei den beiden Stichproben zu biografischen Ereignissen gekommen ist, die mit einer Veränderung der individuellen Lebensform einhergehen.

Die prospektive Untersuchung zeigt, dass knapp 32 Prozent der 1996 erstmals Befragten bis zum Jahr 2002 einen Wechsel ihrer Lebensform erfahren haben. In gut der Hälfte der Fälle ist dafür der Übergang vom Haushalt mit zum Haushalt ohne Kinder verantwortlich, der größtenteils den Übergang in die sogenannte „empty nest"-Phase nach Auszug des letzten Kindes bedeutet.[6] Weitere Ereignisse betreffen die Auflösung einer Paarbeziehung aufgrund von Verwitwung oder Trennung sowie die Bildung und Institutionalisierung einer Partnerschaft und der Beginn einer Stiefelternschaft.

Tabelle 7–3 zeigt ebenfalls, dass die Lebensformenwechsel insgesamt nicht zugenommen haben. Von den Erstbefragten des Jahres 2002 haben 2008 rund 29 Prozent eine andere Lebensform als sechs Jahre zuvor, bei 71 Prozent blieb die Lebensform stabil. Die Wechselquote ist niedriger als in der vorhergehenden Panelstichprobe, die Differenz ist statistisch nicht signifikant. Auch altersspezifisch hat es insgesamt keine signifikante Veränderung in der Stabilität der individuellen Lebensformen im 6-Jahres-Zeitraum gegeben.[7]

---

6 Der Übergang zum kinderlosen Haushalt kann vereinzelt auch durch den Tod eines Kindes oder den Auszug des Elternteils zustande kommen, zum Beispiel beim Umzug in ein Heim. Letzteres wird im Deutschen Alterssurvey jedoch kaum erfasst, da ins Heim umgezogene Personen aus gesundheitlichen Gründen nur sehr selten an der Wiederholungsbefragung teilgenommen haben.

7 Zwar gibt es Veränderungen in den prozentualen Häufigkeiten, die jedoch statistisch unsicher sind.

Tab. 7–3: Lebensformenwechsel im Kohortenvergleich (in Prozent)

Veränderung im 6-Jahres-Zeitraum	1996–2002	2002–2008
Änderung der Lebensform, insgesamt	31,6	29,1
nach Alter[1]:		
40–45 Jahre	30,1	25,9
46–51 Jahre	35,3	41,2
52–57 Jahre	38,4	36,2
58–63 Jahre	28,5	26,9
64–69 Jahre	25,1	21,2
70–75 Jahre	24,3	18,8
76–81 Jahre	23,7	22,2
Biografisches Ereignis		
Beginn einer Partnerschaft	2,5	1,7
Zusammenzug mit Partner	1,1	1,2
Eheschließung	1,5	2,5
Scheidung	2,3	1,9
Verwitwung	3,7	3,6
Ende einer nichtehelichen Partnerschaft	0,7	1,6
Elternschaftsbeginn	0,7	1,4
Stiefelternschaftsbeginn[2]	5,5	5,2
Übergang zum kinderlosen Haushalt*	16,6	12,2

Quelle: DEAS 6-Jahres-Panel nach Erstbefragung 1996 (n = 1.519) und 2002 (n = 993), gewichtet. Signifikante Kohortenunterschiede (p < .05) sind mit einem Stern (*) gekennzeichnet.
[1] Alter bei Erstbefragung
[2] Erstmalige Nennung nicht-leiblicher Kinder

Es gibt allerdings signifikante Veränderungen in der altersspezifischen Inzidenz einzelner biografischer Ereignisse (Tabelle 7–4). So kommt es vor dem 50. Lebensjahr und auch insgesamt im Panelvergleich seltener zu einem Übergang zum kinderlosen Haushalt. Verantwortlich für den häufiger ausbleibenden Wechsel in das „empty nest" ist die steigende Kinderlosigkeit (nur Eltern können dieses Ereignis erleben), der spätere Beginn der Elternschaft und der längere Verbleib der Kinder im Elternhaus. Dadurch sinkt die Wahrscheinlichkeit, dass im untersuchten 6-Jahres-Zeitraum ein Wechsel vom Familienhaushalt zum kinderlosen Haushalt erfolgt.

Zugenommen hat in der jüngsten Altersgruppe die Häufigkeit der Auflösung einer nichtehelichen Partnerschaft. Begünstigt wird

Tab. 7–4: Altersspezifische Lebensformenwechsel im Kohortenvergleich (in Prozent)[1]

Altersgruppe[2]	Ereignis	1996–2002	2002–2008
40–45	Übergang zum kinderlosen Haushalt	15,9	9,0
40–45	Ende einer nichtehelichen Partnerschaft	0,3	5,5
46–51	Stiefelternschaftsbeginn	3,4	7,0
64–69	Verwitwung	8,3	3,4

Quelle: DEAS 6-Jahres-Panel nach Erstbefragung 1996 und 2002, gewichtet
[1] Dargestellt sind ausschließlich statistisch signifikante Kohortenunterschiede ($p < .05$)
[2] Alter in Jahren bei erster Befragung

dies durch die steigende Zahl unverheirateter Paare. Möglicherweise hat sich auch das Trennungsrisiko erhöht. Eine weitere signifikante Veränderung in der Kohortenabfolge ist die zunehmende Zahl der 46- bis 51-Jährigen, die im Verlauf der folgenden sechs Jahre Stiefeltern werden, das heißt in der Wiederholungsbefragung erstmals die Existenz eines nicht-leiblichen Kindes angeben.[8] Offenbar nimmt die Zahl derer zu, die in diesem Alter eine Paarbeziehung mit einer Person eingehen, die bereits Kinder aus einer früheren Partnerschaft hat. In der Gesamtheit der 40- bis 85-Jährigen hat sich die prospektive Übergangshäufigkeit zur Stiefelternschaft allerdings nicht erhöht. Eine dritte signifikante Veränderung ist die abnehmende Verwitwungshäufigkeit bei den jungen Alten. Während von den 64- bis 69-Jährigen des Jahres 1996 in den sechs nachfolgenden Jahren 8,3 Prozent den Ehepartner verloren, waren es von den Gleichaltrigen des Jahres 2002 in den sechs Folgejahren nur 3,4 Prozent, obwohl es 2002 mehr Verheiratete dieses Alters gab.[9] Die abnehmende Verwitwungshäufigkeit in diesem Alter ist eine Folge der steigenden Lebenserwartung älterer Menschen.

Insgesamt hat sich die Erwartung einer steigenden Dynamik der Lebensformen im Verlauf der zweiten Lebenshälfte bislang nicht bestätigt. Die Häufigkeit von Lebensformenwechseln hat im untersuchten 6-Jahres-Zeitraum nicht zugenommen, der Anteil stabiler Lebensformen blieb konstant. Lediglich das Spektrum biografischer Ereignisse hat sich etwas verändert und zeitlich verlagert. Die Pluralisierung der Lebensformen der Menschen im mittleren und höheren Erwachsenenalter erscheint vorerst weitgehend eine Folge der Ankunft von heterogener zusammengesetzten Kohorten in der Lebensmitte zu sein, die ihre größere Vielfalt in die zweite Lebenshälfte mitnehmen. Ob die Wahrscheinlichkeit biografischer Veränderungen im Verlauf des Alterns zukünftig zunehmen und die Vielfalt des Alters und der Alternsverläufe steigern wird, bleibt abzuwarten. Hierzu sind Vergleiche über einen längeren Lebensabschnitt notwendig, die bei Fortsetzung der Längsschnittuntersuchung des DEAS Aufschluss geben werden.

---

8 Im Querschnittsvergleich 1996–2008 hatte sich eine solche altersspezifische Zunahme angedeutet, war aber statistisch nicht signifikant (vgl. Abbildung 7–6).
9 Die Ergebnisse beziehen sich jeweils auf die Gesamtheit der Befragten des jeweiligen Alters.

7.7 Subjektive Bewertung ehelicher und nichtehelicher Partnerschaften

Wie in den vorangehenden Abschnitten gezeigt werden konnte, sinkt der Anteil der Menschen, die in der Lebensform des langjährig in erster Ehe verheirateten Elternpaars ins Alter kommen. Im Gegenzug steigt die Zahl der Erwachsenen mittleren Alters, deren Lebensform in einem oder mehreren Aspekten von diesem vorherrschenden Muster abweicht. Eine wachsende Verbreitung finden auch nach dem vierten Lebensjahrzehnt unter anderem nichteheliche Partnerschaften von Personen, die noch ledig sind oder schon einmal verheiratet waren. Zugenommen hat auch die Zahl der Wiederverheirateten. Wie berichtet, werden in der Forschungsliteratur den nichtehelichen Partnerschaften je nach Verbreitung und sozialer Akzeptanz niedrigere Zufriedenheits-Outcomes und höhere Trennungsrisiken zugeschrieben, letzteres auch den Folgeehen. Nachfolgend wird untersucht, ob dies aktuell für die mit einem Partner zusammenlebenden Personen ab 40 Jahren in Deutschland zutrifft, wie dies in den eingangs formulierten Ergebniserwartungen angenommen wurde. Zu diesem Zweck wird verglichen, wie gut oder schlecht die Menschen in der zweiten Lebenshälfte ihre Paarbeziehung je nach Partnerschaftsform bewerten und für wie wahrscheinlich sie es halten, dass es irgendwann zur Trennung kommt.

Abbildung 7–8 enthält die Ergebnisse einer Kovarianzanalyse zum Einfluss der Partnerschaftsform auf die Bewertung der Paarbeziehung unter Kontrolle anderer wichtiger Einflüsse (Geschlecht, Partnerschaftsdauer, Kinderzahl, Einkommen, Landesteil). Abgebildet sind die adjustierten Mittelwerte. Im Ergebnis zeigen sich keine signifikanten Unterschiede in der Bewertung der eigenen Paarbeziehung zwischen Personen, die zum ersten oder wiederholten Mal oder gar nicht verheiratet sind. Personen, die ohne Trauschein mit einem Partner zusammenleben, bewerten ihre Partnerschaft ähnlich gut wie Verheiratete. Dabei macht es keinen Unterschied, ob es sich um Ledige handelt oder Menschen, die zuvor schon einmal verheiratet waren. Innerhalb der Ehen geben erstmals Verheiratete ihrer Partnerschaft keine bessere Note als Personen, für die es bereits die zweite oder – selten – die dritte Ehe ist. Die Eheschließung ist offenbar weder Garant noch Hindernis für eine zufriedenstellende Partnerschaft. Amerikanische Befunde, die eine höhere Beziehungszufriedenheit bei Ehen gegenüber nichtehelichen Partnerschaften festgestellt haben (Brown & Booth 1996; Brown 2003), lassen sich nicht ohne weiteres auf Deutschland übertragen. Die forschungsleitende Annahme einer höheren Beziehungszufriedenheit der beiden ehelichen gegenüber den beiden nichtehelichen Partnerschaftsformen wird durch die Daten nicht unterstützt.

Unterschiede bestehen allerdings in der subjektiv erwarteten Dauerhaftigkeit der Partnerschaft. Danach gefragt, für wie wahrscheinlich sie es halten, dass sie sich irgendwann trennen werden, sind unverheiratet Zusammenlebende weniger optimistisch als Verheiratete: Paare ohne Trauschein schätzen ihre Trennungswahrscheinlichkeit signifikant höher ein als Ehepaare (vgl. Abbildung 7–9). Unabhängig von der Partnerschaftsqualität kommt darin der schwächere Grad der Institutionalisierung und Verbindlichkeit der nichtehelichen Partnerschaftsformen zum Ausdruck. Verheiratete haben demgegenüber mit der Eheschließung nach innen und außen ein Bekenntnis zum Ziel des dauerhaften Zusammenbleibens abgegeben.

Interessanterweise schätzen die in einer Folgeehe Befindlichen ihre Trennungswahrscheinlichkeit signifikant geringer ein als erst-

Abb. 7–8: Bewertung der Paarbeziehung nach Partnerschaftsform, 2008

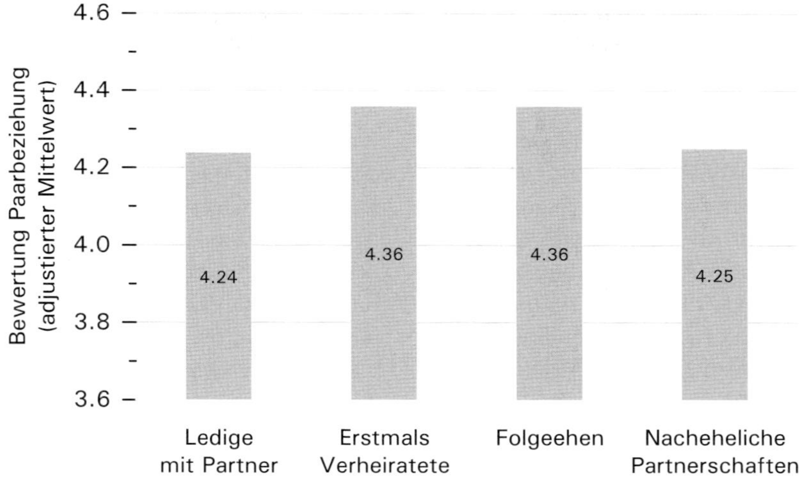

Quelle: DEAS Basisstichprobe 2008 (n = 4.018).
Adjustierte Mittelwerte (unter Kontrolle von Geschlecht, Region (neue und alte Bundesländer), Partnerschaftsdauer, Kinderzahl im Haushalt und Äquivalenzeinkommen) auf einer Skala von 1 (sehr schlecht) bis 5 (sehr gut); keine signifikanten Unterschiede der Gruppenwerte.

Abb. 7–9: Subjektive Trennungswahrscheinlichkeit, 2008

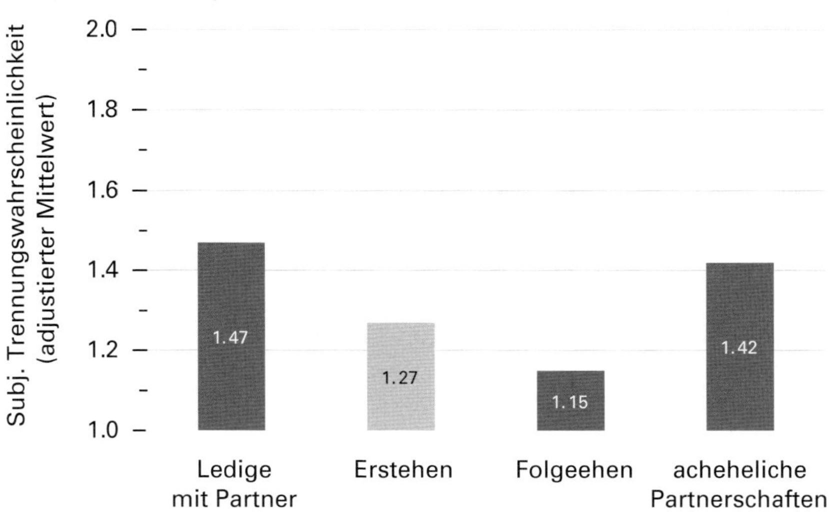

Quelle: DEAS Basisstichprobe 2008 (n = 3.972).
Adjustierte Mittelwerte (unter Kontrolle von Geschlecht, Region (neue und alte Bundesländer), Partnerschaftsdauer, Kinderzahl im Haushalt und Äquivalenzeinkommen) auf einer Skala von 1 (sehr niedrige Wahrscheinlichkeit) bis 5 (sehr hohe Wahrscheinlichkeit).
Dunkle Balken kennzeichnen signifikante Unterschiede im Vergleich zur subjektiven Trennungswahrscheinlichkeit der Erstehen, $p < .05$.

mals Verheiratete. Die forschungsleitende Annahme ging vom Gegenteil aus, denn gemessen am Scheidungsaufkommen unterliegen Folgeehen bislang einem erhöhten Scheidungsrisiko (Klein 1992; Wagner & Weiß 2003). Vermutlich spiegelt sich in den subjektiven Einschätzungen die Überzeugung, nun wirklich den richtigen Partner fürs Leben zu haben, und ein größerer Wille zum Festhalten an der Beziehung. Ob die Selbsteinschätzung trügt oder sich hier ein Wandel in der Stabilität von Folgeehen abzeichnet, muss an dieser Stelle offen bleiben. Möglicherweise sind Folgeehen, die die zweite Lebenshälfte erreicht haben oder erst im höheren Alter geschlossen werden, ähnlich stabil wie Erstehen. Die Ehepartner selbst gehen zumindest davon aus.

7.8 Zusammenfassung und Diskussion

7.8.1 Zusammenfassung

Wie die Ergebnisse zeigen, sind die Lebensformen der in der zweiten Lebenshälfte befindlichen Menschen in Bezug auf Partner- und Elternschaft in den untersuchten zwölf Jahren insgesamt etwas vielfältiger geworden. Die große Mehrheit der 40- bis 85-Jährigen lebt aber weiterhin als Ehepaar mit gemeinsamen leiblichen Kindern, die entweder noch im Elternhaus oder – häufiger – außerhalb davon wohnen. Unter den 70- bis 85-Jährigen lassen sich über die Zeit sogar eher Tendenzen einer Vereinheitlichung der Lebensformen aufgrund der Zunahme des Anteils der Verheirateten feststellen. Dies ist sowohl Ergebnis einer allmählichen Normalisierung der Geschlechterproportionen in den Nachkriegsgenerationen als auch Folge der steigenden Lebenserwartung. Die Entwicklung seit Mitte der 1990er Jahre ist insofern von einer Gleichzeitigkeit der Pluralisierung der Lebensformen im mittleren Alter und einer Homogenisierung im höheren Alter gekennzeichnet.

Die individuelle Stabilität der Lebensformen der über 40-Jährigen hat im Beobachtungszeitraum nicht abgenommen. Lediglich das Spektrum biografischer Ereignisse hat sich etwas verändert und lebenszeitlich verlagert. Die Erwartung einer steigenden Lebensverlaufsdynamik beziehungsweise biografischen Instabilität der Lebensformen konnte insofern nicht bestätigt werden. Die Pluralisierung der Lebensformen der Menschen im mittleren und höheren Erwachsenenalter erscheint vorerst überwiegend eine Folge der Ankunft von heterogener zusammengesetzten Kohorten in der Lebensmitte zu sein, die ihre größere Vielfalt in das spätere Alter mitnehmen.

Doch dies zeigt zugleich, dass die Pluralisierungsentwicklung die zweite Lebenshälfte durchaus ergriffen hat. Bei den heutigen Mittvierzigern lassen sich markante Veränderungen erkennen, die sie absehbar mit ins Alter begleiten werden. Ein steigender Anteil unter ihnen ist partnerlos, ein ebenfalls wachsender Anteil hat keine Kinder. Es gibt mehr nichteheliche Partnerschaften und mehr Menschen sind bereits zweimal verheiratet. Diese Befunde entsprechen den Ergebnissen anderer Untersuchungen, auch wenn Vergleiche im Detail aufgrund unterschiedlicher Kategorisierungen, Untersuchungszeiträume und Altersspannen nur eingeschränkt möglich sind. Nicht-leibliche Elternschaft ist trotz der Zunahme von Folgeehen und nachehelichen Partnerschaften bislang nicht häufiger geworden, das Fehlen eigener Kinder wird nur selten durch Beziehungen zu Kindern des Partners ausgeglichen. Der Befund einer stagnierenden Entwicklung der Stiefelternschaftsprävalenz entspricht Ergebnissen von Prskawetz et al. (2003), die in einem europäischen Ländervergleich für die meisten westeuropäischen Länder in der Kohortenabfolge keine Zunahme der Quote eingebrachter Kinder in die zweite Partnerschaft von 20- bis 39-jährigen Frauen feststellen konnten.

Männer sind von der Entwicklung der steigenden Partner- und Kinderlosigkeit im mittleren Alter gegenwärtig stärker betroffen als Frauen und könnten zukünftig im höheren Alter häufiger als bislang vor dem Problem stehen, ohne ausreichende partnerschaftliche und familiäre Unterstützung ihr Leben bestreiten zu müssen. Negative Einflüsse auf das Unterstützungspotenzial durch erwachsene Kinder können zukünftig auch aus der gestiegenen Scheidungs- und Trennungshäufigkeit erwachsen, wenn dadurch die Bereitschaft zur Übernahme von Unterstützungsaufgaben in der Kindergeneration sinkt. Wird die Ehe eines Kindes geschieden, geht damit meistens auch die Aussicht der Eltern auf den Erhalt von Hilfe durch das Ex-Schwiegerkind (insbesondere der Ex-Schwiegertöchter) verloren. Trennen sich die Eltern, kann dies ebenfalls negative Auswirkungen auf die spätere Unterstützungsbereitschaft der Kinder haben, insbesondere gegenüber dem Elternteil, der den Familienhaushalt verlässt und fortan weniger Kontakt zu den Kindern unterhält oder dem von den Kindern eine Hauptverantwortung für das Scheitern der Partnerschaft zugeschrieben wird.

Gelingt es, nach einer Trennung oder Scheidung eine neue Paarbeziehung zu etablieren, erwächst daraus auch erneut ein partnerschaftliches Unterstützungspotenzial für das Alter. Dies vor allem dann, wenn die neue Paarbeziehung durch eine Eheschließung institutionalisiert wird. Denn wie gezeigt werden konnte, sind Wiederverheiratete in der zweiten Lebenshälfte genauso zufrieden mit ihrer Partnerschaft wie Erstehen und gehen sogar von einer überdurchschnittlichen Ehestabilität aus. Ein steigender Anteil vormals Verheirateter verzichtet allerdings im Falle einer neuen Partnerschaft auf die Eheschließung und verbleibt in der Form der nichtehelichen Partnerschaft. Zwar konnte für die über 40-Jährigen unter Kontrolle anderer Einflüsse keine Zufriedenheitslücke zwischen verheirateten und unverheirateten Paaren festgestellt werden, was die in der Forschungsliteratur diskutierte Annahme der Angleichung des Wohlbefindens-Outcomes der Ehe und Kohabitation in Ländern mit weiter Verbreitung und hoher sozialer Akzeptanz unverheirateter Partnerschaften unterstützt; zugleich rechnen Paare ohne Trauschein aber eher mit einer Trennung als verheiratete Paare. Und ihr Trennungsrisiko ist tatsächlich höher. Der Trend zum längeren bis dauerhaften Zusammenleben ohne Eheschließung dürfte daher die Aussicht auf eine verlässliche Zweierbeziehung im Alter schmälern.

Insgesamt lassen die berichteten Ergebnisse erwarten, dass zukünftig mit einer größeren Vielfalt an familiären und partnerschaftlichen Lebenssituationen im Alter zu rechnen ist, die vor allem mit einer Abkehr von der klassischen Form des langjährig verheirateten Ehepaars mit in der Nähe wohnenden gemeinsamen Kindern einhergehen wird (zur steigenden Wohnentfernung zwischen Eltern und Kindern vgl. Kapitel 8 „Familiale Generationenbeziehungen"). In Bezug auf die Lebensformen und -verläufe wird das Alter voraussichtlich bunter, teilweise aber auch fragiler.

7.8.2 Bedeutung der Ergebnisse für Politik und Gesellschaft

Welche Konsequenzen dies für das Wohlbefinden und die soziale Integration im Alter haben wird, ist gegenwärtig noch offen. Bei nichtehelichen Partnerschaften wird es darauf ankommen, deren Belastbarkeit und Anerkennung zu stärken und sie dabei zu unterstützen, auch im höheren Alter füreinander einzustehen. Ein Weg dahin wäre die weitere Angleichung der Rechte und Pflichten nichtehelicher Lebensgemeinschaften an die der Ehe. Herausforderungen ergeben sich durch die steigende

Zahl derer, die ohne Partner und ohne Kinder alt werden oder nur wenig Kontakt zu den Kindern haben, zum Beispiel aufgrund von Trennungen oder großer räumlicher Distanz. Ob daraus Probleme der Integration und Alltagsbewältigung im Alter entstehen, wird davon abhängen, welche anderen persönlichen Beziehungen vorhanden und welche informellen und formellen Unterstützungsressourcen bei Bedarf verfügbar sind. Hilfreich könnten hier zum Beispiel die Pflege der Beziehung zu den eigenen Geschwistern und deren Nachkommen sowie verlässliche Freundschaften sein. Aufgabe der Politik könnte es sein, die Rahmenbedingungen für nachbarschaftliche Hilfe und für bürgerschaftliches Engagement im Alter weiter zu verbessern, zum Beispiel durch die Förderung der Anwohnerbeteiligung im Quartier und von Freiwilligeninitiativen. Letztlich wird der Wandel der Lebensformen voraussichtlich aber auch zu einem steigenden Bedarf an formeller Unterstützung im Alter führen. Hier gilt es, rechtzeitig das Entstehen problematischer Lebenskonstellationen zu erkennen und ihnen entgegenzuwirken, bei denen eine Kumulation des Ressourcenmangels vorliegt oder droht. Dies gilt insbesondere für Lebenslagen mit einem gleichzeitigen Mangel an sozialen, finanziellen und infrastrukturellen Ressourcen, beispielsweise von vorzeitig berenteten Alleinlebenden mit niedriger Rente ohne Kinder vor Ort in strukturschwachen ländlichen Räumen. Hier wird es darauf ankommen, ein hohes Maß an Selbstversorgung aufrechtzuerhalten, zivilgesellschaftliche Potenziale zu fördern und formelle Unterstützungsleistungen anzubieten.

Insgesamt wird der Wandel der Lebensformen und -verläufe im mittleren Lebensalter seine Spuren in späteren Lebensphasen hinterlassen. Der Lebensalltag Älterer wird sich verändern und vielfältiger werden, teilweise auch gefährdeter. Ein Zurück zu alter Homogenität wird es vermutlich nicht geben. Zu hoffen ist, dass Deutschland auf lange Sicht seinen unrühmlichen Platz in der Spitzengruppe der Länder mit hoher Kinderlosigkeit verliert. Eine Familienpolitik, die verhindert, dass die Gründung einer Familie zum Armutsrisiko und zum Risiko für die weitere berufliche Entwicklung der Mütter wird, kann ihren Beitrag hierzu leisten – und damit langfristig auch die familiäre Integration älterer Menschen fördern.

Die Anhangstabellen sind auf der beiliegenden CD-ROM zu finden.

Literatur

Asendorpf, J. B. (2008). Living apart together: Alters- und Kohortenabhängigkeit einer heterogenen Lebensform. *Kölner Zeitschrift für Soziologie und Sozialpsychologie, 60(4)*, 749–764.

Beck, U. (1994). *Riskante Freiheiten. Individualisierung in modernen Gesellschaften.* Frankfurt/Main: Suhrkamp.

Beck, U., & Beck-Gernsheim, E. (1990). *Das ganz normale Chaos der Liebe.* Frankfurt/Main.

Becker, G. S. (1993). *Der ökonomische Ansatz zur Erklärung menschlichen Verhaltens.* Tübingen: Mohr.

Bien, W., Hartl, A., & Teubner, M. (Hrsg.). (2002). *Stieffamilien in Deutschland.* Opladen: Leske+Budrich.

Brown, S. L. (2003). Relationship quality dynamics of cohabiting unions. *Journal of Family Issues, 24(5)*, 583–601.

Brown, S. L., & Booth, A. (1996). Cohabitation versus marriage: A comparison of relationship quality. *Journal of Marriage and Family, 58(3)*, 668–678.

Brüderl, J. (2004). Die Pluralisierung partnerschaftlicher Lebensformen in Westdeutschland und Europa. *Politik und Zeitgeschichte(B 19/2004)*, 3–10.

Brüderl, J., & Klein, T. (2003). Die Pluralisierung partnerschaftlicher Lebensformen in Deutschland, 1960–2000. In W. Bien & J. H. Marbach (Hrsg.), *Partnerschaft und Familiengründung. Ergebnisse der dritten Welle des Familien-Survey* (S. 189–217). Opladen: Leske+Budrich.

Coulter, P. B. (1989). *Measuring inequality. A methodological handbook.* London: Westview Press.

de Jong Gierveld, J. (2004). Remarriage, unmarried cohabitation, living apart together: Partner relationships following dereavement or divorce. *Journal of Marriage and Family, 66(1)*, 236-243.

Diener, E., Gohm, C. L., Suh, E., & Oishi, S. (2000). Similarity of the relations between marital status and subjective well-being across cultures. *Journal of Cross-Cultural Psychology, 31(4)*, 419–436.

Dorbritz, J. (2005). Kinderlosigkeit in Deutschland und Europa – Daten, Trends und einstellungen. *Zeitschrift für Bevölkerungswissenschaft, 30(4)*, 359–408.

Emmerling, D. (2007). Ehescheidungen 2005. *Wirtschaft und Statistik(2/2007)*, 159–168.

Engstler, H., & Menning, S. (2003). *Die Familie im Spiegel der amtlichen Statistik.* Berlin: Bundesministerium für Familie, Senioren, Frauen, und Jugend.

Evans, M. D. R., & Kelley, J. (2004). Effects of family structure on life satisfaction: Australian evidence. *Social Indicators Research, 69(3)*, 303–349.

Frejka, T. (2008). Parity distribution and completed family size in Europe: Incipient decline oft he two-child family model? *Demographic Research, 19(4)*, 47–72.

Geißler, R. (2008). *Die Sozialstruktur Deutschlands.* Wiesbaden: VS Verlag.

Grünheid, E. (2006). Die demographische Lage in Deutschland 2005. *Zeitschrift für Bevölkerungswissenschaft, 31(1)*, 3–104.

Heekerens, H.-P. (1988). Die zweite Ehe. Wiederheirat nach Scheidung und Verwitwung. Weinheim: Deutscher Studien Verlag.

Hullen, G. (2006). Meine Kinder, deine Kinder, unsere Kinder – Patchwork-Familien. *BiB-Mitteilungen, 27(4)*, 15–18.

Klein, T. (1992). Die Stabilität der zweiten Ehe. Besondere Risikopotenziale, Selektionseffekte und systematische Unterschiede. *Zeitschrift für Familienforschung, 4(3)*, 221–237.

Klein, T. (1999). Pluralisierung versus Umstrukturierung am Beispiel partnerschaftlicher Lebensformen. *Kölner Zeitschrift für Soziologie und Sozialpsychologie, 51*, 469–490.

Kohler, U. (2004). Empirische Untersuchung zweier Individualisierungshypothesen mit Querschnittsdaten aus 28 Ländern (*WZB Discussion Paper, SP I 2004 - 203*). Berlin: Wissenschaftszentrum Berlin.

Krack-Roberg, E. (2009). Ehescheidungen 2008. *Wirtschaft und Statistik(12/2009)*, 1191–1203.

Lengerer, A., & Klein, T. (2007). Der langfristige Wandel partnerschaftlicher Lebensformen im Spiegel des Mikrozensus. *Wirtschaft und Statistik(4/2007)*, 433–447.

Liefbroer, A. C., & Dourleijn, E. (2006). Unmarried cohabitation and union stability: Testing the role of diffusion using data from 16 European countries. *Demography, 43(2)*, 203–221.

Lind, I. (2001). *Späte Scheidung: eine bindungstheoretische Analyse.* Berlin: Waxmann.

Marbach, J. H. (2003). Familiale Lebensformen im Wandel. In W. Bien & J. H. Marbach (Hrsg.), *Partnerschaft und Familiengründung. Ergebnisse der 3. Welle des Familen-Survey* (S. 141–187). Opladen: Leske+Budrich.

Peuckert, R. (2008). *Familienformen im sozialen Wandel.* Wiesbaden: VS Verlag.

Prskawetz, A., Vikat, A., Philipov, D., & Engelhardt, H. (2003). Pathways to Stepfamily Formation in Europe: Results from the FFS. *Demographic Research, 8(5)*, 107–149.

Rapp, I. (2008). Wann werden Eltern getrennt? Der Einfluss der Ehedauer auf das Trennungsrisiko. *Kölner Zeitschrift für Soziologie und Sozialpsychologie, 60(3)*, 500–527.

Rupp, M. (1996). Nichteheliche oder eheähnliche Gemeinschaften? *Zeitschrift für Frauenforschung, 14(4)*, 36–55.

Schmidt, G., Matthiesen, S., Dekker, A., & Starke, K. (2006). *Spätmoderne Beziehungswelten.* Wiesbaden: VS Verlag.

Schmidt, G., & von Stritzky, J. (2004). Beziehungsbiographien im sozialen Wandel: Ein Vergleich dreier Generationen. *Familiendynamik, 29(2)*, 78–100.

Schneider, N. F., & Ruckdeschel, K. (2003). Partnerschaften mit zwei Haushalten: Eine moderne Lebensform zwischen Partnerschaftsideal und beruflichen Erfordernissen. In W. Bien & J. H. Marbach (Hrsg.), *Partnerschaft und Familiengründung. Ergebnisse der dritten Welle des Familien-Survey* (S. 245–258). Opladen: Leske+Budrich.

Soons, J., P. M., & Kalmijn, M. (2009). Is marriage more than cohabitation? Well-being differences in 30 European countries. *Journal of Marriage and Family, 71(5)*, 1141–1157.

Statistisches Bundesamt (2009). *Mikrozensus 2008 – Neue Daten zur Kinderlosigkeit in Deutschland.* Wiesbaden: Statistisches Bundesamt.

Wagner, M. (2008). Entwicklung und Vielfalt der Lebensformen. In N. F. Schneider (Hrsg.), *Lehrbuch Moderne Familiensoziologie* (S. 99–120). Opladen & Farmington Hills: Verlag Barbara Budrich.

Wagner, M., & Franzmann, G. (2000). Die Pluralisierung der Lebensformen. *Zeitschrift für Bevölkerungswissenschaft, 25(1)*, 151–173.

Wagner, M., Franzmann, G., & Stauder, J. (2001). Neue Befunde zur Pluralität der Lebensformen. *Zeitschrift für Familienforschung, 13(3)*, 52–73.

Wagner, M., & Weiß, B. (2003). Bilanz der deutschen Scheidungsforschung. Versuch einer Meta-Analyse. *Zeitschrift für Soziologie, 32(1)*, 29–49.

Xu, X., Hudspeth, C. D., & Bartkowski, J. P. (2006). The role of cohabitation in remarriage. *Journal of Marriage and Family, 68(2)*, 261–274.

8 Familiale Generationenbeziehungen

Katharina Mahne & Andreas Motel-Klingebiel

Kernaussagen

Die hohe Qualität der Generationenbeziehungen bleibt bei wachsenden Wohnentfernungen gleich:
Fast alle Eltern haben enge Beziehungen zu ihren Kindern und zwei Drittel berichten von (sehr) guten Familienbeziehungen. Die Mehrheit hat mindestens wöchentlich Kontakt zu ihren erwachsenen Kindern. Doch die Wohnentfernung zwischen Familienmitgliedern wächst an und immer weniger ältere Eltern leben in der Nähe der Kinder.

Intergenerationales Transfergeschehen wandelt sich:
Geld- und Sachtransfers sowie instrumentelle Hilfen werden vorrangig zwischen Verwandten geleistet. Während sie heute seltener an Kinder erbracht werden als früher, wächst die Bedeutung der Enkelkinder. Die Quoten instrumenteller Hilfen sinken, was vermutlich auf eine verbesserte Gesundheit Älterer und wachsende Wohnentfernungen zu den Kindern zurückzuführen ist.

Großelternschaft ist eine bedeutsame Altersrolle:
Die Mehrheit der älteren Menschen in Deutschland empfindet die Großelternschaft persönlich als wichtig oder sehr wichtig. Die Bedeutung von Großelternschaft ist unter jüngeren Großeltern und Frauen größer ausgeprägt als in höheren Altersgruppen und bei Männern.

Die Beziehungen zu den Enkelkindern sind kontaktintensiv und emotional eng:
Drei Viertel der Großeltern haben mindestens monatlich Kontakt zu ihren erwachsenen Enkelkindern. Verglichen mit den Kindern ist der Kontakt zu den Enkeln seltener und ungleicher verteilt. Doch auch die überwiegende Mehrheit der Großeltern ist ihren Enkelkindern emotional eng verbunden.

Demografischer Wandel fordert Familie und Gesellschaft:
Die Mehrheit der Menschen in der zweiten Lebenshälfte lebt weiterhin in familialen Netzwerken, die sich durch vielfältige Funktionen und durch hohe emotionale Verbundenheit auszeichnen. Es zeigen sich aber Trends zu weniger familienbezogenen Lebenssituationen und abnehmender Belastbarkeit von Familienbeziehungen.

8.1 Einleitung

In Deutschland sind in den vergangenen Jahrzehnten markante Veränderungen der Lebensläufe und der privaten Lebensformen zu beobachten. Nicht nur die Strukturen von Erwerbstätigkeit sowie die Organisation des Alltags von Paaren und Familien, sondern auch die Strukturen des Zusammenlebens der Geschlechter und Generationen haben sich gewandelt. Über einen längeren Zeitraum gelebte, aktive Großelternschaft ist hier als eine relativ neue, sich entwickelnde Beziehungsform und Altersrolle zu sehen. Ein Großteil der Menschen im Ruhestandsalter hat heute Enkelkinder und auch die Mehrzahl der künftigen Älteren kann Großelternschaft für ihr eigenes Alter erwarten. Und dies auch für eine lange Lebensphase: Die Zeitspanne der gemeinsamen Lebenszeit von Großeltern und Enkeln erstreckt sich gegenwärtig im Durchschnitt auf zehn bis 30 Jahre (Lauterbach 1995; Wilk 1993). Selbst Vier-Generationen-Konstellationen innerhalb einer Familie nehmen anteilig zu und über sechs Prozent der 40- bis 85-Jährigen haben bereits Urenkel (Hoff 2006). Die Analyse von Generationenbeziehungen kann sich daher in der Zukunft nicht mehr allein auf die Beziehungen zwischen Eltern und Kindern beschränken, sondern muss an Bedeutung gewinnende Beziehungen wie die zwischen Großeltern und Enkelkindern theoretisch und empirisch fassen. Da diese beiden Beziehungsformen nicht unabhängig voneinander existieren und gestaltet werden, ist es besonders ertragreich, eine Drei-Generationen-Perspektive einzunehmen (Arrondel & Masson 2001; Attias-Donfut 1995; Hagestad 2006).

Neben diesen demografischen Umwälzungen kommen soziale Entwicklungen zum Tragen, die Auswirkungen auf familiale Strukturen haben. Sich verändernde Muster der Familien(neu)gründung, steigende Scheidungsraten und wachsende Anteile von Ein-Eltern-Familien führen zu heterogeneren und komplexeren Familienzusammenhängen, die nicht mehr ausschließlich auf Verwandtschaft beruhen, weniger lang gemeinsam gewachsen sowie teilweise in geringerem Maße auf Dauer angelegt sind (Peuckert 2008). Trennung und Scheidung haben dabei nicht nur Auswirkungen auf die jeweils betroffene Generation, sondern beeinflussen auch die Beziehungsgestaltung innerhalb der erweiterten Familie. Die Bildungs- und Erwerbsbeteiligung von Frauen ist in den letzten Jahrzehnten stetig gewachsen (Bothfeld 2005), was unter dem Gesichtspunkt der Vereinbarkeit von Familien- und Berufsaufgaben mit teils konfligierenden Rollenanforderungen einhergeht. Arbeitsweltliche Mobilitätsanforderungen wirken sich auf die räumliche Nähe zwischen Familienmitgliedern aus – und damit auch auf quantitative wie qualitative Merkmale der Familienbeziehungen (Szydlik 1995). Die räumliche Nähe, etwa zwischen Eltern und Kindern, stellt eine Gelegenheitsstruktur für (persönlichen) Kontakt und insbesondere für Möglichkeiten zum Austausch gegenseitiger Hilfe und Unterstützung dar.

Heute zeichnet sich Familie noch überwiegend durch die eheliche Partnerschaft und die Geburt von gemeinsamen Kindern sowie später von Enkelkindern aus. Vor allem für jüngere Kohorten ist aber eine Pluralisierung und Dynamisierung der Lebensformen zu beobachten (vgl. hierzu Kapitel 7 „Lebensformen und Partnerschaft"). Daraus kann gefolgert werden, dass sich familiale Lebenssituationen auch für ältere Familienmitglieder ausdifferenzieren. Komplexer werdende Familienarrangements resultieren womöglich in spezifisch unterschiedlichen Bedürfnissen, Erwartungen und Rollenanforderungen von und an einzelne Familienmitglieder.

Im Gegensatz dazu dürfte sich ein wachsender Teil der Älteren – entweder durch die eigene oder die Kinderlosigkeit in der nächsten Generation – in weniger familienbezogenen Lebenssituationen befinden. Der Zeitpunkt der Geburt von Kindern verlagert sich nach hinten und europaweit sind stagnierende oder sinkende Geburtenraten zu beobachten. Es sinken die mittleren Kinderzahlen und es steigt der Anteil Kinder- und Enkelloser (Engstler & Menning 2005). Die steigende Lebenserwartung, die eine verlängerte gemeinsame Lebensspanne begünstigt, und die Geburtenentwicklung sind also gegenläufige Prozesse. Da sich die Lebenserwartung sehr viel rascher ausdehnt als sich der Zeitpunkt des Übergangs zur Elternschaft nach hinten verlagert, ist aber insgesamt von wachsenden sich überschneidenden Lebensphasen unterschiedlicher familialer Generationen auszugehen.

Der familiale Kontext wird im Verlauf der zweiten Lebenshälfte geprägt von strukturellen wie funktionalen Veränderungen. Subjektive Generationenpositionen verschieben sich und durch die länger werdende gemeinsame Lebensspanne können vielfältige Generationenbeziehungen gleichzeitig unterhalten werden. Gegenseitige Hilfe und Unterstützung bleibt über den gesamten Lebenslauf hinweg eine wesentliche Funktion von Familie. Allerdings wechseln die Familienmitglieder im Laufe ihres Lebens die Positionen von Geberin und Geber und Empfängerin und Empfänger bestimmter Leistungen. Hilfe, Unterstützung und Pflege der älteren Familienmitglieder rücken in späteren Lebensphasen oftmals in den Vordergrund (Kohli et al. 2005). Die Beziehung zu den eigenen Eltern erfährt dadurch in der zweiten Lebenshälfte meist eine qualitative Veränderung. Auch wird nun häufiger der Verlust von Eltern oder Schwiegereltern erlebt. In entgegengesetzter Richtung zu instrumentellen Hilfen unterstützen Ältere in erheblichem Maße ihre Kinder und Enkel mit Geld- und Sachleistungen (Motel & Szydlik 1999). Solche Transfers basieren auf verfügbaren, im Alter vorrangig wohlfahrtsstaatlich gesicherten, Ressourcen und stellen häufig eine Reaktion auf die Bedarfslagen der Empfängerinnnen und Empfänger dar. Die Vergaben von Geld- und Sachleistungen werden ebenfalls durch weitere Beziehungsmerkmale wie die emotionale Verbundenheit oder die Kontaktintensität reguliert (Motel-Klingebiel et al. 2010).

Generationenbeziehungen sind Gegenstand langanhaltender Diskussionen. Sie sind eine wichtige Säule gesellschaftlicher Integration und Sicherung gegen Lebensrisiken. Die eingangs beschriebenen Veränderungen der Familienstrukturen werden daher häufig als Gefahr für den sozialen Zusammenhalt diskutiert. Es wird befürchtet, dass die familialen Netzwerke aus Partnern und Kindern zukünftig weniger belastbar sind und dass andere Beziehungen nicht an ihre Stelle treten können. In der Folge müssten älter werdende und alte Menschen mit Einbußen ihrer Lebensqualität rechnen und auf die Gesellschaft kämen zusätzliche Aufgaben der Versorgung, Unterstützung und Pflege der Älteren zu, die nicht nur durch Dienste und Einrichtungen erbracht werden können. Möglicherweise fungiert Familie aber auch als eine Institution, welche sich den neuen gesellschaftlichen Bedingungen flexibel und erfolgreich anpasst. Strukturelle Veränderungen sind dann vorrangig solche und ihr Einfluss auf das familiale Miteinander im Alter ist auf einzelne, auf Opportunitätsstrukturen angewiesene Bereiche beschränkt. Das Verstehen von Auslösern solcher Veränderungen ist hier weiter vorangeschritten als das Wissen über Mechanismen und Auswirkungen auf die Lebenssituation im Alter.

In der Untersuchung der Generationenbeziehungen sind daher in der Folge Haushalts- und Familienstrukturen analytisch zu trennen, da sonst die Gefahr besteht, Entwicklungen falsch zu interpretieren (Bertram 2000; Kohli et al. 1997). Veränderungen von Wohn- und Haushaltsformen müssen nicht zwangsläufig mit einem Wandel in den gelebten familialen Beziehungen einhergehen. So wird oftmals der Anstieg des Anteils von Ein-Personen-Haushalten als ein Phänomen der fortschreitenden

Singularisierung überinterpretiert. Es sind dabei für die Gruppe der Älteren vielmehr lebensphasenspezifische Wohnformen verantwortlich. Frauen wohnen im späteren Lebenslauf, aufgrund ihrer im Vergleich zu Männern höheren Lebenserwartung, häufiger ohne Partner und diese Effekte sind in den heutigen Ruhestandskohorten aufgrund des nachwirkenden kriegsbedingten Männermangels besonders deutlich. Es vermischen sich hier also Lebenslauf- und Periodeneffekte. Andererseits führen Prozesse der Modernisierung von Lebensformen – beispielsweise das „living apart together" – ebenso zur Herausbildung solcher Wohn- und Haushaltskonstellationen, sagen aber zunächst als solche nichts über das partnerschaftliche oder familiäre Eingebundensein aus. Für die Beschreibung der modernen Familie hat sich vielmehr der Begriff der „multilokalen Mehrgenerationenfamilie" etabliert (Bertram 2000). Demnach sind familiale Netze in der jüngeren Vergangenheit zwar räumlich distanter geworden, die Familien leisten aber weiterhin einen entscheidenden Beitrag zur Integration, Alltagsbewältigung sowie der Aufrechterhaltung von Autonomie im Alter und somit auch zur Lebensqualität älterer Menschen.

Das vorliegende Kapitel untersucht folglich zunächst die Strukturen der Generationenbeziehungen und ihre Veränderungen über einen Zeitraum von zwölf Jahren. In einem weiteren Schritt werden die Beziehungsgestaltung sowie die Unterstützungsleistungen innerhalb der Familie über die Zeit analysiert und gefragt, ob etwaige Veränderungen hier auf strukturelle Umbrüche zurückzuführen sind. Dabei werden erstmals für Deutschland repräsentative Daten über die Beziehungen von Großeltern zu ihren Enkelkindern vorgestellt. Da diese Daten in der notwendigen Detailliertheit erst mit der dritten Welle des DEAS erhoben wurden, findet hier allein eine querschnittliche Perspektive Berücksichtigung. Folgende Fragen stehen im Mittelpunkt dieses Kapitels:

- Wie stellen sich die Strukturen von Generationenbeziehungen dar und wie verändern sie sich über die Zeit?
- Wie stabil oder wandelbar gestalten sich die Beziehungen zu den Kindern und wie entwickelt sich das innerfamiliäre Unterstützungsgeschehen im sozialen Wandel?
- Wie wichtig ist Älteren Großelternschaft und wie gestalten sich die Beziehungen von Großeltern zu ihren Enkelkindern?
- Wie werden die Familienbeziehungen im Alter bewertet?

Ausgehend von den eingangs dargestellten Überlegungen und empirischen Befunden zum Thema wird davon ausgegangen, dass sich die Strukturen der Generationenbeziehungen fortwährend im Wandel befinden. Während der Großteil der Menschen in der zweiten Lebenshälfte weiterhin in familiale Netzwerke eingebunden ist, sollten sich vor allem in den jüngeren Kohorten Tendenzen hin zu sinkenden Anteilen von Eltern und Großeltern zeigen. Die im Allgemeinen steigende Lebenserwartung wird in dieser Perspektive vermutlich vor allem in wachsenden Anteilen von Personen mit noch lebenden Eltern deutlich. Als weiterer struktureller Aspekt von Generationenbeziehungen wird für die Wohndistanzen zwischen Eltern und Kindern eine Vergrößerung angenommen. Familie zeichnet sich zunehmend durch Multilokalität aus.

Die Antwort auf die Frage, inwiefern sich die Ausgestaltung der innerfamilialen Beziehungen und Transferleistungen durch Stabilität oder Wandel auszeichnet, muss differenziert erfolgen. Unter der Annahme der größer werdenden Wohnentfernungen zwischen Eltern und Kindern ist eine geringere Kontakthäufigkeit zu vermuten, da vor allem die Gelegenheiten zum persönlichen Kontakt seltener werden und diese nicht unbedingt durch andere Kontaktformen kompensiert werden. Ein ähnlicher Wirkzusammenhang wird für den Austausch von instrumentellen Hilfen vermutet. Die Transferquoten sollten hier über die Zeit sinken. Im Gegensatz dazu werden für Geld- und Sachleistungen, die auch über größere räumliche Distanzen erfolgen können, stabile Quoten angenommen. Diese Leistungen erfolgen stark ressourcenbasiert. Trends in der materiellen Lage sollten hier ihren Niederschlag finden (vgl. Kapitel 3 „Materielle Sicherung“).

Es ist anzunehmen, dass Großelternschaft für die Mehrheit der Älteren eine wichtige und bedeutsame familiale Beziehung und Altersrolle darstellt. Im Vergleich zu den Beziehungen zwischen älteren Eltern und erwachsenen Kindern ist für die Beziehung von Großeltern zu ihren erwachsenen Enkeln aber eine – auf hohem Niveau – geringere Kontakthäufigkeit und eine weniger stark ausgeprägte emotionale Verbundenheit zu erwarten. Die Rolle des Großelternteils ist weitaus weniger präzise sozial definiert und schwächer an konkrete Verhaltenserwartungen gebunden als die Elternrolle, sodass hier ein größerer Gestaltungsspielraum besteht. Darüber hinaus ist bekannt, dass die Beziehungsgestaltung zu jungen Enkeln stark über die mittlere Generation vermittelt ist und es meist zu einem Absinken der Kontakte kommt, wenn Enkel den elterlichen Haushalt verlassen.

Auch wenn davon auszugehen ist, dass familiale Lebenssituationen in der zweiten Lebenshälfte in der Tendenz zunehmend vom Idealtypus der räumlich nah beieinander und harmonisch sowie unterstützend miteinander lebenden Generationen abweichen, ist nicht anzunehmen, dass die Evaluation und Bewertung der Familienbeziehungen im Allgemeinen leidet. Für die Mehrzahl der Älteren bestehen intakte familiale Netze, die größtenteils flexibel auf veränderte Strukturbedingungen reagieren können.

8.2 Datengrundlage

Der Deutsche Alterssurvey (DEAS) bietet vielfältige, neue Potenziale für die Beantwortung der aufgeworfenen Fragen. Er stellt umfangreiche Daten zur familialen Integration älterer Menschen bereit und ist derzeit der einzige Datensatz, der ausführliche Informationen zu den Beziehungen von Großeltern zu ihren Enkelkindern in Deutschland enthält. Der DEAS schließt somit beträchtliche Forschungslücken. Wegen des Fehlens der entsprechenden Informationen zur Großelternschaft in den Vorwellen des DEAS ist diesbezüglich noch keine Analyse des sozialen Wandels möglich.

In die Analysen einbezogen sind alle aktuell lebenden Eltern, Kinder oder Enkel der befragten Personen. Eine Unterscheidung zwischen biologischer und sozialer (Groß-)Elternschaft bleibt im Rahmen des Buchs unberücksichtigt. Ebenso wird die Untersuchung auf die direkte Linienverwandtschaft beschränkt; Beziehungen etwa zu Geschwistern oder Tanten und Onkeln werden nicht detailliert behandelt.

Betrachtet werden jeweils erwachsene, mindestens 18-jährige Kinder, die außerhalb des Haushaltes der befragten Person leben. Aus Gründen der Vergleichbarkeit beziehen sich auch die Analysen zur Großelternschaft auf erwachsene Enkelkinder außerhalb des eigenen Haushaltes. Kontakte zu minderjährigen Enkeln werden meist über die Kontakte zu den Kindern bestimmt und daher nicht gesondert untersucht. Kontakte innerhalb des Haushaltes sind notwendig häufig und folgen anderen Mustern als solche über Haushaltsgrenzen hinweg.

Der DEAS stellt Informationen zu jeder Eltern-Kind- beziehungsweise Großeltern-Enkel-Beziehung einer befragten Person bereit. Es liegen demnach pro Person so viele einzelne Beziehungsinformationen vor, wie diese über Beziehungen verfügt. Da das angesichts dieser geschachtelten Datenstruktur gebotene methodische Vorgehen im Rahmen des Buchs nicht erfolgen kann, werden bei der Darstellung der Wohnentfernung, der Kontakthäufigkeit und der Beziehungsenge mittlere Angaben über die Kinder beziehungsweise Enkel gebildet. Eine Ausnahme stellt die Analyse der Wohndistanz zum nächstwohnenden Kind dar. Hier wurde folglich nur das jeweils am wenigsten weit entfernte Kind außerhalb des Haushaltes ausgewählt.

Für die Darstellung der Ergebnisse im Text wurden Antwortkategorien, teils der Übersichtlichkeit halber, teils auch aufgrund geringer Zellbesetzungen, zusammengefasst. Die Wohnentfernungen „weiter entfernt, in Deutschland" und „weiter entfernt, im Ausland" werden unter der Kategorie „weiter weg" zusammengefasst. Der DEAS unterscheidet bei der Abfrage von Kontakthäufigkeiten nicht zwischen persönlichem Kontakt und Kommunikation über andere Medien, wie Telefon oder Post. Auch hier wurden die ursprünglichen Ausprägungen zu drei Kategorien zusammengefasst, und zwar wie folgt: „täglich", „mehrmals pro Woche" und „einmal pro Woche" fallen nun unter „mindestens wöchentlich"; „ein- bis dreimal im Monat" wird als „mindestens monatlich" dargestellt und die Kategorien „mehrmals im Jahr", „seltener" und „nie" erscheinen als „seltener". Die ursprüngliche 5er-Skala für die emotionale Verbundenheit wurde wie folgt gruppiert: „eng" und „sehr eng" entsprechen der Kategorie „eng"; „weniger eng" und „überhaupt nicht eng" werden als „nicht eng" bezeichnet. Die Kategorie „mittel" bleibt unverändert.

Soldo und Hill unterscheiden mit „Geld" (Geld- und Sachtransfers), „Zeit" (Hilfe und Unterstützungsleistungen) und „Raum" (Koresidenz) drei unterschiedliche „Währungen" intergenerationaler Transfers (Soldo & Hill,1995; vgl. auch Wong et al. 1999). Dieses Kapitel behandelt erfolgte Transfers von Geld und Zeit. Die angegebenen Werte beziehen sich dabei auf solche Personen, die tatsächlich über die jeweiligen Bezugspersonen verfügen. Prozentangaben beispielsweise zu Transfers an oder von Kindern beziehen sich also auf die Population der Eltern mit der zusätzlichen Einschränkung über das Alter und den Wohnort der Kinder. Eine Ausnahme bilden Transfers von und an die Enkelkinder. Da in den Vorwellen des DEAS noch keine Angaben zu Alter oder Wohnort vorlagen, beziehen sich die Angaben hier auf alle Enkelkinder. Alle Transferarten und -leistungen werden für den Zeitraum der letzten zwölf Monate vor der Befragung berichtet.

In Bezug auf die Betreuung von Enkelkindern unterscheidet der DEAS nicht zwischen regelmäßiger Enkelbetreuung zum Beispiel an bestimmten Tagen in der Woche oder etwa gemeinsam verbrachten Ferien. In die Abbildungen gehen folglich alle Großeltern ein, die angeben, in irgendeiner Art und Weise ihre Enkelkinder zu betreuen.

8.3 Struktur der Generationenbeziehungen

Um zu überprüfen, inwiefern sich die Generationenstrukturen im Zeitverlauf tatsächlich verändert haben, wird im Folgenden zunächst das Vorhandensein verschiedener familialer Generationen im Vergleich zwischen 1996, 2002 und 2008 betrachtet. Weiterhin konnten frühere Analysen auf Basis des DEAS zeigen, dass sich in der jüngeren Vergangenheit die Wohnentfernungen zwischen Eltern und ihren erwachsenen Kindern tatsächlich vergrößert haben und es wird überprüft, ob sich diese Entwicklung fortsetzt.

Anschließend wird untersucht, ob auch unter den Bedingungen veränderter Wohndistanzen eine Aufrechterhaltung familialer

Kontakte gelingt oder ob eine Zunahme der räumlichen Entfernung der Familienmitglieder zu sinkenden Kontakthäufigkeiten führt und Auswirkungen auf emotionale Verbundenheitsgefühle hat. Der Blick auf die familiären Bindungen Älterer wird durch die Analyse der Kontaktintensität und der Beziehungsenge von Großeltern zu ihren Enkelkindern erweitert.

8.3.1 Vorhandensein familialer Generationen

Familienbeziehungen, insbesondere zu den eigenen Kindern und Enkeln, stellen eine wichtige Ressource für Autonomie und Lebensqualität im Alter dar. Doch Deutschland zählt im internationalen Vergleich zu den Ländern mit einer hohen Kinderlosigkeit. Nach Angaben des Statistischen Bundesamts hat ungefähr ein Fünftel der 1964 bis 1968 geborenen Frauen bis zum Jahr 2008 keine Kinder bekommen, was nahezu einer Verdoppelung gegenüber dem kinderlosen Anteil der 1939 bis 1943 geborenen Frauen entspricht (Statistisches Bundesamt 2009). Der Übergang zur Großelternschaft verschiebt sich zunehmend in spätere Lebensphasen (Mahne et al. 2009), sofern es überhaupt zur Geburt von Enkeln kommt. Eigene Kinderlosigkeit sowie das Ausbleiben oder Aufschieben der Elternschaft in der Kindergeneration kann dann zu reduzierteren Familiennetzen der Älteren führen.

Abb. 8–1: Vorhandensein familialer Generationen nach Altersgruppe. Vergleich zwischen 1996, 2002 und 2008 (in Prozent)

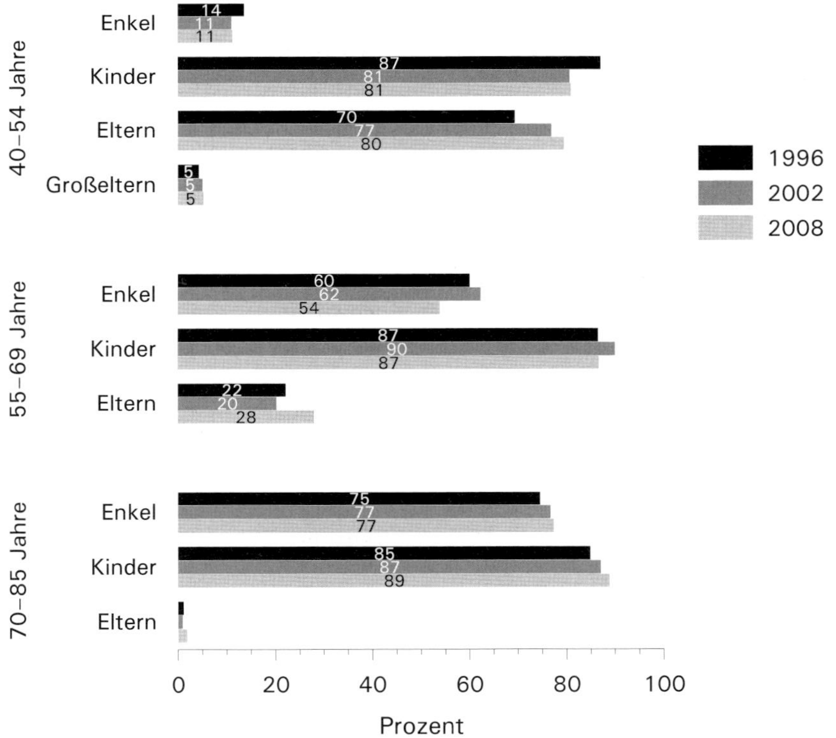

Quelle: DEAS 1996 (n = 4.823), 2002 (n = 3.075) und 2008 (n = 5.994), gewichtet, gerundete Angaben.

Untersucht wird im Folgenden die Entwicklung der Familienbeziehungen älterer und älter werdender Menschen im sozialen Wandel. Der Großteil der Deutschen in der zweiten Lebenshälfte ist in familiale Strukturen eingebunden (Abbildung 8–1). Mehr als 80 Prozent der Deutschen ab 40 Jahren haben eigene Kinder. Für die beiden jüngeren Altersgruppen sind allerdings geringer werdende Anteile an Eltern zu beobachten (für eine genauere Analyse vgl. Kapitel 7 „Lebensformen und Partnerschaft"). Ob es sich hierbei um ein Aufschieben der Erstelternschaft handelt oder ob diese Personen lebenslang kinderlos bleiben werden, wird gesondert zu untersuchen sein. Angesichts des Alters der Befragten ist letzteres aber für die Mehrzahl der Kinderlosen wahrscheinlich.

Gut 40 Prozent der 40- bis 85-jährigen Deutschen haben aktuell Enkelkinder. Ein Fünftel der Gesamtbevölkerung ab 40 Jahren hat im Jahr 2008 drei oder mehr Enkel und ein weiteres Fünftel ein oder zwei Enkelkinder (vgl. Tabelle A 8–1 im Anhang). Dabei finden sich erwartungsgemäß die meisten Großeltern in den höheren Altersgruppen.

Insgesamt zeigen sich zwischen 1996 und 2008 leicht rückläufige Anteile an Großeltern, die insbesondere auf die Entwicklung bei den 55- bis 69-Jährigen zurückgehen (vgl. Abbildung 8–1). Ob es sich hierbei um Schwankungen in den Surveys handelt – hierauf deutet der über die drei Zeitpunkte uneinheitlich variierende Anteil hin – oder ob sich hier ein längerfristiger Trend abzeichnet, ist unklar. Weitergehende Analysen konnten zeigen, dass sich auch das Übergangsalter zur Großelternschaft lebenszeitlich nach hinten verschiebt (Mahne et al. 2009). Dies stellt eine Entwicklung dar, die der im Prinzip länger werdenden gemeinsamen Lebensphase von Großeltern und Enkeln entgegenwirkt, die sich aus der Verlängerung der Lebensspanne insgesamt ergibt. Für die höheren Altersgruppen ist hingegen eine Zunahme der Anteile der Eltern und Großeltern zu berichten, hierbei handelt es sich um die Eltern der „Babyboomer".

Mit fortschreitendem Alter sinkt auch der Anteil derjenigen, die noch mindestens ein lebendes Elternteil haben. Aus Abbildung 8–1 wird aber auch ersichtlich, dass in allen Altersgruppen im Jahr 2008 mehr Menschen lebende Eltern haben als noch zwölf Jahre zuvor. Die Ausdehnung der gemeinsamen Lebenszeit zeigt sich hier vorrangig für Eltern und Kinder.

8.3.2 Wohnentfernung zu den erwachsenen Kindern

Ein weiteres Strukturmerkmal von Generationenbeziehungen stellt die Wohnentfernung zwischen den Familienmitgliedern dar. Die räumliche Nähe zu den Kindern ist eine wichtige Voraussetzung für persönlichen Kontakt und insbesondere eine Gelegenheitsstruktur für den Austausch von gegenseitigen Hilfen im Alltag. Zunächst werden die Wohnentfernungen zu den nächstwohnenden erwachsenen Kindern außerhalb des elterlichen Haushaltes untersucht (vgl. Abbildung 8–2). Dies gibt Aufschluss darüber, inwieweit Kinder potenziell für spontane Besuche, zur Unterstützung im Alltag oder in besonderen Bedarfssituationen zur Verfügung stehen. Räumliche Nähe geht selbstverständlich nicht automatisch mit einer engen und unterstützenden Beziehung einher, doch erlaubt die folgende Herangehensweise eine Abschätzung der räumlichen Familien- und Gelegenheitsstruktur.

Aktuell lebt für die Mehrheit der 40- bis 85-jährigen Eltern das nächstwohnende Kind im Umkreis von maximal zwei Stunden Wegezeit. Weniger als die Hälfte der Eltern dieser Altersgruppe hat aber wenigstens ein Kind im gleichen Ort oder näher. Dabei wird deutlich, dass sich die Wohnentfernungen im Verlauf der letzten zwölf Jahre kontinuierlich vergrößern. Während im Jahr 1996 noch mehr als

Abb. 8–2: Wohnentfernung zum nächstwohnenden erwachsenen Kind außerhalb des elterlichen Haushaltes. Vergleich zwischen 1996, 2002 und 2008 (in Prozent)

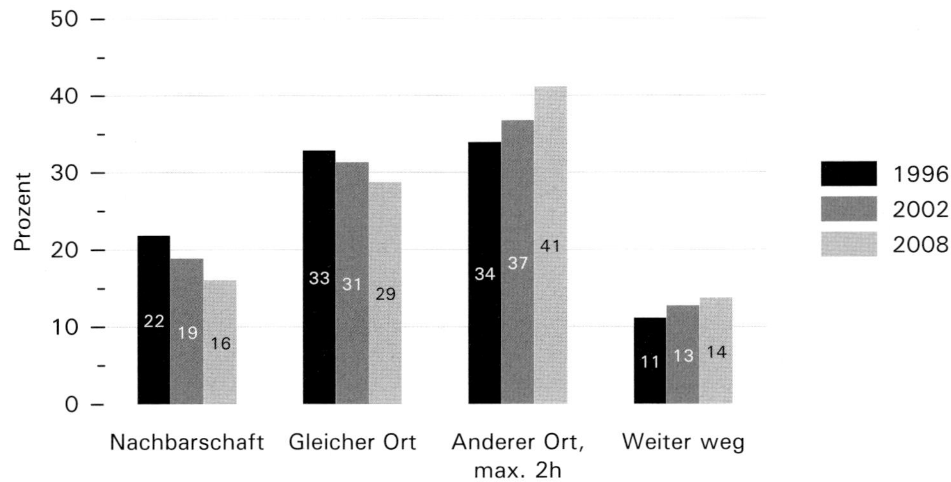

Quelle: DEAS 1996 (n = 3.051), 2002 (n = 2.006), 2008 (n = 4.064), gewichtet, gerundete Angaben. $p < .01$.

die Hälfte aller Eltern wenigstens ein Kind im gleichen Ort hat, ist dieser Anteil im Jahr 2008 erheblich kleiner. Gesteigerte Mobilitätsanforderungen oder -bedürfnisse zeigen hier eine deutliche Wirkung auf die räumlichen Strukturen von Eltern-Kind-Beziehungen.

Um einen Gesamteindruck der Wohnentfernungen zu gewinnen, wurden zusätzlich die über alle erwachsenen, nicht koresidenten Kinder gebildeten Mittelwerte der Wohnentfernung untersucht (vgl. Tabelle A 8–3 im Anhang). Hier zeigt sich ein ganz ähnliches Bild: Für 2002 und 2008 liegen die mittleren Wohnentfernungen fast durchgängig höher als zum jeweils vorherigen Messzeitpunkt. Offensichtlich sind von dieser Entwicklung aber eher Eltern im mittleren Erwachsenenalter betroffen. Die über 70-Jährigen haben häufiger Kinder, die im gleichen Ort wohnen oder zumindest innerhalb von zwei Stunden zu erreichen sind. Während im Jahr 1996 für die höheren Altersgruppen noch größere Wohnentfernungen zu verzeichnen sind, verringert sich in den Jahren 2002 und 2008 die Wohnentfernung mit steigender Altersgruppe. Der Kohortenvergleich konnte zeigen, dass später geborene Eltern eine größere räumliche Distanz zu den Kindern aufweisen. Offensichtlich handelt es sich hier also nicht um einen Alterseffekt. Im sozialen Wandel werden die Wohnentfernungen zwischen Eltern und Kindern größer.

8.4 Ausgestaltung der Generationenbeziehungen

Neben den Veränderungen von strukturellen Merkmalen wie Kinder- und Enkelzahlen und Wohndistanzen ist die konkrete Beziehungsgestaltung und -qualität zu Kindern und Enkeln von Bedeutung für die familiäre Lebenssituation im Alter. Räumliche Nähe erleichtert den persönlichen Kontakt zu Kindern und Enkeln und steht in engem Zusammenhang mit weiteren Beziehungsindikatoren wie der Verbundenheit, gegenseitiger Unterstützung oder auch Konflikt (Van Gaalen & Dykstra 2006), ohne dass hier die Kausalitäten unmittelbar und eindeutig zu bestimmen sind. Verbundenheit kann durch räumliche Nähe entstehen oder die Nähe wird vor allem bei engen Beziehungen gesucht – beides ist möglich. Ob sich parallel zur Zunahme der Wohnentfernungen mit der Zeit insgesamt distanziertere Beziehungen Älterer zu ihren erwachsenen Kindern entwickeln, oder ob Familie als ein System zu sehen ist, das sich den veränderten strukturellen Bedingungen flexibel und erfolgreich anpassen kann, wird im Folgenden untersucht.

8.4.1 Kontakthäufigkeit und Beziehungsenge zu den erwachsenen Kindern

Aktuell haben die 40- bis 85-jährigen Eltern in Deutschland recht häufig Kontakt zu ihren Kindern. Die Mehrheit kommuniziert im Jahr 2008 im Schnitt mindestens wöchentlich mit den Kindern. Etwa jedes zehnte Elternteil hat darüber hinaus mindestens monatlich Kontakt und nur ein geringer Teil seltener. Die Kontakthäufigkeit von Eltern zu ihren erwachsenen Kindern bleibt über den Beobachtungszeitraum entgegen der ursprünglichen Annahme insgesamt äußerst stabil (Abbildung 8–3). Größere Wohnentfernungen verringern zwar die Gelegenheiten für persönliche Treffen, offensichtlich werden diese Opportunitätseinschränkungen aber kompensiert, beispielsweise über telefonischen Kontakt.

Auch die Beziehungsenge zu den Kindern bleibt über das Zeitfenster des DEAS zwischen 1996 und 2008 erstaunlich stabil. Die große Mehrheit der Eltern, etwa 90 Prozent, gibt in allen Erhebungsjahren an, enge und sehr enge Beziehungen zu ihren Kindern zu unterhalten. Geringe Verbundenheit mit den Kindern ist weiterhin ein Randphänomen und die Anteile sind hier nahezu konstant. Sowohl für die Kontakthäufigkeit als auch für die berichtete emotionale Enge der Beziehungen zu den Kindern zeigen sich dagegen Geschlechterunterschiede: Mütter kommunizieren häufiger mit den Kin-

Abb. 8–3: Mittlere Kontakthäufigkeit zu den erwachsenen Kindern außerhalb des elterlichen Haushaltes (in Prozent)

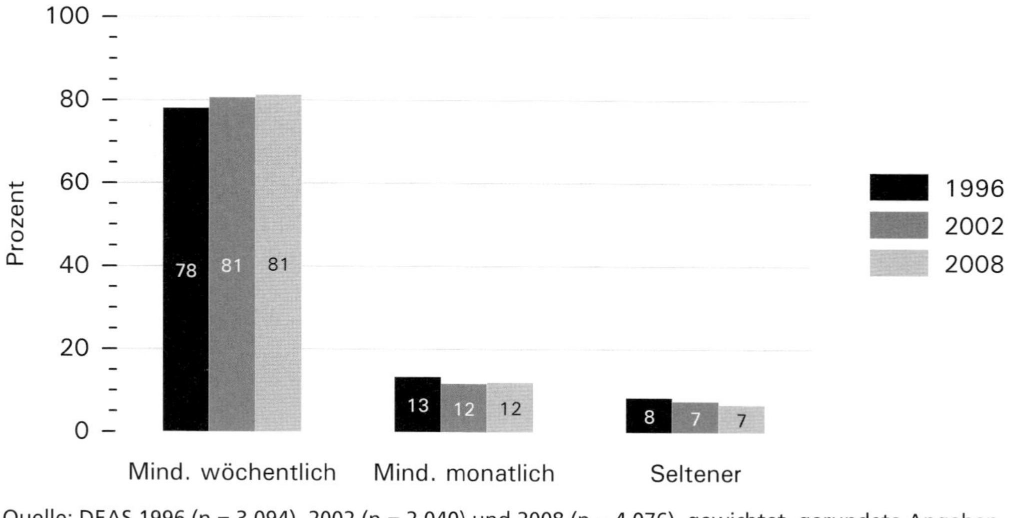

Quelle: DEAS 1996 (n = 3.094), 2002 (n = 2.040) und 2008 (n = 4.076), gewichtet, gerundete Angaben.

dern und fühlen sich auch enger verbunden als Väter (vgl. Tabelle A 8–5 im Anhang). Frauen sind innerhalb der Familie häufig für die Pflege der sozialen und verwandtschaftlichen Beziehungen verantwortlich und zeichnen sich insgesamt durch engere und intensivere Verwandtschaftsbeziehungen aus (Monserud 2008; Pollet et al. 2007; Suitor et al. 1995).

Die Kontakthäufigkeit und die Enge der Beziehungen zu den Kindern sind offensichtlich relativ unabhängig von den unmittelbaren Gelegenheitsstrukturen. Ältere Eltern unterhalten in der Regel trotz sich verändernder Rahmenbedingungen kontaktintensive und emotional enge Beziehungen zu ihren erwachsenen Kindern.

8.4.2 Kontakthäufigkeit und Beziehungsenge zu den erwachsenen Enkeln

Die Beziehungen zwischen älteren Eltern und erwachsenen Kindern sind vergleichsweise gut erforscht. Hingegen sind Erkenntnisse zu den Beziehungen von Großeltern zu ihren Enkelkindern besonders für Deutschland bislang nur spärlich vorhanden. Meist wird die Rolle der Großeltern bei der Sozialisation der Enkel oder ihre Funktion als Unterstützer der Kinder im Rahmen der Betreuung von jungen Enkelkindern thematisiert. Die Bedeutung der Großelternrolle und der Großeltern-Enkel-Beziehungen für ältere Menschen selbst, sowie deren Dynamik im Alternsverlauf, werden dabei häufig vernachlässigt. Anhand der im Jahr 2008 im DEAS erstmals erhobenen Informationen zur Großelternschaft kann nun untersucht werden, ob die Beziehungen zu den Enkeln ähnlich intensiv und eng sind wie die zu den Kindern, ob diese also eine Erweiterung des mit Leben gefüllten Familiennetzes darstellen, oder ob sich die Beziehungen zwischen Großeltern und Enkeln spezifisch unterscheiden, womöglich eher peripher sind.

Etwa 40 Prozent der Großeltern geben an, mindestens wöchentlich oder öfter Kontakt zu ihren erwachsenen Enkelkindern zu haben (vgl. Tabelle A 8–6 im Anhang). Gut 30 Prozent der Großväter und Großmütter haben mindestens monatlich Kontakt. Der Anteil derjenigen Großeltern, die ihre Enkel selten, beziehungsweise nie sehen oder sprechen, beträgt etwa ein Viertel. Wie eingangs vermutet, unterhalten die Großeltern in Deutschland durchschnittlich zwar durchaus kontaktintensive Beziehungen zu ihren Enkeln, haben aber zu ihren erwachsenen Enkeln deutlich seltener Kontakt als zu ihren erwachsenen Kindern. Es zeigen sich etwa gleichviele Menschen, die häufig oder aber selten Kontakt zu ihren Enkeln haben. Seltene Kontakte zu den Kindern sind hingegen die Ausnahme.

Während sich keine Altersgruppendifferenzen für die Kontakte zu erwachsenen Enkeln zeigen, finden sie sich erwartungsgemäß deutlich bei Einschluss der minderjährigen Enkel. In Übereinstimmung mit der Literatur zum Thema liegt der Schluß nahe, dass es sich hierbei um einen Lebenslaufeffekt handelt. Großeltern und Enkel haben demnach mit dem Älterwerden beider Generationen weniger Kontakt. Erklärt wird dies vor allem mit Entwicklungsaufgaben der Enkel – mit der Zeit werden gleichalte Bezugsgruppen und später die eigene Partnerschaft wichtiger als die Beziehungen zur Herkunftsfamilie. Einen wesentlichen Einflussfaktor auf die Kontakthäufigkeit übt desweiteren die mittlere Generation aus, die besonders für den Kontakt zwischen jungen Enkeln und den Großeltern eine Gatekeeper- oder Steuerungsfunktion erfüllt. Der Auszug der Enkel aus dem elterlichen Haushalt korrespondiert häufig mit einer deutlichen Reduktion des Kontaktes zu den Großeltern (Geurts et al. 2009).

Es zeigen sich statistisch signifikante Unterschiede zwischen den Landesteilen: Großeltern in den alten Bundesländern haben häufiger Kontakt zu ihren erwachsenen En-

Abb. 8–4: Mittlere Kontakthäufigkeit zu den erwachsenen Enkeln nach Landesteil (in Prozent)

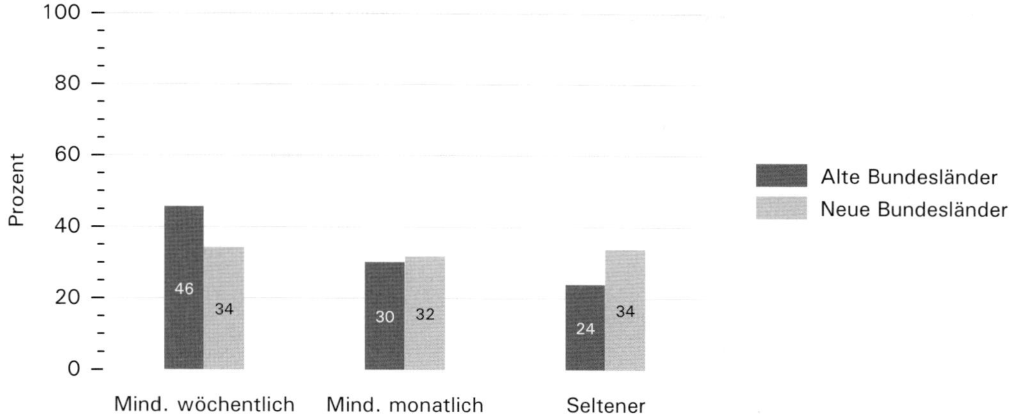

Quelle: DEAS 2008 (n = 1.245), gewichtet, gerundete Angaben. $p < .01$.

kelkindern als Großeltern in den neuen Bundesländern (Abbildung 8–4). Vermutlich liegen diese Differenzen unter anderem an der unterschiedlichen Mobilität der Kinder- und Enkelgeneration. Insbesondere die Wanderungsbewegungen nach der deutschen Vereinigung haben in Ostdeutschland zu einer deutlichen Zunahme der Entfernungen zwischen Familienmitgliedern geführt, die über das aus Westdeutschland bekannte Maß hinausgeht. Geschlechterunterschiede zeigen sich für den Kontakt zu erwachsenen Enkeln nicht. Hinsichtlich minderjähriger Enkelkinder berichten Großmütter jedoch größere Kontakthäufigkeiten als Großväter (Mahne et al. 2009). Dies liegt vermutlich zum Teil am größeren Engagement der Großmütter in der Betreuung der Enkelkinder (vgl. auch Abschnitt 8.5.3).

Die Großeltern sollten auch darüber Auskunft geben, wie eng sie sich mit ihren Enkeln verbunden fühlen. Aussagen zur emotionalen Enge der Beziehung sind ein Gradmesser der Beziehungsqualität. Insgesamt beschreiben nahezu 80 Prozent der Großeltern ihre Beziehungen zu den Enkeln als eng (vgl. Abbildung 8–5). Die Verteilung ähnelt hier stärker derjenigen für die Beziehungsenge zu den Kindern und sie ist homogener als die Verteilung der Kontakthäufigkeiten. Kontakt und Beziehungsenge korrespondieren also bei den Großeltern-Enkel-Beziehungen weniger als bei den Eltern-Kind-Beziehungen.

Großmütter empfinden eine engere Verbundenheit mit ihren Enkeln als Großväter, was sich mit Befunden zur geschlechtsspezifisch unterschiedlichen Enge der Beziehungen zwischen Eltern und Kindern deckt (Szydlik & Schupp 1998). Frauen berichten zu 80 Prozent von engen Beziehungen, dieser Anteil liegt bei Männern bei 75 Prozent. Auch sind die Anteile der Antwortkategorien „mittel“ und „nicht eng“ bei Großvätern häufiger vertreten. Insgesamt überwiegen jedoch enge Beziehungen zu den Enkeln deutlich und die Geschlechterunterschiede sind gering (vgl. Tabelle A 8–7 im Anhang).

Die Ergebnisse zur Ausgestaltung von Großelternschaft lassen den Rückschluss zu, dass es sich hierbei in der Regel um intensive und verlässliche, aber auch durchaus heterogen gestaltete soziale Beziehungen Älterer handelt. Untersuchungen zum familialen Geschehen im Alter sollten daher in Zukunft die Beziehungen zwischen Großeltern und Enkeln verstärkt in einer integrativen Drei-Generationen-Perspektive betrachten.

Abb. 8–5: Mittlere Beziehungsenge zu den erwachsenen Enkeln nach Geschlecht (in Prozent)

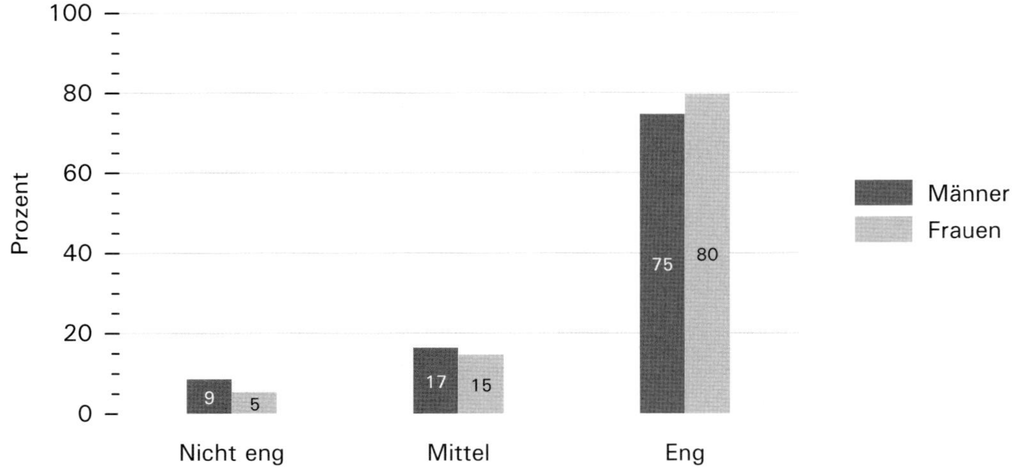

Quelle: DEAS 2008 (n = 1.243), gewichtet, gerundete Angaben. $p < .05$.

8.5 Transfers und Unterstützungsleistungen

Transfers und Unterstützungsleistungen erfüllen eine wichtige Funktion der Aufrechterhaltung von Reziprozität in sozialen Beziehungen. Untersucht werden im Folgenden die Quoten des Erhalts und der Gabe von Transfers und Unterstützungsleistungen an und von Älteren und ob diese sich über den Zeitraum der letzten zwölf Jahre insgesamt verändert haben. Dabei wird zunächst die Position Älterer im allgemeinen Transfergeschehen dargestellt und überprüft, ob und in welcher Weise sich in den vergangenen Jahren Verschiebungen in den Transfermustern nachweisen lassen. Es ist zu vermuten, dass Transfers von und an ältere Menschen weiterhin vorrangig entlang verwandtschaftlicher Linien fließen. In die Analyse werden zum einen Geld- und Sachleistungen und zum anderen instrumentelle Hilfen einbezogen, nicht aber pflegerische Hilfen der Kinder oder Betreuungsleistungen. Für die Darstellung werden Personengruppen zusammengefasst: Sie bezieht sich sowohl auf direkte Verwandte als auch auf Verwandte in der Seitenlinie. Sie werden dann mit Leistungen an Freunde verglichen.

In einem nächsten Schritt wird anhand der aktuellen Daten von 2008 auf Transfers entlang der direkten Verwandtschaftslinie fokussiert und ein Altersgruppenvergleich vorgenommen. So können die unterschiedlichen Positionen im intergenerationalen Transfergeschehen, die im Laufe der zweiten Lebenshälfte eingenommen werden (können), nachvollzogen werden.

8.5.1 Die Position Älterer im allgemeinen Transfergeschehen im Wandel

Die folgenden Analysen beziehen sich zunächst auf den Wandel, beziehungsweise die Stabilität der Position Älterer im allgemeinen Transfergeschehen. Untersucht werden Menschen ab 40 Jahren in ihrer Rolle als Geberinnen und Geber und Empfängerin und Empfänger von Geld- und Sachleistungen sowie von instrumentellen Hilfen. Es erfolgt ein Vergleich der Jahre 1996, 2002 und 2008. Da sich sowohl für die Gabe als auch den Erhalt von Transfers von Geld und Zeit ähnliche Muster zeigen, wird die Darstellung der Ergebnisse im Text auf ältere Menschen als Geberin und Geber von Leistungen beschränkt. Die Verteilungen für die beschriebenen Ergebnisse der Analyse des Erhalts von Geld und Zeit finden sich in den Anhangstabellen, auf die entsprechend verwiesen wird.

Aus Abbildung 8–6 ist deutlich ersichtlich, dass die Menschen ab 40 Jahren in Deutschland, wie vermutet, Geld- und Sachleistungen weiterhin vorrangig an direkte Nachkommen, also an Kinder und Enkel, vergeben. Etwa jeder Zwanzigste unterstützt (auch) andere Verwandte mit Geld- und Sachleistungen, finanzielle Transfers an Freunde sind hingegen sehr selten (vgl. für allgemeine Transferquoten auch Kapitel 2 „Materielle Sicherung").

Die Quoten von Geld- und Sachtransfers Älterer an nachfolgende familiale Generationen bleiben über den Zeitraum von 1996 bis 2008 insgesamt stabil. Ein gutes Viertel der Eltern gibt jeweils an, erwachsene Kinder mit Geld- oder Sachleistungen zu unterstützen und mehr als jedes zehnte Großelternteil leistet solche Transfers an seine Enkel. Über den Beobachtungszeitraum von zwölf Jahren hinweg zeigt sich allerdings eine Verschiebung weg von den Kindern und hin zu den Enkel-

Abb. 8–6: Gabe von Geld- und Sachleistungen sowie von instrumentellen Hilfen (in Prozent)

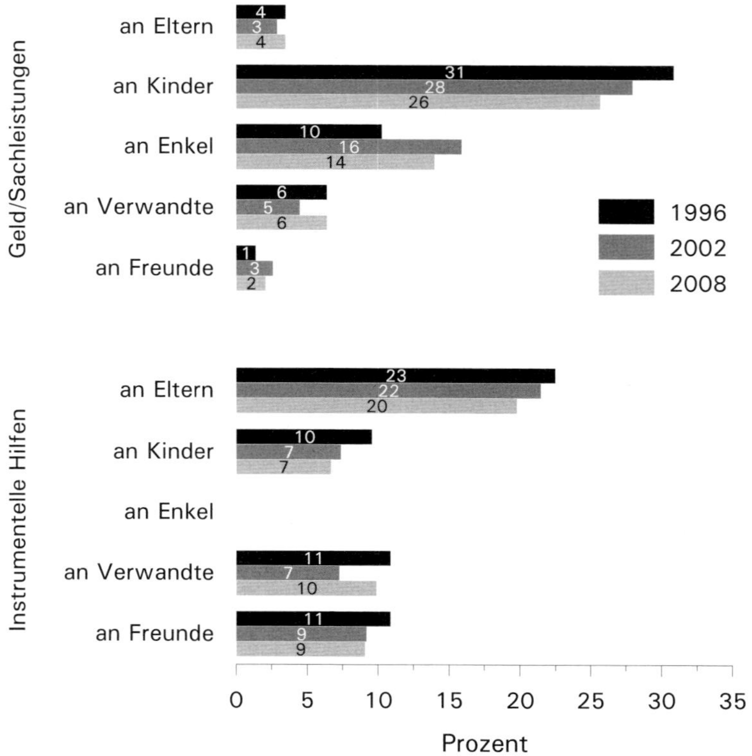

Quelle: DEAS 1996 (n = 4.791–4.803), 2002 (n = 3.065–3.075) und 2008 (n = 5.923–6.005), gewichtet, gerundete Angaben
Folgende Werte sind in der Abbildung aufgrund ihrer geringen Größe nicht angegeben: Instrumentelle Hilfen an die Enkel fließen in 1996 bei 0,4 Prozent, in 2002 bei 0,3 Prozent und in 2008 bei 0,4 Prozent der Großeltern.

kindern. Die Beziehungen zu Enkelkindern sind also kontaktintensiv und emotional eng, aber seltener als Eltern-Kind-Beziehungen durch konkrete Unterstützungsleistungen geprägt, wenngleich deren Verbreitung über zwölf Jahre leicht ansteigt. Ob sich hier Reziprozitätsmuster ähnlich der Eltern-Kind-Beziehungen herausbilden und ob Transfers an die Enkel womöglich eher als Unterstützung der Kinder zu verstehen sind, ist offen und zu untersuchen.

Der Transfer von Geld- und Sachleistungen ist auch über größere Distanzen möglich, während räumliche Nähe eine wichtige Voraussetzung für den Austausch von regelmäßiger Hilfe und Unterstützung darstellt. Bei der gegenseitigen Hilfe im Haushalt, bei Besorgungen oder Reparaturen kann es sich um angenehme Routinen im Alltag handeln, diese Leistungen können aber auch dringend benötigt werden. Ältere Menschen bedürfen zur Alltagsbewältigung häufig solcher Hilfen. Die zunehmenden Wohnentfernungen erschweren jedoch die Leistung von Hilfe und Unterstützung.

Entsprechend zeigen sich hier insgesamt sinkende Transferquoten (Abbildung 8–6). Allerdings wird nicht nur an Kinder, Enkel und Eltern, sondern in der Tendenz auch an andere Verwandte und Freunde weniger instrumentelle Hilfe geleistet. Ein möglicher Hintergrund könnte hier die sich insgesamt verbessernde Gesundheit und damit einhergehend ein geringerer Bedarf sein (vgl. Kapitel 4 „Gesundheit"). Es zeigt sich auch, dass Unterstützung im Haushalt oder bei Besorgungen und Reparaturen – im Gegensatz zu Geld- und Sachtransfers – stärker von den Kindern an die Eltern fließt als umgekehrt. Andere Verwandte sowie Freunde werden zu einem ähnlich und relativ großen Anteil mit instrumentellen Hilfen bedacht. Knapp jeder Zehnte unterstützt diese Personengruppen.

Der Erhalt von Geld- und Sachleistungen ist demgegenüber bei Menschen in der zweiten Lebenshälfte äußerst selten. Auch hier zeigt sich das gleiche Muster des Transferflusses an nachfolgende Generationen: Acht bis zehn Prozent der Älteren, die noch mindestens ein lebendes Elternteil haben, werden im Zeitraum der letzten zwölf Monate mit Geld- und Sachleistungen von den Eltern bedacht (vgl. Tabelle A 8–10 im Anhang).

Der Erhalt von instrumenteller Unterstützung von anderen nimmt über die Zeit ebenfalls ab. Die Struktur der Geberinnen und Geber instrumenteller Hilfen bleibt im Beobachtungszeitraum des DEAS vom sozialen Wandel nicht unberührt: Kinder, sonstige Verwandte und Freunde spielen im Jahr 2008 als Geberinnen und Geber von Unterstützung im Gegensatz zu früher eine etwa gleich große Rolle (vgl. Tabelle A 8–11 im Anhang). Möglicherweise können in Zukunft Freundschaftsbeziehungen kleiner und schwächer werdende familiale Unterstützungsnetzwerke zu gewissen Anteilen kompensieren (vgl. auch das Kapitel 9 „Soziale Integration").

8.5.2 Transfers zwischen familialen Generationen

Anhand der aktuellen Daten für das Jahr 2008 werden im Folgenden die innerfamilialen Transferflüsse von Geld- und Sachleistungen sowie von instrumentellen Hilfen entlang der direkten Generationenfolge dargestellt (Abbildung 8–7). Der Vergleich der einzelnen Altersgruppen verdeutlicht die sich ändernden Positionen im Austauschgefüge, die ein Mensch in den unterschiedlichen Lebensphasen einnehmen kann.

Nachfolgend werden haushaltsübergreifende Transfers zwischen erwachsenen Personen[1] be-

1 Mit Ausnahme der Enkelkinder (vgl. Abschnitt 8.2).

Abb. 8–7: Transfers zwischen familialen Generationen nach Altersgruppe im Jahr 2008 (in Prozent)

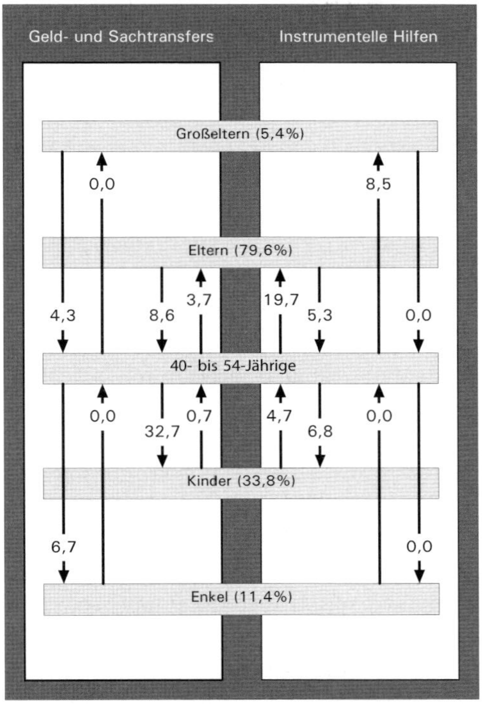

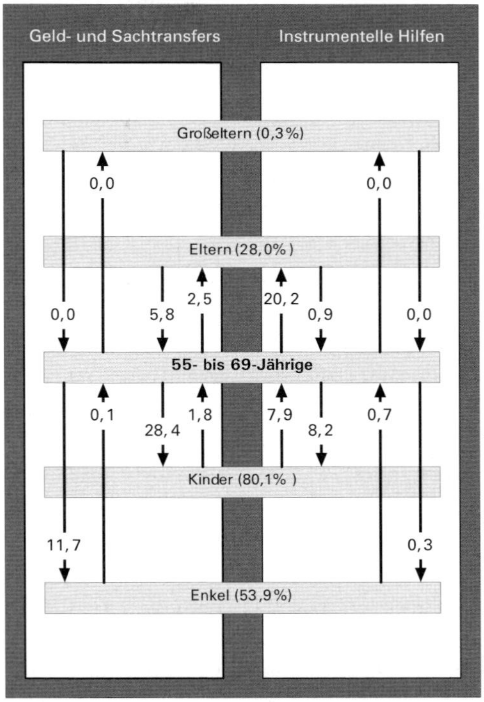

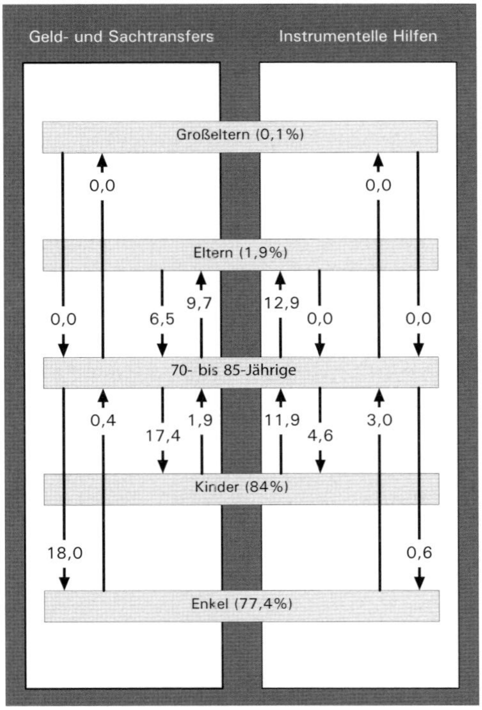

Quelle: DEAS 2008 (n = 5.923–6.005), gewichtet, gerundete Angaben. Prozentangaben in Klammern geben an, wie häufig eine Beziehungsform in der jeweiligen Altersgruppe vorkommt.

trachtet. Leistungen innerhalb von Haushalten sowie an Kinder und Jugendliche unterscheiden sich strukturell deutlich hiervon und sind gesondert zu untersuchen. Über erwachsene Nachkommen verfügt allerdings nur ein Teil der Menschen in der zweiten Lebenshälfte. Etwa ein Drittel der 40- bis 54-jährigen Deutschen und mehr als 80 Prozent der 55- bis 85-Jährigen haben mindestens ein erwachsenes Kind, das nicht im selben Haushalt lebt. Nahezu 80 Prozent derjenigen im mittleren Erwachsenenalter (hier: 40 bis 54 Jahre) haben noch mindestens ein lebendes Elternteil und fünf Prozent verfügen sogar noch über ein lebendes Großelternteil. In den beiden älteren Altersgruppen kommen lebende Großeltern praktisch nicht mehr vor. Auch der Anteil von Personen mit lebenden Eltern beträgt nur noch ein knappes Drittel in der Gruppe der 55- bis 69-Jährigen und in der höchsten Altersgruppe weniger als zwei Prozent. Ungefähr jeder Zehnte in der Altersgruppe von 40 bis 54 Jahren hat ein oder mehrere Enkelkinder. Der Anteil derjenigen, die bereits selber Großeltern geworden sind, beträgt in der Altersgruppe der 55- bis 69-Jährigen mehr als die Hälfte und in der höchsten Altersgruppe haben nahezu 80 Prozent Enkelkinder.

Geld- und Sachtransfers fließen auch im Jahr 2008 weiterhin vor allem von älteren zu jüngeren Familienmitgliedern. Instrumentelle Hilfen werden besonders von jüngeren für ältere familiale Generationen geleistet. Im Altersgruppenvergleich zeigt sich, dass die 40- bis 54-Jährigen besonders intensiv am Transfergeschehen teilhaben. Etwa ein Fünftel derjenigen mit lebenden Eltern unterstützt diese durch Hilfen im Haushalt, ein knappes Drittel gibt finanzielle Transfers an erwachsene Kinder und sieben Prozent unterstützen Enkelkinder mit Geld- und Sachleistungen. Auch an Großeltern werden – sofern noch vorhanden – von neun Prozent der jüngsten Altersgruppe instrumentelle Hilfen geleistet. Ebenfalls neun Prozent der 40- bis 54-Jährigen erhalten selbst von ihren Eltern Geld- und Sachleistungen, für vier Prozent fungieren hier noch die Großeltern als Geberinnen und Geber solcher Unterstützung. Instrumentelle Hilfen von den erwachsenen Kindern erhalten fünf Prozent der Eltern[2].

Die 55- bis 69-Jährigen unterstützen ihre Eltern ähnlich häufig instrumentell, wie sie ihre Kinder mit Geld- und Sachtransfers bedenken. Während lebende Großeltern in dieser Altersgruppe praktisch nicht mehr vorkommen, sind hier die Transfers an die nun zahlreicher vorhandenen Enkelkinder häufiger. Eigene Eltern leben zwar nur noch bei etwa einem Drittel der 55- bis 69-Jährigen, aber sechs Prozent erhalten von diesen immer noch Geld- und Sachtransfers. Der Erhalt instrumenteller Unterstützung von den Kindern ist in dieser Altersgruppe mit acht Prozent bereits etwas häufiger als im mittleren Erwachsenenalter.

Bei den 70- bis 85-Jährigen spielen Transfers an die eigenen Eltern beinahe keine Rolle mehr. Zwar geben hier immerhin zehn Prozent an, instrumentelle Hilfen an die ältere Generation zu leisten, aber angesichts der Tatsache, dass nur zwei Prozent der 70- bis 85-Jährigen noch lebende Eltern haben, relativiert sich diese Zahl. Leistungen fließen in dieser Altersgruppe nahezu ausschließlich an nachfolgende Generationen. Ein knappes Fünftel leistet Geld- und Sachtransfers an die erwachsenen Kinder oder an die Enkel. Instrumentelle Hilfen von den Kindern erhalten zwölf Prozent der Eltern dieser Altersgruppe und die Enkel sind bei drei Prozent der Großeltern Leister solcher Unterstützung.

2 Hierbei gilt zu beachten, dass es nicht dieselben Personen sind, die gleichzeitig Großeltern, Eltern, Kinder und Enkel unterstützen oder von diesen mit Transfers bedacht werden. Diese Personen gehören lediglich derselben Altersgruppe an. Dennoch ist nicht auszuschließen, dass auf einen Teil der Personen solche Konstellationen zutreffen.

Es wird deutlich, dass Geld- und Sachleistungen vorwiegend von den älteren an die jüngeren Generationen fließen, während instrumentelle Hilfen hauptsächlich von Jüngeren für Ältere bereitgestellt werden. Dies ist insofern bemerkenswert, als davon auszugehen ist, dass es gerade die Älteren sind, die über größere Zeitressourcen verfügen als ihre Kinder. Diese wiederum sind noch zu einem größeren Anteil erwerbstätig und daher besser mit finanziellen Ressourcen ausgestattet (vgl. Kapitel 3 „Materielle Sicherung“). An diesen Ergebnissen zeigt sich, dass das innerfamiliale Transfergeschehen ein komplexes Zusammenspiel von Ausstattung der Geberinnen und Geber, Bedarfen der Empfängerinnen und Empfänger und Handlungsmotiven ist.

Darüber hinaus wird klar, dass private innerfamiliale Geld- und Sachtransfers ganz überwiegend in entgegengesetzter Richtung zu den öffentlichen Transferströmen fließen. Die staatliche Absicherung der nachberuflichen Lebensphase ist offensichtlich intakt – Kinder müssen in der Regel nicht ihre Eltern finanziell versorgen. Der private Rückfluss von Geld- und Sachleistungen an die Nachkommen wird als Rechtfertigung der öffentlichen Umverteilung gesehen. Öffentliche und private Transfers hängen also – auch in Bezug auf die (Re-)Produktion von sozialer Ungleichheit – eng zusammen.

8.5.3 Betreuung von Enkelkindern

Die Betreuung der Enkelkinder ist eine weitere Unterstützungsleistung älterer Eltern an ihre Kinder. Auch hier erleichtert räumliche Nähe die Hilfe für die Kinder. Darüber hinaus müssen die Großeltern über die gesundheitlichen wie auch zeitlichen Ressourcen verfügen und schlicht bereit dazu sein. Die Betreuung der Enkelkinder durch die Großeltern stellt eine Ergänzung und eine Alternative zur öffentlichen Kinderbetreuung dar.

Im Zeitvergleich wird zunächst deutlich, dass sich der Anteil der Großeltern, die Enkelkinder betreuen, in den letzten zwölf Jahren von etwa einem Drittel auf ein knappes Viertel reduziert (vgl. Tabelle A 8–12 im Anhang). Dieser Trend hat vermutlich mehrere Ursachen: Wie bereits dargelegt wurde, vergrößern sich die Wohnentfernungen zu den Kindern in den letzten zwölf Jahren kontinuierlich, die Gelegenheitsstrukturen zur Betreuung der Enkel werden folglich schlechter. Des Weiteren sinkt zwar nicht der Anteil der Großeltern, es sind aber mit der Zeit geringer werdende Enkelzahlen pro Großelternteil zu beobachten. Dadurch sinkt die Wahrscheinlichkeit, dass für ein Enkelkind eine Betreuung durch die Großeltern benötigt wird. Darüber hinaus sind Großmütter heute zu einem größeren Anteil berufstätig, haben also nicht die Zeitressourcen, sich um die Enkelkinder zu kümmern. Möglicherweise zeigt sich hier auch die gestiegene Betreuungsquote von Kindern in Krippen und Kindertagesstätten (Statistisches Bundesamt 1998, 2003, 2010).

Wichtiger ist aber der Einfluss des Alters der Enkelkinder, der hier anhand des Alters der Großeltern sichtbar wird (Abbildung 8–8). Am häufigsten betreuen 55- bis 69-jährige Großeltern ihre Enkelkinder, gefolgt von den 40- bis 54-jährigen. Von den 70- bis 85-jährigen Großeltern werden am seltensten Enkel betreut. Diese sind dann meist dem Alter entwachsen, in der vorrangig eine Betreuung benötigt wird.

Auffällig ist darüber hinaus, dass sich der Anteil der 70- bis 85-jährigen betreuenden Großeltern im Gegensatz zu den jüngeren Großeltern in den letzten zwölf Jahren nicht verändert. Jüngere Großeltern haben jüngere Enkelkinder und gerade diese werden verstärkt in Einrichtungen betreut. Die Vermutung legt nahe, dass diese Entwicklung die verbesserten öffentlichen Betreuungsmöglichkeiten widerspiegelt.

Abb. 8–8: Betreuung von Enkelkindern, getrennt nach Altersgruppe. Vergleich zwischen 1996, 2002 und 2008 (in Prozent)

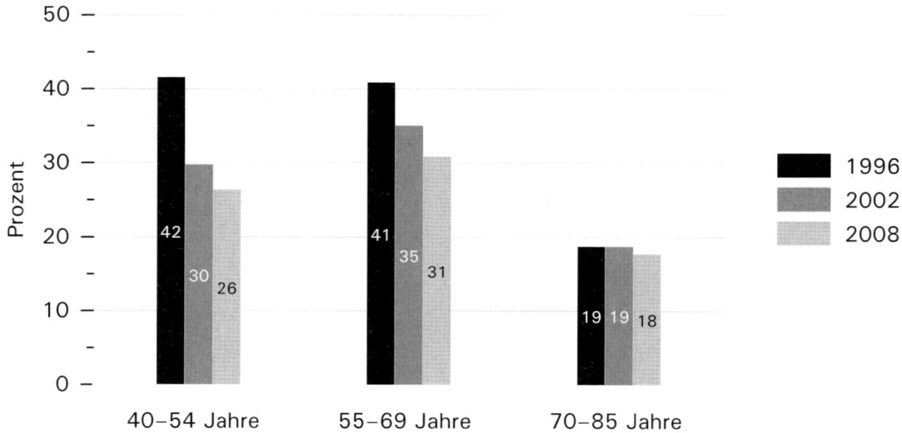

Quelle: DEAS 1996 (n = 2.452), 2002 (n = 1.618) und 2008 (n = 3.031), gewichtet, gerundete Angaben. $p < .01$.

Ein unterschiedliches Engagement in der Enkelbetreuung zeigt sich auch für die Geschlechter in den Altersgruppen der 40- bis 69-Jährigen (vgl. Tabelle A 8–12 im Anhang). Großmütter betreuen häufiger ihre Enkel als Großväter. Dies wird vor allem klassischen Geschlechterrollen zugeschrieben. Frauen sind innerhalb der Familie stärker für den „sozialen Kitt" zuständig, sie übernehmen insgesamt häufiger Fürsorgearbeit. Darüber hinaus sind die Erwerbsquoten der Frauen weiterhin niedriger als die der Männer und dies trifft besonders auf ältere Kohorten zu. Großmütter verfügen daher über größere Zeitressourcen.

Deutliche Unterschiede in den Betreuungsquoten zeigen sich seit 2002 zwischen den beiden Landesteilen (Abbildung 8–9). Während im Jahr 1996 jeweils etwa ein Drittel der Großeltern Enkelkinder betreute, sind es in den neuen Bundesländern zwölf Jahre später nur noch 17 Prozent (gegenüber 27 Prozent in den alten Bundesländern). Da für Eltern in den neuen Bundesländern die Wohnentfernungen zu den Kindern stärker gewachsen sind als für diejenigen in den alten Bundesländern, sind die Gründe hierfür vermutlich vorrangig in den mangelnden Gelegenheitsstrukturen zu suchen.

8.6 Subjektive Evaluation und Bedeutung von Familienbeziehungen

In den vorhergehenden Abschnitten wurden einzelne Aspekte familialer Generationenbeziehungen analysiert. Der folgende Abschnitt gibt Auskunft darüber, wie die Menschen in der zweiten Lebenshälfte ihre Familienbeziehungen ganz allgemein bewerten und wie wichtig ihnen bestimmte familiale Rollen sind. Frühere Analysen auf Basis des DEAS konnten im Jahr 2002 eine im Vergleich zu 1996 bessere allgemeine Bewertung der Familienbeziehungen zeigen (Hoff 2006). Im Folgenden wird überprüft, ob sich dieser Trend fortsetzt. Des Weiteren wird die persönliche Wichtigkeit von Großelternschaft analysiert. Diese Analysen beruhen auf Daten aus dem Jahr 2008 und bilden damit die aktuelle Situation ab.

Abb. 8–9: Betreuung von Enkelkindern, getrennt nach Region. Vergleich zwischen 1996, 2002 und 2008 (in Prozent)

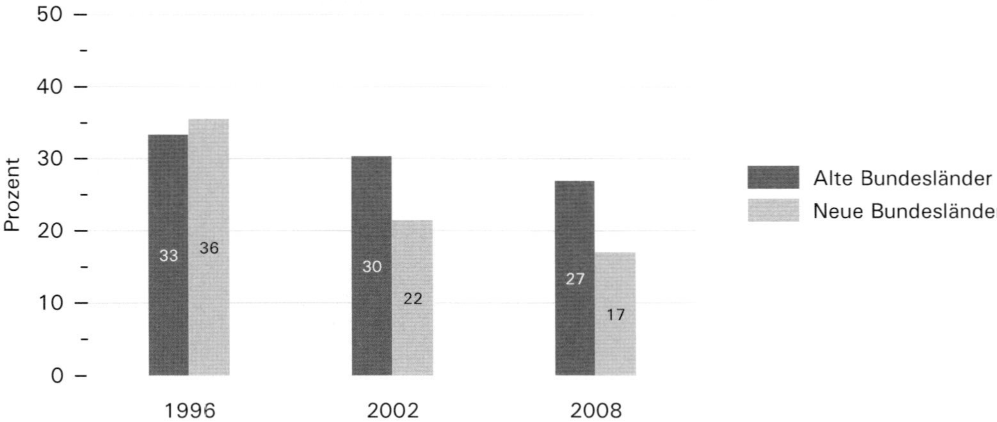

Quelle: DEAS 1996 (n = 2.452), 2002 (n = 1.618) und 2008 (n = 3.031), gewichtet, gerundete Angaben. $p < .01$.

8.6.1 Bewertung der Familienbeziehungen im Allgemeinen

Die Bewertungen der Familienbeziehungen haben sich zwischen 1996 und 2002 insgesamt verbessert. Sie bleiben aber über den zweiten 6-Jahres-Zeitraum in etwa stabil (Abbildung 8–10). Jeweils etwa 80 Prozent der 40- bis 85-jährigen Deutschen bewerten ihre Familienbeziehungen als gut. Die Anteile von schlechten Familienbeziehungen fallen mit jeweils weniger als fünf Prozent sehr gering aus.

Auch angesichts sich verändernder familialer Lebenssituationen in der zweiten Lebenshälfte und in der Tendenz räumlich distanter und teils weniger unterstützend miteinander lebender Generationen leidet die Bewertung der Familienbeziehungen im Allgemeinen nicht. Die Evaluation der Beziehungen zu den Familienmitgliedern speist sich vermutlich vorrangig aus anderen, möglicherweise „weicheren“ Beziehungsaspekten als beispielsweise konkreten Hilfeleistungen.

8.6.2 Wichtigkeit von Großelternschaft

Großelternschaft stellt weiterhin eine Beziehungsform dar, die ein Großteil der Bevölkerung im Laufe des Lebens erwarten kann, wenn sich auch Wahrscheinlichkeiten und Zeitpunkte des Übergangs wandeln. Wie zentral oder bedeutsam aber ist den Großeltern ihre Rolle als Großelternteil? Befragten mit Enkelkindern wurde in der aktuellen Erhebung die Frage gestellt, als wie wichtig sie für sich persönlich ihre Rolle als Großelternteil einschätzen.

Die überwiegende Mehrheit – ungefähr drei Viertel aller Großeltern – gibt an, dass ihnen persönlich Großelternschaft wichtig oder sehr wichtig ist. Lediglich sechs Prozent sagen, dass ihnen diese ganz unwichtig ist.

In der Einschätzung der Wichtigkeit von Großelternschaft zeigen sich signifikante Unterschiede zwischen den Altersgruppen (vgl. Abbildung 8–11). Personen der ältesten Altersgruppe bewerten die Großelternrolle als weniger wichtig im Vergleich zu den beiden jüngeren Altersgruppen.

Abb. 8–10: Bewertung der Familienbeziehungen im Allgemeinen. Vergleich zwischen 1996, 2002 und 2008 (in Prozent)

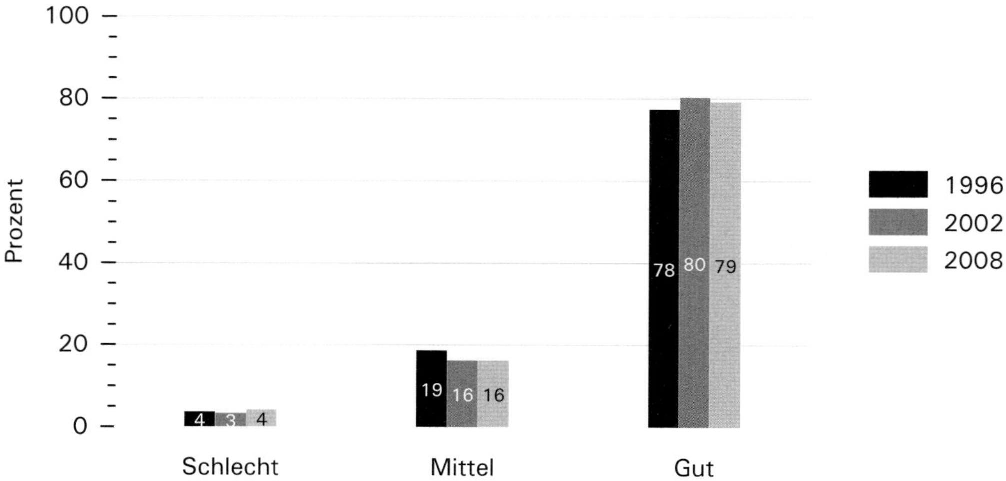

Quelle: DEAS 1996 (n = 4.660), 2002 (n = 2.999) und 2008 (n = 5.919), gewichtet, nicht signifikant, gerundete Angaben.

Abb. 8–11: Wichtigkeit der Großelternschaft für Großeltern, getrennt nach Altersgruppe (in Prozent)

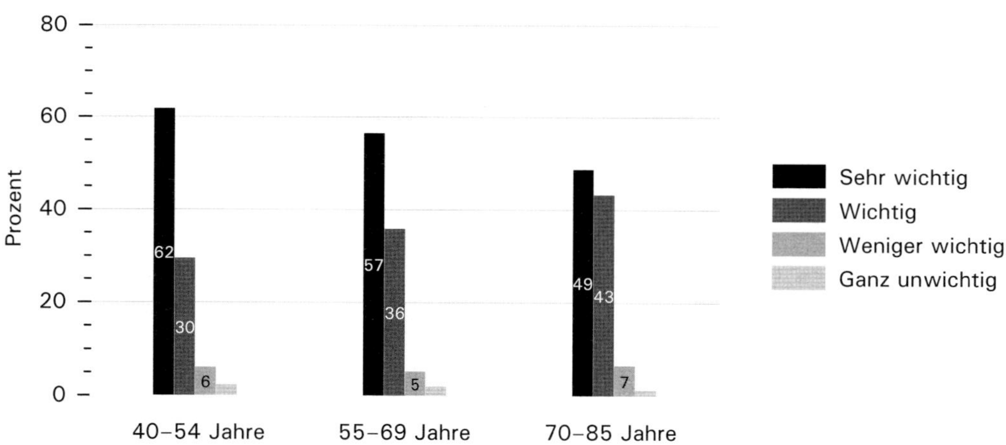

Quelle: DEAS 2008 (n = 2.959), gewichtet, gerundete Angaben. $p < .01$.

Zwar liegt der gemeinsame Anteil der beiden Kategorien „sehr wichtig“ und „wichtig“ in allen Altersgruppen bei über 90 Prozent, allerdings findet im Vergleich der Altersgruppen zwischen den beiden Antwortkategorien eine Verschiebung statt. Während der Anteil von „sehr wichtig“ über die Altersgruppen abnimmt, steigt der Anteil in der Kategorie „wichtig“ an. Zu vermuten sind hier sich über den Lebenslauf verändernde Entwicklungsaufgaben. Mit steigendem Alter der Enkel werden außerfamiliale Bindungen zu Freunden oder

Abb. 8–12: Wichtigkeit der Großelternschaft für Großeltern, getrennt nach Geschlecht (in Prozent)

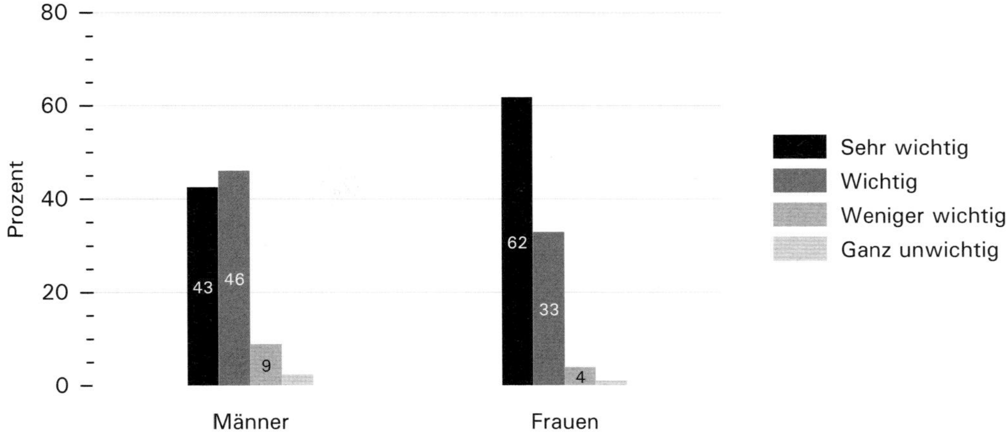

Quelle: DEAS 2008 (n = 2.959), gewichtet, gerundete Angaben. $p < .01$.

aber die eigene Partnerschaft wichtiger. Möglich ist auch ein Kohortenunterschied. Später geborene Großeltern würden dann ihre Großelternschaft als wichtiger erachten als die heutigen älteren Großeltern.

Wesentliche Unterschiede in der Einschätzung der persönlichen Wichtigkeit der Großelternschaft zeigen sich zwischen Großmüttern und Großvätern. Mehr als zwei Drittel der Großmütter empfinden ihre Rolle als „sehr wichtig" (Abbildung 8–12). Rechnet man noch den Anteil derjenigen hinzu, die sie als „wichtig" einstufen, so kann gesagt werden, dass für 95 Prozent der Großmütter ihre Rolle als Großelternteil bedeutsam ist. Großväter hingegen geben ihre Rolle nur zu 43 Prozent als „sehr wichtig" an. Auch liegt der Anteil derjenigen, die die Antwort „weniger wichtig" oder „ganz unwichtig" geben, mit gut elf Prozent deutlich über dem der Großmütter.

Großelternschaft kann individuell ganz unterschiedliche Bedeutungsdimensionen annehmen. Als wichtige und sinngebende (Alters-)Rolle gilt sie den meisten. Da vorhergehende Ergebnisse eine Verschiebung der Großelternschaft in spätere Lebensjahre, sinkende Enkelzahlen und wachsende Wohndistanzen zu den Kindern zeigen, ist es denkbar, dass sich in zunehmendem Maße Diskrepanzen zwischen Erwartungen und Vorstellungen auf der einen und Realisierungsmöglichkeiten auf der anderen Seite zeigen. Der Übergang zur Großelternschaft ist durch die Älteren nicht direkt steuerbar, wenn auch bestimmte Anreize für die Kinder, wie familiale Betreuungsangebote oder finanzielle Hilfen und Schenkungen, denkbar sind. Grundsätzlich ist er jedoch abhängig von Entscheidungen und Verhalten der Kinder. Welche Folgen eine gewünschte, aber ausbleibende Großelternschaft für die Beziehungen zwischen Eltern und Kindern hat, ist eine offene Frage.

8.7 Zusammenfassung und Diskussion

Die Bindungen zu Eltern, Kindern und Enkeln stellen neben der Partnerschaft und langjährigen engen Freundschaften die wichtigsten persönlichen Beziehungen dar, die einen Menschen meist lebenslang begleiten. Das familiale Netz und der Austausch oder Kontakt zu Kindern, Enkeln und Eltern stellt eine wichtige Rahmenbedingung für ein gutes Alter und Altern dar. Die Familie dient als Auffang- und Sicherungsinstanz in verschiedenen Bedarfslagen und Notsituationen, sie bildet den Rahmen für eine persönliche Entwicklung bis ins hohe Alter und trägt entscheidend zur sozialen Integration bei.

In der öffentlichen wie wissenschaftlichen Diskussion werden anhaltende demografische und soziale Entwicklungen teils mit Sorge betrachtet, da häufig angenommen wird, dass familiale Netze zukünftig zum einen seltener und kleiner werden und zum anderen nicht mehr im selben Umfang und in derselben Intensität bestimmte Leistungen und Funktionen übernehmen können wie bisher. In der Folge werden soziale Vereinzelung, zunehmend ungedeckte Versorgungsbedarfe und eine schlechtere Lebensqualität für immer größer werdende Teile der Bevölkerung befürchtet. Die Daten des DEAS stellen viele relevante Informationen bereit, um die Entwicklungen von familialen Strukturen und Funktionen nachzuzeichnen und schließlich fundiert darüber Auskunft zu geben, ob die geäußerten Befürchtungen realistisch sind.

Dieses Kapitel macht deutlich, dass die Mehrheit der Menschen in der zweiten Lebenshälfte weiterhin eingebunden ist in ein funktionierendes Netz aus familialen Beziehungen, welches sich tatsächlich nicht unwesentlich durch Wandel, aber auch in hohem Maße durch Stabilität auszeichnet. Zusammenfassend kann zunächst gesagt werden, dass sich vor allem die familialen Generationenstrukturen verändern, im Wandel begriffen sind aber auch die gelebten Beziehungen zwischen Eltern, Kindern und Enkeln. Veränderungen in den verwandtschaftlichen und räumlichen Strukturen wirken sich auf verschiedene Bereiche des familialen Lebens unterschiedlich aus.

Die Mehrheit der Menschen erlebt auch heute noch im Laufe des Lebens die Geburt eigener Kinder und Enkel. Der vorliegende Band kann jedoch für die Altersgruppe der 40- bis 54-Jährigen steigende Anteile Kinderloser in den nachfolgenden Kohorten aufzeigen (vgl. Kapitel 7 „Lebensformen und Partnerschaften“). Darüber wird belegt, dass im Vergleich zu älteren Bevölkerungsgruppen jüngere Kohorten den Übergang zur Großelternschaft später im Lebenslauf und vermutlich auch seltener erleben. Es ist folglich zukünftig mit veränderten familialen Lebenssituationen im Alter zu rechnen. Auch die räumlichen Strukturen von Mehrgenerationenfamilien befinden sich im Wandel. Erwachsene Kinder wohnen heute in der Regel weiter von ihren Eltern entfernt als noch vor zwölf Jahren und es kann nicht davon ausgegangen werden, dass sich dieser Trend umkehrt. Welche Konsequenzen dies für den Zusammenhalt und die wechselseitige Unterstützung in der Familie und zwischen den Generationen hat, ist gegenwärtig noch offen, der Band kann jedoch Tendenzen darstellen.

Unbeeindruckt durch strukturelle Veränderungen zeichnen sich die meisten Familien weiterhin durch eine hohe Kontaktdichte zwischen Eltern, Kindern und Enkeln aus. Von der überwiegenden Mehrheit der Menschen in der zweiten Lebenshälfte werden die Beziehungen zu Kindern und Enkeln als emotional eng und die Familienbeziehungen insgesamt als gut bewertet. Der Wandel in den Generationenstrukturen führt offensichtlich nicht dazu, dass die Bindungen der Familienmitglieder untereinander schwächer werden.

Auch das Transfergeschehen bleibt im Laufe der Zeit überwiegend stabil und spielt sich weiterhin vorrangig entlang verwandtschaftlicher Linien ab. Den älteren Familienmitgliedern kommt dabei eine wichtige Rolle zu und sie geben bis ins hohe Alter Geld- und Sachleistungen vorrangig an jüngere Generationen. Während Geld- und Sachleistungen auch über größere Distanzen fließen können, hat die sich zunehmend vergrößernde Wohnentfernung zwischen Eltern und erwachsenen Kindern allerdings Auswirkungen auf die gegenseitige Unterstützung im Alltag: Die Vergabe von instrumentellen Hilfen wird im Verlauf der letzten zwölf Jahre seltener. Im Gegensatz zu den Geld- und Sachleistungen fließen haushaltsnahe Hilfen vorrangig von jüngeren an ältere Familienmitglieder. Daran wird deutlich, dass der Austausch gegenseitiger Unterstützung innerhalb der Familie dem Bedarfsprinzip folgt.

Den gleichen Mechanismus lassen die Ergebnisse zur Betreuung von Enkelkindern durch die Großeltern vermuten. Kinderbetreuung durch die Großeltern stellt in der Regel eine Ergänzung des Angebots öffentlicher Einrichtungen dar und orientiert sich an den Bedarfen der Kinder, meist der Töchter. Die über die vergangenen zwölf Jahre sinkenden Quoten von in der Kinderbetreuung engagierten Großeltern sind zum Teil sicherlich auf die größer werdenden Wohndistanzen zu den Kindern zurückzuführen, eine nicht unwesentliche Rolle dürfte aber auch der erfolgte Ausbau der Kinderbetreuungsmöglichkeiten spielen. Die Ergebnisse sollten hier also weniger als abnehmende familiale Solidarität interpretiert werden, sondern vielmehr als Zeichen einer erfolgreichen Umsetzung familienpolitischer Ziele gewertet werden.

Anhaltspunkte für die Entwicklung der Familienbeziehungen über den Bereich der Kernfamilie hinaus liefern die Analysen zur Großelternschaft. Der DEAS stellt in der derzeitigen Forschungslandschaft in Deutschland eine einzigartige Datenquelle zum Thema dar. Bislang hat sich die Forschung vor allem auf die Beziehungen von Großeltern zu ihren minderjährigen Enkelkindern konzentriert. Zukünftig ist verstärkt zu fragen, welche Rolle erwachsene Enkelkinder im familialen Beziehungsgefüge spielen. Der Band nimmt diese Perspektive ein und kann zu verschiedenen Aspekten der Beziehungen von Großeltern zu ihren erwachsenen Enkelkindern einen ersten Eindruck liefern.

Heute erleben Großeltern ihre Enkelkinder nicht selten bis in deren Erwachsenenalter hinein. Aufgrund des wachsenden zeitlichen Generationenabstands wird aber auch ein zunehmender Anteil der Älteren erst spät Enkelkinder bekommen, oder wegen steigender Anteile Kinderloser sogar zeitlebens enkellos bleiben. Gleichzeitig stellt Großelternschaft eine für die meisten Menschen bedeutsame soziale Rolle im Alter dar. Drei Viertel aller Großeltern in Deutschland beschreiben ihre Großelternrolle als wichtig oder sehr wichtig. Jüngere Großeltern und Großmütter neigen dabei etwas stärker zu dieser Einschätzung als ältere Großeltern und Großväter.

Großelternschaft könnte daher zukünftig durchaus ein knappes, ungleich verteiltes Gut darstellen, das auch angesichts der Bedeutung von Großelternschaft für die familiale Integration hoch begehrt sein könnte. Es sind hier in Zukunft spezifische Unzufriedenheitssituationen im Alter denkbar, die bezüglich der eigenen familialen Lebensplanung entstehen können. Sowohl über die Beziehungen zwischen Großeltern und erwachsenen Enkelkindern als auch über die individuelle wie gesellschaftliche Bedeutung ausbleibender oder verhinderter (also rein struktureller) Großelternschaft ist bislang aber noch wenig bekannt. Unter welchen Bedingungen Großelternschaft in einer Art und Weise realisiert werden kann, die positive Auswirkungen auf die Lebensqualität der Beteiligten hat und in welchen Konstellationen sie eher eine Belastung darstellt oder Kummer verursacht, ist zu ergründen.

Die Großeltern in Deutschland haben häufig Kontakt zu ihren erwachsenen Enkeln, in der Regel sehen oder sprechen sie sich mindestens einmal im Monat. Allerdings hat auch ein nicht unerheblicher Teil von etwa einem Drittel der Großeltern relativ selten Kontakt. Im Vergleich zur Kontakthäufigkeit zu den Kindern sind die Beziehungen zu den Enkeln in diesem Punkt weniger einheitlich. Die Beziehungen zwischen Großeltern und Enkelkindern sind vielfältig und werden durchaus unterschiedlich gestaltet. Anders verhält es sich im Bezug auf die emotionale Verbundenheit, die Großeltern mit ihren erwachsenen Enkeln berichten. Hier überwiegen eindeutig enge und sehr enge Beziehungen. Nur etwa ein Fünftel der Großeltern mit erwachsenen Enkeln weicht von dieser Einschätzung ab. Die emotionale Verbundenheit mit den Enkeln ähnelt derjenigen zu den Kindern sehr viel stärker als die Kontakthäufigkeit. In Großeltern-Enkel-Beziehungen stehen Kontakthäufigkeit und Beziehungsenge also in einem weniger engen Zusammenhang als bei den Eltern-Kind-Beziehungen.

Auch in Bezug auf innerfamiliale Transfers ist eine neue Rolle der Enkel zu vermuten. Trotz insgesamt stabiler Transferquoten zeigt sich, dass Geld- und Sachleistungen inzwischen seltener an Kinder und dafür häufiger an Enkel vergeben werden. Großelternschaft ist also nicht nur eine vorrangig emotional bedeutsame Altersrolle, sondern sie zeichnet sich auch durch konkrete Handlungen aus. Zukünftig ist zu fragen, ob sich hier ähnliche Vergabemuster und Motivstrukturen wie bei Eltern-Kind-Beziehungen herausbilden und welche Rolle sie bei der (Re-)Produktion von sozialer Ungleichheit im erweiterten Familienverbund spielen.

Die Strukturen von Generationenbeziehungen werden sich wahrscheinlich zukünftig weiter ausdifferenzieren und verändern. Diese Entwicklungen werden Auswirkungen auf die Unterstützungsfunktionen zwischen familialen Generationen haben, während die Kontakthäufigkeit und auch die emotionale Nähe bislang wenig von diesen Veränderungen beeinflusst sind. Der Blick auf familiale Generationenbeziehungen muss in Zukunft um die Perspektive auf die Beziehungen zwischen Großeltern und Enkeln erweitert werden. Die Analyse solcher familialen Netze im Alter sollte integrativ erfolgen, um das komplexe Zusammenspiel von Eltern-Kind- und Großeltern-Enkel-Beziehungen besser verstehen zu lernen.

Gesellschaftliche Herausforderungen ergeben sich vor allem durch die steigende Zahl derer, die in weniger familial eingebundenen Lebenssituationen altern. Der Wunsch der meisten älteren Menschen ist es, solange wie möglich, auch bei eingeschränkter Gesundheit und zunehmendem Hilfebedarf, in der eigenen Wohnung zu leben. Bislang wird die Pflege älterer Familienmitglieder zum Großteil von Verwandten, namentlich von Töchtern und Schwiegertöchtern, geleistet (Pfau-Effinger 2005). Angesichts größerer räumlicher Distanzen zwischen den familialen Generationen und steigender Erwerbsquoten von Frauen wird es zukünftig schwieriger werden, solche eingespielten Konstellationen familialer Unterstützungsleistungen aufrechtzuerhalten.

Von politischer Seite sind unterschiedliche Ansätze denkbar, auf die beschriebenen und zukünftig zu erwartenden Veränderungen der familialen Strukturen und Beziehungen in Deutschland zu reagieren. Eine Möglichkeit wäre, die stärker familienfernen Lebensentwürfe und Lebensergebnisse eines wachsenden Bevölkerungsteils als gegeben anzusehen. Ob zukünftig im Seniorenalter gehäuft Problemlagen der mangelnden sozialen Einbindung und Unterstützung entstehen, wird so vorrangig davon abhängen, welche Beziehungen älter werdende Menschen auch jenseits von Partner- und Elternschaft etablieren und aufrechterhalten können. Aufgabe von Politik und Gesellschaft ist es dann, verlässliche Strukturen außerhalb von Familie zu befördern.

Verschiedene Studien zu Einstellungen und Wertorientierungen unter Jugendlichen und jungen Erwachsenen (Allmendinger 2009; Hurrelmann et al. 2006) weisen allerdings auf eine weiterhin hohe persönliche Bedeutung von Familie hin. Der Wunsch nach einer Familiengründung geht – vor allem bei jungen Frauen – meist einher mit dem Wunsch nach beruflicher Verwirklichung. Nachwachsende

Generationen wollen zu großen Teilen offensichtlich beides selbstverständlich miteinander kombinieren. Geringe Kinderzahlen und weite räumliche Distanzen zwischen familialen Generationen spiegeln häufig Kompromissentscheidungen wider. Politik kann es erleichtern, familiale Sorgearbeit mit anderen Lebensbereichen in Einklang zu bringen. Es sind vielfältige Anreize denkbar, Erziehungs- und Pflegeaufgaben beispielsweise stärker zwischen Männern und Frauen umzuverteilen oder Arbeitsverhältnisse zeitlich flexibel zu gestalten. Familienpolitik sollte daher lebenslauforientiert und Lebensbereiche übergreifend erfolgen.

Die Anhangstabellen sind auf der beiliegenden CD-ROM zu finden.

Literatur

Allmendinger, J. (2009). *Frauen auf dem Sprung. Wie junge Frauen heute leben wollen.* München: Pantheon.

Arrondel, L., & Masson, A. (2001). Family transfers involving three generations. *Scandinavian Journal of Economics, 103(3)*, 415–443.

Attias-Donfut, C. (1995). Le double circuit des transmissions. In C. Attias-Donfut (Ed.), *Les solidarités entre générations. Vieillesse, familles, États* (pp. 41–81). Paris: Nathan.

Bertram, H. (2000). Die verborgenen familiären Beziehungen in Deutschland: Die multilokale Mehrgenerationenfamilie. In M. Kohli & M. Szydlik (Hrsg.), *Generationen in Familie und Gesellschaft* (S. 97–121). Opladen: Leske+Budrich.

Bothfeld, S. (2005). Arbeitsmarkt. In Hans-Böckler-Stiftung (Hrsg.), *WSI-Frauendatenreport: Handbuch zur wirtschaftlichen und sozialen Situation von Frauen* (Bd. 2, S. 109–186). Berlin: Edition Sigma.

Engstler, H., & Menning, S. (2005). Der Übergang zur Großelternschaft: kohortenspezifische Entwicklung der Prävalenz, des Alters und der Dauer der Großelternschaft in Deutschland. *Mitteilungen der Deutschen Gesellschaft für Demographie(8)*, 7.

Geurts, T., Poortman, A.-R., van Tilburg, T., & Dykstra, P. A. (2009). Contact between grandchildren and their grandparents in early adulthood. *Journal of Family Issues, 30(12)*, 1698–1713.

Hagestad, G. O. (2006). Transfers between grandparents and grandchildren: The importance of taking a three-generation perspective. *Zeitschrift für Familienforschung, 18(3)*, 315–332.

Hoff, A. (2006). Intergenerationale Familienbeziehungen im Wandel. In C. Tesch-Römer, H. Engstler & S. Wurm (Hrsg.), *Altwerden in Deutschland. Sozialer Wandel und individuelle Entwicklung in der zweiten Lebenshälfte* (S. 231–287). Wiesbaden: VS Verlag.

Hurrelmann, K., Albert, M., & TNS Infratest Sozialforschung. (2006). *15. Shell Jugendstudie. Jugend 2006.* Frankfurt/Main: Fischer.

Kohli, M., Künemund, H., Motel, A., & Szydlik, M. (1997). Generationenkonstellationen, Haushaltsstrukturen und Wohnentfernungen in der zweiten Lebenshälfte: Erste Befunde des Alters-Surveys. In R. Becker (Hrsg.), *Generationen und sozialer Wandel: Generationsdynamik, Generationenbeziehungen und Differenzierung von Generationen* (S. 157–175). Opladen: Leske + Budrich.

Kohli, M., Künemund, H., Motel-Klingebiel, A., & Szydlik, M. (2005). Generationenbeziehungen. In M. Kohli, & H. Künemund, *Die zweite Lebenshälfte. Gesellschaftliche Lage und Partizipation im Spiegel des* Alterssurvey (S. 176–211). Wiesbaden: VS Verlag.

Lauterbach, W. (1995). Die gemeinsame Lebenszeit von Familiengenerationen. *Zeitschrift für Soziologie, 24(1)*, 22–41.

Mahne, K., Engstler, H., & Huxhold, O. (2009). *Strukturen sozialer Beziehungen in der zweiten Lebenshälfte im Wandel: Partnerschaft, Familie und außerfamiliale Beziehungen.* Berlin: Deutsches Zentrum für Altersfragen.

Monserud, M. A. (2008). Intergenerational relationships and affectual solidarity between grandparents and young adults. *Journal of Marriage and Family, 70(1)*, 182–195.

Motel, A., & Szydlik, M. (1999). Private Transfers zwischen den Generationen. *Zeitschrift für Soziologie, 28(1)*, 3–22.

Motel-Klingebiel, A., Mahne, K., & Huxhold, O. (2010). Was treibt Transfers zwischen Eltern und erwachsenen Kindern an? Zur Dynamik familialer Generationenbeziehungen im späten Lebenslauf. In A. Ette, K. Ruckdeschel & R. Unger (Hrsg.), *Intergenerationale Beziehungen: Bedingungen, Potentiale und Konflikte.* Würzburg: Ergon Verlag (im Druck).

Peuckert, R. (2008). *Familienformen im sozialen Wandel.* Wiesbaden: VS Verlag.

Pfau-Effinger, B. (2005). Development paths of care arrangements in the framework of family values and welfare values. In B. Pfau-Effinger & B. Geissler (Hrsg.), *Care and social integration in European* societies (S. 21–45). Bristol: Policy Press.

Pollet, T. V., Nettle, D., & Nelissen, M. (2007). Maternal grandmothers do go the extra mile: Factoring distance and lineage into differential contact with grandchildren. *Evolutionary Psychology, 5(4),* 832–843.

Soldo, B. J., & Hill, M. S. (1995). Family structure and transfer measures in the Health and Retirement Study: Background and overview. *The Journal of Human Resources, 30(5),* 108–137.

Statistisches Bundesamt. (1998). *Statistisches Jahrbuch 1998.* Wiesbaden: Statistisches Bundesamt.

Statistisches Bundesamt. (2003). *Statistisches Jahrbuch 2003.* Wiesbaden: Statistisches Bundesamt.

Statistisches Bundesamt. (2009). *Mikrozensus 2008 – Neue Daten zur Kinderlosigkeit in Deutschland.* Wiesbaden: Statistisches Bundesamt.

Statistisches Bundesamt. (2010). *Kinder- und Jugendhilfestatistik.* Wiesbaden: Statistisches Bundesamt.

Suitor, J. J., Pillemer, K., Keeton, S., & Robison, J. (1995). Aged parents and aging children: Determinants of relationship quality. In R. Blieszner & V. H. Bedford (Eds.), *Handbook of aging and the family.* (pp. 223–242). Westport: Greenwood Press.

Szydlik, M. (1995). Die Enge der Beziehung zwischen erwachsenen Kindern und ihren Eltern – und umgekehrt. *Zeitschrift für Soziologie, 24(2),* 75–94.

Szydlik, M., & Schupp, J. (1998). Stabilität und Wandel von Generationenbeziehungen. *Zeitschrift für Soziologie, 27(4),* 297–315.

Van Gaalen, R. I., & Dykstra, P. A. (2006). Solidarity and conflict between adult children and parents: A latent class analysis. *Journal of Marriage & Family, 68(4),* 947–960.

Wilk, L. (1993). Großeltern und Enkelkinder. In K. Lüscher & F. Schultheis (Hrsg.), Generationenbeziehungen in „postmodernen“ Gesellschaften. Analysen zum Verhältnis von Individuum, Familie, Staat und Gesellschaft (S. 203–214). Konstanz: Universitätsverlag Konstanz.

Wong, R., Capoferro, C., & Soldo, B. J. (1999). Financial assistance from middle-aged couples to parents and children: Racial-ethnic differences. *Journal of Gerontology: Social Sciences, 54B(3),* S145–S153.

9 Soziale Integration

Oliver Huxhold, Katharina Mahne & Dörte Naumann

Kernaussagen

Die soziale Integration der Menschen in der zweiten Lebenshälfte ist gut, aber sozial ungleich verteilt:
Ältere Menschen, Männer und Personen aus den neuen Bundesländern sind weniger gut sozial integriert als die Jüngeren, als Frauen oder Personen aus den alten Bundesländern.

Außerfamiliale Beziehungen spielen eine große Rolle bei der sozialen Integration:
Insbesondere bei Menschen mit wenigen familialen Beziehungen spielen Freunde, Nachbarn und andere eine große Rolle im sozialen Netz und stehen auch häufiger als Quellen von Rat und Trost zur Verfügung.

Die funktionale Bedeutung außerfamilialer Beziehungen hat zugenommen:
Außerfamiliale Beziehungen sind 2008 häufiger Quellen für Rat und Trost als noch 1996.

9.1 Einleitung

Für die Alternsforschung war schon immer die Frage zentral, inwieweit die Älteren sozial in die Gesellschaft integriert bleiben oder Gefahr laufen, mit steigendem Alter oder nach dem Übergang in den Ruhestand in Isolation zu geraten. Eine hohe soziale Integration wurde schon früh als ein wichtiger Aspekt „erfolgreichen Alterns" konzeptualisiert (Havighurst 1972; Rowe & Kahn 1998). Ohne Zweifel sind soziale Netzwerke eine wichtige Ressource für die Lebensqualität nicht allein von Menschen in der zweiten Lebenshälfte (Antonucci 1985, 2001b; Rowe & Kahn 1998). Sie befriedigen nicht nur grundlegende Bedürfnisse des Menschen nach Zugehörigkeit und Gemeinschaft, sondern tragen dazu bei, die Lebenssituation einer Person zu stabilisieren und altersbedingte Veränderungen und kritische Lebensereignisse zu bewältigen (Antonucci 2001a). Vielfältige empirische Studien verdeutlichen den positiven Einfluss sozialer Netzwerke auf die mentale und körperliche Gesundheit, das subjektive Wohlbefinden und auf kognitive Fähigkeiten (Antonucci 1985; Keller-Cohen et al. 2006; Krause 2001; Litwin & Shiovitz-Ezra 2006; Lovden et al. 2005; Russel & Cutrona 1991).

In der neueren gerontologischen Forschung fasst der Begriff der sozialen Netze sowohl die Anzahl als auch die Qualität der sozialen Beziehungen eines Menschen in allen individuellen Kontexten. Sozial hoch integrierte Menschen haben ein großes und qualitativ hochwertiges soziales Netz, das gleichermaßen zur persönlichen Entfaltung ermutigt und die jeweils nötige Unterstützung leistet (Cornwell et al. 2008). Dabei kommt es darauf an, aus welchen Typen von Beziehungen ein soziales

Netz besteht, da beispielsweise familiale und nicht familiale soziale Beziehungen häufig unterschiedliche Funktionen im sozialen Netz übernehmen (Weiss 1974). So können sich empfangene Unterstützungsleistungen je nach Beziehungstyp unterschiedlich auf das psychologische Wohlbefinden auswirken: Analysen auf Basis des DEAS haben gezeigt, dass praktische Unterstützung, die von *Familienmitgliedern* geleistet wird, das subjektive Wohlbefinden eher verschlechtert, während die instrumentelle Hilfe von *Freunden oder Nachbarn* dieses eher verbessert (Merz & Huxhold, im Druck).

Um die Fülle relevanter Aspekte eines Netzwerkes zu ordnen, unterscheidet Antonucci (1985) unter anderem strukturelle und funktionale Aspekte (Fiori et al. 2006; Fiori 2007). Die strukturellen Aspekte beschreiben den Aufbau eines Netzwerks wie zum Beispiel die Anzahl der Netzwerkmitglieder, deren relative Wohnentfernungen und Kontakthäufigkeiten. Funktionale Aspekte betreffen die vielfältigen Unterstützungsleistungen innerhalb von sozialen Netzwerken. Hier werden emotionale, kognitive und instrumentelle Leistungen unterschieden. Emotionale Unterstützung meint das Empfangen von Trost und Ermutigung in intimen und vertrauensvollen Beziehungen. Kognitive Unterstützung bedeutet den Erhalt von Rat und Hinweisen, um Probleme des Alltags zu lösen oder schwierige Entscheidungen zu fällen. Instrumentelle Unterstützung umfasst die konkrete Erledigung von alltäglichen Aufgaben, wie handwerkliche Tätigkeiten oder Kinderbetreuung aber auch finanzielle Unterstützung.

Generell sind soziale Netze nicht statisch, sondern verändern sich über den Lebensverlauf hinweg. Im Modell des „sozialen Konvois" wird argumentiert, dass jeder Mensch zahlreiche Beziehungen unterhält, die diesen als eine Art „Beziehungskonvoi" im Laufe des Lebens begleiten. Da die Beziehungspartner unterschiedlich lang dort verweilen, ihn zeitweise oder auch vollständig verlassen, ihre Rolle und Funktion für das Individuum ändern und neue Beziehungen dazukommen, unterliegt dieser Konvoi einem ständigen Wandel (Antonucci & Akiyama 1995). Wie sich soziale Netzwerke in unterschiedlichen Lebenssituationen und Lebensphasen ändern, hängt von sozial ungleich verteilten Opportunitätsstrukturen und interindividuell unterschiedlichen psychologischen und gesundheitlichen Ressourcen und persönlichen Motivlagen ab. Die aktuell in der Gerontologie verbreitete sozio-emotionale Selektivitätstheorie erklärt den Wandel der Motive und Bedürfnisse bei der Auswahl von sozialen Beziehungen im Lebensverlauf mit der jeweiligen Reichweite der Zukunftsperspektive (Carstensen 1991, 1992). Während in jüngeren Jahren mit einer weiten Zukunftsperspektive solche sozialen Netzwerkpartner interessant sind, die den Zugang zu Informationen, Kontakten, Anerkennung und Statuspositionen ermöglichen, werden hingegen im fortgeschrittenen Alter mit einer kürzeren Zukunftsperspektive vorrangig emotional bedeutsame Beziehungen gepflegt (Carstensen 1992; Lang & Carstensen 1994; Lang et al. 1998).

Ob dieser Rückzug aus peripheren Beziehungen im höheren Erwachsenenalter tatsächlich eine aktiv angestrebte und auch adaptive Entwicklung ist, ist jedoch umstritten. Lang und Kollegen (Lang 2001; Lang et al. 2002; Shaw et al. 2007) haben die Perspektive der sozio-emotionalen Selektivität erweitert, indem sie postulierten, dass sich verringernde Netzwerkgrößen im hohen Alter auch durch altersbedingte Verluste in individuellen Ressourcen – wie körperlicher und geistiger Fitness – erzwungen sein könnten (Lang 2004). Außerdem verringern im höheren Alter häufig eine eingeschränkte außerhäusliche Mobilität und sensorische Einbußen wie Hör- und Sehbehinderungen die Möglichkeiten, Kontakte zum gleichaltrigen Freundeskreis zu pflegen (Mollenkopf et al. 2007; Wahl et al. 1999). Außerdem spielt bei der Pflege von freundschaftlichen und nachbarschaftlichen Beziehungen die Ausgeglichenheit im Geben und Nehmen eine wichtige Rolle. Unausgewogene freundschaftliche und vor allem nachbarschaftliche Beziehungen werden häufig beendet. Nur in engen, langjährigen Freundschaftbeziehungen werden Verletzungen des Reziprozitätsprinzips unter Umständen toleriert (Ikkink & van Tilburg 1998).

9.1.1 Soziale Integration im Wandel

Das vorliegende Kapitel fokussiert auf die soziale Integration der Menschen in der zweiten Lebenshälfte und schließt mit seinen Analysen und Diskussionen direkt an Erkenntnisse aus den Kapiteln dieses Berichtes zum Wandel der partnerschaftlichen und familialen Beziehungen an (vgl. Kapitel 7 „Lebensformen und Partnerschaft" und 8 „Familiale Generationenbeziehungen"). In diesen wird gezeigt, dass in den jüngeren Altersgruppen zunehmend mehr Menschen ohne Partner oder Partnerin leben und immer mehr Menschen in der zweiten Lebenshälfte kinderlos bleiben. Auch werden in den nachfolgenden Kohorten weniger Menschen Großeltern sein und diejenigen, die die Großelternrolle übernehmen können, werden überwiegend weniger Enkelkinder haben. Zusammenfassend zeigen die vorangegangenen Kapitel also, dass zwischen 1996 und 2008 familiale Beziehungen im sozialen Wandel tendenziell weniger zahlreich und soziale Netzwerke dabei auch heterogener werden. Welche Bedeutung diese Ergebnisse für die sozialpolitisch entscheidende Frage haben, inwiefern und wo zukünftige Ältere die traditionell von Familienmitgliedern geleistete Unterstützung finden werden, ist empirisch noch offen. Der Einfluss des sozialen Wandels auf die Entwicklung sozialer Netzwerke ist in der gerontologischen Forschung eine bislang kaum untersuchte Facette.

In aktuellen Diskussionen wird befürchtet, dass mit dem Rückgang familialer Beziehungen die vielschichtige Unterstützungsfunktion sozialer Netze zunehmend brüchig wird und der Gesellschaft und dem Individuum wertvolle informelle Unterstützungspotenziale ersatzlos verloren gehen. Denn gegenwärtig fließt die gegenseitige Hilfe und Unterstützung vorrangig entlang direkter verwandtschaftlicher Linien. Eltern und Kinder nehmen hierbei eine zentrale Position ein, wobei auch die zusätzliche Hilfe von Geschwistern nicht zu unterschätzen ist. Letztere übernehmen zwar in der Regel keine zentrale Unterstützungsfunktion im hohen Alter, springen aber häufig kurzfristig bei kritischen Lebensereignissen ein (Falbo et al. 2009). Freunde, Nachbarn, Kollegen und andere Personen des sozialen Netzwerkes gelten noch seltener als Verwandte als mögliche Quelle der Unterstützung (Künemund & Hollstein 2005). Dabei ist zu betonen, dass Freundschaftsbeziehungen neben Geschwisterbeziehungen zu den am längsten dauernden und stabilsten Bindungen im Leben eines Menschen gehören (Armstrong & Goldsteen 1990).

An der aktuellen Diskussion zur Deckung des Unterstützungsbedarfs Älterer ist bemerkenswert, dass vorrangig die Frage im Mittelpunkt steht, wie der zukünftige instrumentelle Unterstützungsbedarf Älterer im Bereich Pflege und Hauswirtschaft gedeckt werden kann. Die für die Lebensqualität mindestens ebenso wichtige Frage nach der emotionalen und kognitiven Unterstützung genießt aktuell eher weniger Aufmerksamkeit. Dabei trägt der Zugang zu emotionaler und kognitiver Unterstützung nicht nur wesentlich zum subjektiven Wohlbefinden in allen Lebensaltern bei, sondern bestimmt auch mit, wie erfolgreich sich Personen an alters- und gesundheitsbedingte Veränderungen und kritische Lebensereignisse wie etwa Verwitwung anpassen können (Pinquart 2003; Pinquart & Sorensen 2000). Dabei kann – entsprechende finanzielle Ressourcen vorausgesetzt – fehlende instrumentelle Hilfe eher als kognitive und emotionale Unterstützung über formelle Dienstleister und wohlfahrtstaatliche Unterstützung kompensiert werden. Denn die für die Lebensqualität und das gesunde Altern essenzielle kognitive und emotionale Unterstützung setzt häufig eine intime Vertrauensbeziehung zu einer Person voraus, die ausreichende Kenntnisse zur Lebenswelt und Persönlichkeit dieser Person besitzt. Insofern ist es sozialpolitisch von zentraler Bedeutung, ob Menschen in der zweiten Lebenshälfte, die über keine stabilen familialen Netzwerke verfügen, mit einem ungedeckten kognitiven und emotionalen Unterstützungsbedarf konfrontiert sind und inwiefern es ihnen gelingt, Freunde und Nachbarn in ihr persönliches soziales Netz einzubinden und dort die nötige kognitive und emotionale Unterstützung zu finden.

9.1.2 Ersatz familialer durch außerfamiliale Unterstützung?

Die Frage, inwiefern die zentrale und vielfältige Unterstützungsfunktion der Familie durch alternative soziale Netzwerkpartnerinnen und -partner ersetzt werden kann, ist in der Alternsforschung umstritten. Hier werden insbesondere zwei unterschiedliche Thesen diskutiert:

1. die These der hierarchischen Kompensation (Cantor 1979) und
2. die These der funktionalen Spezifität (Litwak 1985; Weiss 1974).

Der *These der hierarchischen Kompensation* zufolge bestimmen kulturelle Normen die Rangreihe der Beziehungspersonen, an die sich die hilfesuchende Person wendet, unabhängig von der Art des Unterstützungsbedarfs: Zuerst wird die Partnerin oder der Partner gefragt, dann die Kinder und erst danach Personen außerhalb der Familie, also Freunde, Kollegen und Nachbarn. In diesem Modell sind Freunde, Kollegen und Nachbarn grundsätzlich nachgeordnete Unterstützungspartner (Künemund & Hollstein 2005). Fehlen Unterstützungspartner, dann können – diesem Modell zufolge – auch nicht verwandte Netzwerkpartner verwandtschaftliche Beziehungen im sozialen Netzwerk kompensieren. Wenn Menschen beispielsweise partner- und kinderlos sind, hängt es also wesentlich von der Integration in freundschaftliche Netzwerke ab, wie beispielsweise Einsamkeit im Alter erlebt wird (Pinquart 2003).

Mit der *These der funktionalen Spezifität* wird hingegen argumentiert, dass spezifische Formen der Unterstützung auch nur von bestimmten, nicht austauschbaren Bezugspersonen geleistet werden können. Die Art des Unterstützungsbedarfs bestimmt, welche Netzwerkpartnerinnen und -partner innerhalb oder außerhalb der Familie für die jeweilige Unterstützung geeignet sind. Zum Beispiel seien verwandtschaftliche Beziehungen am besten geeignet für intimere Aufgaben, wie zum Beispiel die körperbezogene Pflege, während Freunde die besten Ansprechpartner für Probleme sind, die gemeinsame oder ähnliche Erfahrungen voraussetzen. Die spezifischen Merkmale der verschiedenen Unterstützungsbedarfe, wie etwa Zeitaufwand, Flexibilität, Intimität, erfordern also eine dazu passende Beziehungsform. Fehlt eine dem Unterstützungsbedarf angemessene Beziehungsform im sozialen Netzwerk, ist diese nicht ohne weiteres durch andere Personen kompensierbar (Künemund & Hollstein 2005; Litwak 1985).

Je nachdem, welchem theoretischen Ansatz man folgt, fallen die Prognosen zu den Auswirkungen des sozialen Wandels in den familialen Beziehungen also sehr unterschiedlich aus. Findet eine hierarchische Kompensation statt, werden die Folgen gering sein, da die soziale Integration der Älteren über Freunde und Nachbarn gewährleistet bleiben kann. Ist die innerhalb von verschiedenen Formen sozialer Beziehungen geleistete Unterstützung jedoch spezifisch und nicht innerhalb anderer Beziehungsformen zu leisten, werden die Folgen des Wandels schwerer auszugleichen sein.

9.1.3 Fragestellung

Die Frage, wie sich die im Zuge des gesellschaftlichen Wandels die abnehmende Zahl familialer Beziehungen auf die soziale Integration von Menschen in der zweiten Lebenshälfte auswirkt, steht im Mittelpunkt der nachfolgenden Analysen, die sich vor allem auf Veränderungen in den sozialen Netzwerken in den Jahren 1996, 2002 und 2008 konzentrieren werden. Eine Verringerung familialer Beziehungen könnte sich zum einen auf die strukturellen Merkmale der individuellen Netzwerke auswirken; das heißt die Netzwerke könnten kleiner werden, da in nachfolgenden Kohorten ein Weniger an Familienmitgliedern nicht durch ein Mehr an Freunden und Bekannten im Netzwerk ausgeglichen wird. Seltenere familiale Beziehungen könnten sich aber auch insbesondere in Unterstützungsmängeln im kognitiven und emotionalen Bereich niederschlagen. Aus diesen Gründen werden verschiedene Indikatoren aus dem Instrumentarium des DEAS zur Analyse herangezogen. Nicht nur die Gesamtnetzwerkgröße und die Zusammensetzung des Netzes werden betrachtet, sondern auch die Potenziale für und Bedarfe nach kognitiver und emotionaler Unterstützung werden beleuchtet. Folgende Teilfragestellungen werden erörtert:

- Verringert sich die Größe der sozialen Netzwerke im Zuge des sozialen Wandels der Familienkonstellationen im Verlauf der letzten Jahre?
- Welche Rolle spielen außerfamiliale Beziehungen in der sozialen Integration und hat sich diese Rolle in den letzten Jahren gewandelt?
- Verringert sich dabei das Potenzial für kognitive und emotionale Unterstützung im Verlauf der letzten Jahre? Erhöht sich in diesem Zeitraum der Anteil der Personen mit mehr Bedarf in diesen Bereichen?

Zu diesen wichtigen Fragen kann der DEAS einen relevanten Beitrag leisten, da er differenzierte Daten zur Integration von Menschen in der zweiten Lebenshälfte in soziale Netzwerke erhebt und über ausführliche Informationen zu einzelnen Netzwerkpartnern verfügt. Diese Datengrundlage ermöglicht die Untersuchung, inwiefern sich zwischen 1996 und 2008 Anzeichen dafür finden lassen, ob sich im Zuge des sozialen Wandels die spezifischen Unterstützungsfunktionen familialer und außerfamilialer Beziehungen verändern.

9.2 Datengrundlage

Die nachfolgenden Analysen betrachten zwei strukturelle Aspekte (Netzwerkgröße und Netzwerkzusammensetzung) und drei funktionale Aspekte (Potenzial für kognitive, Potenzial für emotionale Unterstützung und Bedarf nach mehr kognitiver und emotionaler Unterstützung) sozialer Netzwerke. Die Befragten des DEAS konnten bis zu acht Personen nennen, die Ihnen persönlich wichtig waren und zu denen sie regelmäßig Kontakt hatten. Nach Nennung einer Person wurde im Anschluss gefragt, um welche Art von Beziehung es sich handelte. Aus diesen beiden Angaben wurden die Netzwerkgröße und die Netzwerkzusammensetzung gebildet.

Mit Blick auf das Unterstützungspotenzial ihres Netzwerks wurden die Befragten gebeten, bis zu fünf Personen zu nennen, die sie bei schwierigen Entscheidungen um Rat fragen können (kognitive Unterstützung) oder von denen sie glauben, Trost und Aufmunterung erhalten zu können (emotionale Unterstützung). In den vorliegenden Analysen wurde das Unterstützungspotenzial und nicht die tatsächlich erhaltene emotionale und kognitive Unterstützung berücksichtigt, weil Unterstützungspotenziale ausschließlich positive Auswirkungen auf das Wohlbefinden einer Person haben. Dies ist bei erhaltener Unterstützung anders: Hier sind Ursache und Wirkung miteinander konfundiert, denn Menschen, denen es aufgrund kritischer Lebensereignisse schlecht geht, erhalten naturgemäß größere emotionale und kognitive Unterstützung als Menschen, die keine Unterstützung benötigen.

Schließlich wurden alle Teilnehmer gebeten anzugeben, ob sie mehr Trost oder mehr Rat benötigen würden, als sie gegenwärtig erhielten. In den Analysen wurden die Angaben zu mehr Bedarf nach Rat und mehr Bedarf nach Trost zusammengefasst. Hintergrund ist hier der im Allgemeinen äußerst selten berichtete ungedeckte Bedarf in den jeweiligen Kategorien.

Die Familienkonstellation wurde in vier Kategorien unterteilt: Personen mit Partnerin oder Partner und Kindern, Personen mit Partnerin oder Partner ohne Kinder, Personen mit Kindern ohne Partnerin oder Partner und Personen ohne Partnerin oder Partner und ohne Kinder.

9.3 Analysen

Alle Analysen betrachten die zeitlichen Veränderungen über zwölf Jahre im Zeitraum von 1996 bis 2008 und erfolgen differenziert nach Familienkonstellation, Altersgruppe, Geschlecht und Region. Im Folgenden werden zunächst die Analysen der strukturellen Merkmale berichtet, bevor die Ergebnisse zu den funktionalen Aspekten dargestellt werden.

9.3.1 Strukturelle Netzwerkaspekte im sozialen Wandel

Insgesamt ist die Integration von Menschen in der zweiten Lebenshälfte in soziale Netzwerke gut. Zwischen 1996 und 2008 haben konstant mehr als neun von zehn Menschen mindestens eine wichtige Bezugsperson, zu der regelmäßig Kontakt besteht. Sofern ein soziales Netzwerk existiert, geben die 40- bis 85-Jährigen in Deutschland im Schnitt vier bis fünf Personen an, die ihnen persönlich wichtig sind. Die Netzwerkgröße ist in höheren Altersgruppen jeweils etwas kleiner, im Mittel haben die 70- bis 85-Jährigen etwa eine Person weniger im sozialen Netz als die Gruppe der 40- bis 54-Jährigen (Abbildung 9–1).

Frauen haben in der Regel leicht größere soziale Netzwerke als Männer, die Geschlechterunterschiede sind aber sehr gering und zeigen sich zudem nicht mehr in der Altersgruppe der 70- bis 85-Jährigen. Geringfügige Unterschiede zeigen sich ebenfalls zwischen den alten und den neuen Bundesländern: Im Osten des Landes sind die sozialen Netzwerke etwas kleiner.

Im Gegensatz zu den Geschlechterunterschieden oder regionalen Differenzen spielt die partnerschaftliche und familiale Situation für die Größe des sozialen Netzwerks eine bedeutsamere Rolle (Abbildung 9–2). Personen mit Partner und Kindern haben größere Netze als Personen ohne Partner und Kinder.

Der soziale Wandel familialer Strukturen schlägt sich jedoch nicht in verringerten Netzwerkgrößen nieder. Die Älteren, Männer und Personen ohne Partner und Kinder haben zwar kleinere Netzwerke, die Unterschiede zwischen den Gruppen bleiben jedoch über den ganzen Zeitraum konstant.

Abb. 9–1: Mittlere Anzahl von Personen im sozialen Netzwerk, getrennt nach Altersgruppe. Vergleich zwischen 1996, 2002 und 2008

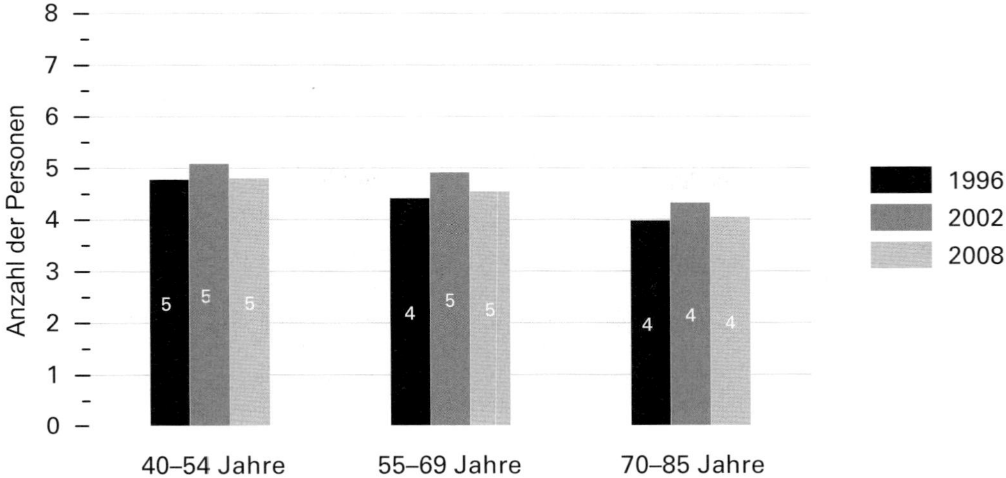

Quelle: DEAS 1996 (n = 4.670), 2002 (n = 3.022), 2008 (n = 5.998), gewichtet, gerundete Angaben. p < .01.

Abb. 9–2: Mittlere Anzahl von Personen im sozialen Netzwerk, getrennt nach familialer Situation. Vergleich zwischen 1996, 2002 und 2008

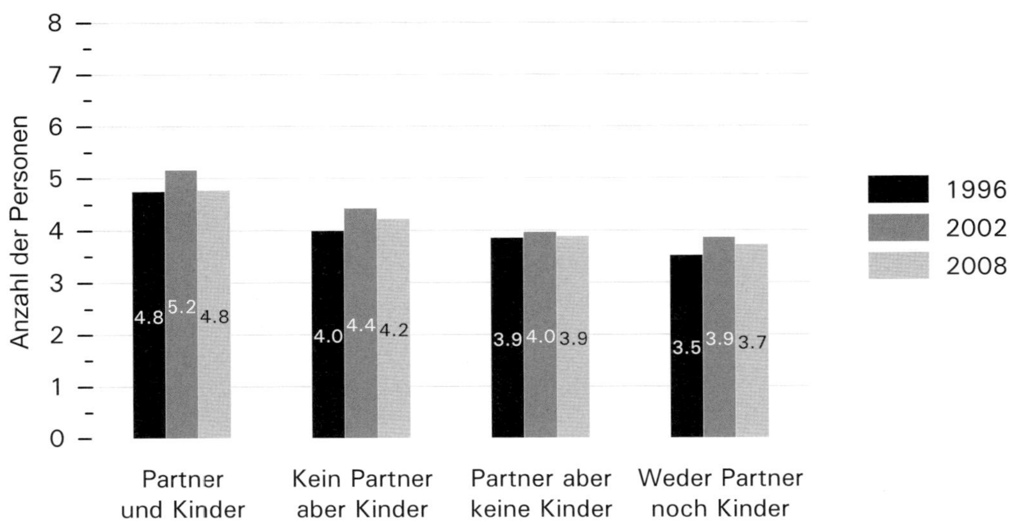

Quelle: DEAS 1996 (n = 4.670), 2002 (n = 3.022), 2008 (n = 5.940), gewichtet, gerundete Angaben. p < .01.

Grundsätzlich nennt etwa jeder zweite Mensch zwischen 40 und 85 Jahren mindestens eine Person außerhalb der Familie, die als wichtig empfunden wird. Über die Altersgruppen hinweg sinkt der Anteil von Personen, die außerfamiliale Beziehungen als Teil ihres Netzwerkes nennen (vgl. Tabelle A 9–3 im Anhang). Ältere Menschen nennen zwar seltener als jüngere

Abb. 9–3: Anteil von Personen mit Beziehungen außerhalb der Familie im sozialen Netzwerk, getrennt nach familialer Situation. Vergleich zwischen 1996, 2002 und 2008 (in Prozent)

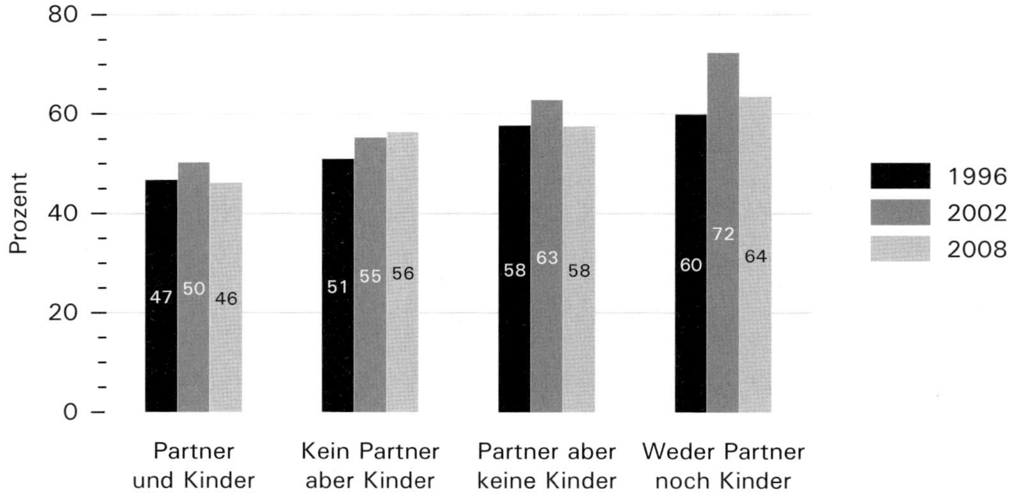

Quelle: DEAS 1996 (n = 4.670), 2002 (n = 3.022), 2008 (n = 5.940), gewichtet, gerundete Angaben. $p < .01$.

Menschen Freunde, Arbeitskollegen und Bekannte als wichtige Netzwerkpartner, dennoch sind auch in der Gruppe der 70- bis 85-Jährigen nicht familiale Beziehungen für etwa 40 Prozent der Personen ein wichtiger Teil des sozialen Netzes. Zwischen den Geschlechtern finden sich nur geringfügige Unterschiede. Frauen nennen etwas häufiger wichtige außerfamiliale Beziehungen, allerdings existiert dieser Unterschied nur in der jüngsten Altersgruppe. Die Unterschiede zwischen den neuen und alten Bundesländern sind nur geringfügig und ändern sich im Zeitverlauf. 1996 ist in den neuen Bundesländern der Anteil von Personen mit nicht familialen Netzwerkmitgliedern größer als in den alten Bundesländern, 2002 ist dieses Verhältnis umgekehrt (vgl. ebenfalls Tabelle A 9–3 im Anhang).

Genauso wie die Netzwerkgröße hängt es aber vor allem von der partnerschaftlichen und familialen Situation ab, in welchem Ausmaß auch außerfamiliale Beziehungen fester Bestandteil der sozialen Netzwerke von Menschen in der zweiten Lebenshälfte sind (Abbildung 9–3).

Besonders deutlich sind die Unterschiede zwischen der Gruppe der Personen, die sowohl einen Partner oder eine Partnerin als auch Kinder haben und der Gruppe von Menschen, die beide Beziehungsformen nicht haben. Der Anteil wichtiger außerfamilialer Bindungen ist bei den Letztgenannten deutlich größer. Während in den Jahren 1996 und 2002 Kinderlose in einer Partnerschaft noch häufiger außerfamiliale Kontakte pflegen als Personen mit Kindern aber ohne Partner, unterscheiden sich diese beiden Gruppen im Jahr 2008 nicht mehr. Insgesamt aber nimmt der Anteil außerfamilialer Beziehungen von 1996 bis 2008 nicht bedeutsam zu.

9.3.2 Funktionale Netzwerkaspekte im sozialen Wandel

Die Analysen dieses Abschnitts prüfen den Einfluss des sozialen Wandels auf die kognitiven und emotionalen Unterstützungspotenziale des sozialen Netzwerks. Weiterhin wird untersucht, ob sich Gruppen identifizieren lassen, die zunehmend dem Risiko ausgesetzt sein könnten, zu wenig emotionale und kognitive Unterstützung zu erhalten. Dabei wurden die Angaben zu mehr Bedarf nach Rat und mehr Bedarf nach Trost zusammengefasst. Hintergrund ist hier der im Allgemeinen äußerst selten berichtete ungedeckte Bedarf in den jeweiligen Kategorien. Die Zusammenhangsanalysen in Bezug auf den Bedarf wurden jeweils für den subjektiv berichteten Gesundheitszustand kontrolliert. Dies bedeutet, dass unterschiedliche Bedarfe nach mehr Unterstützung in den einzelnen Personengruppen nicht auf Unterschiede in deren Gesundheit zurückzuführen sind. Insgesamt und nicht differenziert nach Art der sozialen Beziehung betrachtet, ist die genannte Anzahl der Personen, die Rat und Trost bieten können, in den jüngeren Altersgruppen höher als in den älteren Gruppen und bei Frauen größer als bei Männern. Personen aus den alten Bundesländern nennen mehr potenzielle Ratgeber als Menschen aus den neuen Bundesländern. Auch die familiale Situation beeinflusst die kognitiven und emotionalen Unterstützungspotenziale. Menschen mit Kindern und Partner haben die größten Potenziale und Menschen ohne diese Beziehungen haben tendenziell die kleinsten. Abbildung 9–4 macht jedoch deutlich, dass sich der soziale Wandel unterschiedlich auf die kognitiven und emotionalen Unterstützungspotenziale auswirkt. Die durchschnittliche Anzahl von Personen, die kognitive Unterstützung leisten können, ist über die Zeit unverändert geblieben. Auch die Unterschiede zwischen den obengenannten Gruppen bleiben zwischen 1996 und 2008 stabil. Die Situation ist jedoch eine andere, wenn man die Anzahl von Personen als Quelle für emotionale Unterstützung betrachtet. Hier hat sich die Anzahl von Personen, die potenziell Trost spenden könnten, über die Zeit insgesamt leicht verringert. Jedoch bleiben alle Unterschiede zwischen Altersgruppen, Geschlechtern, Regionen und zwischen Familienkonstellationen auch im Bereich der emotionalen Unterstützungspotenziale über die Zeit stabil.

Abb. 9–4: Mittlere Anzahl von Beziehungen als Quelle von Rat und Trost. Vergleich zwischen 1996, 2002 und 2008

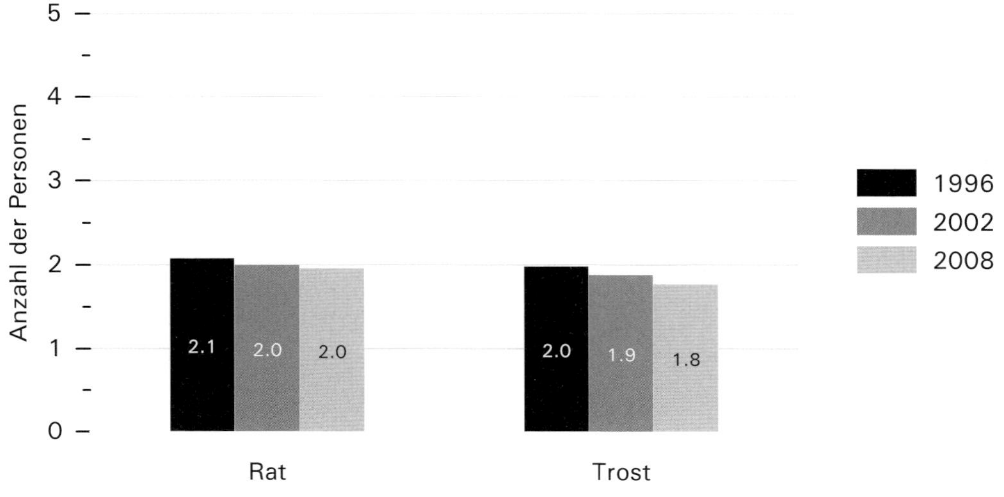

Quelle: DEAS 1996 (n = 4.678–4.736), 2002 (n = 2.999–3.031) und 2008 (n = 5.848–5.883), gewichtet, gerundete Angaben. $p < .01$.

Außerfamiliale Beziehungspersonen als Quelle für Ratschläge

Vergleicht man den Anteil von Personen, die außerfamiliale Kontakte als hilfreich bei schwierigen Entscheidungen empfinden, über die letzen zwölf Jahre, so zeigt sich, dass deren Bedeutung zunimmt. Ab 2002 vergrößert sich der Anteil von Personen, die beispielsweise Freunde als Quelle für Rat benennen (Abbildung 9–5). Aktuell nennt etwa ein Drittel der Menschen zwischen 40 und 85 Jahren hier mindestens eine Person außerhalb der Familie. Während das Geschlecht und die Region eine eher untergeordnete Rolle spielen für die Zusammensetzung des potenziellen Unterstützungskreises bei schwierigen Entscheidungen (vgl. Tabelle A 9–5 im Anhang), stellt das Alter ein wichtiges Differenzierungsmerkmal dar. Ältere Menschen nennen insgesamt weniger außerfamiliale Quellen von Rat (Abbildung 9–5). Unterschiede zwischen den Geschlechtern und Regionen existieren nur in den jüngeren Altersgruppen.

Die partnerschaftliche und familiale Situation hat einen starken Einfluss, in welchem Ausmaß außerfamiliale Beziehungen als potenzielle Ratgeber infrage kommen. Wenn Menschen mit Partnerin oder Partner und Kindern leben, suchen sie weniger Rat bei außerfamilialen Kontakten als Kinder- und Partnerlose (Abbildung 9–6). Sind eine Partnerschaft und Kinder vorhanden, gibt ungefähr ein Viertel nicht verwandte Ratgeber an. Bei sowohl Partner- als auch Kinderlosen steigt dieser Anteil auf gut die Hälfte. Die beiden grafisch in der Mitte dargestellten Gruppen – also Personen die entweder eine Partnerschaft oder Kinder haben – unterscheiden sich statistisch nicht voneinander. Dies deutet darauf hin, dass Kinder und Partner in der zweiten Lebenshälfte gleichermaßen als Ratgeber zur Verfügung stehen. Erst wenn beide Beziehungen vorhanden sind oder eben fehlen, hat dies einen Einfluss auf den Anteil von außerfamilialen Beziehungen als Quelle von Rat. Hierbei scheint das Alter keine Rolle zu spielen. Auch in der höchsten Altersgruppe nennen

Abb. 9–5: Anteil von Personen mit außerfamilialen Beziehungen als Quelle von Rat, getrennt nach Altersgruppe. Vergleich zwischen 1996, 2002 und 2008 (in Prozent)

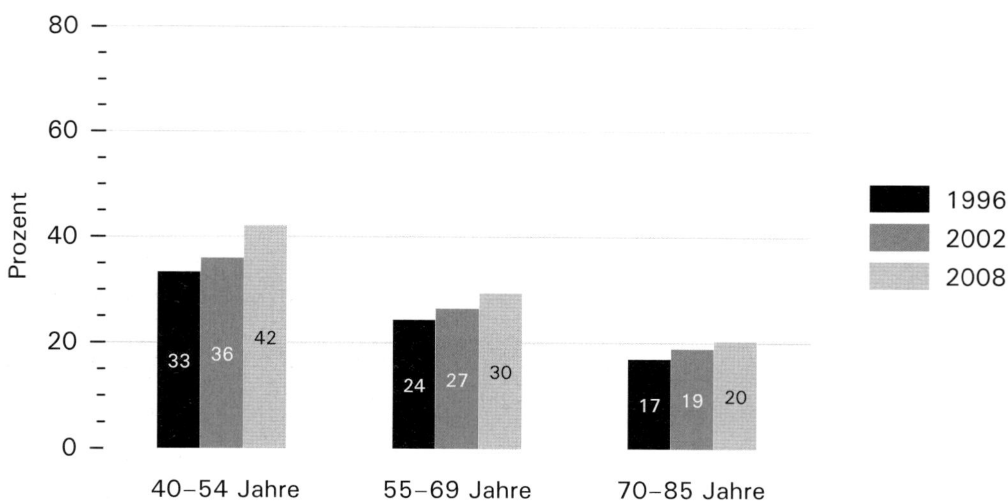

Quelle: DEAS 1996 (n = 4.736), 2002 (n = 3.031) und 2008 (n = 5.883), gewichtet, gerundete Angaben. $p < .01$.

Abb. 9–6: Anteil von Personen mit außerfamilialen Beziehungen als Quelle von Rat, getrennt nach familialer Situation. Vergleich zwischen 1996, 2002 und 2008 (in Prozent)

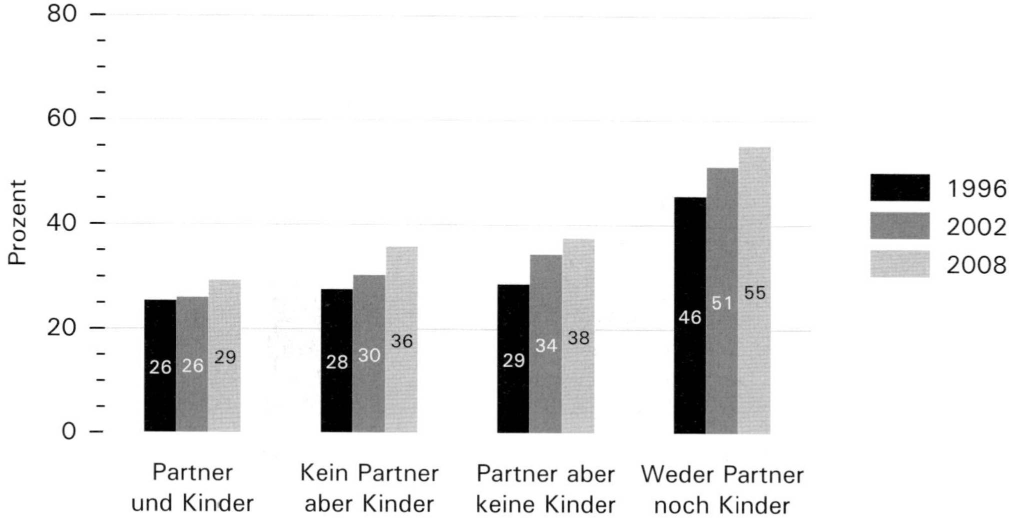

Quelle: DEAS 1996 (n = 4.736), 2002 (n = 3.031), 2008 (n = 5.834), gewichtet, gerundete Angaben. $p < .01$.

viele Menschen ohne Partner und Kinder außerfamiliale Beziehungen als Quelle von Rat.

Außerfamiliale Beziehungspersonen als Quelle für Trost

Die Rolle außerfamilialer Beziehungen als mögliche Quelle von Trost nimmt im Verlauf der letzten zwölf Jahre kontinuierlich zu. Ein knappes Drittel der 40- bis 85-Jährigen in Deutschland nennt aktuell mindestens eine Person außerhalb der Familie, die bei Bedarf kontaktiert werden könnte. Allerdings bleibt dieser Anteil in der höchsten Altersgruppe über die Zeit konstant. Nur die beiden jüngeren Altersgruppen zeigen über die Zeit eine deutliche Zunahme in der Bedeutung außerfamilialer Beziehungen als Quelle von Trost (Abbildung 9–7).

Ein deutlicher Unterschied ist wiederum für die einzelnen Altersgruppen festzustellen, Ältere geben seltener Freunde und Bekannte als Spender von Trost an. Und auch zwischen den beiden Landesteilen differiert die Funktion von Nicht-Verwandten im potenziellen Unterstützungsnetzwerk. In den alten Bundesländern können mehr Menschen auf außerfamiliale Beziehungen als Quelle von Trost zählen als in den neuen Bundesländern (vgl. Tabelle A 9–7 im Anhang).

Als bedeutsam hat sich in diesem Zusammenhang das Geschlecht herausgestellt. Die Unterschiede zwischen Männern und Frauen sind hier wesentlich deutlicher ausgeprägt als in den bisherigen Analysen. Aktuell gibt etwa ein Fünftel der Männer an, sich bei Kummer an wichtige Personen auch außerhalb der Familie wenden zu können, bei den Frauen sind dies aber mit fast 40 Prozent nahezu doppelt so viele. Die Geschlechterunterschiede werden jedoch mit steigendem Alter kleiner (Abbildung 9–8).

Die partnerschaftliche und familiale Situation der Menschen hat ebenfalls einen erheblichen Einfluss auf den Anteil der Personen, die außerfamiliale Beziehungen zu ihrem emotionalen Unterstützungspotenzial zählen (Ab-

Abb. 9–7: Anteil von Personen mit außerfamilialen Beziehungen als Quelle von Trost, getrennt nach Altersgruppen. Vergleich zwischen 1996, 2002 und 2008 (in Prozent)

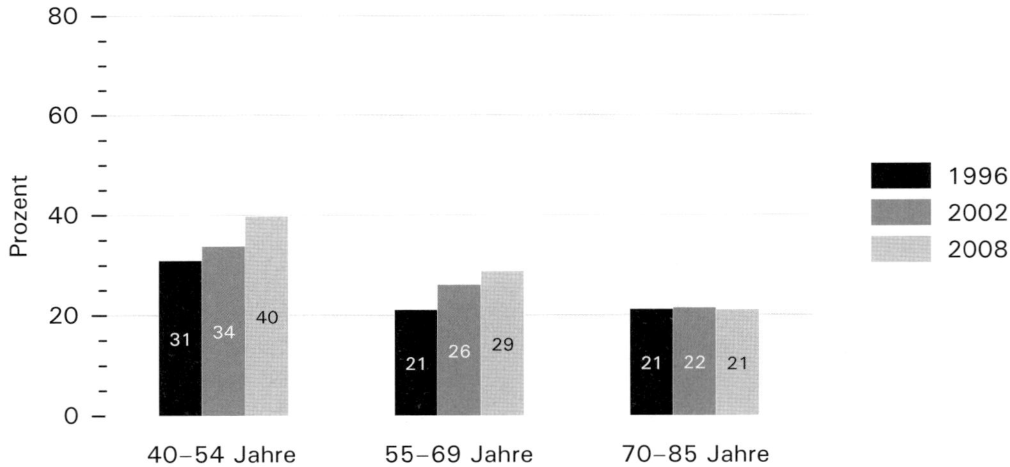

Quelle: DEAS 1996 (n = 4.678), 2002 (n = 2. 999), 2008 (n = 5.848), gewichtet, gerundete Angaben. p < .05.

Abb. 9–8: Anteil von Personen mit außerfamilialen Beziehungen als Quelle von Trost, getrennt nach familialer Situation. Vergleich zwischen 1996, 2002 und 2008 (in Prozent)

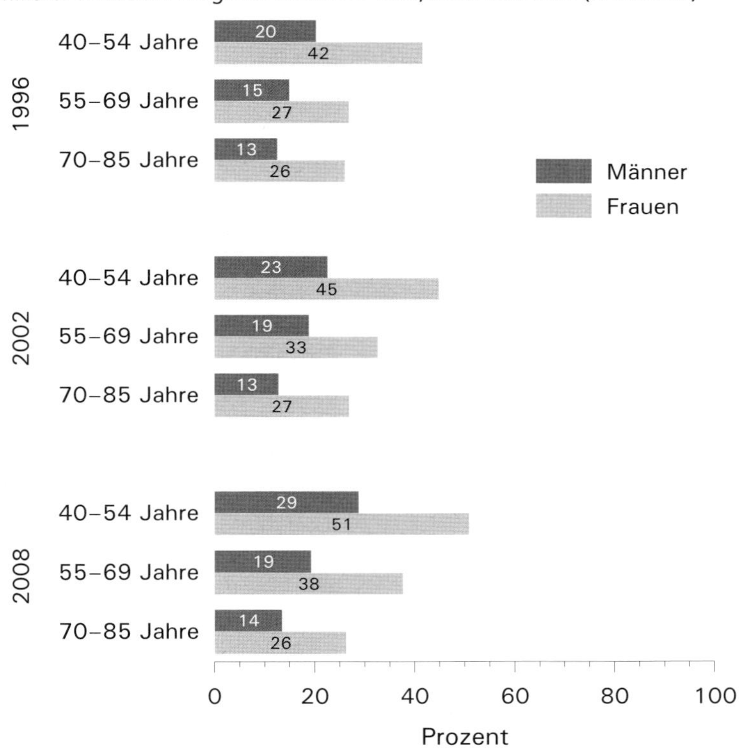

Quelle: DEAS 1996 (n = 4.678), 2002 (n = 2.999), 2008 (n = 5.883), gewichtet, gerundete Angaben. p < .01.

Abb. 9–9: Anteil von Personen mit außerfamilialen Beziehungen als Quelle von Trost, getrennt nach familialer Situation. Vergleich zwischen 1996, 2002 und 2008 (in Prozent)

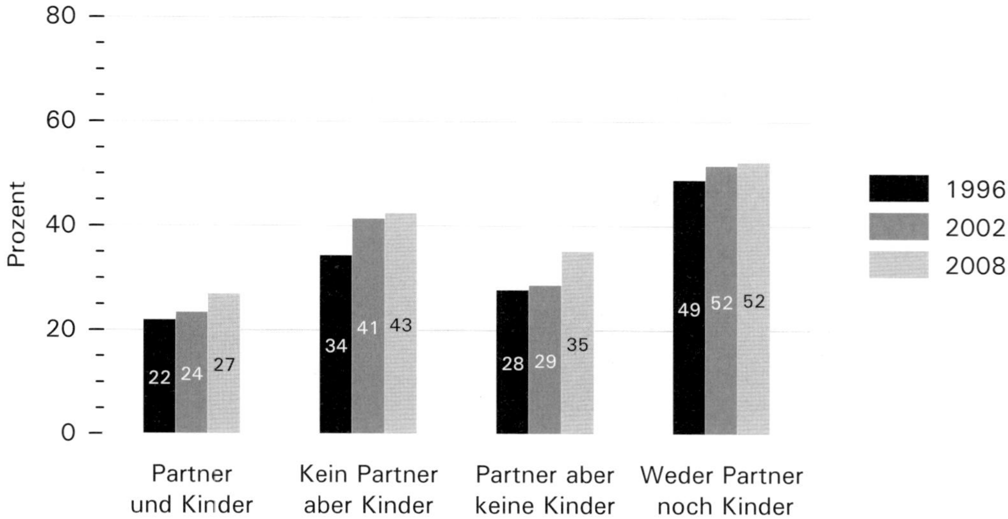

Quelle: DEAS 1996 (n = 4.678), 2002 (n = 2.999) und 2008 (n = 5.798), gewichtet, gerundete Angaben. $p < .01$.

bildung 9–9). Unabhängig vom Alter nennen Personen ohne Partnerschaft und Kinder viel häufiger Freunde, Bekannte und andere als Quelle von Trost als Menschen, die in eine klassische Familiensituation eingebunden sind.

Im Folgenden geht es darum, inwiefern Menschen in der zweiten Lebenshälfte ungedeckten Hilfe- und Unterstützungsbedarf berichten und in welchen Netzwerkstrukturen diese Situation vermehrt besteht. Der Zweck dieser Analysen ist es, diejenigen Risikogruppen zu identifizieren, bei denen für eine größere Anzahl von Menschen die Kompensation der Folgen des sozialen Wandels möglicherweise nicht ausreichend erfolgt ist.

Ungedeckte Bedarfe an Rat und Trost

Weniger als 15 Prozent der 40- bis 85-Jährigen geben jeweils an, mehr Rat oder Trost zu benötigen. Dieser Wert ist über die einzelnen Befragungswellen des DEAS hinweg zwar Schwankungen unterworfen, bleibt aber im Vergleich zwischen 1996 und 2008 stabil (vgl. Tabelle A 9–9 im Anhang). Für Lücken im Unterstützungsnetzwerk zeigt sich eine andere Altersgruppenstruktur als in den vorhergehenden Analysen, die sich noch dazu über die Zeit hinweg ändert (Abbildung 9–10). Während im Jahr 1996 noch alle Altersgruppen gleichermaßen häufig angeben, mehr Rat oder Trost zu brauchen, ging der Anteil der Personen, die ungedeckte Bedarfe berichten, in der mittleren Altersgruppe zurück.

Für den Bedarf nach mehr Aufmunterung oder Ratschlägen spielt vor allem die partnerschaftliche und familiale Situation eine wichtige Rolle. Partnerlose sind – unabhängig davon, ob sie Kinder haben oder nicht – eine Personengruppe, in der besonders häufig über ungedeckten Unterstützungsbedarf berichtet wird.

Außerdem geben Frauen häufiger als Männer an, nicht ausreichend Unterstützung zu erfahren (vgl. Tabelle A 9–9 im Anhang). Da-

Abb. 9–10: Anteil der Personen mit Bedarf nach mehr Rat oder Trost, getrennt nach Altersgruppe. Vergleich zwischen 1996, 2002 und 2008 (in Prozent)

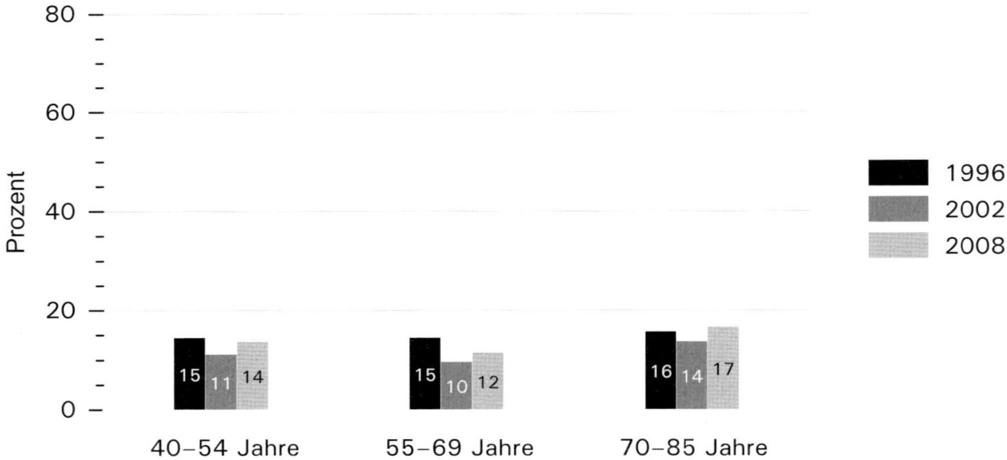

Quelle: DEAS 1996 (n = 4.709), 2002 (n = 3.025) und 2008 (n = 6.007), gewichtet, gerundete Angaben. p < .05.

Abb. 9–11: Anteil der Personen mit Bedarf nach mehr Rat oder Trost, getrennt nach Geschlecht und familialer Situation. Vergleich zwischen 1996, 2002 und 2008 (in Prozent)

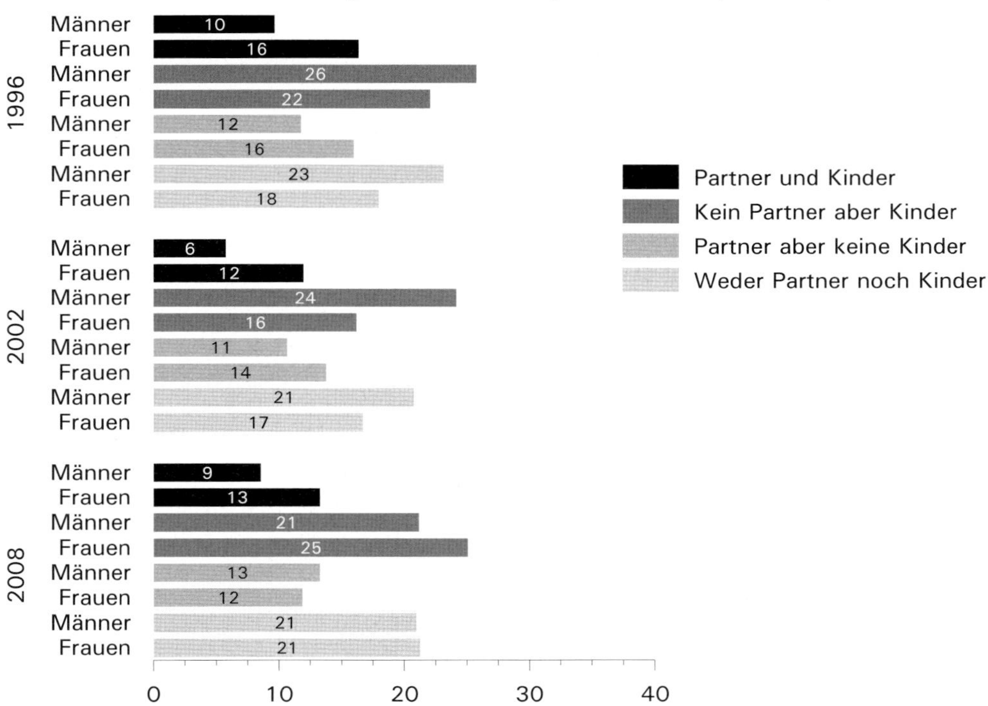

Quelle: DEAS 1996 (n = 4.709), 2002 (n = 3.025) und 2008 (n = 5.951), gewichtet, gerundete Angaben. p < .01.

rüber hinaus wirkt das Geschlecht mit der partnerschaftlichen und familialen Situation zusammen (Abbildung 9–11). Obwohl Partnerlose insgesamt eher einen Bedarf nach Unterstützung verspüren als Menschen mit einer Partnerschaft, haben Frauen eher als Männer dann Bedarf nach mehr Rat und Aufmunterung, wenn sie einen Partner (und Kinder) haben und Männer eher als Frauen dann Bedarf, wenn sie keine Partnerin (und Kinder) haben.

9.4 Diskussion

Die hier vorgestellten Analysen geben eine aktuelle und für Deutschland repräsentative Übersicht über die Struktur und die Ausgestaltung verschiedener (außer-)familialer Beziehungen von Menschen in der zweiten Lebenshälfte und des ihnen innewohnenden Potenzials für emotionale und kognitive Unterstützung. Das Thema dieses Kapitels knüpft an die öffentliche und wissenschaftliche Diskussion zu den gesellschaftlichen Konsequenzen sich verändernder familialer Strukturen im demografischen Wandel an. In diesem Zusammenhang werden immer wieder Befürchtungen laut, dass zuverlässige, belastbare Bindungen und Beziehungen innerhalb der Familie seltener werden, der Zusammenhalt zwischen den Generationen schwächer wird und dass zukünftige Generationen auf deutlich weniger familiale Unterstützung im Alter hoffen können. Intensiv diskutiert wird die daran anschließende Frage, wer die vielfältigen Hilfs- und Bedarfslagen der zukünftigen Älteren decken wird, wenn diese nicht auf intakte und belastbare Familienstrukturen zurückgreifen können. Im Mittelpunkt steht die in der aktuellen Diskussion weniger fokussierte emotionale und kognitive Unterstützungsfunktion sozialer Netze im Wandel.

9.4.1 Zusammenfassung der Analysen

Die vorliegenden Ergebnisse zeigen, dass gegenwärtig die übergroße Mehrheit der Menschen in der zweiten Lebenshälfte zwischen 1996 und 2008 gut in soziale Netzwerke integriert ist und dort ausreichend Unterstützung durch Rat und Trost findet. Neben Partnern und Kindern spielen auch außerfamiliale Beziehungen eine wichtige Rolle in sozialen Netzen. Jede zweite Person unter den 40- bis 85-Jährigen nennt Freunde, Bekannte, Nachbarn oder Arbeitskollegen als wichtige Bezugspersonen. Ein Drittel der Bevölkerung zwischen 40 und 85 Jahren erhält außerdem von mindestens einer Person außerhalb der eigenen Familie kognitive und emotionale Unterstützung. Allerdings klagen auch etwa 15 Prozent der Menschen über einen Mangel an kognitiver und emotionaler Unterstützung.

Es bestehen ausgeprägte Gruppenunterschiede sowohl in den Netzwerkgrößen und den Potenzialen für kognitive und emotionale Unterstützung als auch in der Bedeutung außerfamilialer Beziehungen in den sozialen Netzwerken. Ältere sind insgesamt ein wenig schlechter sozial integriert und nutzen weniger außerfamiliale Beziehungen. Frauen sing geringfügig besser sozial integriert als Männer und außerfamiliale Beziehungen spielen bei ihnen eine größere Rolle, insbesondere als Potenzial für emotionale Unterstützung. Regionale Unterschiede sind eher gering und zeitlich instabil und zeigen eine bessere Integration in den alten Bundesländern an, die mit einer etwas größeren Inanspruchnahme außerfamilialer Beziehungen einhergeht. Besonders bedeutsam für die soziale Integration ist die familiale Situation. Menschen, die einen Partner oder eine Partnerin und Kinder haben, sind sozial besser integriert, obwohl Menschen die partner- oder kinderlos sind, stärker außerfamiliale Beziehungen in ihre sozialen Netze einbeziehen.

Die Analysen des sozialen Wandels haben interessante differenzielle Ergebnisse hervorgebracht. Dabei verändert sich weniger die Struktur der sozialen Netzwerke als die Rolle, die außerfamiliale Beziehungen im sozialen Netz spielen. Außerfamiliale Quellen kognitiver und emotionaler Unterstützung werden über die Zeit häufiger.

9.4.2 Interpretation der Gruppenunterschiede

Das Ergebnis der vorliegenden Analyse, dass ältere Menschen im Durchschnitt kleinere soziale Netze als jüngere Menschen haben und die Bedeutung außerfamilialer Beziehungen abnimmt, steht im Einklang mit der gerontologischen Literatur. Für die Reduktion sozialer Kontakte im höheren Alter gibt es psychologische und strukturelle Gründe. Entwicklungspsychologische Theorien legen den Schluss nahe, dass sich Menschen im höheren Alter gezielt aus eher peripheren sozialen Beziehungen zurückziehen (Carstensen 1991, 1992). Andererseits ist neben sich wandelnden Ansprüchen an soziale Beziehungen nicht zu übersehen, dass sich in dieser Lebensphase auch Möglichkeiten zur Pflege sozialer Kontakte reduzieren. Beispielsweise kann die eigene oder die Mobilität der Freunde eingeschränkt sein oder sensorische Einbußen die Pflege sozialer Kontakte erschweren (Mollenkopf et al. 2007; Wahl et al. 1999). Denkbar ist auch, dass es mit zunehmendem Alter schwerer wird, die Reziprozität in freundschaftlichen Beziehungen aufrechtzuerhalten, was zum Ende dieser Beziehungsform führen kann – es sei denn, es handelt sich um langjährige Freundschaften (Ikkink & van Tilburg 1998). Für eine Interpretation der Ergebnisse, die sich auf verringerte Ressourcen und veränderte Motive auf der Ebene von Individuen bezieht, spricht auch die Tatsache, dass sich strukturelle Unterschiede zwischen Geschlechtern und Regionen in der ältesten Altersgruppe stark abschwächen. Außerdem unterscheiden sich die Altersgruppen kaum hinsichtlich der Anzahl von Personen, die sich mehr Unterstützung wünschen. Dies kann gemäß der sozio-emotionalen Selektivitätstheorie dafür sprechen, dass die Konzentration auf emotional enge Kontakte im höheren Alter den Zugang zu dieser Form der Unterstützung sicherstellt.

In der Regel berichten Frauen über größere Netzwerke als Männer und haben größere Unterstützungspotenziale im kognitiven und besonders ausgeprägt im emotionalen Bereich. Gleichwohl berichten mehr Frauen als Männer, nicht immer ausreichend Rat und Trost zu erhalten. Analysen auf der Basis des „Eurobarometer“ bestätigen, dass in Partnerschaft lebende Frauen stärker als Männer auf außerfamiliale Unterstützung angewiesen sind, da sie seltener als Männer bei Krankheit, persönlichen Problemen, Niedergeschlagenheit und finanziellen Problemen unterstützt werden (Scheuer 2008). Vielleicht ist dies auch der Grund, warum Frauen sich stärker außerfamilialen Beziehungen als Quellen emotionaler und kognitiver Unterstützung zuwenden als Männer. Frauen finden häufiger als Männer in der Person der „besten Freundin“ eine wichtige Vertrauensperson außerhalb des familialen Kontextes, während Männer sich in der Regel für emotionale und kognitive Unterstützung ausschließlich an ihre Partnerin wenden (Künemund & Hollstein 2005).

Die regionalen Unterschiede der sozialen Integration sind relativ klein. Menschen in den neuen und in den alten Bundesländern fühlen sich ungefähr gleich häufig mit Kummer und Sorgen alleingelassen. In den alten Bundesländern stehen außerfamiliale Bezugspersonen etwas häufiger für kognitive und emotionale Unterstützung zur Verfügung als in den neuen Bundesländern. Vergleichbare Ergebnisse wurden auch auf Basis des European Social Surveys gefunden, denen zufolge in den neuen Bundesländern Geselligkeit eine geringere Rolle spielt als in den alten Bundesländern (Scheuer 2008).

9.4.3 Die Bedeutung außerfamilialer Beziehungen im Wandel

Der Geburtenrückgang und die steigenden Scheidungsraten in den letzten Jahrzehnten bedeuten eine Verringerung familialer Beziehungen für die Menschen in der zweiten Lebenshälfte. Inwiefern nun außerfamiliale Beziehungen bis in das höhere Alter zunehmend als Quelle emotionaler und kognitiver Unterstützung infrage kommen und abnehmende familiale Strukturen kompensieren können, ist bislang in der gerontologischen Forschung kaum untersucht. Durch den Vergleich der sozialen Netze im gesellschaftlichen Wandel war es möglich, sowohl bestehende Forschungsstände zu replizieren (Künemund & Hollstein 2005) als auch einen spezifischen Beitrag zur Diskussion der Folgen des sozialen Wandels zu leisten. Der Fokus auf die kognitiven und emotionalen Unterstützungsmomente lenkt die Aufmerksamkeit auf einen in der gängigen Surveyforschung eher vernachlässigten Bereich des sozialen Austauschs, der einen starken Einfluss auf die Lebensqualität in der zweiten Lebenshälfte und insbesondere im höheren Erwachsenenalter hat. Dabei müssen der Strukturwandel sozialer Netzwerke sowie die Rollen und Funktionen verschiedenartiger Netzwerkpartner im sozialen Wandel differenziert betrachtet werden. Die vorliegenden Analysen sind durch den theoretischen Hintergrund der Thesen der „hierarchischen Kompensation" und der „funktionalen Spezifität" untermauert. Von hierarchischer Kompensation spricht man dann, wenn einem Mangel an familialen Beziehungen durch die Aufnahme oder den Ausbau von Beziehungen außerhalb der Familie Abhilfe geschaffen wird (Cantor 1979). Funktionale Spezifität läge dann vor, wenn bestimmte Unterstützungsfunktionen nur innerhalb bestimmter Beziehungsformen im sozialen Netz erfüllt werden können. Aus dieser Perspektive wäre die Kompensation familialer Bindungen schwierig bis gar nicht zu erreichen (Litwak 1985).

Die Analysen zeigen, in Übereinstimmung mit früheren DEAS basierten Arbeiten, sowohl Anzeichen für Kompensation als auch für funktionale Spezifität (Künemund & Hollstein 2005). Wenn keine Partner- oder Elternschaft besteht, sind die sozialen Netze zwar insgesamt kleiner, dafür haben aber Personen in einer solchen Lebenssituation häufig enge außerfamiliale Bindungen und finden dort auch häufig Rat und Trost. Allerdings können außerfamiliale Beziehungen die familiären Bande nicht vollständig ersetzen. Gerade die emotionale und kognitive Unterstützung durch den Partner oder die Partnerin scheint relativ schwer ersetzbar zu sein: 20 bis 25 Prozent der Menschen ohne Partnerin oder Partner erhalten nicht ausreichend Rat und Trost. Dies gilt stärker für partnerlose Männer als für Frauen.

Auch im sozialen Wandel kann man beobachten, dass es Bereiche gibt, in denen eine Kompensation vollzogen scheint, in anderen Bereichen jedoch sind familiale Beziehungen schwerer ersetzbar. Die strukturellen Auswirkungen der Veränderung der familialen Beziehungen sind marginal. Die durchschnittlichen Netzwerkgrößen haben sich im Beobachtungszeitraum nicht verändert. Auch in der Zusammensetzung der Netze sind die Auswirkungen relativ gering. Die Auswirkungen im funktionalen Bereich sind jedoch nicht zu übersehen. Freunde und Nachbarn gelten zunehmend mehr als Quelle von Rat und Trost und übernehmen damit die traditionell von Familien geleistete Unterstützungsfunktion. Allerdings ergaben die Analysen sowohl deutliche Anzeichen für eine hierarchische Kompensation bei der kognitiven Unterstützung als auch Hinweise für funktionale Spezifität im Bereich der emotionalen Unterstützung. Für die kognitive Unterstützung hatten die Folgen des Wandels der Familienstrukturen keine Auswirkungen auf die Anzahl der potenziellen Quellen für Rat. In jüngeren Kohorten übernahmen häufiger außerfamiliale Beziehungen diese Funktion. Anders stellt sich die Situation für die Quellen von Trost dar. Im Beobachtungszeitraum hat die Anzahl derjenigen Netzwerkpartner abgenommen, die emotionale Unterstützung liefern könnten, obwohl die Zahl der außerfamilialen Beziehungen als Quelle von Trost gestiegen ist. Trost, der von Familienmitgliedern gespendet wird, ist also schwerer durch Freunde und Nachbarn zu ersetzen, als Ratschläge aus der Familie. Insbesondere in der ältesten Gruppe ist der Prozentsatz an außerfamilialen Beziehungen als Quelle von Trost unverändert geblieben.

9.4.4 Sozialpolitische Implikationen

Generell lässt sich sagen, dass Beziehungen außerhalb der Familie funktionell an Bedeutung gewonnen haben. Die Veränderung der Rolle kann die Auswirkungen des Wandels in den Familienstrukturen abfedern. Allerdings scheinen bislang außerfamiliale Beziehungen nicht vollständig das verringerte Potenzial für emotionale Unterstützung aus der Familie ersetzen zu können, insbesondere für Menschen im höheren Erwachsenenalter. Außerdem ist festzuhalten, dass gegenwärtig immerhin insgesamt 15 Prozent der Menschen in der zweiten Lebenshälfte in ihren Netzwerken nicht ausreichend Rat und Trost finden, was ernste Konsequenzen für deren Lebensqualität und Möglichkeiten des gesunden Alterns haben kann. Das emotionale Befinden ist bislang kaum Gegenstand politischer Interventionen, die sich eher auf praktische Unterstützungsleistungen konzentrieren. Doch die gerontologische Forschung hat in den letzten zwei Jahrzehnten vielerlei empirische Belege geliefert, dass gerade diese Facette der Lebensqualität im höheren Erwachsenenalter an Bedeutung zunimmt (zum Beispiel Carstensen 1991). Es mag daher angeraten sein, verstärkt Angebote und Strukturen zu schaffen, die einem emotionalen Austausch insbesondere der Älteren förderlich sind. Dies könnte einerseits über die Ausweitung und Öffnung der Angebote der Krisenberatungsstellen für die speziellen Bedarfe des höheren Erwachsenenalters erreicht werden. Andererseits könnte eine verstärkte Förderung und Bekanntmachung von Seniorengruppen, dazu führen, dass sich die Gelegenheiten auch für die Ältesten verbessern, neue enge Freundschaftsbeziehungen aufzubauen.

Die Anhangstabellen sind auf der beiliegenden CD-ROM zu finden.

Literatur

Antonucci, T. C. (1985). Personal characteristics, social support and social behavior. In R. H. Binstock & E. Shanas (Eds.), *Handbook of Aging and the Social Sciences* (pp. 94–128). New York: Van Nostrand Reinhold.

Antonucci, T. C. (2001a). Psychology of social support. In N. J. Smelser & P. B. Baltes (Eds.), *International Encyclopedia of the Social & Behavioral Sciences* (pp. 14465–14469). Amsterdam: Elsevier Science Ltd.

Antonucci, T. C. (2001b). Social relations: An examination of social networks and social support, and sense of control. In J. E. Birren (Ed.), *Handbook of the psychology of aging* (pp. 427–453). San Diego, CA: Academic Press.

Antonucci, T. C., & Akiyama, H. (1995). Convoys of social relations: Family and friendships within the life span context. In R. Blieszner & V. H. Bedford (Eds.), *Handbook of aging and the family* (pp. 355–371). Westport, CT: Greenwood Press.

Armstrong, M. J., & Goldsteen, K. S. (1990). Friendship support patterns of older American women. *Journal of Aging Studies, 4,* 391–404.

Cantor, M. H. (1979). Neighbors and friends: An overlooked resource in the informal support system. *Research on Ageing, 1,* 434–463.

Carstensen, L. L. (1991). Selectivity theory: Social activity in a life-span context. In K. W. Schaie (Ed.),

Annual Review of Gerontology and Geriatrics (vol. 11, pp. 195–217), New York: Springer.
Carstensen, L. L. (1992). Social and emotional patterns in adulthood: Support for socio-emotional selectivity theory. *Psychology and Aging, 7*, 331–338.
Cornwell, B., Laumann, E. O., & Schumm, L. P. (2008). The social connectedness of older adults: A national profile. *American Sociological Review, 73(2)*, 185–203.
Falbo, T., Kim, S., & Chen, K. (2009). Alternate models of sibling status effects on health in later life. *Developmental Psychology, 45(3)*, 677–687.
Fiori, K. L., Antonucci, T. C., & Cortina, K. S. (2006). Social network typologies and mental health among older adults. *Journal of Gerontology: Pyschological Sciences, 61B(1)*, 25–32.
Fiori, K. L., Smith, J., & Antonucci, T. C. (2007). Social network types among older adults: A multidimensional approach. *Journals of Gerontology: Psychological Sciences, 62B*, 322–330.
Havighurst, R. J. (1972). *Developmental tasks and education*. New York: David McKay.
Ikkink, K., & van Tilburg, T. (1998). Do older adults network members continue to provide instrumental support in unbalanced relationships. *Journal of Social and Personal Relationships, 15*, 59–75.
Keller-Cohen, D., Fiori, K. L., Toler, A., & Bybee, D. (2006). Social relations, language and cognition in the ‚oldest old'. *Aging and Society, 26*, 585–605.
Krause, N. (2001). Social support. In R. H. Binstock (Ed.), *Handbook of Aging and the Social Sciences* (pp. 272–294). San Diego: CA: Academic Press.
Künemund, H., & Hollstein, B. (2005). Soziale Beziehungen und Unterstützungsnetzwerke. In M. Kohli & H. Künemund (Hrsg.), *Die zweite Lebenshälfte. Gesellschaftliche Lage und Partizipation im Spiegel des Alters-Survey* (S. 212–276). Opladen: Leske + Budrich.
Lang, F. R. (2001). Regulation of social relationships in later adulthood. *Journal of Gerontology: Psychological Sciences, 56B(6)*, 321–326.
Lang, F. R. (2004). Soziale Einbindung und Generativität im Alter. In A. Kruse & M. Martin (Hrsg.), *Enyzklopädie der Gerontologie. Alternsprozesse in multidisziplinärer Sicht* (S. 362–372). Bern: Huber.
Lang, F. R., & Carstensen, L. L. (1994). Close emotional relationships in late life: Further support for proactive aging in the social domain. *Psychology and Aging, 9*, 315–324.
Lang, F. R., Rieckmann, N., & Baltes, M. M. (2002). Adapting to aging losses: Do resources facilitate strategies of selection, compensation, and optimization in everyday functioning? *Journals of Gerontology: Psychological Sciences, 57B*, 501–509.
Lang, F. R., Staudinger, U. M., & Carstensen, L. L. (1998). Perspectives on socioemotional selectivity in late life: How personality and social context do (and do not) make a difference. *Journal of Gerontology: Psychological Sciences, 53B(1)*, 21–30.
Litwak, E. (1985). *Helping the Elderly: The compelementary roles of informal networks and formal systems*. New York: Guilford Press.
Litwin, H., & Shiovitz-Ezra, S. (2006). The association between activity and wellbeing in later life: what really matters? *Ageing & Society, 26*, 225–242.
Lovden, M., Ghisletta, P., & Lindenberger, U. (2005). Social participation attenuates decline in perceptual speed in old and very old age. *Psychology and Aging, 20(3)*, 423–434.
Merz, E.-M., & Huxhold, O. (im Druck). Wellbeing depends on social relationship characteristics: comparing different types and providers of support to older adults. *Ageing & Society*, First View, 1–15.
Mollenkopf, H., Oswald, F., & Wahl, H. W. (2007). Neue Person-Umwelt-Konstellationen im Alter: Befunde und Perspektiven zu Wohnen, außerhäuslicher Mobilität und Technik. In H. W. Wahl & H. Mollenkopf (Hrsg.), *Alternsforschung am Beginn des 21. Jahrhunderts. Alterns- und Lebenslaufkonzeptionen im deutschsprachigen Raum* (S. 361–380). Berlin: Akademische Verlagsgesellschaft Aka GmbH.
Pinquart, M. (2003). Loneliness in married, widowed, divorced, and never-married older adults. *Journal of Social and Personal Relationships, 20(1)*, 31–53.
Pinquart, M., & Sorensen, S. (2000). Influences of socioeconomic status, social network, and competence on subjective well-being in later life: A meta-analysis. *Psychology and Aging, 15(2)*, 187–224.
Rowe, J. W., & Kahn, R. L. (1998). Successful aging. New York: Pantheon.
Russel, D. W., & Cutrona, C. E. (1991). Social support, stress, and depressive symptoms among the elderly: Test of a process model. *Psychology and Aging, 6*, 190–201.
Scheuer, A. (2008). Gesellschaftliche Integration und Partizipation. In Statistisches Bundesamt (Destatis), Gesellschaft Sozialwissenschaftlicher Infrastruktureinrichtungen (GESIS-ZUMA), Zentrum für Sozialindikatorenforschung & Wissenschaftszentrum Berlin für Sozialforschung (WZB) (Hrsg.), *Datenreport 2008* (S. 376–382). Bonn: Bundeszentrale für politische Bildung.
Shaw, B. A., Krause, N., Liang, J., & Bennett, J. (2007). Tracking changes in social relations throughout late life. *Journal of Gerontology: Social Sciences, 62B(2)*, 90–99.
Wahl, H. W., Oswald, F., & Zimprich, D. (1999). Everyday competence in visually impaired older adults: A case for person-environment perspectives. *The Gerontologist, 39*, 140–149.
Weiss, R. S. (1974). The provisions of social relationships. In Z. Rubin (Ed.), *Doing unto others* (pp. 17–26). Englewood Cliffs, NJ: Prentice-Hall.

10 Altersdiskriminierung

Oliver Huxhold & Susanne Wurm

Kernaussagen

Der Anteil der Menschen in der zweiten Lebenshälfte, die über Altersdiskriminierungserfahrungen berichten, ist moderat:
Elf Prozent der 40- bis 85-Jährigen berichten, eine Altersdiskriminierung in den letzten zwölf Monaten erlebt zu haben.

Altersdiskriminierung ist bei Menschen im mittleren und höheren Erwachsenenalter gleichermaßen verbreitet, allerdings unterscheidet sich die Art der Diskriminierungserfahrung zwischen den Altersgruppen:
Im Erwerbsalter tritt Altersdiskriminierung am häufigsten im Bereich der Arbeit und der Arbeitssuche auf, im Alter von 70 bis 85 Jahren stehen Diskriminierungserfahrungen in der medizinischen Versorgung im Vordergrund.

Das Risiko, eine Altersdiskriminierung zu erleben, ist sozial ungleich verteilt:
Besonders hoch ist dieses Risiko bei Personen mit niedriger Bildung in den neuen Bundesländern.

Altersdiskriminierung wirkt sich negativ auf das subjektive Wohlbefinden aus:
Dies zeigt sich sowohl mit Blick auf die Lebenszufriedenheit als auch für das Erleben positiver und negativer Emotionen.

10.1 Einleitung

Der Begriff der Altersdiskriminierung bezeichnet die ungerechte (Un-)gleichbehandlung von Menschen aufgrund ihres Alters (Rothermund & Mayer 2009). Altersdiskriminierung kann grundsätzlich alle Altersgruppen betreffen: Auch Kinder und Jugendliche können wegen ihres geringen Alters diskriminiert werden. Im vorliegenden Kapitel geht es aber um Altersdiskriminierung von Menschen im mittleren und höheren Lebensalter. Hierbei gilt es zu beachten, dass es vom jeweiligen Kontext abhängig ist, wann eine Person als alt gilt. Während im Erwerbsleben je nach Branche teilweise bereits 40- bis 50-jährige Personen zu den älteren Erwerbspersonen gezählt werden, gelten in anderen gesellschaftlichen Zusammenhängen oftmals erst Personen ab dem gesetzlichen Renteneintrittsalter als „alt". Dies bedeutet zugleich, dass Diskriminierung aufgrund des Alters ein Problem ist, das in der gesamten zweiten Lebenshälfte auftreten kann. In einer aktuellen Befragung des Eurobarometers von 2008 geben 34 Prozent der Deutschen an, dass Diskriminierung aufgrund des Alters verbreitet sei (Europäische-Kommission 2008). In Deutschland ist das Thema Altersdiskriminierung bisher relativ wenig in der öffentlichen und politischen Aufmerksamkeit, ganz im Gegensatz zu den Bestrebungen vor allem auf europäischer Ebene, die sich beispielsweise in den EU-weit gültigen Antidiskriminierungsrichtlinien ausdrücken (Europäische Kommission 2002). Verbreiteter ist hingegen die nationale Debatte in Bezug auf Diskriminierungen aufgrund des Geschlechts, der sexuellen Orientierung oder der ethnischen Herkunft. In etwa zeitgleich mit der Überführung der Antidiskriminierungsrichtlinien der EU in das nationale Allgemeine Gleichbehandlungsgesetz (AGG), das sich auch ausdrücklich mit der Altersdiskriminierung befasst, hat sich auch die Intensität der öffentlichen Aufmerksamkeit in Deutschland zu diesem Thema erhöht. Es gibt vermehrt Veranstaltungen, wie beispielsweise eine Fachtagung zum Thema Altersdiskriminierung im Oktober 2008 in Berlin, die verstärkt für diese Problematik sensibilisieren (Landesstelle für Gleichbehandlung gegen Diskriminierung 2008) und auch arbeitsmarktpolitisch rücken zunehmend mehr die Probleme älterer Arbeitssuchender in den Vordergrund (Bundesministerium für Arbeit und Soziales 2007). Die empirische, wissenschaftliche Basis dieser Debatte ist jedoch bis heute eher unzureichend (Rothermund & Mayer 2009). Das vorliegende Kapitel ist deshalb ein wichtiger Beitrag der empirischen Bestandsaufnahme. Es analysiert das subjektive Erleben von Altersdiskriminierung anhand einer für Deutschland repräsentativen Stichprobe von Menschen in der zweiten Lebenshälfte.

Obwohl es eine Reihe sozial unerwünschter Verhaltensweisen gibt, die aufgrund der Verletzung akzeptierter Normen (zum Beispiel von Toleranz und Offenheit) sozial missbilligt werden, fallen nicht alle dieser Verhaltensweisen unter den Begriff der Diskriminierung. Diskriminierung im strengen Sinne besteht nur dann, wenn aufgrund von Ungleichheit in den Maßstäben zur Bewertung einer Person legitime Ansprüche auf Gleichbehandlung verletzt werden. Altersdiskriminierung besteht insbesondere dann, wenn die Beurteilung einer Person nur von ihrer Zuordnung zu der sozialen Kategorie der „Alten" abhängig gemacht wird und individuelle Fähigkeiten und Charakteristika der betreffenden Person ignoriert oder sogar diskreditiert werden. Altersdiskriminierung kann also eine direkte Folge bestehender negativer Altersstereotype oder fehlender positiver Altersbilder sein (Wentura & Rothermund 2005). Wie in Kapitel 11 („Individuelle Altersbilder") dargelegt, sind die Altersbilder im Wandel begriffen und in den vergangenen zwölf Jahren positiver geworden, dennoch sind auch negative Bilder immer noch ein weit verbreitetes Muster. Der Einfluss negativer Altersstereotype auf das Verhalten gegenüber älteren Menschen ist vor allem deshalb nicht zu unterschätzen, weil die Aktivierung bestehender Stereotype und Vorurteile unbewusst und automatisch erfolgen kann (Bruce et al. 2002). Hinzu kommt, dass sich Stereotype häufig schon in der Adoleszenz verfestigen und dann den gesamten Lebensverlauf beeinflussen (Degner et al. 2010; Rothermund 2005).

Wird von Altersdiskriminierung gesprochen, lassen sich zwei Aspekte unterscheiden: die tatsächliche oder faktische Altersdiskriminierung und die subjektiv erlebte Altersdiskriminierung. Bei der tatsächlichen Altersdiskriminierung geht es darum, dass ein anspruchsverletzendes Verhalten auftritt und zudem ein Anspruch auf Gleich- oder Sonderbehandlung, gegen den verstoßen wurde, tatsächlich auch Gültigkeit besitzt. Demgegenüber bezieht sich die subjektiv erlebte Altersdiskriminierung auf die persönliche Wahrnehmung einer Person. Eine Person kann damit auch dann eine Ungleichbehandlung als Altersdiskriminierung erleben, wenn keine gerechtfertigten Ansprüche verletzt wurden. Umgekehrt kann eine Person auch eine tatsächlich erfolgte Altersdiskriminierung nicht als solche erleben, zum Beispiel wenn der Person ihre rechtlichen Ansprüche nicht bekannt sind.

Tatsächliche altersbedingte Diskriminierung erschwert unter anderem den Zugang zu materiellen Ressourcen, beispielsweise dann, wenn das eigene Lebensalter den Wiedereinstieg in den Beruf nach einer Phase der Arbeitslosigkeit behindert oder wenn es die Kreditvergabe negativ beeinflusst. Fortgesetzte objektiv erfolgte Diskriminierungen können sich zudem negativ auf individuelle Fähigkeiten und Kompetenzen auswirken. Margret Baltes und ihre Mitarbeiter haben eindrucksvoll gezeigt, dass das soziale Umfeld älterer Menschen dazu neigt, Bemühungen um eigenständiges Verhalten zu ignorieren und hilfesuchendes Verhalten zu belohnen (vgl. Baltes 1995; Baltes & Wahl 1996). Die Beschränkung eigenständigen Verhaltens führt jedoch zu einer Reduzierung personaler Kompetenzen. Fitzgerald und Kollegen (Fitzgerald et al. 2009) machten deutlich, dass Heimbewohner, die an einer Demenz litten, häufiger stürzten, wenn ihre körperliche Bewegungsfreiheit vom Pflegepersonal eingeschränkt wurde. Faktische Altersdiskriminierung ist also ein bedeutsamer Mechanismus, der dazu führen kann, dass aus dem reinen persönlichen Charakteristikum Lebensalter ein Merkmal sozialer Ungleichheit wird (vgl. Kapitel 1 „Wandel von Lebensqualität und Ungleichheit in der zweiten Lebenshälfte").

Die Folgen subjektiv erlebter Diskriminierung sind weniger unmittelbar. Doch auch wenn subjektive Erfahrungen nicht immer auch eine tatsächliche Altersdiskriminierung bedeuten, ist das subjektive Erleben von Diskriminierung ein zentraler Faktor, der die Konsequenzen solcher Erfahrungen mitbestimmt. Um die vielfältigen Auswirkungen von altersdiskriminierenden Erfahrungen auf die diskriminierte Person theoretisch abschätzen zu können, bietet es sich an, Diskriminierungserfahrungen als Stressoren zu interpretieren. Hierbei entscheidet die subjektiv bewusste oder auch unbewusste Wahrnehmung einer Situation, ob diese als ungerechtfertigte Altersdiskriminierung wahrgenommen wird. Diskriminierungserfahrungen können demnach, wie andere Stressoren, kombinierte kognitive, emotionale und physiologische Reaktionen hervorrufen. Wiederholte Erfahrungen von Diskriminierung können dadurch in chronischen Stresssyndromen münden, deren negative Folgen das Leistungsverhalten, den Selbstwert, die Gesundheit und das allgemeine Wohlbefinden nachhaltig verändern (Levy 1996; Perrig-Chiello et al. 2002; Rothermund & Brandtstädter 2003). Diskriminierungserfahrungen aufgrund des Alters können sich damit auf nahezu alle Aspekte der Lebensqualität in der zweiten Lebenshälfte negativ auswirken, sowohl in Form von direkten Konsequenzen bei faktischer Diskriminierung als auch über indirekte Konsequenzen beim Vorliegen subjektiver Diskriminierungserfahrungen (vgl. das Kapitel Wandel von Qualität und Ungleichheit in der zweiten Lebenshälfte).

Vor dem Hintergrund der bisherigen empirischen Datenlage zu Altersdiskriminierungserfahrungen in Deutschland konzentriert sich das vorliegende Kapitel auf vier Fragen:

- Wie verbreitet sind Diskriminierungserfahrungen bei Menschen in der zweiten Lebenshälfte?
- In welchen Lebensbereichen werden hierbei besonders häufig Diskriminierungserfahrungen gemacht?
- Inwieweit sind Altersdiskriminierungserfahrungen in der zweiten Lebenshälfte sozial ungleich verteilt?
- Welche Bedeutung haben Altersdiskriminierungserfahrungen für die Lebensqualität?

10.2 Datengrundlage und Analyseperspektiven

Bislang gibt es nur wenig repräsentative Daten zur Verbreitung und zum Einfluss subjektiv erlebter Altersdiskriminierung von Personen in der zweiten Lebenshälfte. Aus diesem Grund wurden erstmalig in der Erhebungswelle des Deutschen Alterssurveys von 2008 Fragen zur subjektiv erlebten Altersdiskriminierung aufgenommen. Bei der Entwicklung des Instruments wurde der Tatsache Rechnung getragen, dass sich Diskriminierungen in unterschiedlichen Lebensbereichen manifestieren können. Deshalb wurde im schriftlichen Fragebogen der Erhebung (vgl. Kapitel 2 „Datengrundlagen und Methoden“) zunächst die Frage gestellt, ob sich der oder die Befragte in den letzten zwölf Monaten aufgrund seines oder ihres Alters diskriminiert gefühlt habe. In einer daran anschließenden Frage wurden die Befragten darum gebeten, anzugeben, in welchem Lebensbereich diese Erfahrung aufgetreten ist. Folgende Lebensbereiche wurden im Zusammenhang mit der Altersdiskriminierung untersucht: Diskriminierung bei der Arbeit oder der Arbeitssuche, in der medizinischen Versorgung, bei Behördengängen, bei Geldangelegenheiten oder im Alltag. Im Folgenden wird zunächst die allgemeine Verbreitung von Diskriminierungserfahrungen dargestellt, bevor subjektiv erlebte Altersdiskriminierung getrennt nach Lebensbereichen porträtiert wird.

In den Analysen wird außerdem der Frage nachgegangen werden, inwieweit Altersdiskriminierungserfahrungen in der zweiten Lebenshälfte sozial ungleich verteilt sind. Zu diesem Zweck wird untersucht, ob sich die Häufigkeit dieser Erlebnisse zwischen Personen unterschiedlicher Altersgruppen, Bildungsgruppen oder unterschiedlichen Geschlechts variiert und ob Altersdiskriminierung stärker in den alten oder neuen Bundesländern auftritt.

Generell kann man erwarten, dass das subjektive Erleben von Ungleichbehandlung eher dann als Altersdiskriminierung gewertet wird, je mehr sich eine Person der Gruppe der Älteren zugehörig fühlt (Rothermund & Brandtstädter 2003). Weiterhin greifen Personen um so eher auf kategoriales, schematisches Verhalten gegenüber einem Interaktionspartner zurück, je stärker diese Person Merkmale aufweist, die dem allgemeinen Stereotyp entsprechen (Fazio et al. 1986). Dies bedeutet, dass man erwarten kann, dass Diskriminierungserfahrungen mit steigendem Alter zunehmen. Allerdings muss man bei dieser Hypothese berücksichtigen, dass einige Lebensbereiche in denen Diskriminierungen auftreten können, mit dem Alter an Bedeutung verlieren. Sofern Altersdiskriminierung in Deutschland am häufigsten im Bereich der Arbeit oder Arbeitssuche vorliegt, würde dies bedeuten, dass Altersdiskriminierung nach dem Übergang in den Ruhestand sogar abnimmt.

Eine theoretische Grundlage für Diskriminierung im Allgemeinen und für Altersdiskriminierung im Besonderen ist die konflikttheoretische Perspektive. Nach dieser Sichtweise tritt insbesondere dann diskriminierendes Verhalten auf, wenn Angehöriger verschiedener sozialer Gruppen (zum Beispiel „die Jungen“ und „die Alten“) um begrenzte Ressourcen miteinander konkurrieren (Allport 1962). Die Analysen aus den Kapiteln 3 („Materielle Sicherung“) und 5 („Gesellschaftliche Partizipation: Erwerbstätigkeit, Ehrenamt und Bildung“) legen nahe, dass Ressourcenknappheit bei niedriger Bildung und in den neuen Bundesländern ausgeprägter ist als bei hoher Bildung und in den alten Bundesländern. Aus diesem Grund ist zu erwarten, dass Altersdiskriminierung häufiger bei niedriger als bei hoher Bildung vorkommt und eher in den neuen als in den alten Bundesländern verbreitet ist.

Die empirische Basis für die Vorhersage von Geschlechtsunterschieden im Bereich der

Altersdiskriminierung ist nicht stark genug, um eine gerichtete Hypothese zuzulassen. Es lässt sich jedoch spekulieren, ob Frauen möglicherweise eine etwas erhöhte Aufmerksamkeit für Diskriminierungserfahrungen haben, da sie aufgrund ihres Geschlechts eher bereits Diskriminierungserfahrungen gemacht haben und dafür sensibilisiert sind. Umgekehrt ist jedoch auch denkbar, dass Frauen eher dazu neigen, Diskriminierungserfahrungen ihrem Geschlecht als ihrem Alter zuzuschreiben und deshalb seltener über Altersdiskriminierung berichten.

In diesem Kapitel wird nicht nur die soziale Ungleichheit von Altersdiskriminierungserfahrungen untersucht werden, sondern es werden auch mögliche Konsequenzen dieser Erlebnisse aufgezeigt. Hierbei gehen wir von der These aus, dass Altersdiskriminierung nicht nur Auswirkungen auf objektive Aspekte des Lebens hat (zum Beispiel den Erhalt eines Arbeitsplatzes oder eines Kredits), sondern auch die subjektive Lebensqualität negativ beeinflussen kann.

10.3 Verbreitung von Altersdiskriminierung in der zweiten Lebenshälfte

Rund elf Prozent der 40- bis 85-Jährigen berichten darüber, dass sie in den letzten zwölf Monaten wegen ihres Alters benachteiligt wurden. Der Anteil der Personen, die sich aufgrund ihres Alters benachteiligt fühlen, unterscheidet sich weder nach Alter, noch nach Geschlecht oder Bildung. In allen Alters-, Geschlechts-, und Bildungsgruppen geben etwa elf Prozent der Personen an, eine Altersdiskriminierung erlebt zu haben. Nur beim Vergleich von alten und neuen Bundesländern und hier auch nur in den niedrigen und mittleren Bildungsschichten gibt es signifikante Gruppenunterschiede (Abbildung 10–1). Während die erlebte Altersdiskriminierung in den alten Bundesländern in allen Bildungsgruppen neun bis zehn Prozent beträgt, erreichen nur die Hochgebildeten in den neuen Bundesländern ein ähnlich niedriges Niveau, nämlich neun Prozent. In

Abb. 10–1: Anteil der Menschen, die von eigenen Erfahrungen der Altersdiskriminierung berichten, getrennt nach Region und Bildungsgruppe (in Prozent)

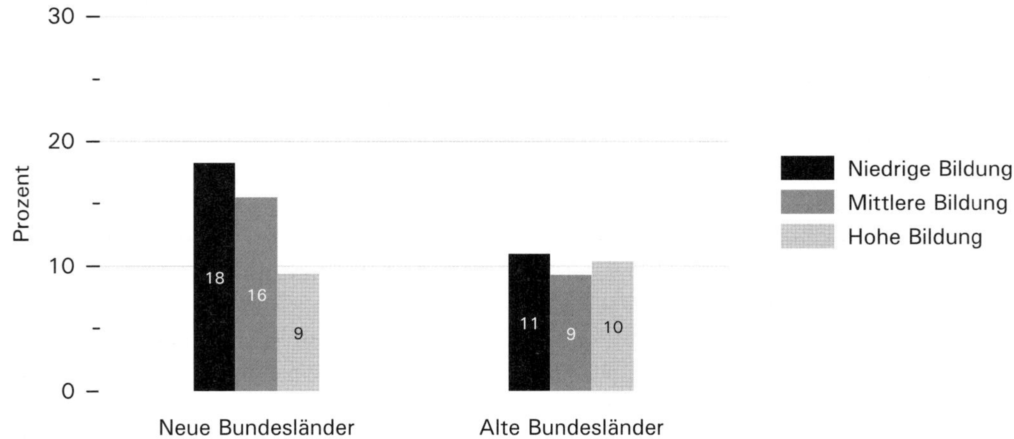

Quelle: DEAS 2008 (n = 4.345), gewichtet, gerundete Angaben.

Abb. 10–2: Anteil der Menschen, die von eigenen Erfahrungen der Altersdiskriminierung berichten, getrennt nach Lebensbereichen (in Prozent)

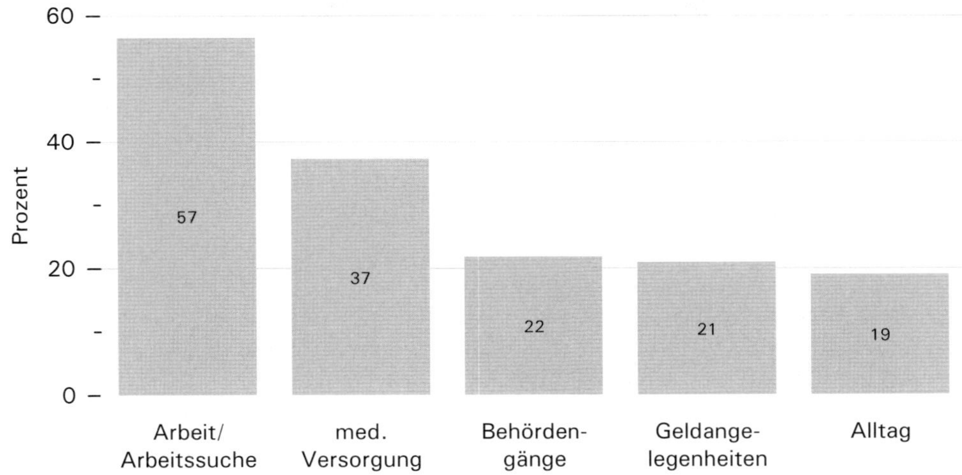

Quelle: DEAS 2008 (n = 4.345), gewichtet, gerundete Angaben. Prozentuierungsgrundlage sind alle Personen mit Diskriminierungserfahrungen. Da Mehrfachnennungen möglich waren addieren sich die Angaben auf über 100 Prozent.

den neuen Bundesländern erleben hingegen 18 Prozent der Menschen mit niedriger Bildung und 16 Prozent der Menschen mit mittlerer Bildung eine Altersdiskriminierung.

Um eine bessere Einschätzung der Verteilung von Altersdiskriminierungserfahrungen zu erhalten, wurden die Analysen im Folgenden getrennt nach Lebensbereichen durchgeführt. Anhand von Abbildung 10–2 wird ersichtlich, in welchen Bereichen sich die Personen besonders häufig benachteiligt fühlen. Die Prozentangaben beziehen sich hierbei auf alle Personen, die angaben, eine Diskriminierung erlebt zu haben. Mit Abstand treten die häufigsten Diskriminierungserfahrungen im Bereich der Arbeit oder der Arbeitssuche auf, gefolgt von erlebten Altersdiskriminierungen im Bereich der medizinischen Versorgung. Diskriminierungserfahrungen bei Behörden, Geldangelegenheiten und im Alltag waren in etwa gleich häufig.

Um genauer zu untersuchen, ob bestimmte Personengruppen häufiger unter Altersdiskriminierung in einem bestimmten Bereich leiden, wurden logistische Regressionen durchgeführt. Da angenommen wurde, dass ältere Befragte, Personen mit niedriger Bildung, Menschen aus den neuen Bundesländern und Frauen eine erhöhte Wahrscheinlichkeit besitzen würden, in den letzten zwölf Monaten eine Altersdiskriminierung erlebt zu haben, wurde die Gruppe junger Männer mit hoher Bildung aus den alten Bundesländern als Vergleichsgruppe gewählt. Die Darstellung der Ergebnisse findet sich in Abbildung 10–3.

Das Risiko ist hier im Vergleich zur Referenzgruppe junger, hochgebildeter Männer aus den alten Bundesländern angegeben. Im Vergleich zu dieser Referenzgruppe haben die älteren Altersgruppen ein erhöhtes Risiko, in den Bereichen medizinische Versorgung, Geldangelegenheiten sowie im Alltag eine Diskriminierung wegen ihres Alters zu erleben. Zudem ist bei Personen mit geringer Bildung das Risiko im Bereich der medizinischen Versorgung diskriminiert zu werden höher. Im regionalen Vergleich zeigt sich, dass in den neuen Bundesländern das Risiko 2,5-mal höher ist, in der medizinischen Versorgung dis-

Abb. 10–3: Risiko, in einem Lebensbereich eine Altersdiskriminierung zu erleben getrennt nach Alter, Bildung, Region und Geschlecht

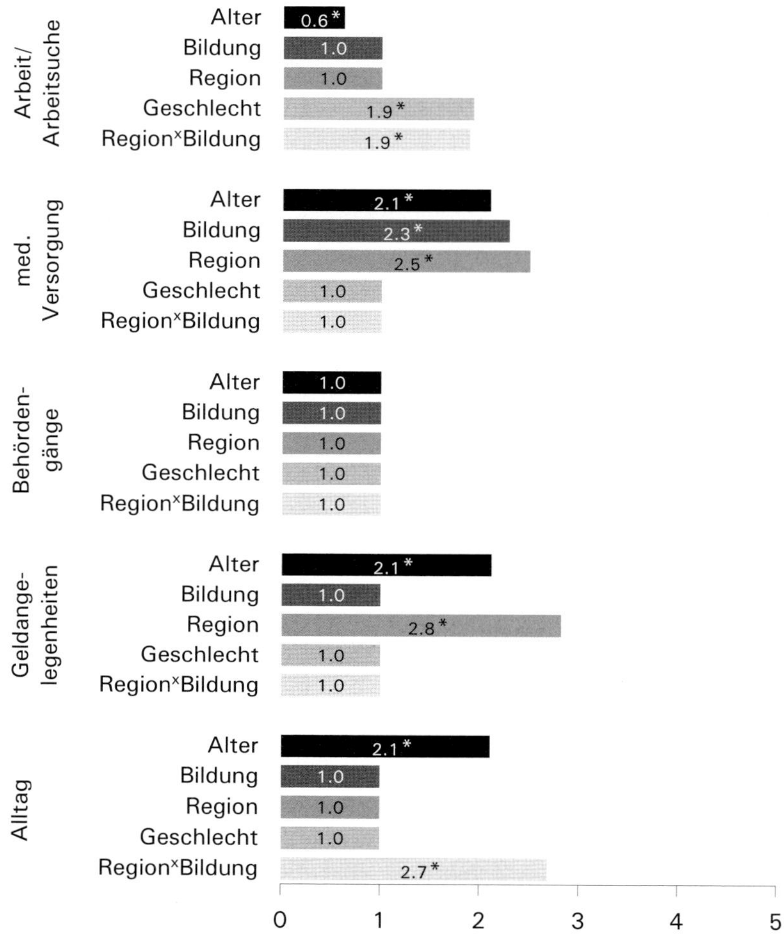

Quelle: DEAS 2008 (n = 4.345), gewichtet, gerundete Angaben. Prozentuierungsgrundlage sind alle Personen mit Diskriminierungserfahrungen. * signifikanter Unterschied ($p < .05$). Bei allen Werten, die in der Darstellung mit 1.0 angegeben werden, handelt es sich um nicht signifikante Unterschiede.

kriminiert zu werden, und 2,8-mal höher, sich bei Geldangelegenheiten benachteiligt zu fühlen. Bei geringerem Bildungsgrad steigt die Wahrscheinlichkeit einer subjektiv erlebten Altersdiskriminierung sowohl bei der Arbeit oder Arbeitssuche als auch im Alltag in den neuen Bundesländern besonders stark. Auch Frauen fühlen sich im Vergleich zur Bezugsgruppe besonders häufig im Bereich der Arbeit und der Arbeitssuche benachteiligt.

10.4 Folgen von Altersdiskriminierung

Die folgenden Analysen stellen die Unterschiede zwischen Personen dar, die eine Altersdiskriminierung erlebten und jenen ohne Altersdiskriminierungserfahrungen innerhalb der letzten zwölf Monate. Zunächst wird betrachtet, ob sich diese beiden Personengruppen in ihren positiven und negativen Altersbildern voneinander unterscheiden (vgl. Kapitel 11 „Individuelle Altersbilder"). Damit wird der Frage nachgegangen, ob Personen mit Altersdiskriminierungserfahrungen eine negativere Sicht auf das Älterwerden haben.

Anschließend werden Unterschiede im Bereich des subjektiven Wohlbefindens untersucht. Hierbei werden Lebenszufriedenheit, als Indikator der kognitiven Bewertung des eigenen Lebens, sowie positiver Affekt, als Indikator für positive Emotionen, und negativer Affekt, als Indikator für das Vorhandensein negativer Emotionen, in den Fokus genommen. Eine nähere Beschreibung dieser Indikatoren subjektiven Wohlbefindens findet sich im Kapitel 12 („Subjektives Wohlbefinden"). Alle Analysen sind kontrolliert für das Lebensalter, das Bildungsniveau, die Region und das Geschlecht, da im vorangehenden Abschnitt gezeigt wurde, dass diese Charakteristika die Wahrscheinlichkeit beeinflussen, Diskriminierungserfahrungen zu machen. Außerdem unterscheiden sich diese Gruppen in ihren positiven und negativen Altersbildern und im Ausmaß ihres subjektiven Wohlbefindens. Durch die statistische Kontrolle soll ausgeschlossen werden, dass diese bestehenden Gruppenunterschiede in die Analyse der *Folgen* von Altersdiskriminierung eingehen.

Menschen in der zweiten Lebenshälfte mit Altersdiskriminierungserfahrung haben unabhängig vom Alter, von der Bildung, der Region und dem Geschlecht ein vergleichsweise weniger positives Bild ($d = 0{,}04$; $p < .01$) und stärker negativ geprägtes Altersbild ($d = 0{,}12$; $p < .01$) als Personen, die keine Diskriminierungserfahrungen berichten (Abbildung 10–4). Außerdem fällt in allen betrachteten Aspekten ihr subjektives Wohlbefinden schlechter aus: Sie haben eine geringere Lebenszufriedenheit ($d = 0{,}41$; $p < .01$), einen höheren negativen Affekt ($d = 0{,}20$; $p < .01$) und ein etwas geringeres Ausmaß an positivem Affekt ($d = 0{,}10$; $p < .01$) als jene ohne Altersdiskriminierungserfahrung (Abbildung 10–5). Daran wird deutlich, dass Menschen mit Altersdiskriminierungserfahrung eine schlechtere Sicht auf das Älterwerden und ein geringeres Wohlbefinden haben.

Abb. 10–4: Unterschiede in den Altersbildern zwischen Gruppen mit oder ohne Altersdiskriminierungserfahrung in den letzten 12 Monaten

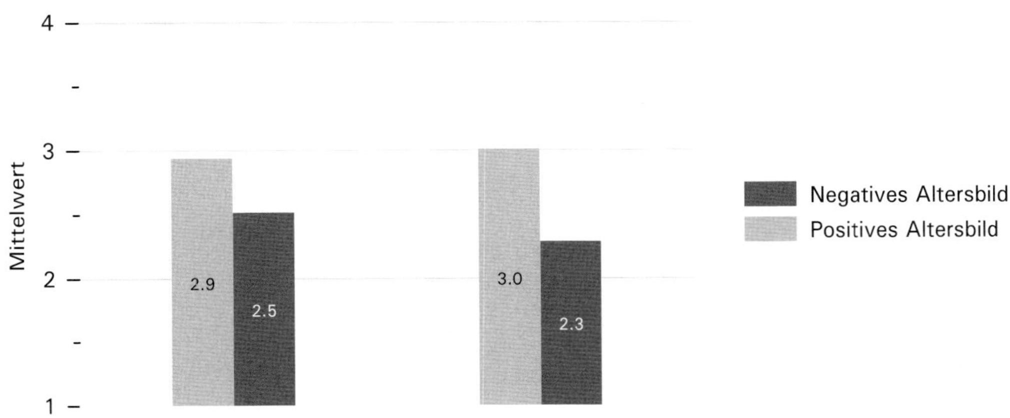

Quelle: DEAS 2008 (n = 4.345), gewichtet, gerundete Angaben.

Abb. 10–5: Unterschiede im subjektiven Wohlbefinden zwischen Gruppen mit oder ohne Altersdiskriminierungserfahrung in den letzten 12 Monaten

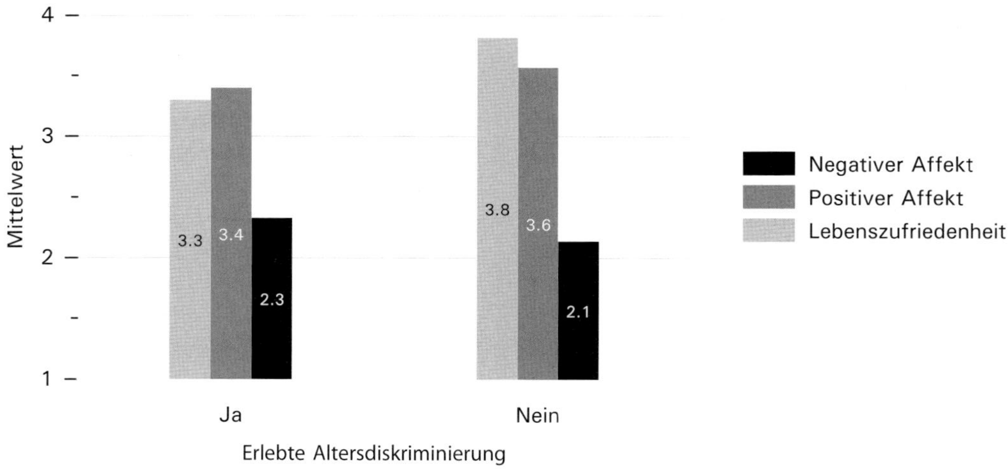

Quelle: DEAS 2008 (n = 4.345), gewichtet, gerundete Angaben.

10.5 Diskussion

10.5.1 Zusammenfassung

Altersdiskriminierungen können in der gesamten zweiten Lebenshälfte auftreten. Elf Prozent der Befragten gaben an, sich in den letzten zwölf Monaten aufgrund ihres Alters diskriminiert gefühlt zu haben. Die häufigsten Bereiche, in denen sich Diskriminierungen manifestieren, sind die Bereiche Arbeit oder Arbeitssuche gefolgt vom Bereich der medizinischen Versorgung.

Alte Menschen berichten insgesamt nicht mehr über Diskriminierungserfahrungen als Menschen im mittleren Erwachsenenalter. Während Personen im Erwerbsalter vor allem über Diskriminierungserfahrungen im Bereich der Arbeit berichten, treten subjektiv erlebte Diskriminierungen in nahezu allen anderen Bereichen häufiger bei Personen in der nachberuflichen Lebensphase auf. Personen mit geringerer Bildung haben eine höhere Wahrscheinlichkeit, eine Diskriminierungserfahrung im Bereich der medizinischen Versorgung zu erleben. Personen mit niedriger oder mittlerer Bildung in den neuen Bundesländern berichten häufiger über Diskriminierung im Bereich der Arbeit und Arbeitssuche. Zudem waren in den neuen Bundesländern subjektiv erlebte Diskriminierungen im Bereich der medizinischen Versorgung, bei Geldangelegenheiten und im Alltag häufiger als in den alten Bundesländern. Frauen gaben häufiger als Männer an, im Bereich der Arbeit und der Arbeitssuche wegen ihres Alters diskriminiert zu werden.

10.5.2 Interpretation

Die Ergebnisse machen deutlich, dass Altersdiskriminierung ein begleitendes Phänomen der gesamten zweiten Lebenshälfte ist. Wer als „alt" gilt, ist abhängig vom Kontext. Im Erwerbsleben kann dies je nach Branche und Position schon ab 40 Jahren der Fall sein. Zugleich ist die Diskriminierung im Bereich der Arbeit oder Arbeitssuche mit Abstand die größte Quelle altersbezogener Diskriminierungen.

Freiwillige offene Angaben der Befragten zeigten, dass ältere Erwerbspersonen sich häufig aufgrund ihres Alters sowohl bei der Beförderung innerhalb des Unternehmens als auch bei der Vergabe von Fortbildungsmöglichkeiten übergangen fühlen. Ältere Arbeitssuchende hatten häufiger den Eindruck, dass ihr Lebensalter einem Wiedereinstieg ins Berufsleben entgegenstand. Diese Befunde sind auch deshalb besonders bemerkenswert, weil eine generell geringere Leistungsfähigkeit älterer Erwerbspersonen empirisch nicht belegt ist. Es gibt zwar eine Reihe von Studien, die in bestimmten physiologischen und kognitiven Bereichen eine Abnahme des Leistungsniveaus im Alter zeigen. Allerdings sind in anderen Bereichen der kognitiven Fähigkeiten, wie zum Beispiel der Konzentrationsfähigkeit oder des Wortschatzes, ältere Menschen jüngeren Menschen sogar überlegen (Brache et al. 2010; Verhaeghen 2003). Um zeigen zu können, dass ältere Erwerbspersonen ihren jüngeren Kollegen unterlegen sind, müsste man zunächst identifizieren, welche Fähigkeiten für ein bestimmtes Anforderungsprofil besonders wichtig sind. Eine empirische Identifikation dieses Sachverhaltes ist bislang unseres Wissen jedoch noch für keinen Arbeitsbereich erfolgt. Mit steigendem Lebensalter kommt hinzu, dass die Unterschiede zwischen Personen innerhalb einer Altersgruppe häufig größer sind als die Unterschiede zwischen verschiedenen Altersgruppen. Diskriminierung wird gerade deshalb als ungerecht empfunden, weil die Beurteilung einer Person anhand eines existierenden Stereotyps erfolgt und damit die spezifischen Eigenschaften eines Individuums ignoriert werden.

Die Tatsache, dass sich Altersstereotype in diskriminierendem Verhalten niederschlagen, kann auch an real existierenden Problemen in der Verteilung von Ressourcen liegen (Allport 1962). Die vorliegenden Befunde zeigen, dass Diskriminierungen im Bereich Arbeit und im Bereich der Geldangelegenheiten besonders häufig in den neuen Bundesländern und hierbei insbesondere bei den Gruppen mit geringerer Bildung vorkommen, also gerade in jenen Gruppen, in denen eine größere finanzielle Unsicherheit besteht. Zudem fühlen sich Frauen häufiger im Bereich der Arbeit aufgrund ihres Alters benachteiligt als Männer. Über Gründe für Letzteres lässt sich nur spekulieren. Möglicherweise wird in Bereichen, in denen über die Verteilung knapper Güter verhandelt werden muss, häufig aus Mangel an stichhaltigen Kriterien anhand von sozialen Kategorien entschieden. Ältere Frauen fallen unter diesen Prämissen gleich in zwei negativ besetzte Stereotype und erleben vielleicht deshalb häufiger entsprechende Diskriminierungserfahrungen.

Generell kommt ein Stereotyp um so eher zur Anwendung, je klarer eine Person dem äußeren Anschein nach dem Stereotyp entspricht (Fazio et al. 1986). Aus diesem Grund fühlen sich Ältere auch in fast allen Lebensbereichen, mit Ausnahme des Bereichs Arbeit/Arbeitssuche, der sie meist nicht mehr betrifft, häufiger diskriminiert. Besonders schwerwiegend kann eine solche Diskriminierung im Bereich der medizinischen Versorgung sein. Bei älteren Patienten besteht die Gefahr, dass Beschwerden eher dem Alter zugeschrieben werden als einer möglicherweise bestehenden Erkrankung, was zur Folge haben kann, dass älteren Patienten eine wichtige Behandlung entgeht. Auch Personen mit geringerer Bildung berichten häufiger über Altersdiskriminierung in der medizinischen Versorgung als höher gebildete Personen. Dieser Zusammenhang kann auf ein Kommunikationsdefizit zwischen dem eher hochgebildeten medizinischen Personal und den Patienten aus niedrigeren Bildungsschichten hindeuten.

10.5.3 Sozialpolitische Implikationen

Altersdiskriminierung schränkt den Zugang zu materiellen Ressourcen und damit die Möglichkeiten der persönlichen Lebensgestaltung ein. Die Auswirkungen von Altersdiskriminierung können sich jedoch nicht nur in objektiven Aspekten von Lebensqualität niederschlagen. Auch die langfristigen psychologischen und motivationalen Folgen erlebter Altersdiskriminierung können erheblich sein. Die vorliegenden Befunde weisen darauf hin, dass Altersdiskriminierung mit einem negativeren Altersbild einhergeht. Durch die Diskriminierung durch andere kann sich damit die im Kapitel 11 („Individuelle Altersbilder") angesprochene Selbststereotypisierung verstärken und negative Folgen für viele Bereiche der Lebensqualität haben. Es konnte gezeigt werden, dass Altersdiskriminierung mit geringerem subjektivem Wohlbefinden einhergeht. Insbesondere in der Lebenszufriedenheit, das heißt, in der kognitiven Bilanzierung des gegenwärtigen Lebens, scheinen sich Diskriminierungserfahrungen besonders stark widerzuspiegeln. Möglicherweise wirken Altersdiskriminierungserfahrungen also nicht nur negativ im Sinne einer erlebten Benachteiligung, sondern sie verringern zusätzlich den Glauben eines Individuums, etwas an seiner Situation ändern zu können. Da die vorliegenden Ergebnisse auf querschnittlichen Analysen beruhen, kann jedoch keine eindeutige Aussage darüber getroffen werden, ob Altersdiskriminierungserfahrungen zu schlechterem Wohlbefinden und negativeren Altersbildern führen oder ob umgekehrt Personen mit geringerem Wohlbefinden häufiger Altersdiskriminierungen erleben.

Zur Prävention von Altersdiskriminierungen ist bereits eine verstärkte Öffentlichkeitsarbeit hilfreich. Bestehende negative Altersstereotype sind eine Hauptquelle für diskriminierendes Verhalten. Diesen Stereotypen gilt es entgegenzuwirken, denn die empirische Forschung hat vielfach gezeigt, dass ihre Gültigkeit recht gering ist. Aufklärungsarbeit kann hierbei an verschiedenen Personengruppen ansetzen: Bei Kindern und Jugendlichen, denn diese lernen schon früh jene Altersstereotype, denen sie später unmittelbar gegenüberstehen, wenn sie ein höheres Lebensalter erreicht haben; bei Arbeitgebern und Personen, die in der medizinischen Versorgung beschäftigt sind, denn dies sind die Bereiche, in denen die häufigsten Diskriminierungserfahrungen berichtet werden (vgl. Bowling 1999; Glover & Branine 2001). Außerdem sollten auch bei den Älteren selbst negativen Altersbildern entgegengewirkt werden. Zum einen, um auch bei ihnen ein Bewusstsein für Altersdiskriminierung zu schaffen, zum anderen, um den Prozess der negativen Selbststereotypisierung zu unterbrechen.

Die Anhangstabellen sind auf der beiliegenden CD-ROM zu finden.

Literatur

Allport, G. W. (1962). Prejudice – Is it societal or personal. *Journal of Social Issues, 18(2)*, 120–134.

Baltes, M. M. (1995). Verlust der Selbständigkeit im Alter: Theoretische Überlegungen und empirische Befunde. *Psychologische Rundschau, 46*, 159–170.

Baltes, M. M., & Wahl, H. W. (1996). Patterns of communication in old age: The dependence-support and independence-ignore script. *Health Communication, 8(3)*, 217–231.

Bowling, A. (1999). Ageism in cardiology. *British Medical Journal, 319*, 1353–1355.

Brache, K., Scialfa, C., & Hudson, C. (2010). Aging and vigilance: Who has the inhibition deficit? *Experimental Aging Research, 36(2)*, 140–152.

Bruce, D. G., Devine, A., & Prince, R. L. (2002). Recreational physical activity levels in healthy older women: The importance of fear of falling. *Journal of the American Geriatrics Society, 50*, 84–89.

Bundesministerium für Arbeit und Soziales (2007). Wege in die Arbeit. Berlin.

Degner, J., & Wentura, D. (2010). Automatic prejudice in childhood and early adolescence. *Journal of Personality and Social Psychology, 98(3)*, 356–374.

Europäische Kommission (2002). *Bekämpfung von Altersdiskriminierung im Gesundheits- und Sozial-*

wesen – Hintergrundbericht zu Phase I des Projekts: Europäische-Kommission.
Europäische Kommission (2008). *Eurobarometer Spezial 263: Diskriminierung in der Europäischen Union.* Luxemburg: Europäische Kommission.
Fazio, R. H., Sanbonmatsu, D. M., Powell, M. C., & Kardes, F. R. (1986). On the automatic activation of attitudes. *Journal of Personality and Social Psychology, 50(2)*, 229–238.
Fitzgerald, T. G. D., Hadjistavropoulos, T., & MacNab, Y. C. (2009). Caregiver fear of falling and functional ability among seniors residing in long-term care facilities. *Gerontology, 55(4)*, 460–467.
Glover, I., & Branine, M. (2001). *Ageism in work and employment.* Aldershot, UK: Ashgate.
Landesstelle für Gleichbehandlung gegen Diskriminierung (2008). *Altersdiskriminierung – (k)ein Thema?* Berlin.
Levy, B. R. (1996). Improving memory in old age through implicit self-stereotyping. *Journal of Personality and Social Psychology, 71(6)*, 1092–1107.
Perrig-Chiello, P., Höpflinger, F., Kaiser, A., & Sturzenegger, M. (2002). Psychosoziale Aspekte der Lebensbedingungen von Frauen und Männern im mittleren Lebensalter. In J.-P. Fragniére, F. Höpflinger & V. Hugentobler (Hrsg.), *Generationenfrage – Dimensionen, Trends und Debatten* (S. 185–198). Sion: Institut Universitaire Âges et Générations.
Rothermund, K. (2005). Effects of age stereotypes on self-views and adaptation. In W. Grewe, K. Rothermund & D. Wentura (Eds.), *The adaptive self* (pp. 223–242). Göttingen: Hogrefe.
Rothermund, K., & Brandtstädter, J. (2003). Age stereotypes and self-views in later life: Evaluating rival assumptions. *International Journal of Behavioral Development, 27(6)*, 549–554.
Rothermund, K., & Mayer, A.-K. (2009). *Altersdiskriminierung. Erscheinungen, Erklärungsformen und Interventionsansätze.* Stuttgart: Kohlhammer.
Verhaeghen, P. (2003). Aging and vocabulary scores: A meta-analysis. *Psychology and Aging, 18(2)*, 332–339.
Wentura, D., & Rothermund, K. (2005). Altersstereotype und Altersbilder. In S.-H. Filipp & U. M. Staudinger (Hrsg.), *Entwicklungspsychologie des mittleren und höheren Erwachsenenalters (Enzyklopädie der Psychologie, Serie V, Entwicklungspschologie)* (S. 625–654). Göttingen: Hogrefe.

11 Individuelle Altersbilder

Susanne Wurm & Oliver Huxhold

Kernaussagen

Personen im mittleren Erwachsenenalter haben positivere Altersbilder als Menschen im höheren Lebensalter:
Im höheren Lebensalter wird das Älterwerden häufiger mit körperlichen Verlusten und seltener mit der Möglichkeit persönlicher Weiterentwicklung verbunden.

Positive Altersbilder haben noch nicht in alle Bevölkerungsgruppen gleichermaßen Eingang gefunden:
Personen mit niedriger Bildung verbinden mit dem Älterwerden seltener die Möglichkeit persönlicher Weiterentwicklung als Personen mit höherer Bildung.

Über den betrachteten Zwölfjahreszeitraum hinweg hat sich ein positiver Wandel der Altersbilder vollzogen:
Dieser Wandel fiel in den älteren Altersgruppen stärker aus als in den jüngeren, wodurch sich die Altersbilder der verschiedenen Altersgruppen einander angenähert haben.

11.1 Einleitung

Das Alter ist neben dem Geschlecht eine der zentralen sozialen und kulturellen Kategorien, über die bestimmte Rollen und Lebenserfahrungen definiert werden (Settersten & Mayer 1997). Der Lebenslauf ist formell in verschiedene Altersphasen gegliedert, so entscheidet zum Beispiel die gesetzliche Ruhestandsgrenze zu großen Teilen über den Austritt aus dem Erwerbsleben. Zugleich werden auch informell unterschiedliche Altersphasen unterschieden. Bestimmte Verhaltensweisen, bestimmte Ereignisse (wie die Geburt des ersten Kindes) und Transitionen (zum Beispiel Übergang in den Ruhestand) werden in einer Altersphase als normal erachtet, in anderen Altersphasen hingegen nicht. Mit jeder Lebensphase werden bestimmte Vorstellungen verbunden. Altersbilder umfassen dabei sowohl gesellschaftliche als auch individuelle Sichtweisen auf die Lebensphase Alter und den Prozess des Älterwerdens.

Im Hinblick auf gesellschaftliche Altersbilder wird oftmals auch von Altersstereotypen (in Bezug auf das *Altsein*) oder von Alter*ns*stereotypen (in Bezug auf das *Älterwerden*) gesprochen. Stereotype sind kollektiver Natur und umfassen konsensuell geteilte Bilder, die sowohl positiv als auch negativ sein können. Darin unterscheiden sie sich von Vorurteilen, die durch ihren ausschließlich negativen emotionalen Gehalt definiert sind. Stereotype können sich sowohl auf die für eine Gruppe typischen Eigenschaften beziehen (beispielsweise die „der Alten") als auch auf typische Entwicklungen („mit dem Älterwerden geht in der Regel … einher"). Auch wenn alle Altersgruppen sowohl positive wie negative Aspekte des Älterwerdens und Altseins sehen, überwiegen negative Einstellungen und Stereotype (vgl. zum Beispiel Cuddy & Fiske 2002). Diese können sich in diskriminierenden Einstellungen und Verhalten gegenüber älteren Personen, zum Beispiel gegenüber älteren Erwerbstätigen (Glover & Branine 2001), älteren Patienten in der medizinischen Versorgung (Bowling 1999) oder in der pflegerischen Versorgung (Baltes & Reisenzein 1986) manifestieren.

Doch nicht nur die Altersdiskriminierung durch jüngere Menschen kann das Älterwerden erschweren. Im Vergleich zu anderen Stereotypen weisen die des Alterns eine Besonderheit auf: Sie werden ab der frühen Kindheit gelernt und beziehen sich zunächst auf eine andere, weit entfernte Altersgruppe. Aber alle Menschen, die lange genug leben, wachsen unvermeidlich in diese stereotypisierte Gruppe hinein. Dadurch, dass ältere Menschen bereits früh in ihrem Lebenslauf (und damit lange bevor sie selbst Mitglied dieser Gruppe wurden) die überwiegend negativen Sichtweisen auf das Alter(n) assimiliert haben, sind sie anfällig dafür, diese negativen Stereotype auf ihr eigenes Altern anzuwenden. Damit kann sich nicht nur das diskriminierende Verhalten anderer auf Ältere auswirken, sondern genauso das Handeln und Denken der Älteren selbst. In diesem Zusammenhang wird auch von Selbststereotypisierung gesprochen. Inwieweit individuelle Altersbilder auf Stereotypen beruhen und zu welchem Anteil die *eigenen* Erfahrungen mit dem Älterwerden eine Rolle spielen, lässt sich hierbei nicht immer klar voneinander trennen. Altersstereotype beeinflussen die Sicht auf das eigene Älterwerden ebenso, wie die eigene Sicht auf das Älterwerden Altersstereotype verändern kann (Rothermund & Brandtstädter 2003).

Eine Reihe von Studien hat darauf hingewiesen, dass es einen erheblichen Einfluss auf ältere Personen haben kann, wenn sie Altersstereotype auf sich selbst anwenden. Demnach können Selbststereotypisierungen sich beispielsweise auf die Gedächtnisleistungen und die Genesung nach einer Krankheit auswirken (vgl. Hess et al. 2003; Levy et al. 2006). Zudem haben in den vergangenen Jahren mehrere Längsschnittstudien gezeigt, dass die individuelle Sicht auf das Älterwerden einen erheblichen Einfluss darauf hat, wie gesund Menschen älter werden und wie lange sie leben (vgl. Levy et al. 2002a, 2002b; Wurm et al. 2007). Diese Befunde liefern Evidenz für die Annahme, dass die Sicht auf das eigene Älterwerden langfristige Folgen haben kann. Experimentelle Studien verweisen etwa darauf, dass eine negativere Sicht auf das eigene Altern mit erhöhtem physiologischen Stress einhergeht (Levy et al. 2000). Einen weiteren Wirkmechanismus stellt das Gesundheitsverhalten dar – Personen mit einer positiveren Sicht auf das Älterwerden haben ein günstigeres Gesundheitsverhalten, indem sie beispielsweise körperlich aktiver sind (Levy & Myers 2004; Wurm et al. 2010).

In den vergangenen Jahrzehnten vollzog sich eine Reihe von Veränderungen, die sowohl für die Gesellschaft als auch für die einzelne, älter werdende Person von großer Tragweite sind. Exemplarisch zu nennen ist hierbei der sich derzeit vollziehende demografische Wandel, die gestiegene und weiter steigende Lebenserwartung sowie der frühe Ruhestand, der über viele Jahre hinweg verbreitet war (vgl. das Einleitungskapitel).

Der zahlenmäßig deutlich steigende Anteil Älterer an der Gesamtbevölkerung führt dazu, dass die Lebensphase Alter stärker in das gesellschaftliche Bewusstsein rückt. Hinzu kommt, dass durch den früheren Eintritt in den Ruhestand und die gestiegene Lebenserwartung die Lebensphase Alter mittlerweile oftmals mehrere Jahrzehnte umfasst. Viele

Menschen erleben dadurch das Alter nicht einfach als Restlebensphase, in der Verluste und Abschied dominieren, sondern auch als eine aktive Phase der „späten Freiheit" (Rosenmayr 1983), die es sinnvoll zu füllen und zu gestalten gilt. Vermutlich wird der Übergang in den Ruhestand auch deshalb meist nicht in einer Weise krisenhaft erlebt, wie dies früher angenommen wurde (Wurm et al. 2009). Das Bild einer aktiven Lebensphase Alter wird zudem zunehmend von der Politik und den Medien unterstützt. Zugleich werden zunehmend auch die Probleme thematisiert, die mit einer steigenden Lebenserwartung einhergehen. Hierzu zählen die steigende Prävalenz von demenziellen Erkrankungen, der steigende Pflegebedarf und die Frage nach der zukünftigen Finanzierbarkeit der gesundheitlichen und pflegerischen Versorgung.

Der Stand der Forschung zum Thema Altersbilder macht deutlich, dass die Bedeutung von Altersbildern nicht unterschätzt werden sollte, da diese eine erhebliche Wirkung entfalten können und zwar sowohl über Altersdiskriminierung als auch über Vorstellungen vom eigenen Älterwerden und Altsein. Relativ wenig ist jedoch bisher darüber bekannt, wie verbreitet bestimmte Altersbilder in der Gesellschaft sind und wie groß hierbei die Unterschiede zwischen einzelnen Bevölkerungsgruppen sind. Vor diesem Hintergrund wird im Folgenden untersucht, wie sehr sich die Altersbilder in Abhängigkeit von Alter, Geschlecht, Bildungshintergrund und regionalem Kontext unterscheiden. Hierbei ist es wahrscheinlich, dass sich verschiedene Altersgruppen in ihren Altersbildern unterscheiden. Zum einen aufgrund ihrer unterschiedlichen Sozialisationserfahrungen, zum anderen aufgrund ihrer variierenden Erfahrungen mit dem eigenen Älterwerden, die im mittleren Erwachsenenalter oftmals weniger Verluste beinhalten als im höheren Lebensalter. Mögliche Geschlechtsunterschiede in den Altersbildern können unter anderem aus unterschiedlichen Rollenerwartungen an Männer und Frauen erwachsen. Ebenso ist denkbar, dass der Bildungshintergrund eine Rolle dabei spielt, welche Chancen und Verluste mit dem Älterwerden verbunden werden. Zudem gilt es zu berücksichtigen, inwieweit Altersbilder systematisch sozial strukturiert verteilt sind. Eine Frage ist hierbei, inwieweit positive Altersbilder in höheren Bildungsschichten verbreiteter sind, da diese potenziell bessere Voraussetzungen dafür haben, das Alter als eine „späte Freiheit" zu gestalten (zu besseren gesundheitlichen Voraussetzungen höher gebildeter Personen vgl. Kapitel 4 „Gesundheit"). Schließlich kann der regionale Kontext dazu beitragen, wie positiv oder negativ Altersbilder ausfallen. Besonders in den ländlichen Regionen Ostdeutschlands erfolgte eine Abwanderung von Personen im Erwerbsalter, wodurch der Altersdurchschnitt regional teilweise deutlich angestiegen ist. Es wird deshalb auch untersucht, inwieweit sich 20 Jahre nach der Wiedervereinigung die Altersbilder in den alten und neuen Bundesländern unterscheiden. Für die hier betrachteten Menschen ab 40 Jahren galten mindestens für die Hälfte ihres Lebens gesellschaftlich unterschiedliche Entwicklungsbedingungen in West und Ost.

Die gesellschaftlichen Diskussionen im Rahmen des demografischen Wandels, sowohl zu den Chancen des jungen Alters als auch den Herausforderungen des hohen Alters, tragen vermutlich dazu bei, dass sich gängige Altersbilder verändern. Hierbei sind zwei Entwicklungen denkbar: Einerseits könnte der in den letzten Jahren verstärkte mediale Diskurs zu „Potenzialen des Alters" positive Altersbilder befördert haben. Andererseits könnten als negativ empfundene Nachrichten aus dem Bereich des Alters (zum Beispiel die mit steigendem Alter wachsende Wahrscheinlichkeit einer Demenzerkrankung) ein negatives Altersbild verstärkt haben. Dadurch, dass im Rahmen des Alterssurveys positive und negative Altersbilder untersucht werden, kann differenziert dargestellt werden, innerhalb welcher Facetten der Altersbilder Veränderungen festzustellen sind. Aufgrund der mehrdimensionalen Perspektive auf positive und negative Facetten von Altersbildern lässt sich auch analysieren, ob möglicherweise sowohl positive als auch negative Altersbilder zugenommen haben. Damit konzentriert sich das Kapitel auf zwei Fragen:

- Wie verbreitet sind positive und negative Altersbilder und in welchem Maße unterscheiden sich die Altersbilder verschiedener Bevölkerungsgruppen?
- Inwieweit haben sich die Altersbilder in der Gesellschaft innerhalb der letzten zwölf Jahre verändert?

11.2 Datengrundlage

Eine Reihe von Themen wie beispielsweise Familienbeziehungen, Gesundheit oder die materielle Lage, werden nicht nur im Deutschen Alterssurvey (DEAS), sondern auch in anderen deutschen Surveys wie dem Familiensurvey, dem Gesundheitsmonitoring oder dem Sozio-oekonomischen Panel regelmäßig erfragt. Bezüglich dieser Themen zeichnet sich der DEAS durch die Fokussierung auf die Zielgruppe der über 40-Jährigen aus – sowohl was die Stichprobe als auch die Forschungsfragen betrifft. Demgegenüber zählt das Thema Altersbilder zu den Fragen mit einem Alleinstellungsmerkmal des Alterssurveys, da in keinem anderen deutschen Survey regelmäßig Fragen zu Altersbildern gestellt werden.

Individuelle Altersbilder werden im Rahmen des DEAS seit 1996 erfragt. Es handelt sich hierbei um Aussagen, die eigens für diesen Survey entwickelt wurden (Dittmann-Kohli et al. 1995). Alle Aussagen beginnen mit dem Satzanfang „Älterwerden bedeutet für mich, dass …“ und beziehen sich sowohl auf entwicklungsbezogene Verluste als auch Gewinne. Untersucht werden damit Altersbilder, die sich auf den Prozess des Älterwerdens beziehen. Altersbilder werden dabei nicht eindimensional als entweder positiv oder negativ betrachtet. Vielmehr wird eine mehrdimensionale und multidirektionale Perspektive auf das Älterwerden eingenommen, da es auch in der zweiten Lebenshälfte sowohl Gewinne als auch Verluste gibt (Multidirektionalität). Zudem können Gewinne und Verluste gleichzeitig bestehen, insbesondere, wenn sie verschiedene Lebensbereiche betreffen (Multidimensionalität). Das Bewusstsein und Wissen darüber, dass das Älterwerden nicht nur Verluste, sondern auch Gewinne (wie eine *späte Freiheit*) beinhalten kann, spiegelt sich in der zunehmenden Vielfalt gesellschaftlicher Altersbilder wider. In den folgenden Darstellungen werden zwei Sichtweisen betrachtet:

- Die Sichtweise, dass Älterwerden mit körperlichen Verlusten einhergeht. Sie wurde anhand von Aussagen wie „Älterwerden bedeutet für mich, dass mein Gesundheitszustand schlechter wird“ erfasst.
- Die Sichtweise, dass Älterwerden mit persönlicher Weiterentwicklung einhergeht. Sie wurde anhand von Aussagen wie „Älterwerden bedeutet für mich, dass sich meine Fähigkeiten erweitern“ erfasst.

Bei diesen Aussagen konnten die Befragten im schriftlichen Fragebogen jeweils ankreuzen, ob die betreffende Aussage auf sie „gar nicht“, „eher nicht“, „eher“ oder „genau“ zutrifft. Beide Sichtweisen auf das Älterwerden beruhen auf je vier solcher Aussagen. Die auf dieser Grundlage gebildeten Skalen haben für die verschiedenen Stichproben und Befragungszeitpunkte eine angemessene interne Konsistenz (alle Cronbach's α > .70). Die beiden Skalen sind in allen Erhebungsjahren nur in mittlerer Höhe miteinander korreliert. Dies verdeutlicht, dass eine getrennte Betrachtung der verlust- beziehungsweise gewinnorientierten Sichtweisen auf das Älterwerden angemessener ist als eine integrierte Betrachtung.

11.3 Welche Vorstellungen vom Älterwerden haben Menschen in der zweiten Lebenshälfte?

Wie im vorangegangenen Abschnitt dargestellt, beziehen sich die beiden hier betrachteten Sichtweisen des Älterwerdens auf körperliche Verluste und auf das Erleben von Weiterentwicklung. Während es sich bei den Verlusten um eingetretene oder antizipierte *Erfahrungen* handelt, spiegelt sich in der positiven Sicht persönlicher Weiterentwicklung stärker wider, wie Personen ihr Älterwerden subjektiv *erleben* und aktiv *gestalten*. Im Folgenden wird für diese beiden Altersbilder betrachtet, wie stark sich verschiedene Altersgruppen in ihren Altersbildern unterscheiden und inwieweit neben Altersunterschieden zudem Unterschiede in Abhängigkeit von Geschlecht, Region und Bildung festzustellen sind.

11.3.1 Negatives Altersbild: Älterwerden begleitet von körperlichen Verlusten

Betrachtet man, wie viele Personen entwicklungsbezogene Verluste sehen, also das Älterwerden mit körperlichem Abbau verbinden, zeigen sich erwartungsgemäß deutliche Altersunterschiede (vgl. Abbildung 11–1). Jüngere Altersgruppen verbinden mit dem eigenen Älterwerden weniger körperliche Verluste, in den höheren Altersgruppen ist eine verlustorientierte Perspektive zunehmend stärker verbreitet. Besonders ist dies für Personen in der nachberuflichen Lebensphase ersichtlich, ab dem sogenannten dritten Lebensalter, das mit etwa 65 bis 70 Jahren beginnt.

Abb. 11–1: Negatives Altersbild körperlicher Verluste nach Altersgruppe

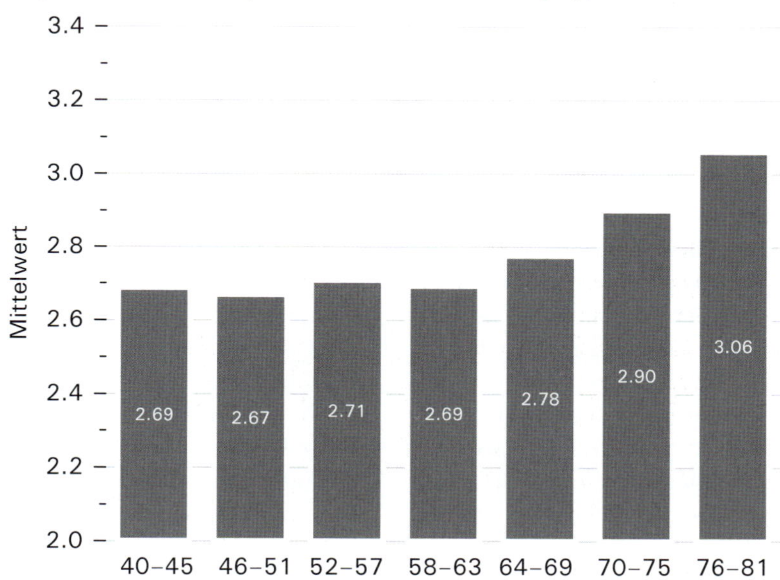

Quelle: DEAS 2008 (n = 4.342), gewichtet, gerundete Angaben. $p < .01$.

Abb. 11–2: Negatives Altersbild körperlicher Verluste im regionalen Vergleich getrennt nach Bildungsgruppe

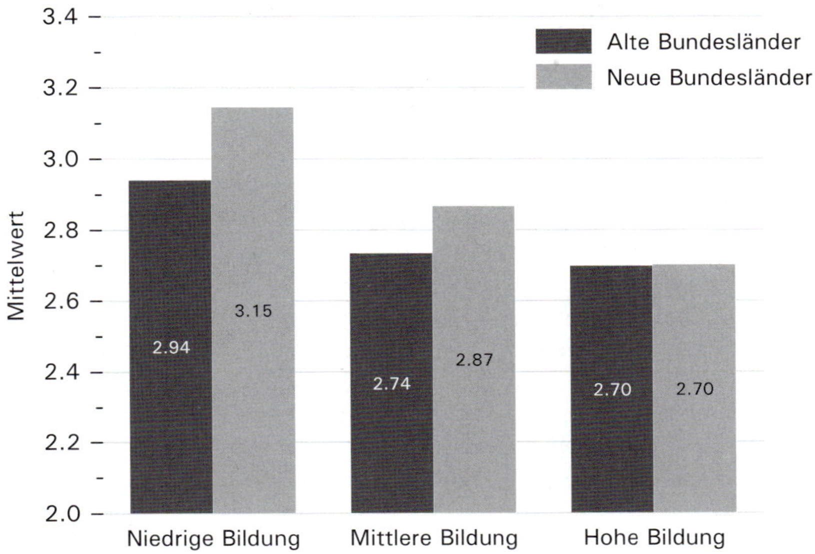

Quelle: DEAS 2008 (n = 4.340), gewichtet, gerundete Angaben. $p < .01$.

Zudem zeigen sich bildungsabhängige Differenzen in der verlustorientierten Sicht auf das Älterwerden, wie anhand von Abbildung 11–2 zu erkennen ist: Demnach assoziieren Personen mit geringerer Bildung das Älterwerden weit stärker mit körperlichen Verlusten als Personen mit mittlerer oder hoher Bildung. Dieser Unterschied zeigt sich für alle Altersgruppen gleichermaßen.

Seit dem Mauerfall vor 20 Jahren haben sich der Gesundheitszustand und die Lebenserwartung in den alten und neuen Bundesländern weitgehend angeglichen (Hoffmann et al. 2009). Vor diesem Hintergrund ist bemerkenswert, dass das Älterwerden in den neuen Bundesländern stärker mit körperlichen Verlusten verbunden wird als in den alten Bundesländern. Dieses negativere Altersbild in den neuen Bundesländern betrifft alle hier betrachteten Altersgruppen (40 bis 85 Jahre) gleichermaßen und ist somit nicht allein auf die spezifische Problemlage einer bestimmten Altersgruppe zurückzuführen. Anhand von Abbildung 11–2 wird deutlich, dass sich der regionale Unterschied jedoch in Abhängigkeit vom Bildungshintergrund zeigt: Während sich keine regionalen Unterschiede für Personen mit hoher Bildung finden, sind die deutlichsten Unterschiede in der Gruppe der Personen mit niedriger Bildung zu erkennen.

Während Personen damit in Abhängigkeit vom Alter, Bildungshintergrund und regionalem Kontext das eigene Älterwerden in unterschiedlichem Ausmaß mit körperlichen Verlusten verbinden, zeigen sich keine Unterschiede hinsichtlich des Geschlechts.

11.3.2 Positives Altersbild: Älterwerden begleitet von Weiterentwicklung

Auch was das positive Altersbild persönlicher Weiterentwicklung betrifft, zeigen sich keine Unterschiede zwischen Frauen und Männern. Es finden sich jedoch auch hier Unterschiede

Abb. 11–3: Positives Altersbild persönlicher Weiterentwicklung nach Altersgruppe

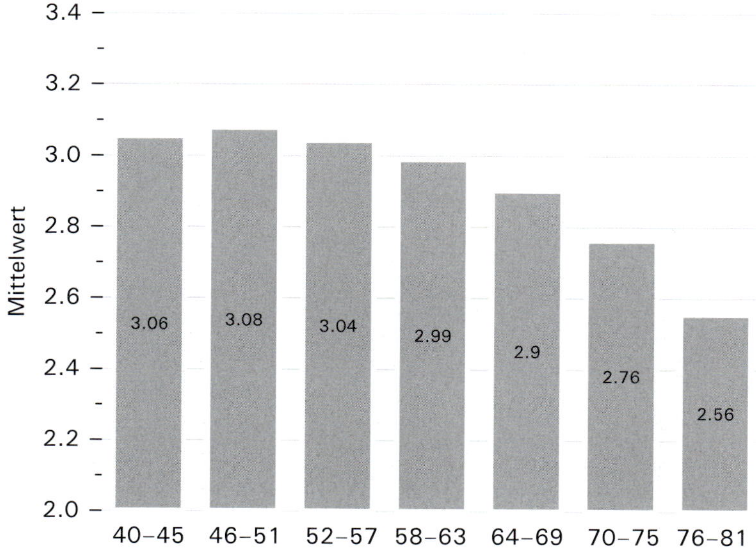

Quelle: DEAS 2008 (n = 4.342), gewichtet, gerundete Angaben. $p < .01$.

zwischen verschiedenen Altersgruppen, Bildungsgruppen und regionalen Kontexten, wie im Folgenden veranschaulicht wird.

Anhand von Abbildung 11–3 lässt sich erkennen, dass in höheren Altersgruppen das Älterwerden seltener als persönliche Weiterentwicklung erlebt wird als noch von Personen im mittleren Erwachsenenalter. Während in den Altersgruppen von 40 bis 57 Jahren diese positive Sicht auf einem stabilen und hohen Niveau bleibt, nimmt diese Sicht auf das Älterwerden in den älteren Gruppen nahezu linear ab.

Wie beim negativen Altersbild zeigen sich auch hier deutliche Gruppenunterschiede in Abhängigkeit vom Bildungshintergrund. Personen mit höherer Bildung erleben das Älterwerden deutlich häufiger als Weiterentwicklung. Je höher demnach die Bildung ist, desto positiver fällt das persönliche Alterserleben aus. Dies gilt für alle Altersgruppen gleichermaßen, was heißt, dass auch im höheren Lebensalter gebildetere Menschen mehr Chancen persönlicher Weiterentwicklung sehen als jene aus niedrigeren Bildungsgruppen. Analog zum negativen Altersbild zeigt sich hier zudem ein regionaler Unterschied. Menschen, die in den neuen Bundesländern leben, verbinden mit dem Älterwerden seltener Weiterentwicklung als jene in den alten Bundesländern. Die regionalen Unterschiede sind auch hier nicht für alle Bildungsgruppen gleichermaßen zu finden. Anhand der Abbildung 11–4 ist erkennbar, dass sich für Personen mit höherer Bildung keine regionalen Unterschiede zeigen.

Die aktuellen Daten des Deutschen Alterssurveys (DEAS 2008) machen deutlich, dass sich sowohl verlust- als auch gewinnbezogene Altersbilder einzelner Bevölkerungsgruppen unterscheiden. Hierbei fallen die persönlichen Altersbilder von jüngeren Personen, gebildeteren Personen und Personen, die in den alten Bundesländern leben, deutlich positiver aus, während höheres Lebensalter, geringere Bildung sowie der regionale Kontext der neuen Bundesländer mit einer negativeren Sicht auf das Älterwerden verbunden sind. Mögliche Erklärungen für diese Unterschiede werden in Abschnitt 11.5 diskutiert.

Abb. 11–4: Positives Altersbild persönlicher Weiterentwicklung im regionalen Vergleich getrennt nach Bildungsgruppe

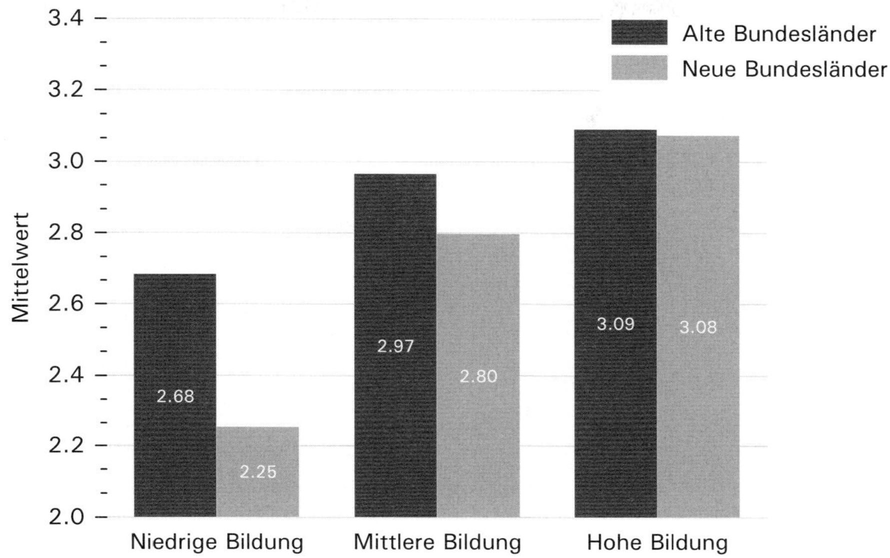

Quelle: DEAS 2008 (n = 4.340), gewichtet, gerundete Angaben. $p < .01$.

11.4 Haben sich die Altersbilder in den letzten Jahren gewandelt?

Da sich in den vergangenen Jahrzehnten ein Wandel gesellschaftlicher Altersbilder vollzogen hat, liegt es nahe, dass sich auch die individuellen Vorstellungen vom Älterwerden verändert haben. Dies würde bedeuten, dass die Menschen in den Jahren 2002 und 2008 das eigene Älterwerden weniger stark mit körperlichen Verlusten verbinden als noch 1996. Zudem müssten mehr Menschen das eigene Älterwerden als Chance für persönliche Weiterentwicklung erachten. Ist dies tatsächlich der Fall? Wenn ja, zeigt sich dies sowohl für die verlust- als auch die gewinnbezogene Facette persönlicher Altersbilder? Und schließlich: Sind die persönlichen Altersbilder kontinuierlich besser geworden oder zeigt sich möglicherweise eine Umkehr der Entwicklung, hin zu wieder negativer werdenden Altersbildern?

Letztes wäre beispielsweise vor dem Hintergrund der Arbeitsmarkt- und Rentenreformen (Abbau der Anreize für den Ruhestand, Erhöhung der Regelaltersgrenze[1]) und dem damit verbundenen Anstieg des Anteils älterer Erwerbstätiger und älterer Arbeitsloser denkbar (Brussig et al. 2008). Dieser könnte sich zumindest für die betreffenden Altersgruppen auch negativ auf ihre Altersbilder auswirken. Vor diesem Hintergrund stellt sich deshalb die Frage, ob sich für unterschiedliche Altersgruppen gleichermaßen ein Wandel der persönli-

---

1 Im Jahr 2006 wurde die Altersgrenze für die vorzeitige Altersrente stufenweise vom 60. auf das 63. Lebensjahr angehoben, um Frühverrentungen zu verhindern, im Jahr 2008 trat das Gesetz zur Altersrente mit 67 in Kraft. Die Rentenreformen bezwecken seit Mitte der 1990er Jahre eine Verlängerung der Lebensarbeitszeit und eine Senkung der Renteneinkünfte, um das gesetzliche Rentensystem zu sichern.

chen Altersbilder zeigt, oder ob bestimmte Altersgruppen mehr von der Veränderung der gesellschaftlichen Altersbilder profitieren als andere. Zudem wird untersucht, ob sich ein unterschiedlicher Wandel in Abhängigkeit von Geschlecht, Bildungshintergrund oder Region vollzogen hat. Verglichen werden hierbei die Altersbilder in den drei Erhebungsjahren 1996, 2002 und 2008 (für eine nähere Beschreibung der Analyseperspektiven vgl. Kapitel 2 „Datengrundlagen und Methoden“).

11.4.1 Wandel des negativen Altersbildes körperlicher Verluste

Geht man zunächst für die Gesamtgruppe der 40- bis 85-Jährigen der Frage nach, ob sich die persönliche Sicht vom Älterwerden über den Zwölfjahreszeitraum hinweg gewandelt hat, ist für das negative Altersbild festzustellen, dass sich ein Wandel vollzogen hat (vgl. Abbildung 11–5). Dabei hat sich die Sicht, dass das Älterwerden mit körperlichen Verlusten einhergeht, zwischen den beiden Jahren 1996 und 2002 zum Positiveren entwickelt. Im Jahr 1996 noch verbanden die Menschen in der zweiten Lebenshälfte das Älterwerden etwas stärker mit körperlichem Abbau als im Jahr 2002.

Im Vergleich der Jahre 2002 und 2008 zeigt sich hingegen, dass sich dieser Trend nicht in gleichem Ausmaß fortgesetzt hat. Vielmehr scheint sich das Altersbild eher zu stabilisieren. Über den gesamten Zwölfjahreszeitraum betrachtet bedeutet dies dennoch, dass das Älterwerden insgesamt weniger mit körperlichen Verlusten verbunden wird.

Anhand von Kohortenvergleichen lässt sich der Frage nachgehen, ob später geborene Geburtsjahrgänge weniger körperliche Verluste mit dem Älterwerden verbinden als vor ihnen geborene Kohorten. Zudem geben Kohortenvergleiche Aufschluss über die Frage, ob sich der aufgezeigte Wandel der Altersbilder für alle Altersgruppen gleichermaßen zeigt oder sich für verschiedene Altersgruppen unterschiedliche Entwicklungen erkennen lassen. Beim Vergleich der drei Erhebungsjahre zeigt sich, dass der Wandel des Altersbildes in Abhängigkeit von der betrachteten Altersgruppe etwas variiert (Abbildung 11–6).

Abb. 11–5: Negatives Altersbild körperlicher Verluste im Jahresvergleich

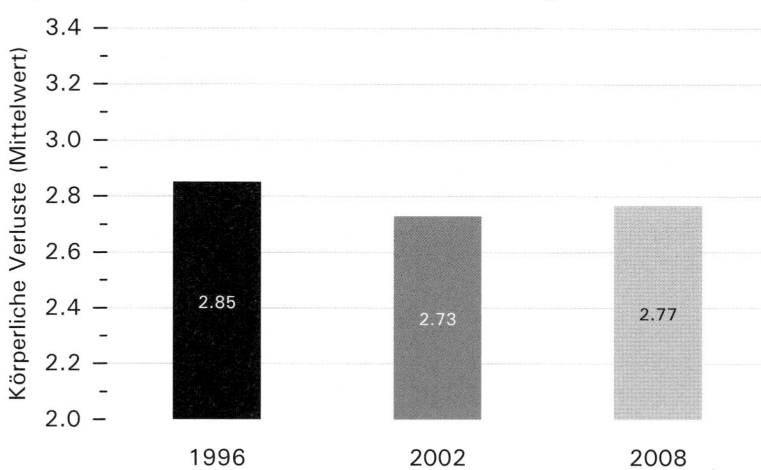

Quelle: DEAS 1996 (n = 3.986), 2002 (n = 2.782) und 2008 (n = 4.342), gewichtet, gerundete Angaben. p < .01.

Abb. 11–6: Negatives Altersbild körperlicher Verluste im Kohortenvergleich

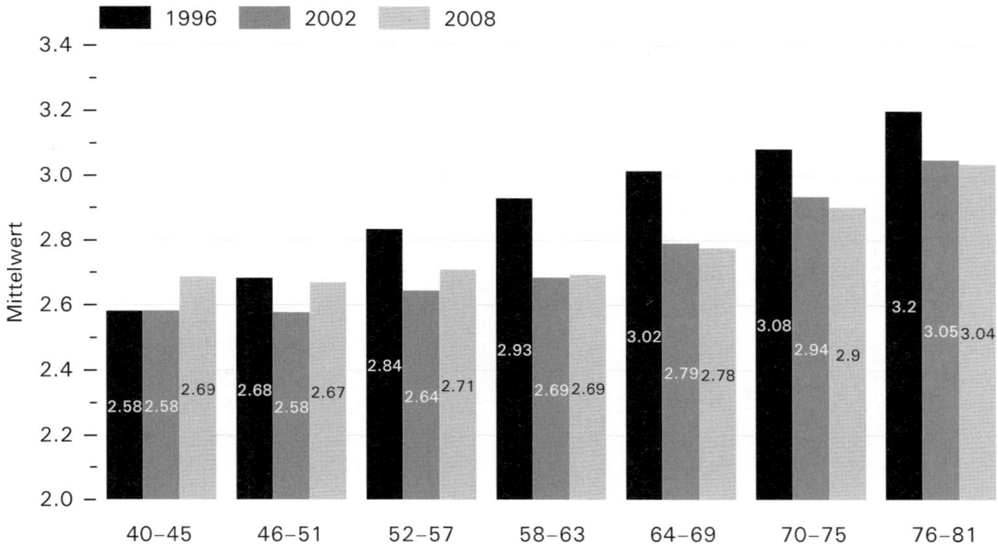

Quelle: DEAS 1996 (n = 3.986), 2002 (n = 2.782) und 2008 (n = 4.342), gewichtet, gerundete Angaben. $p < .01$.

Ein Vergleich der beiden Jahre 1996 und 2002 zeigt, dass es für alle Altersgruppen, mit Ausnahme der 40- bis 45-Jährigen, zu einer Verbesserung des Altersbildes gekommen ist: Im Jahr 2002 verbanden weniger Personen das Älterwerden mit körperlichen Verlusten als noch im Jahr 1996. Am deutlichsten wird dies im Falle der beiden Altersgruppen der 58- bis 63-Jährigen und 64- bis 69-Jährigen und damit für Personen rund um den Übergang in den Ruhestand.

Im Vergleich der Jahre 2002 und 2008 gehen die Entwicklungen leicht, aber in einer bemerkenswerten Weise auseinander: In jenen Altersgruppen, die sich in der nachberuflichen Lebensphase befinden, hat sich das Altersbild stabilisiert oder etwas weiter verbessert, das heißt, es werden weniger körperliche Verluste mit dem Älterwerden verbunden. Hingegen hat sich in den Altersgruppen, die sich noch in der Erwerbsphase befinden, der Wandel hin zu einem weniger negativen Altersbild abgeschwächt. Am deutlichsten zeigt sich dieser Trend für die Altersgruppe der 40- bis 45-Jährigen, hier ist sogar eine leichte Verschlechterung erkennbar. Im Vergleich der drei Erhebungswellen finden sich in Abhängigkeit von Geschlecht, Bildung oder Region hingegen keine unterschiedlichen Entwicklungen.

11.4.2 Wandel des positiven Altersbildes persönlicher Weiterentwicklung

Für das positive Altersbild persönlicher Weiterentwicklung zeigen sich im Zwölfjahreszeitraum ähnliche Veränderungen wie für das negative Altersbild (Abbildung 11-7). Zwischen den Jahren 1996 und 2002 zeigt sich eine leichte Verbesserung, das heißt, das Älterwerden wird stärker als entwicklungsbezogene Chance erachtet. Im Vergleich der Jahre 2002 und 2008 ist eine Stabilisierung der Entwicklung festzustellen, aber auch im Jahr 2008 ist dieses Altersbild positiver als noch im Jahr 1996.

Abb. 11–7: Positives Altersbild persönlicher Weiterentwicklung im Jahresvergleich

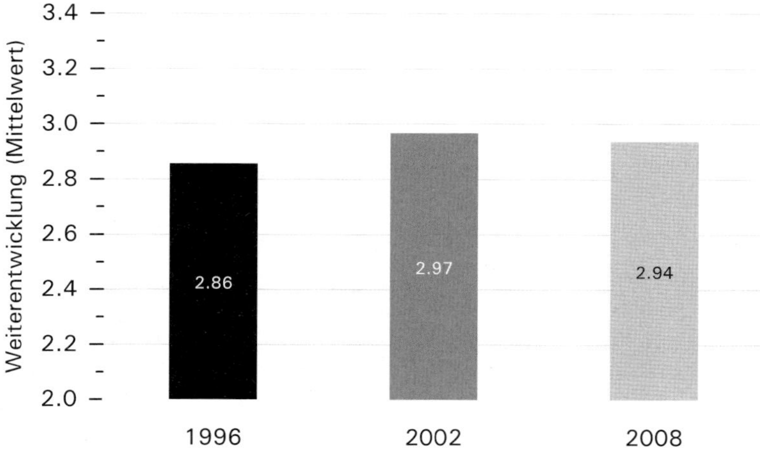

Quelle: DEAS 1996 (n = 4.021), 2002 (n = 2.782) und 2008 (n = 4.342), gewichtet, gerundete Angaben. $p < .01$.

Zusammen mit dem Befund zum negativen Altersbild veranschaulichen die Darstellungen, dass sich die persönlichen Altersbilder verbessert haben: Über die Jahre hinweg wird das Älterwerden weniger mit körperlichen Verlusten und stärker mit persönlicher Weiterentwicklung verbunden. Hierbei handelt es sich jedoch nicht um eine linear fortschreitende Entwicklung. Vielmehr weisen die Ergebnisse des Jahres 2008 darauf hin, dass sich der Trend zu einer positiveren Sicht auf das Älterwerden eher stabilisiert hat.

Betrachtet man für das positive Altersbild, ob sich der aufgezeigte Wandel für alle Altersgruppen gleichermaßen zeigt, wird erkennbar, dass sich zwischen den Jahren 1996 und 2002 für alle Altersgruppen die Sicht auf das Älterwerden verbessert hat (Abbildung 11–8).

Leichte Verbesserungen zeigen sich für Personen im Erwerbsalter (hier vor allem: 40- bis 57-Jährige), während sich besonders für die Altersgruppen im Alter zwischen 58 und 75 Jahren eine stärkere Verbesserung dieses Altersbildes zeigt. Dies bedeutet, dass das eigene Älterwerden im Jahr 2002 stärker mit persönlicher Weiterentwicklung verbunden wurde als noch im Jahr 1996. Vergleicht man ergänzend die Jahre 2002 und 2008, ergibt sich ein gemischtes Bild. In den meisten Altersgruppen bleibt die positive Sicht auf das Älterwerden stabil oder nimmt eher wieder etwas ab – letzteres ist für die Gruppe der 40- bis 45-Jährigen am deutlichsten der Fall. Für die Altersgruppen der 70- bis 75-Jährigen sowie 76- bis 81-Jährigen setzt sich hingegen der Trend zu einem positiveren Altersbild fort. Auch hinsichtlich des Wandels des positiven Altersbildes zeigen sich weder Unterschiede zwischen Frauen und Männern noch zwischen verschiedenen Bildungsgruppen oder zwischen den alten und neuen Bundesländern.

11.5 Diskussion

Die gesellschaftlichen Vorstellungen vom Lebenslauf entsprachen lange Zeit dem Bild von Wachstum und Entwicklung in der ersten Lebenshälfte und Verlusten sowie Abbauprozessen in der zweiten Lebenshälfte. Diese eindi-

Abb. 11–8: Positives Altersbild persönlicher Weiterentwicklung im Kohortenvergleich

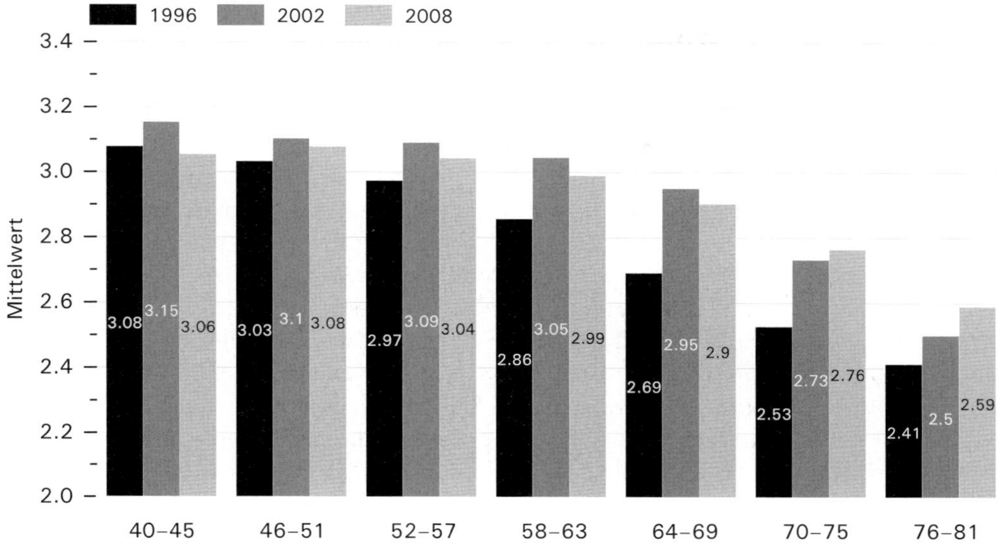

Quelle: DEAS 1996 (n = 4.021), 2002 (n = 2.782) und 2008 (n = 4.342), gewichtet, gerundete Angaben. $p < .05$.

mensionale Perspektive wird jedoch zunehmend von einer mehrdimensionalen und multidirektionalen Perspektive auf das Älterwerden abgelöst. Auch in der zweiten Lebenshälfte gibt es Gewinne und Verluste (Multidirektionalität); diese können verschiedene Lebensbereiche betreffen (Multidimensionalität) und damit auch gleichzeitig bestehen. Das Bewusstsein und Wissen darüber, dass das Älterwerden nicht nur Verluste sondern auch Gewinne (wie eine *späte Freiheit*) beinhalten kann, spiegelt sich in der zunehmenden Vielfalt gesellschaftlicher Altersbilder wider.

Das Kapitel untersuchte individuelle Altersbilder von Menschen in der zweiten Lebenshälfte. Im Zentrum standen hierbei zwei Sichtweisen auf das Älterwerden. Die verlustorientierte Sicht, dass das Älterwerden mit zunehmenden körperlichen Einbußen einhergeht sowie die gewinnorientierte Sicht persönlicher Weiterentwicklung. Damit wurde eine multidimensionale und multidirektionale Sicht auf das Älterwerden eingenommen. Im Folgenden werden die Ergebnisse zu den beiden eingangs formulierten Fragen abschließend zusammengefasst und diskutiert.

11.5.1 Zusammenfassung

Insgesamt zeigt sich ein differenziertes Altersbild bei Menschen in der zweiten Lebenshälfte: Das Älterwerden wird sowohl als ein Prozess gesehen, der von körperlichen Verlusten begleitet ist als auch die Möglichkeiten zur persönlichen Weiterentwicklung beinhaltet. Wie erwartet sind die Altersbilder bei Menschen am Beginn der zweiten Lebenshälfte positiver als in höheren Altersgruppen. Im höheren Lebensalter wird das Älterwerden häufiger mit körperlichen Verlusten und seltener mit der Möglichkeit persönlicher Weiterentwicklung verbunden. Die Ausprägung dieser unterschiedlichen Facetten ist hierbei sozial ungleich verteilt. Personen mit niedriger Bildung sehen stärker die mit dem Älterwerden einhergehenden körperlichen Verluste und nehmen geringere Möglichkeiten persönlicher Weiterentwicklung im Alter wahr. Die Altersbilder von Frauen und Männern unterscheiden sich nicht. In den neuen Bundesländern ist das Altersbild eher von persönlichen Verlusten und weniger von den Möglichkeiten persönlicher Weiterentwicklung geprägt als in den neuen Bundesländern.

Die dargestellten Ergebnisse zum sozialen Wandel der persönlichen Altersbilder machen deutlich, dass sich vor allem zwischen den Jahren 1996 und 2002 ein sichtbarer Wandel hin zu positiveren Altersbildern vollzogen hat, der sich über den Zeitraum von 2002 und 2008 nicht gleichermaßen fortgesetzt, sondern eher stabilisiert hat. Beim näheren Vergleich der einzelnen Kohorten waren hierbei gegenläufige Tendenzen erkennbar. Für jene Altersgruppen, die sich in der beruflichen Lebensphase befinden, gab es nur einen leichten Wandel der Altersbilder. Dieser schwächte sich zudem zwischen 2002 und 2008 wieder ab. Ein stärkerer Wandel der Altersbilder war für Altersgruppen festzustellen, die sich in der nachberuflichen Lebensphase befinden. Hier zeigte sich anhand der nachfolgenden Geburtskohorten eine Verbesserung der persönlichen Altersbilder, die im Jahr 2008 aufrechterhalten werden konnte oder sogar weitere leichte Zuwächse zeigte. Weder Bildungs-, noch regionale oder Geschlechtsunterschiede änderten sich im Verlauf des sozialen Wandels.

11.5.2 Unterschiede in den Altersbildern verschiedener Gruppen

Gesellschaftliche Altersbilder prägen die persönliche Sicht auf das Älterwerden und Altsein von Kindheit an. Da diese Altersstereotype zunächst nicht die eigene Altersgruppe betreffen, werden sie oftmals unreflektiert übernommen und bilden später den Hintergrund für eigene Erfahrungen mit dem Älterwerden. Je älter eine Person ist, desto wahrscheinlicher ist es, dass ihre persönlichen Altersbilder neben gesellschaftlichen Vorstellungen auch eigene Erfahrungen enthalten (Rothermund & Brandtstädter 2003).

Die negativeren Altersbilder älterer Personen beruhen vermutlich wesentlich auf eigenen Erfahrungen und faktischen Begebenheiten des Älterwerdens. Die Ansicht, dass das Älterwerden mit körperlichen Verlusten einhergeht, ist bei den ältesten Befragten am stärksten verbreitet. Dies korrespondiert mit dem deutlich höheren Anteil von – oftmals chronisch progredienten – Erkrankungen in den gleichen Altersgruppen (vgl. Kapitel 4 „Gesundheit"; Saß et al. 2009). In ähnlicher Weise zeigen sich Altersunterschiede im Bereich der persönlichen Weiterentwicklung; auch hier wird deutlich, dass Unterschiede besonders im Vergleich des mittleren und höheren Erwachsenenalters zu sehen sind. Die Abnahme des positiven Bildes in den höheren Altersgruppen ist vermutlich dadurch mit bedingt, dass der Zeithorizont von Personen im mittleren Erwachsenenalter meist mehrere Jahrzehnte umfasst, während mit steigendem Alter die verbleibende Lebenszeit und damit die Möglichkeiten persönlicher Weiterentwicklung geringer werden. Allerdings sollte man nicht vergessen, dass die Altersbilder auch im höheren Alter nicht allein auf faktischen Begebenheiten beruhen. Unterschiede können auch dadurch bedingt sein, dass die gesellschaftlichen Altersbilder, die ältere Menschen von Kindheit an verinnerlichten, negativer waren als jene Altersbilder, mit denen nachfolgende Geburtsjahrgänge aufwuchsen. Dies bedeutet, dass die negativen Altersbilder, die in der Kindheit erworben wurden, zu einer Hypothek des höheren Erwachsenenalters werden. Es ist zu vermuten, dass ältere Menschen die in der Kindheit erworbenen Altersbilder auf sich selbst anwenden und sich deshalb eher so verhalten, wie es dem negativen Stereotyp entspricht. Dieser Prozess wird als Selbststereotypisierung bezeichnet. Es lässt sich jedoch nur schwer abschätzen, wie stark sich dieser Prozess in den Altersbildern der Menschen im höheren Erwachsenenalter niedergeschlagen hat.

Ähnliche Prozesse, die Unterschiede zwischen Altersgruppen bedingen, können auch zur Interpretation der aufgezeigten Bildungsunterschiede herangezogen werden. Insbesondere Menschen mit niedriger Bildung berichten negativere Altersbilder als Personen mit mittlerem und hohem Bildungshintergrund. Auch in diesem Zusammenhang sollte man zwischen faktischen Begebenheiten und subjektiven Prozessen differenzieren. Personen mit niedriger Bildung sehen das Älterwerden besonders deutlich mit körperlichen Verlusten assoziiert. Die schlechtere Gesundheit und geringere Lebenserwartung von Personen dieser Bildungsgruppe im Vergleich zu anderen Bildungsgruppen mag hierbei eine Rolle spielen. Allerdings ist dieser Unterschied in allen Altersgruppen vorhanden und damit nicht erst in Altersgruppen mit hoher Krankheitsprävalenz festzustellen. Weitere Faktoren könnten im Arbeitskontext zu finden sein. Personen mit niedriger Bildung arbeiten häufiger an Arbeitsplätzen mit geringen eigenen Gestaltungsmöglichkeiten. Zudem waren in den vergangenen Jahren Personen mit niedriger Bildung oftmals stärker von Arbeitsplatzunsicherheit und Stellenabbau betroffen. Die damit verbundenen finanziellen, aber auch gesundheitlichen und psychosozialen Folgen können sich nicht nur in der Erwerbsphase niederschlagen, sondern darüber hinaus in der nachberuflichen Lebensphase fortwirken. Besonders negativ fielen hierbei die Altersbilder von Personen mit niedriger Bildung in den neuen Bundesländern aus, während für Personen mit hoher Bildung keine regionalen Unterschiede festzustellen waren. Regionalspezifische Arbeitsmarktprobleme und die damit zusammenhängenden Migrationsbewegungen besserqualifizierter Fachkräfte aus den neuen Bundesländern könnten hierbei eine Rolle spielen. Vorsichtig kann man die Hypothese formulieren, dass die Wahrnehmung der Gestaltungsmöglichkeiten des eigenen Lebens während der beruflichen Lebensphase die Erwartungen an das eigene Älterwerden mitbestimmt. In der Soziologie und der Psychologie der Lebensspanne wird seit jeher argumentiert, dass das Alter keine in sich abgeschlossene Lebensphase ist, sondern nur im Kontext lebenslanger Entwicklung verstanden werden kann (Baltes et al. 1998).

11.5.3 Altersbilder im sozialen Wandel

Die altersgruppendifferenzierten Analysen machen deutlich, dass sich vor allem in den nachberuflichen Altersgruppen ein sozialer Wandel der Altersbilder vollzogen hat. Die nachberufliche Lebensphase wird damit heute mehr als früher als Chance für persönliche Weiterentwicklung empfunden und weniger mit körperlichen Verlusten assoziiert. Bei den Personen rund um den Übergang in den Ruhestand ist dieser Wandel besonders deutlich. Die verbesserten Erwartungen an das Älterwerden sind vermutlich sowohl eine Folge der steigenden Lebenserwartung, die das höhere Erwachsenenalter zu einer mehrere Jahrzehnte umfassenden, gestaltbaren Lebensphase macht, als auch eine Konsequenz des Gewinns an Gesundheit in den höheren Altersgruppen in den letzten Jahren. Bessere Gesundheit sowie bessere Bildung vergrößern hierbei die erforderlichen Ressourcen zu einer Gestaltung der nachberuflichen Lebensphase. Auch die positivere Thematisierung des Alters in der Werbung und anderen Medien mag zu diesem positiven Trend beitragen.

Bei Personen in der beruflichen Lebensphase zeigte sich hingegen nur ein leichter Wandel der Altersbilder. Dabei sollten die allgemeinen

Niveauunterschiede nicht übersehen werden, die in Abschnitt 11.4. dargestellt wurden. Der beschriebene soziale Wandel der Altersbilder impliziert zugleich, dass sich die persönlichen Altersbilder der verschiedenen Altersgruppen im sozialen Wandel angenähert haben. Die Altersbilder der älteren Generationen waren früher vermutlich auch deshalb negativer, weil ihre Eltern und Großeltern noch unter deutlich schwierigeren gesundheitlichen und materiellen Bedingungen alt wurden. In diesem Zusammenhang scheint die deutliche Verbesserung der Altersbilder bei Menschen im höheren Erwachsenenalter nicht überraschend.

Der soziale Wandel der Altersbilder ist jedoch nicht kontinuierlich positiv. Es ist auch eine rückläufige Tendenz zu beobachten. Für Personen in der beruflichen Lebensphase zeichnet sich im Vergleich der Jahre 2002 und 2008 ab, dass es eher wieder zu einer Verschlechterung der Altersbilder kommt. Am deutlichsten wurde dies im Falle der Gruppe der 40- bis 45-Jährigen. Über die Ursachen hierfür kann an dieser Stelle nur spekuliert werden. Personen in der beruflichen Lebensphase erleben heutzutage in erhöhtem Maße berufliche Belastungen, unter anderem aufgrund von Rationalisierungen, Privatisierungen und Unternehmenszusammenschlüssen. Hinzu kommt die Zunahme von prekären Beschäftigungsverhältnissen (befristete Arbeitsverträge, Leih- und Zeitarbeit, „neue Selbstständigkeit") und Arbeitsplatzunsicherheit (Wurm et al. 2009). Auch das steigende Rentenzugangsalter sowie Fragen bezüglich der Sicherheit der eigenen Rente könnten dazu beigetragen haben, dass die Altersbilder von Erwerbspersonen im Jahr 2008 etwas pessimistischer sind als noch im Jahr 2002.

11.5.4 Implikationen

Wenn heutige ältere Personen in der nachberuflichen Lebensphase weniger körperliche Verluste wahrnehmen und zugleich mehr Chancen der Weiterentwicklung erleben als vorangegangene Geburtsjahrgänge, trägt dies dazu bei, dass sie die oftmals Jahrzehnte umfassende nachberufliche Lebensphase in aktiver und erfüllter Weise leben können. Dies hat nicht nur positive Konsequenzen für die Gesundheit und Langlebigkeit (Wurm et al. 2007), sondern vermutlich auch für andere Bereiche, wie beispielsweise das lebenslange Lernen und die gesellschaftliche Partizipation.

Auch wenn sich die Altersbilder in den vergangenen Jahren insgesamt positiver geworden sind, sollte ihre weitere Entwicklung nicht aus dem Blick geraten. Der Befund, dass Personen mit niedriger Bildung das Älterwerden seltener als Möglichkeit persönlicher Weiterentwicklung sehen, macht deutlich, dass positive Altersbilder noch nicht in alle Bevölkerungsgruppen gleichermaßen Eingang gefunden haben. Dies gilt es zu berücksichtigen, wenn beispielsweise von den Chancen lebenslangen Lernens und später Freiheit gesprochen wird. Möglicherweise gelten diese nicht für alle Gesellschaftsgruppen gleichermaßen. Auch die abnehmenden Erwartungen von Menschen im mittleren Erwachsenenalter bezüglich ihres Älterwerdens geben Anlass zur Sorge. Dies könnte darauf hindeuten, dass sich in dieser Altersgruppe wieder eine größere Unsicherheit in Bezug auf die Gestaltungsmöglichkeiten in der eigenen nachberuflichen Lebensphase verbreitet.

Altersbilder sind von vielen Determinanten abhängig. Der Verbreitung von Wissen über das Altern und dessen Gestaltungsmöglichkeiten sollte verstärkt Aufmerksamkeit gewidmet werden, gerade um dem Prozess der Selbststereotypisierung zu reduzieren. Nur durch Aufklärung kann verhindert werden, dass sich früh erworbene negative Altersbilder einschränkend auf die Gestaltung des Alterns auswirken. Um hierbei erfolgreich zu sein, sollten aber auch materielle Unsicherheiten in den Blick genommen werden, die solchen Gestaltungsmöglichkeiten faktisch behindern können.

Der sechste Altenbericht wird im Herbst 2010 veröffentlicht. Die sechste Altenberichtskommission der Bundesregierung analysiert in ihrem Bericht die in verschiedenen gesellschaftlichen Bereichen vorherrschenden Altersbilder. Es wird aufgezeigt, wie sich Altersbilder in der Vergangenheit gewandelt haben, welche Veränderungen für die Zukunft zu erwarten sind und welche Handlungsempfehlungen sich daraus für Politik, Wirtschaft und Gesellschaft ergeben. Für den Altenbericht wurden eine Reihe von empirischen Expertisen zum Thema Altersbilder erstellt, unter anderem auch auf der Grundlage des Deutschen Alterssurveys (Wurm & Huxhold 2009). Diese Expertisen werden nach Abschluss der Kommissionsarbeit veröffentlicht. Die hohe Aufmerksamkeit für das Thema Altersbilder verdeutlicht, wie wichtig es ist, auch auf einer gesellschaftspolitischen Ebene darüber nachzudenken, ob die bestehenden Altersbilder in angemessener Weise den Wandel des Älterwerdens und des Alters widerspiegeln, der sich in den letzten Jahrzehnten vollzogen hat.

Die Anhangstabellen sind auf der beiliegenden CD-ROM zu finden.

Literatur

Baltes, P. B., Lindenberger, U., & Staudinger, U. M. (1998). Lifespan theory in developmental psychology. In W. Damon & R. M. Lerner (Eds.), *Handbook of child psychology* (vol. 1, pp. 1029–1143). New York: Wiley.

Baltes, M. M., & Reisenzein, R. (1986). The social world in long-term care institutions: Psychological control toward dependency. In M. M. Baltes & P. B. Baltes (Eds.), *The psychology of control and aging* (pp. 315–343). Hillsdale, N. J.: Erlbaum.

Bowling, A. (1999). Ageism in cardiology. *British Medical Journal, 319*, 1353–1355.

Brussig, M., Knuth, M., & Wojtkowski, S. (2008). Die Weichen sind gestellt – doch der Streckenausbau ist noch nicht abgeschlossen. Soziale Differenzierung im Altersübergang als Ergebnis bisheriger arbeitsmarkt- und rentenpolitischer Reformen. *WSI-Mitteilungen (11+12/2008)*, 1–13.

Cuddy, A. J., & Fiske, S. T. (2002). Doddering but dear: Process, content, and functioning in stereotyping of older persons. In T. D. Nelson (Ed.), *Ageism. Stereotyping and prejudice against older persons* (pp. 3–26). Cambridge, Massachusetts: The MIT Press.

Dittmann-Kohli, F., Kohli, M., & Künemund, H. (1995). *Lebenszusammenhänge, Selbstkonzepte und Lebensentwürfe. Die Konzeption des Deutschen Alters-Surveys (Forschungsbericht 47).* Berlin: Forschungsgruppe Altern und Lebenslauf (FALL).

Glover, I., & Branine, M. (2001). *Ageism in Work and Employment.* Aldershot, UK: Ashgate.

Hess, T. M., Auman, C., Colcombe, S. J., & Rahhal, T. A. (2003). The Impact of Stereotype Threat on Age Differences in Memory Performance. *Journal of Gerontology: Psychological Sciences, 58*, P3–P11.

Hoffmann, E., Schelhase, T., & Menning, S. (2009). Lebenserwartung und Sterbegeschehen. In K. Böhm, C. Tesch-Römer & T. Ziese (Hrsg.), *Gesundheit und Krankheit im Alter* (S. 92–104). Berlin: Robert Koch-Institut.

Levy, B. R., Hausdorff, J. M., Hencke, R., & Wei, J. Y. (2000). Reducing cardiovascular stress with positive self-stereotypes of aging. *Journal of Gerontology: Psychological Sciences, 55B(4)*, P205–P231.

Levy, B. R., & Myers, L. M. (2004). Preventive health behavior influenced by self-perceptions of aging. *Preventive Medicine, 39*, 625–629.

Levy, B. R., Slade, M. D., & Kasl, S. V. (2002a). Longitudinal benefit of positive self-perceptions of aging on functional health. *Journal of Gerontology, 57B(5)*, 409–417.

Levy, B. R., Slade, M. D., Kasl, S. V., & Kunkel, S. R. (2002b). Longevity increased by positive self-perceptions of aging. *Journal of Personality and Social Psychology, 83(2)*, 261–270.

Levy, B. R., Slade, M. D., May, J., & Caracciolo, E. A. (2006). Physical recovery after acute myocardial infarction: Positive age self-stereotypes as a resource. *International Journal of Human Development, 62(4)*, 285–301.

Rosenmayr, L. (1983). *Die späte Freiheit. Das Alter – ein Stück bewußt gelebten Lebens.* Berlin: Severin & Siedler Verlag.

Rothermund, K., & Brandtstädter, J. (2003). Age stereotypes and self-viewes in later life: Evaluating rival assumptions. *International Journal of Behavioral Development, 27(6)*, 549–554.

Saß, A.-C., Wurm, S., & Ziese, T. (2009). Somatische und psychische Gesundheit. In K. Böhm, C. Tesch-Römer & T. Ziese (Hrsg.), *Gesundheit und Krankheit im Alter* (S. 31–61). Berlin: Robert Koch-Institut.

Settersten, R. A., Jr., & Mayer, K. U. (1997). The measurement of age, age structuring, and the life course. *Annual Review of Sociology, 23*, 233–261.

Wurm, S., Engstler, H., & Tesch-Römer, C. (2009). Ruhestand und Gesundheit. In K. Kochsiek (Hrsg.), *Altern und Gesundheit* (Bd. 7, S. 81–192). Stuttgart: Nova Acta Leopoldina.

Wurm, S., & Huxhold, O. (2009). *Sozialer Wandel und individuelle Entwicklung von Altersbildern. Auswertungen für den 6. Altenbericht auf der Grundlage der dritten Welle des Deutschen Alterssurveys.* Berlin: Deutsches Zentrum für Altersfragen.

Wurm, S., Tesch-Römer, C., & Tomasik, M. J. (2007). Longitudinal findings on aging-related cognitions, control beliefs and health in later life. *Journal of Gerontology: Psychological Sciences, 62B(3)*, P156–P164.

Wurm, S., Tomasik, M. J., & Tesch-Römer, C. (2010). On the importance of a positive view on aging for physical exercise among middle-aged and older adults: Cross-sectional and longitudinal findings. *Psychology and Health, 25(1)*, 25–42.

12 Subjektives Wohlbefinden

Clemens Tesch-Römer, Maja Wiest & Susanne Wurm

Kernaussagen

Das subjektive Wohlbefinden in der zweiten Lebenshälfte ist hoch:
Menschen in der zweiten Lebenshälfte sind mit ihrem Leben zum größten Teil zufrieden, viele Menschen erleben häufig positive und selten negative Gefühle.

Die Lebenszufriedenheit ist in allen Altersgruppen zwischen 40 und 85 Jahren gleichermaßen hoch:
Der Anteil der mit dem Leben sehr zufriedenen Menschen ist in allen Altersgruppen gleich hoch. Altersunterschiede bestehen hingegen in der Häufigkeit des emotionalen Erlebens: Die 70- bis 85-Jährigen berichten, seltener positive und negative Gefühle zu erleben als jüngere Altersgruppen.

Lebenszufriedenheit in den neuen und alten Bundesländern hat sich angenähert:
Auch im Jahr 2008 bestehen noch regionale Unterschiede: Menschen in den neuen Bundesländern sind seltener sehr zufrieden mit ihrem Leben als Menschen in den alten Bundesländern. Diese regionalen Unterschiede sind zwischen 1996 und 2008 aber kleiner geworden.

Soziale Ungleichheit schlägt sich verstärkt im subjektiven Wohlbefinden nieder:
Gut gebildete Menschen sind deutlich zufriedener und erleben häufiger positive Gefühle als Menschen, die nur über eine geringe oder eine mittlere Bildung verfügen. Unterschiede in der Lebenszufriedenheit von Bildungsgruppen haben zwischen 1996 und 2008 zugenommen.

12.1 Einleitung

Subjektives Wohlbefinden ist ein wesentlicher Aspekt der Lebensqualität und ein zentrales Konzept in der sozial- und verhaltenswissenschaftlichen Alternsforschung und Alterssozialberichterstattung. Zufriedenheit und Glück, aber auch Niedergeschlagenheit und Angst sind Kriterien, anhand derer Menschen ihre Lebenssituation bewerten und ihre Befindlichkeit beschreiben. Neben objektiven Indikatoren der materiellen Lebenslage (vgl. Kapitel 3 „Materielle Sicherung“), des Gesundheitszustandes (vgl. Kapitel 4 „Gesundheit“) und der sozialen Integration (vgl. Kapitel 9 „Soziale Integration“) sind Indikatoren des subjektiven Wohlbefindens für die Sozialberichterstattung bedeutsam, da sie es erlauben, die Effizienz gesellschaftlicher Wohlfahrtsproduktion und Effekte des gesellschaftlichen Wandels einzuschätzen. Damit ist die kontinuierliche Beobachtung subjektiver Indikatoren im zeitlichen Verlauf eine der wichtigen Aufgaben der Sozialberichterstattung.

Das vorliegende Kapitel beschreibt den Wandel des Wohlbefindens von Menschen, die im mittleren und höheren Lebensalter stehen. Es wird danach gefragt, wie wohl sich Menschen in der zweiten Lebenshälfte in Deutschland gegenwärtig fühlen und inwieweit sich ihr subjektives Wohlbefinden in den letzten zwölf Jahren gewandelt hat. Dargestellt wird dabei neben dem Wandel im mittleren Niveau auch der Wandel in der Verteilung des subjektiven Wohlbefindens.

Im Folgenden werden zunächst theoretische Überlegungen zum Zusammenhang zwischen gesellschaftlichem Wandel und subjektivem Wohlbefinden in der zweiten Lebenshälfte angestellt. Im Anschluss daran wird erläutert, wie das Wohlbefinden im Rahmen des Deutschen Alterssurveys (DEAS) erhoben wurde. Daran schließt sich die Ergebnisdarstellung der empirischen Analysen an. Das Kapitel endet mit einem zusammenfassenden Ausblick.

12.1.1 Bedeutung subjektiven Wohlbefindens

In der Sozialberichterstattung steht die Wohlfahrtsproduktion von Gesellschaften im Mittelpunkt des Interesses. Subjektive Bewertungen der eigenen Lebenssituation werden als ein Bestandteil von Wohlfahrt angesehen und zwar entweder als Komplement zu den objektiven Lebensbedingungen (Schupp et al. 1996) oder als Indikator für die in der Biografie realisierten Lebensergebnisse (Campbell et al. 1976). Befunde zum subjektiven Wohlergehen der Bevölkerung liefern damit einen wichtigen Beitrag zur Bewertung des Zustandes und der Entwicklung einer Gesellschaft (Diener & Seligman 2004).

Auch in den Verhaltens- und Sozialwissenschaften sind Fragen nach Struktur, Ursachen und Konsequenzen subjektiven Wohlbefindens relevant (Eid & Larsen 2008). Die Frage nach subjektivem Wohlbefinden gewinnt insbesondere mit Blick auf Altwerden und Altsein hohe Bedeutung. Ob die zweite Lebenshälfte als erfüllte Phase des Lebenslaufs zu charakterisieren ist, bestimmt sich auch durch das Wohlbefinden älter werdender und alter Menschen. Subjektives Wohlbefinden gehört zu den zentralen Indikatoren erfolgreichen Alterns (Baltes & Baltes 1990).

In den letzten Jahren konnte gezeigt werden, dass subjektives Wohlbefinden nicht allein ein Indikator für eine positiv bewertete Lebenssituation ist, sondern auch Rückwirkungen auf die Lebenssituation hat. Beispielhaft für diesen Ansatz ist eine Theorie, die die Horizonterweiterung durch Wohlbefinden betont („Broaden-and-Build"-Theorie; Fredrickson 1998). Diese Theorie postuliert, dass negative Emotionen wie Angst das Handlungsrepertoire einer Person verengen (um beispielsweise Abwehr und Rückzug zu ermöglichen), während positive Emotionen wie Glück das Handlungsrepertoire und den Horizont einer Person erweitern (zum Beispiel bei Spiel und Erkundung). Dies bedeutet, dass Wohlbefinden nicht allein einen Wert in sich selbst hat (weil es sich gut anfühlt, glücklich zu sein), sondern bedeutet auch, dass Wohlbefinden eine Grundlage für die Weiterentwicklung einer Person bildet. Glückliche Menschen sind eher in der Lage als unglückliche Menschen, Freundschaften zu knüpfen, gesundheitlich förderndes Verhalten auszuüben und Neues zu lernen (Fredrickson 2008; Veenhoven 1988). Für die Sozialberichterstattung bedeutet dies, Wohlbefinden nicht allein als einen Indikator für „gutes Leben" (oder „gute Gesellschaften") zu interpretieren, sondern auch als einen wichtigen Faktor für gesellschaftliche Produktivität zu sehen (Diener & Seligman 2004).

12.1.2 Facetten subjektiven Wohlbefindens

Innerhalb der Sozial- und Verhaltenswissenschaften wird das Konstrukt „subjektives Wohlbefinden“ multidimensional erfasst: Es werden die allgemeine und bereichsspezifische Lebenszufriedenheit sowie positive und negative Gefühlszustände unterschieden (Diener 2000). Dem vorliegenden Kapitel wird die derzeit gebräuchliche Definition zugrunde gelegt: „Von einer Person kann gesagt werden, dass sie ein hohes subjektives Wohlbefinden hat, wenn sie mit ihrem Leben zufrieden ist, wenn sie sich häufig glücklich fühlt und wenn sie nur selten negative Emotionen wie Traurigkeit oder Ärger erlebt. Im Gegensatz dazu würde man einer Person nur ein geringes subjektives Wohlbefinden zuschreiben, wenn sie mit ihrem Leben unzufrieden ist, wenn sie wenig Freude empfindet und wenn sie häufig negative Gefühle wie Ärger oder Angst erlebt“ (Diener et al. 1997, S. 25, eigene Übersetzung).

Lebenszufriedenheit ist die *kognitive Bewertung* der eigenen Lebenssituation, die mit Blick auf bestimmte Maßstäbe oder Zielvorstellungen evaluiert wird. Spezifische Bewertungen unterschiedlicher Lebensbereiche wie Zufriedenheit mit Einkommen, Gesundheit oder Familienbeziehungen können von allgemeiner Lebenszufriedenheit unterschieden werden. Empirische Befunde belegen, dass allgemeine Lebenszufriedenheit weniger von den objektiven Aspekten der Lebenssituation als vielmehr von bereichsspezifischen Bewertungen beeinflusst wird (zum Beispiel Smith et al. 1996).

Emotionale Bestandteile des Wohlbefindens sind Gefühlszustände, die einerseits als direkte Reaktionen auf Erfahrungen und Erlebnisse vorübergehende Stimmungen der Person widerspiegeln, aber auch als stabile Grundgestimmtheiten Nähe zu Persönlichkeitseigenschaften aufweisen können (Lucas 2008). Positive Emotionen umfassen Gefühle wie Glück, Begeisterung oder Stolz; Beispiele für negative Emotionen sind Niedergeschlagenheit, Angst oder Feindseligkeit. Auch wenn positive und negative Emotionen nur selten gleichzeitig erlebt werden, zeigt sich doch eine statistische Unabhängigkeit positiven und negativen Affekts, wenn Personen im Rückblick über die Häufigkeit von Emotionen berichten (Watson et al. 1988). Empirische Untersuchungen ergeben, dass kognitive und emotionale Bestandteile des Wohlbefindens in der Regel nur in mittlerer Höhe miteinander korrelieren (Westerhof 2001), sodass es auch aus empirischer Sicht sinnvoll ist, diese drei Aspekte bei der Beschreibung subjektiven Wohlbefindens getrennt zu betrachten.

12.1.3 Determinanten subjektiven Wohlbefindens

In den letzten 40 Jahren wurde eine Vielzahl von Untersuchungen zur Frage durchgeführt, welche Bedingungen zu Wohlbefinden führen (Diener 1984; Diener et al. 1999; Dolan et al. 2008; Sirgy et al. 2006). Die Befundlage kann man in zwei Aussagen zusammenfassen: Erstens zeigt sich, dass das Wohlbefinden einer Person von verschiedenen Faktoren beeinflusst wird. Dies sind insbesondere Gesundheit, soziale Integration, Erwerbstätigkeit beziehungsweise Arbeitslosigkeit sowie Einkommen und Vermögen. Zweitens ist festzustellen, dass die Einflusskraft einzelner Faktoren in der Regel nur von geringer bis mittlerer Größe ist (Diener & Seligman 2004).

Woran liegt das? Zunächst ist darauf zu verweisen, dass die allgemeine Lebenszufriedenheit durch verschiedene bereichsspezifische Bewertungen beeinflusst ist, sodass Unzufriedenheit in einem Bereich durch Zufriedenheit in einem anderen Bereich abgefedert werden kann. Zudem gibt es Belege dafür, dass Erfahrungen und Lebensereignisse das Wohlbefinden einer Person nur kurzfristig stark beeinflussen – wobei dies sowohl für negative als auch für positive Ereignisse gilt. Nach einer Phase der Reaktion auf Ereignisse passen sich Menschen an die neuen Lebensumstände an, wenngleich das Niveau des früheren Wohlbefindens häufig nicht vollständig wieder erreicht wird (Diener et al. 2006). Auch in der Forschung zum Einfluss von medizinischen und gesundheitspsychologischen Interventionen zeigt sich, dass Menschen im Verlauf einer Behandlung ihre individuellen Bewertungsmaßstäbe an die neue Lebenssituation anpassen (Phänomen des „response shifts"; Güthlin 2004). Schließlich konnten Untersuchungen zeigen, dass Persönlichkeitseigenschaften mit dem subjektiven Wohlbefinden einer Person zusammenhängen: Wer extrovertiert und wenig neurotisch ist, hat in der Regel ein hohes Wohlbefinden (Lucas & Donnellan 2007). Bezieht man diese Befunde auf den DEAS, so ist zu fragen, wie hoch das subjektive Wohlbefinden in der zweiten Lebenshälfte insgesamt ist und welche Unterschiede im subjektiven Wohlbefinden zwischen verschiedenen Gruppen zu erwarten sind. Für die Beschreibung der Lebenssituation in der zweiten Lebenshälfte werden dabei Alter, Geschlecht, Region und Bildung berücksichtigt.

- *Alter:* In vielen alternswissenschaftlichen Studien werden nur geringe Altersunterschiede im subjektiven Wohlbefinden gefunden (zum Beispiel Smith et al. 1996). Diese Befundlage hat dazu geführt, von einem „Paradox des subjektiven Wohlbefindens im Alter" zu sprechen: Auch wenn es gute Gründe dafür gibt, dass Menschen im Alter Einbußen im subjektiven Wohlbefinden erleben, zeigt sich doch, dass es alten Menschen insgesamt betrachtet gut geht (Staudinger 2000).
- *Geschlecht:* Unterschiede zwischen Männern und Frauen sind in den verschiedenen Facetten des subjektiven Wohlbefindens unterschiedlich stark ausgeprägt. Während Geschlechtsunterschiede in der Lebenszufriedenheit und in der positiven emotionalen Befindlichkeit in der Regel klein sind, berichten Frauen in stärkerem Maß von negativer Befindlichkeit (Nolen-Hoeksema & Rusting 1999; Tesch-Römer et al. 2008).
- *Region:* Regionale Differenzen beziehen sich auf Unterschiede zwischen den alten und neuen Bundesländern. In den 1990er Jahren waren die Unterschiede in der Lebenszufriedenheit zwischen den Regionen relativ gering, vergrößerten sich erheblich in den ersten Jahren nach der Vereinigung der beiden deutschen Staaten (mit einer geringeren Zufriedenheit in den neuen Bundesländern) und verringerten sich im letzten Jahrzehnt wieder etwas (Christoph 2008). Dennoch bestehen seit einigen Jahren deutliche stabile Unterschiede in der allgemeinen Lebenszufriedenheit in den neuen und alten Bundesländern (Christoph 2008).
- *Bildung:* Bildung ist ein bedeutsamer Indikator für den sozio-ökonomischen Status einer Person. Gut gebildete Personen haben nicht nur bessere Kenntnisse und Kompetenzen, sondern üben häufig Berufe mit einem höheren Prestige aus und haben in der Regel ein höheres Einkommen als gering gebildete Menschen. Zwischen ökonomisch starken und schwachen Gruppen bestehen Disparitäten im subjektiven Wohlbefinden (Christoph 2008).

12.1.4 Wandel subjektiven Wohlbefindens in der Gesellschaft

Im Mittelpunkt der Analysen dieses Kapitels steht die Frage, ob sich das subjektive Wohlbefinden in den vergangenen zwölf Jahren – zwischen 1996 und 2008 – gewandelt hat. Zur Frage, welche Faktoren die Zufriedenheit von

Nationen beeinflusst, lassen sich zwei theoretische Positionen unterscheiden. Der Ökonom Richard Easterlin (1974) nimmt an, dass bei Zufriedenheitseinschätzungen historisch sich wandelnde Ansprüche eine entscheidende Rolle spielen. Mit steigendem Wohlstand wandeln sich Ansprüche und Vergleichsmaßstäbe, sodass eine Veränderung des Wohlstands mit einer konstanten Lebenszufriedenheit einhergeht („Easterlin-Paradox"). Im Einklang mit den oben dargestellten Ansätzen zur Anpassungsfähigkeit von Menschen an unterschiedliche Lebenssituationen und -ereignisse wird hier davon ausgegangen, dass das subjektive Wohlbefinden von Bevölkerungen recht stabil ist, unabhängig von der wirtschaftlichen Entwicklung der Gesellschaft.

Im Gegensatz dazu postuliert der Soziologe Ruut Veenhoven (2008) in seinen Arbeiten zu einer „guten Gesellschaft", dass Menschen grundlegende Bedürfnisse haben, die von einer Gesellschaft mehr oder weniger gut befriedigt werden können. Bei der Einschätzung ihrer Lebenszufriedenheit berücksichtigen Menschen, wie weit diese Bedürfnisse befriedigt werden. Je besser eine Gesellschaft den Bedürfnissen ihrer Mitglieder entspricht, desto zufriedener sind Menschen im Durchschnitt. Verändert sich im Verlauf der Zeit beispielsweise der gesellschaftliche Wohlstand, so müsste sich dies auch in der Zufriedenheit der Gesellschaftsmitglieder niederschlagen.

Die empirische Befundlage bezieht sich auf Vergleiche zwischen Ländern sowie auf Vergleiche innerhalb von Ländern im historischen Zeitverlauf. Gesellschaftsvergleichende Studien zeigen, dass die Bevölkerungen eher wohlhabender Gesellschaften im Durchschnitt zufriedener und glücklicher sind als die Bevölkerungen ärmerer Gesellschaften (Diener et al. 1995). Mit zunehmendem Wohlstand werden Länderunterschiede im subjektiven Wohlbefinden zwar kleiner, bestehen aber weiterhin, sodass andere Faktoren wie Demokratie oder soziale Kohäsion von Gesellschaften für Unterschiede in der durchschnittlichen Zufriedenheit verantwortlich gemacht werden (Diener & Seligman 2004). Es ist zu fragen, ob in Ost- und Westdeutschland das subjektive Wohlbefinden von Menschen in der zweiten Lebenshälfte unterschiedlich ausgeprägt ist.

Zentral für das vorliegende Kapitel sind Befunde zur Frage, ob die Veränderung im Wohlstand einer Gesellschaft von einem Wandel durchschnittlicher Lebenszufriedenheit begleitet wird. Die empirischen Ergebnisse in diesem Bereich sind differenziert. Die klassischen Befunde Easterlins zeigen, dass die Zufriedenheit von Menschen in wohlhabenden Industriestaaten seit Ende des Zweiten Weltkrieges trotz des seitdem zunehmenden materiellen Wohlstandes stagniert (Easterlin 1974; Easterlin & Schaeffer 1999). Allerdings wird auch darauf hingewiesen, dass Veränderungen im Einkommen für einen begrenzten Zeitraum einen Einfluss auf die subjektive Lebensqualität haben (Hagerty 1998). Neuere Auswertungen belegen zudem, dass in den USA und in Westeuropa das subjektive Wohlbefinden – bereits seit den 1950er Jahren auf recht hohem Niveau – in den letzten Jahrzehnten weiter leicht gestiegen ist (Stevenson & Wolfers 2008; Veenhoven & Hagerty 2006). In einer umfassenden Studie zum Easterlin-Paradox kommen die Autoren zu dem Schluss, dass es einen Zusammenhang zwischen ökonomischem Wachstum und Zunahme des Wohlbefindens gibt (Stevenson & Wolfers 2008). Allerdings sind die Veränderungen im subjektiven Wohlbefinden, die im Verlauf der historischen Zeit zu beobachten sind, in wohlhabenden Ländern wie Deutschland eher klein.

Welche Veränderungen haben sich in den letzten zwölf Jahren in jenen Bereichen ergeben, von denen wir wissen, dass sie einen Einfluss auf das subjektive Wohlbefinden haben? Von besonderer Bedeutung für das subjektive Wohlbefinden sind Gesundheit, soziale Integration und materielle Lebenssituation. Die Ergebnisse des DEAS zu diesen Lebensbereichen können Anhaltspunkte dafür liefern, inwieweit sich das subjektive Wohlbefinden verändert hat:

- *Gesundheit:* Die Daten des Alterssurveys zeigen, dass sich zwischen 1996 und 2008 die Gesundheit von Menschen in der zweiten Lebenshälfte verbessert hat. Nachwachsende Geburtsjahrgänge haben weniger Erkrankungen und zum Teil eine bessere subjektive Gesundheit als vor ihnen geborene Jahrgänge (vgl. Kapitel 4 „Gesundheit"). Dies könnte zur Folge haben, dass auch das subjektive Wohlbefinden gestiegen ist.
- *Soziale Integration:* In der ältesten Altersgruppe (70 bis 85 Jahre) hat sich die familiale Einbettung in den letzten zwölf Jahren verbessert: Gegenwärtig sind von ihnen so viele verheiratet und haben Kinder wie noch nie (vgl. Kapitel 7 „Lebensformen und Partnerschaft"). Dagegen sind die Lebensformen der 40- bis 69-Jährigen in den letzten zwölf Jahren vielfältiger und zum Teil auch fragiler geworden. Angesichts dieses altersdifferenzierten Wandels in der familiären Integration könnte sich bei älteren Menschen eine leichte Verbesserung, bei den jüngeren Altersgruppen dagegen Stabilität (oder sogar ein leichter Abfall) im subjektiven Wohlbefinden zeigen.
- *Materielle Lage:* Die Entwicklung der Einkommenssituation der 40- bis 85-Jährigen in den vergangenen zwölf Jahren ist zwar nicht als problematisch einzuschätzen, doch die Realeinkommen stagnierten und es fand eine Ausdifferenzierung statt (vgl. Kapitel 3 „Materielle Sicherung"). Armutsnahe Lagen wie auch hohe Einkommen sind häufiger geworden. Die Bewertung des gegenwärtigen Lebensstandards ist gut, doch Befürchtungen hinsichtlich der künftigen Entwicklung des Lebensstandards sind größer geworden. Dies könnte zur Folge haben, dass das subjektive Wohlbefinden in den letzten zwölf Jahren im Durchschnitt stabil geblieben ist, dass sich aber die Verteilung verändert hat (das heißt gleichzeitige Zunahme der sehr zufriedenen und der unzufriedenen Personen).

Der Wandel in den Bereichen Gesundheit, soziale Integration und materielle Lage ist keineswegs gleichförmig und zudem für verschiedene Gruppen zu differenzieren. Darüber hinaus ist angesichts der Anpassungsleistungen von Menschen nicht zu erwarten, dass sich der soziale Wandel stark auf das subjektive Wohlbefinden auswirkt. Offensichtlich sorgt eine Reihe psychischer Prozesse dafür, dass Menschen ihre Lebenssituation eher positiv einschätzen und diese Einschätzung relativ stabil ist. Dies bedeutet im Umkehrschluss, dass auch leichte *Verschlechterungen* im subjektiven Wohlbefinden Beachtung finden sollten, da die in solchen Fällen sonst wirksamen Anpassungsmechanismen offensichtlich nicht in der Lage sind, die Einflüsse der betreffenden Faktoren abzupuffern. Zudem haben auch leichte *Verbesserungen* im subjektiven Wohlbefinden über die Zeit ihre Bedeutung und können beispielsweise auf günstige gesellschaftliche Veränderungen hinweisen.

12.1.5 Untersuchungsfragen

Vor dem Hintergrund der dargestellten Überlegungen versucht das vorliegende Kapitel zwei Fragen zum subjektiven Wohlbefinden zu beantworten:

1. Wie geht es Menschen in der zweiten Lebenshälfte im Jahr 2008? Berücksichtigt werden dabei die allgemeine Lebenszufriedenheit und die emotionale Befindlichkeit.
2. Wie hat sich das subjektive Wohlbefinden zwischen 1996 und 2008 gewandelt?

Hierbei wird der Frage nachgegangen, ob sich gesellschaftliche Veränderungsprozesse, die in diesem Zeitraum stattgefunden haben, im subjektiven Wohlbefinden widerspiegeln.

Dargestellt wird nicht allein das mittlere Niveau, sondern auch die Verteilung des subjektiven Wohlbefindens. Verteilungen des subjektiven Wohlbefindens werden zweifach dargestellt. Zum einen erfolgen Vergleiche zwischen unterschiedlichen Altersgruppen, zwischen Frauen und Männern, zwischen den alten und neuen Bundesländern sowie zwischen unterschiedlichen Bildungsgruppen. Zum anderen wird der Anteil von Personen mit (eher) höherem, mittleren und (eher) niedrigem subjektiven Wohlbefinden dargestellt. Insbesondere der soziale Wandel könnte weniger die mittlere Höhe als vielmehr die Verteilung des Wandels beeinflussen: Die (eher) Zufriedenen könnten über die Zeit zufriedener, die (eher) Unzufriedenen unzufriedener werden.

12.2 Datengrundlage

12.2.1 Messung des subjektiven Wohlbefindens

Es werden drei Facetten des subjektiven Wohlbefindens berücksichtigt: Allgemeine Lebenszufriedenheit, positiver und negativer Affekt. Zur Messung der *Lebenszufriedenheit* wurde die deutsche Fassung der „Satisfaction with Life Scale" verwendet (Pavot & Diener 1993). Es wurden fünf Aussagen vorgelegt (vgl. Tabelle 12–1), aus denen eine Skala gebildet wurde, die von 1 (trifft gar nicht zu) bis 5 (trifft sehr zu) reicht. Zur Messung des *positiven und negativen Affekts* wurde die deutsche Version des „Positive Affect Negative Affect Schedule (PANAS) verwendet (Watson et al. 1988). Es wurden jeweils zehn Adjektive vorgelegt (vgl. Tabelle 12–1, die positiven und negativen Adjektive wurden gemeinsam in einer Liste präsentiert). Die Befragten wurden darum gebeten, einzuschätzen, wie häufig sie sich in den letzten Monaten in der betreffenden Weise gefühlt hatten. Aus den Angaben der jeweils zehn Items wurden Skalen gebildet, die von 1 („Habe mich in den letzten Monaten nie so gefühlt.") bis 5 („Habe mich in den letzten Monaten sehr häufig so gefühlt.") reichen.

Die Skalen wurden im Drop-off-Fragebogen des DEAS vorgelegt (dieser Umstand bedingt die etwas geringeren Fallzahlen; vgl. Kapitel 2 „Datengrundlagen und Methoden"). Die drei Skalen haben gute interne Konsistenzen (vgl. Tabelle 12–1) und korrelieren in mittlerer Höhe (Lebenszufriedenheit und positiver Affekt, $r = .48$, Lebenszufriedenheit und negativer Affekt $r = -.38$, positiver und negativer Affekt $r = -.22$). Die angegebenen Konsistenzen und Korrelationen wurden anhand der Daten aus dem Jahr 2008 berechnet; die entsprechenden Koeffizienten der Jahre 1996 und 2002 fallen ähnlich aus.

12.2.2 Methodisches Vorgehen

Im Folgenden werden die Ergebnisse von Analysen dargestellt, in denen Mittelwertsunterschiede zwischen Gruppen (Altersgruppen, Geschlecht, Region, Bildungsgruppen) und Messzeitpunkten (1996, 2002 und 2008) sowie Interaktionen zwischen Gruppen und Messzeitpunkten statistisch auf Signifikanz geprüft wurden (Signifikanzniveau von 5 Prozent). Bei der Analyse eines Faktors wurden die jeweils anderen Faktoren sowie das gesundheitliche Befinden statistisch kontrolliert. Wenn im Text von Stabilität die Rede ist, bedeutet dies, dass sich keine statistisch signifikanten Mittelwertsunterschiede zwischen den Gruppen beziehungsweise keine Interaktionseffekte zwischen den jeweiligen Gruppenfaktoren und dem Zeitverlauf fanden (in den Abbildungen vermerkt).

Tab. 12–1: Untersuchte Facetten des subjektiven Wohlbefindens

Konstrukt	Items und Antwortvorgabe	Cronbachs α
Allgemeine Lebenszufriedenheit	1. In den meisten Dingen ist mein Leben nahezu ideal. 2. Meine Lebensbedingungen sind hervorragend. 3. Ich bin zufrieden mit meinem Leben. 4. Die wichtigsten Dinge, die ich im Leben erreichen will, habe ich weitestgehend erreicht. 5. Wenn ich mein Leben noch einmal leben könnte, würde ich kaum etwas anders machen. *Antwortvorgabe: Trifft genau zu, trifft eher zu, trifft weder/noch zu, trifft eher nicht zu, trifft gar nicht zu*	α = .85
Positiver Affekt	1. Begeistert 2. Freudig erregt, erwartungsvoll 3. Stark 4. Interessiert 5. Stolz 6. Wach 7. Angeregt 8. Entschlossen 9. Aufmerksam 10. Aktiv *Antwortvorgabe: In den letzten Monaten habe ich mich nie, eher selten, manchmal, häufig, sehr häufig so gefühlt*	α = .87
Negativer Affekt	1. Bedrückt 2. Verärgert 3. Schuldig 4. Eingeschüchtert 5. Feindselig 6. Reizbar 7. Beschämt 8. Nervös 9. Durcheinander 10. Ängstlich *Antwortvorgabe: In den letzten Monaten habe ich mich nie, eher selten, manchmal, häufig, sehr häufig so gefühlt*	α = .87

Um nicht allein das mittlere Niveau, sondern auch Verteilungen anschaulich darzustellen, wurden alle Skalen anhand der Skalenwerte gedrittelt. Dies bedeutet mit Blick auf die Skala zur Lebenszufriedenheit, dass Personen mit einem Skalenwert zwischen 1,0 und 2,33 zur Gruppe der Personen mit „eher geringer Lebenszufriedenheit“ zusammengefasst wurden; Personen mit einem Skalenwert über 2,33 und unter 3,66 zur Gruppe der Personen mit „mittlerer Lebenszufriedenheit“; Personen mit einem Skalenwert zwischen 3,66 und 5,0 zur Gruppe der Personen mit „eher hoher Lebenszufriedenheit“. Analog hierzu wurden für positive und negative Emotionen jeweils drei Gruppen von Personen gebildet: Personen mit

„eher seltenem positiven (beziehungsweise negativem) Affekt", mit „mittlerem positivem (beziehungsweise negativem) Affekt" und „eher häufigem positivem (beziehungsweise negativem) Affekt".

12.2.3 Der Deutsche Alterssurvey im Vergleich zu anderen Studien

Der Deutsche Alterssurvey (DEAS) beobachtet das subjektive Wohlbefinden von Menschen in der zweiten Lebenshälfte differenziert und umfangreich. Es wird nicht allein die allgemeine (*kognitive*) Lebenszufriedenheit erfasst, sondern auch die *emotionale* Befindlichkeit von Personen. Zudem werden bereichsspezifische Bewertungen vorgenommen (etwa zur Partnerschaftssituation, zur gesundheitlichen Situation, zur materiellen Lage; diese Informationen finden sich in den entsprechenden Kapiteln). Damit bietet der DEAS eine unverzichtbare Ergänzung zur amtlichen Statistik, die keinerlei Informationen zur subjektiven Bewertung der eigenen Lebenssituation und zur emotionalen Befindlichkeit bietet.

Auch im Vergleich mit anderen Surveys bietet der DEAS einzigartige Informationen zum subjektiven Wohlbefinden. Im Gegensatz zum Sozio-oekonomischen Panel (SOEP) und zum „Survey on Health and Retirement in Europe" (SHARE) wird im DEAS das subjektive Wohlbefinden differenzierter erfasst. Zudem werden im Alterssurvey keine Einzelitems verwendet, sondern Skalen, was eine reliable Erfassung des subjektiven Wohlbefindens ermöglicht. Emotionale Befindlichkeit ist gerade mit Blick auf Altersfragen von hoher Bedeutung, in diesem Bereich hat der DEAS ein Alleinstellungsmerkmal. Die Lebenssituationen im Alter werden im DEAS umfassend dargestellt: Die Indikatoren des subjektiven Wohlbefindens ergänzen die Ergebnisse der Analysen zur objektiven Lebenslage.

12.3 Ergebnisse

12.3.1 Lebenszufriedenheit

In Deutschland ist die Lebenszufriedenheit von Menschen in der zweiten Lebenshälfte recht hoch (Abbildung 12–1). Im Jahr 2008

Abb. 12–1: Lebenszufriedenheit in den Jahren 1996, 2002 und 2008 (in Prozent)

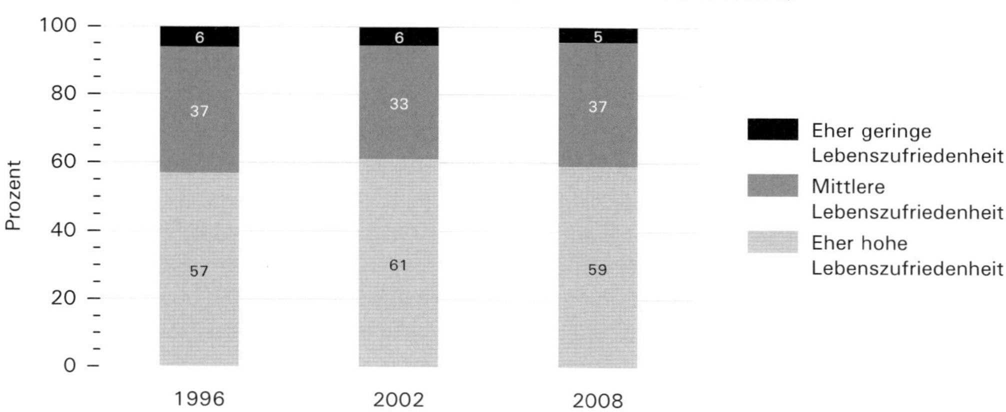

Quelle: DEAS 1996 (n = 3.970), 2002 (n = 2.763) und 2008 (n = 4.227), gewichtet, gerundete Angaben. nicht signifikant.

Abb. 12–2: Lebenszufriedenheit in den Jahren 1996, 2002 und 2008 im Altersgruppenvergleich (in Prozent)

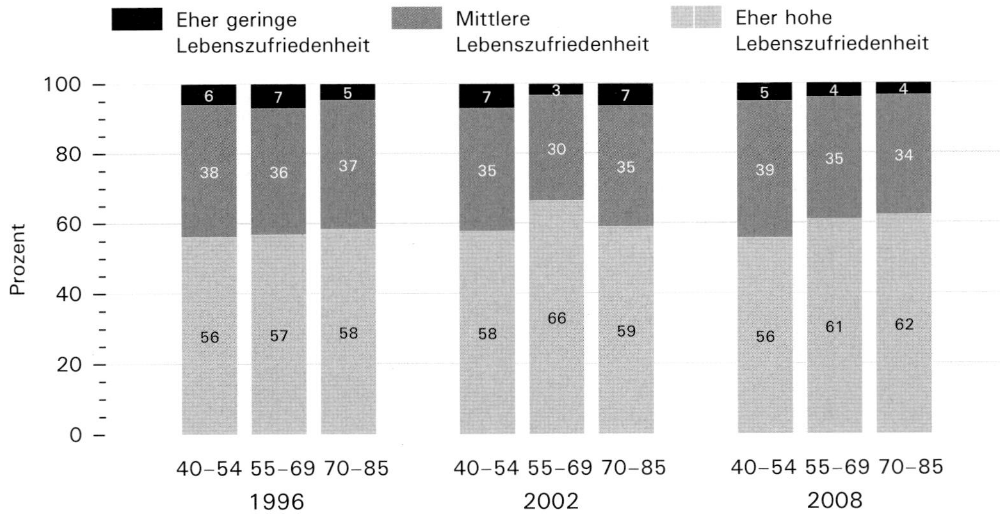

Quelle: DEAS 1996 (n = 3.970), 2002 (n = 2.763) und 2008 (n = 4.227), gewichtet, gerundete Angaben. $p < .01$.

zählen knapp 60 Prozent der 40- bis 85-Jährigen zu den hoch zufriedenen Personen, etwa 37 Prozent berichten eine mittlere Lebenszufriedenheit und nur eine kleine Minderheit (etwa fünf Prozent) ist mit dem Leben eher unzufrieden. Der Anteil von hoch, mittel und wenig zufriedenen Menschen ist im letzten Jahrzehnt stabil geblieben. Die Lebenszufriedenheit von Frauen ist insgesamt etwas höher als jene von Männern (dieses Geschlechterverhältnis ist in den vergangenen zwölf Jahren stabil geblieben, vgl. Tabelle A 12–1 im Anhang).

Die Lebenszufriedenheit nimmt über die Altersgruppen hinweg betrachtet nicht ab, sondern steigt geringfügig an (vgl. Abbildung 12–2). Im Jahr 2008 geben 56 Prozent der 40- bis 54-Jährigen an, mit dem Leben eher hoch zufrieden zu sein. Bei den 55- bis 85-Jährigen beträgt dieser Anteil über 60 Prozent. Über die drei Wellen hinweg ist das Verhältnis der Altersgruppen recht stabil, nur im Jahr 2002 lag der Anteil der hoch zufriedenen Personen in der Altersgruppe 55 bis 69 Jahre über jenem der Altersgruppe 70 bis 85 Jahre).

Zwischen den neuen und alten Bundesländern unterscheidet sich die Lebenszufriedenheit recht deutlich (vgl. Abbildung 12–3). Im Jahr 2008 geben 61 Prozent der in den alten Bundesländern lebenden Menschen eine eher hohe Lebenszufriedenheit an, während in den neuen Bundesländern nur 53 Prozent der 40- bis 85-Jährigen eine eher hohe Lebenszufriedenheit berichten. Allerdings zeigt sich im Zeitverlauf eine Angleichung der Lebenszufriedenheit in den neuen und alten Bundesländern. Während im Jahr 1996 der Unterschied in der Gruppe der Menschen mit eher hoher Lebenszufriedenheit 15 Prozentpunkte beträgt, verminderte er sich im Jahr 2002 auf zehn Prozentpunkte und beträgt im Jahr 2008 nur noch acht Prozentpunkte. Auch die regionalen Unterschiede im Anteil der Menschen mit (eher) geringer Lebenszufriedenheit haben sich in der letzten Dekade leicht verringert.

Ebenfalls deutliche Unterschiede in der Lebenszufriedenheit zeigen sich bei Personen mit unterschiedlichen Bildungsabschlüssen

Abb. 12–3: Lebenszufriedenheit in den Jahren 1996, 2002 und 2008 im regionalen Vergleich (in Prozent)

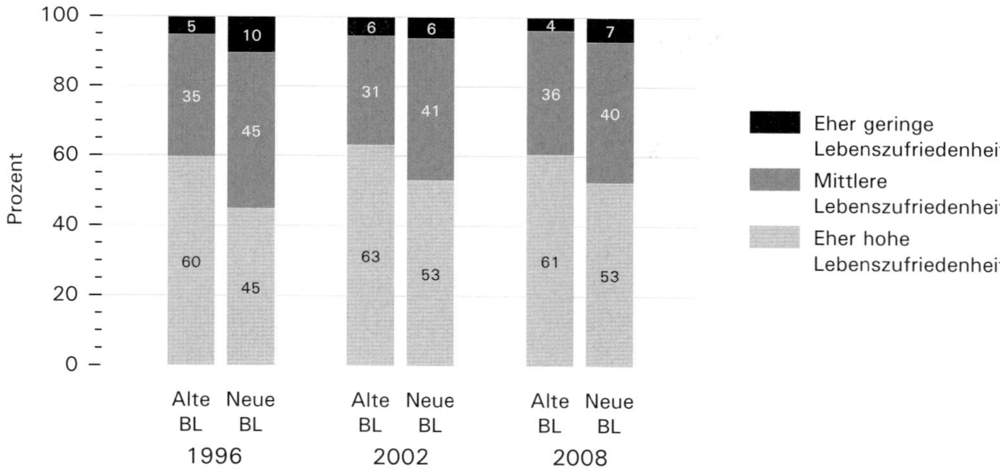

Quelle: DEAS 1996 (n = 3.970), 2002 (n = 2.763) und 2008 (n = 4.227), gewichtet, gerundete Angaben. $p < .01$.

Abb. 12–4: Lebenszufriedenheit in den Jahren 1996, 2002 und 2008 in verschiedenen Bildungsgruppen (in Prozent)

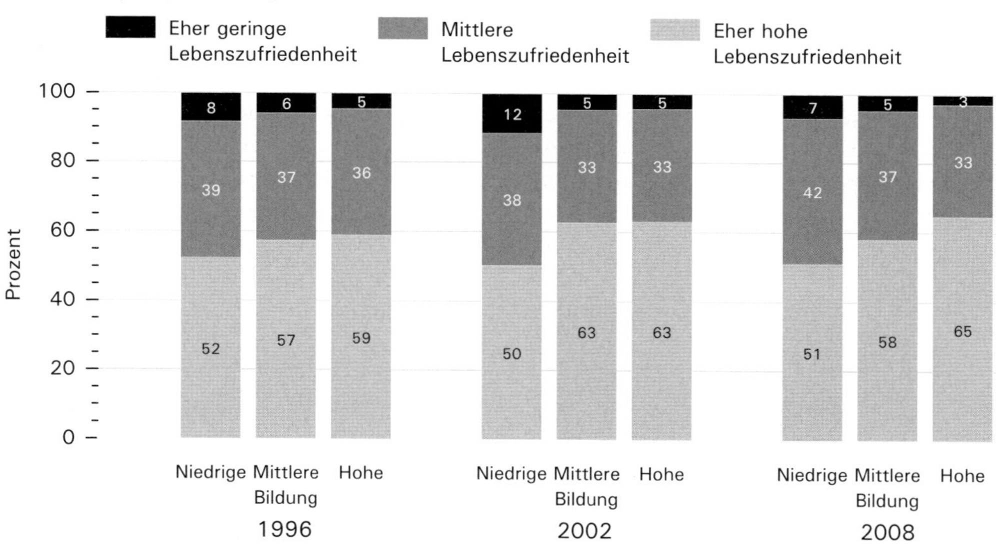

Quelle: DEAS 1996 (n = 3.970), 2002 (n = 2.763) und 2008 (n = 4.227), gewichtet, gerundete Angaben. $p < .05$.

(vgl. Abbildung 12–4). Im Jahr 2008 gaben von den Personen mit hoher Bildung etwa 65 Prozent an, mit dem Leben hoch zufrieden zu sein, in der Gruppe mit geringer Bildung waren dies nur 51 Prozent. Mit Blick auf die Bildungsgruppen ist die Disparität in der Lebenszufriedenheit angestiegen: Während im Jahr 1996 der Anteil der sehr zufriedenen Personen mit geringer Bildung nur sieben Prozentpunkte niedriger als jener der Personen mit hoher Bildung war, ist dieser Unterschied zwischen den Bildungsgruppen im Jahr 2008 auf 14 Prozentpunkte gestiegen.

12.3.2 Positiver Affekt

Während Lebenszufriedenheit die Bewertung der eigenen Lebenssituation betrifft, spiegeln Gefühlszustände wie positiver oder negativer Affekt die emotionale Befindlichkeit einer Person wider. Im Jahr 2008 gaben 44 Prozent der Personen an, (eher) häufig positive Gefühle zu erleben, und 54 Prozent der Personen berichteten davon, bisweilen positiv gestimmt zu sein (vgl. Abbildung 12–5). Nur zwei Prozent der Personen berichteten davon, selten oder nie positive Gefühle zu erleben. Auffällig ist, dass der Anteil der Personen, die häufig positive Gefühle erleben, im Jahr 1996 deutlich geringer war (29 Prozent) als in den Jahren 2002 und 2008 (40 beziehungsweise 44 Prozent). Ob dieser Befund auf gesellschaftlichen Wandel zurückzuführen ist, ist jedoch offen. Die Unterschiede zwischen Frauen und Männern sind gering. In den Jahren 1996 und 2008 gaben etwas mehr Frauen als Männer an, häufig positive Gefühle zu erleben; im Jahr 2002 waren es etwas mehr Männer als Frauen (vgl. Tabelle A 12–2 im Anhang).

Über die Altersgruppe hinweg sinkt der Anteil der Personen, die angeben, häufig positive Gefühle zu erleben (vgl. Abbildung 12–6): Im Jahr 2008 liegt der Anteil der 40- bis 69-Jährigen mit häufig erlebten positiven Affekten zwischen 45 und 49 Prozent. Im Gegensatz dazu ist der Anteil der 70- bis 85-Jährigen, die angeben, häufig positive Gefühle zu erleben, mit 33 Prozent deutlich kleiner. Im Vergleich der drei Erhebungen zeigen sich ähnliche Verhältnisse zwischen den Altersgruppen: In höherem Alter berichten weniger Menschen vom häufigen Auftreten positiver Emotionen. Da dies zu allen drei Zeitpunkten des DEAS zu beobachten ist, kann man vermuten, dass diese Altersunterschiede eher auf Alternsprozesse zurückzuführen sind („Alterseffekt") als auf Unterschiede in der Sozialisation und Biografie unterschiedlicher Geburtsjahrgänge („Kohorteneffekt").

In den alten und neuen Bundesländern ist der Anteil der Personen, die in häufigem, mitt-

Abb. 12–5: Positiver Affekt in den Jahren 1996, 2002 und 2008 (in Prozent)

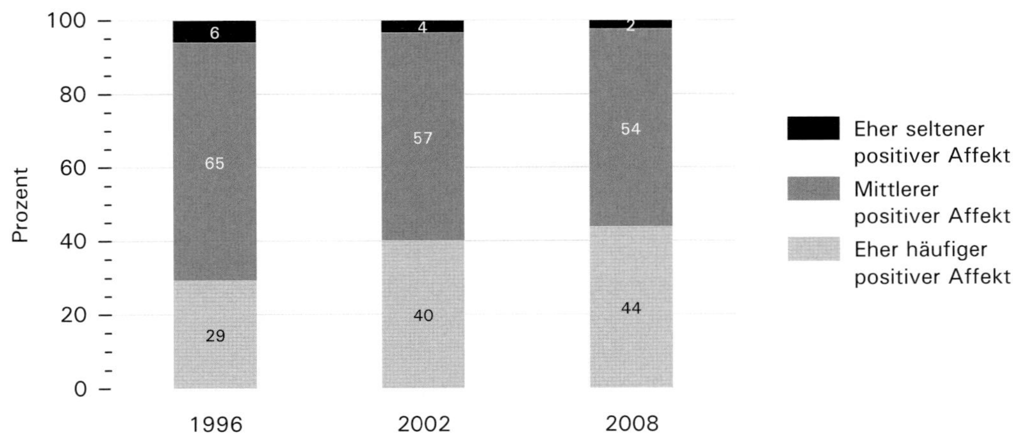

Quelle: DEAS 1996 (n = 3.848), 2002 (n = 2.765) und 2008 (n = 4.226), gewichtet, gerundete Angaben. $p < .01$.

Abb. 12–6: Positiver Affekt in den Jahren 1996, 2002 und 2008 im Altersgruppenvergleich (in Prozent)

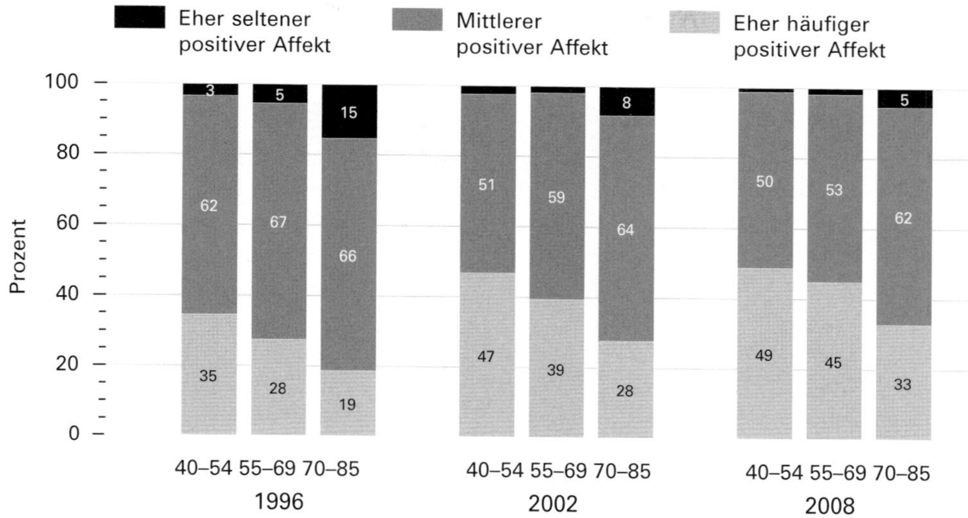

Quelle: DEAS 1996 (n = 3.848), 2002 (n = 2.765) und 2008 (n = 4.226), gewichtet, gerundete Angaben. p < .05.

Abb. 12–7: Positiver Affekt in den Jahren 1996, 2002 und 2008 im regionalen Vergleich (in Prozent)

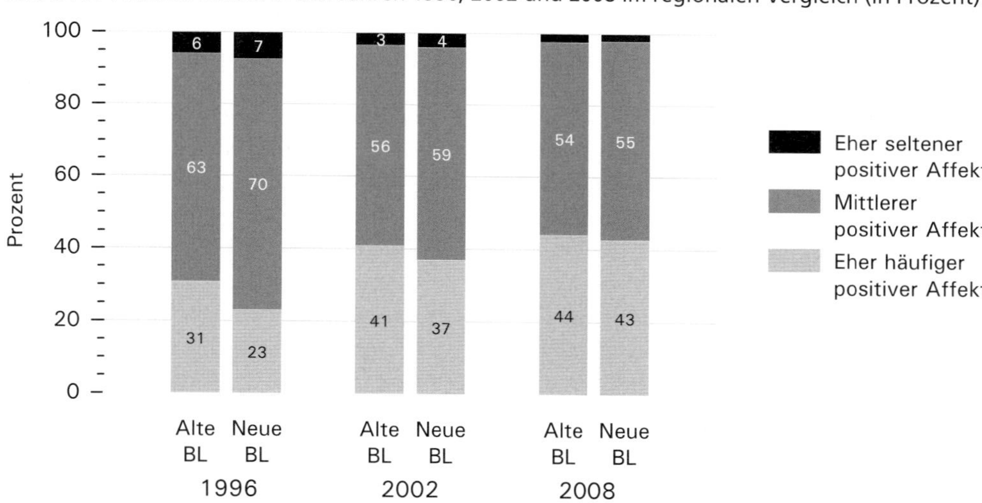

Quelle: DEAS 1996 (n = 3.848), 2002 (n = 2.765) und 2008 (n = 4.226), gewichtet, gerundete Angaben. p<.05.

lerem und geringem Ausmaß positive Affekte erleben, im Jahr 2008 in etwa gleich (vgl. Abbildung 12–7). Eine solche Gleichverteilung gab es in den Jahren 1996 und 2002 nicht: Zu diesen Zeitpunkten war der Anteil der Personen mit häufigen positiven Gefühlen in den alten Bundesländern höher als in den neuen Bundesländern. Auch mit Blick auf die posi-

Abb. 12–8: Positiver Affekt in den Jahren 1996, 2002 und 2008 in unterschiedlichen Bildungsgruppen (in Prozent)

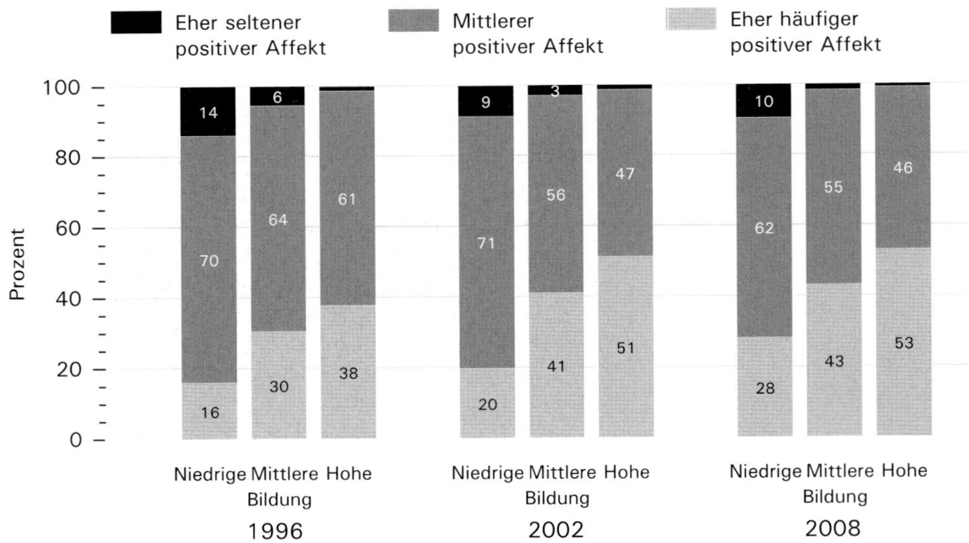

Quelle: DEAS 1996 (n = 3.848), 2002 (n = 2.765) und 2008 (n = 4.226), gewichtet, nicht signifikant, gerundete Angaben.

tive emotionale Befindlichkeit kann man damit von einer regionalen Angleichung der Lebensverhältnisse in sprechen.

Vergleicht man Personen mit unterschiedlicher Bildung im Jahr 2008, so zeigt sich ein sehr deutlicher Unterschied: Menschen mit höherer Bildung erleben häufiger positive Affekte als Menschen mit geringerer Bildung (vgl. Abbildung 12–8). Im Jahr 2008 berichtet über die Hälfte der Personen (53 Prozent) mit hoher Bildung davon, häufig positive Gefühle zu erleben, in der Gruppe der Personen mit geringer Bildung hingegen nur 28 Prozent. In letzterer Gruppe finden sich zudem mehr Menschen, die angeben, nur selten positive Gefühle erleben; im Jahr 2008 sind dies zehn Prozent im Vergleich zu einem Prozent bei Personen mit hoher Bildung. Diese Disparitäten sind über die letzten zwölf Jahre stabil geblieben.

12.3.3 Negativer Affekt

Negative Emotionen – also etwa Gefühle wie Verärgerung oder Ängstlichkeit – treten in der zweiten Lebenshälfte selten auf (vgl. Abbildung 12–9). Im Jahr 2008 gaben etwa drei Viertel aller Personen an, negative Emotionen eher selten zu erleben. Hier zeigt sich, dass die Häufigkeit des Erlebens negativer Gefühle keineswegs komplementär zum Erleben positiver Gefühle ist: Der Anteil von Personen, die häufig negative Gefühle erleben, ist sehr viel kleiner als der Anteil der Personen, die häufig positive Gefühle erleben (vgl. Abbildung 12–5). In den Erhebungsjahren 2002 und 2008 sind die Anteile der Personen, die häufig, mittel und selten negative Emotionen erleben, in etwa stabil geblieben – auch dies ist ein Unterschied zu der zeitlichen Veränderung in der Häufigkeit erlebter positiver Affekte.

Während mit Blick auf Lebenszufriedenheit und positiven Affekt nur geringe Geschlechtsunterschiede festzustellen sind, bestehen aus-

Abb. 12–9: Negativer Affekt in den Jahren 1996, 2002 und 2008 (in Prozent)

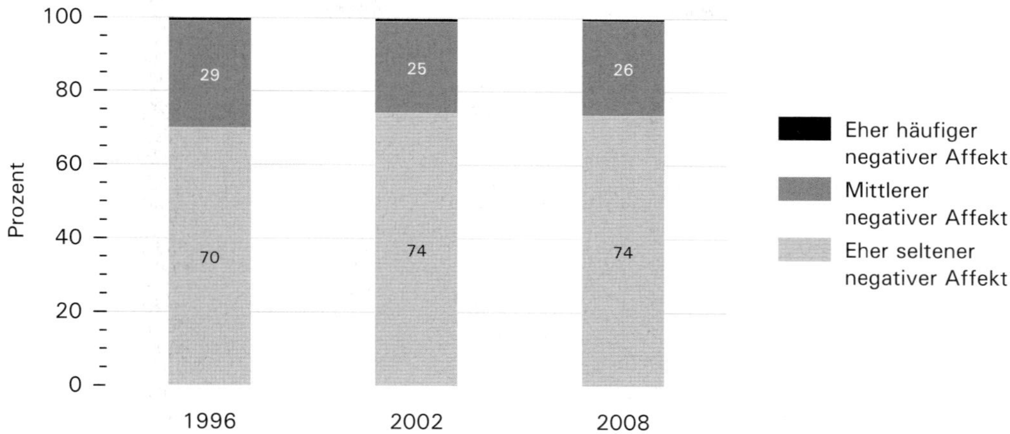

Quelle: DEAS 1996 (n = 3.847), 2002 (n = 2.766) und 2008 (n = 4.227), gewichtet, gerundete Angaben. $p < .01$.

Abb. 12–10: Negativer Affekt in den Jahren 1996, 2002 und 2008 im Vergleich von Frauen und Männern (in Prozent)

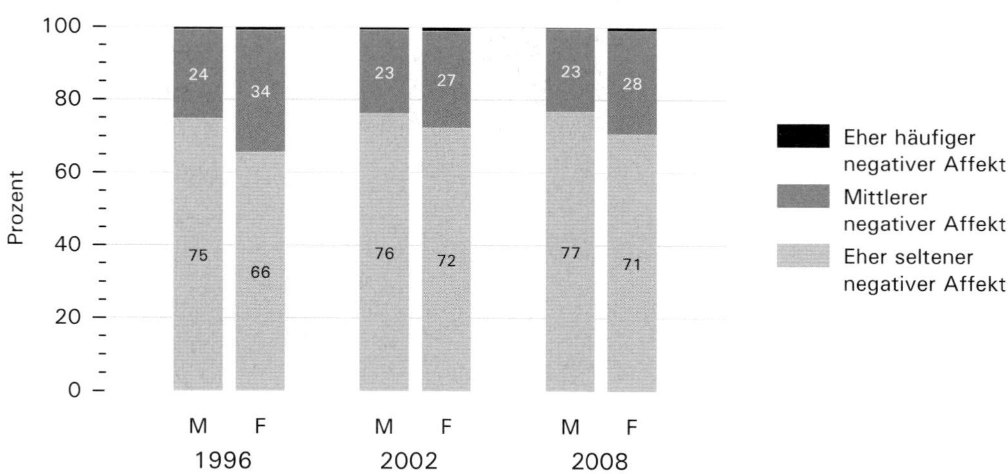

Quelle: DEAS 1996 (n = 3.847), 2002 (n = 2.766) und 2008 (n = 4.227), gewichtet, nicht signifikant, gerundete Angaben.

geprägte Unterschiede zwischen den Geschlechtern mit Blick auf negative Emotionen (vgl. Abbildung 12–10). Im Jahr 2008 gaben 77 Prozent der Männer an, selten negative Gefühle zu erleben, während dies nur 71 Prozent der Frauen angaben. Ähnliche Geschlechtsunterschiede fanden sich auch in den Jahren 1996 und 2002 – über die Zeit hinweg zeigen sich demnach keine Veränderungen hinsichtlich der Geschlechtsunterschiede bei negativem Affekt.

In höheren Altersgruppen ist nicht allein die Häufigkeit positiver Emotionen geringer (vgl. Abbildung 12–6), sondern auch die Häufigkeit

Abb. 12–11: Negativer Affekt in den Jahren 1996, 2002 und 2008 im Altersgruppenvergleich (in Prozent)

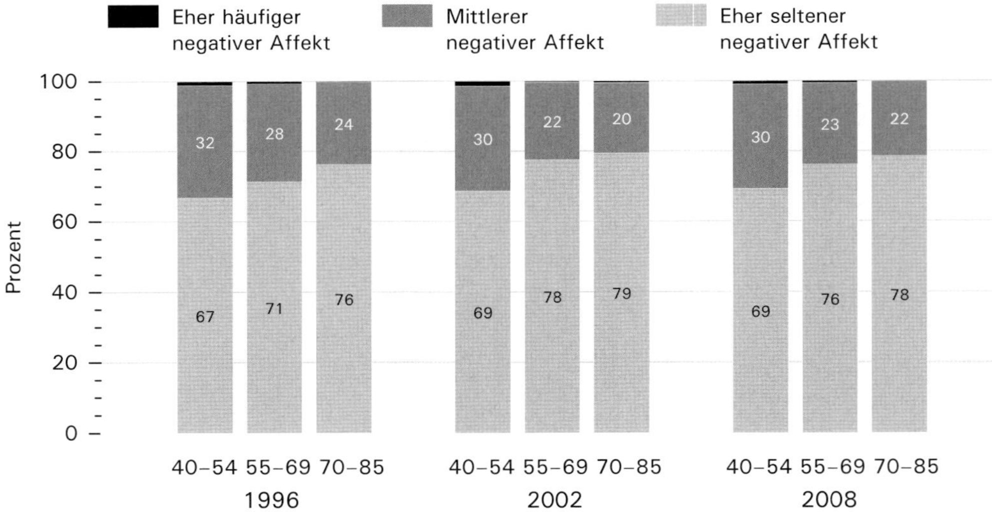

Quelle: DEAS 1996 (n = 3.847), 2002 (n = 2.766) und 2008 (n = 4.227), gewichtet, gerundete Angaben. $p < .05$.

Abb. 12–12: Negativer Affekt in den Jahren 1996, 2002 und 2008 im regionalen Vergleich (in Prozent)

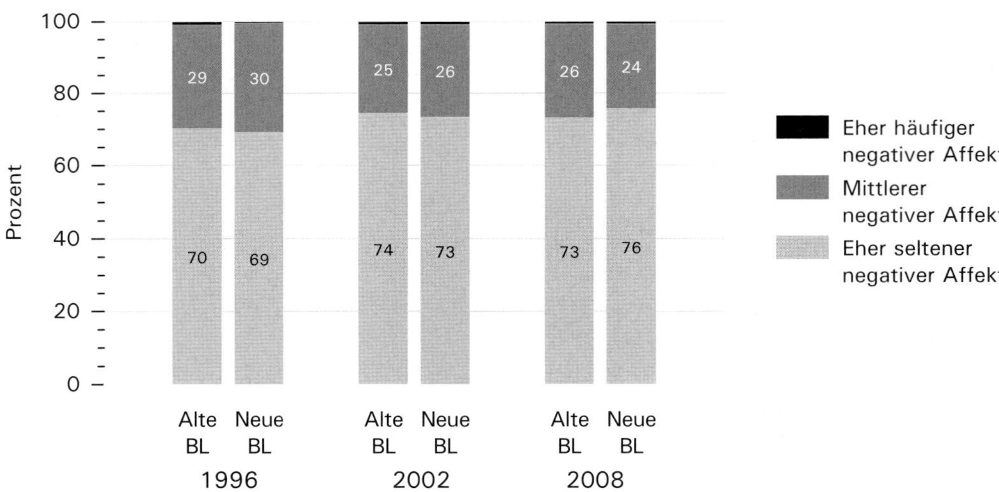

Quelle: DEAS 1996 (n = 3.847), 2002 (n = 2.766) und 2008 (n = 4.227), gewichtet, nicht signifikant, gerundete Angaben.

negativer Emotionen (vgl. Abbildung 12–11). Dies könnte bedeuten, dass mit dem Alter die Häufigkeit von Emotionen insgesamt abnimmt, denn die Altersunterschiede finden sich in allen drei Befragungsjahren in ähnlicher Weise.

Unterschiede zwischen den alten und den neuen Bundesländern sind mit Blick auf die Häufigkeit negativen Affekts nicht zu konstatieren (vgl. Abbildung 12–12). Der Prozentsatz von Personen, die häufig, mittel oder selten

Abb. 12–13: Negativer Affekt in den Jahren 1996, 2002 und 2008 in unterschiedlichen Bildungsgruppen (in Prozent)

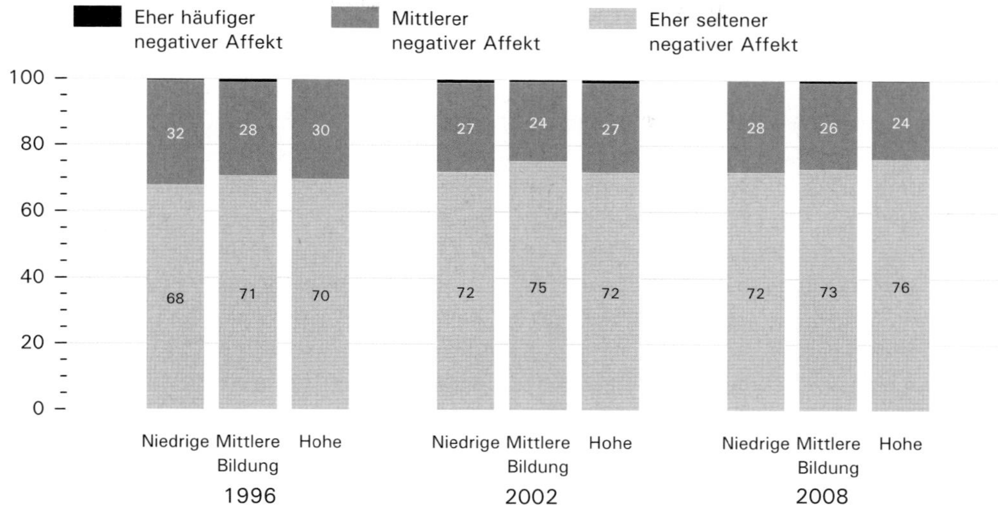

Quelle: DEAS 1996 (n = 3.847), 2002 (n = 2.766) und 2008 (n = 4.227), gewichtet, gerundete Angaben, nicht signifikant.

negativen Affekt erleben, ist in den beiden Regionen Deutschlands sehr ähnlich – und zwar zu allen berücksichtigten Zeitpunkten.

Auch der Vergleich von unterschiedlichen Bildungsgruppen zeigt keine Unterschiede: Im Jahr 2008 lag der Anteil der Personen, die selten negativen Affekt erleben, in allen Bildungsgruppen über 70 Prozent (vgl. Abbildung 12–13). Im Zeitverlauf ist dieser Befund ebenfalls stabil. Im Gegensatz zur Lebenszufriedenheit und zum positiven Affekt gibt es hier keine Unterschiede zwischen Bildungsgruppen.

12.4 Zusammenfassung und Ausblick

Drei Facetten des subjektiven Wohlbefindens wurden im vorliegenden Kontext betrachtet: Höhe der Lebenszufriedenheit, Häufigkeit des Erlebens angenehmer Gefühle (positiver Affekt) sowie Häufigkeit des Erlebens unangenehmer Gefühle (negativer Affekt). Die in diesem Kapitel vorgestellten Ergebnisse machen deutlich, dass es sinnvoll ist, diese Facetten des Wohlbefindens zu unterscheiden: Zufrieden zu sein, bedeutet nicht notwendigerweise, sich hochgestimmt zu fühlen, und die Abwesenheit negativer Affekte ist nicht gleichbedeutend mit dem Erleben von Glück.

12.4.1 Wie ist das subjektive Wohlbefinden von Menschen in der zweiten Lebenshälfte im Jahr 2008?

Im Jahr 2008 sind in Deutschland Menschen in der zweiten Lebenshälfte mit ihrem Leben zum größten Teil zufrieden. Viele Menschen erleben häufig positive Gefühle und nur sehr wenige Menschen sind dauerhaft negativ gestimmt. Mit zunehmendem Alter werden Menschen in der zweiten Lebenshälfte zufriedener.

Gleichzeitig erleben sie seltener sowohl positive als auch negative Gefühle. Die Unterschiede zwischen Männern und Frauen sind eher klein und weisen nicht durchgängig in dieselbe Richtung. Frauen in der zweiten Lebenshälfte sind geringfügig zufriedener und erleben häufiger positive Gefühle als Männer, aber Frauen sind auch häufiger negativ gestimmt als Männer. Möglicherweise ist dies ein Zeichen dafür, dass Frauen positive wie negative Seiten des Lebens intensiver wahrnehmen und erleben als Männer dies tun – oder zumindest eher darüber berichten.

Deutliche Unterschiede im subjektiven Wohlbefinden finden sich zwischen den Regionen Deutschlands und hinsichtlich verschiedener Bildungsgruppen. Menschen in der zweiten Lebenshälfte, die in den neuen Bundesländern leben, sind weniger zufrieden und seltener positiv gestimmt als Menschen, die in den alten Bundesländern leben. Bemerkenswert sind auch die Unterschiede zwischen Menschen unterschiedlicher Bildung: Die Zufriedenheit sowie die Häufigkeit positiver Stimmung ist bei Menschen mit hoher Bildung stärker ausgeprägt als bei Menschen mit geringer Bildung. Die aufgezeigten bildungsabhängigen Unterschiede machen dabei deutlich, dass die Wirkungen von schulischer Bildung und beruflicher Ausbildung (die überwiegend in den ersten zwei bis drei Lebensjahrzehnten erworben werden) sich bis ins Alter hinein im subjektiven Wohlbefinden widerspiegeln.

12.4.2 Wie hat sich das subjektive Wohlbefinden zwischen 1996 und 2008 gewandelt?

Zwischen 1996 und 2008 ist das subjektive Wohlbefinden stabil geblieben. Der Anteil der Menschen in der zweiten Lebenshälfte, die angeben, mit ihrem Leben sehr zufrieden zu sein, lag zu allen Zeitpunkten bei etwa 60 Prozent. Der Anteil der Menschen, die sich (eher) häufig positiv gestimmt fühlen, hat in den zwölf Jahren zwischen 1996 und 2008 sogar zugenommen. Der Anteil der Menschen, die selten negative Gefühle erleben, ist konstant sehr hoch (etwa drei Viertel der Menschen in der zweiten Lebenshälfte gehören dazu). Der Anteil der Personen, die angeben, bisweilen negative Affekte zu erleben, hat sich zwischen 1996 und 2008 sogar leicht verringert.

Eine gute Nachricht betrifft die regionalen Unterschiede. Auch wenn sich im Jahr 2008 deutliche Unterschiede in der Zufriedenheit zeigen (Menschen in den neuen Bundesländern sind seltener hochzufrieden mit ihrem Leben als Menschen in den alten), ist doch zu betonen, dass die regionalen Unterschiede in der Lebenszufriedenheit zwischen 1996 und 2008 deutlich kleiner geworden sind. Die bestehenden regionalen Unterschiede im positiven emotionalen Erleben sind stabil geblieben. Zudem zeigen sich hinsichtlich des Erlebens negativer Gefühle keine Unterschiede zwischen den alten und neuen Bundesländern. Diese Befunde stimmen zum Teil mit den Ergebnissen anderer Untersuchungen überein (Christoph 2008). Auch im Sozio-oekonomischen Panel (SOEP) werden regionale Unterschiede in der Lebenszufriedenheit berichtet. Allerdings weisen diese Daten eher auf eine Verfestigung der Unterschiede hin.

Auffällig ist die große Bedeutung sozialer Ungleichheit für das subjektive Wohlbefinden. Gut gebildete Menschen in der zweiten Lebenshälfte sind zufriedener und erleben häufiger positive Gefühle als Menschen, die nur über eine geringe oder mittlere Bildung verfügen. Die Unterschiede zwischen den Bildungsgruppen in der Lebenszufriedenheit haben in den zwölf Jahren zwischen 1996 und 2008 eher zugenommen. Hier zeigt sich, dass soziale Ungleichheit einen erheblichen Einfluss auf das Wohlbefinden hat – und dass dieser Einfluss im zeitlichen Verlauf stärker geworden ist. Da individuelle Regulationsmechanismen dazu beitragen, subjektives Wohlbefinden zu stabilisieren, ist dieser Befund bedenklich.

12.4.3 Bedeutung der Befunde für Politik und Gesellschaft

Indikatoren des subjektiven Wohlbefindens haben hohe Relevanz für Politik und Gesellschaft. Obwohl man mit Recht anzweifeln kann, ob Indikatoren des subjektiven Wohlbefindens als alleinige Zielgrößen für politisches Handeln ausreichen, so gibt es viele Gründe dafür, neben objektiven Aspekten der Lebenslage auch subjektive Indikatoren zur Bewertung der gesellschaftlichen Entwicklung heranzuziehen (Huschka & Wagner 2010). Viele Politikbereiche, wie etwa Gesundheits- und Sozialpolitik können zu einer Verbesserung des subjektiven Wohlbefindens beitragen (Diener et al. 2009). Indikatoren des subjektiven Wohlbefindens können daher auch dazu herangezogen werden, den potenziellen Erfolg (oder Misserfolg) politischer Maßnahmen zu bewerten und die Notwendigkeit von Interventionsbedarf zu erörtern.

Welche Schlüsse kann man nun aus den hier vorgelegten Befunden ziehen? Während sich zwischen 1996 und 2002 der gesundheitliche Zustand von nachwachsenden Geburtsjahrgängen verbessert hat und für die 70- bis 85-jährigen Menschen die familiäre Integration stärker geworden ist, gibt die materielle Absicherung – obwohl weiterhin auf gutem Niveau – zu Besorgnissen Anlass und das familiäre Netz von Menschen im mittleren Erwachsenenalter ist etwas fragiler geworden (vgl. Kapitel 8 „Familiale Generationenbeziehungen“). Trotz dieses vielgestaltigen Wandels ist das subjektive Wohlbefinden recht stabil auf hohem Niveau geblieben. Die Menschen in der zweiten Lebenshälfte sind in der Mehrzahl mit dem Leben zufrieden und fühlen sich gut.

Allerdings ist zu beachten, dass sich die soziale Ungleichheit in der Gesellschaft im subjektiven Wohlbefinden niederschlägt (vgl. Schöllgen et al. 2010) und dass dieser Effekt zwischen 1996 und 2008 für die Lebenszufriedenheit zugenommen hat. Dieser Befund hat Bedeutung für die zwei gegensätzlichen Thesen, die zu Beginn dieses Kapitels dargestellt wurden: Auf der einen Seite steht die Annahme, dass das durchschnittliche subjektive Wohlbefinden weniger vom gesellschaftlichen Wohlstand beeinflusst wird, sondern aufgrund wandelnder Ansprüche und Vergleichsmaßstäbe stabil bleibt (Easterlin 1974). Auf der anderen Seite steht die These Veenhovens, dass subjektives Wohlbefinden ein guter Indikator für die „Lebbarkeit“ von Gesellschaften sei (Veenhoven 2008). Unsere Befunde haben Bedeutung für beide Annahmen: Zum einen ist hervorzuheben, dass die meisten Menschen – und zwar unabhängig von ihrem Bildungsstand – mit ihrem Leben zufrieden sind und dies über die Zeit recht stabil bleibt (dies spricht für Easterlins Annahme). Allerdings wird auch deutlich, dass zunehmende ökonomische Disparitäten (beziehungsweise sich darauf beziehende Besorgnisse) die Zufriedenheitsunterschiede zwischen Menschen verstärken (dies spricht für die These Veenhovens).

Auch wenn Ungleichheiten eine Begleiterscheinung moderner und komplexer Gesellschaften sind, ist es wichtig, den Zusammenhalt der Gesellschaft in den Blick zu nehmen. Ein (auch nur geringfügiges) Auseinanderdriften von Lebenszufriedenheit kann ein Warnsignal sein, das von der Politik ernst genommen werden sollte. Zufriedenheit und subjektives Wohlbefinden können zwar nicht direkt von der Politik beeinflusst werden. Allerdings sollte bei Maßnahmen, die die Ungleichheit in der Gesellschaft beeinflussen, wie dies für Gesundheits-, Renten- und Bildungspolitik der Fall ist, darauf geachtet werden, dass der Zusammenhalt der Gesellschaft gewahrt wird. Dabei ist es von großer Bedeutung, Unterschiede und Veränderungen im subjektiven Wohlbefinden zu beachten.

Die Anhangstabellen sind auf der beiliegenden CD-ROM zu finden.

Literatur

Baltes, P. B., & Baltes, M. M. (1990). Psychological perspectives on successful aging: The model of selective optimization with compensation. In P. B. Baltes & M. M. Baltes (Eds.), *Successful aging: Perspectives from the behavioral sciences* (pp. 1–34). Cambridge: Cambridge University Press.

Campbell, A., Converse, P. E., & Rodgers, W. L. (1976). *The quality of American life: Perceptions, evaluations, and satisfactions*. New York: Russel Sage.

Christoph, B. (2008). Subjektives Wohlbefinden und Wertorientierungen. In Statistisches Bundesamt (Hrsg.), *Datenreport 2008* (S. 403–419). Bonn: Bundeszentrale für politische Bildung.

Diener, E. (1984). Subjective well-being. *Psychological Bulletin, 95(3)*, 542–575.

Diener, E. (2000). Subjective well-being. *American Psychologist, 55*, 34–43.

Diener, E., Diener, M., & Diener, C. (1995). Factors predicting the subjective well-being of nations. *Journal of Personality and Social Psychology, 69*, 851–864.

Diener, E., Lucas, R., Schimmack, U., & Helliwell, J. (2009). *Well-being for public policy.* Oxford: Oxford University Press.

Diener, E., Lucas, R. E., & Scollon, C. N. (2006). *Beyond the hedonic treadmill. Revising the adaptation theory of well-being. American Psychologist, 61(4)*, 30–314.

Diener, E., & Seligman, M. (2004). Beyond money: Toward an economy of well-being. *Psychological Science in the Public Interest, 5(1)*, 1–33.

Diener, E., Suh, E. M., Lucas, R. E., & Smith, H. L. (1999). Subjective well-being: Three decades of progress. *Psychological Bulletin, 125*, 276–302.

Diener, E., Suh, E. M., & Oishi, S. (1997). Recent findings on subjective well-being. *Indian Journal of Clinical Psychology, 24*,(25–41).

Dolan, P., Peasgood, T., & White, M. (2008). Do we really know what makes us happy? A review of the economic literature on the factors associated with subjective well-being. *Journal of Economic Psychology, 29*, 94–122.

Easterlin, R. A. (1974). Does economic growth improve the human lot? In P. A. David & M. W. Reder (Eds.), *Nations and households in economic growth: Essays in honor of Mozes Abramowitz* (pp. 89-125). New York: Academic Press.

Easterlin, R. A., & Schaeffer, C. M. (1999). Income and subjective well-being over the life cycle. In C. D. Ryff & V. Marshall (Eds.), *The self and society in aging processes* (pp. 279-302). New York: Springer.

Eid, M., & Larsen, R. J. (Hrsg.). (2008). *The science of subjective well-being.* New York: Guilford.

Fredrickson, B. L. (1998). What good are positive emotions? *Review of General Psychology, 2(3)*, 300–319.

Fredrickson, B. L. (2008). Promoting positive affect. In M. Eid & R. J. Larsen (Eds.), *Subjective well-being* (pp. 449–468). New York: Guilford.

Güthlin, C. (2004). Response Shift: Alte Probleme der Veränderungsmessung, neu angewendet auf gesundheitsbezogene Lebensqualität. *Zeitschrift für Medizinische Psychologie, 13(4)*, 165–174.

Hagerty, M. R. (1998). Unifying livability and comparison theory: Cross-national time-series analysis of life satisfaction. *Social Indicators Research, 47*(343–356).

Huschka, D., & Wagner, G. G. (2010). Sind Indikatoren zur Lebensqualität und zur Lebenszufriedenheit als politische Zielgrößen sinnvoll? (*Research Notes No. 43*). Berlin: Rat für Sozial- und Wirtschaftsdaten.

Lucas, R. E. (2008). Personality and subjective well-being. In M. Eid & R. J. Larsen (Eds.), *The science of subjective well-being.* (pp. 171–194). New York, NY: Guilford Press.

Lucas, R. E., & Donnellan, M. B. (2007). How stable is happiness? Using the STARTS model to estimate the stability of life satisfaction. *Journal of Research in Personality, 41*, 1091–1098.

Nolen-Hoeksema, S., & Rusting, C. L. (1999). Gender differences in well-being. In D. Kahneman, E. Diener & N. Schwarz (Eds.), *Well-being: The foundations of hedonic psychology* (pp. 330–350). New York: Russell Sage Foundation.

Pavot, W., & Diener, E. (1993). Review of the satisfaction with life scale. *Psychological Assessment, 5(2)*, 164–172.

Schöllgen, I., Huxhold, O., & Tesch-Römer, C. (2010). Socioeconomic status and health in the second half of life: findings from the German Ageing Survey. *European Journal of Ageing 7*, 17–28.

Schupp, J., Habich, R., & Zapf, W. (1996). Sozialberichterstattung im Längsschnitt – Auf dem Weg zu einer dynamischen Sicht der Wohlfahrtsproduktion. In W. Zapf, J. Schupp & R. Habich (Hrsg.), *Lebenslagen im Wandel: Sozialberichterstattung im Längsschnitt* (S. 11–45). Frankfurt/Main: Campus.

Sirgy, M. J., Michalos, A. C., Ferriss, A. L., Easterlin, R. A., Pavot, W., & Patrick, D. (2006). The quality-of-life (QOL) research movement: past, present, and future. *Social Indicators Research, 76(3)*, 343–466.

Smith, J., Fleeson, W., Geiselmann, B., Settersten, R., & Kunzmann, U. (1996). Wohlbefinden im hohen Alter: Vorhersagen aufgrund objektiver Lebensbedingungen und subjektiver Bewertung. In K. U.

Mayer & P. B. Baltes (Hrsg.), *Die Berliner Altersstudie* (S. 497-523). Berlin: Akademie Verlag.

Staudinger, U. M. (2000). Viele Gründe sprechen dagegen, und trotzdem geht es vielen Menschen gut: Das Paradox des subjektiven Wohlbefindens. *Psychologische Rundschau, 51(4),* 185–197.

Stevenson, B., & Wolfers, J. (2008). Economic growth and subjective well-being: Reassessing the Easterlin paradox. *Brookings Papers on Economic Activity,1,* 1–87.

Tesch-Römer, C., Motel-Klingebiel, A., & Tomasik, M. J. (2008). Gender differences in subjective well-being: comparing societies with respect to gender equality. *Social Indicators Research, 82(2),* 329–349.

Veenhoven, R. (1988). The utility of happiness. *Social Indicators Research, 20,* 333–354.

Veenhoven, R. (2008). Sociological theories of subjective well-being. In M. Eid & R. J. Larsen (Eds.), *Subjective well-being* (pp. 62–79). New York: Guilford.

Veenhoven, R., & Hagerty, M. R. (2006). Rising happiness in nations 1946–2004: A reply to Easterlin. *Social Indicators Research, 79,* 421–436.

Watson, D., Clark, L. A., & Tellegen, A. (1988). Development and validation of brief measures of positive and negative affect: The PANAS scales. *Journal of Personality and Social Psychology, 54,* 1063–1070.

Westerhof, G. J. (2001). Wohlbefinden in der zweiten Lebenshälfte. In F. Dittmann-Kohli, C. Bode & G. F. Westerhof (Hrsg.), *Die zweite Lebenshälfte – Psychologische Perspektiven* (S. 77–128). Stuttgart: Kohlhammer.

13 Die zweite Lebenshälfte: Befunde des Deutschen Alterssurveys und ihre Bedeutung für Politik und Gesellschaft

Clemens Tesch-Römer, Andreas Motel-Klingebiel & Susanne Wurm

Im vergangenen Jahrhundert hat sich – im Zuge der steigenden Lebenserwartung und des oftmals vorzeitigen Übergangs in den Ruhestand – das Alter zunehmend zu einer eigenständigen und immer längeren Lebensphase entwickelt. Für älter werdende und alte Menschen ist es wichtig, diese nachberufliche, bisweilen mehrere Jahrzehnte umfassende Lebensphase aktiv auszugestalten. Derzeit nähert sich die erste Nachkriegsgeneration dem Ruhestandsalter. Diese Generation wuchs nicht nur ohne Kriegserfahrungen auf, sondern hatte vielfach bessere Bildungs- und Karrierechancen als ihre Elterngeneration. Sich verändernde Prägungen und Chancen nachfolgender Generationen, sich wandelnde sozialpolitische Regelungen, neue Möglichkeiten medizinischer Versorgung sowie stärker individualisierte Lebensentwürfe und vielfältigere Lebensverläufe tragen dazu bei, dass sich Älterwerden und Altsein wandelt. Vor diesem Hintergrund ist es wichtig, das Wissen über das Alter(n) zu vertiefen, regelmäßig zu aktualisieren und zu untersuchen, welche Veränderungen sich im Laufe der Zeit vollziehen.

Auf der Grundlage der Daten des Deutschen Alterssurveys (DEAS), einer bundesweit repräsentativen Befragung von Menschen ab 40 Jahren, wurden im vorliegenden Band die folgenden Leitfragen in den Blick genommen:

- Wie leben Menschen in der zweiten Lebenshälfte und wie stark unterscheiden sich die Lebenssituationen dieser Menschen voneinander?
- Wie haben sich die Lebenssituationen in der zweiten Lebenshälfte gewandelt? In welchen Lebensbereichen hat sich die Situation verbessert oder verschlechtert, in welchen finden sich Angleichungen und wo kommt es zu Differenzierungen?

Zur Beantwortung der ersten Leitfrage wurde die aktuelle Lebenssituation älterwerdender und alter Menschen im Jahr 2008 in verschiedenen Lebensbereichen betrachtet. Im Zentrum steht die Lebensqualität von Menschen, wobei objektive und subjektive Lebenschancen und -ergebnisse berücksichtigt wurden. Materielle Sicherung, Lebensformen und familiale Generationenbeziehungen, soziale Integration, gesellschaftliche Partizipation, Wohnsituationen, Altersdiskriminierung, Altersbilder sowie Wohlbefinden sind wesentliche Dimension der Lebensqualität. In den Analysen wurde auf Verteilungen der Lebenssituationen eingegangen und Anteile möglicherweise benachteiligter oder gut gestellter Bevölkerungsgruppen in der zweiten Lebenshälfte beschrieben. Besondere Beachtung fanden dabei Unterschiede zwischen Altersgruppen, Geschlechtern, alten und neuen Bundesländern sowie zwischen verschiedenen Bildungsgruppen.

- Im Hinblick auf das Alter unterscheidet der DEAS vor allem drei *Altersgruppen:* 40- bis 54-jährige, 55- bis 69-jährige sowie 70- bis 85-jährige Personen. Sie bilden die verschiedenen Lebensphasen des späten Erwerbsalters, des Ruhestandübergangsalters und des Ruhestands ab, der oft auch als „drittes Lebensalter" bezeichnet wird. Das sogenannte „vierte Lebensalter" der Hochaltrigkeit wurde im vorliegenden Band nur am Rande betrachtet: Die 80- bis 85-Jährigen befinden sich am Beginn dieses Lebensabschnittes. Bei einzelnen Fragestellungen (vgl. Kapitel 5 „Gesellschaftliche Partizipation", Kapitel 4 „Gesundheit" und Kapitel 11 „Individuelle Altersbilder") wird eine differenziertere Altersgruppenunterscheidung verwendet.

- Es wird im DEAS zudem danach gefragt, inwieweit sich *Frauen und Männer* in der zweiten Lebenshälfte unterscheiden. Die Lebensläufe und auch die Lebenserwartung von Frauen und Männern differieren weiterhin – wenngleich bereits seit einigen Jahren in abnehmendem Maße. Die vorliegenden Analysen geben Anhaltspunkte dafür, in welchen Lebensbereichen und Altersgruppen weiterhin deutliche Geschlechtsunterschiede bestehen und hinsichtlich welcher Aspekte demgegenüber sehr ähnliche Lebenssituationen festzustellen sind.
- Rund 20 Jahre nach der Wiedervereinigung stellt sich die Frage, hinsichtlich welcher Lebenszusammenhänge sich Unterschiede zwischen d*en neuen und alten Bundesländern* zeigen. Findet eine Angleichung statt oder ist von unterschiedlichen Gestaltungsmöglichkeiten und Problemlagen des Alterns in Ost und West auszugehen?
- Schließlich wurde in mehreren Beiträgen des Bandes ergänzend untersucht, inwieweit über Alter, Geschlecht und Region hinaus sozialstrukturelle Unterschiede zwischen *Bildungsgruppen* festzustellen sind. Bildung ist ein zentraler Indikator der Sozialstruktur, dem unter anderem eine hohe Bedeutung mit Blick auf Wissen, Erwerbschancen und materielle Ressourcen zukommt. Es wurde der Frage nachgegangen, welche Bedeutung Bildung für die Lebenssituation in der zweiten Lebenshälfte hat.

Die zweite Leitfrage des DEAS „Inwieweit haben sich in den letzten Jahren die Lebenssituationen in der zweiten Lebenshälfte gewandelt?" wurde im vorliegenden Buch anhand von Daten aus den Jahren 1996, 2002 und 2008 betrachtet. Es wurde aufgezeigt, inwieweit sich Älterwerden und Altsein über diesen Zwölfjahres-Zeitraum hinweg generell sowie spezifisch für bestimmte Bevölkerungsgruppen verändert haben. Zeigen sich Verbesserungen in den materiellen oder gesundheitlichen Ressourcen? Wandelt sich die Familie und verändert sich das Wohlbefinden alternder und alter Menschen? Geschieht dieser Wandel einheitlich oder sind bestimmte Bevölkerungsgruppen hiervon nicht beziehungsweise in besonderem Maße betroffen? Welche Folgen hat dieser Wandel für die Lebensphase Alter und die darauf zielende Alternssozialpolitik in Deutschland?

Im vorliegenden abschließenden Kapitel werden die Befunde der vorangehenden thematischen Kapitel zusammenfassend betrachtet und mit Blick auf politische und gesellschaftliche Fragen diskutiert.

13.1 Altern und Alter heute: Insgesamt gute Lebensqualität bei gleichzeitig heterogenen Lebenssituationen

13.1.1 Die zweite Lebenshälfte im Überblick

Einkommen und Vermögen

Menschen in der zweiten Lebenshälfte verfügen gegenwärtig über Einkommen, die im Vergleich mit anderen Altersgruppen als insgesamt gut einzuschätzen sind. Die subjektiven Bewertungen des gegenwärtigen Lebensstandards zeigen zudem, dass Menschen in der zweiten Lebenshälfte ihre finanzielle Situation in der Regel als recht gut bewerten. Weniger positiv sind allerdings die Zukunftsaussichten: Die künftige Entwicklung des Lebensstandards wird allgemein eher pessimistisch eingeschätzt. Die Vergleiche zwischen den Altersgruppen innerhalb der zweiten Lebenshälfte sowie zwischen Bildungsschichten, Geschlechtern und Regionen machen deutlich, dass die Einkommenssituation deutlich zwischen verschiedenen Bevölkerungsgruppen variiert. Ältere Erwerbspersonen haben günstigere Einkommenspositionen als Menschen im Ruhestand, alleinlebende Männer sind besser gestellt als alleinlebende Frauen. Die materiellen Ressourcen variieren zwischen den alten und neuen Bundesländern sowie – noch deutlicher – zwischen verschiedenen Bildungsgruppen. Dies gilt in ähnlicher Weise für die materielle Vorsorge für den Ruhestand unter den Personen im mittleren Erwachsenenalter. Während heute materielle Problemlagen nur moderat verbreitet sind, deuten sich Schwierigkeiten für die Zukunft an: Speziell geringer qualifizierte Menschen und solche mit heute schon niedrigen Einkommen erwarten, in Zukunft einen deutlich geringeren Lebensstandard zu haben.

Gesundheit

Der Gesundheitszustand von Menschen in der zweiten Lebenshälfte ist insgesamt gut, sowohl was Krankheiten und körperliche Funktionsfähigkeit (Mobilität) betrifft als auch die subjektive Gesundheitseinschätzung. Mit steigendem Alter wird der Anteil von Personen größer, die unter Mehrfacherkrankungen leiden und von Mobilitätseinschränkungen betroffen sind. Dabei zeigen sich bereits im mittleren Erwachsenenalter erste Mobilitätseinschränkungen. Erfreulicherweise bleibt die subjektive Gesundheitseinschätzung bis ins Alter hinein recht gut. Nur eine Minderheit der Menschen im Alter zwischen 70 und 85 Jahren bewertet die eigene Gesundheit als schlecht oder sehr schlecht. Mit Blick auf die Prävalenz einzelner Erkrankungen und Mobilitätseinschränkungen zeigen sich auch Geschlechterunterschiede: Die Verteilung von Erkrankungen variiert zwischen Männern und Frauen, und es zeigt sich, dass Frauen etwas häufiger Mobilitätseinschränkungen haben als Männer. Zwischen Ost und West gibt es hingegen nur wenige Unterschiede. Allerdings ist sportliche Inaktivität in den neuen Bundesländern weiter verbreitet als in den alten Bundesländern – mit möglichen Folgen für die künftige Entwicklung der Gesundheit. Deutlicher als die regionalen Unterschiede treten diejenigen zwischen verschiedenen Bildungsgruppen hervor. Bei Menschen mit geringerer Bildung sind Erkrankungen und Mobilitätseinschränkungen häufiger und sie bewerten ihre Gesundheit subjektiv als weitaus schlechter im Vergleich zu höheren Bildungsgruppen. Zugleich ist das Gesundheitsverhalten ungünstiger: In den unteren Bildungsschichten rauchen deutlich mehr Personen, insbesondere bei den 40- bis 54-Jährigen. Auch die insgesamt geringere körperliche Aktivität ist im Vergleich zu höheren Bildungsschichten als problematisch einzuschätzen.

Erwerbstätigkeit und Partizipation

Die Erwerbsbeteiligung älterer Menschen stieg im letzten Jahrzehnt in Deutschland stark und über den europäischen Trend hinaus an. Sie hat damit gegenwärtig wieder ein Niveau erreicht, das in etwa jenem in der (alten) Bundesrepublik der späten 1970er Jahre entspricht. Dennoch ist in der Altersgruppe der 60- bis 64-Jährigen weiterhin die Mehrheit der Personen bereits aus dem Erwerbsleben ausgeschieden. Der Wechsel in den Ruhestand erfolgt oftmals nicht direkt aus einer Erwerbstätigkeit, sondern teilweise aus Arbeitslosigkeit, Vorruhestandsregelungen und Erwerbsunfähigkeit. Erwartungsgemäß partizipieren auch im Jahr 2008 mehr Männer als Frauen am Erwerbsleben. Vor allem bei den Frauen zeigen sich zudem deutliche regionale Differenzen. So liegt in den alten Bundesländern der Anteil der 60- bis 64-jährigen erwerbstätigen Frauen deutlich über jenem in den neuen Bundesländern. Insgesamt gibt es eine weite Verbreitung ehrenamtlichen Engagements und außerhäuslicher Bildungspartizipation. Mehr als die Hälfte der Bevölkerung in der zweiten Lebenshälfte engagiert sich ehrenamtlich oder in außerhäuslichen Bildungsaktivitäten. Gegenüber den 40- bis 69-Jährigen sind diese Aktivitäten in der höchsten Altersgruppe (70 bis 85 Jahre) etwas weniger verbreitet. Neben dem Gesundheitszustand spielen der regionale Kontext und insbesondere der Bildungshintergrund eine entscheidende Rolle für außerberufliche Partizipation: Personen mit hoher Bildung partizipieren hierbei deutlich stärker als jene mit geringer Bildung. Personen, die an außerhäuslichen Bildungsaktivitäten teilnehmen, sind häufig zugleich auch ehrenamtlich engagiert, was darauf hinweist, dass eine enge Verbindung zwischen Bildung, lebenslangem Lernen und ehrenamtlichem Engagement besteht.

Wohnen

Das Wohnumfeld wird insgesamt als gut bewertet, sowohl was die Infrastruktur (Einkaufsmöglichkeiten, Arztpraxen und Apotheken, öffentlicher Personennahverkehr) betrifft, als auch im Hinblick auf Lärmbelastung und Sicherheitsempfinden. Doch auch hier weist eine differenzierte Betrachtung auf deutliche Unterschiede hin. Ein Vergleich verschiedener Siedlungsstrukturen (ländliche, verstädterte und verdichtete Räume) offenbart die spezifischen Vorteile und Problemlagen verschiedener Wohnkontexte. Was die Infrastruktur betrifft, zeigen sich vor allem im ländlichen Raum, teilweise aber auch im verstädterten Raum (also auch in Klein- und Mittelstädten) Defizite bei den Einkaufsmöglichkeiten, der medizinischen Versorgung und dem Personennahverkehr. Deutlich besser wird die Infrastruktur demgegenüber in verdichteten Räumen (also in Großstädten und Ballungsräumen) bewertet. Verglichen mit Ostdeutschland wird in Westdeutschland das Wohnumfeld als sicherer betrachtet. Die Situation stellt sich in verstädterten Siedlungsstrukturen günstiger dar als in den ländlichen Räumen und den verdichteten Kernstädten. Zudem bewerten Männer die Sicherheit ihres Wohnumfeldes besser als Frauen. Die Lärmbelastung ist allerdings in ländlichen Regionen deutlich geringer als in verdichteten Räumen, wobei sich hier keine Ost-West-, Geschlechts- oder Altersunterschiede zeigen.

Partnerschaft und Lebensformen

Der Blick auf partnerschaftliche Lebensformen zeigt, dass die große Mehrheit der 40- bis 85-Jährigen verheiratet ist und mit der Ehepartnerin beziehungsweise dem Ehepartner zusammenlebt. In der Gruppe der 70- bis 85-Jährigen sind so viele Menschen verheiratet wie noch nie zuvor. Auch haben sehr viele alte Menschen Kinder. In der Altersgruppe der 40- bis 54-Jährigen findet sich hingegen der höchste Anteil von nicht verheirateten Personen. Dies betrifft besonders Männer in den neuen Bundesländern. Gelingt es, nach der Auflösung einer Partnerschaft eine neue Paarbeziehung zu etablieren, erwächst auch daraus ein partnerschaftliches Unterstützungspotenzial für das Alter. Es steigt der Anteil der Menschen in der zweiten Lebenshälfte, die eine Folgeehe oder nacheheliche Partnerschaft führen. Wiederverheiratete Personen sind dabei genauso zufrieden mit ihrer Partnerschaft wie Menschen, die in der ersten Ehe leben.

Familiale Generationenbeziehungen

In der Regel haben Menschen in der zweiten Lebenshälfte gemeinsame leibliche Kinder, die häufig bereits außerhalb des Elternhauses leben. Es steigt allerdings der Anteil derer, die kinderlos bleiben. Die höchste Quote Kinderloser ist in der Gruppe der 40- bis 54-jährigen Männer in den alten Bundesländern zu finden. Patchwork-Familien, das heißt, das Zusammenleben oder familiäre Beziehungen mit nicht-leiblichen Kindern (meist jenen der Partnerin beziehungsweise des Partners, aber auch Adoptivkinder) sind in der Altersgruppe der 40- bis 85-Jährigen insgesamt nicht besonders häufig verbreitet. Bei Männern finden sie sich jedoch häufiger als bei Frauen und sie sind in den neuen Bundesländern etwas verbreiteter als in den alten. In den meisten Familien ist die Kontaktdichte zwischen Eltern, Kindern und Enkeln trotz verbreiteter großer räumlicher Distanz hoch. Dabei ist die Wohnentfernung zwischen 70- bis 85-Jährigen und ihren Kindern insgesamt kleiner als bei etwas jüngeren Eltern. Von der Mehrheit der Menschen in der zweiten Lebenshälfte werden die Beziehungen zu Kindern und Enkeln als emotional eng wahrgenommen. Es besteht insgesamt häufiger Kontakt und die Familienbeziehungen werden als gut bewertet. Frauen haben hierbei den engeren Kontakt und fühlen sich enger mit ihren Kindern und Enkeln verbunden als Männer. Großeltern haben häufig Kontakt zu ihren erwachsenen Enkeln, in der Regel sehen oder sprechen sie sich mindestens einmal im Monat und sie beschreiben ihre Großelternrolle zumeist als wichtig oder sehr wichtig. Im Vergleich zur Kontakthäufigkeit zu den Kindern variiert jedoch die Kontakthäufigkeit zu den Enkeln stärker – etwa ein Drittel der Großeltern hat eher selten Kontakt zu den erwachsenen Enkeln. Gegenseitige Unterstützungen sind in den Familien weit verbreitet. Geld- und Sachtransfers werden dabei besonders an die Kinder gegeben, während die (im höheren Lebensalter befindlichen) Eltern vor allem instrumentelle Hilfen von ihren Kindern erhalten.

Soziale Netzwerke

Die große Mehrheit der Menschen in der zweiten Lebenshälfte ist gut in soziale Netzwerke integriert und findet ausreichend Unterstützung durch Rat und Trost. Über die Hälfte aller Menschen in der zweiten Lebenshälfte nennt Freunde, Bekannte, Nachbarn oder Arbeitskollegen als wichtige Bezugspersonen. Den höchsten Anteil außerfamilialer Beziehungen haben jene Menschen, die keine Partnerschaft und keine Kinder haben. Aber auch für Personen mit Familie spielen außerfamiliale Beziehungen eine wichtige Rolle in ihren sozialen Netzen. Insgesamt kann von einer guten sozialen Integration gesprochen werden. Soziale Netzwerke erfüllen wichtige Funktionen: Etwa die Hälfte der Menschen in der zweiten Lebenshälfte können sich bei Kummer und Sorgen oder bei wichtigen Entscheidungen vertrauensvoll an eine Person außerhalb der Familie wenden. Eine differenzierte Analyse weist jedoch auf deutliche Unterschiede hin: Ältere Personen nennen seltener Freunde und Bekannte als Quellen von Rat und Trost als Jüngere, und in den alten Bundesländern zählen mehr Menschen auf außerfamiliale Beziehungen, wenn sie Rat und Trost benötigen, als in den neuen Bundesländern. Besonders auffällig sind die Unterschiede zwischen Frauen und Männern: Frauen geben etwa doppelt so häufig an, außerhalb der Familie Personen zu haben, an die sie sich wenden können, wenn sie Rat oder Trost benötigen, als Männer.

Altersdiskriminierung

Altersdiskriminierung begleitet die gesamte zweite Lebenshälfte, kommt also nicht nur im höheren Lebensalter vor. Allerdings berichtet nur eine Minderheit der Menschen in der zweiten Lebenshälfte davon, Diskriminierungserfahrungen gemacht zu haben. Am häufigsten werden Diskriminierungen in den Bereichen der Arbeit und der Arbeitssuche sowie der medizinischen Versorgung erlebt. Frauen berichten häufiger von Diskriminierungen als Männer. Zudem berichten geringer gebildete Menschen häufiger über Altersdiskriminierungserfahrungen als Menschen mit höherer Bildung. Auch werden in den neuen Bundesländern häufiger Diskriminierungserfahrungen genannt als in den alten. Altersdiskriminierung wird in den betrachteten Altersgruppen etwa gleich häufig berichtet. Jedoch unterscheiden sich die Bereiche, in denen eine solche Diskriminierung erlebt wird: Während Erwerbspersonen vor allem über Diskriminierungserfahrungen im Bereich Arbeit/Arbeitssuche berichten, sind ältere Menschen vor allem von Diskriminierungserfahrungen im Bereich der medizinischen Versorgung betroffen.

Altersbilder

Menschen in der zweiten Lebenshälfte haben differenzierte Altersbilder. Das Älterwerden wird als ein Prozess gesehen, der nicht allein durch körperliche Verluste gekennzeichnet ist, sondern auch Möglichkeiten zur persönlichen Weiterentwicklung beinhaltet. Differenzierte Analysen decken aber auch hier deutliche Unterschiede zwischen verschiedenen Bevölkerungsgruppen auf: Menschen im mittleren Erwachsenenalter haben positivere Altersbilder als Menschen in höheren Altersgruppen, das heißt, sie verbinden das Älterwerden häufiger mit Weiterentwicklungsmöglichkeiten und seltener mit körperlichen Verlusten. Während keine Unterschiede zwischen Frauen und Männern bestehen, zeigen sich Differenzen zwischen alten und neuen Bundesländern. In den neuen Bundesländern ist das Altersbild eher von körperlichen Verlusten und weniger von den Möglichkeiten persönlicher Weiterentwicklung geprägt als in den alten Bundesländern, was bei Menschen mit geringerer Bildung in besonderem Maße deutlich wird. Bundesweit betonen Personen mit geringerer Bildung zudem stärker die mit dem Älterwerden einhergehenden körperlichen Verluste und erleben weniger Möglichkeiten persönlicher Weiterentwicklung im Alter.

Subjektives Wohlbefinden

Der größte Teil der 40- bis 85-Jährigen ist mit dem Leben zufrieden. Viele Menschen erleben regelmäßig positive Gefühle und nur sehr wenige Menschen sind dauerhaft negativ gestimmt. Personen in höheren Altersgruppen sind dabei sogar noch etwas zufriedener als Personen im mittleren Erwachsenenalter. Frauen in der zweiten Lebenshälfte sind etwas zufriedener als Männer, erleben gleichzeitig aber häufiger negative Gefühle als Männer. In den alten Bundesländern geben mehr Menschen eine hohe Lebenszufriedenheit und eine häufigere positive Gestimmtheit an als Menschen, die in den neuen Bundesländern leben. Die in unteren Bildungsschichten insgesamt negativere Bewertung der Lebenssituationen spiegelt sich schließlich auch in einem geringeren subjektiven Wohlbefinden wider. Geringere Bildung geht oft mit einer geringen Lebenszufriedenheit und seltener positiver Stimmung einher.

13.1.2 Differenzierende Einsichten: Unterschiede in der zweiten Lebenshälfte

Die Zusammenfassung der Ergebnisse macht deutlich, dass das Leben in der zweiten Lebenshälfte gegenwärtig insgesamt als positiv zu bewerten ist. Eine gute materielle Situation, soziales Eingebundensein und eine gute Gesundheit markieren zentrale Lebensbedingungen, die sich in überwiegend positiven subjektiven Bewertungen widerspiegeln. Allerdings greift eine solche Gesamtbetrachtung zu kurz: Berücksichtigt man, welche Gruppenunterschiede bestehen, so wird deutlich, dass eine differenzierte Perspektive erforderlich ist, um sozialpolitische Implikationen erkennen zu können. Denn die bestehende Vielfalt und soziale Ungleichheit weist auf Gruppen hin, denen ein besonderes Augenmerk gewidmet werden sollte.

Bei der Gruppe von Personen, die 40 Jahre und älter sind und die sich noch im Erwerbsalter befinden, zeichnet sich ab, dass ein Teil von ihnen Schwierigkeiten bei der ausreichenden Vorsorge für das Alter hat. Gerade die 55- bis 69-Jährigen schätzen daher die zukünftige Entwicklung des Lebensstandards eher pessimistisch ein. Aber auch Menschen, die sich bereits seit längerem im Ruhestand befinden, gehen inzwischen häufig von künftigen Verschlechterungen ihres Lebensstandards aus. Die heutigen Erwerbspersonen, stellen sich zunehmend darauf ein, länger als früher – bis zum 65., eher jedoch bis zum 67. Lebensjahr – zu arbeiten. Zugleich muss jedoch im Blick behalten werden, dass hierfür sowohl die gesundheitlichen Voraussetzungen als auch der angemessene Arbeitskontext und ausreichende Nachfrage nach Arbeit gegeben sein müssen. Ein nennenswerter Anteil von Personen hat bereits in diesem Alter mehrere chronische Erkrankungen und erste Mobilitätseinschränkungen. Körperliche Aktivität und eine Verringerung des Tabakkonsums sind hierbei zwei zentrale, aber nicht die einzigen, Ansätze zu Prävention. Die berichteten Erfahrungen mit Altersdiskriminierung am Arbeitsplatz und bei der Arbeitssuche weisen darauf hin, dass altersbezogene Barrieren bereits im mittleren Erwachsenenalter eine Rolle spielen.

Was die soziale Integration betrifft, deutet sich in dieser Altersgruppe ebenfalls ein wichtiger Unterschied gegenüber älteren Altersgruppen (den 70- bis 85-Jährigen) an. Personen, die eher am Beginn der zweiten Lebenshälfte stehen – insbesondere Männer –, sind häufiger ohne Partnerschaft und kinderlos. Zugleich haben Personen dieser Altersgruppe aber auch größere außerfamiliale Netzwerke. Allerdings sind es insgesamt stärker die Frauen, die auf soziale Unterstützungsnetzwerke zurückgreifen können, wenn sie beispielsweise Rat oder Trost suchen. Vor diesem Hintergrund ist besonderes Augenmerk auf die soziale Integration der partner- beziehungsweise kinderlosen Männer im mittleren Erwachsenenalter zu richten. Erst die Zukunft wird zeigen, inwieweit außerfamiliale Beziehungen gleichermaßen eng und verlässlich sind, wie dies für die intergenerationalen Beziehungen in den Familien deutlich wird. Für das höhere Lebensalter, also besonders die Altersgruppe der 70- bis 85-Jährigen, gibt es gegenwärtig mehrere gute Nachrichten: Noch nie waren so viele Personen dieser Altersgruppe verheiratet und hatten Kinder. Es handelt sich bei diesen Geburtsjahrgängen um Personen, die zwischen 1923 und 1938 geboren wurden und den Zweiten Weltkrieg als Heranwachsende erlebten. Was das familiale Netzwerk betrifft, ist festzustellen, dass sie näher bei ihren Kindern wohnen als die jüngeren Vergleichsgruppen. Die räumliche Nähe bietet die Möglichkeit für Austauschbeziehungen, sei es in Form von Hilfeleistungen an die eigenen Kinder bzw. Enkelkinder als auch für den Erhalt von Hilfe und Unterstützung. Ältere Personen nennen zugleich seltener Freunde und Bekannte als Quellen von Rat und Trost als Jüngere. Das kann womöglich dann zu einem Problem werden, wenn ein wichtiger Angehöriger wie der Partner oder die Partnerin verstirbt.

Alte Menschen verbinden mit dem Älterwerden häufiger körperliche Verluste als Personen im mittleren Erwachsenenalter. Dieses Altersbild spiegelt einerseits die tatsächlichen gesundheitlichen Einbußen wider, die im höheren Alter verbreiteter sind, andererseits stellen sich ältere Menschen möglicherweise innerlich auch stärker auf gesundheitliche Einbußen ein. Die gute subjektive Gesundheitseinschätzung, die auch bei den 70- bis 85-Jährigen besteht, könnte darauf zurückzuführen sein, dass bei einer Reihe von Personen der tatsächliche Gesundheitszustand die eigenen Erwartungen übertrifft. Was die gesundheitliche Versorgung angeht, sind zwei Ergebnisse hervorzuheben. Zum einen berichten ältere Menschen besonders darüber, im Rahmen medizinischer Versorgung Altersdiskriminierung zu erleben. Zum anderen machen die Ergebnisse zum Wohnumfeld deutlich, dass in ländlichen Regionen besonders dann die Versorgung mit Arztpraxen und Apotheken unzureichend ist, wenn Personen keinen Pkw haben, was im höheren Lebensalter häufiger der Fall ist. Die schlechtere Infrastruktur zeigt sich hierbei besonders in den ländlichen Regionen der neuen Bundesländer.

Besonderer Aufmerksamkeit bedürfen insbesondere Personen mit niedriger Bildung. Schul- und Berufsausbildung werden in der Regel in Kindheit, Jugend und jungem Erwachsenenalter erworben. Besonders in den älteren Jahrgängen hatten zahlreiche Menschen nicht die Chance einer höheren Bildung. In allen betrachteten Altersgruppen (40 bis 85 Jahre) zeigen sich deutliche Unterschiede zwischen den verschiedenen Bildungsgruppen. Menschen mit geringerer Bildung verfügen im späten Erwerbsalter nur über geringe materielle Ressourcen für das Leben im Ruhestand, sie haben häufiger Erkrankungen und Mobilitätseinschränkungen und sie bewerten ihre Gesundheit subjektiv als weitaus schlechter im Vergleich zu höheren Bildungsgruppen. Hinzu kommt, dass in den unteren Bildungsschichten deutlich mehr Personen rauchen, insbesondere bei den 40- bis 54-Jährigen und auch die geringere körperliche Aktivität ist im Vergleich zu höheren Bildungsschichten als problematisch einzuschätzen. Was die außerberufliche Partizipation betrifft, ist diese bei Personen mit geringerer Bildung deutlich niedriger als bei jenen mit hoher Bildung. Schließlich berichten Personen mit niedriger Bildung häufiger über Altersdiskriminierungserfahrungen und haben negativere Altersbilder als jene mit höherer Bildung. Vor diesem Hintergrund ist es wenig verwunderlich, dass sich dies auch in einer insgesamt negativeren Bewertung der Lebenssituation und einem geringeren subjektiven Wohlbefinden widerspiegelt.

Für eine Bewertung der Ergebnisse ist es wesentlich zu betrachten, welche Veränderungstrends sich im Vergleich der heutigen Situation mit früheren Jahren abzeichnen. Deuten sich zunehmend Problemsituationen an? Oder finden sich zwar bestimme Personengruppen in prekären Lagen, doch sinkt ihr Anteil an der Bevölkerung im Laufe der Zeit? Verstärken sich die Unterschiede zwischen den Altersgruppen, zwischen Männern und Frauen, zwischen Menschen in Ost- und Westdeutschland und mit unterschiedlichen Bildungsniveaus oder finden wir einen Trend zur Angleichung ungleicher Lebenssituationen?

13.2 Die zweite Lebenshälfte im Wandel: Trends des Älterwerdens und Altseins

13.2.1 Wandel und Stabilität im Überblick

Einkommen und Vermögen im Wandel

In den vergangenen Jahren sind die Realeinkommen, das heißt die um Inflationswirkungen bereinigten Einkommen, insgesamt in etwa konstant geblieben, doch liegt die Armutsquote über den Niveaus früherer Jahre. Das Geldvermögen ist beträchtlich, aber sehr ungleich verteilt. Zudem zeigt sich bei nachwachsenden Kohorten, dass sie heute nicht mehr die Vermögensniveaus früher Geborener erreichen. Dies ist mit Blick auf die zunehmende Bedeutung privater Absicherung des Ruhestands brisant. Hierbei zeigen sich deutliche Unterschiede zwischen einzelnen Gruppen: Geringere Vermögen finden sich bei Frauen, bei Menschen mit niedriger Bildung sowie in den neuen Bundesländern. Zudem zeigen sich in erheblichem Umfang Befürchtungen hinsichtlich der künftigen Entwicklung des Lebensstandards. Die Verbreitung solcher Sorgen hat zwischen 1996 und 2008 deutlich zugenommen. Die Besorgnisse betreffen alle Bevölkerungsschichten, sind aber bei Personen mit geringer Bildung und vor allem mit niedrigem Einkommen besonders verbreitet und in Ostdeutschland häufiger anzutreffen als im Westen. Die Erwartung von Verschlechterungen übersteigt in fast allen Gruppen die Hoffnung auf künftige Verbesserungen bei Weitem und es wird künftig genauer zu untersuchen sein, welche objektive Entsprechungen diese recht pessimistischen subjektiven Annahmen und Erwartungen haben werden.

Gesundheit im Wandel

Eine positive Nachricht betrifft den Wandel der Gesundheit in der zweiten Lebenshälfte. Die Ergebnisse deuten darauf hin, dass nachwachsende Jahrgänge älterer Menschen gesünder alt werden als vor ihnen geborene Jahrgänge. Dies gilt derzeit besonders für Altersgruppen rund um das Ruhestandsalter (58 bis 69 Jahre). Unterschiedliche Entwicklungen für Frauen und Männer sind hierbei nicht festzustellen. Mit Blick auf die körperliche Gesundheit hat eine regionale Angleichung zwischen Ost- und Westdeutschland stattgefunden. Der Anteil sportlich aktiver Personen ab 40 Jahren hat seit 1996 zugenommen. Diese gesundheitsbezogen günstige Entwicklung zeigt sich für alle Altersgruppen mit Ausnahme jener Personen, die sich an der Schwelle zur Hochaltrigkeit befinden. Es zeigt sich jedoch auch, dass diese positiven Befunde bildungsabhängig sind: Nachwachsende Geburtskohorten mit hoher Bildung haben eine bessere, jene mit niedriger Bildung jedoch eine eher schlechtere körperliche Funktionsfähigkeit als vor ihnen Geborene. Was das Rauchverhalten betrifft, zeigt sich zwischen 1996 und 2008 eine abnehmende Rauchprävalenz in höheren Bildungsgruppen, die nicht gleichermaßen für niedrige und mittlere Bildungsgruppen festzustellen ist.

Erwerbstätigkeit und Partizipation im Wandel

Erwerbspartizipation und Übergang in den Ruhestand haben sich zwischen 1996 und 2008 in die reformpolitisch angestrebte Richtung verändert. Besonders zwischen 2002 und 2008 setzte in der Altersgruppe der 60- bis 64-Jährigen eine markante Entwicklung in der arbeitsmarkt- und rentenpolitisch gewünschten Richtung ein. Die Erwerbsquote unter den 60- bis 64-jährigen Männern hat sich in Ost- und Westdeutschland angeglichen. Auch Frauen haben ihre Erwerbstätigkeit in Ost- wie Westdeutschland ausgeweitet, allerdings bestehen hier weiterhin deutliche regionale Unterschiede mit einer höheren Erwerbsquote von älteren Frauen in Westdeutschland. Im Vergleich der Jahre 1996 bis 2008 wird deutlich, dass mittlerweile ein Wechsel aus der Erwerbstätigkeit in den Ruhestand später erfolgt. Sowohl das Erwerbsaustrittsalter als auch das Renteneintrittsalter sind erheblich angestiegen. Diese Befunde sprechen dafür, dass die Erwerbstätigkeit unter den 60- bis 64-Jährigen nicht nur häufiger, sondern auch länger wird. Allerdings ist der Anteil an Personen gestiegen, die aus der Arbeitslosigkeit in den Ruhestand wechseln; auch der Anteil jener, die Altersteilzeit in Anspruch nehmen, hat sich deutlich erhöht. Im Jahr 2008 stellen sich zudem mehr Menschen auf einen späteren Renteneintritt ein als noch in den Vorjahren. Im Vergleich zur Erwerbspartizipation bleiben die Muster der außerberuflichen Partizipation im Zeitraum zwischen 1996 und 2008 relativ stabil.

Wohnen im Wandel

Die globale Bewertung des Wohnumfeldes ist in der Regel gut und ändert sich zwischen 1996 und 2008 kaum. Die differenzierte Betrachtung verschiedener Siedlungsstrukturen nach Bevölkerungsdichte (ländliche, verstädterte und verdichtete Regionen) macht deutlich, dass sich ungleiche Wohnbedingungen 20 Jahre nach der Wende weniger stark an der groben Unterteilung in alte oder neue Bundesländer festmachen lassen, sondern dass auch innerhalb der Landesteile unterschiedliche Entwicklungen festzustellen sind. Insgesamt wächst der Anteil der Menschen in ländlichen und verstädterten Räumen in den neuen Bundesländern, die die Einkaufsmöglichkeiten im Wohnumfeld als nicht ausreichend bewerten. Auch die medizinische Versorgung mit Ärzten und Apotheken und die Anbindung an den ÖPNV werden etwas schlechter bewertet. Insbesondere für Menschen mit eingeschränkter außerhäuslicher Mobilität können hier Engpässe in der alltäglichen und der medizinischen Versorgung auftreten. Während die Bewertung der Wohnbedingungen in Ballungsräumen zwischen den beiden Landesteilen über die Zeit wenig variiert, sind offensichtlich die eher dünner besiedelten Regionen im Osten des Landes im Wandel begriffen. Hier zeigen sich zunehmend problematischere Wohnumfeldbedingungen. Positive Veränderungen ergeben sich insgesamt hinsichtlich der wahrgenommenen Lärmbelastung (diese sinkt zwischen 1996 und 2008) und dem Sicherheitsempfinden im Wohnumfeld (dieses verbessert sich im genannten Zeitraum).

Partnerschaft und Lebensformen im Wandel

Die Lebensformen von Menschen in der zweiten Lebenshälfte sind zwischen 1996 und 2008 im mittleren Erwachsenenalter vielfältiger geworden, mit einem deutlichen Rückgang des Anteils verheirateter Personen und einem höheren Anteil lediger und geschiedener Personen sowie nichtehelicher Haushaltsgemeinschaften. Immer mehr Menschen kommen partnerlos in die zweite Lebenshälfte. Dies zeigt sich besonders deutlich für Männer in den neuen Bundesländern. Eine gegensätzliche Entwicklung findet sich für die 70- bis 85-Jährigen, bei denen der Anteil der Verheirateten in diesem Zeitraum gestiegen ist. Dies liegt an der Angleichung der Geschlechterproportionen in den Nachkriegsgenerationen und der steigenden Lebenserwartung von Frauen und Männern. Die gesellschaftliche Entwicklung zu einer stärkeren Pluralisierung der Lebensformen hat auch die zweite Lebenshälfte erfasst. Bei den heutigen Mittvierzigern lassen sich markante Veränderungen erkennen, die sie absehbar mit ins Alter begleiten werden. In Bezug auf Lebensformen wird das Alter voraussichtlich bunter, teilweise aber auch fragiler. Die insgesamt konstant gebliebene Quote nicht-leiblicher Elternschaft bei den 40- bis 54-Jährigen deutet zugleich darauf hin, dass das Phänomen der Patchwork-Familien und Stiefelternschaften noch keine große Verbreitung erfährt. Die individuelle Stabilität der Lebensformen der über 40-Jährigen hat im Beobachtungszeitraum zudem nicht abgenommen.

Familiale Generationenbeziehungen im Wandel

Sowohl familiale Generationenstrukturen als auch die gelebten Beziehungen zwischen Eltern, Kindern und Enkeln haben sich zwischen 1996 und 2008 verändert. Ein größerer Anteil von jüngeren Kohorten bleibt kinderlos, zudem erleben jüngere Kohorten den Übergang zu Großelternschaft seltener und später. Es ist folglich für die Zukunft mit veränderten familialen Lebenssituationen auch in der Lebensphase Alter zu rechnen. Auch die räumlichen

Strukturen von Mehrgenerationenfamilien befinden sich im Wandel. Erwachsene Kinder wohnen heute in der Regel weiter von ihren Eltern entfernt als noch vor zwölf Jahren. Dennoch besteht weiterhin ein regelmäßiger Kontakt zwischen Eltern und ihren erwachsenen Kindern, und die Beziehungsenge sowie die Bewertung der Familienbeziehungen sind zwischen den Jahren 1996 und 2008 nahezu unverändert geblieben. Auch die Quoten von Geld- und Sachtransfers Älterer an nachfolgende familiale Generationen erweisen sich über diesen Zeitraum hinweg als insgesamt stabil. Es zeigt sich jedoch eine leichte Verschiebung der Transfers weg von den Kindern hin zu den Enkelkindern. Instrumentelle Hilfen der erwachsenen Kinder an ihre Eltern sind zwischen 1996 und 2008 seltener geworden, was möglicherweise neben zunehmenden räumlichen Distanzen auf einen geringeren Hilfebedarf der Menschen im Alter zwischen 70 und 85 Jahren zurückzuführen ist. Welche Konsequenzen diese Entwicklungen insgesamt für den Zusammenhalt und die wechselseitige Unterstützung in der Familie und zwischen den Generationen haben werden, ist gegenwärtig noch offen.

Soziale Netzwerke im Wandel

Zwischen 1996 und 2008 hat sich die Struktur der sozialen Netzwerke kaum geändert. Gewandelt hat sich vielmehr die Rolle, die außerfamiliale Beziehungen im sozialen Netz spielen. Freunde und Nachbarn werden heute häufiger als Quelle von Unterstützung, insbesondere von Rat, genannt. Damit übernehmen Freunde und Nachbarn zunehmend eine traditionell von Familien geleistete Unterstützungsfunktion. Im Gegensatz dazu ist im Beobachtungszeitraum die Anzahl der Netzwerkpartner gesunken, von denen emotionale Unterstützung erwartet wird, obwohl die Zahl der außerfamilialen Beziehungen als potenzielle Quelle von Trost gestiegen ist. Trost, der von Familienmitgliedern gespendet wird, ist also schwerer durch Freunde und Nachbarn zu ersetzen als Ratschläge.

Altersbilder im Wandel

Zwischen den Jahren 1996 und 2008 sind die Altersbilder von Menschen in der zweiten Lebenshälfte etwas positiver geworden. Allerdings sind unterschiedliche Altersgruppen in unterschiedlicher Weise von diesem Wandel betroffen. Bei Menschen, die sich in der beruflichen Lebensphase befinden, ist nur ein leichter Wandel der Altersbilder festzustellen. Ein stärkerer Wandel der Altersbilder ist für Altersgruppen festzustellen, die sich in der nachberuflichen Lebensphase befinden. Nachfolgende Geburtskohorten haben positivere Altersbilder. Hierbei finden sich keine unterschiedlichen Entwicklungen in Abhängigkeit von Geschlecht, Bildung oder Region.

Subjektives Wohlbefinden im Wandel

Zwischen 1996 und 2008 ist das subjektive Wohlbefinden stabil geblieben. Eine gute Nachricht betrifft die regionalen Unterschiede. Auch wenn sich im Jahr 2008 deutliche Unterschiede in der Zufriedenheit zeigen (Menschen in den neuen Bundesländern sind seltener hochzufrieden mit ihrem Leben als Menschen in den alten Bundesländern), ist doch zu betonen, dass sich die regionalen Unterschiede in der Lebenszufriedenheit zwischen 1996 und 2008 deutlich verringert haben. Weniger positiv ist hingegen, dass die Unterschiede zwischen Bildungsgruppen in der Lebenszufriedenheit zwischen 1996 und 2008 zugenommen haben. Die Bedeutung sozialer Ungleichheit für das subjektive Wohlbefinden ist damit im zeitlichen Verlauf größer geworden.

13.2.2 Differenzierende Einsichten: Heterogenität im Wandel

Die Ergebnisse zum sozialen Wandel machen insgesamt deutlich, dass die Lebenssituationen im Vergleich der Jahre 1996, 2002 und 2008 gut geblieben sind. Doch auch hier gilt es, die Entwicklungen verschiedener Bevölkerungsgruppen differenzierter zu betrachten. Bei Personen im mittleren Erwachsenenalter zeichnet sich ab, dass es Defizite in der Absicherung des Lebensstandards im Alter gibt, die sich künftig im Ruhestandsalter als problematisch erweisen können. Offen ist bisher, ob die über die Zeit zunehmend bessere Gesundheit, die sich besonders rund um das Ruhestandsalter zeigt, auch in Zukunft zu finden sein wird, wenn zunehmend mehr Personen bis zur (steigenden) Regelaltersgrenze arbeiten werden. Die Menschen stellen sich zwar zunehmend darauf ein, länger zu arbeiten, doch die gesundheitlichen Voraussetzungen hierfür gilt es weiter zu beobachten. Im mittleren Erwachsenenalter vollzieht sich zudem ein Wandel der Lebensformen, hin zu einer höheren Heterogenität und mehr Personen, die ohne Partnerschaft und/oder ohne Kinder sind. Es zeichnet sich ab, dass dies durch größere außerfamiliale Netzwerke ausgeglichen wird, doch es bedarf einer näheren Untersuchung, wie gut familiale durch außerfamiliale Unterstützung kompensiert werden kann.

Im höheren Lebensalter (70 bis 85 Jahre) stellt sich die Entwicklung insgesamt positiver dar als im mittleren Erwachsenenalter: Es gibt mehr Menschen in dieser Altersgruppe, die mit ihrem Partner oder ihrer Partnerin leben und diese Jahrgänge haben bisher insgesamt gute Vermögensniveaus. Zudem zeigt sich, dass die Gesundheit nachwachsender Jahrgänge, die in dieses Alter kommen, insgesamt besser ist als jene vor ihnen Geborener. Der Kontakt zu den Kindern und Enkelkindern ist über die Zeit eng geblieben und die Altersbilder haben sich verbessert. Allerdings deuten sich in zweierlei Hinsicht potenzielle Versorgungsprobleme an: Zum einen hat die Wohnentfernung zu den erwachsenen Kindern seit 1996 zugenommen, zum anderen werden in ländlichen Regionen, besonders in den neuen Bundesländern, häufiger infrastrukturelle Versorgungsdefizite wahrgenommen. Diese Entwicklungen gilt es, sorgfältig zu beobachten.

Schließlich gilt es, besonderes Augenmerk auf Personen mit niedriger Bildung zu richten. Hier zeichnen sich mit Blick auf die Alterssicherung und potenziell steigende Armut Probleme ab. Hinzu kommt, dass sich bei Personen mit niedriger Bildung über den Lebenslauf hinweg eine schlechtere gesundheitliche Entwicklung andeutet als bei jenen mit höherer Bildung. Möglicherweise sind dies zugleich Erklärungsansätze dafür, warum die Unterschiede in der Lebenszufriedenheit verschiedener Bildungsgruppen seit 1996 zugenommen haben. Vor diesem Hintergrund gilt es, in zukünftigen Analysen die Frage, inwieweit die soziale Ungleichheit in den vergangenen Jahren zugenommen hat, weiterzuverfolgen.

13.3 Einsichten für Politik und Gesellschaft

Die Befunde des Deutschen Alterssurveys (DEAS) sprechen dafür, dass es Menschen in der zweiten Lebenshälfte gegenwärtig überwiegend recht gut geht. Die Einkommen sind auskömmlich, die Wohnsituation wird als gut bewertet, Menschen sind in der Regel sozial recht gut integriert und die Lebenszufriedenheit ist hoch. Schaut man auf die Lebenssituation verschiedener Gruppen, so wird deutlich, dass die Beschreibung der Lebenssituationen im Alter differenziert erfolgen muss. Die Lebenssituationen von Menschen im mittleren Erwachsenenalter unterscheiden sich von denen der Menschen im höheren Alter: Mit dem Alter steigt – nicht überraschend – die Wahrscheinlichkeit für Gesundheitsprobleme. Während Unterschiede zwischen Männern und Frauen im Allgemeinen eher gering sind, gibt es eine Reihe von Unterschieden zwischen den alten und den neuen Bundesländern sowie zwischen Bildungsgruppen. So sind die Einkommen in den neuen Bundesländern deutlich niedriger als in den alten Bundesländern. Bildungsunterschiede wirken sich in verschiedenen Lebensbereichen besonders gravierend aus. Menschen mit geringerer Bildung verfügen über weniger Einkommen und Vermögen als Menschen mit höherer Bildung, sie berichten über mehr gesundheitliche Probleme, haben ein negativeres Altersbild und sind mit dem Leben unzufriedener als Menschen mit höherer Bildung. Gerade Menschen mit geringerer Bildung verfügen über weniger Ressourcen, die für die Bewältigung der Herausforderungen des hohen Alters notwendig sind.

Befunde zum sozialen Wandel zeigen, dass sich unterschiedliche Trends erkennen lassen. Auf der einen Seite sind Entwicklungen zu erkennen, die als problematisch für Individuen und Gesellschaft zu bewerten sind, wenn sie sich unverändert fortsetzen. Der familiäre Wandel mit steigender Partner- und Kinderlosigkeit der mittleren Generation und wachsender räumlicher Distanz zu den alten Eltern schränkt das familiäre Hilfe- und Unterstützungspotenzial ein. Die zukünftige Entwicklung des Lebensstandards wird von vielen Menschen in der zweiten Lebenshälfte mit Sorge betrachtet. Die Sicherheit der Alterseinkommen wird von Menschen in der zweiten Lebenshälfte keineswegs als gegeben erachtet. Allerdings gibt es auch positive Entwicklungen: So ist die Gesundheit der nachwachsenden Kohorten in den vergangenen Jahren besser geworden, wobei dies insbesondere die Altersgruppen um den Ruhestand betrifft. Zudem scheint sich eine Entwicklung hin zu einem positiven Altersbild anzudeuten.

Diese Befunde sind für Politik und Gesellschaft in zweifacher Hinsicht von Bedeutung. Zum einen zeigen sie, dass sich das Alter(n) selbst sowie die Sicht auf das Altern wandeln. Diese Veränderungen können genutzt werden, um das Alter(n) individuell und gesellschaftlich den heutigen Bedürfnissen Älterer entsprechend zu gestalten. Das Altern der Gesellschaft sollte damit nicht allein als Problem wahrgenommen, sondern zugleich als gesellschaftlicher Erfolg gesehen werden. Die Tatsache, dass viele Menschen ein hohes Lebensalter erreichen, ist auch eine Chance für gesellschaftliche Weiterentwicklung. Um diese Chance zu nutzen, ist es notwendig, die Verbindung zwischen der Veränderung gesellschaftlicher Altersstrukturen und dem sozialen Wandel zu verstehen. Zudem ist es wichtig, die vielfältigen Ressourcen zu betrachten, die für das Alter(n) aufgebaut werden können und die in der Lebensphase Alter (aber auch über die gesamte Lebensspanne hinweg) wichtig sind. Hier geht es beispielsweise um Fragen der Armutsvermeidung, der sozialen Inklusion, der Gesundheitsversorgung sowie der Absicherung des Pflegerisikos.

13.3.1 Altern gestalten

Die Lebensphase Alter ist historisch gesehen ein noch junger Abschnitt im Lebenslauf. Erst im 20. Jahrhundert ist die Lebenserwartung deutlich angestiegen und das Sterbegeschehen hat sich in die späten Lebensphasen verlagert. Dies hat dazu geführt, dass die meisten Menschen erwarten können, nach dem Übergang in den Ruhestand eine Reihe von Jahren – und bisweilen sogar Jahrzehnten – in Gesundheit und Aktivität zu erleben. Bislang ist dieser Lebensabschnitt zwar durch den Übergang in den Ruhestand gesellschaftlich abgegrenzt, sozial aber kaum strukturiert: Er ist mit dem Begriff des Ruhestands als Fehlen von Verpflichtungen definiert, bisweilen auch als *spä-*

te Freiheit apostrophiert. Derzeit gibt es jedoch nur wenige soziale Rollen, die für ältere Menschen verfügbar sind – die Rollen als Großmutter oder Großvater gehören dazu.

Unser Bild vom Alter und Altern hat sich in den vergangenen Jahrzehnten verändert. Die Lebensphase Alter wird nicht mehr allein als ein Lebensabschnitt verstanden, der vor allem durch Hilfe- und Unterstützungsbedarf gekennzeichnet ist, und der Prozess des Alterns wird als ein facettenreicher Teil lebenslanger Entwicklung gesehen. Diese veränderte Sichtweise wurde beispielsweise im Fünften Altenbericht der Bundesregierung thematisiert, der auf die Potenziale des Alters hinweist (BMFSFJ 2006). Die Vorstellung, dass das Älterwerden auch eine Chance für die persönliche Weiterentwicklung ist, kann dazu beitragen, dass die nachberufliche Lebensphase aktiv gestaltet und gesünder verbracht wird.

Politik und Gesellschaft können in vielfältiger Weise dazu beitragen, die Gestaltung der Lebensphase Alter zu fördern. Wichtig ist hierbei die Verbreitung von aktuellem Wissen über das Alter(n) und die Möglichkeiten, Alter(n) zu gestalten. Zugleich kann in öffentlichen Debatten über Altersfragen die problematisierende Perspektive einer „Überalterung" der Gesellschaft ergänzt werden durch eine positive Perspektive, denn Älterwerden und Altsein ist auch ein gesellschaftlicher Erfolg. Bestehende negative Altersbilder könnten auf diese Weise abgemildert werden. So könnte vermieden werden, dass sie zu Selbststereotypisierungen und selbsterfüllenden Prophezeiungen führen. Dies bedeutet zugleich, Ursachen der Altersdiskriminierung entgegenzuwirken. Aufklärung darüber, was Altern und Alter heute bedeutet, kann bereits bei Kindern und Jugendlichen ansetzen. Aber auch Unternehmen und Betriebe sowie die Gesundheitsversorgung sollten die Verhinderung von Altersdiskriminierung gezielt in den Blick nehmen. Schließlich sind älter werdende Menschen selbst eine Zielgruppe für Aufklärung, da sie Gefahr laufen, negative Altersstereotype auf sich selbst und andere Gleichaltrige zu beziehen. Die sich aufgrund der steigenden Lebenserwartung vollziehende Entwicklung einer eigenständigen Lebensphase Alter und der damit zusammenhängende Wandel des Alters beinhalten wichtige Chancen, das Altern und Alter aktiv zu gestalten.

Zugleich sind Älterwerden und Altsein oftmals mit einer Reihe von Verlusten verbunden – diese sollten nicht durch eine (zu) optimistische Sicht auf das Alter bagatellisiert werden. Gerade vor dem Hintergrund dieser Verluste ist jedoch zentral, lebenslang Ressourcen für den letzten Lebensabschnitt aufzubauen. Zur Kompensation biologischer Funktionsverluste kommt kulturellen – materiellen, sozialen und psychologischen – Ressourcen eine besondere Bedeutung zu. Allerdings ist deren Einsatz durch im Alter sinkende Effektivität gekennzeichnet, sodass es einer wissensgestützten Steuerung bedarf (Baltes 2001). Auf einige dieser Ressourcen wird im Folgenden eingegangen. Die hier dargestellten Überlegungen verstehen sich als Orientierungsideen für Politik und Gesellschaft, aber auch für älter werdende Menschen selbst.

13.3.2 Ressourcen für das Alter weiterentwickeln

Eine wichtige Grundlage für ein gutes Leben im Alter sind individuelle und gesellschaftliche und kulturelle Ressourcen. Der Begriff der individuellen Ressourcen bezieht sich auf die Mikroebene und damit vor allem auf die materiellen, sozialen und psychischen Ressourcen von Personen. Der Begriff der gesellschaftlichen Ressourcen bezieht sich im vorliegenden Kontext auf die Meso- und Makroperspektive, das heißt sowohl auf die Ebene sozialer Sicherungssysteme wie der Renten-, Kranken- und Pflegeversicherung, als auch auf solche Ressourcen, die auf regionaler und kommunaler

Ebene bereitgestellt werden. Dabei kommt es wesentlich darauf an, die Vielfalt und die Unterschiede von Bedarfen und Bedürfnissen in den Blick zu nehmen, die in der Lebensphase Alter bestehen können. Im vorliegenden Buch wurde dies deutlich anhand der Vergleiche zwischen Menschen unterschiedlicher Bildung, unterschiedlichen Alters, zwischen Frauen und Männern sowie zwischen Menschen, die in unterschiedlichen Regionen Deutschlands leben. Eine Reihe von anderen Perspektiven sind ebenfalls wichtig (zum Beispiel die besonderen Bedarfe und Ressourcen von älteren Menschen mit Migrationshintergrund), sind aber aus Gründen des Umfangs im vorliegenden Buch nicht zusätzlich berücksichtigt worden.

Die Ressource materielle Sicherung

Auch in Zukunft wird ein solidarisches Alterssicherungssystem von zentraler Bedeutung für die soziale Sicherheit im Alter sein. Es zeichnet sich bereits ab, dass die private Altersvorsorge Ausfälle in der gesetzlichen Alterssicherung für Menschen mit geringem Einkommen kaum kompensieren wird. Private Altersvorsorge wird überwiegend von Personen betrieben, die ohnehin über gute Bildungs-, Einkommens- und Vermögensressourcen verfügen, und zwar unabhängig davon, ob die Altersvorsorge mit staatlichen Zuschüssen gefördert oder ausschließlich privat finanziert wird. Zudem sind regionale Unterschiede sehr deutlich: Im Wandel der Kohorten über das vergangene Jahrzehnt nimmt insbesondere in den neuen Bundesländern der Anteil der Menschen ohne und mit geringen Vermögen sowie mit längeren Phasen der Arbeitslosigkeit zu. Sollte es hier keine Veränderung in der Alterssicherung geben, könnte dies bedeuten, dass insbesondere in den neuen Bundesländern Altersarmut in Zukunft zunehmen wird. In Ostdeutschland sind auch die Erwartungen an den Staat mit seiner sozialen Sicherungs- und Ausgleichsfunktion deutlich höher als in Westdeutschland. Generell ist festzustellen, dass diejenigen Personen, die über geringe materielle Ressourcen verfügen, höhere Erwartungen an die Umverteilungsleistungen des Staates haben. In den vergangenen Jahren sind die Unterschiede in Einkommen und Vermögen größer geworden. Es zeichnen sich steigende Armuts- und Reichtumsquoten ab, die bislang noch auf moderatem Niveau liegen. Diese zunehmenden ökonomischen Disparitäten spiegeln sich zudem in Zufriedenheitsunterschieden zwischen Menschen unterschiedlicher Bildungsgruppen. Auch wenn Ungleichheiten eine Begleiterscheinung moderner und komplexer Gesellschaften sind, ist es wichtig, den Zusammenhalt der Gesellschaft in den Blick zu nehmen. Bereits ein nur geringfügiges Auseinanderdriften von Lebenszufriedenheit kann ein wichtiger Hinweis auf wachsende Disparität sein.

Die Ressource Gesundheit

Zusammen mit den Ergebnissen vorangegangener Studien weisen die aktuellen Befunde darauf hin, dass die nachfolgenden Geburtsjahrgänge älterer Menschen gesünder in die Altersphase kommen als vor ihnen geborene. Dennoch werden viele Menschen über Jahre oder sogar Jahrzehnte hinweg mit mehreren chronischen Erkrankungen leben müssen. Vor diesem Hintergrund erscheint es erforderlich, die gesundheitliche Versorgung in Zukunft stärker personenzentriert und weniger erkrankungsfokussiert auszurichten, wie dies auch vom Sachverständigenrat zur Begutachtung der Entwicklung im Gesundheitswesen gefordert wurde (Deutscher Bundestag 2009). Dabei sind Personen mit niedrigerem Bildungshintergrund in ihrer Gesundheit in mehrfacher Weise benachteiligt. Menschen mit niedriger Bildung haben eine geringere Lebenserwartung als höher gebildete Personen, und zugleich finden sich in Abhängigkeit von der Bildung bis in die höchste der hier betrachteten Altersgruppen hinein erhebliche Gesundheitsunterschiede. Es ist deshalb wichtig zu betrachten, wie angemessene Angebote für das Management chronischer Erkrankungen aussehen, die auch von Menschen mit geringer Bildung gut angenommen werden, da besonders diese Personen Zusatzleistungen in der Regel nur in geringem Umfang selbst finanzieren können. Neben der Gesundheitsversorgung ist aber auch die Nutzung vorhandener und die Entwicklung neuer Präventionsmöglichkeiten von großer Bedeutung. Ein wichtiges Feld präventiver Maßnahmen betrifft das Gesundheitsverhalten, insbesondere die Förderung körperlicher Aktivitäten und die Verminderung des – im mittleren Erwachsenenalter noch recht verbreiteten – Rauchens. Eine Änderung von Risikoverhalten wie Rauchen oder körperlicher Inaktivität ist bei allen Altersgruppen zu empfehlen und ist damit nicht erst im Alter, aber bis ins Alter hinein eine vielversprechende Präventionsstrategie. Aber nicht allein auf das Verhalten sollte sich Prävention beziehen: Es sollte mehr Augenmerk auf gute Arbeitsbedingungen bei älteren Arbeitnehmern gelegt werden, um so physische und psychische Erkrankungen zu verhindern.

Die Ressource soziale Integration

Älter werdende und alte Menschen sind gegenwärtig recht gut in soziale Netze integriert und unterhalten lebendige Beziehungen zu Kindern, Enkelkindern, Partnern und Freunden. Die Befunde machen jedoch deutlich, dass sich ihre soziale Integration in Zukunft verändern und ausdifferenzieren wird. Gesellschaftliche Herausforderungen ergeben sich vor allem auch durch die steigende Zahl jener Menschen, die nicht in einer Partnerschaft und ohne Kinder (und Enkelkinder) alt werden. Ob gerade für diesen Personenkreis in Zukunft Probleme der sozialen Integration und Unterstützung entstehen werden, hängt mit davon ab, ob es möglich ist, tragfähige Beziehungen jenseits von Partner- und Elternschaft etablieren und aufrechterhalten zu können. Eine Aufgabe von Politik und Gesellschaft kann sein, verlässliche außerfamiliale Unterstützungsnetze zu befördern. So könnten die Rahmenbedingungen für nachbarschaftliche Hilfe und bürgerschaftliches Engagement im Alter weiter verbessert werden, zum Beispiel durch die Förderung von Anwohnerbeteiligung im Quartier oder von Freiwilligeninitiativen. Daneben ist es wichtig, Angebote zu schaffen, die einem emotionalen Austausch insbesondere der älteren Menschen förderlich sind. Hierzu zählen unter anderem die Ausweitung und Öffnung der Angebote der Krisenberatungsstellen für die speziellen Bedarfe des höheren Erwachsenenalters sowie eine verstärkte Förderung von (intergenerationalen) Begegnungsmöglichkeiten, die dazu führen können, dass sich die Gelegenheiten auch für die Ältesten unserer Gesellschaft verbessern, neue Freundschaftsbeziehungen aufzubauen.

Die Ressource aktives Engagement

Menschen in der zweiten Lebenshälfte sind keinesfalls ausschließlich als Empfänger gesellschaftlicher Unterstützungsleistungen anzusehen. Vielmehr kann das Wissen, die Erfahrung und die Motivation älter werdender und alter Menschen zugleich als eine Ressource begriffen werden, die für die Gesellschaft ein hohes Potenzial birgt. Unter dem Begriff des „aktiven Alter(n)s" werden Überlegungen zusammengefasst, die in unterschiedlichen Kontexten spezifische Facetten von Teilhabe und Partizipation älter werdender und alter Menschen in den Blick nehmen. Drei wichtige Kontexte sollen hier genannt werden. Die Weltgesundheitsorganisation beleuchtet mit dem Begriff des aktiven Alterns die Frage der Gesundheit im Alter und meint damit Maßnahmen, die Menschen dabei unterstützen, im zunehmenden Alter ihre Gesundheit zu wahren, am Leben ihrer sozialen Umgebung teilzunehmen und persönliche Sicherheit zu erfahren (WHO 2002). Von den Mitgliedstaaten der Europäischen Union wird der Begriff des aktiven Alterns mit der Erwerbsbeteiligung in Zusammenhang gebracht, wobei entsprechende Maßnahmen den Arbeitsmarkt, das lebenslange Lernen sowie die Gesundheit und Sicherheit am Arbeitsplatz betreffen können (BMAS 2007). Ein für Deutschland sehr bedeutsames Feld, in dem der Begriff verwendet wird, befasst sich schließlich mit bürgerschaftlichem Engagement älterer Menschen. Hier geht es insbesondere auf kommunaler Ebene darum, wie Engagementmöglichkeiten, Begegnungsorte und Freizeitangebote vorgehalten werden können, um Aktivitäten von älter werdenden und alten Menschen zu fördern (BMFSFJ 2007). In allen benannten Kontexten basiert das Konzept des aktiven Alters auf drei eng miteinander zusammenhängenden Konzepten: Gesundheit, Bildung und gesellschaftliche Partizipation. Gesundheit und Bildung sind die Voraussetzung für Partizipation, gleichzeitig kann Partizipation als bildungs- und gesundheitsfördernd angesehen werden. Politische Maßnahmen sollten darauf zielen, die Rahmenbedingungen und Anreize zum aktiven Engagement auch für jene älteren Menschen zu verbessern, die aufgrund eingeschränkter Bildungs- und Gesundheitsressourcen schlechtere Partizipationschancen haben.

Die Ressource räumliche Kontexte

Die vorliegenden Ergebnisse zum räumlichen Wohnumfeld machen deutlich, dass Antworten auf die Frage, *wie* man alt wird, auch berücksichtigen müssen, *wo* man alt wird. Dabei wird besonders in ländlichen Gebieten, insbesondere in den neuen Bundesländern, die Infrastruktur als zunehmend problematisch wahrgenommen. Räumliche Kontexte sind aber auch durch ihre demografische und soziale Struktur gekennzeichnet. Wanderungsbewegungen, ausgelöst durch wirtschaftlichen Wandel und Entwicklungen regionaler und lokaler Arbeitsmärkte, beeinflussen diese Strukturen erheblich. Insbesondere jüngere und qualifizierte Menschen sind regional mobil und beeinflussen so auch die Lebenssituation der verbleibenden Älteren. Entsprechend könnten sich die Bevölkerungsstrukturen insbesondere in den neuen Bundesländern als zunehmend ungünstig erweisen. Beispielsweise wachsen die Distanzen zu den Kindern, und die Möglichkeiten zu intergenerationaler Hilfe und Unterstützung schwinden. Dies bedeutet, dass eine Alterspolitik, die die Interessen der Älteren verfolgt, stets auch die Belange der Jüngeren im Blick haben muss. Um sowohl eine ausreichende Versorgung zu gewährleisten als auch gesellschaftliche Partizipation älterer und alter Menschen zu ermöglichen sowie möglichen negativen Entwicklungen vorzubeugen, ist es wichtig, die demografische und sozialstrukturelle wie auch die infrastrukturelle Entwicklung zu beobachten. Es ist eine wichtige Aufgabe der Politik, regionalen Disparitäten entgegenzuwirken und gleiche Lebenschancen im gesamten Bundesgebiet – im Osten wie im Westen, im Norden wie im Süden, im ländlichen wie im städtischen Raum – zu befördern.

Die Ressource lebenslanges Lernen

In verschiedenen Bereichen des vorliegenden Buches wurde deutlich, dass insbesondere Bildung für die Lebenssituation in der zweiten Lebenshälfte von hoher Bedeutung ist. Dies gilt nicht allein für Einkommen und Gesundheit, in denen Unterschiede zwischen Menschen unterschiedlicher Bildung festzustellen sind, sondern auch für ehrenamtliche und bürgerschaftliche Aktivitäten. Personen mit einer höheren Schul- und Berufsausbildung sind wesentlich häufiger ehrenamtlich engagiert und nutzen außerhäusliche Bildungsangebote intensiver. Dabei ist festzustellen, dass Menschen, die an außerhäuslichen Bildungsaktivitäten teilhaben, häufig zugleich auch ehrenamtlich engagiert sind. Dieser Befund stützt die Strategie, eine enge Verbindung zwischen Bildung, lebenslangem Lernen und ehrenamtlichem Engagement herzustellen. Eine wichtige Zielsetzung kann darin bestehen, auch bildungsfernere Personen für diese Aktivitäten stärker zu gewinnen. Die vorliegenden Befunde machen zudem deutlich, dass es einen positiven Zusammenhang zwischen Erwerbstätigkeit und außerberuflicher Partizipation gibt. Dies bedeutet, dass Initiativen zum bürgerschaftlichen Engagement nicht erst im Ruhestand beginnen, sondern bereits jüngere oder ältere Erwerbstätige ansprechen sollten. Ehrenamtliches Engagement im Ruhestand ist wahrscheinlicher, wenn Menschen bereits früher im Lebenslauf damit Erfahrungen gesammelt haben. In der Erwerbsphase sollte es deshalb möglich sein, Beruf, Ehrenamt und Bildung zu vereinbaren. Auch wenn es notwendig ist, dass jede einzelne Person eine Lernbereitschaft über den gesamten Lebenslauf beibehält, ist es zugleich eine Aufgabe von Unternehmen und Betrieben, aber auch der Politik, geeignete Rahmenbedingungen für lebenslanges Lernen zu schaffen.

Die Ressource intergenerationale Beziehungen

Das Miteinander der Generationen ist in den Familien gut und birgt tragfähige Unterstützungsleistungen. Bei der Förderung des Miteinanders von Generationen innerhalb von Familien sollte zweierlei bedacht werden. Zum einen kann die Politik Rahmenbedingungen schaffen, die es Familien ermöglichen, Sorgearbeit mit anderen Lebensbereichen zu vereinbaren. Erziehungs- und Pflegeaufgaben sollten gleichermaßen von Frauen und Männern wahrgenommen werden können. Dies setzt voraus, dass Arbeitsverhältnisse zeitlich flexibel gestaltet werden können. Zum anderen ist zu beachten, dass Familien bereits jetzt vielfältige Unterstützung für ältere und jüngere Familienmitglieder leisten. Es ist deshalb wichtig, im Blick zu behalten, dass diese Unterstützungsleistungen ihre Grenzen haben. Enkelbetreuung durch die Großeltern stellt beispielsweise in der Regel eine Ergänzung und keinen Ersatz des Angebots öffentlich geförderter Einrichtungen dar. Auch wenn junge Familien oftmals dankbar sind, wenn Großeltern Betreuungsaufgaben für die Enkel übernehmen, wird zugleich die Betreuung der Kinder in Krippen und Kindergärten als wichtig und erforderlich erachtet. Die Entlastung von Familien kann das Miteinander der Generationen fördern, weil Zeit und Kraft frei werden, um gemeinsame Aktivitäten zu gestalten – und so den Zusammenhalt der Generationen zu fördern. Zudem ist zu beachten, dass intergenerationale Beziehungen zukünftig womöglich eine knappe und ungleich verteilte Ressource darstellen. Einerseits bleibt eine steigende Zahl von Menschen kinderlos, und vielen steht diese Ressource der Kinder und Enkelkinder im Alter – gewollt oder ungewollt – damit nicht zur Verfügung. Andererseits steigen die Mobilitätsanforderungen an die Einzelnen und eine zunehmende Zahl von Beziehungen ist durch große Distanz zwischen den Beteiligten gekennzeichnet. Hier ist die Verfügbarkeit der Ressource intergenerationaler Beziehungen deutlich eingeschränkt. Schließlich darf nicht übersehen werden, dass politische Ziele – Intensivierung intergenerationaler Unterstützungspotenziale einerseits und die Steigerung der Erwerbspartizipation von Frauen und älteren Erwerbsfähigen andererseits – miteinander in Konflikt geraten können. Daher scheint es geraten, die Erwartungen an diese Ressource nicht zu überhöhen und ihre Alternativen politisch denkbar zu gestalten.

13.4 Ausblick

Altwerden in Deutschland bietet Chancen für den Einzelnen und für die Gesellschaft. Unser Umgang mit Alter, Altwerden und alten Menschen wird häufig von Bildern des Alter(n)s beeinflusst, die manchmal zu negativ, bisweilen aber auch zu positiv sein können. Daher ist es wichtig, die realen Lebenssituationen älter werdender und älterer Menschen in ihrer Vielfalt wahrzunehmen und die Unterschiedlichkeit des Alters nicht zu vernachlässigen. Altern vollzieht sich für Frauen und Männer, in Ost und West und in unterschiedlichen Bildungsgruppen recht unterschiedlich. Das vorliegende Buch „Altern im Wandel" konzentriert sich auf die Untersuchung der Lebenssituationen älter werdender und alter Menschen in Deutschland und die Frage, inwieweit sich Altern und Alter während der letzten zwölf Jahre gewandelt haben. Die Befunde machen deutlich, dass Alter nicht allein biologisches Schicksal ist, sondern sich im Zuge der gesellschaftlichen Entwicklung erheblich wandeln kann – wobei es in bestimmten Bereichen, etwa in der sozialen Integration und der Verlässlichkeit von Familienbeziehungen auch hohe Stabilität gibt. Vielfalt und Wandel deuten Handlungsmöglichkeiten an. In diesem Buch wurden einige mögliche Orientierungskonzepte diskutiert, die Grundlage für Entscheidungen politischer und gesellschaftlicher Akteure sein können.

Die Beobachtung der Lebensphase Alter muss weitergeführt werden. Der Deutsche Alterssurvey (DEAS) bietet hierfür reichhaltige Möglichkeiten. Auch in Zukunft werden wir – die Autorinnen und Autoren dieses Buches – Befunde aus dem DEAS der Öffentlichkeit vorlegen. Hierbei wird es sich um Analysen zur individuellen Entwicklung, zum Altern im gesellschaftlichen Kontext und zur Verknüpfung verschiedener Lebensbereiche handeln. Weiterführende Analysen mit dem DEAS können (und sollten) aber auch von anderen interessierten Wissenschaftlerinnen und Wissenschaftlern durchgeführt werden. Die DEAS-Daten können über das „Forschungsdatenzentrum Deutscher Alterssurvey" (FDZ-DEAS) am Deutschen Zentrum für Altersfragen zur wissenschaftlichen Nutzung bezogen werden. Wir alle möchten das Alter und das Altern verstehen – und wir möchten es beeinflussen. Voraussetzung dafür ist solides Wissen, das in der gemeinsamen Anstrengung interdisziplinärer Alternsforschung geschaffen wird.

Literatur

Baltes, P. B. (2001). Das Zeitalter des permanent unfertigen Menschen: Lebenslanges Lernen nonstop? *Aus Politik und Zeitgeschichte, B36*, 24–32.

Bundesministerium für Arbeit und Soziales (BMAS). (2007). *Aktives Altern*. Bonn: Bundesministerium für Arbeit und Soziales.

Bundesministerium für Familie, Senioren, Frauen und Jugend (BMFSFJ) (Hrsg.). (2006). *Fünfter Bericht zur Lage der älteren Generation in der Bundesrepublik Deutschland: Potenziale des Alters in Wirtschaft und Gesellschaft – Der Beitrag älterer Menschen zum Zusammenhalt der Generationen*. Bonn: BMFSFJ (zugleich Bundestagsdrucksache 16/2190).

Bundesministerium für Familie, Senioren, Frauen und Jugend (BMFSFJ) (2007). *„Aktiv im Alter" Programmkonzeption*. Berlin: BMFSFJ.

Deutscher Bundestag (Hrsg.). (2009). *Gutachten 2009 des Sachverständigenrates zur Begutachtung der Entwicklung im Gesundheitswesen. Koordination und Integration – Gesundheitsversorgung in einer Gesellschaft des längeren Lebens* (Drucksache 16/13770). Berlin: Deutscher Bundestag.

WHO (2002). *Active ageing. A policy framework*. Geneva, Switzerland: World Health Organization (WHO).

Abkürzungen

AGG	Allgemeines Gleichbehandlungsgesetz
BASE	Berliner Altersstudie
BBE	Bundesnetzwerk Bürgerschaftliches Engagement
BBSR	Bundesinstitut für Bau-, Stadt- und Raumforschung
BIK	BIK Aschpurwis + Behrens GmbH, Hamburg
BMAS	Bundesministerium für Arbeit und Soziales
BMBF	Bundesministerium für Bildung und Forschung
BMFSFJ	Bundesministerium für Familie, Senioren, Frauen und Jugend
BMVBS	Bundesministerium für Verkehr-, Bau- und Stadtentwicklung
CAPI	Computer assisted personal interview
DEAS	Deutscher Alterssurvey
DZA	Deutsches Zentrum für Altersfragen
EFI	Initiative „Erfahrungswissen für Initiativen“
EUICS	European International Crime and Safety Survey
EU-SILC	Statistik der Europäischen Union über Einkommen und Lebensbedingungen
FDZ-DEAS	Forschungsdatenzentrum des Deutschen Alterssurveys
GESIS	Leibniz-Institut für Sozialwissenschaften
GGS	Generations and Gender Survey
ICF	Internationale Klassifikation der Funktionsfähigkeit, Behinderung und Gesundheit
ILSE	Interdisziplinäre Längsschnittstudie des Erwachsenenalters
INKAR	Indikatoren und Karten zur Raum- und Stadtentwicklung
LAW	Projekt „Lebensläufe und Alterssicherung im Wandel“
PAPI	Paper and pencil interview
RRG	Rentenreformgesetz

SELE	Satzergänzungsverfahren mit Themen zum Selbst und zum eigenen Leben
SGB IX	Sozialgesetzbuch (Neuntes Buch). Enthält die Vorschriften für die Rehabilitation und Teilhabe behinderter Menschen in Deutschland.
SHARE	Survey of Health, Ageing and Retirement in Europe
SOEP	Sozio-oekonomisches Panel
WHO	World Health Organization

Autorenverzeichnis

Jenny Block, Dipl.-Soz., Doktorandin, Stipendiatin an der Jena Graduate School „Human Behaviour in Social and Economic Change". Forschungsschwerpunkte: Subjektive Bedeutung von Freizeit im Ruhestand mit einer biografischen Perspektive.
E-Mail: JennyBlock@gmx.de

Heribert Engstler, M. A. (Soziologie, Politikwissenschaft), wissenschaftlicher Mitarbeiter am Deutschen Zentrum für Altersfragen. Forschungsschwerpunkte: Familie, Partnerschaft und soziale Beziehungen, Familiendemografie und -statistik, Erwerbsarbeit und Ruhestand.
E-Mail: heribert.engstler@dza.de

Oliver Huxhold, Dr. phil., Dipl.-Psych., wissenschaftlicher Mitarbeiter am Deutschen Zentrum für Altersfragen. Forschungsschwerpunkte: Motorische und kognitive Entwicklung, empirische Methoden, soziale Netzwerke und Partizipation im Alter, Werte, Einstellungen und Altersstereotypen.
E-Mail: oliver.huxhold@dza.de

Katharina Mahne, Dipl.-Soz., wissenschaftliche Mitarbeiterin am Deutschen Zentrum für Altersfragen. Forschungsschwerpunkte: Soziale Beziehungen, insbesondere familiale Generationenbeziehungen, Lebensqualität und Ungleichheit, Wohnen und Mobilität.
E-Mail: katharina.mahne@dza.de

Andreas Motel-Klingebiel, PD Dr. phil., Dipl.-Soz., Leiter des Arbeitsbereichs Forschung und stellvertretender Institutsleiter des Deutschen Zentrums für Altersfragen. Forschungsschwerpunkte: Soziale Sicherung, Lebensqualität und Ungleichheit, familiale Generationenbeziehungen, materielle Lagen älterer Menschen.
E-Mail: andreas.motel-klingebiel@dza.de

Dörte Naumann, Dr. phil., Dipl.-Soz. (Soziologie, Gerontologie), wissenschaftliche Mitarbeiterin am Deutschen Zentrum für Altersfragen. Forschungsschwerpunkte: Selbstständige Lebensführung und gesellschaftliche Partizipation bis ins hohe Alter, Wohnen im Alter, Hochaltrigkeit.
E-Mail: doerte.naumann@dza.de

Laura Romeu-Gordo, Dr. rer. oec., wissenschaftliche Mitarbeiterin am Deutschen Zentrum für Altersfragen. Forschungsschwerpunkte: Aging, Arbeitsökonomie, Gesundheitsökonomie, Familienökonomie.
E-Mail: laura.romeu-gordo@dza.de

Ina Schöllgen, Dipl.-Psych., Doktorandin der International Max Planck Research School on the Life Course, Forschungsschwerpunkte: Gesundheit und Wohlbefinden im Erwachsenenalter und Alter, Soziale Ungleichheit und psychologische Faktoren als Determinanten von Gesundheit, Entwicklung über die Lebensspanne, Methoden zur Analyse von Längsschnittdaten.
E-Mail: ina.schoellgen@dza.de

Julia Simonson, Dr. rer. pol., Dipl.-Soz., wissenschaftliche Mitarbeiterin am Deutschen Zentrum für Altersfragen. Forschungsschwerpunkte: Lebensläufe im sozialen Wandel, Alterssicherung und Lebensverhältnisse Älterer, Methoden der empirischen Sozialforschung, Soziale Probleme.
E-Mail: julia.simonson@dza.de

Clemens Tesch-Römer, Prof. Dr. phil., Dipl.-Psych., Leiter des Deutschen Zentrums für Altersfragen. Forschungsschwerpunkte: Lebensqualität und Wohlbefinden im Alter, soziale Beziehungen und soziale Integration älterer Menschen, familiale und gesellschaftliche Solidarität, Gesundheit und Pflege im Alter, kultur- und gesellschaftsvergleichende Alternsforschung.
E-Mail: clemens.tesch-roemer@dza.de

Maja Wiest, Dipl.-Psych., Doktorandin der International Max Planck Research School on the Life Course. Forschungsschwerpunkte: Subjektives Wohlbefinden im höheren Erwachsenenalter als Prädiktor von Mortalität, Entwicklungpsychologie der Lebensspanne.
E-Mail: maja.wiest@dza.de

Susanne Wurm, Dr. phil., Dipl.-Psych., wissenschaftliche Mitarbeiterin am Deutschen Zentrum für Altersfragen. Forschungsschwerpunkte: Gesundheit im mittleren und höheren Erwachsenenalter, Soziale Kognitionen, Vorstellungen über das Älterwerden, Entwicklungspsychologie der Lebensspanne.
E-Mail: susanne.wurm@dza.de